E.t.a. Hoffmanns Leben Und Nachlass...

Julius Eduard Hitzig, Ernst Theodor Amadeus Hoffmann

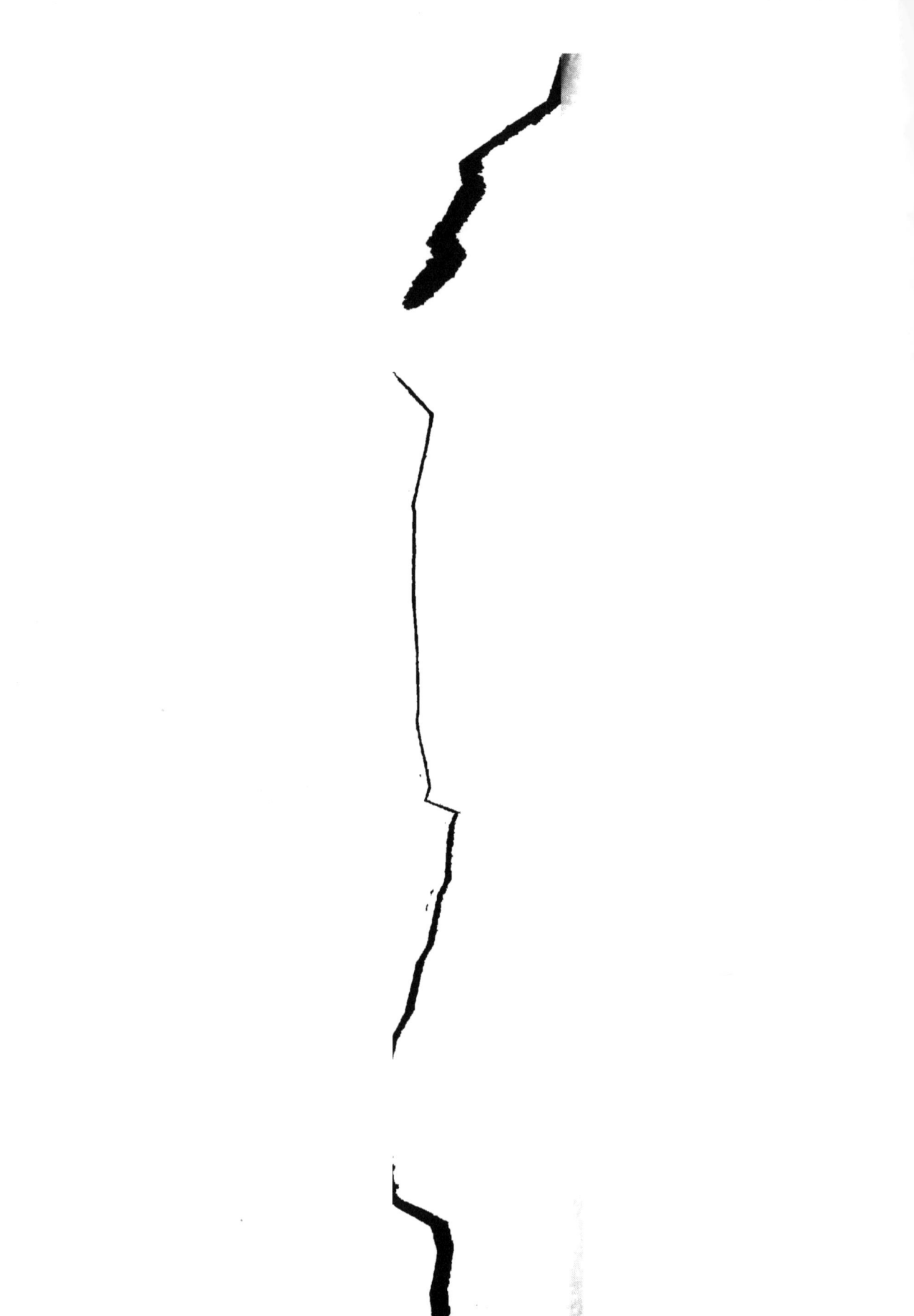

Muthmaßliches Bild des Julius v. Voß.
Radirt von A. Hoffmann.

Seite 111 dieser Ausgabe, im dritten Bande, heißt es:

„Das dieser Ausgabe beigefügte Bildniß desselben entstand auf folgende Veranlassung. Wie bekannt, wurden viele Abende während Hoffmanns Aufenthalt in Bamberg zwischen ihm und mir mit Lecture der verschiedensten Gattung zugebracht. In Julius von Voß gesammelten Lustspielen befindet sich ein Stück unter dem Titel: „La retraite pour les Dames," das ebenfalls eines Abends nach des Freundes Wunsch von mir vorgelesen wurde. So im höchsten Grade obscön nun auch diese Farçe von uns befunden ward, so konnten wir doch den darin sprudelnden Witz nicht anders als durch beiderseitiges schallendes Gelächter begleiten, das sich fort und fort erhöhte, je mehr ich mich bemühte, rhetorisch und mimisch das gegebene zu verstärken. Hoffmann, der die mehrsten Voß'schen Produkte kannte, ich dahingegen die wenigsten, versicherte, daß diese Retraite offenbar das genialste sey, was dieser Schriftsteller geschrieben.

Hoffmann und Kunz.

Radirt von J. B. Sonderland.

Einer Erklärung bedarf diese Scene eigentlich nicht. Es ist aber möglich, daß sie speciel auf die Stelle in Funks Erinnerungen, erster Band, bezogen werden kann und Hoffmann zur Zeichnung Anlaß gab. Es heißt dort S. 75: „Eines Abends besuchte mich Hoffmann, ohne einen andern Zweck, als den der Unterhaltung im Sinne zu haben, ihm Fouqués Undine vorzulesen."

Auch finden wir in unserer Ausgabe, dritter Band, S. 111, eine Note von J. Funk, wo derselbe sagt: „Wie bekannt, wurden viele Abende während Hoffmanns Aufenthalt in Bamberg zwischen ihm und mir mit Lectüre der verschiedensten Gattung zugebracht. In Julius von Voß gesammelten Lust= spielen befindet sich ein Stück unter dem Titel: „La coquetter les Dames," das ebenfalls eines Abends auf Freundes Wunsch von mir vorgelesen

b*

Inhalt.

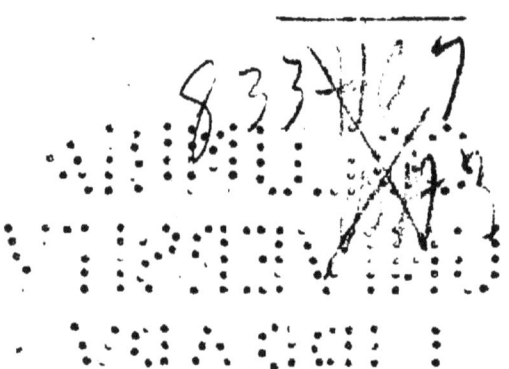

E. T. A. Hoffmann's

Leben und Nachlaß.

Von

Julius Eduard Hitzig.

Erster Band.

Dritte vermehrte und verbefferte Auflage.

Mit Kupfern.

Stuttgart,
Fr. Brodhag'sche Buchhandlung.
1839.

Auf mein Befragen über seine Perſönlichkeit
entwarf Hoffmann in wenigen Minuten mir eine
Bleiſtiftzeichnung, mit der Unterſchrift: „Muth=
maßliches Bild von Julius Voß.“ Ob
es ähnlich oder nicht, vermag ich nicht zu beur=
theilen.   J. F.“

Nach meinem Ursprüngl. Bild
des Julius Voß.

gez. v. E. T. W. Hoffmann   rad. v. A. Hoffmann

Aus

Hoffmann's Leben und Nachlaß.

––––––––

Zueignung.

An Hoffmann.

Sonett.

Was du gewesen und was du gestrebt,
Wie dich der Erdgeist suchte zu verwildern,
Wie Kunst erschien, die böse Glut zu mildern,
Was du geträumet und was du gelebt:

Wie oft du grausend bist zurückgebebt
Vor deines eig'nen Busens nächt'gen Bildern;
Wer unternimmt's, die Räthselwelt zu schildern,
Wer wagts, daß er davon den Schleier hebt?

Nicht kommt dem Freund so kühnes in den Sinn;
Er, der mit ungeübter Zunge stammelt,
Hat deine Perlen nur zur Schnur gesammelt.

So nimm denn dich von mir zum Opfer hin,
Und wenn das Bild gleich Farbenglanz nicht zieret,
Du weißt die Treu', die mir die Hand geführet.

———

Vorrede.

***

Für diejenigen Leser, die keine Freunde von Versen sind, möge das, was die vorstehenden aus dem innersten Herzen des Herausgebers auszusprechen streben, noch einmal in schlichter Prose wiederholt werden.

Ein verständiger Mann fängt eine Beurtheilung von Döring's Leben Schillers, im Literaturblatt des Morgenblattes, Nr. 81 für 1822, mit den Worten an:

„Diese Lebensbeschreibung unterscheidet sich von den früheren Versuchen über diesen Gegenstand hauptsächlich dadurch, daß der Verfasser den Verewigten, so oft als möglich, selbst reden läßt, und durch breites, kunst- und lebensphilosophisches Raisonnement (womit kleine Männer, wenn sie über große schreiben, so freigebig zu seyn pflegen) den Leser selten in dem angenehmen Geschäfte stört, das Bild dieses Lebens, dieser Geschichte geistiger Ausbildung, dieser schriftstellerischen Thätigkeit, selbstthätig aus den gegebenen Zügen sich zusammenzusetzen."

Besser, als es in diesen Zeilen geschehen, hätte der Herausgeber das, was ihm bei seiner Arbeit an diesem Buche als Ideal vorgeschwebt, nicht darzustellen vermocht. Glaubt er sich irgend ein Verdienst um dieselbe zuschreiben zu dürfen, so ist es allein das der Pietät, womit er keinen Zettel, keinen Croquis aus dem Nachlasse seines verstorbenen Freundes bei Seite legte, ohne sich sorgfältig gefragt zu haben, ob er nicht taugen möchte, wenigstens einen Pinselstrich zu dem Gemälde des Verewigten zu liefern, und das damit zusammenhängende Streben nach der gewissenhaftesten Treue, die es möglich macht, jede einzelne mitgetheilte Thatsache zu verbürgen. Auf geschickte Composition und Zierlichkeit der Darstellung macht er dagegen durchaus keinen Anspruch; ja er würde es für keinen Vorwurf achten, wenn man in der letztern vielleicht eine gewisse Trockenheit und Nüchternheit fände, die von dem actenmäßigen Erzählen eines fremden Lebens — (nur der Selbstbiograph hat das Recht, Wahrheit und Dichtung zu geben) — kaum zu trennen ist. Es kam ihm nicht darauf an, ein Kunstwerk, sondern eine wahre Geschichte zu liefern, und am wenigsten hat er suchen mögen, was sein, vielmehr nur was des andern ist.

Noch sey es ihm erlaubt, zweierlei zu bemerken, um etwaigen Mißdeutungen vorzubeugen.

Zuerst, daß er keineswegs übersehen, daß manches des gegebenen, namentlich unter den Briefen aus der Jugendzeit Hoffmanns, an und für sich betrachtet, nur einen sehr geringen Werth, ja häufig gar keinen habe, daß er aber, wenn er solches dennoch nicht verworfen, dabei von dem Gesichtspunkte ausgegangen, in der Lebensgeschichte des Verfassers könne es dadurch Bedeutung gewinnen, daß der Leser sehe, ein Jüngling, der so und so alt, noch so und so, über allgemein interessante Gegenstände, oder über sich selbst raisonnirt, sey, so und so lange nachher, der Mann und Schriftsteller geworden, als welchen die Fortsetzung ihn kund gibt, und er in seinen Werken vor den Augen Deutschlands da liegt*). Wie fruchtbare Folgerungen sich hieraus

---

*) Hiemit übereinstimmend, sagt ein Recensent des gegenwärtigen Buchs in den Wiener Jahrbüchern: „Bei jedem ächten Menschen erklärt und erläutert das Leben sein Walten und die Bezauberung alles, unmittelbar aus dem Leben gegriffenen muß wohl mächtig seyn, da sie es möglich macht, eine Sammlung an sich weder ausgezeichnet gedachter, noch durch besonders merkwürdige Ereignisse oder vorzüglich guten Styl gehobener Briefe, als ein sehr bedeutendes zu lesen, und im Verfolge der feinsten Fibern des sonderbaren Geistes mannigfaltige Belehrung zu erbeuten."

Anmerk. bei der zweiten Ausgabe.

ziehen laſſen, braucht dem, welcher für die Zurück-
führung einer ausgebildeten, menſchlichen Individualität auf die Zeit ihres Werdens überhaupt Sinn
hat, nicht weitläufig auseinandergeſetzt zu werden.

Zweites: könnte es als eine wunderliche An-
maßung erſcheinen, wenn der Herausgeber ſich auf
dem Titel als Verfaſſer ſeiner unbedeutenden Bro-
chüre: Lebensabriß Friedrich Ludwig Zacharias
Werner's bezeichnet*), und manchem dabei gar das
Zauber gleich wirkende: „by the Author of Waverley," als eine ſpaßhafte Parallele, einfallen.
Aber, wer ſolchen Gedanken Raum gäbe, würde der
wahren Intention des Herausgebers Unrecht thun.
Er hat ſeine Gründe, ſich nicht zu nennen. Unter
dieſen Umſtänden muß es ihm als Biograph haupt-
ſächlich darauf ankommen, ſich zu ſeinem Geſchäfte
vor dem Publikum möglichſt zu legitimiren, und wer
dieſes gehörig beobachtet, und beide Schriften lieſt,
der wird finden, daß Hoffmann's und Werner's
Leben ſich an mehreren Punkten durchſchneiden, und
daß der Herausgeber darüber Actenſtücke mittheilt,
die nur durch ein ſehr genaues Verhältniß zu beiden
in ſeinen Beſitz gekommen ſeyn können. Es dient
alſo die eine Schrift weſentlich mit zum Beweiſe

---

*) Dies iſt bei den beiden erſten Ausgaben geſchehen.

für die Authenticität der andern, und darum ist auch auf dem Titelblatte des Lebensabrisses Werner's, auf gegenwärtiges Buch, als von dem nämlichen Verfasser herrührend, Bezug genommen worden.

Endlich kann der Herausgeber nicht umhin, den älteren Bekannten Hoffmann's, die ihn — auf seine Aufforderung — mit Notizen über diesen unterstützt, den verbindlichsten Dank zu sagen. Guten Willen hat er dabei überall gefunden; aber non cuivis licet adire Corinthum, das heißt im Felde der Biographie: nicht einem jeden ist es gegeben, einen Blick in das Innere befreundeter Menschen zu thun, und mehr von ihnen zu wissen, als was mit dem äußern Auge kann wahrgenommen werden; daher tragen auch die Partieen, zu denen von, nur mit solchen Augen sehenden, die Data geliefert worden, ein unverkennbares Gepräge der Magerkeit, welches allein durch verwerfliche Phrasenmacherei hätte verwischt werden können.

Wo sich die entgegengesetzte Fähigkeit, mit dem besten Willen gepaart, zeigte, das war bei zwei verehrten Freunden des Herausgebers, Herrn Regierungschefpräsidenten von Hippel und Herrn Landgerichtsphysikus Doctor Speyer in Bamberg. Ohne ihre, namentlich ohne des Herrn Präsidenten von Hippel gütige Mittheilungen, die, wie das

Buch zeigen wird, Hoffmann's ganzes, dem Heraus=
geber sonst durchaus unbekanntes Jugendleben um=
fassen, hätte alles nur die Gestalt eines gewiß völlig
ungenügenden Fragments erhalten.

Im März 1823.

Für die zweite Ausgabe durchgesehen, und wo
es nöthig schien, abgeändert, im Mai 1827.

Desgleichen für die dritte Ausgabe im August
1839.

Berlin.

Julius Eduard Hitzig.

Erster Abschnitt.

Königsberg 1776—1796.

———

Ernst Theodor Wilhelm *) Hoffmann wurde am 24. Januar 1776 zu Königsberg in Preußen geboren. Sein Vater, welcher vor ungefähr sechs= undzwanzig Jahren in Insterburg, wo er bei dem Oberlandesgerichte als Criminalrath und Justizcom=

———

*) So hieß er, und nicht Amadeus. Auf die Frage eines Freun= des, wie auf den Titel seiner Werke das A. an die Stelle das W. getreten, und ob er nicht wieder tauschen wollte, erwiederte er: „Es ist ein Schreibfehler auf einem der ersten Manuscripte, und da ich einmal mit dem A. coursire, und die Münze gangbar ist, so mag ich es nicht ändern. Eine beliebte Münze prägt man mit der alten Jahreszahl immer wieder aus, auch mit den alten Fehlern."

- - -

Wie ganz anders sich Hoffmann bei mir dagegen recht= fertigte, habe ich in meiner Schrift über ihn ausgesprochen. (S. Erinnerungen aus meinem Leben in biographischen Denksteinen und andern Mittheilungen. 1r Band: E. T. W. Hoffmann und F. G. Wetzel. Leipzig, Brockhaus 1856. Seite 77—80.)   J. Funk.

Diese, so wie die folgenden mit J. F. bezeichneten An= merkungen rühren von Herrn Funk in Bamberg her, und sind mit Bewilligung des Herrn Verfassers von Hoffmanns Leben diesem beigefügt worden.

Die Verlagshandlung.

miffarius angestellt war, gestorben ist, soll ein Mann von vielem Geiste, aber von unordentlichen Neigungen gewesen seyn. Seine Mutter war die Tochter des Advokaten, Consistorialrath Dörffer. Dieser war Sachwalter der meisten großen ostpreußischen Familien, so z. B. Vormund des nachmaligen Kanzlers von Preußen, Grafen von Finkenstein, und sein Name ward noch lange nach seinem Tode mit großer Achtung genannt. Er, so wie die ganze Familie, welcher er angehörte, zeichnete sich durch eine fast peinliche Ordnungsliebe und die höchste Decenz in allen äußern Formen aus. Wissenschaften und Kunst galten in diesem Kreise nur wie Annehmlichkeiten des Lebens, zur Zerstreuung und Ergötzlichkeit nach der Arbeit des Tages; und aus einer so verschiedenartigen Richtung läßt sich die kurze Dauer der Ehe der Aeltern Hoffmann's erklären, die schon in dessen drittem Lebensjahre getrennt wurde. Ein älterer Bruder Hoffmann's, vielleicht noch am Leben, gleich ihm mit herrlichen Anlagen begabt, war früher einen übeln Weg gegangen und in der Folge mit seinem jüngern Bruder nie wieder in nahe Berührung getreten.

Dieser blieb, nach der Entfernung seines Vaters von Königsberg *), in der Pflege des großmütterlichen Hauses, welches die würdige alte Großmutter, seine Mutter, eine unverheirathete Tante und ein Onkel bildeten. Diese beiden Letzteren hatten

---

*) Lebensgeschichte des Katers Murr. Band 1, S. 169.

den meisten Einfluß auf seine Bildung und die ganze
Richtung seines Lebens. Die Großmutter, eine be=
jahrte Frau von stattlichem Ansehen — die übrigen
waren, wie er selbst, von auffallender körperlicher
Kleinheit — wurde durch Hinfälligkeit des Alters
verhindert, Antheil an seiner Erziehung zu nehmen.
Er verehrte sie übrigens innig, und selbst die Weise,
wie er die mitunter possierlichen Scenen erzählte, die
zwischen ihr und dem Sohne, dem Justizrath, vor=
fielen, den sie noch immer als ein Kind zu behan=
deln gewohnt war, und nicht anders als Ottchen
(Otto) nannte, trug das Gepräge der Achtung und
gutmüthigen Schonung. Die Mutter vegetirte nur
in immer krankhaftem Zustande. Schon ihr Aeuße=
res war ein Bild der Schwäche und des tiefen Her=
zenskummers, der sie ganz niederzubeugen schien *).
Hoffmann sprach nicht gern von ihr; war es aber
nicht zu vermeiden, nur in Ausdrücken der Weh=
muth und Verehrung. Das Leben der beiden Frauen
war auf den Kreis des Wohnzimmers beschränkt,
welches sie nie verließen, so daß Hoffmann's ver=
trautester Freund und Jugendgespiele, Hippel, sie,
obgleich er von allen im Hause wohl gelitten war,
während der zehn Jahre, die er in demselben aus=
und einging, kaum drei oder viermal zu sehen be=
kam. Die Tante dagegen, geistreich, gesellig und
heiter, war die einzige, die Hoffmann's Geist begriff.
Sie pflegte und liebte ihn über alles, ja sie verzog
ihn eigentlich. Aber er vergalt ihre Liebe auch durch

---

*) Sie starb am 13. März 1796. S. 1ster Brief in den Beilagen.

die treueste Anhänglichkeit. Selbst in den Jahren, wo er schon zum Jünglinge gereift war, blieb sie noch die Vertraute aller seiner Schwächen. Sie ist es, der er in Kreißlers Jugendgeschichte ein rühren= des Denkmal gesetzt hat *).

Einen höchst grellen Contrast mit ihr bildete der Onkel, der, nach einer erfolglosen Laufbahn im practischen Justizdienste, seine Entlassung mit dem Titel eines Justizrathes erhalten hatte, und ohne alle Ahnung von Hoffmann's Geist nur bestrebt war, ihn in die Lebensordnung zu zwingen, in welcher er sich selbst wohl befand, nämlich in ein diätetisch ge= ordnetes Vegetiren, wo Schlafen, Essen und Trin= ken, Wiederschlafen und Wiederessen mit etwas Musik und Lektüre zur Verdauung nach Stunden und Minuten eingetheilt, regelmäßig mit einander wech= selten.

Etwa nur einmal wöchentlich, gewöhnlich am Mittwoch, pflegte der Onkel alte Bekannte zu be= suchen, und dieß waren die Stunden, wo sich Hoff= mann ganz den Ausbrüchen seines Genius überließ. Dann wurde alles hervorgeholt und versucht, was die Gegenwart des Onkels nicht gestattete, tolle wilde Musik, Verkleidungen, Leibesübungen, wovon in Gegenwart des Onkels, der Hoffmanns unzertrenn= licher Stuben= und Schlafgeführte war, und der nicht die mindeste Abweichung aus dem gewohnten Gleise litt, nie die Rede seyn durfte.

*) Lebensgeschichte des Kater Murr. Erster Band S. 157—161. Sie starb 1803.

Dafür hatte der Onkel aber auch keinen stren=
geren Beobachter, als Hoffmann, und dieser war
kaum zwölf Jahre alt, als er schon alle Schwächen
des Onkels zum eigenen Vortheil zu benutzen ver=
stand, und fast kein Wort mit ihm wechselte, ohne
ihn zu mystifiziren. Schlimm war es, daß Hoff=
manns Intoleranz zunahm, je mehr er seine eigene
Entwicklung fühlte, und daher begann der Onkel
gegen den Jüngling Mißtrauen zu fassen, wie er
dem Knaben die muthwilligsten Streiche verziehen
hatte.

Ungeachtet dieser gränzenlosen Ungleichheit der
Charactere verdankte doch Hoffmann dem Onkel viel.
Er war es, der den ersten lästigen Unterricht des
Kindes übernommen, und ihn namentlich zuerst in
der Musik unterwiesen hatte, der sich später sein
ganzes Gemüth zuwendete. So hat auch dieser
Onkel den Grund zu dem ausdauernden Fleiße in
ihn gelegt, und den Sinn für Ordnung und Schick=
lichkeit in ihm entwickelt, die ihn bei den wildesten
Sprüngen seiner Phantasie auszeichneten.

Noch müssen zwei Männer erwähnt werden, die
den wesentlichsten Einfluß auf Hoffmanns Bildung
und die Richtung seines Charakters hatten.

Der eine, ein alter Großonkel, Justizrath Vö=
thöry *), ward in der ganzen Familie hoch geachtet.
Auch Hoffmann — seine beiden Großmütter, von
väterlicher und mütterlicher Seite waren Schwestern

---

*) Von ungarischer Abkunft.

Vöthöry's — gedachte seiner nur mit Verehrung.
Der Alte trieb keine Geschäfte mehr, und hatte sich
nur noch einige Justitiariate auf den Gütern bewähr=
ter Freunde vorbehalten, die er, ein willkommener
Gast, in einer guten Jahreszeit zu besuchen pflegte.
Hoffmann ward einigemal als Protokollführer von
ihm mitgenommen, und einer solchen Reise verdan=
ken wir in der Erzählung das Majorat *) die treuen
Schilderungen preußischer Naturscenen und die herr=
liche Zeichnung des Justitiarius, „eines Heros der
alten Zeit in Schlafrock und Pantoffeln," wie ihn
Fouqué einst nannte. So oft Hoffmann, an bestimm=
ten Tagen und Stunden — alles wurde in dieser
Familie so betrieben — seinen Besuch bei dem wür=
digen Großoheim abgelegt hatte, erzählte er mit Lust
von dem Ernste, der Erfahrung und Würde des
Alten. Aus einem nicht zur Mittheilung geeigneten
Briefe Hoffmann's — während des Todeskampfes
des Großoheims im Nebenzimmer geschrieben —
ergibt sich, daß er im October 1795 gestorben ist.

Der letzte in dieser originellen Reihe, der es in
gewisser Beziehung verdient hätte, zuerst genannt
zu werden, war der Rector der deutsch=reformirten,
damals gelehrten Schule, Prediger Dr. Wannowski.

Des vertrauten Umgangs mit Kant, Hippel,
Hamann, Kraus, dem Oberhofprediger und Hofpre=
diger Schulz, und dem Pfarrer Fischer gewürdigt,
besaß Wannowski, wie jeder ausgezeichnete Kopf

*) Nachtstücke. Bd. 2. S. 75.

die Gabe, Talente zu wecken und an sich zu ziehen.
Ihm verdanken viele bedeutende Männer ihre Bildung, wie Büttner, nachmaliger geheimer Oberrech=
nungsrath; Buchholz, Stadtgerichtsdirektor in Elbing; Elsner, der Arzt; Ewert, Regierungsdirector;
von Hippel, Regierungspräsident; unser Hoffmann;
Graf Finkenstein auf Schönberg, von Gossow, die
Grafen von Kanitz; Matuszewski, ein gemüthlicher
Künstler; J. P. Schmidt, als Componist rühmlich
bekannt; Schartow u. s. w.

Hoffmann war sehr jung, schon im sechsten oder
siebenten Jahre, der reformirten Schule übergeben
worden. Er machte in den untern Klassen nur die
ganz gewöhnlichen Fortschritte mit den meisten seines
Alters, und ungeachtet der großen Lebhaftigkeit seines
Geistes, ward diese von den Lehrern doch nicht eher
bemerkt und gewürdiget, als bis er in die zweite
Klasse rückte, etwa im dreizehnten oder vierzehnten
Jahre. In dieser Zeit hatte sich auch seine Neigung
zur Tonkunst — der achtbare Componist und Or=
ganist, Podbielsky, war darin später sein Lehrer, —
und zur Malerei, worin ihn Seemann, ein an=
spruchloser, gemüthlicher Maler, unterrichtete, derge=
stalt entwickelt, daß er die Schulwissenschaften dar=
über hintenan setzte, und durch seine Fortschritte in
den Künsten Aufsehen erregte. Bald hörte man
das Wunderkind — die Kleinheit seiner Gestalt gab
ihm das Ansehen eines acht= bis zehnjährigen Kna=
ben — auf einem alten Flügel phantasiren oder
eigene Compositionen versuchen, bald ergötzte man

sich an der Richtigkeit in seinen Zeichnungen, auf welche sein Lehrer mit fast peinlichem Eifer hielt. Dieser Gründlichkeit des Zeichenmeisters, wie der Taktfestigkeit seines ersten Lehrers in der Musik, des Onkels Otto, des Justizraths, der sich jetzt nicht wenig durch den Neffen erfreut und geschmeichelt fühlte, hat Hoffmann übrigens den festen Boden zu verdanken, in welchem seine Lieblingsneigungen wurzelten.

Seine Versuche in musikalischen Compositionen aus dieser Zeit waren genial, kühn, aber oft bizarr; seine Zeichnungen richtig, und was er in Farben ausführte, dem gaben starke und dunkle Schatten eine unverkennbare Eigenthümlichkeit.

Schon früh regte sich in ihm der entschiedene Hang, jede auffallende Gestalt als Carricatur hinzustellen. Sein Talent im Auffassen und Treffen verleitete ihn oft weiter, als es seine Absicht gewesen seyn mochte. Seinem Lehrer entwuchs er bald. Um zu sehen und zu lernen, suchte er auf, was ihm das in dieser Beziehung eben nicht reiche Königsberg darbot. Emsig las er den Winkelmann, und ungemein wurde er durch die Abbildungen der herculanischen Schätze auf der königl. Bibliothek angezogen, wovon er die meisten copirte.

Als Theilnehmer bei dieser Lectüre, und als Censor und Critiker seiner Kunstversuche, dem alle Compositionen vorgespielt, alle Zeichnungen vorgezeigt wurden, stand ihm ein Freund zur Seite, der nicht allein auf Hoffmann's Jugend den ausgezeich-

nesten Einfluß gehabt hat, sondern der ihm auch,
bis an sein Ende, der treueste geblieben ist, Theodor
von Hippel, jetzt königlich preußischer Staatsrath und
Chefpräsident der Regierung von Oberschlesien.

Ein Zufall hatte beide in ihrem eilften Jahre
auf einem Landhause bei Königsberg zusammenge-
führt. Obschon einander sehr ungleich in manchen
äußern Verhältnissen und auch in manchen Gemüths-
anlagen, fanden doch wiederum so viele Aehnlichkeiten zwischen ihnen statt; daß die Knaben schnell
Freunde wurden, und sich als solche augenblicklich
wieder erkannten, als Hippel ein Jahr später, denn
Hoffmann, 1787, die reformirte Schule bezog.

Die Hauptähnlichkeit beruhte in der Abgeschie-
benheit der Erziehung; beide wuchsen ohne Umgang
mit Geschwistern, mit andern Gespielen ihrer Kindheit,
einsam auf; sehr verschieden aber waren sie z. B.
in der Ansicht von vielem, wozu der Keim durch die
erste Erziehung in sie gelegt war. Hoffmann hatte
diese in einer großen Stadt erhalten, Hippel auf dem
Lande. Auch in dem Betragen gegen Verwandte,
die auf Achtung Anspruch zu machen hatten, fand
eine auffallende Unähnlichkeit zwischen beiden statt.
Hoffmann war es eine Hauptlust, den Onkel Justizrath zu mystificiren und zu ängstigen; Hippel dagegen war fast zu strenge und zu ehrerbietig gegen alle,
denen er Achtung schuldig zu seyn glaubte. Auf
Vorwürfe, die dieser, Hoffmann über sein Benehmen
machte, erwiederte er oft: „Was hat mir das Geschick für Verwandte gegeben! hätte ich einen Vater

und einen Onkel, wie du, mir würde ja dergleichen nicht in den Sinn kommen."

Wirklich lag aber auch in dieser Bemerkung eine große Wahrheit; denn Hippels Vater war ein trefflicher Mann, dem in der Erziehung seines einzigen Sohnes vielleicht nur der Vorwurf gemacht werden konnte, daß er in der Liebe zu weit gieng, und der Onkel, kein geringerer, als der große Verfasser der Lebensläufe u. s. w. Eben so läßt sich auch von Hoffmann nicht sagen, daß sein Spott sich gegen solche Personen richtete, die wahre Achtung verdienten oder die wirklich Pietät von ihm fordern konnten, wie sein Großonkel, der würdige Wannowski, sein Religionslehrer und Seelsorger, der Hofprediger Schulz, der Mathematiker und Erklärer Kants, sein Vater und seine Mutter, der Vater und Oheim seines Freundes; auch selten nur traf sein Witz die eigene Tante. Als eine Eigenthümlichkeit Hoffmann's in dieser Zeit verdient übrigens bemerkt zu werden, daß er nie über Religion, Staatseinrichtungen und Politik sprach *), wozu die begonnene französische Revolution reichen Stoff gab. In der Regel brach er jedes Gespräch, welches dahin führen konnte, gleich ab, und nichts war ihm so zuwider, als ein Zeitungs= blatt **).

Ein Einfall des Onkels Otto begünstigte die

---

*) Der Widerwille gegen solche Gespräche ist ihm bis an sein Ende geblieben; man konnte ihn damit bannen.   J. F.

**) Vergl. ebendaselbst S. 157—139.

engere Verbindung der Freunde, die sonst bei der
Unzugänglichkeit des Dörffer'schen Hauses, in welchem
Hoffmann lebte, wohl nur ein bloßer Umgang von
Schulkameraden geblieben wäre. Der Onkel schien
nämlich zu bemerken, daß sein Ernst — so wurde
Hoffmann in der großmütterlichen Familie genannt
— im lateinischen und griechischen zurückbleibe, mochte
vielleicht auch Wannowski's Rath darüber eingeholt
haben, und machte nun Hoffmann den Vorschlag,
den Freund als Repetenten und Mentor in das Haus
zu bringen, und die Nachhülfe in dem Fehlenden als
eine Gunst von ihm zu erbitten.

Was die Knaben längst verabredet hatten, ward
von dem Familienrath, den Onkel und Tante bildeten, feierlich geordnet. Der Mittwoch, als der Tag,
an welchem der Onkel die auswärtigen Besuche
machte, ward zu diesen Vor- und Nachübungen ausersehen. Auch sollte, so oft als möglich, der Sonnabend noch dazu benutzt werden.

Die Freunde, beide vierzehn Jahre — der Mentor nur um einen Monat älter — mochten etwa
vier Lectionen gehalten haben, wozu der ganze Nachmittag, bis zum vortrefflich bereiteten Thee, den die
Tante in's Zimmer brachte, bestimmt war, als Hoffmann den Anfang machte, die trockenen Lehrstunden
mit Büchern, die aus dem nahen Schranke des Onkels geholt wurden — namentlich Rousseau's Con-
fessions *) — zu würzen. Cicero und Xenophon,

---

*) Lebensansichten des Katers Murr. Bd. 1. S. 171.

besonders den ersten, fand Hoffmann nun so unschmack=
haft, daß sie kaum mehr aufgeschlagen und einige
Perioden daraus gelesen wurden, bald aber ganz
vom Tische verschwanden. Statt ihrer füllten Musik,
Versuche im Zeichnen und Kritik derselben, Lectüre,
Verkleidungen und Knabenspiele, die zum Unterricht
bestimmte ganze Zeit.

Immer phantastischer aber wurden diese Spiele,
wenn die Witterung die Benutzung des Gartens
erlaubte. Rittergefechte, wozu Mars und Minerva,
welche von sandfarb angestrichenem Holze die Mitte
des Gartens zierten, ihre schwer abzunehmenden, und
noch schwerer wieder zu befestigenden, Schilder her=
geben mußten, damit der Onkel die bösen Narben,
Spuren der Gefechte, nicht merke, nahmen ihre ganze
Kraft in Anspruch. Am kühnsten fielen die Tour=
niere aus — es war die Zeit der Ritterromane —
die in vollem Rennen zu Fuß, in der Bahn einer
Stachelbeerhecke gehalten wurden. Sie hatten ein
Ende, als Hoffmann einmal von der Lanze des Geg=
ners, einer tüchtigen Bohnenstange, umgerannt rück=
lings zu Boden stürzte. Auch beschloßen die Freunde
in dieser Zeit das verwegene Unternehmen, sich in
dem Garten des angränzenden Fräuleinstifts einen
unterirdischen Gang zu graben, um von diesem aus
unentdeckt die schönen Fräulein zu beobachten. Aber
der Scharfblick des Onkels Otto, der zur Verdauung
viel im Garten arbeitete und lustwandelte, machte
dem schon in's Werk gerichteten Plane ein Ende.
Hoffmann bildete ihm ein, das gegrabene Loch sey

bestimmt, die Wurzeln einer amerikanischen Pflanze
auszunehmen, und der gutmüthige Alte bezahlte zwei
Arbeiter, um die Grube auszufüllen, die den Freun=
den viel Schweiß gekostet hatte.

Der Winter erzeugte wieder neue Spiele. Wieg=
lebs natürliche Magie*) gab dazu reichen Stoff! Be=
sonders emsig waren die Freunde zur Zeit, als die
aerostatischen Versuche häufiger zu werden anfingen.
Die Tante hatte einen taffetnen Luftball, von meh=
reren Füßen im Durchmesser, sehr sauber genäht;
dieser sollte durchaus in die Lüfte gebracht werden,
aber ein paar Tropfen Salzsäure, die während der
Füllung zufällig auf den Ball fielen, machten der
Sache ein tragisches Ende.

Noch verdient der Erwähnung, daß in dem obern
Stocke des Dörffer'schen Hauses, worin die Knaben
mit einander ihr Wesen trieben, Werner**) mit sei=
ner geisteskranken Mutter lebte, den wir mit Hoff=
mann im Jahre 1804 in Warschau wieder antreffen
werden, wo Hoffmann die Musik zu dem Kreuze
der Ostsee setzte. Hier in Königsberg fand wegen
Verschiedenheit des Alters. — Werner war acht Jahre

---

*) Selbst während seines Aufenthalts in Bamberg (1808—1813)
war ihm dies noch ein Lieblingsbuch, wovon er einzelne
Theile — besonders wenn er krank, oder zu schriftlichen Ar=
beiten unaufgelegt war — mehrmals von mir begehrte.
                                                        J. F.

**) Siehe das von Hoffmann gezeichnete und dieser Ausgabe
beigegebene Bild Werners, dargestellt in dem Momente, wie
dieser jenem die „Söhne des Thales" vorliest.   J. F.

älter als die Freunde *) — keine Annäherung zwischen ihnen statt.

Die beiden letzten Jahre seines Aufenthalts auf der Schule waren für Hoffmann die einflußreichsten. Er fand an den Classikern Geschmack, wozu vielleicht der Umstand beitrug, daß der Freund über ein Jahr lang in seiner Nähe saß, und sie jetzt auch hier in den Lectionen, und durch Herzensergießungen, immer enger mit einander verbunden wurden. Hoffmann's Talent erregte nun auch die Aufmerksamkeit seiner Lehrer, besonders Wannowski's, der ihn über Gegenstände der Kunst, oft, wenn gleich scheinbar nur zum Scherz, zu Rathe zog. Die Lebendigkeit der Darstellung in seinen Arbeiten gefiel. Von seinen Mitschülern ward er wenig geliebt, denn sein Witz war ihre Geissel. Mit zweien nur hatte er einen näheren freundlichen Umgang, mit Faber, nachherigem gemeinen Archivar, mit dem er fleißig Violinbao's einübte, und mit Matuszewski, der an Feinheit und Sauberkeit des Pinsels Hoffmann weit übertraf, aber nicht an Correctheit und Kraft. Matuszewski ist nachher in Paris und Italien gewesen, und als braver Künstler geachtet worden. Er soll nicht mehr am Leben seyn **). Hoffmann gedenkt seiner im Artushof auf eine freundliche Weise ***).

---

*) Er war am 12. November 1768 geboren. Vergleiche: Lebensabriß Friedrich Ludwig Zacharias Werners. Von dem Herausgeber des gegenwärtigen Buches. Berlin 1823.
**) Der Herausgeber fand ihn im Jahr 1800 in Wien, und lebte dort mit ihm und Graf Louis Gröben, den Matuszewski begleitete, schöne Stunden.
***) Serapions-Brüder, erster Bd. S. 381 u. f.

In diese Zeit, Hoffmanns sechszehntes oder siebt=
zehntes Jahr, fällt seine erste Liebe, deren Gegen=
stand ein schönes, blühendes, junges Mädchen war,
das die nahe französisch=reformirte Mädchenschule mit
ihren Gespielinnen besuchte. Hoffmann mußte sich
darauf beschränken, ihr von ferne zu folgen, wenn
sie die Schule verließ, ihr, ohne daß es auffallen
durfte, zu begegnen, und sie freundlich zu grüßen,
sich des Abends in die Nähe ihrer Wohnung zu
schleichen, und dort, im düstern Schatten des alten
Rathhauses, unter den im erleuchteten Zimmer sich
bewegenden Gestalten, die ihrige zu suchen und zu
erkennen. Nun malte er keinen weiblichen Kopf
mehr, der nicht ihr Bild, und sang kein Lied, das
nicht an sie gerichtet gewesen wäre. Der Freund
war in der Regel sein treuer Begleiter. So viel
diesem bekannt, hat er mit der, an Geist und Kör=
per kerngesunden Jungfrau, die Hoffmann's Bemü=
hungen theils nicht zu bemerken, theils ihrer zu spot=
ten schien, nie ein Wort gewechselt.

Es wäre übrigens der kindischen Liebschaft hier
gar nicht gedacht worden, wenn sie nicht durch eine
charakteristische Aeußerung Hoffmanns merkwürdig
wäre, die dem Jüngling und Mann eben so ähnlich
gesehen haben würde.

„Da ich sie einmal nicht durch ein angenehmes
Aeußere interessiren kann,“ sagte er oft mit Heftig=
keit zu seinem Freunde, „so wollt' ich, daß ich ein
Ausbund von Häßlichkeit wäre,“ — und er gefiel

sich darin, dieß Bild auszumalen, — „damit ich ihr auffiele, und sie mich wenigstens ansähe!"

Die ersten Zeiten in Hoffmanns Universitäts= leben bieten nichts Bemerkenswerthes dar. Da er später Student wurde als Hippel, hörte ihr vertrau= liches Zusammenseyn in der Schule auf. Auch tra= fen sie sich späterhin in den Vorlesungen nicht wie= der an, denn ihr Studienplan war eben so verschie= den, wie die Geister der Oheime, die denselben für beide Freunde entworfen hatten.

Hoffmann betrachtete, in dieser Beziehung ganz dem Sinne seines Onkels gemäß, das Studium der Jurisprudenz nur als das Mittel, bald Brod zu erwerben, und bald aus dem großmütterlichen Hause zu kommen. Mit ganzer Seele gehörte er den Kün= sten an. Was mit diesen oder mit der Brodwissen= schaft nicht in unmittelbarer Berührung stand, das kümmerte ihn nicht. Geradewegs ging er auf sein Ziel los. Ihm blieben daher auch die Kantschen Vorlesungen fremd, von denen er unverholen zu= gab, daß er sie nicht verstehe, wiewohl die Sitte je= ner Zeit es forderte, daß jeder eben aus der Schule Entlassene, seinen Cursus mit Logik, Methaphysik und Moralphilosophie bei Kant anfangen mußte, wenn gleich in den seltensten Fällen nur mit eini= gem Erfolg. Die verständlichsten von Kants Vor= lesungen, Anthropologie und physische Geographie wurden am wenigsten besucht.

Hippel nahm eine ganz andere Richtung, trieb auch allerlei Humaniora. Zudem hatte er Umgang

mit Staten, die für Genschmäßten galten, focht und
ritt viel. Diesem allem war Hoffmann besonders
entgegen, der Körper galt ihm nur, den Geist in sich
zu nähren. Kaum gelang es zwei oder dreimal
dem Freunde, ihn auf ein Pferd zu bringen, und
noch liegt eine possirliche Beschreibung der Noth vor,
die er dabei ausgestanden.

Ihr Umgang beschränkte sich daher nur auf die
Besuche, die sie sich, ungezwungener als in den Schul-
jahren, fast täglich machten, oder auf gemeinschaftliche Spaziergänge.

Hoffmann besuchte übrigens mit gewissenhafter
Pünktlichkeit die Vorlesungen, und konnte für vorzüg-
lich fleißig gelten. Die ganze, ihm übrig bleibende
Zeit war den Künsten gewidmet.

In den Wintermonaten hatten die Freunde all-
wöchentlich, auch wohl eine Woche um die andere,
Abendzusammenkünfte, in welchen sie sich gegenseitig bei einer Flasche Wein, die gewöhnlich für den
ganzen Abend hinreichte, von den vergangenen Tagen Rechenschaft ablegten, und mit einander ergötzten.
Meistens ward z. B. die Abrede strenge gehalten,
in gereimten Versen das Gespräch zu führen. Kein
Dritter erhielt Zutritt. Es waren dieß Stunden,
deren sich Hoffmann in der Reife seiner Jahre und
seines Ruhmes noch mit recht gemüthlicher Freude
erinnerte.

Bald aber trat ein Ereigniß in sein Leben, welches auf das tiefste in die Geschichte seines Innern
eingreifend, ihn schnell, und über sein Alter hinaus,

2 *

entwickelte. Es umfaßt die letzte Zeit seiner Univer-
sitäts-, und die erste seiner Dienstjahre. Ein reizen-
des weibliches Wesen, voll Sinn und Gefühl für die
Kunst, aber in äußern Verhältnissen, die eine un-
übersteigliche Kluft zwischen ihnen befestigten, schenkte
ihm ihre Neigung, und er gab sich ihr mit der vollen Lebendigkeit frischer Jugend hin. Als ihr Musiklehrer hatte er ihre Bekanntschaft gemacht, und
dabei ihr Herz gewonnen, das er sein nennen und
doch nie besitzen durfte; im täglichen Wiedersehen
lag das tägliche Scheiden, und in die Fülle des Genusses mischte sich die Gewißheit des sicheren Verlustes.

Er fühlte tief, wie sehr dieß Mißverhältniß an
seinen edelsten Kräften zehre, und verdankte er dieser Zeit gleich die vertraute Bekanntschaft mit der
Tiefe des menschlichen Herzens, die sich in seinen
Schriften wieder findet, und den feinen Sinn, der
weibliche Schönheit von weiblicher Reinheit so richtig zu unterscheiden wußte, und der ihn im Leben
sogar dann nicht verließ, als er sich selbst für gefallen erkannte, so brachte doch das Bewußtseyn seiner
Lage, wenn er dazu gelangte, eine Zerrissenheit in
seine Seele, deren Wunden bis an seinen Tod noch
kenntlich waren.

Augenscheinlich hatte die gewonnene Zeit auch die
Sehnsucht nach einer höheren Liebe und nach einem
Ideale von Freundschaft in ihm geboren. Beides
war ihm zu einem Bilde geworden, zu dem Höchsten, dessen seine Seele begehrte und bedurfte.

Nicht besser kann diese Stimmung Hoffmann's dargestellt werden, als durch die, diesem ersten Abschnitt beigefügten Briefe an seinen Hippel *). Sie enthalten die treue Geschichte seines Herzens und seiner Ausbildung für die Kunst.

In diese Zeit fällt übrigens auch der Anfang seiner schriftstellerischen Uebungen.

Es waren treffliche Sachen darunter. Er änderte manches genau nach dem Urtheil des Freundes, dem er, und sonst keinem, alles mittheilte. Von einem, in drei Bänden, ganz vollendeten Roman, Cornaro, erwartete er nicht nur einen Schriftstellernamen, sondern auch ein bedeutendes Honorar **). Er hatte das Manuscript einem Buchhändler übergeben, der ihn nicht ohne Hoffnung gelassen. Ein halbes Jahr später erhielt er es, beschmutzt, mit den Worten zurück, daß die Anonymität des Verfassers ein Hinderniß des Druckes sey. Sein Verdruß darüber war ohne Gränzen. Dennoch begann er bald wieder an einem neuen Roman zu arbeiten ***).

Königsberg war in jener Zeit reich an trefflichen Köpfen, wie Kant, Kraus, Hamann, Hippel (der schon genannte Verfasser der Lebensläufe in aufsteigender Linie), Scheffner. — Es könnte scheinen, als ob diese einen Einfluß auf Hoffmanns Bil-

---

*) Dieser hatte damals Königsberg verlassen.

**) Siebenter Brief in den Beilagen.

***) Der Geheimnißvolle. 11ter und 18ter Brief in den Beilagen.

dung gehabt, doch war dem nicht also. Die Fami-
lienverhältnisse, in denen er lebte, mußten ihm jene
gefeierten Männer entfremden. Er konnte nicht i h r e
Bekanntschaft, und keiner von ihnen hatte Veranlassung, die s e i n i g e zu suchen. Von Kant war er
wahrscheinlich gar nicht, wenig nur von Kraus und
von Hippel gekannt, dem letztern war er auf eine
fast possirliche Art nahe gekommen. Hoffmann hatte
nämlich mit vieler Mühe zwei Bilder gemalt, deren
Gegenstand er aus der französischen Geschichte entlehnt. Er hielt sie für gelungen, und hoffte einen
Kenner zu finden, der sie ihm abkaufen sollte. Der
geheime Rath von Hippel galt dafür. Ihm beschloß
er sie zu zeigen, und hoffte damit noch zwei wichtige
Zwecke zu erreichen, Hippel näher bekannt und durch
ihn weiter empfohlen zu werden. Die Bilder wurden abgeschickt, und der Geber freundlich zu Hippel
beschieden, wo er — einen verbindlichen Dank erhielt; denn Hippel sah das Opfer der beiden unbedeutenden Bilder für die Huldigung eines jungen
Künstlers an, und würde es für eine Indiscretion
gehalten haben, einen Preis dafür zu bestimmen.

Hoffmann aber verdroß dieses Ende der heimlich eingeleiteten Sache, — er hatte die Bilder durch
den Bedienten seines Großonkels übersandt, — nicht
wenig *), die ihm übrigens manchen Spott des

---

*) In einem noch aufbewahrten Billet an den Freund, erzählt
er diesem die Geschichte und schließt mit den Worten: „Das
Resultat der ganzen Begebenheit ist nun nichts weiter, als
daß ich mit großem Aufwand von Zeit und Mühe mich lächerlich gemacht habe, und dieser Gedanke ist für mich jetzt
sehr erbaulich.“

Freundes, der die Eigenheiten seines Oheims sehr wohl kannte, zuzog. Uebrigens sah dieser das Verhältniß Hoffmann's zu dem Neffen, so peinlich er sonst über des letztern Umgang wachte, nicht ungern; Beweises genug, daß er Hoffmann erkannte und richtig zu würdigen verstand.

Scheffner, leiblich kurzsichtig, hat Hoffmann wohl nie gesehen. Diesem Fernsehenden dagegen war die lange, hagere, graue Gestalt, — Scheffner gieng nie anders als grau gekleidet — mit den Satyrzügen, ein Gegenstand mancher beißenden Bemerkung. Mittelbar aber mußte schon die Nähe so geistreicher Köpfe auf andere ähnliche Köpfe wirken. Der Knabe und der Jüngling erfuhr von ihrer Beschäftigung, ihrem Thun und Treiben, und fand darin lebendige Anregnng. So war Hoffmann mit seinem Freunde lange vorher, ehr Hippels Tod den Schleier der Anonymität lüftete, über den Verfasser der Lebensläufe ꝛc. einig. Auch war es kein geringer Fund für sie, als Hoffmann's Freund zufällig, mit einem, aus Scheffners Händen kommenden Buche, das corrigirte Manuscript eines einzelnen Gedichtes aus den Gedichten nach dem Leben — in der ersten Ausgabe Gedichte im Geschmacke Grecourts — erhalten, und so die Autorschaft Scheffners zur Gewißheit gebracht hatte, da das ganze seine Handschrift war. Ein Genuß, der dadurch verdoppelt wurde, daß ein strenger Sittenrichter, wie Scheffner dem Freunde immer nur bekannt geworden war, nun als Autor eines Buches wie dieses erschien. Nur solcher Funken bedurfte es, um in Köpfen, wie Hoffmann's, zu zünden.

Was seine äußern Verhältnisse betrifft, ist zunächst seiner ersten Prüfung, als Auscultator bei der damaligen Regierung (dem jetzigen Oberlandesgerichte) zu Königsberg zu erwähnen, die er am 22. Juli 1795 bestand. Fast lächerlich war die Furcht vor und nach derselben. Besonders quälte ihn das lange Ausbleiben seiner Bestätigung *). Weiterhin, als er andere Arbeiten mit den seinigen zu vergleichen lernte, faßte er mehr Vertrauen zu sich selbst.

Bei der großen Menge junger Männer, die mit ihm den Dienst lernten, war es in Königsberg nicht möglich, ihn so zu beschäftigen, wie er es in seiner Unruhe und seinem Drange nach Thätigkeit wünschte. Durch die Aeußerung darüber, mehr aber noch durch die Erkenntniß bewogen, daß er dem Verhältnisse in Königsberg, welches sein Herz ewig erregte und lähmte, entrissen werden müsse, richtete der Freund, der mittlerweile auch an einen andern Ort gezogen war, die dringende Bitte an ihn, ihm zu folgen, und an seiner Seite die Dienstlaufbahn zu vollenden.

Hoffmann ergriff den Gedanken, berieth ihn mit den Seinigen, und seine Entfernung ward beschlossen. Ein schwerer Kampf in seinem Innern war vorausgegangen. Die Arme der Liebe wollten ihn nicht

---

*) S. 10ter Brief. Er wurde erst am 29. September 1795 verpflichtet.

laſſen. Er ſelbſt ſchwankte, und verlangte, der Freund, der unterdeſſen unabhängig geworden, ſolle zu ihm zurückkehren. Dieſer, deſſen Geſchick es anders wollte, ſetzte der Heftigkeit der aufgeregteſten Leidenſchaft Beharrlichkeit und Ruhe entgegen, die jener aber als Kälte aufnahm und mit Vorwürfen lohnte.

Endlich im Juni 1796 riß ſich Hoffmann männ= lich von allen Ketten los, und gieng nicht zu dem Freunde, ſondern nach Glogau, um bei der dortigen Oberamtsregierung, wo ſein zweiter Oheim, der Bru= der des Juſtizraths, als Rath ſtand, ſeine Laufbahn fortzuſetzen.

Beilagen

zum

ersten Abschnitt.

1.

Dienstag den 7. Dezember 1794.

Dein lieber Brief, den ich heute erhielt, hat mir
vorzügliche Freude verursacht, denn ich schließe aus
demselben, daß jene wohlthätige Heiterkeit, die nur
allein uns das Schätzenswerthe des Lebens fühlen
läßt, sich auf deinen Geist hinabgesenkt, und das
nächtliche Geschwader finsterer Launen und martern-
der Vorstellungen verscheucht hat. — Vielleicht ist
auch ein Theil der süßen Schwärmerei, der Schöpferin mancher recht glücklichen Feierstunden, mit
verloren gegangen, und dir vielleicht also in dieser
Rücksicht ein hoher Genuß geraubt; du darfst aber
gewiß über diesen Verlust nicht trauern, denn dem
hohen geistigen Genuß fehlt insgeheim Dauer, und
unser Geist, unsere Phantasie fühlt eine widrige Er-
schlaffung, und wohl gar manchmal unser Herz eine

unbehagliche Leere, wenn er vorüber gegangen ist. Wir vertauschen also gern jenen hohen Genuß, den Schwärmerei verursachte, mit einem minder hohen, aber dauernden, der nur eine wohlthätige, wie mit Nachwehen verknüpfte, Empfindung in uns hervorbringt. — Sollten wirklich meine Briefe, durch das Gepräge eines frohen unbefangenen Geistes, daran Theil haben, so würde dieß Verdienst um dich, davon der Gedanke so sehr mit der Freundschaft, die ich gegen dich lebhaft empfinde, harmonirt, mich noch viel zufriedener und froher machen. — Daß du dich durch deine häufigen langen Briefe sehr bei Tante und Onkel, in Rücksicht der Freundschaft gegen mich, in Credit setzest, kann ich dir auch beiläufig sagen: Beide schließen aus kurzen Briefen auch auf kurze Freundschaft, mag übrigens vielleicht anthropologisch richtig seyn, nur muß denn doch wohl immer unterschieden werden, in wie fern es möglich oder nicht möglich war, lange Briefe zu schreiben. Uns beiden möchte es wohl nimmer möglich seyn, wenn kein Bote als Executor dasteht, und lauernd über die Schulter sieht, ob man nicht bald nach der Sandbüchse greifen wird, die er wohl gar schon in der Hand hält, um sie sogleich zu reichen, wenn er nur irgend die Begehr darnach in unsern Augen zu lesen glaubt. Daß ich dir so ganz im Gange der Rede eine Schilderung in nuce von deinem pausbäckigen, dickbeinigten Merkur gemacht habe, wirst du wohl sogleich geahnet haben; du kannst dir gar nicht denken, mit was für Bereitwilligkeit er Briefspediteur ist. Je dicker der Brief ist, den er mir bringt, desto freundlicher ist seine Miene, und als ich ihm heute das dicke Paquet gab, klingelte er mit den Augen, zog den Mund fast bis an die Ohren hinauf; und es erschallte ein dreimaliges feines hihi, so daß der arnau'sche *) Mäusekönig unmöglich harmonischer lachen kann.

— — — — — — — — —

Heute ist nicht Ball, sonst säße ich hier nicht und schrieb an Dich; — denken würde ich gewiß an dich eben so oft, denn gerade auf dem Ball misse ich dich ganz unendlich. — Man fühlt es nie so sehr, wie man sich daran gewöhnt hat, als bei solchen Fällen, wo der Drang nach Mittheilung stärker als gewöhnlich, ist. Dein Zufall, — man könnte ihn Ballkrampf — Chorikaspasma (χορικοσπασμα) nennen, ist also acht Tage zu früh gekommen. — Vermuthlich wird mir nun kein Ball behagen, denn alle meine Erwartungen, Hoffnungen, Wünsche, — alles, alles ist concentrirt in dem Gedanken: auf den 17ten ist Maskenball (Maschkerabeball sagen die Königsberger Poissarden). Mein sehnlicher Wunsch ist, daß wir beide, ich und du, spanisch sprechen könnten; spanische Billete kann ich wohl schreiben — aber sprechen — da hackts. — Lerne doch nur ja auf der Zither, — die Anfangsgründe auf dem Clavier! — Ueberwinde kleine Schwierigkeiten, du erndtest viel

---

*) Arnau ist ein Dorf bei Königsberg.

Vergnügen dafür ein. — Schreibe doch nur ja mit
jeder Gelegenheit, und rechne die Kürze meines
letzten Billets nicht mir, sondern deinem Merkur zu.
Lebe wohl! — Adieu, Adieu, Adieu!
Ewig dein Freund
H.

Masquerade
an H.

Schon hör' ich sie die schallenden Trompeten,
Ich hör' den süßen Ton von sanften Flöten;
Komm — eile — ihr lieblicher Schall
Lockt nicht vergebens uns zum Ball. —
Hinweg mit allem, was uns germanisirt,
Was uns vor bübischen Lauschern genirt.
Hinweg mit dem Zöpfchen —
Das Haar in wallende Locken frisirt,
Die leicht und zwanglos das Köpfchen
Umwehn — mit Tuberosenpomade parfümirt —
Der runde kleine Hut mit winkenden Federn garnirt,
Sitzt schief drauf, wie's einen Spanier ziert.
Wenn dann kein Argusauge es sieht,
Wirfst du über's schwarze Habit
Den feuerfarbenen Mantel.
Er sichert dich, glaub' mir, vor jedem Tarantel-
Stich, der dir heimlich zugedacht,
Und hüllt das Geheimniß in ewige Nacht.
Hier nimm die klingende Zither. —
Schon manches eiserne Gitter
Brach ihrer Accorde süße Harmonie,
Gemischt mit zärtlichen Minnesangs sanfter Melodie.
Wir treten in den hellen Tanzsaal hinein;
Fast jeden Durchgang versperren
Uns Haufen großnasigter Herren:
„Wer mag das seyn?"
Zischelt der eine dem andern ins Ohr.
Wir dringen mit spanischer Grandezza vor,

Und Domino's und Kotüi,
Und Herren aus Algier und Tripoli,
Und Schweden, Dänen, Israeliten,
Schweben hinweg vor unsern Schritten.
Da tanzen im bunten Gewühl,
Nach volltöniger Instrumente Spiel
Venezianer mit Griechinnen,
Und Herren, mit Bärten von Taft, mit holden Charitinnen.
Wer ist dieß Mädchen im weißen griech'schen Gewand,
Gegürtet nur einfach mit blauem, flatterndem Band?
Kunstlos umwallen
Den Schwanenhals, den weißen Nacken,
In üppiger Fülle die braunen Locken,
Und fallen
Auf den schwellenden Busen herab,
Frostigem Stoicismus ein ewiges Grab. —
Bald nähert, feierlichen Ganges,
Der Spanier sich ihr — er spricht ein Breites ein Langes
Von spanischem Nonsens ihr vor.
Sie neigt vertraulich ihr Ohr,
Um was zu verstehen, was er selbst nicht verstand.
Doch bald wird's deutlicher, er spielet
Manch' zärtlichen Ton auf seiner Zither, sie fühlet
Im sanften Drucke der Hand,
Wen ihr die neidische Larve verhüllt,
Und jeden Druck begünstigt ein holdes Verzeihen,
Ein leiser Gegendruck. — Von süßer Wonne erfüllt.
Schwebt, ach so innig, so warm,
Umschlungen von ihres zärtlichen Spaniers Arm,
Sie leicht durch die bunten staunenden Reihen.

—————

2.

Freitag den 12. December 1794.

Traure mit mir — traure mit den seufzenden
Jünglingen Königsbergs! — Klage um Morgen,

Mittag, Abend und Mitternacht. — Bald rührt sie dahin, und wird hinfort nicht mehr gesehen, — dahin ist die holde Tänzerin, Terpsichorens Liebling, Thaliens Busenfreundin; ein ungünstiges Schicksal entreißt sie uns, wenn wieder junges Grün die nackten Sträuche bedeckt, und wenn angenehme Zephire den Schnee von den Feldern hinweg gepustet haben werden, und wenn die Lerchen singen werden, — Mad. S. — Ihr Mann etablirt sich in **. Hinweg v. B. mit farbigen Röcken, — schwarz sey dein Gewand, bleich deine Wange, und melancholisch — thränenschwer dein Blick!

Ich mache ein Abschiedslied, wozu ein Schleifer die Musik ist — mit schwarzen Rändern will ich Exemplare austheilen in Ost, Süd, West und Nord. — — — — — — — — — — Was hältst du davon? — — — — — — —

— — — — — — — —

Wie stehts mit der Ottscanonisirung *)? — der Einfall ist vortrefflich, die Förmlichkeit ganz deiner reichhaltigen Inventionsgabe überlassen — ich dächte, eine kleine Glorie aus Goldpapier könnte nicht schaden, — und eine große Bouteille müßte unterstehen, als wenn der ganze Kerl herausgekrochen wäre. Um das Wunder vollkommen zu machen, müßte der Hals der Bouteille sehr eng seyn — eben ein pausbäckiger Engel, aus dessen Munde die Worte herauskommen: „Beugt eure Kniee, gottesfürchtige

---

*) Des Onkels Otto.

Wunderer — dieser Heilige thut seine Wunder im
Schlaf." — Zur sinnbildlichen Vorstellung seiner
wunderthätigen Kraft möchte ich folgendes Bild wäh=
len. — Ein Tisch mit vielen Bierkrügen, Bouteillen
und Gläsern. — Um denselben verschiedene besoffene
Kerls über einander gepurzelt — sie raufen sich —
schreien ꝛc. Unten die Unterschrift: heiliger St. Otto,
bitte für uns. — auf der andern Seite die Wirkung
des Gebets: — sie sitzen alle in anständigen Stel=
lungen in Schlafröcken auf bequemen Sesseln, und
schlafen.

Wenn ich sage, daß ich der ganzen Welt ein
tiefes Compliment mache, und dann ihr nichts weiter
als meinen diminutiven Zopf sehen lasse, so sage ich
nicht zu viel. — So isolirt, so abgesondert von Allen,
hab' ich seit meinen Studentenjahren noch nicht ge=
lebt. — Nur der spricht mich, der mich ausdrücklich
aufsucht, und dann gebe ich ihm zehn Minuten preis,
und damit Punktum; — ich glaube, daß ein Nicht=
kenner etwas Menschenscheues darin erblicken könnte,
er irrt sich aber ganz. Ich liebe die Menschen noch
so wie vorher. — Daß ich die wieder hasse, die mich
hassen; daß ich denen bei Gelegenheit einen Seiten=
hieb versetze, die mir einen zudachten, daß ich über
die lache, die lächerlich sind — das wird doch keiner
für Menschenhaß halten. — Alle meine Damenbe=
kanntschaften schränken sich auf ein paar Worte Ge=
spräch ein (eine ausgenommen), und weiter es aus=
zudehnen, habe ich auch bei keiner Lust — Schaden
hat mich vorsichtig und klug gemacht. — Erfahrung

hat mich gelehrt, daß viel reden und wenig handeln
das Prädikat eines Schwächlings ist; in den Fall
werde ich nicht kommen, daß dies mir zum Vorwurf
dienen soll. — Ich zeige mich wenig, weiche so viel
wie möglich jeder Sottise und auch jedem Maulaffen
aus, und so hoffe ich endlich mühsam zu dem Glück
zu gelangen, daß man mich zufrieden läßt. — Selbst
das Ballgehen, jetzt sowohl, als künftig en masque,
wird nach diesen Principien eingerichtet. — Die
Stimmung ist sonderbar — nur ein einziger paßte
für sie, und dieser einzige, der sie mit mir theilen
könnte, ist mir wenigstens auf eine Zeit lang entrissen — ich studire also jetzt die Kunst, in mir selbst
alles zu suchen, und glaube auch mit der Zeit in
mir zu finden, was mir nützen kann; — fern sey
es aber von mir, daß mein Herz nicht gleich empfänglich für jede äußere Mittheilung, für jedes
Gefühl bleiben sollte, denn nie muß der Kopf dem
Herzen schaden, nie muß aber auch das Herz mit
dem Kopfe davon laufen — das nenne ich Bildung!
— Vielleicht wird bald eine ähnliche Stimmung in
deiner Seele herrschen, und immer fester wird die
Harmonie der Gesinnungen das Band unserer Freundschaft knüpfen. — Reldenitz hat geschlossen — ich sitze
ein, und bin jetzt mit allem möglichen beschäftigt,
die Tage werden mir immer äußerst geschwind ver-
fließen. — Meine Laune ist jetzt meistentheils immer
froh, das wirst du auch wohl aus meinen muntern
Briefen schließen. — Jeden Abend sitze ich bis nach
12, oft bis nach 1 Uhr auf, und des Morgens stehe

ich um 8 Uhr auf. Diese Lebensart hat für mich so einen Anstrich von Behaglichkeit, der sie mich immer fortsetzen heißt. — Daß ich meine Inamorata so ganz mit all dem Gefühle liebe, dessen mein Herz fähig war, daran zweifle ich sehr, nichts wünsche ich aber weniger, als einen Gegenstand zu finden, der diese schlummernden Gefühle weckt — das würde meine behagliche Ruhe stören, würde mich aus meiner vielleicht imaginären Glückseligkeit herausreißen, und ich erschrecke schon, wenn ich nur an den Troß denke, der solch einem Gefühl auf den Fersen folgt; — da kommen — Seufzer — bange Sorgen — Unruhe — melancholische Träume — Verzweiflung ꝛc. — ich meide daher alles, was so etwas involviren könnte. — Zu jeder Empfindung für Cora zum Beispiel, habe ich gleich irgend eine komische Posse zur Sourdine, und die Saiten des Gefühls werden so gedämpft, daß man ihren Klang gar nicht hört. — Nicht viel besser als dein Exil werden meine Ferien seyn, d. h. ich werde immer einsitzen, und höchstens meine Inamorata sprechen, ich werde mich aber doch sehr amüsiren. — Unter andern male ich jetzt auch für sie zum Weihnachtsangebinde ein modernes Nähe-körbchen, dessen Beschreibung ich auf einen der künftigen Briefe erspare.

———

3.

Königsberg den 12. Jänner 1796.

Laß dich, lieber einziger Freund, das kleine Format meines Briefes nicht anfechten, ich wette, daß mancher, mit dem darauf geschriebenen, andert= halb Bogen füllen würde. Deine melancholische Stimmung, in der du die liebe Schwärmerei, die uns so manches mit Rosen bekränzt, was unbekränzt, unscheinbar und schlecht seyn würde, hinwünschest in das mitternächtliche Dunkel gänzlicher Vergessenheit und Entsagung, ist doch wieder Schwärmerei, nur etwas anders nüancirt, ich glaube, daß der Zustand gänzlicher Gefühllosigkeit und Vernichtung unserer selbst nur immer imaginär ist, denn die Wirklichkeit möchte immer doch zu dem unglückseligsten gehören, was unsern Geist treffen kann. Frei zu seyn, so viel wie möglich, von den wirksamen Eindrücken unserer Ereignisse, bestimmt den Begriff des Philo= sophen; doch dahin zu kommen zu dieser hohen Stufe gänzlicher Apathie, wäre für mich wenigstens nicht Glück. Es gibt so viele Kleinigkeiten, worin sich so gern unser Geist hängt, und in denen ein hoher moralischer Genuß versteckt liegt — für jeden sind diese Kleinigkeiten da, und auf jedem beruht es, durch eine gewisse Art sorgfältiger Ausbildung, sich dafür empfänglich zu machen. — So lange wir uns nicht entkörpern, und unsere Sinne nicht scheiden können von unserm Geist, müssen wir die Schwär= merei nicht von uns verscheuchen. — Sie ist uns

das, was einem Gemälde das Colorit ist — sie er=
höht jede Idee, die unsern Geist beschäftigt, sie ver=
breitet über uns bei jedem Gedanken von Glück eine
wohlthätige Empfindung eines sanften Entzückens;
Freundschaft und Liebe (nicht Liebe und Freund=
schaft) erhalten nur durch sie ihren Werth. — Und
sage noch überdieß: — jede große Handlung, die
je geschah — war nur das Motiv Patriotismus,
Freundschaft 2c.? sage — bewirkt nicht immer Schwär=
merei dieselbe? — Denn diese tritt sogleich ein, wo
kalte ruhige Ueberlegung aufhört. — Wozu diese
ganze Lobrede; — ich appellire an dein inneres
Gefühl und deine innere Ueberzeugung.

Dein Trauerspiel wird schön; vorzüglich haben
mir, mit Arnolph gesprochen, die 3000 Janitscharen
sehr charmerirt; dieser Arnolph ist Pferdehändler,
und gibt sich für einen Grafen aus, wurde ausge=
pfiffen und wieder zu Gnaden angenommen. Künftig
ein mehreres davon!

Zum größten Glück in meinem Leben würde ich
rechnen, wenn mich ein günstiges Schicksal ganz mit
dir vereinte. — Ist mein Käfig gleich golden, so
ist's doch ein Käfig, und keiner kann mir das Schnap=
pen nach Freiheit verargen. — Solche Abende, wie
der neuliche, das sind herrliche Abende, die auf mein
Ganzes einen immerwährenden Eindruck machen. —
Hast du den Herbsttag von Iffland gelesen? — ich
kann mir keine herrlicheren Scenen denken, als die
des Licentiaten Wanner und des Selbert, wo sie
sich ihrer froh durchlebten Universitätsjahre erinnern.

— Sollte dies nicht einst bei uns der Fall seyn? —
Der Rückblick in vergangene frohe Zeiten gewährt
einen hohen geistigen Genuß. — — — —

Die schöne Tochter Graziens empfiehlt sich dir,
ich begegnete ihr am Schloßberg; — sie sprach von
dir, und frug ängstlich, ob du weit gereist wärst,
und wenn du zurückkommen würdest; — ich drückte
ihr die Hand, zuckte mit den Achseln, und sagte,
daß ich Briefe auf Briefe an dich schriebe, um dich
an meine Brust zu locken — aber: er ist jetzt in
Ober=Italien, und will über den Vesuv nach der
Schweiz, von da setzt er über die Weichsel nach
Asturien, von wo er über die Schneekoppe nach
Dresden gehen wird; — eben hat er auch einen
Ruf nach Constantinopel erhalten, der Großsultan
will testiren, und da soll er das Siegel aufdrücken.
Leb wohl, Leb wohl!

Adieu!

4.

Königsberg den 19. Februar 1795.

Vergebens habe ich seit Dienstag auf eine Ge=
legenheit und auf Briefe von dir gewartet. Ent=
weder du bist zu sehr mit dem beschäftigt, was den
Menschen am meisten zerstreut, oder du willst dich
allmählig schon selbst von meinem schriftlichen Um=
gange abgewöhnen, um in desto ungestörterer Ruhe
und Zufriedenheit in M. leben zu können. Meine

neue Lectüre ist jetzt der Genius von Große *). Mit einer Art von Geistererhebung lese ich die schwär= merischen Schilderungen der Glückseligkeit, den Um= gang eines innig vertrauten Freundes genießen zu können. — Unbemerkt entschlüpften die Ideen aus dem Buche, und eigene traten an ihre Stelle, — ich sann nach über meinen Zustand. — Die Ahn= dung, bald alles zu verlieren, was mich hier noch fesselt, gemischt mit einer bangen Empfindung, brachte mich außer mir, — ich warf das Buch weg, und ich glaube, Thränen hätten meine Augen gefüllt, wenn mir diese die Natur nicht fast ganz versagt hätte. Du ziehst davon mit leichtem, frohem Her= zen, du wünschest mit Sehnsucht den Augenblick des Abschiedes heran, uneingedenk, daß mich dein Ver= lust im Innersten schmerzt. Du sagtest es mir neu= lich gerade so ganz ohne Schonung, — und andere mächtige Ideen und Empfindungen, die gerade bei dir rege geworden waren, ließen es nicht zu, daß du die übertriebene Lustigkeit von meiner Seite be= merken konntest, ich danke es dem S. und seinem spanischen steifen Zopf; denn diese bemäntelten recht gut, was ich eben dir nicht zeigen wollte. — Willst du mir noch eine Freundschaft thun, ehe du mich auf immer verläſſest, — denn ich fühle es, wir sehen uns dann nie wieder, — so schaffe mir das Por= trait deiner Mutter, ich will es für dich copiren. Doch muß ich freilich fragen, ob du mich für ge=

*) Ein Buch, für das er noch große Vorliebe in Bamberg hegte, und wiederholt las.

schickt genug dazu hältst; — ob ich mich selbst malen
werde, weiß ich noch nicht. Das hängt von dir ab.

Es war ein schöner Abend, an dem ich den
letzten Theil des Genius las, — meine Phantasie
hatte einen Festtag. — Es war eilf Uhr, als ich
das Buch aus der Hand legte. — Das Aufwallen
von unzähligen Leidenschaften hat meinen Geist in
eine Art von matter Betäubung gesenkt. — Mir
war wirklich sehr wohl; — die traurigen Bilder
der kummervollen Tage der Vergangenheit traten
zurück in Schatten, und süße Träume einer froheren
Zukunft umnebelten meine Sinne. — F.... R.
E. — wichen ganz aus meinem Gedächtniß, — aus
ihnen schmolz ein Ideal zusammen, und dies Ideal
war sie, — eine neue Schöpfung hatte sie her=
vorgebracht, — gereinigt von den irdischen Verbin=
dungen, schwebte sie mir entgegen im himmlischen
Glanze; — ich sah sie, ich fühlte sie, ich hörte ihre
Stimme; — sie kam mir entgegen, sie bot mir ei=
nen Kranz, geflochten von Myrthen und Rosen. —
Es war ein schönes Bild, das mir meine Phantasie
vorzauberte. In einem Zustande, der gleich weit
vom Wachen und Schlafen entfernt ist, lag ich auf
meinem Bette, — ein Knistern weckte mich, — eine
schneidende Zugluft durchwehte meine Stube — ich
sah auch meinen Genius, — ach es war nicht Ama=
nuel! — — Mich verläßt alles. — Auch sie wird
mich verlassen; — bald naht sich ein kritischer Zeit=
punkt, der sie mir vielleicht auf immer entrückt.
Ich glaubte durch dich, durch deinen Umgang, man=

cher Last mich zu entledigen, die mich zentnerschwer
drückt, aber das ist alles jetzt vorbei.

Glaube mir, daß es lange nicht so schmerzhaft
ist, alles zu verlassen, wie von allem verlassen zu
werden. — Schlaf wohl!

5.

Montag Abends um halb eilf Uhr
den 23. Februar 1795.

Wenn du nach Königsberg kommst, ist's nicht
anders, als wenn mir einmal ein guter Geist er=
scheint, der sogleich verschwindet, wenn ich mich seiner
Gegenwart erfreuen will. — Ich freute mich auf den
heutigen Nachmittag, und verbrachte ihn — miß=
launigt und langweilig. Noch nie in meinem Leben
ist mir der Zwang, den mir die Gegenwart eines
dritten auflegt, lästiger gewesen. — Jetzt bin ich
froh; das macht, ich rufe ein Bild meiner Phantasie
zurück, das mir schon einige süße Stunden verschafft
hat; — höre meinen Traum, — nur halb so lebhaft
därfst du das Frohe dabei empfinden, als ich, und
doch wirst du mit Vergnügen bei diesem Ideal ein=
fachen Glücks verweilen. — Bald kommt der Früh=
ling, und bald folgt der Sommer; — statt nach
M. zu gehen, bleibst du noch den Sommer über in
Arnau, — du siehst die wiederauflebende Natur, —
jedes emporkeimende Gräschen, jede schwellende
Knospe enthüllt für dich den Geist des Lebens. —

Du athmest freier in der gereinigten Luft, — dein Kummer verläßt dich, — das allgemeine Streben und Weben heitert deinen Sinn, und gibt deinem Geiste wieder die gehörige Spannkraft. — Bald naht sich die angenehmste Zeit; — ich komme zu dir heraus, — nicht auf einen Tag, — nein, ein paar Wochen bringe ich bei dir zu. Unsere Zeit ist auf das angenehmste vertheilt; — Studiren — Spazierengehen — Unterhaltung wechselt in bestimmter Ordnung ab. — Beide haben wir dann einen gemeinschaftlichen Zweck; — die Harmonie unserer Seelen schafft uns die angenehmsten Stunden. — Fern von alle dem, was uns kränkt und ärgert, fühlen wir uns erhaben und groß über alle die Schnurpfeifereien übelgelaunter Despoten. — O mein Freund, — ich kann es dir nicht sagen, wie viel kleine unmerkbare Nüancen unsers Vergnügens sich meinem Geist darstellen, wenn ich mir dies Leben denke, — das Landleben an der Seite eines Freundes hat für mich einen mächtigen Reiz. — Wie so sehr sympathisiren wir, — ich glaube, die paar Wochen machten mich froh und gesund. — Mein Klavier müßte mit, — mein Malkasten und einige ausgewählte Bücher allenfalls, — wie so manches würde uns, als Erzeugniß jener glücklichen Stunden, noch nach Jahren an die süße Vergangenheit erinnern! Mit einer Art Geisteserhebung denk' ich daran, — es ist, als rauschte plötzlich ein düsterer Vorhang auf, und ich blickte in ein Elysium. — Wie so manche Schwärmereien würden uns da be-

schäftigen; — welche große Entschlüsse würden wir
fassen! — Ich muß dir sagen, daß ich jetzt wieder
anfange, anders zu werden. Mein Geist hat wieder
jenen wohlthätigen Schwung bekommen, der zu Hand=
lungen, die nicht von elenden Kleinigkeiten abhän=
gen, unumgänglich nöthig ist; — Pläne hab' ich, —
feste, unwandelbare Entschlüsse reifen in meiner Seele.

Mein Sommeraufenthalt in Arnau kann nur
Traum bleiben, deinetwegen, das gesteh' ich, aber
schon als Traum ist er so wohlthätig für mich; was
wäre nicht erst die Wirklichkeit! — ach, Freund!
daß wir nicht können wie wir wollen, — da liegts!
O süße Wonnezeit des Rosenmondes, — für mich
werden die Rosen nicht blühen, — umsonst wehen
mit leichten Fittigen Zephyre mir deine balsamischen
Düfte zu! Einsam ohne Freund, — ohne Geliebte,
wird jede Stunde neuer Gram mein Herz durch=
bohren. — Nimm diesen Stoßseufzer nicht als Spaß auf.

Dienstag den 24. Febr. 1795.

Wenn ich sage, daß du mich mehr interessirst, —
Bester, daß du mir mehr am Herzen liegst, als alles
Uebrige in der Welt, daß ich alles aufopfern möchte,
um dir zu folgen, um mit dir zusammen den gan=
zen Umfang des beseligenden Glückes der Freund=
schaft genießen zu können, dann sage ich dir eine
heilige, unzählbar oft empfundene, durch keine unedle
Einwirkung entweihte Wahrheit. — Wir sind für
einander geboren. — Laß' uns auch das Schicksal
auseinander reißen, unsere Herzen trennen sich nie,

— vielleicht gelangen wir einmal beide, nach langem Herumirren, in einen sichern Hafen, — das Ziel aller unserer Wünsche, unserer Hoffnungen winkt uns entgegen, wir eilen und treffen zusammen, da, wo sich alles Trübe aufheitert, wo Freuden, oft gedacht, oft gewünscht, und nie empfunden, unser harren; — dieß Feuer für dich wird in meinem Busen nie erkalten, und ich bin stolz darauf, von dir dasselbe erwarten zu können.

Mein Lieblingswunsch ist jetzt, bald deine Mutter, und wenn's möglich ist, auch den geheimen Rath malen zu können. — Mein Lieblingstraum, der Sommeraufenthalt in Arnau; ich sehe mich schon in gelben Hosen, aufgeschnallten Stiefeln, einem grünen Kollet mit schwarzsammtnem Koller, und kleinen Aufschlägen, und einem runden Hute, auf einem Klepper im schönen Sommerwetter herumtraben, und dich mit übereinander geschlagenen Armen stehen, — und Abends in den Mond sehen, — in Stoßseufzern zärtlichen Inhalts wechseln wir beide, — ich klage, du seufzest, — am Ende kommt's uns beiden possierlich vor, — lachend und schäkernd gehen wir zu Bette, — um — noch eine Stunde zu plaudern, — dir wird zu warm, du stehst auf, ich hinterdrein, so kommt die Mitternacht heran, — bis wir beide vor Schlaf nicht mehr lallen können, — wir wünschen uns gähnend eine gute Nacht, — schlafen schön, und träumen noch schöner. — Deinen Vater hab' ich oft mit Vergnügen meine kleine Rondos und Lieder spielen hören, — ich hab' eine Romanze auf

die ruſſiſche Kaiſerin *) gemacht, — das, und die
Arien aus Lilla, gefällt ihm am beſten, das muß
ich öfters wiederholen. — Er läßt ſich endlich be=
wegen, ein Liedchen auf der Zither zu ſpielen, —
ich accompagnire auf dem Klavier, — und denk' zu=
letzt, ich bin in Spanien, und du brummſt dazu, und
ſchläfſt endlich gar ein. — Iſt gut, daß hier das
Blatt zu Ende iſt, ſonſt würde ich dich noch mehr
ermüden. — Adieu!

6

Sonnabend den 29. Februar 1795. Abends.

Dein lieber Brief hat meine Stimmung ſehr
geändert. — Lieber, einzig theurer Freund! — ich
bedaure dich, ich fühle tief in meinem Herzen dein
Unglück. — Innig vertraut mit manchen geheimen
Motiven deines Schmerzes empfinde ich alles mit
dir. — Du biſt mir viel, — mehr; als alles Uebrige
in der Welt. Wärmer noch ſchlägt mein Herz für
deine Freundſchaft, als für jene ſo unglückliche Liebe,
denn unglücklich iſt ſie auch auf alle Fälle. Ich las
deine warmen Verſicherungen deiner Freundſchaft, —
in innige Wehmuth zerfloß mein Herz, und ich ver=
ſank, den Brief in der Hand, in eine ſtille ſchwär=
meriſche Verzückung, — ich liebe dich, — ich bete
dich an, — du biſt der Einzige, der die innern Re=

---

*) Der würdige Alte war ein unbedingter Verehrer dieſer gro=
ßen Regentin.

gungen meines Herzens versteht, — dessen ganze
Seele sich so sanft der meinigen anschmiegt. Ach
wie unauslöschbar in meinem Gedächtniß und in
meinem Herzen sind jene Abende eingeprägt, die ein
wohlthätiges Licht über meinen ganzen Charakter
verbreiteten! — Mit dir ziehe ich gern in eine Ein=
öde, — ich verlange dann Keinen mehr zu sehen,
Keinen zu hören, als dich. Verscheuche doch deine
trüben Vorstellungen immerwährenden Unglücks, und
könnt' ich sie verscheuchen, das wäre mehr, als die
feurigsten Wünsche erflehen können, — ach wie gern
eilt' ich zu dir, — bald, — und verlebte die paar
Wochen mit dir noch ungestört und glücklich, — das
wäre ein heiterer Sonnenblick nach vielen trüben
Tagen. Meine J. werde ich vermuthlich gar nicht
mehr, oder doch zum wenigsten so bald nicht spre=
chen. — — — Freund, — innig Geliebter, — ich
sag's dir feierlich und ernst. — Gern opfere ich die
Geliebte und alles, wenn ich mir dich erhalten könnte,
— wie gern folgt' ich dir nach M! — Pläne durch=
kreuzen meine Seele, neue Vorsätze und Entschlie=
ßungen brüten in meinem Gehirn. — Für dich
möcht' ich, mit froher Miene, mein ganzes scheinba=
res Glück aufopfern, um dir unwandelbar zugesellt,
des einzigen, für mich wahrhaften Glückes zu ge=
nießen. — — — — — — —
— — — — — — —

Sollte ich doch unglücklich den niedern Kabalen un=
terliegen, so habe ich dich noch, — du wirst mich
nie vergessen. — Alles kann man mir rauben, aber

dich nicht, — und mir nicht mein eigenes Selbst. —
Meine Unschuld wird mich trösten. — Arm und
hilflos werde ich nie seyn; — immer findet sich doch
wohl eine Wand, die ich bepinseln, und Papier, das
ich beschreiben kann. Item es hilft! war der Wahlspruch eines meiner Vorfahren, und nach diesem
Wahlspruch bin ich erzogen. Sollte gar mein Leben
in Gefahr kommen, so verlaß' ich mich auf meinen
Muth, der mir Anschläge geben und meine Kräfte
stärken wird. Sollte ich endlich doch ein Opfer seiner unverzeihlichen Bosheit werden, so weine deinem Freunde eine mitleidige Zähre, und sey der
Vollführer einiger kleiner Anordnungen, die du in
einem kleinen Archiv in meinem Kasten aufgezeichnet
finden wirst. Das ganze Archiv gehört dir, es wird
dir manches darin interessant seyn. Du wirst sogar
in der Schrift die kalte Ruhe und Gelassenheit bemerken, womit ich dir dieses schreibe.

Freund, welche Seligkeit liegt in dem Gedanken, mit dir vereint, allen, gewiß infamen Verhältnissen auf ewig entsagen zu können, und du glaubst
einen Augenblick, sie könne mich zurückhalten, dir
zu folgen? O wie so unwürdig meiner innigen
Freundschaft gegen dich wäre dieß! — Nein, selbst
bei der glücklichsten, ungestörtesten Ruhe hätte sie
mich nie zurückgehalten! — Du siehst, lieber Freund,
daß auch ich meine besondere Art Unglück habe, und
daß meine Lage nicht beneidenswerth ist. — Wir
werden durch alles mögliche verbunden, — wir sind
Unglücksbrüder, — du wirst einen mächtigen Un-

terſchied zwiſchen unſerm Unglücke finden; aber glaube
mir, am Ende kommt alles auf eins heraus.

Für heute muß ich die mir ſo liebe Unterhal=
tung mit dir aufgeben, die Tante fordert mich auf,
ihr noch einige meiner „Gedanken über Vieles“ mit=
zutheilen, — ich muß ihrem Verlangen Genüge lei=
ſten. — Schlaf wohl, lieber, einzig theurer Freund,
— ſüße Träume, reizende Bilder einer frohen Zu=
kunft mögen dich umgaukeln, — geiſterartig walle
bei dir vorüber der Genius deiner dir Lieben! —
Fühlſt du ein ſanftes Säuſeln der Lüfte, ein leiſes
Hin= und Herwehen, ein Flüſtern gleich dem mur=
melnden Geräuſch eines fernen Baches, ſo iſt's mein
Genius, der dich umſchwebt, — denn alle Nächte
bin ich bei dir, — dich und ſie, öfters noch dich
allein, ſeh', hör' und fühl' ich in langen Träumen.
Schlaf wohl!

Morgen noch ein mehreres, und der weitere
Erfolg des häßlichen Vorgangs *).

Sonntag Abends.

Ich komme eben von einer kleinen Fête, zu der
man mich geladen hatte, — da war ich geſchwätzig,
— altklug bei den Alten, — galant bei den Damen,
— und im Grunde ſo einſam, als wär' ich in eine
Einöde verſetzt geweſen. — Eine kleine Unterhaltung
mit dir ſoll mich ſchadlos halten, und mir noch vor
Schlafengehen einige frohe Augenblicke machen.

---

*) Ein Rencontre mit einem Nebenbuhler.

_ _ _ _ _ _ _ _ _ _
_ _ _ _ _ _ _ _ _ _

Mein sehnlichster Wunsch ist, dich morgen zu spre=
chen. Denke an den schönen Traum, begeistere dich
damit, so wie ich — ach nur zwei Wochen wollt'
ich glücklich seyn. Denk' an das Portrait deiner
Mutter! Denk' an deinen, ewig deinen

H.

7.

Mittwoch den 4. Merz 1795.

Lieber, theurer Freund!

Es ist sehr gut, daß heute keine Gelegenheit
kam, ich hätte sie, ohne an dich geschrieben zu haben,
wieder fortgehen lassen müssen. Wir hängen nie
von uns selbst ab; unnennbare Kleinigkeiten, die
fest miteinander verknüpft sind, eine Reihe von Vor=
fällen, Zerstreuungen mannigfacher Art, halten uns
oft von Beschäftigungen ab, die uns doch so sehr am
Herzen liegen. — Ich bin nicht eher ruhig, bis ich
an meinem Maltisch sitze, und das Portrait deiner
Mutter vor mir habe, — die Idee, dir einmal einen
kleinen Freundschaftsdienst thun zu können, setzt mich
in eine Art von Enthusiasmus, ich brenne vor Be=
gierde, für dich viel zu thun, daher ergreife ich eif=
rig jede Gelegenheit, wenigstens etwas thun zu kön=

nen. Das Bild wird mir gewiß gut gerathen, denn
ich werde con amore arbeiten. — Willst du auch
deinen Onkel von mir copiren lassen? Sprich ein
einziges Wort, und du wirst mir lebhafte Freude
verursachen.

Den Don Juan habe ich jetzt auch eigenthüm=
lich, er macht mir manche selige Stunden, ich fange
an, jetzt mehr und mehr Mozarts wahrhaft großen
Geist in der Composition zu durchschauen; du sollst
gar nicht glauben, wie viel neue Schönheiten sich
dem Ohr des Spielers entwickeln, wenn er auch
nicht die geringste Kleinigkeit vorüber schlüpfen läßt,
und mit einer Art von tiefem Studium zu jedem
einzelnen Takt den gehörigen Ausdruck sucht. Das
Anschwellen von sanfter Melodie, bis zum Rau=
schenden, bis zum Erschütternden des Donners. Die
sanften Klagetöne, der Ausbruch der wüthendsten
Verzweiflung, — das Majestätische, das Edle des
Helden, die Angst des Verbrechers, — das Abwech=
seln der Leidenschaften in seiner Seele, alles dieses
findest du in dieser einzigen Musik — sie ist umfas=
send, und zeigt dir den Geist des Componisten in
allen möglichen Modifikationen. Noch sechs Wochen
wollte ich Don Juan studieren, und dir ihn dann
auf einem englischen Fortepiano vorspielen, — wahr=
haftig, Freund, du säßest still und ruhig von vorne
an bis zum Ende, und würdest ihn noch viele Zeit
in deinem, noch dazu unmusikalischen Gehirn behal=
ten. Denn da würdest du noch mehr die Schönheit

3 **

fühlen, wie in der Comödie; man ist da viel zu zer=
streut, um alles gehörig zu bemerken.

Wenn du Montag herkommst, so bitte ich dich
auf das inständigste, du thust deinem Freunde, der
dich innig und zärtlich liebt, einen Gefallen, der ihn sehr
glücklich macht. Fahre früh aus, daß du schon um
zehn Uhr hier bist, komme gleich zu mir, dann kannst
du bis halb 1 Uhr bei mir bleiben. Wenigstens et=
was mußt du aus Don Juan hören. Fürchte dich
nicht vor meinem Singen, ich werde schon meine
Stimme so moduliren, daß sie dir nicht unangenehm
seyn soll.

Lebe wohl, lieber Herzensjunge, behalte mich lieb!
Montag sprech ich dich doch gewiß?

8.

Freitag den 1. Mai 1795.

— — — — — — — — — — —
— — — — — — — — — —

Mein physisches Uebel kam auch wieder. — Es be=
steht in Migraine, Unwohlseyn und einem entsetzli=
chen Nasenbluten, — die vorige Nacht blutete ich
anderthalb Stunden, — heute schon wieder, obgleich
nicht so lange, — vorgestern befürchtete ich einen
Blutsturz. — Mir wurde so weh, und so halb ohn=
mächtig, ich weiß selbst nicht wie. — Motion hilft
mir, — ich befinde mich besser darnach. — Wenn

ich nur wüßte, daß es deinem Vater lieb wäre, würde ich künftige Woche einen Tag Morgens zu Fuß herauskommen, und allenfalls, um den Abend zu genießen, erst auf den andern Morgen früh meine Retour nehmen, ich denke immer, ich habe einen Künstlerkörper, d. h. er wird bald gar nicht zu brauchen seyn, und ich werde mich empfehlen, ohne ihn mitzunehmen.

Mein moralisches Uebel kennst du. — — —

— — — — —

Seitdem du in A. bist, bin ich wirklich hier mitten im größten Gewühl sehr verlassen, — ich bin ein Anachoret, als wenn ich auf Formentera wäre. — Wie du noch hier warst, war es anders. — Wärst du und der Bruder nicht damals hier gewesen, — Himmel wo wäre ich jetzt! — ich werde noch zur Verzweiflung kommen über die gänsedummen Bocks= sprünge des gemeinen maulaffenden Pöbels, — ich ergreife den Stab! — Siehe nur, unser Uebel ist entgegengesetzt, du hattest zu viel Phantasie; ich habe zu viel Wirklichkeit.

Meine beste Stunde im Tage ist Abends um 10 Uhr, wo ich gewöhnlich zu Bette gehe, — ich werde jetzt schlafen, denk ich dann, und schlafe wirk= lich ein. —

Ich werde dich am Sonntag mit Sehnsucht er= warten, komm doch nur gewiß. — — — —

— — — — —

Du glaubst gar nicht, wie mich dieses quält — auch mein Schicksal, meine Bestimmung. — Das Studi=

ren geht langsam und traurig — ich muß mich zwingen, ein Jurist zu werden.

Wenn ich doch eine Hackert'sche Mondgegend hätte! — Leb' wohl! —

Denk' an mich!

9.

Du erhältst — lieber Freund — Dank sey's meinen schöpferischen Federposen, schon wieder zwei Bogen des Cornaro. — Der Titel ist jetzt so bestimmt:

CORNARO
Memoiren des Grafen Julius von S.
geschrieben
in den Frühlingsmonden des Jahres 1795.

Rezensire doch recht genau, und unterstreiche etwaige Wiederholungen in dem Ausdruck und in den Ideen. Ich glaube, daß das Werkchen bald zu 16 Bogen, als die bestimmte Anzahl des ersten Theiles, anwachsen wird, — ich schreibe jeden Abend recht con amore daran. — Schick' mir doch nur ja auch etwas von deinen Arbeiten — du wirst finden, daß ich ziemlich genau den Gang einer gewissen Geschichte beibehalte. — Der Lärm in den ersten Bogen ist nicht ohne Ursache. — Erst im zweiten Theile erklärt sich's.

Was machst du denn? — Wie lebst du? Wenn du mißvergnügt bist, so fang' nur an, einen Roman zu schreiben, das ist gute Medicin. — Ich habe gestern auf dem Kneiphöf'schen Hofe Grauns Tod Jesu mit einer Empfindung, die ich dir nicht beschreiben kann, aufführen hören. — Es war sehr voll geputzter Damen — B. K. D. — Ich sprach einige Worte mit i h r, und stellte mich dann in einen einsamen Winkel, um ganz die Musik zu genießen. — Es sangen: 1) Baß, D. S. B. — 2) Tenor, Z. A. G. L. — 3) Diskant, die W. A. und Z. Die Arie — ihr weichgeschaffenen Seelen — eine der schönsten im ganzen Oratorium — sang J. mit einer Empfindung, die manchem schönen Auge Thränen auspreßte, mir Thränenlosem aber tiefe Seufzer — das feierlich Pathetische der Choräle drang durch Mark und Bein; — da wär' ich gern gestorben. — Die W. sang das Gethsemane, das erste Recitativ und die darauf folgende Arie, mit einem Ausdruck sanften wehmuthsvollen Gefühls, — ihr Gesicht paßte zu dem, was sie sang. — Alle Sänger und Sängerinnen waren schwarz; — hättest du doch die Musik gehört! — Leb' wohl, lieber, theuren Freund, denk' oft an

Deinen

H.

10.

Lieber, einziger, theuerster Freund!

Eine Unterhaltung mit dir, wenn sie auch nur
schriftlich seyn kann, wird mich gewiß heitrer stim=
men. — Noch nie, noch nie habe ich deinen Verlust
lebhafter gefühlt, als in den heutigen Abendstunden.
Die Wunden, welche schon fast ganz geheilt waren,
sind durch neue Vorfälle wieder aufgerissen — und
ich zweifle nicht länger an ihrer Unheilbarkeit. —
Dir, dir allein kann ich's nur sagen, was ich em=
pfinde. — — — — — — — — — Als
ich die Nachricht bekam, daß alles wieder bei'm Al=
ten wäre, daß alle Scenen erneuert würden, griff
ich mechanisch nach Hut und Stock; als ich mich
einigermaßen besann, stand ich am Rollberge, und
hatte den Drücker an der Thüre deiner vormaligen
Wohnung in der Hand. — Vergebens würde ich
dir meine Empfindung schildern — eine helle Thräne
stand in meinem Auge — das will bei mir viel sa=
gen! — Ich fühlte eine schreckliche Leere in meinem
Herzen. — Keiner — keiner, dem ich's klagen
könnte! Was wir uns waren — ich bin stolz dar=
auf, es frei sagen zu können — du findest mich auch
nicht zum zweitenmal. — Von dir find' ich keinen
Schatten. — Ich kann das nun schon für den Tod
nicht leiden, die Bekanntschaften — wenn man sie
Freundschaft nennt. — Eine gewisse Person war so

stockfischmäßig dumm, mir mit dem plumpesten An=
stande zu sagen: ja freilich, er ist fort, du wirst dir
einen andern Freund zulegen müssen. — Wer diese
Person war, wirst du an dem Gemälde leicht erken=
nen. — Mein Schicksal ist traurig; eben in dem
Zeitpunkt, wo ich den ganzen Umfang des Glücks
fühle, das ich genießen könnte — gerade dann stehe
ich in Gefahr, es auf immer zu verlieren. — Ich
müßte verzweifeln ohne mein Pianoforte — dieß
schafft mir, mitten in dem Sturm von tausend quä=
lenden Gefühlen, noch Trost. — Es ist, als um=
schwebte mich ein friedlicher tröstender Genius, wenn
ich zuletzt, halb berauscht von den ungebundenen,
nie wiederkehrenden Gängen meiner Phantasie, mich
ganz in mich selbst verliere. Da habe ich jetzt den
I. — ich bin ihm sehr gut, ein anderer Geist scheint
ihn zu beleben, wenn er die Violine nimmt, — aber
übrigens — nein, so etwas ist einzig, wir hätten
uns nie trennen sollen. — — — — —
— — — Und nun! — Laß mich hier ein Gleich=
niß von meiner lieben Musik borgen. — Denke dir
eine Symphonie, gespielt von den größten Virtuo=
sen, auf den vollkommensten Instrumenten, denke
dir die schmelzendste Stelle eines Adagio, pianissimo
ausgeführt — deine Empfindung ist auf's äusserste
gespannt — und nun kommt ein elender Mensch,
und schrafft auf einer Bierfiedel ein Stück eines er=
bärmlichen Gassenhauers — sage, würde nicht dein
Innerstes sich empören? — Du siehst dich heraus=
gerissen auf die empfindlichste Art, aus der süßen,

wonnevollen Betäubung, worin dich das sanfte
Adagio wiegte — dein Zorn — dein reizbares
Temperament würde alles Sanfte in deiner Seele
ersticken — du würdest auf den Fiedler zufahren,
und in der größten Hitze sein Instrument zerschla=
gen — aber würde das alles helfen? — Die Spie=
ler sind aus dem Tacte gekommen — die Augen=
blicke des warmen Gefühls, das nur allein die
Seele des schönen Vortrags ist, sind vorübergeflogen
— und alles — die zusammengeworfenen Noten —
die verstimmten Instrumente — alles sagt es dir:
es ist vorbei — es war! — Da hast du das ganze
Verhältniß — da hast du den Urgrund meines
Kummers — das Bild meiner schlaflosen Nächte —
meiner blassen Wangen! — Wo ist die Jovialität,
die meinem Geiste eigen ist! — Sage, Freund —
ist das Schicksal, oder liegt es in Umständen, die
doch subjectiv sind, daß ich nur gleichsam Erholun=
gen habe, um desto empfindlicher wieder gequält zu
werden! — Es ist, als ob sich alles vereinigte, mir
meine Tage jetzt abscheulich zu machen; — schon geht
es in die zehnte Woche, daß ich examinirt bin, und
noch ist nichts von Berlin zurück, noch bin ich nicht
vereidigt. Mein geschäftloses Leben ist mir im höch=
sten Grade zur Last. Werde ich nur erst arbeiten
— ich will so viel — meine Kräfte setze ich zu —
wenn es mir gelänge, was ich will, so würden
Manche das ungewöhnlich nennen; davon sprechen
mag ich gar nicht, weil man mir ins Gesicht lacht.
— Ueberhaupt — weiß Gott, welches Ungefähr,

oder vielmehr, welch eine sonderbare Laune des Schicksals, mich in dies Haus hier versetzte! Schwarz und weiß kann unmöglich entgegengesetzter seyn, als ich und meine Familie. — Gott, was sind das für Menschen! Freilich gestehe ich ein — daß Manches an mir zuweilen so ziemlich excentrisch ausfällt — aber auch nicht die geringste Nachsicht — der dicke Sir für meinen Spott zu abgenutzt, für meine Verachtung zu erbärmlich, fängt an, mich mit einer Indignation zu behandeln, die ich wahrlich nicht verdiene.

Ewig werde ich an den einen Gang aus Arnau mit dir denken. Du weißt, wie mein volles Herz da überfloß — wie ich dir da so alles klagte, was an meiner Brust nagte — ach! das alles hat sich nicht geändert — über das alles seufze ich noch. — Was mich aber über alles trösten kann, was alles Leiden, allen Kummer in Vergessenheit begraben, was die tiefsten Wunden, die ein feindliches Schick= sal meinem Herzen schlug, heilen kann, das ist die Wiedervereinigung mit dir. — Wenn das, was mich hier so gefesselt, was den höchsten Lebensgenuß mir giebt, wenn ich das verlieren sollte, dann fliehe ich zu dir — ich überwinde alle Hindernisse! — denn Muth habe ich, und den verliere ich auch nie — ich lebe in der größten Eingezogenheit — ich wohne, wenn es möglich ist, dicht bei dir, oder doch wenig= stens in einem Hause mit dir — ich arbeite so viel, als ich nur kann. — Ein paar Abendstunden mit dir zugebracht, ist meine Erholung — glaube mir, lieber, einziger Freund, dieser süße Traum beruhigt mich — er macht mich zufriedener mit mir selbst und mit den Gegenständen um mich. Und sollte denn die Erfüllung unmöglich seyn? — Nein, wahrlich nein! dawider empört sich meine ganze Seele. — Wenn ich alles verlieren sollte, so bin ich doch noch sehr reich, ich habe ein köstliches Kleinod aus dem Schiffbruch gerettet, und das ist deine Freundschaft.

— — — — — — — — — — — — —

— — — — — — — — — Verzeih es, lieber Freund — wenn meinem Briefe hie und da Zusammenhang fehlt, ich mag ihn nicht wieder durchlesen. — Erst künftigen Donnerstag kann dieser Brief abgehen — bis dahin spreche ich noch zwei, dreimal mit dir! — — — — — —

— — — — — — — — — — — — —

— — — Gute Nacht, mein Lieber!

————

11.

Sonntag den 25. Oct. 1795.

Schon viel eher hätte ich dir auf deinen lieben Brief geantwortet, wenn ich nicht jeden Posttag noch auf einen von dir gewartet hätte; — der Ball, auf den du dich neulich so freutest, wird vermuthlich jetzt gewesen seyn, und ich bin auf Nachrichten davon äußerst begierig — der Ball ist das wenigste, aber in was für neue Verhältnisse du dadurch ge-

treten bist, was für neue Ideen dich beschäftigen,
ob Amor oder Mephistopheles gesiegt hat; — das
ist das Interessante. — Im Grunde genommen, ist
unsere Lage jetzt wieder sehr verschieden, du in der
kleinen Stadt spielst den Weltmann, der sich in den
buntesten Zirkeln herumtummelt — ich in der größern
— den eingezogenen Stubenhüter, den die todte
Welt um sich herum genug beschäftigt, und der,
außer den Regierungszimmern und seiner eigenen
Stube, in keine andere kommt. Im Ernste — ich
glaube, du kannst dir von meinem jetzigen Leben
nicht so recht eigentlich einen Begriff machen. Die
Eingezogenheit, verbunden mit den glücklichen Stunden der Autorschaft, fängt an, für mich Reiz zu
haben. Wenn ich dann des Abends sitze, mein Werk
vor mir, und wenn meine Phantasie tausend Ideen
vervielfältiget, die sich in meinem Gehirn erzeugen —
dann verliere ich mich so ganz in dieser neu erschaffenen Welt, und vergesse darüber alles bittere der
Gegenwart. — Ich arbeite jetzt an einem Werke,
was ganz mit meiner Laune, der ich immer ihren
gewöhnlichen Gang lassen kann, übereinstimmt; —
ich nenne es „den Geheimnißvollen!" — Ein sehr
ominöser Titel, nicht wahr?

— — — — — — — — — — — — Ich
brach bei meiner Schilderung der Stunden meiner
Autorschaft ab, und nicht genug kann ich es dir
wiederholen, daß mir das Wesen lieb ist, und anfängt, meinen Plänen eine ganz andere, hin und
her etwas originelle, Richtung zu geben. — Die

Wiedervereinigung mit dir ist mein Hauptzweck, wo=
hin ich arbeite, aber leider — gehört es noch immer
ins Gebiet der schönen Träume — (eben kommt der
Vetter R. und will, ich soll Protokoll führen —
gehorsamer Diener!) — und schöne Träume lassen
doch immer so einen süßen Nachhall ihrer Harmonie
in unserer Seele zurück, die in uns eine für Körper
und Geist sehr gesunde Stimmung hervorbringt. —
Zuweilen bist du mir ganz gegenwärtig — ich sitze
mit dir (denke an die seligen Abende) bei einer
Flasche Wein, und wir schwatzen und philosophiren
uns ein ganzes Gebäude von Entschlüssen, oder
rechnen unsere Bemerkungen aus der Vergangenheit
zusammen, und freuen uns über das Zusammentref=
fen unserer Ideen — bei jedem Glase eine Gesund=
heit! Wir quälen uns oft, wessen — wenn gleich in
jedes Kopf und Herzen sogleich der Gedanke an
sie alle andere überwältigt. — — — — Wenn
ich mich so in diesen Ideen verliere, so möchte ich
wohl gleich zu Fuß nach M. kommen, mit meinen
Manuscripten in der Tasche, und alles hier im Stich
lassen. — Doch; das geht nicht so recht, und bei
dem allem hoffe ich doch, daß wir über kurz oder
lang wieder vereinigt, weit froher als jetzt leben
werden. — — — — — — —
— — — — — — Meine kleinen Konzerte
dauern noch fort, und neulich legte ich den Anfang
einer Motette von eigener Composition auf — aber
den Text dazu wirst du schwerlich rathen — er ist
aus Göthe's Faust: Judex ille cum sedebit etc.

die Worte des Mädchens sind begleitendes Recitativ — das Judex etc. vollstimmig, meinte J. (so wie ichs nämlich auch geschrieben habe, eine Strophe bloß mit Posaunen, Fagotts und Hoboen, und dann erst fugenmäßig die Orgel und andere Stimmen) müßte eine schauervolle Wirkung thun. — Wohnte ich an einem katholischen Ort, so ließ' ich die Recitative weg, componirte ein paar Fugen dazu, und hätte dann Hoffnung, es in der Kirche aufführen zu hören. — Habe ich mich erst wieder mehr in der Composition geübt, so mach ich mich über Claudine von Villa bella her. Du glaubst überhaupt gar nicht, wie mich jetzt die Furie der Composition in Musik= und Romanschreiberei ꝛc. anpackt! — Das beste ist, daß ich alles das, was mir nicht gut dünkt, ins Feuer werfe. — Ich wünsche, daß du einst ein Mädchen mit der ruhigen sanften Empfindung, die aber nie anders, als nach ausgestandenen Stürmen, sich unsers Herzens bemeistert, so lieben magst, als ich meine J. — Es ist nicht das Toben einer wilden, alles verzehrenden Leidenschaft, es ist das sanftere Feuer eines innigen Gefühls, welches mich an sie fesselt. Um dies alles nicht in meinen Verhältnissen lächerlich zu finden, muß man sie ganz kennen, und auch nur dir — du einziger, der mich versteht, sage ich dies. — — — — — Lebe doch recht vergnügt. — Glaube nur sicherlich, man kann viel in sich selbst finden, wenn man sich nur die Mühe gibt, zu suchen, doch das darf ich dir nicht sagen. Leb wohl, ein= ziger, theurer Freund!

12.

Daß du mir in deinem letzten Briefe vom 15. Nov. c. keine Vorwürfe über mein Stillschweigen gemacht hast, hat mich gefreut, denn mein Bewußtseyn der Schuld ließ mich ihn mit Zittern und Zagen erbrechen. Du hast mir dadurch auf eine gerade Art zu verstehen gegeben, daß du endlich von meiner Denkungsart ganz überzeugt bist, und nicht das Andenken an dich, und meine immer fortwährende einzige Freundschaft für dich nach der Menge meiner Briefe beurtheilst. Eine meinen Körper und meine Seele angreifende Unpäßlichkeit, die mich zu jeder noch so kleinen Anstrengung unfähig machte, einige Verdrießlichkeiten, und das Verlangen, dir mit dem nächsten Briefe das Porträt deiner Mutter zu überschicken, haben mir ein so langes Stillschweigen auferlegt; denn irre ich nicht, so ging mein letzter Brief schon vor fünf Wochen ab. Daß du auch krank bist, bedaure ich von Herzen, du bist aber noch glücklich genug, dabei arbeiten zu können. Mir ging es nicht so! Noch jetzt hemmt eine unüberwindliche Schläfrigkeit den ganzen Tag über den Lauf meiner Geschäfte. In der Nacht ist mein Geist am thätigsten, und wenn ich ungenirter wäre, würden die Produkte mancher glücklich durchträumten Nacht Musterstücke ihrer Art seyn. Die Ouvertüre zur neuesten Motette, der noch die Vollendung fehlt, habe ich in der Nacht gesetzt, indem ich bloß den

Baß auf des J. Harfe, die eben in meiner Stube
stand, probirte, und ich versichere dich, daß diese
Ouvertüre das einzige von meiner Arbeit ist, was
mich das Inwohnen eines musikalischen Genies ver=
muthen läßt; — doch schon auf der ersten Seite
meines Briefes verirre ich mich in meine Lieblings=
materie, und werde ennuyant weitläufig — ich breche
ab, wenn ich noch vorher einige Worte über Axur
gesagt habe. Vorigen Sonntag nämlich wurde Axur,
eine neue Oper von Salieri, gegeben. Der kurze
Inhalt ist folgender: Axur, König von Ormus, ein
Tyrann ohne gleichen, verliebte sich in Astasia, die
Gemahlin seines Feldherrn Tarar, und läßt sie ihm
rauben. Tarar, mit Hülfe des Italieners Biscroma,
entdeckt seine Geliebte zuletzt im Serail, will sie er=
retten, welches ihm aber fehlschlägt. Axur, theils
über diesen Vorfall, theils über die Liebe des Volks
zu Tarar, erbittert, verdammt ihn mit Astasien, die
ihm aufs verächtlichste begegnet, zum Feuertode.
Sie besteigen schon den Scheiterhaufen, als die
Armee, die Tarar gegen die Ungläubigen anführen
sollte, zurückkehrt, die Leibwache wird geworfen, und
die Soldaten dringen durch, um Axur niederzuhauen
und ihren General zu erretten. Tarar mahnt sie,
vom Scheiterhaufen herab, zur Ruhe und Unter=
werfung, sie legen ihre Waffen nieder, Tarar steigt
herab und bittet Axur um Gnade — dieser, zur
Verzweiflung gebracht, wirft den Turban Tarar'n
vor die Füße, mit den Worten, daß er ihn hasse,
und Leben und Freiheit ihm nicht verdanken wolle,

und stößt sich den Dolch in die Brust. Dies ist der
nackte Plan, aber wie viel Außputz! — Da kommt
noch Biscroma vor, ein Italiener, der Aufseher des
Serails bei Axur und Tarar's Freund ist — dieser
Charakter, der von S. vortrefflich durchgeführt wurde,
hat mir vorzüglich Freude gemacht — tausendmal
habe ich bei der Oper an dich gedacht — es wäre
gewiß deine Leiboper geworden. Den Axur spielte
S. meisterhaft — die Musik der Oper ist, so wie
alles von Salieri, ganz vortrefflich — Reichthum
der Gedanken und richtige Deklamation geben ihr
den Rang gleich den Mozart'schen. — Ach, Freund,
eine einzige so componirte Oper könnte das Glück
meines Lebens machen!

Das Porträt deiner Mutter liegt in seiner Voll=
endung vor mir. — S. ist gewiß ein großer Künst=
ler, denn es ist nur zu sichtbar — daß es ihm
gelungen ist, nicht allein die Züge genau zu copiren,
sondern auch dem Bilde den Geist einzuhauchen, der
nur allein fähig ist, ein Bild in der Aehnlichkeit
brauchbar zu machen, — ich merke, daß dies dir
nicht deutlich seyn kann, — doch du mußt es mei=
ner Verworrenheit zu gute halten. — Wenn es mir
gelungen wäre, dieß auch in die Copie hineinzu=
bringen. So con amore, wie dieß Portrait, habe
ich noch keins gemalt. Ich hätte meine Copie zer=
rissen und eine neue angefangen, wenn nicht der
geheime Rath auf das Portrait, und du auf einen
Brief noch vier Wochen hättet warten müssen. —
Ich beneide dich, eine solche Mutter zu haben, aber

du gleichst ihr Zug-für Zug auf ein Haar. — —
— — — Male ich diesem Portrait eine andere
Frisur, einen Zopf und eine Binde um den Hals,
so bist du es. — Uebrigens hat sich der Hang zur
Malerei bei mir verloren, und das macht, weil ich
im Grunde noch nicht weit genug darin bin, daß
es meinen Geist genug beschäftigen kann — das ein=
zige ist, daß ich Vignetten satyrischen und amorösen
Inhalts mit der Bleifeder hinwerfe, die mir Stoff
zu einem Werke geben sollen, welches ich, witziger
Art nach, unter'm Namen Ewald Trinkulo schreibe.
Du wirst wissen, daß in Shakespear's Sturm der
Hofnarr des Königs Trinkulo heißt, und das war
mein Ahnherr. — Man ist doch im Grunde hier ein
erbärmliches Geschöpf — dünkt sich frei und glück=
lich, und hängt mehr wie einer von Convenienzen
und Launen ab. Daß ich zuweilen recht nieder=
trächtige Tage verlebe, ist eine traurige Wahrheit.
Wenn ich könnte, wie ich wollte, so wie ich immer
gewollt habe, so säße ich nicht hier, und ließ mir
von der Melusinenbrut und dem Apollo aus dem
Bierfaß, eine Doppelsonate vorschnarchen! — Wenn
ich von mir selbst abhinge, würde ich Componist,
und hätte die Hoffnung, in meinem Fache groß zu
werden, da ich in dem jetzigen gewählten ewig ein
Stümper bleiben werde. — — — — —

— — — Bei Arur kommt auch eine Harlequi=
nade vor, die Biscroma nach italienischem Geschmack

der Favoritsultane gibt. Arlequin, Arlequinette und
Pierrot, die Musik dazu ist niedlich.

Welch ein Mischmasch! — Erste Seite Axur —
Zweite Seite, deine Mutter! Dritte Seite, eine
Heirath und eine Harlequinade.

13.

Königsberg den 19, Dezember 1795.

„Wer grübe sich nicht selbst sein Grab,
Und würfe froh des Lebens Bürd' hinab,
Wenn süßer Wahn nicht wäre!
Nimm dir den Wahn; dein Ruhm sey Lüge,
Sey Tand — sey Rauch —
Auch Doris — Doris trüge,
Sie täusche auch!
Wer grübe sich nicht selbst ein Grab,
Und würfe froh des Lebens Bürd' hinab,
Wenn süßer Wahn nicht wäre! —

Ich weiß nicht, ob du diese Strophen auch so
gefühlvoll, so von einem stillen prunklosen Reiz erhaben finden wirst, als ich. — Mit meinem Gefühl
sympathisiren sie ganz, ich habe nicht aufhören können, sie zu lesen, und will sie sogar in eine leichte
faßliche Melodie bringen, um sie in jeder unmuthi-
gen Stunde auswendig singen zu können. — Ja,
lieber Freund, wenn jener süße Wahn, jene wohlwollende Phantasie, welche die Dinge, die von Natur
häßlich und beschmutzt sind, mit bunten Farben be-
malt, nicht wäre, wie würde es mit unserm Glück,

mit unserm Frohsinn werden! — Der Introttus ist
bedeutungsvoll, wirst du sagen, und das Folgende
wird vielleicht deine gespannte Neugierde gar nicht
befriedigen. Arm an merkwürdigen Begebenheiten
kann ich dir nur kleine Vorfälle der Vergangenheit
und Gegenwart erzählen, die aber doch wichtig genug
waren, auf mich, und vorzüglich auf meine Empfin=
dungen und meine Stimmung zu wirken. — Zuerst
muß ich dir sagen, daß ich mit meiner ganzen hiesi=
gen Lage wieder unzufriedener bin als je. Ich lebe
in einer Geschäftlosigkeit, die meinen Thätigkeitstrieb
abstumpft und mich zu jeder Anstrengung unfähig
macht. Auf der Regierung werde ich unter der Menge
ganz übersehen, und muß mich glücklich schätzen, wenn
ich mich dazu drängen kann, Supplikanten zu ver=
nehmen, oder Protokoll zu führen. — — — —
— — — — — — — — — — Du übst dich in
allen nur möglichen Arbeiten, und wirst gewiß längst
Rath seyn, wenn ich noch als Auscultator (Ohren=
spitzer; ich habe über diesen Ausdruck mich sehr
gefreut) herumlaufe, und irgendwo Präsident, wenn
ich irgend eine kleine Stelle von ein paar hundert
Thalern erhasche. Doch das alles soll in unserer
Freundschaft nichts ändern. Der Gedanke, dich so
ganz zu kennen, daß ich davon überzeugt seyn kann,
ist äußerst wohlthätig für meine ganze Stimmung!
— Es gibt nur ein einziges Ding in der Welt, von
dem man behaupten kann, daß es nie, wenigstens
nie ganz täusche, und dieß ist ächte, wahre Freund=
schaft, so geschlossen, so mit herzlicher Miene, offen

4 *

und zwanglos, wie die Natur, wie es Chodowiecki in einem Göttinger Taschenbuch zeichnete; — auf der andern Seite umarmen sich ein paar Menschen in einer beschornen Lindenallee, zu denen gehören wir nicht! — — — — —

— — — — — — — — — —

Ja, ja! —
>Wer grübe sich nicht selbst sein Grab,
>Wenn süßer Wahn nicht wäre!

Süßer Wahn ist es blos, was unser Glück und unsere Zufriedenheit macht. — Nimm mir den, und ich würde gewiß mein Grab graben, um mit der größten Gelassenheit hinein zu sehen, und es — — wieder zuzumachen; denn der süße Wahn würde mir doch, wenn Ruhm und Ehre und alles dahin wäre, noch mit dem Gedanken schmeicheln, daß Doris mich nicht trüge. — Aber wenn auch dieser letzte Trost verschwände, wenn selbst die Geliebte, die mir alles war, mich hintergangen, mich vergessen hätte, welch' eine gute Gottheit würde mich dann vor Verzweiflung schützen? — — — — — — — — —

— — — — — — — — — — —

Ja, lieber Freund, nichts ist wahrer, als daß deine Gegenwart nur allein im Stande wäre, mich für alle die trüben Stunden, die ich hier, verfolgt und angefeindet, verlebe, schadlos zu halten! — Alle meine Lieblingsarbeiten liegen unvollendet — ich habe nicht den Muth, die Stimmung, sie fortzusetzen. Meine Phantasie ist erschlafft, und mein Geist erliegt unter dem Drucke der widrigen Verhältnisse. — Sog meine Compositionen bleiben unvollendet — ich bin nicht im Stande, mich in den Geist des Anfanges zu verſetzen. — Wie glücklich war ich, als ich die Motette, **Judex ille cum etc.** zu componiren an= fing — es iſt fertig bis auf die Fuge, die erſt an= gefangen iſt, und das Schlußchor. — Wir wollten es auf Weihnachten ſingen, aber es iſt mir nicht möglich, ſie fertig zu machen. — — —

— — — — — — — — — —

Wenn ich dich doch eben jetzt nur eine einzige halbe Stunde ſprechen könnte! — Du kannſt unmöglich die Sehnſucht empfinden, die mich jede Viertelſtunde an dich denken, und die Verhältniſſe, die uns tren= nen, in den tiefſten Abgrund wünſchen macht. — Heute wird hier „das Sonnenfeſt der Braminen" gegeben. Die Muſik hat ſehr viel Frohes — ich werde hineingehen, und mich vielleicht aufheitern, oder doch wenigſtens wieder einmal ein paar frohe Stunden genießen. — Wenn ich dann Abends aus der Komödie komme, unterhalte ich mich noch mit dir:

Abends um 9 Uhr.

Ich habe das Sonnenfeſt gehört und mich nicht aufgeheitert! — Die Muſik war bis zum Ueberdruß alltäglich. — — — — — — Freund, wann werde ich mich endlich von all' die= ſen, bis zur Nichtswürdigkeit kleinen Kabalen, von all' den ſonderbaren Verhältniſſen losreißen, und frei und glücklich ſeyn; — denn nur in der Freiheit iſt Glück! — Wenn mir die Menſchen den Kopf

zu warm machen, und ich dann einen Geniestreich
ins Große mache, so werden sie alle die Mäuler
aufsperren, und mich mit der weisesten Schafsmiene
für einen Narren erklären — woran ich mich aber
sehr wenig kehren werde. — — — — —
— — — Leb' wohl, lieber, einziger Freund!
und vergiß nicht

    Deinen

                         H.

14.

Sonntag den 10. Januar 1796.

Vor drei Stunden habe ich deinen Brief vom
fünften Januar erhalten, und schon jetzt setze ich mich
hin, dir ihn mit unruhigem Herzen, und von tausend
qualvollen Vorstellungen gemartert, zu beantworten.
Dein Plan, in Hinsicht meines Fortkommens, hat
mich gerührt, weil er mich's fühlen läßt, wie auf=
richtig deine Freundschaft für mich ist. Mein Ver=
hältniß mit — — ist dasselbe, und vielleicht enger
als je. — Die Unannehmlichkeiten und Zänkereien
haben eine gute Wendung bekommen, nachdem eine
gewisse Mittelsperson aufgehört hat, dumme Streiche
zu machen. — Du hast alles in Anschlag gebracht;
nur nicht, daß ich sie bis zum Unsinn liebe, und
daß gerade das mein ganzes Unglück macht. — Du
mußt mich für den wankelmüthigsten Menschen hal=
ten, wenn du dieß liesest — ich schäme mich fast,

dir mehr von einer Sache zu schreiben, die mich
zum Fangball der heterogensten Launen macht, die
mich vielleicht in deinen Augen herabwürdigt und
lächerlich macht. — Ich liebe sie, und bin unglücklich,
weil ich sie nicht besitzen kann, weil in dem süßesten
Genuß der Liebe ich qualvoll daran erinnert werde,
daß sie nicht mein ist — nicht mein seyn kann.

Da hast du meine ganze Schwachheit — ich
weiß, daß du, ohne mich lächerlich zu finden, mich
bemitleiden wirst. — Du bist der einzige, dem ich
die Schwachheiten meines Herzens gern eröffne.

Unmöglich kann ichs verlangen, daß sie mich
mit dem ausgelassenen Grad von Schwärmerei lieben
soll, die mir den Kopf verrückt — und auch das
quält mich. — Und nun — soll ich mich von diesem
Gegenstande trennen — trennen mit der vollkom-
menen Gewißheit, sie nie wieder zu sehen? — Du
kannst mich trösten über vieles, aber kannst du dieß
Gefühl, diese Leidenschaft, die mich zu Boden drückt,
besiegen, so nenne ich dich den Meister des menschlichen Herzens! — Wäre sie frei — so eilte ich zu
dir, denn alsdann hätte ich den gewissen Zweck vor
mir, und könnte ihn erreichen — aber jetzt! — —
— — — — — — — — — —
— — — — — — — — — Wie ich
lebe, darf ich wohl dir nicht sagen. — Ein Klausnerleben ist es in der Regel, da hast du ganz recht,
auch noch jetzt — auf die Bälle gehe ich wohl, ich
tanze aber nicht mehr, aus dem sehr simpeln Grunde,
weil ich kein Vergnügen daran finde. — Das, was

du von deiner Veränderung des Charakters sagst, trifft auch mich — ausgenommen — daß es an mir gegen andere weniger merklich ist, weil ich immer sehr verschlossen war.

Meine großen Pläne sind zu Ende — es lohnt nicht, weil es nicht geht — ich lebe fort, ich mache keine Ansprüche, weil es, so wie jetzt unmöglich gehen kann. — Mein Körper ist zu schwächlich, um nicht mit der Seele mitzuleiden, und ich glaube gewiß, nicht dreißig Jahre alt zu werden; was dann nach= her hinter mir geschieht, ist mir sehr gleichviel.

Also sey nur so gut, der Wirthin die Aus= bietung der Stube zu erlauben, ich werde nicht von hier mich entfernen, so lange der Tod oder Sturm und Braus mir nicht gewisse Leute aus dem Wege komplimentirt.

Meine Musik — mein Malen — meine Autor= schaft — alles ist zum Teufel gegangen, ich bin so dumm, wie ein Stockfisch, und verstehe nicht einmal ein gescheutes Protokoll aufzunehmen, so wie alles, was mir vernünftige Leute, die weit gegründeter denken als ich, wohlmeinend rathen.

Manchmal ist es mit mir ganz und gar vorbei, und wenn mich nicht noch des Onkels kleine Con= zerte aufrecht hielten, so wüßte ich nicht, was wohl schon alles aus mir geworden wäre.

Bleibe du in M. oder gehe nach B. — werde alles — werde viel mehr, als du mit deinen kühn= sten Wünschen glaubst oder hoffst — mich laß' hier in Königsberg mich verzehren — mit mir ist nichts anzufangen, daß siehst du wohl, ich kann nicht fort, — ich will sie nicht verlassen, und sie möchte um mich 24 Stunden weinen und mich dann vergessen, — ich sie nie. — Ich bin schon zu allem verdorben — man hat mich um alles geprellt, und auf eine sauersüße Art.

Lebe wohl, lieber Freund! — Ich werde vielleicht so bald jetzt nicht schreiben, nimm es nicht übel und verschone mich auch eine Zeitlang mit Briefen. — Glaube, daß ich dich ewig — ewig schätzen und lieben werde; — lebe wohl, lieber, lieber Freund!

Ewig bis in den Tod dein

H.

Ich bin krank, herzlich krank. — Ein einziges Wesen könnte mein Arzt seyn! — vielleicht wird es wieder besser.

Ich habe den Sylvester auch feierlich begangen und mich sehr mit dir unterhalten.

Montag Morgens.

Nimm doch nur nicht übel, daß ich so verworren geschrieben habe — ich hätte den Brief gar nicht abgeschickt, wenn es mir möglich wäre, einen bessern zu machen. — Aus Versehen habe ich auch das Blatt abgeschnitten. — Bester Freund, ich fühle es, nur du allein in der Welt verstehst mich, und lohnst mir meine innigste Freundschaft mit gleichem Gefühl. — Um mich her ist hier Eiskälte, wie in Nova Zembla, und ich brenne, und werde von meiner innern Gluth verzehrt. — Dein ganzer Plan macht mich unglücklich

4 **

— du haſt mir das Herz zerriſſen! — Ueberall ſehe ich Unmöglichkeiten, und doch werde ich zu dir hingezogen!

Ich erwarte bald einen Brief von dir — ich werde auch bald wieder ſchreiben. — Lebe wohl, lieber Freund!

15.

Königsberg den 25. Januar 1796.

Deinen lieben Brief vom 14. Januar habe ich erhalten. — Ja wohl war die Stimmung ſchrecklich, in der ich meinen letzten Brief an dich ſchrieb — ich war herausgeworfen aus allen meinen Glücksplänen, und eine von Mißmuth und feuriger Ohnmacht (kein Widerſpruch!) koagulirte Zirbeldrüſe, aus der Gift, Galle, und was weiß ich alles mehr, hervorquollen, verleitete mich zu den ſonderbaren ſchwarzen Ausgüſſen auf weiß Papier. Meine Laune iſt der erſte Wetterprophet, den ich kenne, und wenn ich Luſt und Langeweile hätte, könnt' ich Kalender machen. Du ſchreibſt, ich ſoll das große Neſt mit einem kleinen vertauſchen, weil letzteres wärmer iſt, und ich ſträube mich dagegen; vors erſte: weil mir im großen unter gewiſſen Fittigen ſehr wohl war, und dann, weil man mir den Ausflug verbot, welches zweite als Hauptgrund gelten kann; wenn von wollen und nicht können unter uns die Rede ſeyn

wird, welches bald geschehen kann: — Kurz ich
sträube mich; einige Tage nachher bin ich auf der
Redoute, — — — — — und, aufgehoben ist
aller Umgang zwischen ihr und mir. — Da hast du
in ein paar Kraftzügen ein ganzes Gemälde, — in
ein paar Worten die Quintessenz des ganzen Un=
glücks, welches mich quält, mich abpeinigt, wie der
G. R. M. die blasse E., und mir Schlaf, Ruhe und
Essen verleidet; — da sitz' ich nun, gerade so, wie
vor Zeiten, als ich mich doch noch mit allem mei=
nem Herzeleid dir an den Hals werfen konnte, und
sauf' alle Abend bis 12 Uhr Huflattigthee, weil zu
meiner verwünschten Lage auch noch eine böse Brust
hinzukommt, die ich mir durch plötzliche Erkältung
ohnlängst von einem Ball holte. — Und doch, wenn
auch nur ein wenig mehr Realität, als vor zwei
Jahren, in meinem ganzen Wesen aufzufinden war
— mich nicht mehr in solchen Fatalitäten, wie die
quaestionis ist, den Verzweiflungsvollen spielen und
hingegen mehr die Folgen in ihrer möglichen Reihe
erblicken läßt — hätte ich mich dabei nicht so ruhig
betragen, wenn ich nicht in den letzten Perioden der
kurzen Geschichtserzählung auf vorigem Blatte eine
Lüge gesagt hätte. Dieß wirst du selbst bemerken,
wenn du bedenkst, daß man, wenns einem so recht
am Herzen liegt, zum Fenster hineinsteigt, wenn die
Thüre zugeschlossen ist; — freilich kann man den
Hals brechen; aber was ist ein Hals gegen das,
was man drinnen fand! — Vermuthlich wird's noch
unangenehme Auftritte setzen, — — — und ich

fliehe in die Arme meines einzigen, und streckten
sich auch einige paar hiesige Arme, nervigte und
nicht nervigte, nach mir aus, um mich zurückzuhal=
ten, so entschlüpf' ich ihnen mit schlauer Gewandt=
heit, und fliehe zu dir. Ich denke, daß ich in er=
wähntem Falle mein Klausnerleben glücklicher und
zweckmäßiger mit dir an einem Orte verleben könnte,
als hier. — Du wirst bemerken, daß ich zwei Macht=
sprüche hier feierlich widerrufe, einen im Verborge=
nen, und den andern offenbar. Der verborgene
steht in meinem Briefe an dich nach A. und besteht
in vier Worten, der offenbare im vorigen Briefe. —
Machtsprüche sollte kein Mensch thun, — sie gera=
then nicht, und können sogar Pierrot's, mit großen
Knöpfen und kleinen Köpfen, aus uns machen, —
dixi!

Daß meinen alten Vater zweimal der Schlag
gerührt hat, ist mehr als traurig, — seine, und die
Umstände des Bruders sind dadurch die elendesten
geworden, und für mich ist das Gefühl, nicht helfen
zu können, niederdrückend. — So geht's; — in
meinem Leben möcht' ich nicht Justizcommissär wer=
den, — dieß gehört nicht unter die Machtsprüche.
Morgen ist mein Geburtstag, — ich werde 20 Jahr
alt, — wie hab' ich mich gefreut auf diesen Tag,
— ich wollte in der Dämmerung recht sentimenta=
lisch seyn, — ich hätte wie Jean Paul mein Herz
hervorgenommen, und gesagt: „prenez!" aber nun
hat der Satan, der so lange doch noch ziemlich artig
gegen mich war, so viel Unheil und Zetergeschrei

drein geschmiſſen, daß alles vorbei iſt, und ich mor=
gen eben ſo einſam und eben ſo bitterſüß empfin=
delnd, in meiner Stube hinter dem grauen Schreib=
tiſche ſitzen werde, als Abälard in ſeiner St. Gilde's=
klauſe, — ſo hieß ja wohl ſein Kloſter? — Meine
Aktenlectüre iſt ein wenig trocken, daher muß ich ſie
manchmal etwas auffriſchen, aber nie mit Plunder=
kram der letzten Meſſe, ſondern ich leſe jetzt mit wäh=
lendem Geſchmack. — Den Don Carlos hab' ich we=
nigſtens ſechsmal geleſen, und leſe ihn jetzt zum
ſiebentenmal. — Nichts rührt mich mehr als Poſa's
Freundſchaft mit dem Prinzen, — ich glaube ſchwer=
lich, daß je ein erhaberneres und zugleich anziehen=
deres, rührenderes Bild der Freundſchaft aufgeſtellt
wurde, als dieſes. — Ich leſe bis in die Nacht, —
die Scene verändert ſich. Der H. iſt Don Philipp,
ſie, Eliſabeth, ich, Don Carlos, du Poſa, die R.,
Eboli, der St., Alba, der B., Domingo, die Tante,
Mondekar u. ſ. w. — Lache doch nicht über dieſen
ſinnigen Unſinn! — Du ſollſt gar nicht glauben,
wie äußerſt eingezogen ich jetzt lebe; — blos die klei=
nen Conzerte machen meine Erholung aus. — —
Morgen iſt Sonntag, das hat ſeine vollkommene
Richtigkeit, und es würde mir einfallen, wenn ich
auch nicht das Fußwaſſer hätte zum Onkel tragen
ſehen. — Da muß ich zu Bette gehen, — denn
wiſſe, nur Sonntags blühen bei mir Künſte und
Wiſſenſchaften, und dazu muß ausgeſchlafen werden.
Im Ernſte geredt, die Wochentage bin ich Juriſt
und höchſtens etwas Muſiker, Sonntags am Tage

wird gezeichnet, und Abends bin ich ein sehr witzi=
ger Autor bis in die späte Nacht. Noch die letzte
Scene des Posa und Carlos, und dann zu Bette,
— Himmel, schon halb 12!

Gute Nacht!

— — — — — —

16.

Sonntag Abends um halb 10 Uhr.

Wenn man einmal angefangen hat, mit dir zu
plaudern, so kann man nicht aufhören, — so ging's
mündlich, so geht's schriftlich, — ich nehme heute
Abend den Brief an dich hervor, und noch ein Blatt
hinzuzufügen, wird mir ein Bedürfniß. — Für's
erste weiß ich nun ganz genau, warum meine Miß=
laune, oder lieber schwarze Gallhypochondrie feriirt,
— das hat seine physischen und moralischen Gründe,
— — — — — — meine sich multiplicirenden Sedes
machen mich federleicht. — Sey doch ein wenig
Mediziner, um mir diesen Periodum zu verzeihen;
der moralischen Gründe gibt's viele! — Aber meine
Empfindung, meine Phantasie ist stärker als alles,
— sie wirft alles über den Haufen, und blickt stolz
auf die Kinder des Sentiments. — O süße Verei=
nigung mit alle dem, was mir lieb ist, gegen das
gerechnet mir die Welt zu klein ist und ich gern
den Himmel dazu erobern möchte, — süße Verei=
nigung, dich erblicke ich im milden Strahlenglanze! —
Heilige Bande müssen in Trümmer zerfallen, —

entzweigerissen müssen in zerstörender Ohnmacht die
verjährten Vereinigungen heterogener Wesen da lie=
gen, und der Geist der ewig wahren Harmonie muß
den Palmzweig über die Gräber des Hasses und der
Zwietracht schwingen, wenn ich glücklich werden soll.
— Verzweifelt ist's, daß ohne den magern Ehren=
mann, der keine Hosen trägt, und der die tollsten
Paradoxa mit einem Hieb aufzulösen versteht, mein
Glück im bauen oder gebaut werden, so viel Lärm
macht. Dieser Lärm ist unausstehlicher, als das
Sackpfeifenconzert des Prinzen Facardin, und nur
die Stimme der Freundschaft übertäubt den widrigen
Nachhall, und spielt Glockentöne der Harmonika
an's Ohr des Lieblings: drum will ich aus diesem
Saus und Braus, der mir meinen musikalischen
Kopf toll machen könnte, entfliehen in deine Arme,
du Lieber, da wollen wir glücklich seyn; denn die
süßesten Träume reichen nicht an dieß Zauberbild!
     Da sich nun gewisse Pläne in meinem Kopfe
immer fester setzen, und ich mich sehr orientire, in
M. meine eigentliche Carriere zu machen, so schreib
mir doch recht viel specielles, — vom Präsidenten, —
von den Räthen, Referendarien, — von den Arten
der Versorgungen in Marienwerder, Danzig, Thorn:
Doch ja nur speciell. — Nach Danzig möcht' ich
gern einst versorgt werden. Vielleicht komm ich
nicht innerhalb drei Monaten nach M.
     Morgen wird man mich überraschen mit dem,
was mir von meinen Wünschen abgelauert wurde;
— — — was hilft das, wenn sie selbst nicht da

ift. mein Pastellgesicht und meine Knochenbeine und
Hände sagen es unzählige mal, daß ich elend bin,
und doch ist mein Geist so los und lebig, und mir
fehlen zu der Luftreise bloß Flügel, jetzt ruhe ich auf
der Erde, und bin schon am Cap de bonne espe-
rance. Der Präjudicialtermin meiner Liebe ist längst
da gewesen, und ich bin im Agnitionsurtel in alles
verurtheilt, worin ich verurtheilt werden konnte. —
Ja, lieber Freund, schwerlich werde ich je in extenso
mehr seyn können, als ich hier zwischen den vier
Wänden an meinen Schreibtisch gefesselt bin. —
Noch nie war mein Herz für's Gute empfänglicher,
und höhere Gefühle schwellten noch nie meine Brust
mehr empor, — mein Geist überflügelt meinen Kör=
per und Krankheit und Mattigkeit erinnern mich an
die Fesseln. — Platte Geister haben keinen Sinn
für höchste Anspannung und nennen es Abspan=
nung; daher die Vorwürfe, die ich dulde — das
Mottengeschmeiß, was mich zuweilen umgibt, hält
mich für dumm, und ich muß gestehen, daß mich
manche linkische Wendung und mancher stiere Blick
in die Klasse der Leute ohne Welt, — savoir vivre
— stößt, — indessen noch nie warf ich meine Perlen
vor die Säue, und ich fühle, daß ich einigen Werth
habe, — nie mehr, als wenn ich deine Briefe lese.
— Freund, wir verstanden uns, — ein Blick, ein
Wort war oft das Suppletorium zu den Ideen, die
alle Worte, worin sie eingezwängt werden sollten,
zurückstießen. — Ich glaube, daß wir nie so isolirt,
— nimm den Sinn des Worts recht, — werden

gelebt haben, als wenn wir in M. zusammen leben
sollten. — Mir scheint es so, als wenn du mit deinem guten Herzen, mit deiner Legion von Empfindungen sehr klausnerisch lebtest. Denn wir beide sind
behutsam und delikat, und hängen nicht so leicht
etwas von der innern Seite heraus, wie eitle Leute
das Schnupftuch aus der Rocktasche.

Da hab ich heute meine Vignette geendigt, deren Eingang dir gefallen würde, weil ich ihn aus
deiner Seele herausgeschrieben zu haben glaube. —
Nur schade, daß das Ding fast zu witzig ist; zu
viel Witz ist, glaube ich, ein Fehler, aber der Satan
mag über Liebe mit humoristischem Temperament
schreiben, ohne witzig zu seyn. — Ich hätt' dir's geschickt, wenn es nicht auf ungeheuer viel Postgeld
käme, und ich nicht die Hoffnung hätte, es dir mit
höchsteigenen Händen vorzulegen.

Der Pestilenzarius ist heute in der Komödie, —
ein Grund, warum ich nicht hineinging; sonst hätt'
ich wohl noch einmal „die Räuber" gesehen, vorzüglich da Schwarz den Carl Moor spielt.

Ich flehe deinen und meinen Schutzgeist an, daß
er mir den morgenden Abend überstehen hilft. —
Fatal ist's und bleibt's, und wenn meine Krankheit
nicht wäre, könnt' ich doch in den Unglückspfuhl bis
über den Kopf hineinplumpen.

Wenn sich doch das Stundenrad schneller drehte,
und in schnellerem Kreise Monden und Jahre wir-
belten! — Mein Ziel ist nah und fern, — die
Strahlenbrechung zeigt den Schiffern immer näher

das Land, als es ist und durch diese Täuschung der Approximation werden sie in frohem Muthe erhalten; so geht's mir vielleicht auch!

Billig sollt' ich diesen Brief morgen noch nicht abschicken, um mich Abends hinzusetzen und zu schreiben — nun ist's vorbei, — so und so war's — aber erstlich erhältst du diesen Brief sehr viel später, und dann geriethe ich in Gefahr, dem Briefe noch ein paar Extrablätter hinzuzufügen, und statt eines Briefs ein Paquet auf die Post zu geben.

Denke, lieber Freund, morgen an mich, — weil's mein Geburtstag ist. — Solche Tage sind immer Sonnenblicke in unserem Leben, wenn wir froh seyn können, daß wir sind und daß wir es verdienen zu seyn.

Denke noch zurück an meinen Einsegnungstag, wie ich mit dir einsam im kleinen Stübchen saß, und sie trank Kaffe in der andern Stube. — Offenbar zum Narren hätte sich der Wundermann gemacht, der mir aus der Hand oder aus dem Gehirnkasten nach Lhombre=Karten gesagt hätte: — sie liebt dich, du wirst sie lieben, und nun die Segensformel hinterdrein. — Heute fühl' ich Schmerz, — heut vor zwanzig Jahren macht' ich Schmerz, — vielleicht bloß durch den Anschlagzettel oder das Subscriptions=Blatt des Sedezbandes, welcher edirt werden sollte. — Ewig Schade, daß ich im Winter geboren bin; — wär's Sommer, — so lief ich heraus in den großen Hörsaal der Natur und empfände und ergrübelte mich da, sitzend, stehend, laufend, satt; —

jetzt im Käfig eingesperrt, ohne sie, wird mir unbehaglich seyn. — Mein Gott, ich bin doch nur einmal unterbrochen, und so unerwartet wie gestern wieder halb zwölf! — Gute Nacht, mein lieber, einziger Freund, — vermuthlich werden wir uns morgen nicht sprechen. — Gute Nacht!

Extra Blatt an meinem Geburtstage.

Der Pestilenzarius hat mich heute überrascht. — — — Sie kommt! — In diesen zwei Worten liegt der Beweis, daß man mit Wenigem sehr viel sagen kann, ich sage damit, daß ich sehr glücklich bin, daß die sentimentalische Dämmerung mich noch glücklicher machen wird, und daß der gebrannte Casimir ein elendes Machwerk ohne die Insinuation der lieben Hand ist. — Wie der Sturm sich nun wieder gelegt hat, — welcher Genius Oel in die Meereswogen gegossen hat, das weiß ich nicht, genug, sie kommt, und die pedissequa, welche die Ankunft annoncirte, sprach viel von wiederhergestelltem Frieden, der, so wie jeder Friede, nach dem Handwerksgruß der kriegführenden Mächte, als ein ewiger constituirt worden ist.

Du denkst, daß jetzt alle Worte der vorigen Blätter cessiren, wie der dießjährige Winter, — du irrst aber. — Meine Pläne stehen unverrückt, und über kurz oder lang, spätestens binnen einem Jahr komm ich nach M. Daß der Friede quaestionis eine

Preisaufgabe meiner gesunden Vernunft ist, bleibt wahr, bis ich die Motive erfahren und mich dann für sehr vernagelt gehalten haben werde.

Freund, ich möchte gern heute aus mir selbst heraus, — ein erhebendes Gefühl trägt mich empor auf kühnen Fittigen; — Freundschaft und Liebe pressen mein Herz, und ich möchte mich durch die Mückenkolonne, durch die Maschinenmenschen, die mich umlagern mit platten Gemeinplätzen, gern durchschlagen, — gewaltsam allenfalls! — Daß ich ganz und gar mich verändere, — welches sogar schon auf's Aeußere wirkt, weil sich gewisse Leute über meinen starren Blick aufhalten, wirst du füh= len, — wenn ich dir sage, daß ich, mitten im Herbst, — Winterlandschaften male; — daß es zu= weilen etwas excentrisch in meinem Gehirnkasten zugeht, darüber freue ich mich eben nicht beim Be= sinnen. — Dieß Excentrische setzt mich offenbar her= unter in den Augen aller, die um mich sind, — und Leute, die alles in Nummern theilen und apotheker= artig behandeln, möchten mir manchmal ihren ortho= doxen Schlagbaum vorhalten, oder ihr offizinelles Krummholz um den Hals werfen.

Weißt du, daß ich auf der Harfe spiele? — Schade ist's nur, daß ich mich nicht zwingen kann, auf der Harfe nach Noten zu spielen, sondern nur immer phantasire, wodurch ich aber viel Fertigkeit gewinne. Sollte ich künftig nach M., so bringe ich drei Instrumente mit: 1) ein kleines Clavier, 2) eine Wienerharfe, 3) eine Violine. — Dein S. hat ganz

recht, — viel Seligkeit entgeht dir, daß du nicht
spielst. — Nimm nicht übel, — dein Zuhören ist
gar nichts, — die fremden Töne drängen dir Ideen,
oder vielmehr sprachlose Gefühle auf, aber wenn du
eigene Empfindungen, — die inartikulirte Sprache
des Herzens, aushauchst in die Töne deines Instru=
ments, dann erst fühlst du, was Musik ist. — Mich
hat Musik empfinden gelehrt, oder vielmehr schlum=
mernde Gefühle in mir geweckt. — Im tollsten Hy=
pochonder spiel' ich mich mit den silberhaltigsten Paf=
sagen Benda's (des Berliners) oder Mozarts, an,
und hilft das nicht, so bleibt mir nichts mehr übrig,
als auf alles zu resigniren. — — — — Lebe wohl,
mein trauter, lieber, einziger Freund!

Sie hat diesen Brief gelesen, — ist gerührt,
und bestellt tausend Versicherungen wahrer Freund=
schaft an dich.

17.

Königsberg den 21. Februar 1796.

Deinen Brief mit der enormen Präjudicialpe=
riode zu Anfang, welche mit ihrem klappernden
Klang die Grazien von meinem Tintenfasse verjagte,
habe ich in einer sauersüßen Stunde erhalten, und so=
gleich ein Beispiel mehr zu dem Satz schreiben kön=
nen, daß die Präjudicia, im Grunde genommen,
nichts taugen. — Freilich ist's wahr, daß ich, dem
Anscheine nach, recht herzlich faul, oder gar indiffe=
rent gewesen bin, aber der Schein trügt! —

In gespannter Erwartung hab' ich mich die
Tage versehnt. — Eigentlich hatte ich in die Schick=
salslotterie gesetzt, und harrte, trotz dem leidenschaft=
lichsten Lottospieler, auf den Posttag, der mir Ge=
winnst oder Verlust bringen sollte.

Um dir nun mit decisiver Gewißheit diesen Ge=
winnst anzeigen zu können, hab' ich so lange gewar=
tet; denn, wenn ich dir den Gewinnst anzeigen sollte,
so war dazu kein unerläßlicheres Erforderniß, als
daß ich ihn selbst wüßte.

Du wirst finden, daß ich gedichtet habe, als ich
deinen Brief empfing, denn was sollen, beim Rela=
tionenschmieden oder sonst, — die Grazien auf dem
Tintenfaß, die sich bei allem, was nur nach Juri=
sterei riecht, so sans coup de Trompette wegstehlen,
als befürchteten sie irgend etwas Ungeziemliches von
dem Mann mit der langen Nase. — Ja, ich machte
wirklich Verse, und wollte eben gewissen Leuten den
Satan gereimt zuführen, wobei ich in einem Ausfall
mich selbst sehr lobte, und war auch wirklich bis zu
einer höchst interessanten Stelle gediehen, als du mit
deinem Präjudiz losknalltest. — — — — — —
— — — — — — — Deine rhapsodischen Gedanken oder
abgerissene Gedanken, so war's ja wohl, oder
Aprilwetterperioden, nach deinem eigenen Ausdruck,
haben dich mir so geschildert, wie du gehst und
stehst. — Ich sehe dich mit deinen $5/9$ Blicken daher
schreiten, maschinenmäßig die Nase schnupfen, und
alles und nichts sehen, denn — — — — — —
— — — — — — — — Die Grazien sind

weg vom Tintenfasse, ich schreibe erbärmlich, und
gerathe schon in den Hofmeisterton. — Auch will ich
schon auf Ton reimen, daran ist der Beelzebub
und dein Präjudiz Schuld.

Der Apfel ist aufgegessen. — Gute Nacht!

Den 22. Februar Morgens.

Ich eile, dir zu sagen, was eigentlich meine
Briefe aufgehalten hat. — Die Stierscene auf der
Redoute, die ich dir letzthin beschrieb, hat doch ernst-
haftere Folgen gehabt, als ich anfangs dachte. — —
— — — — Daher sagte ich Mittwoch vor 14 Tagen, daß ich schlechterdings nach Marienwerder wollte.
Das wurde mir nicht zugestanden, — ich schlug
Glogau vor — das war besser. Den Tag darauf
wurde deßwegen geschrieben, und gestern erhielt ich
Antwort: daß man mich mit offenen Armen empfangen würde, daß schon alles mit dem dortigen
Präsidenten abgemacht, und daß es gut wäre, wenn
ich noch vor Ostern abginge. Die Reise ist aber
ganz fest im Anfange des Mai's bestimmt, und schon
wird die Equipage in Stand gesetzt, das heißt, was
um und an mir ist! — Diese Entfernung wird meinem Geiste wohl thun, — ich fühle mich stark genug
zu Aufopferungen, die ich, vielleicht noch vor einem
halben Jahre, nicht hätte überwinden können. Ein
Glück, das meine Sinne und mein Herz mit nied-
lichen Gaukeleien amüsirt, kann mich nicht mehr
mit den diamantenen Banden fesseln, die es vor we-

niger Zeit um mich schlug, — ich eile, das zu wer=
den, was mein Verstand billigt, ohne dem Herzen
eine Wunde zu schlagen, — denn welch' eine An=
hänglichkeit, welch' eine Liebe wäre das, die in einer
Entfernung von 78 Meilen erkaltete! — — — —
— — Außer uns (im Hause) und dem Z., der,
allem Vermuthen nach, mitgeht, weiß es noch nie=
mand, und wird's auch niemand, bis ungefähr 14
Tage vor meiner Abreise, wissen, dann werden manche
Nase und Maul aufsperren, und den Flüchtling ent=
weder loben oder verdammen, je nachdem das Glas
ihrer Laune, wodurch sie's ansehen, geschliffen ist.
Du wirst mich von allen am besten verstehen, du
wirst diesen Entschluß von der rechten Seite betrach=
ten, und meinen Heroismus, wenn ich es anders so
nennen kann, nicht für eine Don Quichotterie mei=
ner Leidenschaft ansehen. — Ich kann dir versichern,
daß Königsberg ein wahres — Nest ist, und daß
in keinem Orte ich so geplagt werden kann, als hier.
Die romantischen Gebirgsgegenden in Schlesien wer=
den allein schon im Stande seyn, eine centnerschwere
Last, die meinen Geist hier niederdrückt, abzuwälzen, —
ich werde freier athmen, wenn ich durch die Obstalleen
fahren werde, die mit ihren Blüthendüften die Luft
ringsumher besser parfümiren, als ein paar hundert
Flacons der Königsberger Damen die Ballluft, die so
schwer dünstig die Tänzer, vorzüglich solche wie du
und ich, einpreßt, daß sie nicht Athem genug zum
nächsten vis à vis einziehen können. Heute ist Mon=
tag, welches du nicht bezweifeln wirst, wenn du in

deinen Terminskalender siehst, — bemungeachtet
werde ich sie nicht sehen, denn die Festtage sind, so wie
die heiligen Tage der Katholiken, bei uns reducirt,
und stehen nur so, der Erinnerung an den Kuchen
wegen, der z. B. der Stuhlfeier des St. Petrus zu Ehren
in den Ofen geschoben wurde, noch mit rother Schrift
im Kalender. — Ich habe heut Vormittag Instruk-
tionstermin in einer Schwängerungssache. Vorher
schreibe ich an dich, und dann, — es ist entsetzlich,
daß wir von Tagen und Stunden abhängen. —
An Stadtneuigkeiten bin ich wie gewöhnlich bettel-
arm, — denn das kannst du dir leicht denken, daß
mir vieles, fast alles, in meiner jetzigen Lage höchst
läppisch vorkommt. Ich denke lieber an mein seliges
Ende, und wie man mich auf's Posthaus zu Grabe
bringt, als an die Sponsalien der Musensöhne oder
unbärtigen Themispriester. — Aus Ueberzeugung
der Nothwendigkeit studire ich mein Jus, und aus
Hang (leidenschaftlich) füllt Musik die Stunden der
Erholung. In ein musikalisches Land geht meine
Wanderschaft, — Kirchenmusiken werde ich erst kennen lernen, und meine Compositionen werden sich
unter der Bildung ächter Musiker besser erheben, als
hier in dem unmusikalischen Schlaraffenleben, wo
ein jeder geigt und pfeift, wie's ihm gut dünkt. —
Ich muß abbrechen, damit ich mit einem unverständlichen Galimathias deine Ohren nicht mehr beleidige,
als die meinigen neulich in Arur der Bratschenschra-
per, der eine schöne Solostelle verhunzte, wofür ich

gern mit einem Spazierprügel auf feinem Cranium
den Takt geschlagen hätte.

Anbei noch ein Extrablatt.

Extrablatt.

Gleichnißweise zu reden, habe ich bisher beftän-
dig ein Tutti gespielt, jetzt will ich ein Solo spielen,
und probire es, um nicht aus dem Takt zu kommen, wenn's aufgeführt wird. — — Die paar Stunden, die ich noch in M. genießen werde, sind in den
Reiseplan einbedungen, und beschäftigen mich eben
so gut, als die Ankunft in Glogau. Der Onkel will
schlechterdings haben, ich soll mir ein Stammbuch
anschaffen, und also will ich mir wirklich solch' eine
Registrande über meine Bekanntschaften anschaffen,
und fie jedem, dem ich Adieu sagen muß, ganz dreist
hinpräsentiren, — die Anstalten der Reise gehen
schon bis in's kleinste Detail. — — — —
— — — — — — — — — —

Für eins nur ist mir bange, für die Verzweif-
lungsscenen einer gewissen Person, wenn es heißen
wird — fort! — Wenigstens wird's mir eine fatale
Laune verursachen, die ich nicht sobald verlieren kann.
— Daß ich dein Portrait nicht habe, ärgert mich
ganz abscheulich. — So viel Pergament und Papier
mit Fratzengesichtern zu beschmutzen, und nicht den
Einzigen, bei dessen Andenken einem so wohl um's

Herz wird, abzuzeichnen! — Mit Bleifeder und
Tusch wäre in ein paar kühnen Zügen das Ganze
vollendet gewesen. Ist denn in ganz M. kein Mensch,
der sich auf's Abzeichnen versteht? — Närrisch vor
Freude würde ich, wenn ich in deinem Briefe dein
Portrait, wär's auch nur ein flüchtiger Contour mit
Bleistift hingeworfen, eingeschlossen fände.

Lebe wohl, mein einziger Freund, — bald er=
fährst du mehr von mir. Adieu!

18.

Königsberg den 15. März 1796.

Ob und wann du diesen Brief erhalten wirst,
ist eben so ungewiß, als unsere Zusammenkunft vor
meinem moralischen Tode für Preußen. Du schreibst
mir von deiner Reise, ohne den Termin ihres An=
tritts zu bestimmen, — vielleicht ist dieser schon vor=
bei, und du hörst auf einer Wallfahrt neupreußische
Wölfe heulen, während ich Geigenquartetts kompo=
nire und aufführen lasse, — vielleicht befindest du
dich bei deiner brutalen Vokalmusik in behaglicherem
Zustande, eingehüllt in das Exterieur eines Kum=
pans der melodiereichen Sänger, als ich am warmen
Ofen sonst, bei meinem Concert spirituel! und heute

5 *

einsam, beschäftigt mit Gedanken an Tod und Ewig=
keit, die mich ernsthafter als je gestimmt haben. —
Der Schwermuth entgehe ich durch eine Unterhal=
tung mit dir, du mein Einziger. — Ich habe deine
alten Briefe durchgelesen, und einige neuere dazu
gelegt (reponirt); selbst von Schmerz durchdrungen,
springt dann und wann ein Funke meiner humori=
stischen Laune, die mit meiner Bildung gleichen
Schritt hält, hervor, wenn ich mich zu dir hin ver=
setze, auf den beiden bekannten Sorgstühlen, ein
Tisch in unserer Mitte mit einer Flasche Wein, die
den Fittig unserer Phantasie befiederte. — Der Tod
hat bei uns auf eine so schreckliche Art seine Visite
gemacht, daß ich daß Grausenvolle seiner despotischen
Majestät mit Schaudern gefühlt habe. — Heute mor=
gen fanden wir meine gute Mutter todt aus dem
Bette herausgefallen. — Ein plötzlicher Schlagfluß
hatte sie in der Nacht getödtet, das zeigte ihr Ge=
sicht, von gräßlichen Verzuckungen entstellt. — Ich
weiß, daß du im Stande bist, eine solche Scene zu
fühlen! — den Abend vorher war sie munterer als
je, und aß mit gutem Appetit, — das sind wir
Menschen! — Quälen und härmen uns im spannien=
langen Leben, — sorgen für die Zukunft, — ma=
chen Pläne auf Pläne, wenn vielleicht nur noch Ein
armseliger Tag unsere Todesstunde verzögert. —
Das große Studium des Todes ist uns verhaßt,
weil unser verzärtelter Geist sich nur an blühenden
Rosen weidet, deren Dorn er fürchtet. — Ach Freund,
wer nicht den Tod sich bei Zeiten zum Freunde macht,

und auf vertraulichem Fuß mit ihm umgeht, dem macht
er Visite immer auf die quälendste Art, — ich meine,
daß das seine Lieblinge sind, die er, so ohne viel
von sich blicken zu lassen, weghascht, und was so
schrecklich scheint, ist blos ein Erziehungskniff von
ihm für uns übrige. — Du wirst meinen Schmerz
mit mir fühlen, und dein Gefühl, dein gutes Herz,
stimmt gewiß in das Requiem ein, das ich den Manen meiner guten Mutter weihe.

Weiß Gott, was für ein Accisbedienter diesen
Brief beschnüffeln oder gar lesen wird, darum möchte
ich, als geschworner Todfeind alles Acciswesens, nicht
gern viel erzählen, was als Contrebande aufgemutzt
werden könnte, und doch drückt's mir das Herz ab,
an dich zu schreiben, und nicht alles so hinzusetzen,
wie es mir mein Gefühl diktirt. — Du weißt ja,
daß ich mich dir so gern mit all' meinem Kummer
an den Hals werfe, daß ich so gern mein bischen
Freude durch Mittheilung erhöhe, — darum ist mir
jeder Zwang lästig, — und deine Reise, und das
Acciseamt, — es ist fatal. — Am besten ist's, ich
setze dir ein paar Worte her aus dem Roman, den
ich in müßigen Stunden, und vorzüglich Sonntags,
bearbeite, — sie handeln von einem Lieblingsgegen-
stande.

„Wie so schön ist doch Freundschaft! Ich beneide euch nicht, ihr Weiber und Mädchen, um euer
Geschlecht! — Wahr mag es seyn, daß euer luxu-
riöser Sinn sich trefflich darauf versteht, in tausend
feinen Nüancen Genuß einzuathmen, wo wir mit

gröberem Sinne die ganze Maſſe einſchlucken; wahr
mag es ſeyn, daß unſere Liebe Eis vom Nordpol
iſt gegen die Gluth, die dies Gefühl in euren Herzen
entzündet, daß unempfindſame Klötze wir oft da ſind,
wo Geiſt und Leben euer ganzes Leben elektriſch
durchzuckt; aber ich beneide euch nicht, ſtolz auf das
Geſchenk der Männer, die Freundſchaft. — Tauſend=
kehligt höre ich euren Einwand, triumphirend ſchließt
ihr euch untereinander in die Arme: lieben wir uns
nicht? — Aber verzeiht, daß ich mir nichts abdingen
laſſe, und ſogar über eure heißen Umarmungen ein
wenig lächle; viel Gründe unterſtützen meinen Satz
für's Männermonopol. — Einer iſt wichtig, aber es
iſt wenig indiscreter, als man gewöhnlich ſeyn darf,
ihn anzuführen. — Ohne Riſico ein nothwendiges
Stück am Exterieur zu verlieren, würde ich es nicht
wagen können, dieſen Grund vor der Tribüne der
Weiber zu verfechten, müßten ſie mir erſt auch zu=
geben, daß Sinnlichkeit das große Triebrad ihres
Thuns und Laſſens iſt, was ſich in unglaublicher
Schnelle unaufhörlich dreht. — Die Freundſchaft
thut gar nichts für die Sinnlichkeit, aber alles für
den Geiſt. Ihr Genuß iſt das Wohlwollen für's
Verwandte, die Seligkeit des Wiederfindens gleicher
Regungen; — haben wir den gefunden, der uns
verſteht, in deſſen Bruſt wir mit Entzücken gleiche
Gefühle, in deſſen Kopf wir eigene Ideen ausſpähen,
der mit geläutertem Sinn für Tugend und Schön=
heit mit uns den Blumenpfad oder den dörnigten
Weg, den wir wandeln, betritt, wie ganz anders

malt sich uns dann die Welt, und unser Selbst wird
uns dann nur erst werth! Ein Heroismus, schon
der Natur der Weiber entgegen, stählt uns zu Thaten, denen, ohne den Geliebten, unsere Schwäche
unterlegen haben würde. — Ja, mein Theodor, beide
wären wir nicht das, was wir sind, wenn das
Schicksal nicht unsere gleich gestimmten Herzen vereinigt hätte. Ehe die Geburtsstunde unserer Freundschaft schlug, hab' ich recht erbärmlich in meiner
Clause gelebt. Mein Geist war ein Gefangener, den
man eingesperrt hatte und unaufhörlich bewachte x."

So weit aus dem Geheimnißvollen! Nimm doch
das Incorrecte hie und da nicht übel, heute kann
ich unmöglich nachbessern, — und Sie, Herr Accise-
Inspector oder Inquisitor privatus, werden finden,
daß nichts gegen die Religion, den Staat, öffentliche
und Privatruhe darin enthalten ist, und wenn Sie
sich die Mühe geben wollen, den Brief ganz durch-
zulesen, so werden Sie ferner finden, daß man am
Abend des Tages, an dessen Morgen man seine
Mutter todt findet, nichts Hinterlistiges im Schilde
führen kann!

Nun spreche ich wieder mit dir, mein lieber
einziger Freund. — Meine Abreise nach Schlesien,
und speciell nach Glogau bleibt bestimmt, und wenn
mich der Frühling lebendig findet, so werde ich ihn
da aufsuchen, wo er sein Haupt mit einer Blüthen-
krone schmückt, wenn ich ihn auch noch bei der Toi-
lette finde. — Eine Copie von dir, — ein Unglücks-
bruder, der Sinn für das hat, was unterläßlich ist

unser Vertrauen zu erwerben, heißt hier jetzt mein
Freund, und ist auch wirklich nächst dir der einzige,
dessen Umgang mich froh macht. — — — — —
— Wenn du es möglich machen kannst, in der Mitte
oder auch Ende May's in Königsberg einzutreffen,
so ist unser Wiedersehen gewiß, und wenn dir dieser
Augenblick, — diese Tage des seligsten Genusses, so
viel werth, so heilig wie mir sind, so wirst du gewiß
alle Hindernisse überwinden und deine Reise so einrichten, daß dein Aufenthalt in Königsberg in die
Mitte des May's trifft. — Mit — — stehe ich in
einem Verhältniß, das mir Seligkeit und Wonne
verursacht, und mir Tod und Verderben droht, wenn
ich nicht männlich genug bin, meinen Entschluß auszuführen. — So viel davon und das verstehen Sie
doch nicht, Herr Inquisitor, so pfiffig Sie auch aussehen!

Lebe wohl, einziger Freund, und gib mir bald
Nachrichten von dir.

Leb wohl!

19.

Mittwoch den 31. März 1796.

Im Grunde wär's mir doch fatal gewesen, wenn
du meinen Brief gar nicht gelesen hättest, sey's auch,
daß die Wendungsperioden, die jeden Inquisitor
und Accißbeamten näher als dich angingen, auf diese
Art in den Wind geschrieben wären, und uns um

Raum und Zeit gepreßt hätten. Jetzt, da du mir
von der weit ausgesetzten Zeit deiner Reise geschrieben, und eine dreitägige Briefaufkündigungsfrist gesetzt hast, bin ich sehr ruhig, in Rücksicht meiner
Herzenserleichterungen und Federstriche, denn beide
dürfen nicht so schulmäßig Tact halten, wie der Cla-
vierspieler in der Orchestersymphonie, und können
zuweilen in freier Fantasie etwas ausschweifen, wegen cessirender Critik.

Daß du schon wieder einen starken Schritt gethan hast *), ist mir, deiner langen Beine wegen,
gar nicht aufgefallen, ich mit meinen kurzen mache
nur sehr kleine Pas, so daß, ich gar nicht von der
Stelle komme; deswegen will ich mir auch, sobald
ich in Schlesien zum erstenmal genieße habe, ein
paar Stelzen machen lassen, mit denen ich, ohne
Furcht und Grauen über Stock und Stein weg-
schreite. — Du meinst, daß man auf Stelzen sehr
leicht fällt, — ich bin aber zum Glück ziemlich leicht.
Immer mehr und mehr naht sich meine Reise, und
ich sehe mit einem ahnenden Gefühl die letzten
Schneeflocken hinschwinden, als würde ich sie nie
mehr das Fleckchen decken sehen, welches seine fin-
steren Schlagschatten an die Wände meiner Stube
wirft. — Aufrichtig gesagt, — denn gegen dich kann
ich schon unmaskirt erscheinen, und nicht, dem
Chamäleon gleich, des Nachbarn Farbe zurückspie-
geln, — aufrichtig gesagt, wohl und weh wird mir

---

*) Das Referendariats-Examen.

5**

bei dem Gedanken an die Trennung von i h r. — — — — — — — — — — — Du weißt, mein lieber Freund, wie ich sonst zu seyn pflegte, als du noch jeden kleinen Kummer mit mir theiltest, — ich brauste, — deine Entfernung, meine klösterliche Abgeschiedenheit von allem, was mir, und dem ich werth bin, hat mich anders gestimmt, — ich könnte es jetzt, medizinisch, mit einem Ausschlag vergleichen, der einer Erkältung wegen zurückschlägt und unausrottbar an den innern Theilen frißt. — Das Bild ist nicht edel, aber wahr. — Eine gewisse sonderbare Laune, die auch jetzt überall hervorschimmert, hat mich nicht unterliegen lassen, und du warst es, der du (nach meinem Gefühl richtig) diese Laune Humor und meine etwas bizarren Briefe humoristisch nanntest. — Wärst du hier, so würde ich nicht klagen, — wenn du kömmst, ich würde mit Don Carlos rufen: „O nun ist alles wieder gut, ich liege am Halse meines Rodrigo!" — Sie zu verlieren, — — dieser Gedanke drückt mich zu Boden, und ich zweifle, daß ich auf Schlesiens Gebirgen freier athmen werde! Was kann mich sonst an diesen Ort fesseln, wo man mich gewaltsam einsperrt, und mit einer heiligen Dummheit meinen Geist in eine von Vorurtheilen erschaffene Dogmatik einzwängt. — Ach, lieber Freund, bogenlang würde der Rotulus all' der Aergerlichkeiten, die mich täglich an meine widrige Lage mahnen. Welch ein Blitzstrahl der erzürnten Gottheit hat mich doch, in einer Stunde des Zorns, in den Kreis dieser Menschen herabge=

schleudert! — Nicht ein Stündchen Alleinseyn gönnt
man mir. — Nach dem Tode meiner Mutter ist
noch alles zehnfach konfuser, und man martert mich
mit Grammatre-Discursen bis in die späte Nacht.
Etwas Gescheites thun kann ich schlechterdings gar
nicht. — Kurz in dieser Rücksicht ist meine Reise
etwas sehr herrliches. — Einen Posttag weih' ich
dir in M., — aber dann, lieber Freund, mußt du
einmal ein paar Tage ganz für mich leben; wie
freu' ich mich auf den Augenblick unsers Wiedersehens! — — — — — — — — — — — —

— — Meine Malerei blüht wieder, und ich möchte
dir gern den Laocoon zeigen, den ich gestern vollendete.

Zu verstimmt bin ich heute, um dir mehr sagen
zu können, als daß ich dich ewig lieben werde.

20.

Königsberg den 28. Mai 1796.

Dein Brief vom 25. d. M., den mir ein glücklicher Zufall in die Hände zu werfen schien, rückte
mir meine Nachläßigkeit in der Beobachtung einer
heiligen Pflicht vor. Als ich ihn empfing, schlich,
an dem Stundenrade meines Lebens, eine bittere
Sekunde in trägem Schneckengange vorüber, — ich
schlug deinen Brief auseinander, und wieder nichts
als Klagen, die mehr Erzeugniß einer verjährten

Hypochondrie als Folgen wirklicher Vorfälle zu
seyn schienen. Dir fehlt das Talent glücklich zu
seyn, und deswegen trägt mein Herz einen Flor,
und trauert um dich, wie um einen Abgeschiedenen;
denn dieser Wurm, der an der schönsten Blüthe
deines Lebensgenusses frißt, wird dich immerdar fern
von mir erhalten. Du sehnst dich nach einem etwas, das eine tödtende Leere in deinem Innern ausfüllen soll, — du hoffst, erhältst, — du genießest
nichts, und alles hüllt sich in den Florduft des
Traums; dann, nur dann, fühlst du, daß es da war,
wenn der Zeitenflug es schon in Ruinen begrub!
laß mich offenherzig reden bei diesem Abschieds-Rendez-
vous, das sich unsre Geister, entflohen der gröbern
Masse des despotisirenden Conventionshaufens, auf
dem Scheidewege, wo sich ihre Surtouts trennen
sollen, gaben. — Du gleichst einem schönen Instrumente, dessen Saiten abgespannt sind. — — In
diesen abgespannten Saiten liegt eine Fluth entzückender Harmonien, die sie aber nur dann angeben, wenn
ein äußeres Motiv ihre Drehwirbel herumschiebt und
sie aufspannt. Dir fehlt ein Wesen, das mit einem
stärkeren Thätigkeitsdrange, als der deinige, sich fest
an dich anschmiegt, das elektrische Funken in deinen
hinstarrenden Geist wirft. Du bist alles, — kannst
alles und auch nichts seyn, — mit einem durch-
bohrenden Gefühl dieses nichts verabscheuen, und
doch in tiefem Mitternachtsdunkel vergebens nach
einer Lichtflamme forschen, die dich herausleiten soll
auf den Rosenpfad des sich selbst genügenden Lebens-

genusses. — Einerlei mags nicht seyn, ob dieses an=
schmiegende Wesen ein weiblicher Engel, mit ver=
führerischen Reizen geschmückt, ist, oder ein Freund,
dessen Herz vor ungeduldigem Entzücken pocht, dies
dem, den er höher schätzt, mehr liebt als alles was
ihm auf dieser Erde theuer seyn kann, vielleicht seyn
zu können — Einerlei ists nicht; — welch' ein Freun=
desherz kann dem genügen, der sich, an dem liebe=
klopfenden Busen jenes Engels Seligkeit träumt und
Seligkeit genießt! — Aber, wenn diese Holde noch
zauderte, das dem Geliebten zu seyn, wenn die
Stunde noch nicht schlug, in der sie Trost in dessen
Seele hauchen sollte, dem die Gegenwart ungenossen,
wie einem Siechen, vorüberflieht, — und dann böte
der Freund, mit dem himmlischen Gefühl im Auge
und Herzen, das seyn zu können, was ihm eine lieb=
liche Phantasie als höchstes Erdenglück malt, sein
Herz dar zum Ersatz für freudenleere Stunden; viel=
leicht daß dann auch dieser Freund Ruhe und Frie=
den ins kranke Herz hinein sympathisirte (laß
mich dies Wort hier brauchen). Es ist für mich
ein süßer Stolz, mich in diesem Freunde selbst gemalt
zu haben. — Ich tadle mich, daß eine gewisse, viel=
leicht falsche, Delikatesse mich zurückhielt, dir in ein
paar Zügen das Gemälde meiner Ideen für den
Genuß der Zukunft zu entwerfen; — der Urstoff
dieser Ideen hing längst an einer Seite meines Ge=
hirns. — Diese Ideen waren reponirt, bis der barsche
Exekutor die Schicksals=Sentenz, die uns allen mit
der Zeit publicirt, und an uns executirt wird, an

dem Geheimenrath vollführte *). — Da kamen sie
hervor, — alle alte Glückseligkeitspläne; die Haupt-
bedingung war erfüllt, du kamst, — so still, — verschlossen, — abgelenkt von all dem friedlich guten
Selbstgenuß, der sonst in deiner Seele
wohnte, — du glaubst, daß das Thätigkeitstrieb
ist, was deine Fühlbarkeit fürs Einfache abgestumpft
hat, — und daß ich diesen hasse; — beides ist falsch.
— O mein einziger Freund, was für Menschen
könnten diese schöne Pflanze, die für eignes und für
Menschenglück in dir aufkeimte, erdrücken! Ich fand
dich nicht so, wie viele Aeußerungen deiner Briefe
besagt zu haben schienen. — Mir sank der Muth.
jetzt, in einer solchen Stimmung, dir mich und meine
Pläne aufzudringen, und nie trauerte ich mehr um
manche Lieblingsideen; — noch mehr, — ich
trauerte um dich, als ich dich so verschlossen, so un-
zugänglich für manches sah, das sonst deine Seele
erfüllte, und im glühenden Enthusiasmus
dein Blut heftiger durch die Pulse trieb.
— Meine Reise nach Glogau thürmte sich vor meinem Blicke auf, wie eine Gebirgskette, die dich
von mir scheiden sollte, ich las dir mein Petitum
vor, welches der Lärmschuß zum ganzen Manoeuvre
seyn sollte. — Eine sprachlose Unzufriedenheit, —
eine Miene, die zwar sagte, so wärs nicht gut, aber
es könnte ja nicht anders seyn, war alles, — der
Lärmschuß geschah! — Ich kenne dein Herz zu gut,

---

*) Der Tod des großen Hippel, des Oheims des Freundes.

ich liebe dich zu sehr, um auch nur eine halbe Se=
kunde etwas absichtliches in diesem ernsten Schweigen
zu suchen, und eben deßwegen table ich mich, daß
ich nicht mit der Batterie meiner Ideen in deine
Herzverschanzung Bresche geschossen habe, — du
hättest kapitulirt, und mir selbst zum freien Einzug
die Thore geöffnet! — Jetzt hast du mich verlassen,
und ich verlasse künftigen Donnerstag einen Ort,
der mir hätte werth seyn können, wenn die Wahr=
heit des Satzes, daß eine Kette von Kleinigkeiten,
oder vielmehr oft eine Kleinigkeit, die sich wie ein
Schneeball durchs Fortrollen, durchs Aufnehmen und
Anbacken dieser oder jener Kleinigkeiten bis zum Un=
geheuer vergrößert, uns und unsere Handlungen be=
stimmt, dießmal unumstößlich wäre. — O mein
Freund! in ein Elysium könnt' mich's versetzen, wenn
mir ein Wesen die Unabhängigkeit von diesen un=
ausweichbaren Uebeln, die wie Nadelstiche nicht
tödtlich, aber schmerzhaft, verwunden, von diesen
Ketten, die überall hängen bleiben, zusichern könnte! —
Jetzt ist das Freundesherz, das ich dir anbot,
vielleicht bald ersetzt, und dann bist du glücklich, —
ich meine, — daß das bessere, oben erwähnte, viel=
leicht bald alles gut macht. — Wenn dieß aber nicht
wäre, — vielleicht wartet, noch jenseits obiger Ge=
birgskette, eine spätere Vereinigung auf uns! —
Du weißt, daß meine Pläne, in Rücksicht deiner
und meiner, ohne Grenzen sind! — Wie, wenn die
Eisrinde, die das Geschäftsleben um dein Herz kru=
stirt hat, in mildem Sonnenschein aufthaute, — ein

Wink, und ich flöge zu dir. — Wie, wenn wir nun
einige Zeit noch zusammen, um Menschen, Sitten,
und uns selbst, kennen zu lernen, einige Gegenden Deutschlands durchreisten! — Vielleicht unterstützt mich bis dahin das Glück mit einigen seiner
metallnen . . . wie du's nennen willst, und das
opfere ich gern einer solchen Reise. — Den Hintergrund des Gemäldes, auf dem diese Reise die vor-
derste Gruppe ausmacht, kann ich dir noch nicht
einmal skizziren, viel weniger malen.

Du sagtest mir ziemlich bitter: ich wär ein Musiker, du ein Jurist, — mithin entfernten sich unsre
Zwecke, — und unsre Herzen, lispelte dir vielleicht
schon das bittre Gefühl zu, das dich gegen mich
aufbrachte, weil ich eine Stunde, die, ohne mein
Herz zu befriedigen, ohne mir mehr — ich sollte mit
dir zusammen dann nur vom Seligen sprechen, —
als ein mechanisches Zahn-Geklapper zu seyn, mich
traurig gemacht hätte, dem abzuschreibenden Arur
opferte; — aber du sprachst es nicht aus. — Es
hat mich gekränkt, daß du dieß sagtest, daß du mich
von einer weichen Seite, einer Lieblingssache, die
mich oft für manches Bittre schadlos halten muß,
angriffst, aber ich verzeih's dir gern, wenn du mir
versprichst, mir nie mehr den Musiker vorzuwerfen. —

Ich lese nochmals deinen Brief, und sehe, wie
sich alles um — herumdreht, — Alles! — Se[y]
glücklich! — Mir thuts wohl, das alles dir ge[-]
schrieben zu haben; — ich fühle mich erleichtert, un[d]
werde ohne Neid nicht mit dem Schicksal grollen.

wenn du auch ohne mich recht glücklich bist! — ich erwarte einen Brief von dir in Glogau. Mach die Adresse an meinen Onkel, der, wie du weißt, Ober= amts=Regierungsrath ist, und schlag' den Brief an mich ein. Lebe denn wohl, du Einziger, mit dem vereint ich ganz glücklich hätte seyn können; — leb' wohl, und vergiß mich und alles das nicht, was mir nah' am Herzen liegt! — Wenn ich durch M. gehe, werd ich den L. besuchen, und wenns möglich ist, mein Daseyn an deiner Stubenthüre ankreiben, zum Merkmal und Innungsgruß unsrer verwandten Geister beim letzten Rendezvous. — Adieu, mein Lieber!

Extrablatt

zum

Abschieds-Rendezvous.

Eigentlich sollte das Abieu des letzten Blatts
das Finale, der letzte Akkord unseres Rendezvous
seyn, — ich sehe mich aber noch einmal nach dir um,
wie damals, als du mich aus Arnau nach Königsberg geleitetest auf der Anhöhe an der Brücke, —
und laufe dir nach, um schon vielmal gesagte Dinge
noch einmal zu sagen, — um dir noch in einem
Abschiedskuß alles das vor Augen zu stellen, was
mit einem bunten Regenbogen-Rande die Lieblings-
spiele meiner Phantasie bordirt! — Noch einmal ergreife ich die Feder, um mit ihr in diesem Extrablatt
(ein Jean Paul'scher Ausdruck) an dein Herz zu
tippen. — Ich meine, daß man durch Anstrengung
doch wohl mit der Zeit Herr über die Kleinigkeiten
werden könnte, die uns, winzige Seitensprünge un-
gerechnet, an einem unzerreißbaren Haarseil lenken,
— daß man eben so gut, wie den Tact bei einer
aufzuführenden Oper, auch den Tact, in dem man
zu leben verbunden ist, dirigiren könnte, und diese
Meinung, die ich der Kettenhypothese entgegensetze,

führt mir den frohen Gedanken, den Sonntagsein=
fall zu, daß wir immer, einmal nun genug dirigirt,
das Dirigiren versuchen könnten. — Wollte ich dir
den Schieber in der Laterna magica meiner Phan=
tasie öffnen, so könntest du dich sehr vielmal darin
sehen, — z. B. wie du, mit mir vereint, durch die
schönen Gegenden des südlichen Deutschlands streichst,
wie du dich glücklicher fühlst als je, — wie du alle
Talente, die was taugen, an mir nutzest, — in specie
das Malen! (du weißt, die Phantasie ist oft ego=
istisch) — du lächelst, daß du, indem du glaubtest,
im Extrablatt etwas Neues zu lesen, immer wieder
auf die alten Ideen stöß'st. — Nimm nicht übel, ich
hab' mich froh und leicht geschwatzt, — die bittre
Sekunde ist vorübergerutscht, und mein Humor ist
der alte, so wie immer, wenn ich mit dir schwatze. —
Freilich habe ich dießmal vielleicht manches gesagt,
was eine gewisse unabzulegende Diskretion mir
hätte verbieten sollen, aber, laut deiner Vollmacht,
dir immer die Wahrheit zu sagen, — dir ohne Hehl
alles vorzurücken, was mir gefällt an dir und nicht,
habe ich diesmal mir mehr Freiheit herausgenommen
als sonst. — Ich habe dir nie ein Pförtchen, sondern
immer die Flügelthüren zu meinem Herzen geöffnet,
und es ist nicht meine Schuld, daß du oft, anstatt
durch die Flügelthüren sans façon hineinzugehen, nur
durch das Pförtchen gucktest, — wie es auch doch
immer nicht gut bleibt, daß du nicht gleich, als du
nach Königsberg kamst, gegen mich den Flordezug
von deinem Herzen wegwarfst, und geradezu decisiv

sagteſt, — ſo und ſo will ich jetzt hier leben, mit
dir zuſammen in dieſer und jener Art. —

Ich wurde unterbrochen Abends um halb 9 Uhr,
— jetzt hats 10 geſchlagen, und ich komme recta aus
dem Sprint *), — du weißt, daß meine Laune öfters
maître de plaisir iſt, und daher komme ich jetzt aus
dem Sprint. — Bei einem ſolchen herzlichen Ab=
ſchieds=Rendezvous als das unſrige, denkt man nicht
gern an Kleinigkeiten, überhaupt iſt man dann ein
erbärmlicher Erzähler, der nicht einmal geſcheite Pe=
rioden baut, und eben deßwegen will ich dir auch
nicht den Bocksſprung meines Reiſekumpans aus=
erzählen, der mich unterbrach (nämlich der Bocks=
ſprung), und bis in den Sprint trieb, ſo wie neulich
die Clarinette des kleinen L., — aus Copals Garten
bis auf den Ochſenmarkt! —

Eben jetzt, da ich bald das Extrablatt zu ſchlie=
ßen gezwungen ſeyn werde, kommt mir der fatale
Gedanke in den Weg, daß dich dieſer Brief gar
nicht mehr in M. antreffen wird **), — daß vielleicht
ein anderer, — ein Chargé d'affaires — dieſen
Brief erbrechen und leſen wird, und daß ich dieſem
daher mein Compliment machen, und ihm höflichſt
zu verſtehen geben muß, daß, falls er dieſen Brief
geleſen hat, er offenbar um eine halbe Stunde Zeit
geprellt iſt; — denn ſehen Sie mein Herr! Sie ken=
nen uns Schreiber und Leſer (ordentlich beſtimmte)

---

*) Spazierort bei Königsberg.
**) Dieß geſchah auch wirklich nicht.

nur in Sürtouts, die so geschnitten sind als alle andere, und nichts ausgezeichnetes haben. — Nun haben wir aber bei diesem Rendezvous diese lästigen Dinger abgeworfen, und sind mithin Ihnen, mein Herr Chargé d'affaires, ganz unkenntlich (das Eingehakte ist für Sie, — sonst nichts! —)

Die meinem Herzen theuer ist, grüßt dich, und gibt dir einen Kuß des Friedens; — der Reisekumpan ist ein Windbeutel, ich aber, im Extrablatt so wie im Briefe, ewig, ewig der Deine!

Zweiter Abschnitt.

Glogau 1796—1798.

Der erste Brief der Beilagen zu diesem Ab=
schnitte *) enthält die Erzählung dessen, was Hoff=
mann auf der Reise von Königsberg nach Glogau
begegnete. Die Schilderung seiner Aufnahme in der
Familie des Knopfmachers zu Marienwerder zeigt
schon in dem zwanzigjährigen Jünglinge das herr=
liche Talent der lebendigen Darstellung, welches den
nachmaligen Schriftsteller in so hohem Maße aus=
zeichnete, das „geschaut haben des Dichters,“ worauf
er, als auf die einzige Grundlage, auf welcher sich
ein ächtes Kunstwerk erheben könne, drang**). Im
Hause des Onkels, eines höchst achtungswerthen
Geschäftsmannes, fand er, nächst der Tante, zwei
Cousinen und einen Vetter, mit welchem er zusam=

---

*) 21ster Brief.

**) Serapions=Brüder, Bd. 1, S. 115, und die Einleitung zu
dem unten als Beilage zum letzten Abschnitt folgenden Dia=
log, des Vetters Eckfenster.

menwohnte. In einem Brief an Hippel, der sich
nicht zur öffentlichen Mittheilung eignet, nennt er
die Tante eine vortreffliche Frau, die Cousinen —
deren eine Braut war — sehr gebildete Mädchen
und den Vetter einen äußerst natürlichen, jovialen
Jungen *). — Alle diese Verwandte nahmen ihn
mit großer Liebe auf, und dennoch scheint ihm in
Glogau nicht wohl geworden zu seyn, wie er denn
in einem seiner letzten Briefe von dort **) es ein
„Nest" nennt, dessen Einsamkeit allein ihm vielleicht
hin und her heilsam gewesen seyn könne. Ein un=
unterbrochenes Andenken an die in Königsberg äuß=
serlich zerrissenen Verhältnisse verfolgte ihn quälend,
und im scheinbaren Widerspruch hiemit, knüpften
sich hier gerade die Fäden zu der Verbindung mit
seiner nachmaligen Gattin an***). Auch ein Wie=
dersehen der früher Geliebten, bei einer Reise mit
dem Onkel nach Königsberg im Frühling des Jah=
res 1797, fand statt, nach welchem die durch die
Trennung eines Jahres kaum gedämpfte Leidenschaft
mit dem alten Feuer erwachte †), und bei Hoffmann

---

*) Dieser hatte ein Talent für das Komische, wie wenige
Menschen, und war gewiß ganz dazu geeignet, Hoffmann
zu erheitern, da seine Komik an das Gebiet des ächten
Humors streifte. So zeigte er, z. B. von einem Men=
schen, den er zum erstenmale sah, wie er sich geberden
würde, wenn er Kegel schöbe, und es war schwer, das
a priori dargestellte Bild zu verkennen.

**) 34ster Brief.

***) 26ster, 32ster und 33ster Brief.

†) 29ster Brief.

der Vorsatz entstand, mit Beseitigung aller Hinder=
nisse eine Verbindung zu suchen, in welcher nach
dem Urtheil seines bewährtesten Freundes beide Theile
das gehoffte Glück schwerlich würden gefunden ha=
ben. Auf dieser Reise, und zwar auf dem Hinwege,
traf er auch mit jenem Freunde, seinem Hippel, wie=
der zusammen, jedoch nur auf Minuten, weil eine
hypochondrische, ihm sonst gar nicht eigenthümliche
Furchtsamkeit sich seiner in solchem Maße bemeistert
hatte, daß Hippel, den er aus dem erleuchteten Land=
hause einer befreundeten Familie, wo er sich eben
befand, hinausrufen ließ, ihn nicht bewegen konnte,
einzutreten, oder gar einige Tage zu verweilen, und
den Onkel, der auf der Landstraße wartete, allein
reisen zu lassen, was dieser gern gethan haben
würde *). Auf der Rückreise sahen sich die Freunde,
durch Hoffmanns Schuld, der jede Benachrichtigung
unterlassen hatte, gar nicht.

Bei seiner Wiederkehr nach Glogau fand er
alles, wie er es verlassen hatte, er klagt von neuem
über tödtende Langeweile **) u. s. w., nichts desto
weniger ist der Einfluß unverkennbar, den die Ver=
hältnisse, in welchen er in dieser Zeit lebte, auf die
Entwicklung seines Innern in jeder Beziehung hatten.

In dem Hause des Onkels waren die Künste
heimisch, — die Tante glänzte als eine Sängerin
des ersten Ranges — dies förderte ihn in seinen

---

*) 29ster Brief.
**) 30ster Brief.

Lieblingsfächern — Fleiß in seinen Berufsarbeiten, brachte ihn in seiner Laufbahn so weit, daß er im Juni 1798 sein zweites, das Referendariatsexamen in Glogau machen konnte; vor allem aber zeigen manche Aeußerungen aus dieser Zeit in seinen Briefen, daß er, mehr geneigt zur Einkehr in sich als früher, die tiefsten Blicke in sein Herz that, und seine Aussprüche über sich selbst behaupten ihre volle Wahrheit, wenn man sie auch auf spätere Perioden seines Lebens anwendet *).

Auch an anregenden Erscheinungen fehlte es damals nicht. Molinari, ein geistreicher Maler, jetzt in Berlin, die Gräfin Lichtenau, Holbein, der dramatische Dichter und Künstler Julius von Voß **), der bekannte Schriftsteller in Berlin, dessen er in seinen Briefen nicht, wohl aber mündlich oft in diesem Zusammenhange erwähnt hat, gaben seinem Geiste durch ihren Umgang vielfache Beschäftigung.

---

*) Z. B. 26ster Brief, über seine Heftigkeit, 27ster, über die Veränderung seines Ichs, wie er sich ausdrückt, 31ster, über seine Verletzlichkeit. In einem andern nicht mittheilbaren, sagt er mit schöner Offenheit, ein früher gefälltes hartes Urtheil gegen seinen Freund widerrufend: „es ist alles nicht wahr, und blos nur ungezogenen Grolls wegen habe ich dich belogen.‟

**) Das dieser Ausgabe beigefügte Bildniß desselben entstand auf folgende Veranlassung. Wie bekannt, wurden viele Abende während Hoffmanns Aufenthalt in Bamberg zwischen ihm und mir mit Lektüre der verschiedensten Gattung zugebracht. In Julius von Voß gesammelten Lustspielen befindet sich ein Stück unter dem Titel: „La Retraite pour les Dames‟, das ebenfalls eines Abends nach des Freundes

E. T. A. Hoffmann 13. (III.) 6

Das angenehmste Ereigniß und das entscheidendste für seine Ausbildung war aber eine Reise, die er, in Begleitung eines Freundes vom Hause seines Oheims, im Sommer 1798 durch einen Theil des schlesischen Gebirges, und von dort aus allein, nach Dresden unternahm *), und es ist sehr zu bedauern, daß die von Dresden aus an eine seiner Cousinen geschriebenen Briefe, die zu seinen interessantesten Jugenderzeugnissen gehört haben sollen, nicht erhalten worden sind.

Uebrigens hat er seinen Reisegefährten, Oberamtsregierungsrath J., so wie ein merkwürdiges Glück, welches ihm auf dieser Reise im Spiel begegnet ist, in einem seiner Werke selbst so lebendig geschildert, daß diese Darstellung hier füglich einzuschalten ist **).

Wunsch von mir vorgelesen wurde. So im höchsten Grade obschon nun auch diese Farce von uns befunden ward, so konnten wir doch den darin sprudelnden Witz nicht anders als durch beiderseitiges schallendes Gelächter begleiten, das sich fort und fort erhöhte, je mehr ich mich bemühete, rhetorisch und mimisch das Gegebene zu verstärken. Hoffmann, der die mehrsten Voß'schen Produkte kannte, ich dahingegen die wenigsten, versicherte, daß diese Retraite offenbar das Genialste sey, was dieser Schriftsteller geschrieben. — Auf mein Befragen über seine Persönlichkeit entwarf Hoffmann in wenigen Minuten mir eine Bleistiftzeichnung, die der Maler A. Hoffmann zu dieser Ausgabe treu wiedergegeben, mit der Unterschrift:

„Muthmaßliches Bild von Julius Voß.“

Ob es ähnlich oder nicht, vermag ich nicht zu beurtheilen.

J. F.

*) 35ster und 36ster Brief.
**) Serapionsbrüder Bd. 5. S. 550.

„Ihr wißt," begann Theodor, „daß ich mich, um meine Studien zu vollenden, eine Zeitlang in G. (Glogau) bei einem alten Onkel aufhielt. Ein Freund dieses Onkels fand, der Ungleichheit unserer Jahre unerachtet, großes Wohlgefallen an mir, und zwar wohl vorzüglich deßhalb, weil mich damals eine stets frohe, oft bis zum Muthwillen steigende Laune beseelte. Der Mann war in der That eine der sonderbarsten Personen, die mir jemals aufgestoßen sind. Kleinlich in allen Angelegenheiten des Lebens, mürrisch, verdrießlich, mit großem Hange zum Geiz, war er doch im höchsten Grade empfänglich für jeden Scherz, für jede Ironie. Um mich eines französischen Ausdrucks zu bedienen, — der Mann war durchaus amüsable, ohne im mindesten amüsant zu seyn. — Dabei trieb er, hoch an Jahren, eine Eitelkeit, die sich vorzüglich in seiner nach den Bedingnissen der letzten Mode sorglich gewählten Kleidung aussprach, beinahe bis zum Lächerlichen, und eben diese Lächerlichkeit traf ihn, wenn man sah, wie er im Schweiß seines Angesichts jedem Genuß nachjagte, und mit komischer Gier so viel davon auf einmal einzuschnappen strebte, als nur möglich. Zu lebhaft gehen mir in diesem Augenblick zwei drollige Züge dieser Eitelkeit, dieser Genußgier auf, als daß ich sie euch nicht mittheilen sollte. — Denkt euch, daß mein Mann, als er während seines Aufenthalts an einem Gebirgsort von einer Gesellschaft, in der sich freilich auch Damen befanden, aufgefordert wurde, eine Fußwanderung zu machen, um die nahe liegen-

6*

den Wasserfälle zu schauen, sich in einen noch gar nicht getragenen seidenen Rock warf mit schönen blinkenden Stahlknöpfen, daß er weißseidene Strümpfe anzog, Schuhe mit Stahlschnallen, und die schönsten Ringe an die Finger steckte. In dem dicksten Tannenwalde, der zu passiren, wurde die Gesellschaft von einem heftigen Gewitter überfallen. Der Regen strömte herab, die Waldbäche schwollen an und braußten in die Wege hinein, und ihr möget euch wohl vorstellen, in welchen Zustand mein armer Freund während weniger Augenblicke gerathen war.

Es begab sich ferner, daß zur Nachtzeit der Blitz in den Thurm der Dominikanerkirche zu Glogau einschlug. Mein Freund war entzückt über den herrlichen Anblick der Feuersäule, die sich erhob in den schwarzen Himmel, und alles rings umher magisch beleuchtete, fand aber bald, daß das Tableau, erst von einem gewissen Hügel vor der Stadt angeschaut, die gehörige malerische Wirkung thun müsse. Alsbald kleidete er sich so schnell an, als es bei der nie zu verläugnenden Sorglichkeit geschehen konnte, vergaß nicht eine Tüte Makronen und ein Fläschchen Wein in die Tasche zu stecken, nahm einen schönen Blumenstrauß in die Hand, einen leichten Feldstuhl aber unter den Arm, und wanderte getrost heraus vor das Thor auf den Hügel. Da setzte er sich hin und betrachtete, indem er bald an den Blumen roch, bald ein Makrönchen naschte, bald ein Gläschen Wein nippte, in voller Gemüthlichkeit das malerische Schauspiel:

Dieser Mann, wie ich ihn eben geschildert, forderte mich auf, ihn auf einer Reise nach einem
Badeort zu begleiten, und, unerachtet ich wohl einsah, daß ich seinen Besänftiger, Aufheiterer, Maitre
de plaisir, spielen sollte, war es mir doch gelegen,
die anziehende Reise durch das Gebirge zu machen,
ohne allen Aufwand an Kosten. An dem Badeort
fand damals ein sehr bedeutendes Spiel statt, da
die Bank mehrere tausend Friedrichsd'or betrug.
Mein Mann betrachtete mit gierigem Schmunzeln
das aufgehäufte Gold, ging auf und ab im Saal,
umkreiste dann wieder näher den Spieltisch, griff
in die Tasche, hielt einen Friedrichsd'or zwischen den
Fingern, steckte ihn wieder ein; genug, ihn gelüstete
es nach dem Golde. Gar zu gern hätte er sich ein
Sümmchen exponirt *) von dem aufgeschütteten Reichthum, und doch mißtraute er seinem Glücksstern.
Endlich machte er dem drolligen Kampf zwischen
Wollen und Fürchten, der ihm Schweißtropfen auspreßte, dadurch ein Ende, daß er mich aufforderte,
für ihn zu pontiren und mir zu dem Behuf fünf
bis sechs Stück Friedrichsd'or in die Hand steckte.
Erst dann, als er mich versichert, daß er meinem
Glück durchaus nicht vertrauen, sondern das Gold,
das er mir gegeben, für verloren achten wolle, verstand ich mich zum Pontiren. Was ich gar nicht
gedacht, das geschah. Mir, dem ungeübten, uner-

---

*) So, nicht pointiren, wie es gewöhnlich geschieht, wollte
Hoffmann immer das Wort geschrieben wissen.

fahrnen Spieler war das Glück günstig, ich gewann in kurzer Zeit für meinen Freund etwa dreißig Stück Friedrichsd'or, die er sehr vergnügt einsteckte. Am andern Abend bat er mich wiederum, für ihn zu pontiren. Bis zur heutigen Stunde weiß ich aber nicht wie es mir herausfuhr, daß ich nun mein Glück für mich selbst versuchen wolle. Nicht in der Sinn war es mir gekommen zu spielen, vielmehr stand ich eben im Begriff, aus dem Saal ins Freie zu laufen, als mein Freund mich anging mit seiner Bitte. Erst als ich erklärt, heute für mich selbst zu pontiren, trat ich auch entschlossen an die Bank und holte aus der engen Tasche meines Gilets die beiden einzigen Friedrichsd'or hervor, die ich besaß. War mir das Glück gestern günstig, so schien es heute, als sey ein mächtiger Geist mit mir im Bunde, der dem Zufall gebiete. Ich mochte Karten nehmen, pontiren, biegen wie ich wollte, kein Blatt schlug mir um, kurz — mir geschah ganz dasselbe, was ich von dem Baron Siegfried gleich im Anfange meines Spielerglücks erzähle. — Mir taumelten die Sinne; oft wenn mir neues Gold zuströmte, war es mir, als läg ich im Traum, und würde nun gleich, indem ich das Gold einzustecken gewähnt, erwachen.

Mit dem Schlage 2 Uhr wurde, wie gewöhnlich, das Spiel geendet. — In dem Augenblick, als ich den Saal verlassen wollte, faßte mich ein alter Offizier bei der Schulter, und sprach, mich mit ernstem strengem Blick durchbohrend: „Junger Mann!

verständen Sie es, so hätten Sie die Bank gesprengt. Aber wenn Sie das verstehen werden, wird sie auch wohl der Teufel holen wie alle Uebrigen," Damit verließ er mich, ohne abzuwarten, was ich wohl darauf erwiedern werde. Der Morgen war schon heraufgedämmert, als ich auf mein Zimmer kam, und aus allen Taschen das Gold ausschüttete auf den Tisch. — Denkt euch die Empfindung eines Jünglings, der in voller Abhängigkeit auf ein kärgliches Taschengeld beschränkt ist, das er zu seinem Vergnügen verwenden darf, und der plötzlich, wie durch einen Zauberschlag, sich in dem Besitz einer Summe befindet, die bedeutend genug ist, um wenigstens von ihm in dem Augenblick für einen großen Reichthum gehalten zu werden! — Indem ich aber nun den Goldhaufen anschaute, wurde plötzlich mein ganzes Gemüth von einer Bangigkeit, von einer seltsamen Angst erfaßt, die mir kalten Todesschweiß auspreßte. Die Worte des alten Offiziers gingen mir nun erst auf in der entsetzlichsten Bedeutung. Mir war es, als sey das Gold, das auf dem Tische blinkte, das Handgeld, womit die finstre Macht meine Seele erkauft, die nun nicht mehr dem Verderben entrinnen könne. Meines Lebens Blüthe schien mir angenagt von einem giftigen Wurm, und ich gerieth in vernichtende Trostlosigkeit. — Da flammte das Morgenroth höher auf hinter den Bergen, ich legte mich ins Fenster, ich schaute mit inbrünstiger Sehnsucht der Sonne entgegen, vor der die finstern Geister der Nächte fliehen mußten. So

wie nun Flur und Wald aufleuchteten in den gol=
benen Strahlen, wurd' es auch wieder Tag in mei=
ner Seele. Mir kam das beseligende Gefühl der
Kraft, jeder Verlockung zu widerstehen, und mein
Leben zu bewahren vor jedem dämonischen Treiben,
in dem es, sey es wie und wenn es wolle, rettungs=
los untergeht! — Ich gelobte mir selbst auf das
Heiligste, nie mehr eine Karte zu berühren, und
habe das Gelübde streng gehalten *). — Der erste
Gebrauch, den ich übrigens von meinem reichen
Gewinnst machte, bestand darin, daß ich mich von
meinem Freunde zu seinem nicht geringen Erstaunen
trennte, und jene Reise nach Dresden, Prag und
Wien unternahm, von der ich euch schon oft er=
zählt **).

Im Sommer 1798 warb Hoffmanns Glogauischer
Onkel geheimer Obertribunalsrath in Berlin, und
jener folgte ihm dorthin, indem er, bisher Re=
ferendarius bei der Oberamts=Regierung zu Glo=
gau, in gleicher Qualität unterm 4. August 1798
an das Kammergericht, das in Berlin seinen Sitz
hat, versetzt wurde.

---

*) Dieß ist im vollsten Sinne des Wortes zu verstehen. Hoff=
mann hat nie wieder gespielt.

**) Alles in dieser Erzählung ist wahr, bis auf die Ausdehnung
der Reise über Dresden hinaus, nach Prag und Wien, an
welchen Orten Hoffmann nie war.

Beilagen

zum

zweiten Abschnitt.

———

21.

Glogau den 18. Julius 1796.

Dein lieber Brief vom 26. Juni c., den ich, einige Tage nach meiner Ankunft in Glogau, aus den Händen des Onkels empfing, klettete mich wieder an dich fester an, — an dich und an jene Verhältnisse, ohne die mein Herz leer, und die Harmonie meines Kopfs mit demselben total verstimmt ist. — Ich bin in einer Art Betäubung oder Rausch meiner Vaterstadt entflohen, — der Abschied von ihr hatte mich so butterweich gemacht, daß ich mich bald vor mir selber sehr prostituirt und geweint hätte, — nachher war ich verzweifelt lustig, und zog mir die Ueberhosen richtig dreimal verkehrt an; dann aß ich sehr viel, und trank noch mehr, — sie sah ich noch

6 **

einmal am Fenster, — vielleicht war mein Univer=
salkompliment gegen die vierseitige Nachbarschaft, und
mein Spezialgruß, den ich ihr ins Fenster als letz=
tes Lebewohl zuwarf, meine Schlußvignette für Kö=
nigsberg, — ich meine, daß ich ihnen zum letzten=
mal hingezeichnet stand, und mich in meinen rund
verschnittenen Haaren und Reisehabit nicht sonderlich
produzirte. — Von meiner Reise nichts, lieber Freund,
außer, daß ich mit einem deiner Stadtinwohner
reiste, der mich in Marienwerder, während der zwei
Stunden, die man auf der Post mit Packen und
Pferdewechseln zubringt, überall herumführte und
mir verschiedene Damen zeigte, und unter andern —
Dieser Cicerone und Reise=ami war übrigens ein
Knopfmacher, und hatte eine sehr hübsche Frau, eins
von den feinen Gesichtern aus dem Lavater, gegen
die man gleich freundlich seyn muß, wenn man nur
ein einzigesmal einen Crayon zwischen den Fingern
kunstmäßig gehabt hat. Die kleine Knopfmacher=
Familie versammelte sich um den zurückgekehrten
Papa, der blos eine Visite in Königsberg abgestat=
tet hatte, aber acht Tage, für ihre Liebe eine lange
Zeit, weggeblieben war, — eins kletterte ihm an
den Hals herauf, — eins umklammerte seine Knie,
— und als er nun vollends bunte Pantoffeln für
die Mädchen und gar Kuchen auspackte, da hättest
du die Freude sehen sollen. — Das Kleinste erwachte
jetzt auch in der Wiege, und lallte, seine kleinen
Aermchen ausstreckend, nach der Mutter, die lächelnd
die Falten aus dem Brätenrocke des Mannes, der

eben aus dem Mantelsack hervorgegangen (nämlich der Bratenrock) war, ausstrich, und den vom Königsberger Gastmahl restirenden Staub, den Feder-Anflug ausbürstete. — Ein alter Mann mit dem frappantesten Gesichte, der am Tische Knöpfe aus-arbeitete, füllte die Scene mit Bewillkommungs-Komplimenten und einem höflichen Sermon an mich und meinen Cumpan, — indem er schon längst ganz leise, mit einem Flugblick auf mich, sein poröses Mützchen hinter sich geworfen hatte, und in einer sehr conservirten Frisur, mit einem Coeur Toupé, dasaß. — Jetzt kam Kaffee in einer mächtigen Kanne. — Die Frau eilte vom Bratenrock weg, um eine Porzellantasse herunter zu langen und auszuwischen. Die Tasse war für mich, — eine von Fayente für den Mann, — der Alte sah ziemlich lüstern den braunen Trank aus der Kanne fließen, und schmun-zelte nicht wenig, als ganz unvermuthet, mit einer schnellen Wendung, der Mann ihm seine Tasse dar-bot und all' seine Höflichkeitsweigerungen mit einem lauten Ruf nach einer neuen Tasse abschnitt. — Die Kleinen versammelten sich um den Tisch, mit ihrem Kuchen in der Hand, — die Bitte um Kaffee durf-ten sie nicht wagen, — und doch bissen sie nicht in den Kuchen, — ich fütterte sie aus meiner Tasse, indem ich den Kuchen einbrockte, und es ihnen mit dem Theelöffel herauslangen ließ. — Die Mutter wollte das nicht zugeben, und schenkte, um mir jede Ent-äußerung zu ersparen, ihnen nun ein Näpfchen zur Tunke ein. — Jetzt war allgemeiner Jubel; alles

trank Kaffee, und sogar der Hauskater, der, mit hohem Rücken knurrend schon längst an die Familie
näher getreten war, bekam fetten Rahm, — ich hatte
mich so bei den Kleinen insinuirt, daß sie mich nicht
fortlassen wollten, als man mich zur Post rief; —
ich küßte sie alle, — und auf den sanft gerundeten
Contour der Lippen des Weibes hätte ich auch einen
Dorisskuß gedrückt, als Zueignungsdokument meiner Seele, und Innungsgruß des Handwerks, das
ich treibe, um besser zu seyn, als ich ohne dasselbe
wäre und seyn könnte. — Du verstehst mich! —
Doch hätte dies Sensation erregt, und der Polizei-
bürgermeister, dem es gewiß bekannt geworden wäre,
hätte diesen Kuß quaestionis registriren, und mich
vor der ganzen Welt in Mißkredit setzen können.
Du siehst, daß ich in Marienwerder sentimentalisirt
habe, und daran ist blos das Profil, oder auch die
Farce einer Knopfmacherfrau schuld! — habeant sibi,
— nimm nicht übel, daß diese Geschichte ganz offenbar zwei Seiten meines Briefs einnimmt.

In Posen mußte ich mich, der Post, nicht meiner Müdigkeit wegen, von Sonnabend früh bis
Montag spät um 6 Uhr aufhalten. — Da lebte ich
in einem vortrefflichen Hotel, bei Madam Speichert,
recht lustig. — Mittwoch den 15. Junius, früh um
6 Uhr, stand ich Stirn gegen Stirn mit meinem
Onkel. — Ich bin in Glogau entfernt von allem,
was mir lieb war, und ich habe, wie's Hamlet seiner Mutter räth, die eine kranke Hälfte meines Herzens weggeworfen, um mit der andern desto ver-

gnügter zu leben. Jetzt stoße ich an eine Haupt=
frage, die ich in deinem Blick lese, — ob ich glück=
lich, — zufrieden bin! leider muß ich antworten,
daß ich nie dauernd unglücklicher, nie, bei mitunter
langem Durchbruch meiner Jovialität, so ein Sklave
unseliger Kleinheiten gewesen bin. — Nimm an,
daß ich mich mit Gewalt losriß von einem Wesen,
das meine ganze Seele füllte, das mir alles seyn
konnte, ich opferte mich einem unglücklichen, konven=
tionellen Verhältnisse auf und floh mit blutendem
Herzen. — Einen wohlthätigen Genius suchte ich
fern von meinem Vaterlande, und fand ihn nicht!

— — — — —

Den 20. Julius.

Eben kehrte ich aus der Jesuiterkirche zurück,
— sie wird neu gemalt, und ich habe den exzentri=
schen Einfall, zu helfen, das wird mir wahrscheinlich
juristischer Seits übel genommen werden.

Für dießmal, mein theurer, einziger Freund,
nehme ich Abschied von dir, ich bin zu verstimmt,
um dir in meiner gewöhnlichen Jovialität Schilde=
rungen von Glogau zu machen, — schon im fol=
genden Briefe sollst du mehr erfahren.

Lebe wohl, einziger, innig geliebter Freund!

———

22.

Bester, theuerster Freund!

Es gehört mit zu den niederschlagenden Unannehmlichkeiten, welche mich auch jetzt, in veränderter Sphäre, zu Boden drücken, daß ich erst heute im Stande bin, dir deinen Brief vom 15. August zu beantworten. Vier Wochen drängen sich in die Mitte von Frage, Anrede und Antwort, und diese vier unseligen Wochen, die ich, bis auf einen oder zwei glückliche Tage, in dem Geschäftsjournal meines hiesigen Aufenthalts wegwischen möchte, als einen übel angebrachten episodischen Zug, der in's ganze nicht hineinpaßt, haben mich so lebensmüde, so völlig erschlafft gemacht, daß erst gestern ein Brief aus Königsberg im Stande war, mich mir selbst wiederzugeben, und dann, als die ersten Funken meines Geistes Strebsamkeit entzündeten, als Sie die feinsten Fühlfäden meiner Phantasie ergriff, — als alles hervortrat, was sich meinem blöden Sinn entzogen hatte; da sah ich dich mit einer Miene des Vorwurfs, — du klagtest über mich; und nanntest mich leichtsinnig und vergeßsam. — Verzeih' das Sonderbare dieser Zeilen, — sie mögen dir meine Stimmung schildern, die ohnehin schon feierlich, durch eine schmerzhafte, doch bald vorübergehende Krankheit, bitter wehmüthig gemacht ist.

Daß ich mich in Z. wirklich geirrt habe, schmerzt mich eben so sehr, als daß man jetzt in R. alles anwendet, ihn durch die galligsten Briefe mir und dem Onkel verächtlich zu machen. Er ist noch nicht hier, und wird auch wahrscheinlich nicht herkommen, da er schon den 12. August seine Fußreise hierher angetreten hat, und noch nicht angekommen ist. — So mußte sich alles, alles vereinigen, um mich aus einer Gegend zu vertreiben, die, nach andern Motiven, und auch nach andern Grundsätzen gehandelt, mir die angenehmste hätte werden und bleiben können. — Warum dir mit Hoffnungen, die ich, um jemanden weniger leiden zu sehen, und, mit kälterer Entschlossenheit als sonst, den süßesten Verbindungen zu entrinnen, zurück ließ, warum dir, der du nicht einmal Interesse dabei hast, mit diesen Hoffnungen schmeicheln; — ich sehe Königsberg nie wieder! Man hat mich hier mißverstanden, wie der beste Rechenmeister das warum und weswegen, sammt meiner Zukunft, herauskalkulirt, und es mir, als Facit dieser gewaltigen Rechnung zur Pflicht gemacht, nie mehr Königsberg zu sehen. — Schließe nicht, mein Theurer, aus dieser traurigen Ouverture, aus diesem Klaglibell gegen mein Schicksal, daß mich mein Humor, — meine Jovialität, die vorzüglich die letzte Zeit, besage meiner an dich geschriebenen Briefe, jedem Schicksalshieb meine härteste Seite präsentirte, ganz verlassen hat; — dieser Humor beseelt noch meine Unterhaltung, vorzüglich mit den Damen, und macht, daß man mich hier für einen leidlichen

Gesellschafter und noch besseren Musiker hält. —
Mein Schmerz, — das Gefühl der unausfüllbaren
Leere, der Losgerissenheit von der Kette, die mich an
Freunde und Seligkeit band, ist höchstens zwei Mor=
genstunden auf meinem Gesicht lesbar, und stimmt
meine Diction zwei Oktaven herauf, so daß ich mit
keinem festen Ton, in keiner festen Periode, zum
armseligsten Tropf werde; — so wie die Sonne
steigt, wird meine Außenseite von ihren Strahlen
erwärmt, und ich bin brauchbar, so lange die Sonne
oder sonst ein Licht scheint, des Abends falle ich in
eine Geistes=Ohnmacht, und meine Phantasie paßt
sehr sorgfältig auf meine Augenlieder auf, um, so
bald sie nippen, mir mit grellen Farben alles Un=
angenehme, was mir je widerfuhr, zu wiederholen,
und mir eine solche Zukunft zu zeigen, die nur zu
gut mit der Vergangenheit zusammenstimmt. — —

———

Du frägst, wie es mit meiner Weiber=Kenntniß
stehe, und ich antworte dir, daß ich Schätze sammle,
und daß meine Aufpasserey, die du Beobachtungsgeist
zu nennen beliebst, allemal in gutem Schwung ist,
so oft ich aus meiner physischen und moralischen
Klause heraustrete. — Ueberall wo ich hinblicke,
sehe ich kindische Thorheiten, — Firlefanzen und
Possenreißer, mit Empfindlichkeit und Liebeley, —
ich sehe Kleinigkeiten, die man sich höchstens nur
einmal im Leben erlauben sollte, bis zum Ekel wie=
derholen, — die irae amantium des Horaz, die man
sich recht hübsch denken kann, sind erniedrigt zu

mörderiſchen Ausfällen auf geſunden Menſchenver=
ſtand und Bonhommie. — Das alles finde ich zu=
weilen amüſant, doch ich kann darüber nicht ſo herz=
lich lachen, als wir oft zuſammen über ähnliche
Dinge in Königsberg, wo wir noch zuſammen das
Ronchoncha Chor ſangen. — — — — — — —

— — — — — — — — — — — — — In dem
Briefe, den ich geſtern aus Königsberg erhielt, iſt
deiner mit freundſchaftlicher Wärme gedacht, und
auch eines Abendeſſens erwähnt, das du im D . . .
Hauſe eingenommen haſt. — Sie iſt auch da ge=
weſen, und du haſt mit ihr von mir geſprochen; —
das alles hat mich ausgeſöhnt mit mir und mit
dem, was um mich iſt. — Ich bin höchſt unglücklich,
wenn die froſtige Lebensphiloſophie, die hier vom
Stuhle der Themis gepredigt wird, meine beſten
Hoffnungen, als unausführbare Chimären, verſcheucht.

Lebe wohl, theurer, einziger Freund! — Ewig,
ewig der Deine!

23.

Antwortſchreiben an Theodor, im bequemen Taſchenformat
geſchrieben mit didotſchen Lettern im October 1796*).

Als heute den 3. October des laufenden Jahres Nachmittags um 3 Uhr der Poſtbote einlief, und drei Briefe

---

*) Mit zierlichen lateiniſchen Lettern geſchrieben, und darum auch ſo
abgeſetzt.

brachte (du bemerkst die Harmonie der Wörter und Zahlen), war der unstreitig der beste, der die lebhafteste Freude verursachte, und das war der deinige an mich. O! mein Theodor, so lange noch die Sonnenblicke deiner Freundschaft mich erwärmen, — so lange noch diese auf die Eisrinde, die Convention und Unglück von nichtswürdigen Kleinigkeiten geboren, um mein Herz ziehen, wohlthätig wirken, dass sie im lieblichen Thau der Empfindsamkeit hinfliesst, stockt noch nicht der Puls meiner Thätigkeit. — Ich fühle, dass jugendliches Feuer in meinem Innern wallt, und dass diese verzagende Resignation auf Freude und Glück, welche mich seit vielen Tagen unter den schrecklichsten Qualen nagender Hypochondrie niederwarf, nur abgelebten Greisen ziemt, nicht mir, dem Jünglinge, der es als angebornes Recht vom Schicksal fordern kann, noch manche bunte Decoration zu sehen, die in dem zu spielenden Lebensschauspiel vorkommt, und nur noch für die folgenden Acte verhüllt bleibt.

Dein Brief (der in einem Anfall jovialischer Laune geschrieben ist) ist für mich eine stärkende Arznei, ein Roborativ gewesen. — Ich habe wieder hoffen gelernt, denn du hast mit der siegenden magischen Gewalt deiner Freundschaft mir einen reizenden Prospect der Zukunft hervorgezaubert. — Warum erscheint mir heute alles im Purpurglanz neu erwachter Gefühle! Warum schwingt sich meine Phantasie mit raschem Fittig zu einem ländlichen Elysium auf, wo Freuden ihren Kettentanz um mich reihen, und wo ich keine verlornen, keine ungenossenen Stunden bejammern darf! — Bin ich denn nicht glücklich? — Sind nicht alle Klagen, die meine Atmosphäre verpesten, wahre Versündigung an dir und an mir selbst? — Wenn selbst jene entzückenden Bilder, jene Wonneträume, Sie einst zu besitzen, und mit Ihr durch die engsten

Bande der Menschheit und Natur verbunden, die letzten
Schritte zu vollenden, — wenn sie nur Bilder blieben,
nie von der Wirklichkeit erreicht, so nagt das noch nicht
die Blüthen meiner Seligkeit weg; — ich habe Dich!
Eine Freundschaft, die, wie die unsere, um die kleinsten
Verhältnisse des Lebens ihre süssen Bande schlingt, wo
man mit einander, alles, und getrennt, nichts ist, —
wo mit öconomischer Sorgfalt Kummer und Freude getheilt wird, und mitbeweint und mitgenossen jeder Augenblick der Vergessenheit entrinnt, — wo die Quelle wechselseitiger Rührung nie versiegt, — eine solche Freundschaft gewährt einen ewig reinen Genuss, — sie wird
von einem Heroismus gestählt, den der Rausch der Liebe
nicht erträgt. Ja mein Theoder, — wenn alles für mich
verloren ist, wenn Sie nicht für mich lebt — dann lande
ich in deinem Hafen — ich bin ja sonst schon oft dein
Maître de plaisir, — dein Zeichenmeister und Hofcompo-
nist, — Capelldirector und Hofpoet gewesen, — ich
werde es vielleicht noch einmal seyn, wenn dieses volle
Herz dem Zerspringen nahe seyn wird in der Leere, die
es umgibt. Lass' mich ihn immer träumen, den süssen
Traum künftiger Vereinigung mit dir, dem Einzigen, dem
sein Herz, meine Empfindung eine Lustvilla ist, in der
sein Geist gerne verweilt. In einer vaterländischen
Gegend zwischen murmelnden Bächen, majestätischen
Eichen und niedern Birkensträuchern, wirst du einst
vielleicht verbunden mit ihr, — deren Aufenthalt du nach
Pennsylvanien verlegtest — mag sie seyn ferne oder nah,
geboren ist sie schon und harret auf dich Kommenden. —
Da werd' ich mich zwischen euch drängen, pochend auf
die Vorrechte, die mir mein Herz gibt, das sich anklettet
an das Deine. — Du wirst mich in deine Arme schliessen,
und selbst auf ihren Mund werde ich einen Segenskuss

drücken dürfen. — Friede im Herzen, werden wir, mit trunknen Blicken an uns hängend, ganz des Wiedersehens erhabnen, seligen Moment geniessen. — An dieser Stelle, mein Theodor, wollen wir uns'rer Freundschaft ein Monument errichten, — allenfalls auf simpelm Piedestal, der Genius der Freundschaft, zwei Kränze zusammenbindend, — mit der Inschrift unten im Piedestal: „Hier fanden sich Theodor und Eugenius wieder." — Lächle über das Bilderbuch meiner Glücksträume! — Ich wollte mich losreissen von meiner Schwärmerei der Zukunft und in die Gegenwart zurückgehen, aber ich vermag's nicht, — mein trunkner Blick irrt nur in den Wonnegegenden umher, die noch in weiter Ferne liegen, und die nur der Flug langer Monden und Jahre erreicht. —

In deinem vorletzten Briefe tratst du in Gesellschaft auf, und ich geniess' dich so, wie ehedem, wenn wir im frohen Zirkel unsre Jovialität in Bewegung setzten, und unser gesellschaftliches Talent übten. In diesem eben empfangenen Briefe trittst du allein auf — ich habe dich genossen wie ehedem, wenn wir in den Armstühlen sassen. Oft wehen mich die Lüfte der Vergangenheit an, und ihre Freuden gehen hervor, wie Geistergestalten abgeschiedener Geliebten, die man ohne Schauer erblickt als Repräsentanten ihrer Wirklichkeit. Ich bin schon sehr glücklich gewesen, mein Theodor! Oft und meistentheils war mein Glück verborgen dem Menschenpöbel, — Convention und die unglückseligsten Verhältnisse brandmarkten es als unerlaubte Contrebande, die man nicht einführen dürfte in's Leben, weil sie ihr Mauthamt bei Zeiten vorgelegt hatten. — Ich entschlüpfte ihnen auf Kosten meiner Ruhe, und eine gewisse Kindlichkeit in meinem Character, ein Zutrauen zu allem, was mich umgab, ging verloren. — Warum war es so, und nicht anders, klag' ich so oft, warum legte das Schicksal Rosenketten und Fesseln so nah an einander! — Ich Stürmischer wurde gezähmt durch die Heimlichkeit, in die sich alles hüllen musste. — Du bist mein tröstender Engel mit deinem Glückshafen für mein Herz, das oft ängstlich in einem Fegefeuer der widrigsten Eindrücke schlägt. Nur einen einzigen Gedanken reisse noch aus meiner Seele, und ich werde ganz glücklich seyn können! — — Du merkst, worauf dies alles geht, um so mehr, wenn ich hinzusetzte, dass das Daseyn eines einzigen Menschen, dem ich 78 Meilen entfloh, meine schönsten Stunden umschafft in schmerzhafte. — Eine krampfhafte Empfindung durchzuckt mein Inneres, wenn ich mir etwas kleines ungeheures denke. — Genug — schon verbittert mir der Gedanke daran die Sabbaths-Augenblicke, die ganz dir gehörten! — Jetzt wär's einem Flügel-Concerte ähnlich, wo nach dem sonoren Violinen-Tutti der Spieler sein Solo zu klimpern anfängt, wenn ich dir schriebe von kleinen Vorfällen meines biesigen publiken Vegetirens und von episodischen Sponsalien, die nichts weiter abgeben als Lachstoff! Weniger kann kein Mensch dazu gestimmt seyn als ich, in diesen Momenten des innigsten Gefühls der Freundschaft für Dich, mein Theodor! Noch nie waren mir die Menschen um mich her lästiger, und noch nie hatten sie zu gleicher Zeit weniger Einfluss auf mich. Dies Blättchen soll als Lichtblick und Aufhöhung in die gröbere Masse eines Neuigkeitsbriefs, der in andern Stunden zu lesen ist, eingestossen werden. — Lebe daher wohl für diesen Abend, für diese Nacht, Theurer, Einziger! Eine dunkle schattenvolle Nacht umhüllt mich, — die Helle, die durch die Finsternisse bricht, ist ein Traum, — mehr als ein Traum, vielleicht schon Dämmerung und Vorglanz eines schönen Morgens, der end-

lich durch die Schlagschatten der Bergkette brechen wird,
die mich von dir trennet. Lebe wohl!

Eugenius.

—————

24.

Glogau den 22. October 1796.

Mein einziger theuerster Freund!

Du bist zu gut, du liebst mich zu sehr, um die
Grade meiner Wärme gegen dich nach der Zahl der
Briefe zu berechnen. — Mein hiesiger Aufenthalt,
der ein Lärm= und Tummelplatz meiner Launen ist,
und, in den hineingestoßen, ich an hundert Haar=
seilen mehr hänge als sonst, ist schuld daran; nicht,
daß ich nicht an dich gedacht haben sollte (denn
mein Vegetiren hat mich noch nicht zur Mumie
umgeschaffen), sondern daß ich dieses Erinnern an
dich, oder mehr als das — dies ganz mit voller
Seele an dir hängen, mein Theuerster, nicht schrift=
lich dokumentirt habe. — Dein Vorwurfsbrief, Klag=
libell gegen meine Briefsverzögerung vom 14. Oc=
tober, hat alle jene Haarseile losgeschnitten, und ich
fliege, dir zu sagen, daß ich dich liebe, und daß die
Trennung von dir der bitterste Tropfen ist, den mir
das Schicksal in den Becher des Lebensgenusses hin=
eingemischt hat. — Mit diesem vollen Herzen, mit
diesen süßwehenden Empfindungen, mit diesem Drange
nach Mittheilung werde ich, nur mit dir vereint,
glücklich seyn können. — Mein Geist schwebt dem

deinigen zu, bei jedem Ideal künftiger Zufriedenheit.
— Hier lebe ich oft, von interessanten Gegenständen
umgeben, so uninteressant, als weiland mit dem
Cicero unter dem Arm, als ich in Prima saß, und
die ersten Grundpunkte oder Contourstriche zu allem
künftigen Glück und Unglück, namentlich aber auch
zu deiner Freundschaft, ohne selbst daran zu denken,
hinwarf. — Jene Zeit war schön, weil mit jedem
Tage ich selbst (moralisch) mit meinen kleinen Freuden heranwuchs. — Diese Zeit kommt nicht wieder.
— Jetzt lebe ich uninteressant, weil ich von allen,
die mich liebten, hinwegzog ohne hinlänglich vernünftigen Grund, und aus einer Art von Stoizis-
mus, der mir nicht einmal natürlich ist, und weil
hier die, die mich nicht lieben, mich nicht verstehen,
sich auch nicht die Mühe geben, mich zu verstehen.
Freilich hab' ich aus Königsberg i h r Gemälde erhalten. — Getroffen ist sie und schön gemalt —
das Gemälde ist aber in Nova Zembla gemalt. —
Kein warmes Colorit — kein feuriger Blick führt's
zum Herzen. — Sie ist's nicht. — Sie, die mich
liebt; — ich arbeite an einer Copie, der meine
glühende Phantasie Leben und Geist geben soll. —
Ein gewisser Molinari, der ein sehr geschickter Maler
ist, hält sich seit einigen Tagen hier auf. — Alles
was ich von ihm höre und sehe, ist so äußerst interessant, daß ich nicht die Zeit erwarten kann, ihn
kennen zu lernen. — Noch nie habe ich eine solche
lebhafte Miniaturmalerei gesehen! — — — —

Es ist fast ganz gewiß, daß ich auf den März die Reise nach Königsberg mit dem Onkel antrete. — Wir werden uns wieder sehen — ich werde dich früher umarmen als sie! — Einziger Theurer — ich finde dich so wieder als ich dich verließ. — Du liebst mich — und ich bin glücklich! — Wenn diese Prüfezeit, diese Fegfeuerprobe, vorüber seyn wird — wenn alles, was mich quält und niederdrückt, in tiefe Nachtschatten zurücktreten — wenn endlich jene Sonne für mich aufgehen wird, der ich mit unge= duldigem Entzücken entgegen sehe! O mein Freund! was wäre ich, wenn diese wohlthätigen Ideen seli= ger Zukunft meinem Geist nicht Kraft und Span= nung gäben!

Eben fällt mir das Blatt in die Hände, das ich denselben Tag schrieb, als ich deinen ersten Brief erhielt — ich leg' es versprochenermaßen diesem Briefe bei, der eben auch kein Neuigkeitsbrief ist. — Alle= mal wenn ich an dich schreibe, nehme ich mir vor, dir recht viel Schilderungen von Glogau zu machen, und überhaupt recht jovialisch zu seyn, eine unbe= siegbare wehmüthige Stimmung verdirbt mir allemal dies Projekt.

Du bist in Danzig gewesen, und hast ein neues Menschengenus kennen gelernt — solche Ausflüge wünsch' ich machen zu können — vielleicht gehe ich auf ein paar Tage nach Breslau. — — — —

Ich werd' mich einmal anstrengen, dir ein Buch zu

überfenden, woran ich ſchreibe, was jovialiſcher iſt,
und wißiger als ich ſelbſt. Lebe wohl, mein Theu=
rer, und antworte mir ſehr bald.

25.

Glogau den 11. Dezember 1796.

Ich eile, dich noch in M., dicht vor der Abreiſe
nach Königsberg, mit einem Briefe zu erwiſchen —
du mußt, ſtändeſt du auch ſchon mit einem Fuß im
Wagentritt, doch noch ſo lange zögern, daß dir der
Poſtbote den Brief inſinuiren kann — leſen magſt
du ihn auch erſt in Königsberg; laß dieſe Unter=
haltung dir aber das Eintrittskompliment — die
Bewillkommungsviſite ſeyn! — Ich ging nach Süden,
um wärmer zu ſeyn, und bin an eine Eisklippe
gerathen, die mir Verderben droht. — Mein Exil
vergleiche ich mit jenen Inſeln des Lord Anſon,
die nur in der Beſchreibung Paradieſe ſind — die
Exaltation, in der ich in das freiwillige Exil ging,
iſt dir nicht unbegreiflich, wohl aber oft mir ſelbſt.
— Heute gerade wäre ich in der Stimmung, dir
manches zu ſagen, was ſo toll — ſo überaus toll
iſt, daß ein gewiſſes vernünftiges etwas — ein
ſchwarzer Punkt in einem Feuerkreiſe, — mir jede
Periodenſeßung zu verderben ſcheint, in der ich dir
dieſes erzählen, oder lieber herphantaſiren will! —
Nenne mich den leichtſinnigſten, unbedachtſamſten

Menschen, der sich um Hirngespinste quält, und in einer unaufhörlichen Schattenjagd seine Kräfte erschöpft, — ich bin es fürwahr! Ein kleiner Zettel aus meiner Brieftasche fällt mir in die Hände, — diese Worte stehen darauf: „Wenn ich es mir als möglich denke, daß dieser unsinnige Wechselbalg meiner Phantasie, über den ich in ruhigen Momenten ganz teufelmäßig lache, je die Fibern meines Gehirns erschüttern, oder an die Fühlfäden meiner Empfindung tippen könnte, so wünschte ich mit Shakespears Fallstaff: „es wäre Schlafenszeit und alles wäre vorbei!" Dies habe ich gewiß in einer Aufwallung von gewissen tollen Ideen hingeschrieben und sie glücklich gedämpft, — und jetzt! — jetzt ist das alles geschehen, was ich damals, bloß als möglich, der Critik meiner Vernunft unterwarf, — und ich wünsche doch nur selten die Schlafenszeit, welche ich in jener Stelle aus Heinrich IV. dem Fallstaffschen Ausruf unterschiebe.

Verzeih, mein Theodor, diese dir unverständlichen Aeußerungen meiner sonderbaren Stimmung, ich reiße mich los, um dir interessanter zu werden, oder um nicht selbst im Briefe ganz dem Hirngespinst zu gleichen, das mit meinen Launen faselt!

Die Nachrichten, welche ich jetzt aus Königsberg erhalte, sind so sonderbar, so widersprechend, daß sich mir nichts gewisses daraus abstrahiren läßt. Ich bekomme zwar auch Briefe von ihr. Diese sind aber nur schlechte Repräsentanten der Vergangenheit. — Du gehst nach Königsberg, von dir glaube ich mehr und gewissere Nachrichten zu erhalten, wie man sich meiner erinnert. Diese Nachrichten sollen meine Reise nach Königsberg bestimmen!

Man lebte hier in einem solchen traurigen Einerlei, wenn man nicht ex propria auctoritate manchmal humoristische Sprünge machte. Zu diesen gehören auch die Ombres Chinoises, die ich mit Hülfe des Cousins etablirt habe, und durch die ich manchmal meiner Laune freien Lauf lasse, — ich habe auf diese Art auch den Jahrmarkt von Göthe aufgeführt!

Ich wurde unterbrochen und an dem fernern Schreiben verhindert, — der Brief muß in zwei Minuten fort. Lebe wohl, — Adieu!

26.

Glogau den 21. Januar 1797.

Einziger, theurer Freund!

Was du eigentlich von mir denken magst, möchte ich wissen! die Santa Hermandad meines eigenen Gewissens klagt mich an, und nur mit schwachen Gründen suche ich einer schmerzhaften Verdammung zu entgehen! — Dein Brief (der letzte), der mir heute in die Hände fiel aus dem Portefeuille, indem ich es aufmachte, ein Portrait anzusehen, mahnte mich an die Erfüllung einer Pflicht, die mir zugleich noch wohlthätige Sonnenblicke aus der Vergangenheit

7 *

verschafft. — Vor einigen Tagen hätte ich freilich nicht schreiben können, denn ich habe mir den Arm auf dem Eise lahm gefallen, aber dein letzter Brief erforderte schleunige Antwort. — Die Spannung, in der du ihn für mich auf das Papier hinwarfst, hat vielleicht schon nachgelassen, — vielleicht siehst du schon manche Dinge anders, — manche Gestalt, die erst in grellem Lichte hervorstach, ist im Schatten, — ich will, daß du mich nur hörst, und wünsche die zum Teufel, welche dir Verdruß und böse Laune machen. — Ich bin dir am heutigen Januarabend, mein liebes Kind, so eiskalt, daß ich dir sogar ungemein vernünftig sagen kann, daß im Entbehren, im Nichtgenießen, im völligen moralischen und phyſischen Farniente man eine überaus große Ruhe findet (unumstößlich wahr) — daß man eigentlich nie — nie lieben sollte! — keinen Geschmack finden an Anmuth und Schönheit, und hinbrüten, bis man mit Shakespears Fallstaff schlafen ginge! Ich setze nur noch hinzu, daß dies abscheulich ist, — nämlich ein Satz aus der Diätetik des Phlegmatikers, welcher in Königsberg auf dem gewissen Lehrstuhle vegetirt, und daß ich ewig verdammt seyn will, wenn ich länger als dreiviertel Sekunden so räsonniren kann: — Jetzt habe ich mein Licht geputzt, eine Schlafmütze auf mein Haupt geworfen, zweimal, zum Schrecken einer Maus, die an einem hachirten Pantoffel soupirte, den Fuß gegen die Erde gestampft, und denke — empfinde, spreche anders!

Schon in mehr als einem Brief habe ich dir

gesagt, daß ich zu jovialisch bin, um möglich lange
an einer fatalen Grille zu kleben, daß sich trübe
und frohe Stunden in den zu durchlebenden Tag
bunt untereinander theilen, daß mein Geist aber
oft mir Partialzahlungen leistet, wenn meine Fan=
tasie eine ganze Capitalssumme fordert. — Dies
alles zum Voraus gesagt, kanns dir nicht auffallen,
wenn ich dir versichere, daß ich nie mehr Veran=
lassung hatte, unglücklich zu seyn, als jetzt, und daß
ich nie jovialischer dachte, als heute am einsamen
Abend. — Mir fehlt nur mein Theodor, — auf
ewig könnte ich alles, alles, was mich quält, warum
ich mich abhärme, vergessen, und glücklich seyn, wie
ich es nie war! — — — — — — — —
— — — — — — — Der verfluchte Arm,
— ich muß pausiren! — Ich habe etwas pausirt,
und mein Arm erlaubt mir, weiter zu schreiben! —
aber, o weh, durch die Stiche im Arm sind gewisse
Stiche, die tief in das Herz gehen, rege geworden,
und haben meiner guten Laune einen Stoß versetzt.
— Alles geht jetzt verflucht, der Cousin schnarcht
aus F Moll — die Maus nagt unaufhörlich am
Pantoffel, — ich habe sie erschmeißen wollen mit
dem Landrecht von 1721, — mit schlesischen Edic=
ten, mit meiner Bürste, — mit der Sandbüchse, —
die Stube ist schon fast mit allen meinen Effecten
besäet, aber die mordiöse Canaille nagt fort, —
stört gänglich alle Illusion, und ich kann nichts
gescheutes denken. — Zu diesem allem kommt noch,
daß ich mit einer fieberhaften Schläfrigkeit kämpfe,

welche ich auf die Ereignisse des heutigen Tages schiebe, denn denk' nur, M. hat uns verlassen, und auf eine entsetzlich lange Zeit, und ich bin so weich= herzig, so sentimentalisch bei'm Abschiede gewesen, — habe sie unwillführlich, als sie mir den Abschiedskuß reichte, an mein Herz gedrückt, daß mir der Cousin einmal über das andere versichert, ich wäre verliebt, und, daß ich der größte Hasenfuß bin, den man sich nur denken kann, ist auch mitunter wahr. Eben fällt mir ein, vor einiger Zeit einen Brief von dir erhalten zu haben, in dem du mir versichertest, meinen letzten Brief nicht verstanden zu haben, wel= ches sehr glaublich ist, weil ich etwas verrückt war, als ich ihn schrieb!

Ich berichte nur noch, daß der Cousin aufge= wacht ist, — und eben auf mein flehentliches Bit= ten, mit besonderer Geschicklichkeit, — das Galgen= vieh, die soupirende Maus, im Vorbeischießen er= treten hat, und lege mich dann schlafen. — Gute Nacht, mein Theodor, morgen früh fülle ich vielleicht mit gescheutern Dingen die übrigen Blätter. Ich fühl's, nichts kluges gesagt zu haben! — das über deine Geschichte ausgenommen; es ist solches wahr! Gute Nacht!

Sonntag früh um 9 Uhr.

Ein trüber unfreundlicher Morgen, der Sturm hat diese Nacht gerafet, und Schloßen haben meinem Fenster den Untergang gedroht. Jetzt ist's sonst ru= hig, nur der ganze Weg nach Bruste (ein Dorf

eine Viertelmeile von Glogau), den ich übersehen
kann, ist mit Fußgängern bedeckt, die nach Glogau
in die Kirche wallen. Denk' dir eine lange Kette,
deren Glieder blaue Mäntel (in den Mänteln stecken
res sese moventes) sind. So erbaulich wie denen
da zu Muthe ist, so fromm sie selbst durch die Be=
schwerlichkeiten des Ganges gestimmt werden, so kön=
nen wir beide, du und ich, nun und nimmermehr
seyn, — du wohl noch eher. — — Du hast es mir
oft ziemlich unsanft vorgeworfen, daß ich nicht für
so etwas, als verdorbener Städter empfänglich wäre,
— ich räume es ein! — — — — — —

Einige Zeit hindurch (um nicht ewig vom Sonn=
tage zu reden) habe ich hier einen Umgang genossen,
der meinem Geist, oder willst du lieber, meiner
Fantasie neuen Schwung gegeben hat. Ein Mensch,
wie ich ihn mir oft idealisirte, kam wie eine Erschei=
nung her, und floh wie ein guter Genius, der im
Vorüberfluge Rosenblätter in die Lüfte streut. —
Sein Ruf war wider ihn, und er wurde, wie viele
Menschen, verkannt. — Denke dir einen Menschen,
— schön gebaut wie der vatikanische Apoll, — dazu
aber einen Kopf, wie ich ihn, einen Fiesko zu cha=
rakterisiren, wählen möchte, denn es ist wahr, daß
aus dem sonst schönen Auge oft eine gewisse bos=
hafte Schadenfreude hervorstrahlte. — Die schwarzen
kurzen krausen Haare schienen dieß noch mehr zu
bestätigen. — In der ganzen Haltung des Körpers
lag etwas stolzes, — eine gewisse Superiorität, die
doch nie anmaßend war, — dieser Mensch hieß Me=

linari, und war ein Maler. — Du kennst mich, Theodor, kennst meinen Enthusiasmus für die Kunst. — War's Wunder, daß ich mich gleich ihm zu nähern suchte. Es gelang mir bald, und nun verbrachte ich fast jeden Tag ein paar Abendstunden in seiner Gesellschaft. — Er hatte die mehreste Zeit seines Lebens in Italien gelebt, und sich vorzüglich in Rom zum Künstler gebildet. — Ich behalte mir's vor, künftig bei einer mündlichen Unterhaltung dir mehr von ihm zu sagen, jetzt nur so viel, daß ich durch ihn unendlich in der Kunst gewonnen habe. Der Feuergeist des Italieners belebt seine Werke, und einige Funken davon weckten meinen schlafenden Genius, — dieses dokumentire ich durch ein paar Mädchenköpfe, die ich in meinem Portefeuille von meiner Hand habe. — — — — — —
— — — — — —

Es wäre alles gut, wenn nicht alles sich bei mir zur Leidenschaft umwandelte. — Meine Heftigkeit, ich möchte sagen, meine Raserei, bei allem, was sich mir von der Seite solcher Empfindungen darbietet, zerstört alles gute in mir. — Die Jovialität geht zum Teufel, und zerstört sind alle Glücksträume, — dieß ist der Punkt, in dem ich mit Molinari zusammentraf. Beide Kinder des Unglücks, — beide verdorben vom Schicksal und sich selbst.

O mein Theodor, wenn ich's dir schildern könnte, so wie ich's fühle, was du mir bist, wie ich mit ganzer Seele an dir hange, — wie ich nur noch gut bin, um deiner Freundschaft würdig zu seyn! —

Jedes Wort in deinen Briefen ist mir theuer und heilig, — das Paket liegt in meinem Pulte, und jeder Blick, den ich hinwerfe, erstickt die malitiösen Pläne, — die boshaften Schlüsse, welche von einer verzweifelten Resignation erzeugt worden, und stimmt mich so wehmüthig, daß ich weinen möchte, wenn ich Thränen hätte!

Künftigen Frühling reise ich nach Königsberg, das ist bestimmt, aber dann mache ich im Junius eine Fußreise ins Gebirge; wie glücklich wäre ich, wenn mich da mein Theodor begleitete! — Denke dir, Freund! wenn wir, wieder vereint, die schönen romantischen Gegenden des Riesengebirges durchzögen! — Alles würde uns auffordern, zufrieden mit uns, ausgesöhnt mit der ganzen Welt, mehr als jemals, die Gegenwart zu genießen. — Daß ich gehe, ist so fest bestimmt, daß kein moralisches Ereigniß den Vorsatz umstoßen und die Ausführung vernichten kann; — aber ob der schöne, herrliche Glückstraum deiner Begleitung erfüllt werden wird, ist eine andere Frage! — Verzeihe, Einziger, es klingt wie ein Vorwurf, wenn ich dir sage, daß noch nie etwas in Erfüllung ging, um das ich dich bat. Immer drängten sich unvorhergesehene Hindernisse dazwischen, — und, lag es gänzlich blos an dir, so stimmten dich äußere Dinge anders, und du fandst es immer unmöglich, meine Wünsche zu befriedigen. — Schreibe mir wenigstens, ob jene intendirte Reise ganz gegen deine Bestimmung für den künftigen

7**

Sommer ist oder nicht! — Wie glücklich wäre ich,
wenn du einwilligtest!

Wenn ich nur erst weiß, ob du noch in M.
bist, oder schon fort nach Königsberg (die Ueber=
schickung der Briefe macht mir einige Unruhe), so
überschicke ich dir ein gewisses Portrait zu! — Eben
bringt man mir Preislers Zeichnungen, die ich Mo=
linari geliehen hatte, wieder. — Ein Zettel fällt
heraus: „Wir sehen uns wieder!" Wahrscheinlich
meint er in Warmbrunn. Er will künftigen Som=
mer hin, und ich auch; — er geht nachher nach
Italien, ich leider nicht!

Wenn wir uns wiedersehen, ist meine Fantasie
von neuen Hoffnungen geschwängert! — Ich werde
ausgelassen seyn, denn dort finde ich sie wieder. —

Ich bin schlechter, verdorbener, ich tauge nicht mehr
viel, und höchstens male ich besser, das ist aber auch
alles!

Eben kommt ein höchst sonderbarer Mensch As=
socié, Litis-Consorte (nach Jean Paul) eines Hau=
ses, in dem ein Mädchen ist, der ich, wie man als
ganz gewiß sagt, den Hof mache. — Es ist wahr,
daß ich einige Ausschweifungen begangen habe, —
dieser Michaeline zu Gefallen *). — einigemal bei
den Franziskanern Messe gehört, auf der Redoute
nur mit ihr getanzt habe, das ist alles wahr, so wie
daß sie ganz ausgezeichnet hübsch ist, und daß ihr

---

*) Seine nachherige Frau.

Kopf bei mir im Portefeuille liegt, dieser Mensch ist erstaunend höflich, — geht um mich her, wirbelt auf der Bratsche einige dumme Akkorde. — Was er nur wollen mag! — Mich hinbitten zum C. R., ich kann nicht kommen, weil ich des Arms wegen mich nicht anziehen kann! Der Cousin macht dir sein Compliment! Adieu Theurer, einziger Freund, Adieu, bis zum Anfang des Aprils!

27.

Glogau den 15. März 1797.

Theuerster, einziger Freund!

Endlich, endlich reiße ich mich los von allem, was mich umgibt, was mich mit unsichtbaren Ketten an die uninteressantesten Dinge fesselt, um dir in einer süßen ruhigen Stunde, die ich ganz froher Vergangenheit weihe, zu sagen, daß ich dich innig liebe, und daß alle Nachrichten, die sich auf Vorfälle, welche dein künftiges dauerhaftes Glück begründen sollen, beziehen, mich auch äußerst glücklich machen! — Der Kauf der L—r Güter, die in einer romantischen Gegend liegen sollen, scheint mir die erste dezidirende Handlung zu seyn, welche Einfluß auf dein ganzes künftiges Leben hat! — Ziehe ein in dein Paradies mit einem holden Geschöpfe, das, — vielleicht nicht inniger, aber für dich doch empfindungsvoller, ich will sagen, deine Empfindung wäre ge=

spannter, als jeder Freund, dein Entzücken theilt, — glücklich ist der, dessen du dich in den ersten Stunden dieses Wonnegefühls erinnerst, — die Periode ist undeutlich, — eigentlich wollte ich bemerken, daß die Liebe zur Freundschaft sich verhält, wie der Akkord der Aeolsharfe, der alle Fibern erschüttert, zu den angeschlagenen Saiten des Fortepiano, die sanft und lange in der Seele nachklingen. — Du sagst, mein Theurer, daß selbst meine Briefe von der Veränderung zeugen, die mein Ich, — die guten Seiten meines Ichs, gewaltsam zerstört hat. O mein Freund, in Stunden, wo ich noch fähig bin, jene himmlischen Gefühle, — jene schwärmerischen Ideale von Tugend, — Liebe, — Glück, hervorzurufen, welche mich in meinem Alter von 16 bis 20 Jahren so glücklich machten, in diesen Stunden stehts deutlich vor meiner Seele, was ich war, und was ich bin! — Zwei Menschen haben eine Hölle in meine Brust geworfen, welche unaufhörlich brennt. — Es gibt Augenblicke, wo ich an allem guten verzweifle, wo ich mich aufgelegt fühle, allem entgegen zu arbeiten, was mit scheinbarem Glück prahlt, — und dann, — dann, wenn alles aufwacht, — Briefe aus Preußen mich wider meinen Willen an menschliche Wesen ketten — Liebe kann einen Satan bekehren — wenn alles auf mich einstürmt — dann wird die Eisrinde, die sich um mein Herz legte, erwärmt — sie schwindet, und eine unbeschreibliche Wehmuth wirft mich nieder. — Verzeih' mir diese Schilderung meines Zustandes; — ich war sie mir selbst schul=

dig, und du bist vielleicht der einzige, der mich mit=
leidsvoll in seine Arme schließt! — ich bin hier
überhaupt in einer sonderbaren Lage. — Man kann
mich nicht gut leiden, so sehr ich anfangs zu gefal=
len glaubte. — Menschen, die mich erst mit Liebe
und Zuneigung erdrücken wollten, sind jetzt kalt und
fremd gegen mich. — — — — — — — —
Aller Wahrscheinlichkeit nach sehen wir uns künfti=
gen Frühling nicht wieder. Der Onkel hat Hin=
dernisse aufgefunden, oder vielmehr Hindernisse ha=
ben sich ihm entgegengestellt, welche die ganze in=
tendirte Reise vereiteln. — Wenn du nicht lebtest,
und mich noch liebtest, wär's mir gleich, denn, sie
in Königsberg wiederzusehen, erfüllt mich mit Ent=
zücken, aber auch mit tödtendem Schmerz!

Ich liebe nicht mehr die Musik, — es ist wahr,
was Jean Paul sagt, die Musik legt sich um unser
Herz, wie die Löwenzunge, welche so lange kitzelnd
und juckend auf der Haut liegt, bis Blut fließt; —
so ungefähr lautet die Stelle. — Sie macht mich
weich wie ein Kind, alle vergessene Wunden bluten
auf's neue. — Neulich war ich mit jenem Mädchen
zusammen, — in der frohsten Laune, — die unter=
gehende Frühlingssonne warf noch die letzten Strah=
len durchs Fenster, — alles war so in lieblicher
Haltung, — ihre Figur schien in den Atomen, welche
der Strahl sichtbar machte, zu schweben, und ich
fühlte, halb zu ihr hinüber gebogen, ihren sanften
Hauch auf meiner glühenden Wange, — ich war
glücklich und wollt's ihr sagen, — das Wort er=

ſtarb mir auf der Zunge, als es ſechs ſchlug, und
die Flötenuhr das Mozartſche Vergißmeinnicht in
feierlichen Tönen ſpielte, — die lange Wimper ihres
Auges ſenkte ſich, und ich fiel in meinen Stuhl zu=
rück, — zwei, — drei Verſe. Ich dachte an die
Worte:

> Denk' daß ich's ſey, wenn's laut in deiner Seele ſpricht
> Vergiß mein nicht!

— Aller Frohſinn ſchwand dahin, und ein Fieber=
froſt kühlte die Gluth, welche in mir aufgeſtiegen
war! — Endlich ſchwiegen die Töne. — Es iſt
vorbei, ſagte ich! — Ja, — erwiederte ſie dumpf,
— ich wollte ihr zu Füßen ſtürzen, da dachte ich an

— — — — — — — — — — — — — —

Damit du mich nicht albern nennſt, ſchick' ich dir
mit eheſtem ihr Portrait. — Ich kann es das erſte
nennen, welches ich in meinem Leben gemalt habe!
— Eigentlich bin ich das alles, was mich jetzt oft
zerſtreut, M. ſchuldig! — Es iſt verdammt, daß ich
dich in vier Wochen nicht ſpreche, indeſſen iſt noch
ein kleiner Schimmer von Hoffnung; — vielleicht!
— wenn ich's durchſetzen könnte, ich liefe zu Fuß
nach M., um wenigſtens auf eine kurze Zeit der
unangenehmen Lage zu entlaufen, die mich hier
quält. — Ach, theurer Freund, die Stunde iſt vor=
über, — Menſchen platzen in mein einſames Zim=
mer, — ich ſoll fort! — Man nimmt mir mein
Portefeuille, man durchſtöbert meine Papiere, —
man will wiſſen, was und an wen ich ſchreibe. —
Die Santa Hermandad verfährt glimpflicher als dieſe

Inquisitoren, — Lebe wohl, — ewig wohl! Denk'
an deinen

H.

Sonntag den 19. März.

Was wirst du sagen! — Ich öffne heute mein
Portefeuille, und der Brief, welcher schon vorigen
Mittwoch abgehen sollte, fällt mir in die Hände!
Was wirst du sagen von meiner Saumseligkeit im
Schreiben! — Nur noch mit einigen Worten sage
ich dir, daß die Reise nach Königsberg doch wahr=
scheinlich vor sich gehen wird, — übrigens lebe ich
jetzt in dieser Hoffnung glücklicher als sonst. — Leb'
wohl, — wir sehen uns wieder!

28.

Glogau den 28. April 1797.

Einziger, theurer Freund!
Es scheint, als wenn sich jetzt alles vereinigte,
mich zur Verzweiflung zu bringen. — Zu wem sonst
könnte ich Zuflucht nehmen, mit meinem geängste=
ten gepreßten Herzen, als zu dir. — — — —

Ein kleines Vermögen fiele dann mir zu, und ich
flöhe damit zu dir, — du gäbst vielleicht gern für
mich und meinen Tisch ein Plätzchen her, wo ich
frei und los von allen Verhältnissen leben könnte.

Ich widmete mich allenfalls der Malerei, die ich vielleicht durch Uebung eines Jahrs zu einiger Voll= kommenheit bringen könnte, und flöge zuweilen aus mit diesem Talent in die Welt, und kehrte dann wieder zurück in das Asyl deiner Freundschaft! — Was denkst du zu diesem Luftschloß?

Alle jene Pläne, worauf sich sonst meine Zu= friedenheit stützte, wären erfüllt. — Alle Träume, Wahrheiten! — Himmel! warum war gegen mich, nur gegen mich das Schicksal so karg! — Lieber, Bester! — hätte ich mich nicht an dich geschmiegt, wie ich zum erstenmal fühlen lernte, so wagte ich es nicht, dir den Vorhang zu öffnen, der meine, — diese Wünsche jedem Menschen in der Welt ver= birgt! — Gott im Himmel, wenn jener Wunsch je in Erfüllung käme! — Alles drängt hier auf mich ein, — die widrigsten Verhältnisse zehren meine Kräfte auf, — ich bin nicht mehr der, der ich war, aber noch fühle ich Kräfte genug in mir, der wieder zu werden, der ich einst war!

Es bleibt mir nichts übrig, als mich gewaltsam an dein Herz zu drücken, und so dem Sturme ent= gegen zu gehen, der meiner vielleicht wartet! — Vielleicht schlägt endlich die Stunde der Erlösung, — vielleicht bald! O mein Freund, — mein einzi= ger Freund! — Soll ich ewig klagen, daß für mich jene glücklichen Stunden des zärtlichen Ergusses un= serer Freundschaft dahin sind, — soll ich denn re= signiren, so auf Freundschaft, wie auf Liebe? Dies Wort schneidet mir durch's Herz, und wirft mich

nieder im Schwunge meiner Fantasie. — Ich werde
geliebt, — ich liebe, — aber ein Fluch der Natur
liegt auf diesem Verhältnisse. — Warum mußte ich
so spät geboren werden! — — — — Warum
war's mir nicht aufbehalten, zuerst das Herz auf=
zufinden, das sich an mein's schmiegte! — Nein,
weg mit diesen unnützen Erinnerungen! — Ach,
du mein Theodor, hast wohl gesehen, wie dies Ge=
fühl mich damals in ein Elysium führte, das ich
nie zu verlassen glaubte. — Lebe wohl, Theodor,
mein einziger, — mein alles, woran ich noch unge=
straft hängen kann. — Schreibe bald, deine Briefe
sind lindernder Balsam auf mein krankes Herz.

29.

Königsberg den 10. Mai 1791.

Theuerster Freund!

Mit Vorsatz habe ich den 9. Mai abgewartet
und dann erst wieder deinen letzten Anfagezettel,
(Brief kann ich 10 Zeilen, die eine kurze Nachricht,
wo dich meine Briefe treffen sollen, nicht nennen)
zur Hand genommen, um, ihm zu Folge, dich mit
meinen Freundschaftshirtenbriefen bis nach L. zu
verfolgen. — Unsere romantische Zusammenkunft in
L. auf der Schloßtreppe hat mich auf der ganzen
übrigen Reise in gutem Schwunge erhalten, und
eine abscheuliche Laune vertrieben, welche mich, seit
ich von Glogau ausfuhr, für alle Freuden des Wie=

derſehens gefühlloß machte. — Ich habe dich wie-
dergeſehen, du biſt noch der alte geweſen, — was
kann mich mehr mit allem, — ſelbſt mit dem wi-
drigſten Schickſal ausſöhnen! — Laß dir's mit zwei
Worten ſagen, daß ich in Königsberg ſie wieder
fand, — daß ſie nur für mich lebt, und daß in
dieſem Wiederſehen alles um mich her verſunken
iſt, — daß ich ſie mir gedacht, — daß ihr Weſen
in's meine verſchmolzen, — ewig in mir leben wird,
— und daß ich dies nur dir ſage!

Alles übrige, was ich dir ſonſt von meinem
Wiedereintreffen in Königsberg ſagen könnte, mag
höchſt unintereſſant ſeyn, aus dem Grunde, weil
ich's rein vergeſſen habe! — Ich komme an etwas,
worüber ich mit mir ſelbſt nicht einig werden kann,
und dieſes iſt deine Aufforderung die letzten acht Tage
meines Urlaubs bei dir in L. zuzubringen. — Sollte
ich mich aber auch wirklich hier acht Tage zeitiger
losreißen können, ſo ſtellen ſich doch hundert Schwierigkeiten entgegen, die es faſt ſchlechterdings unmöglich machen. — Was könnte mir mehr am
Herzen liegen, als endlich einmal dich wieder zu
ſprechen, um ſolche glückliche Stunden zu genießen,
wie ehemals, als wir beide noch ungetrennt täglich
unſere Gefühle und Empfindungen austauſchten.
Damals ſchienen uns Tage, die uns von einander
trennten, Ewigkeiten, und jetzt vergehen Jahre, und
wir ſehen uns nicht! Ich bin müde, das Schickſal
und mich ſelbſt anzuklagen, — ich habe verloren
durch Conventionen, — Umſtände, — durch mich

selbst. — Die Vergangenheit war immer schöner
als die Gegenwart, — an die Zukunft mag ich gar
nicht denken; jedes Bild derselben ist mir verhaßt.
— Du bist nicht mehr frei; — von dir erwarte ich
nichts mehr, es ist die Reihe an mir, dich in deinem
Sitze aufzusuchen, daher will ich es möglich machen,
dich künftigen Frühling, in L. zu besuchen, ich werde
mich alsdann auf einige Tage in deinen häuslichen
Zirkel eindrängen, es kommt nur darauf an, daß
du mir eine Lücke zeigst, wo ich allenfalls stehen
könnte, so lange wenigstens, als du es willst! —
Eben fällt mir ein, daß ich jene Nacht in L. alles
anwandte, um, von dir überwunden, nicht alles, —
Onkel, — Extrapost, — Königsberg zu vergessen,
und daß ich, um abzubrechen, dich sogar auf meinen
dicken Stock aufmerksam machte, womit ich mich gegen
die blutgierigen Bullenbeißer vertheidigt hatte, die
mich, noch ehe ich dich gesehen, auffressen wollten. —
In solchen Fällen ist man recht läppisch! — Deine
Braut wird es mir nicht übel nehmen, daß ich mich
so eifrig dagegen setzte, ihr vorgestellt zu werden;
ich hätte mich unter den ungünstigsten Umständen
produzirt, und der üble Eindruck, den ich auf sie
gemacht, hätte mir in der Folge sogar bei dir schäd=
lich werden können. Wenn du gerade einmal in
ihrer Gegenwart an mich denken solltest, so versichere
ihr, daß ich sie auf das innigste hochachte, — sie
hat dich glücklich gemacht, und was kann ihr mehr
einen Platz in meinem Herzen zusichern! — Ich bin
stolz genug, zu glauben, daß ich sie interessire, —

die Freunde des Geliebten spielen ja gewöhnlich nicht
ganz ungünstige Rollen. — Sie sind ein guter
Grund, um die Hauptfigur heraufzuputzen, sage ich
ziemlich malermäßig! —

Viele alte Freunde habe ich wiedergefunden, —
manche kennen mich gar nicht mehr, — manche andere fallen aus den Wolken, oder glauben, ich wäre
herausgefallen. — Sonderbare Leute sind es, —
manche sind so erfroren, — sie thauen allmählig
auf, und gehen nachher in eine unmäßige Wärme
über. — Die mir in der Extase um den Hals fallen, deren Freundschaftsbezeugungen von so vehe-
menter Art sind, daß ich lange an zu weniger Luft
leide, sind gerade solche, die ich äußerst wenig gekannt, — mit denen ich allenfalls etlichemal eine
Comödie angesehen, — in einer Colonne getanzt, —
oder einen gleichen Rock getragen habe. — Den letzten Freundschaftsschwur höre ich nur im Echo, —
oder er trifft mich wie ein Rikoschetschuß, — weil
er in der dritten Straße ausgestoßen wird, wenn
ich noch athemlos auf dem Angriffsplatz stehe! Indeffen wollte ich doch jetzt ungleich lieber in Königsberg bleiben, als nach Glogau zurückgehen, — dir
wäre ich näher! — Man lebt in Glogau in vielem
Betracht schlechter. Meine Hoffnungen sind gescheit-
tert, — man hat Versprechungen unerfüllt gelaffen,
von denen ich angelockt wurde; — doch will ich
schlechterdings nicht klagen. — Aus Königsberg
schreibe ich dir einen längeren Brief, wenn du mir

diesen beantwortest. — Lebe wohl, theurer, einziger Freund! —

Mancher ist gestorben im Jahr meiner Abwesenheit, z. B. mein Vater.

30

Glogau den 27. Junius 1797.

Theuerster Freund!

Als ich in Glogau eintraf, schmeichelte ich mir mit der Hoffnung, einige Worte von dir vorzufinden, — und wollte mich mit diesen Worten trösten über Vergangenheit und Zukunft, — du hattest nicht daran gedacht, in welcher Seelenunruhe ich dir den letzten Brief schrieb, und daher warst du karg gewesen mit deinen Heilmitteln. — Dulde mein ungenügsames Herz, das dich mit Vorwürfen überhäuft, sobald seine ausgelassenen Wünsche nur im geringsten nicht befriedigt zu seyn scheinen. — Verzeihe auch mir, wenn ich dich die bitteren Seiten meines Verhältnisses fühlen lasse, denke daran, daß niemand, niemand in der Welt mehr und inniger an dir hängen kann; — ich klage dir das, was sonst kein Geschöpf auf Erden aus meinem gepreßten Busen hervorlocken könnte, und du kannst es mir nicht verargen, so oft es mir auch ein böser Genius zuflüstert, daß du jetzt mich zum erstenmal in deinem Leben verkannt haben könntest. — —

Ich glaubte dich in L. vielleicht zu finden; — als wir Abends durchkamen, war alles hell illuminirt, und da sank mein Muth, dir mitten im Vergnügen den Verfasser des neulichen Briefes vorzustellen. —

— — — Hier habe ich alles so wiedergefunden wie ich es verließ. — Mich überfällt zuweilen eine töd= tende Langeweile, wenn man um mich herum lacht, und nach Fliegen und Bonmots jagt. — O Freund! — warum behandelte mich das Schicksal so karg, daß ich nicht alle diese unerträglichen Bande abwer= fen und in dein Asyl fliehen kann, wo endlich Ruhe seyn würde und Friede auf ewig! — Ich bin in Königsberg beim Abschied so weich geworden, daß ich weinte wie ein Kind, — die Rührung war wi= dernatürlich, — meinem Charakter, meiner Art, solche Gefühle zu äußern, ganz entgegen, vielleicht mischte sich die Ahnung drein, welche mich marterte, — ich glaube, s i e nicht wiederzusehen, der einzige, der hier oft meine schlummernde Jovialität weckte, deſſen Raisonnements oft Kinder einer hellen reinen Imagination waren, ist mir von der Seite geris= sen *). — Eben jetzt schreibe ich den zweiten Brief, an dem von ihm nach seiner Abreise geerbten Schreib= tisch; seine Bücher und ein alter Ueberrock sind noch hier, — beim letztern dachte ich an Jean Paul, der abgelegte Alltagskleider für das sinnlichste Andenken abwesender Freunde hält, — er hat Recht nach mei=

*) Der Vetter.

nem Gefühl, und um keinen Preis lasse ich mir des Cousins alten Ueberrock rauben. — Wenn du noch etwas Liebe für mich im Herzen fühlst, so schreibe mir so schleunig, als es nur immer möglich ist, und erzähle mir wie du lebst, — die Zeit deiner Verbindung u. s. w. — — — — — —

— — —

Ich bitte dich aufs innigste, daß du mir mit der nächsten Post schreibst. —

Lebe wohl, Einziger, Theurer! und denke an deinen

H.

31.

Glogau den 29. August 1797.

Innigst geliebter, theuerster Freund!

Vergib, daß fast jeden Posttag dich meine Briefe beunruhigen, vergib, daß ich nicht den ersten Sturm meiner widrigen Verhältnisse ertrug, und mit angenehmeren Bildern der Hoffnung auf die Zukunft meine Seele beschäftigte, ehe ich dir schrieb. — Was wirst du denken, wenn du mit ruhiger kalter Ueberlegung meinen Brief durchlesen, und Aeußerungen, — Ideen — finden wirst, die mir in jener Stimmung entschlüpften, und welche ich nie hätte laut lassen werden sollen! — Wenn ich deine Theilnahme erregt habe, so bist du ein seltener Mensch, den man eben so verehren als lieben muß. — Du in der glücklichsten Epoche des Lebens, überall umgeben mit dem Genusse der Gegenwart, kannst dir, jetzt wenigstens, unmöglich den Zustand eines Menschen denken, der auf alles resigniren muß, auf Freiheit, — Vergnügen, — Glück, — Genuß. — Nein, so weit ist's noch nicht mit mir; — dem letzten muß ich widersprechen, — die Natur hat zu viel für den Genuß gethan, als daß der unglücklichste Mensch nicht noch immer Anlaß dazu finden sollte, wenn er nur so weit ist, suchen zu können! — Noch gibt es Stunden, die ich, in glücklicher Vergessenheit meiner widrigen Verhältnisse, der Kunst widme, und hier werde ich volle Befriedigung erwarten können, wenn sich meine Werke selbst belohnen, und ich, im Gefühle eines Grades der Vollkommenheit, sie werde achten können. Der Musik werde ich entsagen müssen, wenn sie auch sonst am besten im Stande war, mich aufzuheitern. — Morgen, oder wenn es lange dauert, übermorgen, wird mein Clavier fortgeschafft.

Im Grunde ist es mir doch äußerst schmerzhaft, daß es mir bei meiner letzten Reise von Königsberg nach Glogau ganz unmöglich gemacht wurde, dich zu sehen, und es gehört mit zu den Eigenheiten, womit mich mein Schicksal quält, daß ich in Preußen gewesen bin, und dich nur zehen Minuten gesprochen, daß nur ein Raum von ungefähr zehen Schritten mich von deiner Braut trennte, und ich sie doch nicht kennen lernte! — Jetzt ist es mir klar, was ich damals hätte thun sollen, — acht Tage bei dir bleiben, und dann nachgehen nach Königsberg! — Vielleicht wäre man in R., in Rücksicht auf dich, hospital gegen mich gewesen. — Es ist vorbei, und wann, — wann werde ich dich wiedersehen! —

In Königsberg ist man jetzt so konfus, daß ich die widersprechendsten Nachrichten erhalte, und so wenige, daß man mich am Ende wohl ganz und gar vergessen würde, wenn nicht noch eine Person zuweilen an mich dächte. — Es gibt Menschen, die wirklich kein Gefühl haben, oder die es doch wenig=stens ihren Meinungen und ihrem Interesse aufor=fern. — Du bist vielleicht der Einzige, der nichts Arges gegen mich im Sinne hatte, und der mich keinen Narren heißt, weil ich es wagte, gegen die Convention zu lieben. — Du allein beurtheilst mich da mit Schonung, wo andern der Verdammungs=spruch so leicht wird, — dir allein mag ich also nur das anvertrauen, was gegen alle ewig in mir ver=schlossen bleibt. — Man muß geliebt haben, — ein Wesen, wie sie war und ist, — um es glaublich zu finden, daß ich noch mit all' der Schwärmerei der ersten Liebe an ihr hänge, daß meine süßesten, ich muß sagen, meine tröstendsten Augenblicke die sind, wo ich bei ihrem Portrait in der Erinnerung an jene goldene Zeit zubringe! — Daß man uns tren=nen will, daß man mein Herz lieber tausendmal verwundet, als es, geschmiegt an das ihrige, Linde=rung suchen läßt, ist mir nichts neues, wenn es auch von einer Vertrauten, die uns einander näher

brachte, inconſequent gehandelt iſt; — aber die Mit=
tel, welche man jetzt wählt, ſind niedrig und erfül=
len mich mit Indignation gegen die falſche Spielerin,
die jetzt mir meine Karten auf immer zuwerfen will.

———————

Erinnerſt du dich noch der erſten Zeit jener Liebe,
als du mich wenig ſaheſt, und ich ſo ſtumm und ver=
ſchloſſen wurde, als ich endlich dir alles ſagte, und
du mich mit unendlicher Schonung auf das auffal=
lende unſeres Verhältniſſes aufmerkſam machteſt? —
Denkſt du noch der luſtigen Zeit, als wir uns von
deinem Kammerhuſaren, — Jokey, — Stallmeiſter,
und vorzüglich Leibfriſeur, ſo ſchön kraus und ge=
lockt, zu den Rübnerſchen und all' den Privatbällen
friſiren ließen? — wie glücklich waren wir da! —

———————

und wenn ich dann bei dir ganze Vormittage blieb
und in der Literaturzeitung oder in der Bibliothek
der ſchönen Wiſſenſchaften und Künſte las, und wir
nachher zur Motion eine Pantoffeljagd anſtellten! —
In dieſe Erinnerung miſchte ſich kein düſterer Schat=
ten! — Die Stunden der ſchönſten Schwärmerei,
die ich bei ihr verlebte, erhoben mich in ein Elyſium,
ich athmete nichts als Wolluſt, — ein Blüthenmeer
von Wonne ſchlug ſeine Wellen über mich! — Der
Rauſch verflog, und ich ſtieß da an ſcharfe Ecken,
wo ich auf Roſen zu treten glaubte! — Nimm mir
das ganze Andenken meines Daſeyns, nur laß mir
die Stunden, die ich mit dir und mit ihr verlebte,

— ich werde glücklich von der Vergangenheit träumen können, wenn mich die Gegenwart niederdrückte.

Abends um 10 Uhr.

Um 7 Uhr lief ich heute im schönsten Herbstabende herum und suchte Erholung. — Ein unaussprechliches Gefühl der Leere treibt mich umher, und in jedem fallenden Blatte sah ich meine gestorbenen Freuden. — Holbein, der Einzige, der hier es der Mühe werth findet, sich mir anzuschmiegen, ist in Breslau, — ich bin also jetzt ganz allein, — was ist man elend ohne ein theilnehmendes Herz! — So lange du mir bleibst, werde ich nicht verzweifeln, und du wirst nicht kaltsinnig werden wegen der vielen Briefe, womit ich dich bestürme; der Seelenkranke kann nie genug sein Leiden klagen, nicht genug die Quellen seines Uebels aufsuchen und seinen Fortgang entwickeln. — Ich bin es gewohnt, meine Arbeiten deiner Critik zu unterwerfen, daher erhältst du nächstens einen von mir auf Elfenbein skizzirten Kopf. Wenn es nicht so erschrecklich weit wäre, so bäte ich dich wirklich um die Andacht von der Therbusch zum kopiren, jetzt würde aber für's erste die Kiste viel Postgeld kosten, und dann würde ich selbst nicht rathen, das Gemälde den Gefahren des weiten Transports auszusetzen!

Du wirst mir gewiß die Wohlthat erzeigen, mich nicht lange auf Antwort warten zu lassen. — Seit fünf bis sechs Wochen habe ich nicht eine Zeile

gesehen, und doch versicherte mir ein gewisser, beim
Briefe vom 11. Juli liegender Zettel, daß ich nach
acht Tagen wieder Nachricht erhalten würde. — In
der Unruhe wegen der Post werde ich wohl nicht
lange seyn. — Gott gebe, daß meine Erwartungen
mich diesesmal täuschen mögen. Lebe wohl, Theurer!

––––––––

32.

Glogau den 25. Februar 1798.

Einziger, theuerster Freund!

Wie glücklich fühle ich mich, dir wieder schreiben
zu können! — Du bittest in deinem kleinen Briefe,
daß ich dir das lange Stillschweigen verzeihen soll,
du willst meinen Vorwürfen entgehen, — siehe, dazu
kam dein Brief viel zu spät. — Ich hatte mich in
die Zeiten unserer Kinderjahre, — wo wir als Ritter fochten und unterirdische Gänge gruben, — in
die Zeiten unseres akademischen Lebens, — wo wir
nur zusammen glücklich seyn konnten, — versetzt;
ich hatte alle deine Briefe vom ersten bis zum letzten
gelesen, und mein Herz hatte dir alles, sogar die
Vergessenheit, verziehen. — Lange machte mich das
Schwanken meiner Meinung recht unglücklich, — ich
bot alles auf, um nur Nachrichten von dir zu er=
halten, aber umsonst. — Dein Vater, den ich in
einer wahren Herzensangst um Nachrichten von dir

bat, hat mir gar nicht geantwortet. — Es gab freilich manche Stunden, wo ich an dir und an allem
verzweifelte. — In dieser entsetzlichen Stimmung
erinnere ich mich, dir einige Zeilen geschrieben zu
haben, die mir nachher unendliche Vorwürfe kosteten.
— O mein theurer Einziger, — du hast dich gar
zu sehr an mein Herz geschlossen, — ich kann dich
nimmer lassen, — die Ueberzeugung, daß du mich
noch liebst, tröstet mich für allen Kummer! —

Mit der Welt in Königsberg habe ich vollkommen abgerechnet. Außer den Schneesäulen der Verwandtschaft, von denen ich zuweilen emballirte Flo-
cken erhalte, höre ich von keinem Menschen etwas,
mag auch nichts hören, — eine Reise nach Preußen
würde nur bis L. gehen *). — Du frägst, ob ich
noch in Glogau bin! — Ein Umstand, den ich mit
Vorbedacht noch zurückhalte, um nachher besto mehr
darüber schreiben zu können **), ist die alleinige
Ursache, warum ich noch hier bin, und in der Jurisprudenz solchen festen Tritt halte, daß ich glaube,
künftigen Winter nach Berlin zu gehen, und mich
dort sehr examiniren zu lassen.

Was ist dein Brief anders, als eine Annonce,
daß du noch da bist, daß man dir recht gut ein
Schreiben adressiren kann u. s. w.

Wie viel, — wie viel hast du mir zu schreiben!
— Nimmt jemand mehrern Antheil, oder vielmehr

---

*) Der Aufenthaltsort Hippels.
**) Die Verheirathung mit seiner nachmaligen Frau.

betreffen deine Schicksale jemanden mehr, als mich,
bin ich gleich entfernt, und kann ich also bloß einige
Tage nachher Empfindungen haben, die du vorher
hattest! — Es ist unfreundlich, daß du so wenig
geschrieben hast, und nur dadurch gut zu machen,
daß bald ein recht langer Brief mir erzählen mag,
was zum Fragen wirklich zu weitläufig ist.

Sind wir nur erst über diese Annoncen, —
diese Visitenkarten, wo ein Strohmann im Wagen
sitzen kann, wenn der geputzte Bediente das Na=
menrubrum einreicht, weg, so wollen wir uns
wirklich wieder Arnausche Briefe schreiben! — Was
soll uns hindern, die beste Laune zu haben, und
uns der guten Stimmung des Shandyschen Witzes
zu erfreuen! — Wir werden uns dann auch einmal
wieder sehen, wenn ich nicht mehr von der Taschen=
uhr des Gubernators in der Kalesche abhänge, —
wenn ich mich nicht mehr durch zwanzig grimmige
Schloßhunde schlagen darf, um dich fünf Minuten
lang auf der Treppe zu umarmen, — kurz wenn
ich Stiefeln anziehe, nicht um mit vielem Lärm
mich in den Zirkel der Rothnasen zu werfen, son=
dern mich still zu dir heraufzuschleichen, und an
deine Thüre zu klopfen! — Im Grunde genommen
wohnst du nicht viel über fünfzig Meilen von mir.

Sey so gut, mir auch unter anderen zu schrei=
ben, ob du schon verheirathet bist. — Ich will wahr=
haftig an deine Frau schreiben, — das Skelet, oder
vielmehr den Carton — Modell — wie du willst, —
trage ich schon im Kopf herum, ordentlich in einer

besondern Ecke sitzt es und spinnt sich ein und aus
wie ein Seidenwurm. Diese Captatio benevolentiae
ist die schönste in meinem Leben, — ich will zu ihr
sprechen, wie einer, den sie schon lange kennt, —
der nur in dieser oder jener großen Assemblee nicht
dazu gekommen ist, ihr heimlich ein paar herzliche
Worte zu sagen, und also seine Zuflucht zum Schreiben nehmen muß. — Ein Anschlag gegen dich ist
auch dabei auf dem Tapet, — der Himmel conservire mir die guten Weiber, die hin und her, wenn
schon lange kein Briefpapier auf dem Schreibtische
lag, mit einer gewissen sanften Stimme erinnerten:
„Mein Kind, — hat dir der (Hoffmann exempl-
girt) noch nicht geantwortet?" — oder — du wirst
wohl heute an Hoffmann schreiben! — Nimm's als
Aufrichtigkeit an, daß ich es so mache, wie die
Zeitungsschreiber, die alle geheime Anschläge, — intendirte Unfälle u. s. w. der Generals im Felde,
noch vor der Ausführung in ihre Blätter hinein-
drucken.

Ich muß auf Ehre schließen, sonst wird meine
Visitenkarte ein Brief!

Lebe wohl, Theuerster! — Wenn deine letzten
Versicherungen aufrichtig sind, so schreibe du mir
aufs baldigste!

33.

Mein theuerster Freund!

Wenn ich daran denke, wie oft ich dir habe schreiben wollen, und wie ich immer die dazu bestimmten Stunden andern Dingen habe aufopfern müssen, so gestehe ich es mir selbst ein, daß ich länger, als recht ist, geschwiegen habe. — Sey mit diesem Geständnisse zufrieden, — du weißt, daß die Unterhaltung mit dir mich oft über manches getröstet hat, und das ist noch ganz der Fall.

Dein Himmel hängt jetzt voll Geigen (laß mir das einfältige Sprüchwort), ich werde im gothischen Geschmack dieses Waidspruchs unserer Großtanten hinzusetzen: „Die Engel spielen, in Wolken eingehüllt, dir jetzt die lieblichsten Paradestückchen der Hoffnung vor." — Oeffne nur ja die Ohren, um keinen Ton zu verhören! — ad vocem Hoffnung, fällt mir ein, daß ich wirklich gehofft habe, — eine gewisse Unruhe, die sich wie ein Schlamm (eine materia peccans) um meine Herzenstheile zieht, würde ich ausschwitzen, wenn ich, gefesselt an den Schreibtisch, Tage, lange Tage, hinbringe, — oder ausvomiren bei den juristischen Reden, — aber es ist alles nichts; — Clima, — Witterung, — alles habe ich verändert deswegen, — aber doch brennen mir die Sohlen, bin ich gleich mit Banden an mein Gastnest gefesselt, die ich gern trage, weil sie zu

gleicher Zeit mein ganzes Selbst zusammenhalten. —
Meine Flügel sind beschnitten, sonst flöge ich dieser=
halb wirklich einmal über's Gebirge.

Da bin ich hingeworfen an einen Platz, wo
alles an einem seidenen Faden hängt, — platzt er,
so liegt der Herr Regierungsrath in spe im Dr..k!

(Die Damen halten hier den Fächer vor, und
zischeln sich in die Ohren: „Er ist expressiv à la
Göthe im Götz," — der Hoffnungsrath reinigt
sich, nachdem er aufgestanden ist, und spricht
weiter.)

Der Zufall, theurer, einziger Junge, mischt
seine Karten wunderlich, — roth und schwarz, —
Gewinn und Verlust. — Mit Königsberg habe ich
wirklich ganz abgerechnet. — Aber du weißt es, mir
geht es wie in Yorick, — die Pausen sind mir
fatal; — ich bin so gut gefesselt als ehemals, —
aber jetzt ist es ein Mädchen, — ich studire mit
erstaunenswürdiger Emsigkeit die trockensten Dinge,
— begrabe mich in Akten. — Alles Unglück ist nur
wahrscheinlich, also auch, daß ein unvermutheter
Schlag des Schicksals das alles wieder vernichtet; —
siehst du den seidenen Faden?

Mir fehlt es heute an Geduld, dir mehr dar=
über zu schreiben, oder vielmehr es ennuyirt mich,
dir einen Statum Causae zu überschicken. — Ohne=
hin hast du jetzt wenig Zeit zu lesen.

Deine Classificatoria taugt nicht. — Ist dein
Herz denn insolvent, daß du die eingetragenen Gläu=
biger so ängstlich classificirst, damit sie sich in die

8 **

Maſſe theilen ſollen? — Haſt du nicht Vermögen genug, uns alle zu befriedigen? — Ich habe mich geärgert als ich las: — meine Braut den erſten, — du den zweiten, die den dritten u. ſ. w. Laß es doch gut ſeyn! — Ich will, daß du deine Braut innig lieben ſollſt, aber das iſt ganz was anders, und nicht beſſer, auch nicht ſchlechter, was ich von dir verlange, — denke mir nicht mehr an das Diſtributionsurtel — Amen!

Eine merkwürdige Bekanntſchaft habe ich ge= macht, — die Gräfin Lichtenau iſt jetzt hier auf der Feſtung und kommt oft zu uns. — Ach Himmel, welch ein Gemiſch von Hoheit und Niedrigkeit! — Wie viel Bildung, — wie viel Verſtand, — wie viel Ungezogenheit, — das Weib iſt eine wahre Vexierdoſe, wo ganz was anderes herauskommt, als man erwartet. — Der glimmende Docht von dieſer ausgelöſchten Fackel kann hier in Glogau noch etwas anzünden. Der Commandant und das Militär iſt kommandirt, artig gegen ſie zu ſeyn, — ſie ſind es alſo, ſo wie überhaupt die beſſere Claſſe. — Der Pöbel achtet kein Commando, — ſondern erhitzt ſich mit dem Witzfuſel, den er aus den elen= den ſchändlichen Broſchüren, die über die Gräfin herausgekommen ſind, aufſaugt. — Der Schneider legt die Nadel aus der Hand, um das Leben der Gräfin von Lichtenau zu leſen, und ſein Junge bringt ihm ſtatt des Zwirns ihr Bild in neuſee= ländiſcher Manier! — in jedem Scheerbeutel ſtecken die Bekenntniſſe der Gräfin Lichtenau, und um

11 Uhr fliegen noch unfrisirte Köpfe ungeduldig durch die Fenster, um den längst erwarteten Friseur zu ersehen, der ein neues unsinniges Ding über die Gräfin Lichtenau lesend, jetzt um die Ecke schleicht, die er sonst mit geflügelter Eile drei Stunden früher umsprang. — Der Jan Hagel übt, wie du weißt, Gerechtigkeit, — vox populi vox dei. — Daher erhalten die Straßenjungen als Vedetten, Plänklers, Feldwachen und leichte Avantgarde der größeren Menge, die sich zusammenzieht, so bald die Gräfin aus= oder einsteigt, ein ununterbrochenes F e u e r mit S c h n e e b ä l l e n. — Wenn der liebe Gott nicht mehr Schnee gibt, so fürchte ich, daß wenn nicht die Polizei als vermittelnde Macht sich darein legt, sie sich gewisser glühenden Kugeln bedienen werden, die aus gewissen Formen gegossen, immer auf den Straßen zu liegen pflegen. Ist das nicht unsinni= ges Zeug!

Du hast nur jetzt wegen der Hochzeit nicht Zeit zu lesen, sonst schriebe ich mehr. — Aber denken mußt du an mich, — daß ich dich liebe, daß es mein sehnlicher Wunsch ist, dich einmal wieder zu sehen, weißt du!

Lebe wohl, lieber Herzensjunge, und grüße mir schönstens deine Braut!

34.

Mein theuerster Freund!

Der heutige Nachmittag warf solche heitere Sonnenblicke in meine Seele, daß ich wünschte, ihr Widerschein hätte in demselben Augenblicke dein Herz erwärmen, und nach Art einer englischen Palingenesie, die Erinnerung unserer Vergangenheit in dir erwecken können. Ich war schon seit langer Zeit wirklich an das Treibrad der Justiz geschmiedet. — heute flog der letzte Aktenstoß von meinem Schreibtische, und nun, mit dem Gefühl der wiedererlangten Freiheit las ich deine Briefe; — ich hatte sie der Bequemlichkeit wegen, einem Buche gleich, an einander geheftet, — ich habe sie aber wieder auseinander genommen, und jeden wieder in seine Urgestalt geformt. — In dem Aufmachen eines jeden liegt ein Genuß, es ist so, als bekäme man sie erst, und ich wollte deswegen gern siegeln, dein großes Wappenpettschaft dürfte es gerade nicht seyn, — ich habe auch olim welche mit kleinerem Siegel erhalten! Mir war es heute gerade so, als hätte ich dich 14 Tage hindurch nicht gesehen, und, als wenn ich den Hut ergreifen müßte, um nach A. zu gehen, — indessen ist die Wirklichkeit fatal, — ohne den berühmten Meilenstiefel des heiligen Christoph prästire ich es nicht unter vier Tagen und eben so viel Nächten, dich einmal mündlich zu fragen, warum du so

stille bist, — warum du dich für mich in ein Grab
mauerst, — warum du nicht, wie ehemals, herzlich
die Hand drückst, die ich dir darbiete! — Ich wollte,
der größte Hofhund hätte mich ins Bein gebissen,
als ich dich vor 15 Monaten bei Nacht in L. über=
raschte, — ich hätte mich wenigstens verbinden lassen,
— deine Braut gesehen, und es wäre nur ein Jahr
her, daß ich dich gesehen hätte en negligé, so wie
vor Zeiten auf dem Lehnstuhl. — Indessen, — lum=
pige elende zwei Jahre, — ein Zeitraum, dessen In=
tervall ein Floh überspringt mit einem Satze, wenn
man es so berechnet wie ich, — elende zwei Jahre,
sage ich, legen sich zwischen uns, und jetzt, schon
jetzt — ꝛc. ꝛc. ꝛc.

Diese Periode kann ich noch lange nicht endi=
gen, — vielleicht nie, und das hoffe ich, so lange
ich noch gute Augen habe, und geschriebenes lesen
kann, — deine Briefe nämlich, — vorzüglich die,
welche du mir noch schreiben wirst; denn Freund,
— dein Stillschweigen ist lieblos, — man könnte
es Frost nennen, — und in der Stimmung kannst
du wenigstens nicht lange seyn. — Du bist mit
deiner Gemahlin (gib mir ein anderes Wort für
künftig, ich brauche dies ad interim) in Königs=
berg zur Huldigung gewesen? — — — —
— — — — — — — — — —

— Mit meiner juristischen Laufbahn geht es sehr
planissimo. Vorigen Februar meldete ich mich zum
zweiten Examen, nach der nur hier üblichen Ver=
zögerung wurde ich aber erst vor drei Wochen, nach=

dem ich schon vor sechs Wochen die Probrelation verlesen hatte, mündlich examinirt, und bin daher erst jetzt ins Referendariat eingeschritten. Gegenwärtig verändert sich aber wieder meine Lage. Der Onkel ist geheimer Obertribunalsrath geworden, ich laß' mich daher natürlich ans Kammergericht versetzen, und hoffe, dort etwas schneller zum Ziel zu gelangen, als es hier geschehen seyn würde. Spätestens in acht Wochen hoffe ich in Berlin zu seyn, und ein — Nest verlassen zu haben, dessen Einsamkeit mir vielleicht aber hin und her heilsam gewesen ist. Sey daher so gut, mir bald auf diesen Brief zu antworten, — wenigstens mir zu sagen, ob du wohl bist, und noch meiner denkst, — sonst würden mich diese Nachrichten nicht mehr hier antreffen, und es würde mir überhaupt sehr schmerzhaft seyn, nichts von dir bald zu hören. — Vor meiner Abreise schreibe ich dir dann noch, im Fall du nämlich mir geantwortet hast, und schicke dir die Adresse. — Es ist eine höchst angenehme Aussicht, daß ich dich nach einem Jahre zu sehen hoffe. — Gelingt mir nämlich, daß ich es in dieser Zeit bis zum Assessorat bringe, so ist eine Reise nach Preußen bestimmt, die ich allein, und also zwanglos, mache. — Mit welchen Empfindungen wir uns wiedersehen werden, weiß ich nicht, — eile, mich aus dem hin- und herschwanken zu reißen, — mich aus den Irrgängen der Zweifel zu retten, die mich einem unbekannten Ausgange entgegen zu führen scheinen, wenn ich an dich denke! — Lebe wohl, — Theuerster, und denke daran, daß ich noch mit eben der Innigkeit an dir hänge, als ehemals, und daß mein Herz leicht zu verwunden und schwer zu heilen ist.

Lebe wohl!

35.

Glogau den 16. August 1798.

Bester, theuerster Freund!

Ich eile, dir noch am letzten Tage, den ich in Glogau zubringe, zu sagen, daß ich dich liebe, und daß dein letzter Brief, der ganz das Gepräge jener Stimmung, die uns in Königsberg einst so glücklich machte, trägt, mich überaus glücklich gemacht hat. Mein Stillschweigen wird dir unerklärlich gewesen seyn, — eine höchst interessante Reise, die ich durch einen Theil des schlesischen Gebirges, über Liebwerda und Friedland in Böhmen, nach Dresden gemacht habe, hat mich vom Schreiben abgehalten. — Wie viel neues habe ich gesehen! — in Schönheiten der Natur und der Kunst habe ich geschwelgt zwei Wo=chen lang. Bei mehrerer Muße sage ich dir viel über diese Reise. Ich könnt's mir bequem machen, und dir, statt anderer Briefe, immer einen Theil meines Reisejournals schicken, das so schön in Briefe an Theodor eingetheilt ist. — Du lebst ja mit und in mir, — denn dir sagte ich jeden Abend, — was ich gesehen, was mich besonders gerührt hatte. —

Morgen gehe ich von Glogau, und Mittwoch den 29. d. M. bin ich in Berlin. Auf das Briefcouvert setze: „abzugeben in der Kurstraße, im Hause der Madam Patté," so wird mich kein Brief verfehlen, denn da werde ich wohnen. Es macht immer Ru= mor, wenn man einen Ort auf immer verläßt. — Tausend unvorhergedachte Kleinigkeiten ziehen mich vom Schreibtisch, nur noch das einzige sage ich dir, daß mich die Nacht von Correggio in den Himmel ge= hoben, — daß mich die Magdalena von Battoni ent= zückt hat, und daß ich mit tiefer Ehrfurcht vor der Madonna von Raphael gestanden habe.

Vom Antikensaal, den Statuen aus Antium und Ercolano *) zieren, muß ich schweigen. — Leb' wohl, Einziger, — grüße deine liebe Gattin, und fliege, wenn du kannst, — bald, bald zu mir, an meine Brust. — Leb' wohl!

Die Kürze meines Briefes bedarf wohl keiner Entschuldigung. Denke daran, wie überhäuft ich mit hundert Dingen werde, die bis zum Ekel unin= teressant sind, die sich aber unabwendbar aufdrängen. Adieu!

---

*) Herculanum.

Dritter Abschnitt.
Berlin 1798—1800.

————

Noch ganz erfüllt von den Eindrücken, die er, auf der Reise in das schlesische Gebirge und nach Dresden, erhalten hatte, kam Hoffmann in Berlin an *). Seine häuslichen Verhältnisse waren die näm= lichen geblieben, wie in Glogau, und er betrachtete sie mit den günstigsten Augen, wie er denn seinen Hippel einlädt, zu ihm zu kommen, er werde sich gewiß in dem Familienkreise gefallen **). Eben so vortheilhaft wirkte der Ort Berlin auf seine Aus= bildung in jeglicher Beziehung. Die Bekanntschaft mit den Werken ausgezeichneter Künstler brachte ihn zu der Ueberzeugung, wie wenig er in der Malerei selbst noch leiste; er faßte den Entschluß, die Farben wegzuwerfen, und wieder Studien zu zeichnen, wie ein Anfänger ***). Auch sein äußeres Verhältniß ge=

————

*) 36ster Brief.
**) 37ster Brief.
***) 36ster Brief.

staltete sich auf das angenehmste. Das Kammer=
gericht, bei welchem er angestellt war, erfreute sich
in dieser Zeit der höchsten Blüthe. Dessen erster
Präsident, Freiherr von Schleiniß, ein Mann von
einer gewissen Genialität und seltener Gutmüthigkeit,
war Hoffmanns Freunde, Hippel, durch die nächsten
Bande verwandt, und nahm darum auch Interesse
an diesem; dem zweiten Präsidenten von Kircheisen
aber, dem nachmaligen, jetzt verstorbenen Chef der
Justiz, der, in seiner damaligen Stellung, sich die
Bildung der jüngern Arbeiter bei dem Kammerge=
richte zum Hauptgeschäft gemacht hatte, vermöge sei=
ner wahrhaft grandiosen, und zugleich unwidersteh=
lich liebenswürdigen Persönlichkeit, empfängliche Ge=
müther, wie mit einem magischen Netze an sich zog,
und, durch diese Art zu wirken, einen unberechen=
baren Nutzen für den preußischen Justizdienst gestif=
tet hat, konnte, ein Kopf, wie Hoffmann, nicht
entgehen *). Alles dieß wirkte so anregend auf ihn,
daß er sich seinen Probearbeiten zu der letzten
(dritten) Prüfung, dem sogenannten Examine rigo-
roso, wodurch man sich in Preußen zu den höheren
und höchsten Richterstellen qualificiren muß, mit sol=
chem Eifer unterzog **) daß die Prüfungskommission

---

*) 36ster Brief. Auch wird dieß durch ein Zeugniß des Herrn
  von Kircheisen, vom 12. Februar 1800, das sich in Hoff=
  manns Dienstakten befindet, bestätiget.
**) Er war in dieser Periode so überaus fleißig in jeder Bezie=
  hung, und führte ein so eingezogenes Leben, daß der Onkel
  ihn oft warnte, dies tauge nicht für einen jungen Mann,
  er solle sich hüten, daß die Lust der Welt nicht künftig Rache
  an ihm nehmen, und sich seiner um so mehr bemeistern
  möge.

in dem, unterm 27. März 1800 über ihn erstatteten Bericht sich dahin aussprach, daß er vorzüglich wohl verdiene, als Rath in einem Landesjustizkollegio (die obersten Richterkollegien in den Provinzen) angestellt zu werden.

Die Beförderung zum Assessor eines solchen Collegii für einige Jahre geht verfassungsmäßig der zum Rath voraus, und da in jener Zeit junge, talentvolle und rüstige Arbeiter vorzugsweise nach den polnischen Provinzen, dem sogenannten Südpreußen, gesandt wurden, wo es übermäßig viel zu arbeiten gab, so traf auch Hoffmann das Loos, unterm 27. März 1800 zum Beisitzer der Regierung zu Posen mit uneingeschränkter Stimme ernannt zu werden. Vor seinem Abgange aber hatte er noch die große Freude, seinen Hippel, der um der eigenen Prüfung willen nach Berlin gekommen war, dort zu sehen, und zwei glückliche Monate mit ihm zu verleben, die mit einem muntern Ausfluge über Potsdam, Dessau, Leipzig und Dresden endeten, wobei Hoffmann, schon früher mit diesen Gegenden bekannt, den Cicerone machte. Auf dieser kleinen wurde der Plan zu der großen Reise, schon in der frühesten Jugend von beiden gefaßt, wieder hervorgerufen, und vielfach besprochen und ausgemalt; für diesmal aber fand sie ihr Ziel in Posen, wohin Hippel Hoffmann noch geleitete.

Beilagen
zum
dritten Abschnitt.

36.

Berlin den 15. Oktober 1798.

Theuerster Freund!

Dein lieber Brief vom 13. September hat mich sehr glücklich gemacht, — daß ich dein gedenke, oder vielmehr, — daß ich mit dir lebe, — denn mein Geist trennte sich nie von dir, — wenn ich auch nicht schreibe, weißt du. — Aber auch davon konnte mich nur meine unruhige, ich möchte sagen, umher=schweifende Lebensart seit vier Monaten abhalten. — Hier war mir nun alles neu, — eine andere Welt umgab mich, — ich war nicht Herr meiner Zeit. — Die Familienbriefe, — insbesondere die Beantwor=tung der Hirtenbriefe, die mir mein Endymion (er=innere dich doch jener Zeichnung, die ich nach A.

schickte), wie du weißt, so gern in alle Welt nach=
sendet, endlich spannte mich manchmal so ab, daß
ich mich wahrhaftig zu armselig fühlte, dir zu schreiben.

Als ich deinen Brief las, war es mir, als trä=
test du in meine Thüre, und breitetest deine Arme
aus, mich an dein Herz zu drücken, — die Herzlich=
keit, womit du mir deine Wünsche, deine Träume,
mittheilst, der eingeschlossene Brief an den Präsiden=
ten von Schleinitz, die Art, wie du mir ihn gibst,
— alles, — alles hat diesen Brief in mein Herz
gedrückt. — Zwei Tage vorher, als der Brief an=
kam, war Schleinitz nach Preußen abgegangen, —
du wirst ihn jetzt schon gesprochen haben, — und,
mein Theodor, wie sehr bedarf ich deiner Empfeh=
lung; deine Schilderung von Schleinitz hat mich an
ihn gezogen, und ich wünschte die Aufmerksamkeit,
welche er mir vielleicht in Rücksicht deiner schenken
wird, zu verdienen. Im Anfange bekam ich hier,
ob ich gleich schon längst zum zweitenmale examinirt
bin, gar keine Arbeiten. Dieß veranlaßte mich, den
Präsidenten von Kircheisen ausdrücklich um Instruk=
tionen und Spruchsachen zu bitten. Dieß hat ge=
wirkt; denn seit dem 11. Oktober habe ich 15 In=
struktionstermine, 2 Spruchsachen, 1 Criminalsache
zum Gutachten erhalten, und nebenher noch 2 Ap=
pellationsberichte, 2 Deduktionen und einen Schluß=
bericht anzufertigen. Innerhalb vier, oder höchstens acht
Wochen, melde ich mich zu Probearbeiten, und hoffe
dann wohl, binnen einem halben Jahre die Feuer=
probe des großen Examens überstanden zu haben.

— Ist es irgend möglich zu machen, so bleibe ich hier in Berlin. — Welche Aussicht, dich hier zu sehen! — In Glogau durfte ich dies nicht hoffen! — Du mußt deine Reise hierher sehr bald machen; — wie vieles neue wirst du sehen! — Dein Geschmack für schöne Künste wird hier in dem schönen Berlin reiche Nahrung finden. Eben jetzt sind die Kunst= ausstellungen auf der Akademie der Künste; du wür= dest mit mir den Kunstfleiß unserer inländischen Künstler bewundern. Hackert, der jetzt in Neapel lebt, hat zu dieser Ausstellung vier ganz vortreffliche Landschaften nach der Natur in Oel geschickt. — Das schönste Stück ist aber die Familie des Julius Sabinus vom Professor Rehberg in Rom, in Oel, (Lebensgröße.) Julius Sabinus hat sich vor den Verfolgungen Vespasians in eine Höhle geflüchtet; vom Schmerz überwältigt liegt er auf der Erde, und stützt den Kopf auf beide Hände, — sein Sohn steht vor ihm und bittet weinend um Nahrung, — die Frau, welche auch auf der Erde sitzt, reicht ihm mit thränendem Auge eine Brodkruste, indem sie das andere jüngere Kind an der Brust nährt. — Das Stück hat einen bewunderungswürdig großen schönen Styl, und ist ganz in italienischer Haltung, vor= trefflich gemalt. Die letzte Scene aus Schillers Räu= bern, eine getuschte Zeichnung von Wolf, hat mich auch, ihres unnachahmlichen Ausdrucks wegen, sehr angezogen. Mehrere Gemälde hätten vor einem Jahre mich zur Bewunderung hingerissen. — Jetzt bin ich fast zu verwöhnt durch die Dresdner Galle=

rie, wo ich Meisterstücke aus allen Schulen sah. — Ich kann in Enthusiasmus gerathen, wenn ich mich zurückversetze in den Saal der Italiener. — Denke dir einen Saal, der gewiß noch einmal so lang ist, wie das Haus deines Onkels ehemals in Königsberg, dessen ungeheure Wände, von oben bis unten, Gemälde von Raphael, Correggio, Titian, Battoni u. s. w. decken; — bei allem dem sah ich denn nur freilich bald, daß ich gar nichts kann. — Ich habe die Farben weggeworfen, und zeichne Studien wie ein Anfänger, das ist mein Entschluß.

Im Portraitmalen allein glaube ich starke Fortschritte gemacht zu haben; ich schicke dir gewiß nächstens etwas zur Probe.

Mein Tagebuch liegt unvollendet da. — Zum Glück habe ich den Stoff dazu auf der Reise schon niedergeschrieben. Es ist ein Kokon von fünf Blättchen, den ich zu einem Werk von fünfzehn Bogen ausspinnen muß. — Diese Reise, welche ich fast nur einen Durchflug nennen kann, hat mir nicht allein Vergnügen gemacht, — sie hat mich auch belehrt, — die Art des Glasschleifens, — die Art Vitriol zu bereiten, Papier zu machen, — kurz über so manches habe ich mich belehren können, — du weißt, mein Theodor, daß alle Theorie ein Schatten ist gegen das Lebendige der Ausübung, — ich vergesse nie alles, was ich auch nur einen Augenblick auf jener Reise sah. —

Wie habe ich an dich gedacht, als ich in jenem Felsenabgrund stand, — zwischen den Riesenmauern,

die sich auf beiden Seiten aufthürmten, — Tannen,
höher als die höchsten Masten, schienen mir niedri-
ges Gesträuch, moosartig durch die Steine gewach=
sen. — Vor mir stürzte sich der Zacken, zweihundert
Fuß hoch, mit furchtbarem donnerndem Getöse hinab.
— Laß' mich diese Gegend dir mit wenig Worten
beschreiben. — Wir gingen von Schreiberhau, einem
kleinen Dorfe ohnweit Warmbrunn, durch einen
Wald, der allmählig immer steigt, nach der Gegend
des Zackens. Wir waren zwei Stunden gegangen,
als wir ungewöhnliches Rauschen vernahmen, —
dieß war schon der Fall. — Immer stärker, — im=
mer mehr durch die Felsenklüfte hallend wurde das
Geräusch, — noch eine halbe Stunde, — wir traten
aus dem dichten Tannengebüsch und standen am
Zackenfall, — einer ungeheuern Wassersäule, die sich
in eine unabsehbare Felsenkluft zu senken schien.
Nun kam es darauf an, hinabzusteigen, um den
Fall in seiner ganzen Riesengröße von unten herauf
zu sehen, da aber die Felsen mit Moos bezogen,
sehr glatt, und überhaupt der Erdboden durch den
Regen sehr schlüpfrig geworden war, das Herunter=
steigen überhaupt auch immer sehr gefährlich ist, so
war ich von der Gesellschaft der einzige, der es
wagte, unserem Führer, einem kleinen Jungen, nach=
zusteigen — Schon eine beträchtliche Höhe war ich
mit Mühe herabgeklettert, als ich eine steilherabhän=
gende Leiter von sechsundzwanzig Sproffen vorfand,
— sie wird beim Holzflößen gebraucht, — endlich
war ich in der Tiefe, — queer über den Zacken

führte ein schmaler Steig, ungefähr zwölf Fuß über
dem Wasser; — über diesen ging ich, um auf ein
in der Mitte des Zackens, dicht vor dem Fall, her=
vorragendes Felsenstück zu kommen; hier setzte ich
mich hin. — Die Größe, die Erhabenheit, das furcht=
bar Schöne des Anblicks kann ich nicht beschreiben;
— die Sonne schien auf den Fall, — und nun glich
er geschmolzenem Silber. — In dem Wasserstaube,
der die Luft umher über dem Felsenbecken netzte,
bildeten sich tausend Regenbogen in den mannigfal=
tigsten Farben.

Nun ein Blick in die Gegend, — von beiden
Seiten thürmen sich perpendikulär die Felsen auf, —
ihre Wände sind so glatt, daß sie abgemeißelt zu
seyn scheinen; zwischen diesen Felsen, die eine unab=
sehbar lange Straße bilden, stürzt sich der Zacken
nach dem Falle durch die Felsenufer fort. — In der
Ferne entdeckt man die mannigfaltigsten Thäler und
Berge, die, in das Blaugrau des Aethers halb
verhüllt, in Sonnenblicken hervorschimmern. Um
dir einen Begriff von der Gewalt des Zackenfalls
zu geben, füge ich nur noch hinzu, daß zwei Män=
ner ein großes Felsenstück so heranwälzten, daß das
Wasser oben es fassen konnte. — Wie ein kleiner
Ball wurde das Felsenstück geschleudert, daß es in
hundert Stücke zersprang. — Ich habe auch den
Kochelfall gesehen, dieser ist nicht so wild romantisch,
aber schön, er verhält sich ungefähr so zum Zacken,
wie Emilia Galotti zu den Räubern von Schiller.
— Den Elbfall, der mit dem Rheinfall die mehreste

Aehnlichkeit haben soll und unfern den Schneegruben liegt, konnte ich wegen Kürze der Zeit leider nicht besuchen. — Verzeih', Theuerster, meiner Schwatzhaftigkeit, — es ist meine Lieblingsmaterie! — Bin ich wieder so glücklich, dich zu sehen, — wie vieles werde ich dir zu sagen haben. — Eile, — eile, so bald du kannst, in meine Arme. Der König will ein brillantes Carneval haben. — Es werden zwölf italienische Opern gegeben. — Wie wäre es, wenn du zur Carnevalszeit zu mir kämst? Im Winter ist in der Wirthschaft nichts zu thun, — ich bitte dich, überlege es dir, — du kannst gewiß, — denke an mein Entzücken. — Lebe wohl, Einziger, — wann, — wann sehe ich dich!

37.

Berlin den 31. Dezember 1798.

Mein theuerster Freund!

Eben komme ich aus einer Gesellschaft, die mir so viel Langeweile verursacht hat, daß ich gern schon zwei Stunden früher geflohen wäre. — Es ist ein gutes Zeichen, — eine Weissagung des Wiedersehens in den Tagen des kommenden Jahres, daß mir dein Brief in die Hände fällt noch in den letzten Zuckungen des Jahrs 1798, — denn eben schlagen alle Uhren zwölf. — So viel Wünsche, — Hoffnungen, — Aussichten, — drängen sich zusam-

men, — ich habe so viel zu bereuen, — so viel un-
zurechnende Verschuldungen auszusöhnen, — daß
selbst der Traum meiner Kindheit, — ein seliger,
beglückender Schatten aus Elysium, — mich kaum
mehr so glücklich macht, als nur noch voriges Jahr.
— Auf die zwölfte Stunde der Neujahrsnacht habe
ich immer viel gehalten, — immer weckte mich da
die sanfte Musik von Clarinetten und Hörnern auf
dem Schloßthurme, — ich glaubte, kindisch fanta-
sirend, — silberne Engel trügen jetzt das neue Jahr,
einem Sterne gleich, am blauen Himmel vorbei; —
aber ich hatte nicht Muth aufzustehen, und zu sehen
— ihren Flug hörte ich in jener für mich damals
himmlischen Musik. — Du glaubst nicht, wie unbeschreiblich weich mich solche Erinnerungen machen. —
Ohne jenes Alter der Unbehülflichkeit, der Irrthümer
zurückzuwünschen, liebt man desselben fromme Träume.

Den 24. Januar.

Fast unverzeihlich ist es, daß erst heute ich dieses Blatt weiter fortsetze. — Es würde mich wirklich sehr unruhig machen, dir nicht eher geschrieben
zu haben, wenn ich nicht wüßte, daß dir kein Gedanke einer schuldbaren Vernachläßigung von meiner
Seite einkommt. — Ich habe wirklich seit einiger
Zeit in einer Art beständiger Verwirrung gelebt, die
mich auch schon der Ungewohnheit wegen von so
manchem, und vorzüglich vom Briefschreiben abhielt.
Ich glaube gewiß, daß nie mehr eine so lange Pause

9 *

unfern Briefwechsel unterbrechen soll. Das wich-
tigste, was ich dir zu sagen habe, ist, daß ich mich
auch seit kurzer Zeit ganz unbeschreiblich nach einer
Unterhaltung mit dir sehne, und daß ich dich beschwöre, wenn's nur irgend möglich ist, so bald die
Jahreszeit besser wird, nach Berlin zu kommen. —
Deiner ganzen Lage würde eine solche Reise sehr
vortheilhaft seyn. — Im Grunde genommen hast du
doch noch wenig gesehen. Berlin würde dir so
manches neue darbieten. Wenigstens ist es, ganz
ohne Vorurtheil gesprochen, ein Ort, der gerade für
uns äußerst interessant ist. In den schönen Künsten
ist man hier wirklich sehr weit, der gute gebildete
Geschmack zeigt sich in den öffentlichen Vergnügun-
gen. Du kannst dir z. B. keine Vorstellung von
der großen italienischen Oper machen. — Der Zauber der Meisterstücke Verona's, — die himmlische
Musik, — alles vereinigt sich zu einem schönen Ganzen, das auf dich gewiß seine Wirkung nicht verfehlen würde. — Nicht oft genug kann ich mir den
schönen Augenblick des Wiedersehens denken! —
Du würdest dir gewiß in unserem Familienkreise
gefallen! — Schreibe mir doch ja bestimmt, ob ich
wenigstens hoffen kann, dich hier wiederzusehen.
Denke dir, welche Stunden, — wenn wir uns der
Vergangenheit erinnern, — wenn wir jede Freude,
die uns damals so glücklich machte, — noch einmal
genießen. — An nichts werde ich mich so gern erinnern, als an unsere Blüthezeit, — der sonderbar
romantische Schwung, den wir beide gemein hatten,

— das Zusammentreffen unserer Ideen, sogar unserer Bonmots, — alles, — alles knüpfte uns so fest, daß uns eine Trennung unmöglich schien! — Ich gebe noch nicht die Hoffnung auf, mit dir zusammen zu leben. — Ich kann es mir gar nicht denken, daß du bei deinem Drange nach Thätigkeit, — nach einem Wirkungskreise wirklich in L. bleiben solltest. — L. sollte dir nur eine Retirade seyn. — Was man wünscht, hofft man auch, und daher ist auch meine Fantasie so geschäftig, mir's ganz glaublich zu machen, daß du noch auf diese oder jene Art hierher kommen könntest.

In deinen letzten Briefen finde ich eine Spur von Mißmuth, — von nicht gänzlicher Zufriedenheit mit der Gegenwart. — — — Liebst du mich noch wirklich, so sey aufrichtig gegen mich, — du warst immer zurückhaltender als ich, — ich fürchte nicht, daß du meine Absichten verkennen könntest. — Du weißt, daß ich vielleicht von allen, die sich rühmen, deine Freunde zu seyn, am besten dich verstehe. — Eile, mir dein ganzes Herz aufzuschließen!

Vergilt ja nicht gleiches mit gleichem. — Schreib' mir sehr bald. — Nie mehr will ich so lange inne halten.

Lebe wohl, lieber, bester, theuerster Freund!

38.

Mein bester, theuerster Freund!

Unmöglich kann ich dir den Eindruck schildern,
den dein letzter lieber Brief auf mich machte. So
wird denn endlich mein sehnlicher Wunsch erfüllt.
— So werde ich dich denn endlich wiedersehen!
Aber wie unbestimmt hast du deine Ankunft ange=
geben! Mit schmerzlicher Ungeduld sehe ich einem
zweiten Brief entgegen, der mir es genau bestimmt,
wann du in Berlin eintreffen wirst. Daß wir
uns hier wiedersehen, ist wirklich ein Zufall, wo=
mit uns das Schicksal für die lange Trennung schad=
los halten will! — Ich war einige Tage verreiset,
sonst hättest du schon eher einen Brief von mir.
Ich hatte Potsdam und Sanssouci gesehen, — jede
Schönheit, die ich entdeckte, erinnerte mich an dich.
Ich dachte deines Kunstsinnes, und alles wurde mir
werther bei dem Gedanken, welche Freude es dir
machen würde. Während der Zeit unserer Tren=
nung habe ich so manches gesehen, so manche Er=
fahrung gemacht, jetzt ist mir bei dem Gedanken
der Mittheilung das alles erst recht werth. — Du
hast dich in deinem Briefe wahr geschildert, und zu=
gleich den Charakterzug angegeben, den wir beide
haben, und der uns von jeher verband. — Ein
reizbares Herz, ein unruhiger Charakter wird uns
nie ganz glücklich seyn lassen, aber unserer Bildung,

unserem Streben nach größerer Vollkommenheit wohlthätig seyn.

— Noch bin ich in Berlin, — weder Assessor noch Rath, — werde es auch nicht so bald werden, weil ich mich erst vor neun Wochen zu den zum großen Examen erforderlichen Probearbeiten gemeldet habe. Meine Carriere geht langsam, und ich bin nicht unzufrieden damit, weil ich jetzt die Zeit sehr nutze, und meinen Lieblingsstudien, Musik und Malerei, schlechterdings nicht ganz entsagen kann. Ich halte es für zuträglich für deine Zufriedenheit, daß du aus dem Landjunkerleben wieder in ein mehr thätiges Leben übertrittst. Du warst schon sehr an eine mehr um dich wirkende Arbeit gewöhnt, als daß du ihr hättest ganz entsagen können.

Lebe wohl, einziger, bester Freund.

Vierter Abschnitt.

Posen 1800—1802.

———

Die Anstellung bei einem Collegio in den ehemaligen polnischen Provinzen *) war für jeden jungen Mann von nicht ganz festen Grundsätzen eine ungeheure Klippe. Man arbeitete dort viel, verdiente aber auch viel, durch nicht eigentlich gerichtliche Geschäfte, die bei den Gerichten in den ältern Provinzen entweder nicht vorfielen, oder wofür man nicht besonders remunerirt wurde, und, weil man wenig Zeit hatte, dem Vergnügen zu widmen, und gar keine Gelegenheit zu feinern Genüssen, so suchte man so rasch als möglich zu leben, und verlernte es an den Freuden, die man sich für das erworbene zu schaffen im Stande war, ängstlich zu mäkeln. Dazu kam die Landesart, das Trinkenmüssen, überall wo man den Fuß hinsetzte, und zwar das Trinken des stärksten Weines, des Ungars, den kein Pole entbehren kann, und den die in seinem Lande lebenden Deutschen sich nur zu leicht ange=

———

*) Mit Ausnahme von Warschau, von dem alles nachfolgende wegen Entbehrung edler Genüsse nur bedingt gilt.

wähnten, die freie Sitte, und zugleich die Anmuth der polnischen Frauen u. s. w. Mancher Jüngling von minderer Empfänglichkeit für solche Lockungen, als Hoffmann, hat nicht widerstehen können; wie wäre es ihm zu verargen, daß er sich in diesem Strudel nicht oben zu erhalten vermochte, und, wie er es selbst unumwunden ausspricht, liederlich, und zwar in dem Maaße wurde, Ausschweifungen aus Grundsatz zu begehen *). Am meisten mag aber zu seinem Falle der schneidende Kontrast beigetragen haben, in dem das Posensche Leben mit seinem frühern Stand. Von seiner zarten Jugend an den nächsten Verkehr mit besseren Naturen, die, wenn nicht selbst schaffend in den Künsten, doch den Sinn dafür hatten, gewöhnt, sah er sich jetzt von manchen Alters- und Geschäftsgenossen umgeben, denen, ohne Ahnung von etwas höherem, die Poesie des Lebens in einer Gattung von Ungebundenheit bestand, die eben so gut eine Philisterei nur von anderer Farbe ist, als diejenige, in welche man solche Subjekte unausbleiblich versinken sieht, wenn sie erst Weib und Kind, und die davon unzertrennliche Sorge haben. Wenigstens wußte Hoffmann von keinem derjenigen, die seinen Hauptumgang in dieser Zeit bildeten, mit dem er innere Berührungspunkte gefunden hätte,

---

*) 59ster Brief in den Beilagen zum nächsten Abschnitt. Dessen ungeachtet vernachläßigte er auch in dieser Periode seines Lebens die schönen Künste nicht. Er componirte in Posen Göthe's Scherz, List und Rache, und brachte es mit großem Beifall auf die Bühne.

zu erzählen, als von dem Regierungsrath Schwarz, jetzigem Land- und Stadtgerichtsdirektor zu Halle, einem Veteran aus der Schule, die sich in den achtziger Jahren des vorigen Jahrhunderts in Halberstadt gebildet hatte, Verfasser des Gedichtes Abdim, eines sehr witzigen Buches: Grundsätze einer unvernünftigen Polizei u. s. w. *)

Ein Gefühl geistiger Superiorität, wie es durch eine solche Umgebung leicht erklärlich ist, verbunden mit einer in vielfacher Beziehung aufregenden Lebensart, konnte nur zum Uebermuth führen, und dieser wurde die Quelle eines Unternehmens, welches Hoffmann damals viel bittere Stunden bereitete, und seine baldige Versetzung von Posen, an einen noch viel unwohnlicheren Ort, zur Folge hatte **).

Verleitet nämlich durch sein großes Talent, Aehnlichkeiten carricaturmäßig aufzufassen, hatte er sich Monate lang damit beschäftigt, in Farben sauber ausgeführte Blätter zu entwerfen, welche die handgreiflichsten und beißendsten Anspielungen auf in Posen allgemein bekannte Verhältnisse enthielten, und deren überaus witzige Unterschriften so wenig, als

---

*) In einem, sonst nicht interessanten, und darum nicht mitgetheilten, Briefe an Hippel, erwähnt Hoffmann, außer den angenehmen Stunden, die ihm der Umgang dieses Mannes verschaffte, auch noch der Pflege, die er von seiner gebildeten Frau in einer Krankheit, von der er in dieser Zeit befallen wurde, einer Leberverhärtung, erfuhr.

**) Hoffmann deutet später darauf hin, daß man sich seiner nur zum Werkzeuge einer ausgesuchten Rache bedient habe. Hosser Brief, in den Beilagen zum folgenden Abschnitt.

das Treffende in der Zeichnung, einen Zweifel über die dargestellten Personen ließen. Kein Stand, keine Stellung zum Publikum, oder zu ihm selbst, war hierbei von ihm verschont worden. Einer seiner Freunde, — sein nachmaliger Schwager, C. R. G. — hatte es übernommen, die Carricaturen zu verbreiten, und bewirkte dies auf eine höchst geschickte Weise. Er erschien nämlich auf einem Maskenballe als italienischer Bilderkrämer, und theilte, nach seiner Lokalkenntniß, aus einer großen Bildermappe, jedem ein Blatt zu, auf welchem ein anderer vorgestellt war, von welchem es sich voraussetzen ließ, daß es ihn freuen würde, jenen lächerlich gemacht zu sehen. Darum, im ersten Augenblick, — allgemeiner Jubel im Saale über den herrlichen Spaß. Aber nur zu bald fand sich jeder der Lacher in den Händen eines dritten wieder! Nun verwandelte sich die Freude in Unmuth, der sich zuerst gegen den Colporteur Luft machen wollte. Dieser war aber mittlerweile aus dem Saale spurlos verschwunden, um sich in einer andern Verkleidung wieder einzufinden, und an dem großen Lärm Theil zu nehmen. Man konnte nicht lange über dem Zeichner der Carricaturen in Zweifel seyn. Nur e i n Mensch in Posen wußte so zu treffen, und dieser eine war Hoffmann. Ein Mann von hohem Stande, schwer gekränkt durch mehrere ihn betreffende Blätter, soll noch in der nämlichen Nacht eine Estaffette mit dem Bericht über den Vorfall nach Berlin gesandt haben; gewiß ist wenigstens, daß der Erfolg der unbesonnenen Handlung nicht ausblieb. Hoffmanns Patent, als Rath bei der Regierung zu Posen, dem Collegio, bei welchem er als Assessor stand, lag eben zur Unterschrift vor; es war die Gelegenheit da, es mit dem eines nach Plozk als Rath bestimmten Assessors zu verwechseln, diese wurde bereitwillig ergriffen, und, „wie Kotzebue sein merkwürdigstes Jahr mit einer Befreiung, so habe ich meines mit einer Verbannung beschlossen," — schreibt Hoffmann in seinem ersten Briefe aus Plozk an Hippel *).

Seine Versetzung dorthin erfolgte im Frühjahr 1802.

Vorher aber, im Spätherbst 1801, hatte er von Posen aus noch eine Reise nach Königsberg gemacht, und Hippel, von seiner Rückreise benachrichtigt, eine Zusammenkunft mit ihm in Elbing und Danzig veranstaltet. Am letzteren Orte verweilten die Freunde zwei Tage mit einander, und die eigenthümliche innere Würde von Danzig, so wie seine herrliche Umgebung, machten einen tiefen Eindruck auf Hoffmanns Gemüth **). Doch erkannte Hippel in ihm nicht völlig mehr den Alten. Eine ungewöhnliche Lustigkeit, die fast in Possenreißerei ausartete, und ein Wohlgefallen am Obscönen, ließ eine Hinneigung zur Gemeinheit durchblicken, und machte den Freund um so besorgter für ihn, als er wußte, daß die südliche Heftigkeit seines Temperaments ihn immer

---

*) 39ster Brief, in den Beilagen zum folgenden Abschnitt.

**) Die Spur davon findet man in dem oben bereits angeführten Artushof.

zu Extremen hinriß. In dem früher schon ange=
führten erſten Briefe aus Plozk räumt Hoffmann
ſeinen Fall auch ſelbſt, mit der überall ihn ehrenden
Offenheit, ein.

Deſto unerwarteter war es ſeiner Familie, daß
er noch in Poſen ſich mit einer Polin, die er in
einem unten mitzutheilenden Briefe *) ſchildert, ver=
heirathete.

Sein Onkel, der aus dem erſten Abſchnitte
bekannte Juſtizrath, Hageſtolz bis an ſein Ende
machte ihm dagegen die eindringlichſten Vorſtellun=
gen, aber ohne Erfolg. Die junge Gattin begleitete
Hoffmann nach Plozk.

---

*) 40ſter Brief, in den Beilagen zum folgenden Abſchnitt. —
S. auch den 26ſten Brief S. 145 zum zweiten Abſchnitt.

Fünfter Abschnitt.

Plozk 1802—1804.

Die zwei Jahre, welche Hoffmann als Rath bei der Regierung zu Plozk, — einem traurigen Orte in einer damals Neuostpreußen genannten entfernten Provinz, — verlebte, betrachtete er, während ihrer Dauer, als unerträglich *), und dennoch läßt es sich nicht läugnen, daß diese Zeit zu seiner inneren Ausbildung viel beigetragen hat. Er arbeitete treu in seinem Beruf, so daß der sehr strenge Präsident ihm das Zeugniß eines vorzüglich thätigen Mitgliedes des Collegiums gab, und führte mehr als irgendwo in späterer Zeit ein häusliches, nach den Dienststunden, den Künsten gewidmetes, Leben; schon damals bewährend, was Rochlitz in einem

---

*) „Ich müßte verzweifeln," sagt er in dem 39sten Briefe in den Beilagen, — „wenn nicht ein sehr liebes, liebes Weib mir alle Bitterkeiten, die man mich hier bis auf die Neige auskosten läßt, versüßte und meinen Geist stärkte, daß er die Centnerlast der Gegenwart tragen, und noch Kräfte für die Zukunft behalten kann."

geistreichen Aufsatze über ihn mit seinem Sinn bemerkt *): „daß er zu den nicht wenigen Menschen gehört habe, die Unglück viel besser vertragen können, als Glück." In diesem Abschnitte seines Lebens fing er auch zuerst an, ein Tagebuch zu halten **), was er nach vielen Jahren in Bamberg, wo seine Lage in anderer Beziehung drückend war, eben so in Dresden und Leipzig und in Berlin bis zum Jahre 1815 fortsetzte; wo bei günstigeren äußeren Verhältnissen ihn der Strudel des wüsten Lebens ergriff, und er die Lust und den Muth verloren zu haben scheint, sich schriftlich Rechenschaft von seinem Thun und Treiben zu geben.

Hier in Plozk war es auch, wo er zuerst die Freude hatte, eine kleine schriftstellerische Arbeit gedruckt zu sehen, in welcher er mit einer nicht ganz mißlungenen Ironie das Uebersehen eines Umstandes, den er für wichtig hielt, bei der Einführung des griechischen Chors auf die deutsche Bühne rügt. Ferner schrieb er, auf Veranlassung eines damals von Kotzebue, mit Zuziehung von Iffland, ausgesetzten Preises von hundert Friedrichsd'or für das beste Lustspiel, ein solches unter dem Titel: „der Preis," worin er diesen selbst zum Gegenstande machte; ein Versuch, der zwar nicht den Preis, aber

---

*) Allgem. musik. Zeit. 1822. Nr. 41. vom 9. Oktober.

**) Fragmente aus demselben, die für Hoffmann's Individualität bezeichnend, und daher dem Herausgeber für seinen Zweck nicht unwichtig schienen, finden sich in den Beilagen zu gegenwärtigem Abschnitt.

vor denen aller übrigen Mitbewerber das ausge-
zeichnetste Lob erhielt. Nächst dem finden sich, aus
dieser Periode, in einem: „Miscellaneen, die literarische und künstlerische Laufbahn betreffend. Angefangen im Exil, im August 1803 *),“ überschrie-
benen Buche, Anfänge eines komischen Singspiels,
in zwei Aufzügen, der Renegat, von höchst origineller Laune **), und eines Singspiels Faustine,
in einem Aufzuge, worin Haße, Leonardo Leo, und
Faustine, — bekanntlich ward Faustine Bordoni
später Haße's Gattin, — auftreten; viele Ueber-
setzungen italienischer Canzonetten; Grundzüge zu
einem Aufsatze über Sonaten ***), u. s. w. An

---

*) Diese maiden speech: „Schreiben eines Klostergeistlichen an
seinen Freund in der Hauptstadt,“ ist, aus dem Freimüthigen
vom 9. Sept. 1803, in den Beilagen zu diesem Abschnitt
wieder mit abgedruckt; nicht um der Bedeutenheit des Aufsatzes willen, sondern, weil es immer Interesse hat, die ersten
Früchte eines Talents, welches sich später als ein großes
bewährte, kennen zu lernen.

**) Es erscheint darin ein dicker Dey von Algier, der nur da-
durch zum Lachen zu bringen ist, wenn seine Geliebten
weinen, und der eine ihrem Gatten geraubte Französin zur
Favorite erhebt, weil sie um ihren Mann natürlich weint,
während alle andere Bewohnerinnen des Harems die Kunst
beim Schluchzen nicht verbergen können.

***) Die Mittheilung einiger Ideen hieraus wird vielleicht an-
regend für manchen Sachverständigen seyn:
„Vollkommenheit des Fortepiano's. — Nur Schönheit der
Harmonie, nicht des Ton's. — Es muß anscheinende Willkühr herrschen, und, jemehr sich die höchste Künstlichkeit da-
hinter versteckt, desto vollkommener. — Größe des Theoreti-
kers Haydn. — Freude des gebildeten Menschen am Künstlichen“ u. s. w.

Compositionen lieferte Hoffmann in dieser Zeit, nächst mehreren Messen und Vespern für Klöster, unter dem Titel: Fantasie, ein von der gewöhnlichen Sonatengattung abweichendes, nach den Regeln des doppelten Contrapunktes gearbeitetes, Clavierstück von größerem Umfange, mehrere Sonaten, worunter eine aus As dur u. s. w. — Aber auch in der bildenden Kunst war er nicht müßig. Er portraitirte Freunde, machte Carrikaturen auf Feinde *); vor allem aber unternahm er hier ein mit eben so viel Beharrlichkeit als Glück ausgeführtes Werk, von dem noch einzelne Blätter vorliegen, die durch die ungemeine Sauberkeit ihrer Ausführung die höchste Bewunderung erregen; nämlich die genaueste Nachzeichnung mit der Feder aller damals bekannt gewordenen etrurischen Vasengemälde aus der Hamiltonschen Sammlung,

Zu so vielfältiger Anstrengung gab ihm die, häufig in seinem Tagebuche ausgesprochene, Hoffnung, doch noch in eine Lage zu kommen, in welcher er ganz den Künsten werde leben, und mit seinem Hippel eine Reise nach Italien, der Schweiz und

---

*) Eine von diesen war sehr hübsch komponirt. Sie stellte das Plozker Publikum vor, im Schlamme der Gemeinheit versunken. Nur Hoffmann hielt, mit aller Anstrengung, den Kopf noch daraus in die Höhe. Aber aus dem Olymp, der sich über der Gruppe öffnete, und in welchem der Großkanzler, als Jupiter mit seinen Blitzen, thronte, fuhr dessen in Bedienungssachen vortragender Rath, sprechend getroffen, mit einer gewaltigen Stange herunter, und suchte auch ihn definitiv in den Morast unterzutauchen.

Frankreich machen können, Kraft, und er fing zuletzt
schon an, es sich in Plozk gefallen zu laffen *), als,
— zu Anfang des Jahres 1804, — es durch Ver=
wendung feiner Freunde in Berlin gelang, feine
Verfetzung nach Warfchau, als Rath bei der dorti=
gen Regierung, zu bewirken.

Mit lautem Jubel ging er diefer neuen Beftim=
mung, nach der Hauptftadt des Landes, deffen Ein=
wohner er nun fchon feit Jahren war, entgegen;
vor feiner Abreife noch einen Ausflug nach Königs=
berg zu feinen Verwandten benutzend, um Hippel
auf feinem Landgut mehrere Tage zu fchenken, wo
der Plan zu der italienifchen Reife völlig ins Reine
gebracht wurde.

Der Frühling des Jahres 1804 begrüßte Hoff=
mann fchon in Warfchau.

---

*) 41fter Brief, in den Beilagen zu diefem Abfchnitt.

Beilagen

zum

fünften Abschnitt.

———

39.

Plock den 25. Januar 1806.

Mein einziger, theuerster Freund!

Ein ganzes volles Jahr habe ich geschwiegen; wenn du aber glaubst, daß das Andenken an dich während dieser Zeit auch nur einen Augenblick aus meiner Seele gewichen sey, so thust du mir sehr unrecht. — Wenn ich (vorzüglich in dem vergangenen Frühjahr) mich mit allem, was mich umgab, und mit mir selbst überworfen hatte, so nahm ich deine Briefe, vorzüglich die älteren, welche du mir aus A. schriebst, versetzte mich dann in jene glücklichen Jahre zurück, als es nur meine Fantasie war, die mir Höllen und Paradiese schuf, und als noch kein eiserner

Zwang der Wirklichkeit mich fesselte, und es gelang
mir, im Andenken an jene Zeit wieder ruhig zu
werden. — Es ist mir oft, als hätte ich alle jene
Briefe in einer andern Lage selbst geschrieben, aber
konnten auch zwei Menschen gleicher empfinden, als
wir? —

Du schreibst in deinem letzten Briefe, unser letz=
tes Zusammenseyn in Danzig hätte nicht so, wie
vormals, die reine, unverdorbene Laune, den Erguß
der innigen Freundschaft, herbeigeführt; — aber,
Freund, — Wein, der eben gährt, hat niemals einen
guten Geschmack, und ich war damals wirklich im
Gähren. Ein Kampf von Gefühlen, Vorsätzen zc.,
die sich geradezu widersprachen, tobte schon seit ein
paar Monaten in meinem Innern, — ich wollte
mich betäuben, und wurde das, was Schulrectoren,
Prediger, Onkels und Tanten liederlich nennen. —
Du weißt, daß Ausschweifungen allemal ihr höchstes
Ziel erreichen, wenn man sie aus Grundsatz begeht,
und das war denn bei mir der Fall. — Ich lebte
in einer überaus lustigen Verbrüderung, wenn ich
so sagen darf, — die letzten leuchtenden Blitze, welche
wir schleuderten, waren aber solche Geniestreiche, die
empfindlichen Leuten, die wir nur für zu unschädlich
hielten, Haare und Bart versengten. — Sie nahmen
es übel, und borgten sich, von dem Olymp in Ber=
lin her, solche Gegenblitze, die mich endlich hierher
an einen Ort schleuderten, wo jede Freude erstirbt,
wo ich lebendig begraben bin.

Ich habe dir nur die Hauptmomente am An=

fange und Schluß meines merkwürdigsten Lebens=
jahres (Kotzebue beschloß es mit einer Befreiung,
ich mit einer Verbannung) aufgestellt; — um alle
Scenen, die in die Mitte fallen, gehörig auszuma=
len, ist mir mehr nöthig, als ein Brief, d. h. eine
mündliche Unterhaltung, und die will ich mir im
künftigen Mai verschaffen. — Daß du mich vergessen
haben solltest, fällt mir nicht ein, willst du mich da=
her wiedersehen, so bestimme, wann und wie ich
dich besuchen soll, — auf deinem Rittergute. —
Führten dich etwa deine Geschäfte oder sonstigen Zu=
fälle im künftigen Frühling nach Thorn, so wäre es
ganz herrlich, ich würde alsdann um die von dir
bestimmte Zeit dort eintreffen, und die Reise, da
Thorn von hier nur zwölf Meilen entfernt ist, mit
der ordinären Post machen, weil ich so sparsam als
möglich zu Werke gehen muß. — Wenn du eben
so lebhaft als ich es fühlst, daß wir niemals — nie=
mals zu lieben aufhören können, daß wir uns aber
wieder von Mund zu Mund sagen müssen, was wir
jetzt thun, und was wir künftig thun wollen, so bin
ich sehr glücklich. — Ich habe mich unter der Zeit
im Malen, und vorzüglich im Treffen, ziemlich ver=
vollkommnet, — ich werde daher dich, deine Frau
und kleine Familie auf ein Tableau bringen, wenn
ich bei dir bin, und überhaupt bei dir nicht als
Regierungsrath Hoffmann, sondern als Miniatur=
maler Molinari auftreten, da ich, wenn ich zehn
Schritte von Thorn gehe, vor der Hand meinen
Namen verläugnen muß. Daß ich Regierungsrath

geworden bin (seit einem Jahr), siehst du aus Obi=
gem, daß ich aber seit drei Vierteljahren verheirathet
bin, kannst du aus Obigem nicht ersehen, daher sage
ich es dir besonders! Jetzt lebe ich wie ein Heili=
ger, der Buße thut, oder eigentlich wie jeder Christ
sein Leben führen soll, in der Hoffnung des zukünf=
tigen; denke dir Freund, was ich empfinden muß,
wenn ich auf alles, was nur meinen Sinn für die
Künste, für den Umgang mit geistreichen Personen, der
den Geschmack bildet, anregen kann, geradehin ganz Ver=
zicht zu leisten genöthigt bin? — Ich müßte verzweifeln,
oder vielmehr ich würde längst meinen Posten auf=
gegeben haben, wenn nicht ein sehr liebes, liebes
Weib mir alle Bitterkeiten, die man mich hier bis
auf die Neige auskosten läßt, versüßte, und meinen
Geist stärkte, daß er die Centnerlast der Gegenwart
tragen, und noch Kräfte für die Zukunft behalten
kann.

Von Berlin aus tröstete man mich sehr, — ich
soll in eine neue deutsche Provinz versetzt werden,
welches denn nur mein Wunsch ist, an dessen Er=
füllung ich aber sehr zweifle.

Alle Stürme haben zu toben aufgehört, und du
wirst in mir ganz den alten Königsberger, Berliner,
Leipziger, Dresdner, Dessauer ꝛc. (ohe — nicht Dan=
ziger) wiederfinden! Ich bin schwazhaft geworden,
merk' ich! —

Auch gebe ich mich wieder mit literarischen Ar=
beiten ab. — Willst du, wenn du keine Oecono=
mica treibst, d. h. im Winter, wieder recensiren? —

Ich bin ein Thor gewesen, daß ich dir nicht längstens schrieb; mir ist es so wohl geworden, indem ich mit dir spreche, daß meine Frau, die mir gegenüber sitzt, und ein Kindermützchen strickt, schon ein paarmal gefragt hat, warum ich denn in eins fort lächle?

— Liebst du mich noch, so vergilt nicht gleiches mit gleichem, schreibe, ich beschwöre dich bei dem Andenken unserer herrlichen Jugendzeit in Königsberg, — sehr bald.

Unser Briefwechsel soll nicht wieder so schändlich von mir unterbrochen werden, — ein merkwürdigstes Jahr kann man doch nur einmal erleben — der Superlativ schließt ja jeden Nebenmann aus! —

Grüße deine Frau sehr herzlich von mir, und sage ihr, daß ich dir den Maler Molinari empfohlen habe, — es kann ja derselbe seyn, der dich gemalt hat.

———

40.

Ohne Datum aus dem Jahre
1805 im Frühling.

Mein theuerster Freund!

Als ich den Löwen und die Jungfrau mit der Hippe sah, war es mir, als hätte ich zwei Jahre zurückgelebt, und könnte so unbefangenen Herzens seyn als damals. Warum hast du mich durch ein

unerklärliches Stillschweigen auf einen Brief, der dir
ein zerrissenes Herz, die unaussprechliche Sehnsucht,
in das Asyl der Freundschaft zu fliehen, in jeder
Zeile zeigen mußte, wenigstens Augenblicke glauben
lassen, daß ich auch dich verloren hätte? — Ich kann
es dir jetzt gestehen, daß ich, argwöhnisch wie ich
bin, nun jeden kleinen Zug deines Betragens bei
unserer letzten Zusammenkunft auffaßte, daß mir das
Souper bei Gott weiß welchem Landstande, den du
in Danzig antrafst und mich sofort verließest, einfiel,
— kurz, daß mein Glaube, oder vielmehr mein
Zweifel, mit jedem Tage zunahm, und mein letzter
Brief der letzte entscheidende Schritt seyn sollte. —
Es kostete mir Mühe, die Spannung, in welcher ich
ihn schrieb, dir zu verbergen! — Dem Himmel sey
Dank, — du bist noch d e r Theodor, der wie mein
Genius mich beständig umschwebte, an den ich schon
als Knabe alle meine Wünsche, — Hoffnungen, —
Gedanken richtete, so bald ich sie aufs Papier warf!
— Denkst du noch an die Elegien Eugenio's an
Theodor? — an die Verzweiflungsoden, als der
kleine Haubenstock, in den ich verliebt zu seyn glaubte,
drei Meilen auf's Land gefahren war? — Wahrhaf=
tig, diese lyrischen Don Quixotterien sind oft in
mancher tollen Sache, die mich während der letzten
zwei Jahre eben so excentrisch stimmte, mein Trost
gewesen; ich dachte dann, ob ich nicht als Greis,
oder schon als Mann von dreißig bis fünfzig Jah=
ren über diese Tumulte eben so lachen werde, als
ich jetzt über jene Knabenstreiche lache. — Du hast

in deinem Briefe einen Punkt berührt, den ich, wenn ich meine Biographie zur Belehrung, wie man nicht handeln soll, wenn man eine gesunde Stirne und Nase für das Grab conserviren will, schriebe, sehr umständlich abhandeln würde.

Ja, ja, — in meiner ersten Erziehung, zwischen den vier Mauern mir selbst überlassen, liegt der Keim mancher von mir hinterher begangenen Thorheit. — Deine gütige Freundschaft nennt die Frucht jener bizarren Einsamkeit, — Originalität, — es ist aber, wie ich wohl weiß und empfunden habe, nichts als Starrköpfigkeit, — Ungeschick! — Das Uebersehen der Verhältnisse, die jedem, der als Knabe nachgeben, und sich schicken in die Umstände gelernt hat, in's Auge fallen, hat mir einen guten Theil der Ruhe für lange Zeit gekostet. Ich mag die teuflische Geschicklichkeit, womit man mich zum Werkzeug einer ausgesuchten Rache machte, gar nicht berühren, indessen so viel laße dir gesagt seyn, daß der wirkliche Hergang der Sache eine Ansicht gibt, die gewiß niemand erwartet. — So viel von der famösen Gilrapiade! — — Nachdem ich beinahe zwei Jahre hindurch von allen Menschen recht schief beurtheilt worden bin, und ich es unter meiner Würde gehalten habe, die nachplappernde Menge überschreien und eines beßern belehren zu wollen, ist mir das Urtheil der Welt ziemlich gleichgültig geworden, nur wenigen mag ich so, wie ich bin, erscheinen, und daß du unter diesen wenigen oben anstehst, versteht sich wohl von selbst. — Jetzt zu Dingen, die mir am nächsten liegen. — Herzlich danke ich dir, daß du dich für mich interessiren willst. — ich bin indessen sehr voreilig gewesen, welches ich jetzt sehr bereue. — Habe die Güte, mit S... so bald, als es nur in der Welt möglich ist, zu sprechen. — vielleicht läßt er sich bewegen, wenigstens B. schriftlich mit ein paar Worten zu sagen, daß ich es nicht verdiene, meinen widrigen Verhältnissen in Plozk geopfert zu werden. Ist dieses der Fall, so könnte der Brief an B., den ich mitgesandt habe, abgehen, ist es nicht der Fall, so bleibt natürlich der Brief zurück, und kann, wenn S.. oder jemand in der Familie Locken trägt, zu Papillotten verbraucht werden, — es ist feines weißes Papier, und die Versicherungen c. müssen das Haar höchlich kraus machen!

Kann es zu etwas dienen, so sage ich dir noch, daß ich hier der fleißigste Arbeiter bin, und daß der als ein eigner harter Mann bekannte Präsident B. mit mir sehr zufrieden ist, welches mir denn auch die Gnade des H. Großk. Excell.!!! erworben hat, welche aber in meiner kritischen Lage nichts hilft. — Von nun an wird unser Briefwechsel nicht mehr unterbrochen. — Noch zwei wichtige Worte:

wie steht es mit unserer großen Reise nach dem 30sten Jahr?

Meine Frau, eine geborne Rohrer, oder vielmehr Trzcyńska, Polin von Geburt, Tochter des ehemaligen St. R. T. in Posen, 22 Jahr alt, mittlerer Statur, wohl gewachsen, dunkelbraunes Haar, dunkelblaue Augen, c. empfiehlt sich dir sehr, und

gieb dir einen herzlichen Kuß! — Ich küsse deiner
Gemahlin die Hand, und werde deine Kinder im
Malen und in der Musik unterrichten, wenn wir
künftig in Berlin zusammen leben.

Darf ich dich denn noch, da die Umstände, meine
widrigen Verhältnisse, — zu deinem Herzen sprechen
müssen, um schleunige Antwort bitten?

Lebe wohl!

41.

Plozk den 5. Oktober 1803.

Mein einziger, theuerster Freund!

Du bist seit langer finsterer Zeit der erste, der
aufgehen läßt die Sonne der Hoffnung über dem
Ungerechten! — Es ist über alle meine Erwartung,
daß S. sich so warm für mich interessirt hat und
mit ein neuer bündiger Beweis, daß er der vortreff=
liche Mann ist, für den ich ihn immer hielt. Wäre
er dieses nicht, so würde er, ohne weiter das, was
er sonst Gutes von mir wußte, zu berücksichtigen,
mit dem Strome mitgeschwommen seyn, und den
nicht Gehörten verdammt haben. Daß ich freilich
meiner eigenen scharmanten Person allein nicht jene
Protektion zuschreibe, sondern daß du dabei sehr ins
Spiel kamst, versteht sich wohl von selbst. S.'s Ein=
fluß zeigt sich schon, denn S. hat dem Cousin D'....

10*

bei Gelegenheit eines Gesprächs über mein Exil cum annexis, viel Hoffnung zu meiner baldigen Ver=setzung gemacht.

Der Onkel in Berlin wird mich nicht mehr sehr empfehlen, er ist wie Mercutio beim Shakespear sagt, ein stiller Mann geworden*); in der Nacht vom 24. auf den 25. starb er an einer Lungenentzündung! — Werde ich, wie ich es wünsche und hoffe, jetzt bald versetzt, so wollte ich dich gern noch vorher be-suchen, und erwarte von dir Bestimmung der Zeit

---

*) Dieß ist der ganze Hoffmann. Während er hier über den Tod des Onkels zu scherzen scheint, zeigt folgende Stelle, die er zwei Tage zuvor in seinem Tagebuch geschrieben, wie tief dieses Ereigniß auf ihn gewirkt.

Den 1. Oktober 1805.

„Vorgestern faßte ich den Entschluß, endlich einmal, wie ich es mir schon so lange vorgenommen hatte, wirklich ein reguläres Tagebuch zu halten, und setzte den Termin zum Anfange auf heute an. Eigentlich dachte ich recht jo-vialisch anfangen zu können, voll Vergnügen über die erhal-tene Freiheit; der Umstand, daß heute der erste (nämlich im Quartal) ist, war nur Nebensache, — aber der schwarz-gesiegelte Brief aus Berlin enthielt die Nachricht, daß der Onkel in der Nacht vom 24. auf den 25. September an der Lungenentzündung gestorben ist. Die Thränen sind mir nicht ausgebrochen, auch habe ich nicht geschrieen vor Schre-cken und Schmerz, aber das Bild des Mannes, den ich ehrte und liebte, steht mir immerwährend vor Augen, es verläßt mich nicht. Den ganzen Tag ist mein Inneres in Aufruhr gewesen; meine Nerven sind so gespannt, daß ich über jedes kleine Geräusch zusammenfahre. In voriger Woche klopfte Nachts einmal etwas an die Thür. Meine Frau behaup-tet, der Onkel habe Abschied genommen. Heute bin ich ge-neigt, so etwas zu glauben, und mich mit allen Schwär-mern hinter Hamlets Ausspruch zu stecken.“

und des Wie's der Uebereinkunft. — Haſt du etwa
ein paar Ackerpferde übrig, die du nach Thorn oder
ſonſt wohin ſchicken kannſt, ſo wär's mir lieb. Schwer
bin ich nicht, wie du weißt, und wenn ich auch noch
drei Schlafmützen, ein paar Pantoffeln und einen
Schlafrock mitnehme, ſo würden doch die älteſten,
ſchwächſten Glieder deines Geſtütes, die freilich nicht
mit dem Fähndrich Piſtol zu reden:

> „Schindmähren Aſiens, die nur
> „des Tags dreihundert Meilen laufen“ —

mit mir wie der Blitz davon rennen. — Du ſiehſt,
daß ich darauf erpicht bin, dir einen Beſuch abzu=
ſtatten, und zwar ſoll dieſe Zuſammenkunft ein Frie=
denscongreß ſeyn. — Allianztraktate für künftige
Operationen ſollen geſchloſſen werden, denn ich ſchwöre
dir's, daß ich von unſern alten Plänen nicht ablaſſe.
— Im Hintergrunde ſteht (wie auf Nederns Land=
gute im ſchleſiſchen Gebirge, die Schneekoppe), ich
mag hinſehen wo ich will, —

die große Reiſe!!

Ich bitte dich herzlich und innig, dein Augen=
merk darauf zu richten, daran zu denken, was wir
noch ſehen, erfahren, lernen, was wir noch einſam=
meln können für die ganze Lebenszeit! — Wir wer=
den ja zu gleicher Zeit 30 Jahr alt, und das iſt ja
dein Terminus, es ſoll auch der meinige ſeyn!

Du ſchreibſt, daß du unter niedern Geſträuchen
wandelſt, und dich zu ihnen herabbeugen mußt —
ich wandle hier in einem Sumpf unter niederem
Dornſtrauch, welches mir die Füße wund ritzt —

in ehrbarer Gesellschaft kann ich nicht so erscheinen, ohne mich vorher entsetzlich zu waschen, von wegen des Sumpfes, der mir sogar die Hosen naß gemacht hat. — Es ist abscheulich! — Welch' eine Anstrengung es kostet, in diesem Sumpf nicht totaliter zu versinken, kannst du dir denken*)! Werde ich nur nicht zu sehr vom Präsidenten qua Packesel behandelt, dem man aufbürdet, daß er unter der Last erseufzt — so gehts in meinen vier Wänden ganz gut her. Die Akten werden in die Nebenkammer geworfen, und dann zeichne, komponire und dichte ich, wie's kommt, freilich alles nur schlecht, aber desto mehr Vergnügen macht mir's, denn es ist ein psychologisches Phänomen, daß die schlechten Künstler und Dichter sich am allermehrsten über ihre Mißgeburten freuen, — den großen Dichtern machen die Amorino's, welche sie zur Welt befördern, lange nicht so viel Freude! — Ich sehne mich so herzlich nach dir, daß ich manchmal ungeduldig werde über den Schneckengang der Angelegenheit in Berlin. — Was haben wir uns alles zu sagen! Ich wollte dir erst viel schreiben, aber es geht heute nicht, — ich muß diesen Augenblick in die Pupillensession laufen, und habe noch nicht einmal alles decretirt.

---

*) Nur eines einzigen Menschen erwähnte Hoffmann, wenn er auf diese Periode seines Lebens zu sprechen kam, mit einiger Auszeichnung, des gleichfalls bei der Regierung angestellten Friedrich, der später durch seine hausbackenen satyrischen Schriften sich in einem gewissen Kreise eine Art literarischer Reputation zu erwerben wußte, und im Umgange viel angenehmer war, wie als Autor.

Dieser Brief ist eine flüchtige Skizze meines fröhlichen Gemüthszustandes — es folgt noch baldigst eine zierliche Epistel — ich bin wirklich versetzt, ein Juchheisa, wo möglich in Jamben, welche mir seit einiger Zeit sehr gut gelingen. — Auch Verse — gereimte nämlich — sonettenmäßig — auch auf einen Endreim, das ist wie Shakespear sagt:

der wahre Butterfrauen Trab
wenn sie zu Markte geh'n! —

Ich stelle dir anheim, diesen Brief für humoristisch zu halten, weil ich dreimal den Shakespear allegirt habe. — Meine Frau küßt dich herzlich, — meine Kinder sind gesund und vorzüglich still und artig, ich habe sie alle in petto. — Adieu, mein einziger lieber Freund.

———

42.

Plozk den 28. Februar 1804.

Mein lieber, theuerster Freund!

Der Kreißsteuereinnehmer in Straßburg war über alle Begriffe freundlich, — kaum hatte ich ein Glas Franzwein eingeschlürft, als zwei tüchtige Pferde vor meinem Wagen angelegt waren. Der blauschenklichte Sohn des Thales, den der besagte Einnehmer zu meinem Achates gewählt hatte, brachte mich seiner Ordre gemäß, ohne zu ruhen und zu rasten, um halb sechs Uhr glücklich vor das Post-

haus in Sierps, und meine Frau wollte eben
den rechten Fuß dem linken, der schon im Bette
stand, nachziehen, als ich um zehn ein halb Uhr in
die Stube trat. Die Meinigen (so schreibe ich stolz,
seitdem ich in meinem Hause mehrere Köpfe zähle)
fand ich gesund und wohl; meine Frau war dem
Portrait ähnlicher als je. — — — — — —
Plozk ist dazu bestimmt, mich in einer mißvergnüg=
ten Stimmung zu erhalten. — Zwei Worte sind
hinlänglich, dir alles zu erklären! —

Mein Versetzungsrescript ist noch nicht da,
und ich muß arbeiten, arbeiten in der exaltirten
Stimmung, worin mich deine Gespräche, die Reise
nach Italien und deine Handskizzen von Perugino
und Raphael gesetzt haben. — Ob dir's auch so
geht, weiß ich nicht, aber auf mich hat unser Bei=
sammenseyn dießmal mit besonderer energischer Kraft
gewirkt; ich fühle mich emporgehoben über die Klei=
nigkeiten, die mich hier umgeben, — eine bunte
Welt, voll magischer Erscheinungen, flimmert und
flackert um mich her, — es ist, als müsse sich bald
was Großes ereignen, — irgend ein Kunstproduct
müsse aus dem Chaos hervorgehen! — ob das nun
ein Buch, — eine Oper, — ein Gemälde seyn
wird, — quod diis placebit; — meinst du nicht,
ich müsse noch einmal den Großkanzler fragen, ob ich
zum Maler oder zum Musikus organisirt bin? —

Aber, — um dem Dinge näher zu kommen, —
gestern habe ich eine komische Oper gemacht, und
heute Morgen, — es war noch finster, — ungefähr

fünf Uhr, — die Musik dazu. — Aufgeschrieben ist noch nichts, das wird auch wohl noch etwas länger dauern.

Unter andern! — Als ich die Preisaufgabe auf's beste Lustspiel im Freimüthigen las (acht Wochen vor Michael ganz zufällig), fiel es mir ein, aus dieser Preisaufgabe selbst den Stoff zu einem Lustspiel herzunehmen; ich schmierte in aller Eile ein Lustspiel zusammen, nannte es den Preis, und schickte es den Herren ein. Daß es den Preis nicht gewinnen würde, wußte ich wohl, daß mir die Herren aber entschiedene Anlage zum Lustspieldichter und eine vim comicam zugestehen würden, glaubte ich nicht. In dem Freimüthigen (oder Ernst und Scherz) wirst du die Recension lesen *). Da der Preis mein

---

*) Sie findet sich in Nro. VI. des literarischen und artistischen Anzeigers, als Beilage zum Freimüthigen 1804, und lautet im Wesentlichen wie folgt: „Der Preis, Lustspiel in drei Aufzügen.“ Unter allen Mitbewerbern hat der Verfasser dieses Lustspiels (den von Nro. 4 etwa ausgenommen), die meiste Anlage zum Lustspieldichter. — — — — Seine Ansicht, seine Formen sind meist wahrhaft komisch. Wilmsen, Buchhalter bei einem reichen Kaufmann, dessen Tochter er liebt, ist seiner kaufmännischen Beschäftigung müde, obgleich er die entschiedenste Anlage dafür hat; will sich und seine Frau künftig bloß als Dichter nähren, und, um zu beweisen, daß er dabei besser fahren werde, hat er ein Lustspiel geschrieben, und solches dem Freimüthigen eingesandt, überzeugt, daß es den ausgesetzten Preis erhalten werde. Der alte Kaufmann aber, der ihn als den Sohn eines verstorbenen Freundes wie sein Kind liebt, hat etwas davon gemerkt, das Stück von der Post zurückgeholt, es schlecht gefunden, auf der Stelle selbst ein besseres geschrieben, und trägt am Ende

10 **

erſtes, in aller Eile zuſammengeſchriebenes Luſtſpiel
iſt, werde ich wohl noch nach Gelegenheit ein ziemlich drolliges Ding von komiſcher Oper zuſammen-
ſchmeißen können. — Du mußt alles zuvor recenſi-
ren, die Muſik excipire ich, da du noch nicht vollkommen gut den Contrapunkt verſtehſt, und auf
Kirnbergers Kunſt des reinen Satzes wenig hältſt. —
Nun ein Plänchen! Der Rieſe Gargantua muß
ausgearbeitet werden; ſobald das Verſetzungs-Re-
ſcript hier iſt, ſpendire ich zwei Rthlr. an eine Flaſche
Burgunder, und fange an. — Wie wäre es aber,
wenn wir noch auf witzige Aufſätze dächten, und ein
Taſchenbuch für 1805 edirten? — es iſt nur des
Abſatzes und der Kupfer wegen.

Ad vocem Kupfer, — dieſe müſſen durchaus
ſatyriſchen Inhalts ſeyn, denke darauf! — Ein paar
Blätter Köpfe, allenfalls ſo wie Voltaire. Schreibe
mir, was du von der Idee hältſt, — ich würde hoffen (ich zeichne alles ſelbſt), ein gutes Honorar zu

den Preis wirklich davon; dadurch bewirkt er Willmſen's Rückkehr aus den poetiſchen Gefilden in die proſaiſche Rechen-
ſtube, und zum Erſatz gibt er ihm Auguſten. — — — Der
Dialog iſt leicht, die Sprache rein, der Witz nicht fremd. —
— — — Ob wir nun gleich auch dieſem Stücke den Preis ver-
ſagen müſſen, ſo zweifeln wir doch nicht, daß es einen Verleger finden, und gedruckt den Leſer überzeugen werde, daß
das Publikum wahrſcheinlich von deſſen Verfaſſer noch viel
Gutes zu erwarten habe." (So viel dem Herausgeber bekannt, iſt das Stück nicht gedruckt worden; es hat ſich auch
die Handſchrift deſſelben unter Hoffmann's Papieren nicht
vorgefunden).

erhaschen, und die gelehrte Welt einmal zu einem Lachkrampf zu reizen.

Das Taschenbuchformat allein begeistert mich schon, wenn ich daran denke, mit allerlei skurrilen Ideen! — Die Wahl des Buchhändlers überlasse ich dir, da du ein Mann bist, der schon manches geschrieben hat, was gedruckt worden ist. —

Den Seume habe ich dir vorgefunden und ganz gelesen, — er möge die Idee der italienischen Reise in dir wach und rege erhalten, — er ist wahrlich dazu geeignet. — Lebe wohl, mein lieber, theurer, einziger Freund, und antworte mir bald. — Meine Frau grüßt dich und die deinige herzlich, — ich küsse deiner Frau die Hand. —

Fragmente
aus dem Tagebuche in Plozk.

Den 2. October 1805.

Den ganzen Abend läppischer Weise in Wiegleb's Magie gelesen, und mir vorgenommen, einmal, wenn die gute Zeit da seyn wird, zum Nutzen und Frommen aller Verständigen, die ich bei mir sehe, ein Automat anzufertigen! — Quod deus bene vertat! — Was nehme ich mir alles vor! — Noch ein guter Gedanke! Mit meinen musikalischen Ideen

geht es mir so, wie mit Savonarola's, des Märty-
rers zu Florenz, deffen Geschichte ich dieser Tage
las, Eingebungen. Erst schwirrt's mir wild im
Kopfe herum; dann fange ich an, zu fasten und zu
beten, d. h. ich setze mich an's Clavier, drücke die
Augen zu, enthalte mich aller profanen Ideen, und
richte meinen Geist auf die musikalischen Erscheinungen in den vier Wänden meines Hirns. Bald steht
die Idee klar da; ich fasse und schreibe sie auf, wie
Savonarola seine Prophezeihungen. Ob es nur
andere Componisten auch so machen mögen? Aber
das erfährt ein königlich preußischer Regierungsrath
in Plozk nicht.

Den 6. October.

(In einem musikalischen Zirkel gewesen). Es
wurden auch einige Quadro's von Haydn gemacht.
Erbärmlich, wie gewöhnlich alle Musik hier; aber
der himmlische, originelle Gang der Harmonie ent-
zückte mich doch. Haydn würde unendlich groß seyn
in der Instrumentalmusik, wenn er das Tändeln
ließe. Alle diese Tändeleien in seinen Quartetten
verunzieren das ganze. Die kleinen Menuetti, welche
er gewöhnlich Scherzo allegro überschreibt, sind sehr
pikant durch originelle Ausweichungen; oft sind sie
auch nichts weniger als Scherzo's.

Den 8. October.

Ich quäle mich mit einer Idee zum Trio für
Fortepiano, Violine und Cello. Meinem Bedünken

nach werde ich in diesem Genre etwas leisten. Haydn soll mein Meister seyn, so wie in der Vokalmusik Händel und Mozart. Ich schließe mit dem Stoß= seufzer; der meine tägliche Litaney ist:

wann werde ich meine Freiheit erhalten?

Als ich noch in Glogau war, hörte ich einst einen russischen Major, — Pole von Geburt, — der eines Duells wegen auf der Festung saß, am Tage, als sein Arrest abgelaufen war, und ihm der Commandant die Freiheit angekündigt hatte, aus= rufen:

ah, je suis libre!

Der Ausdruck, die Stimme, gingen mir durch die Seele; ich theilte sein Entzücken. Ich dachte an Yorik und den gefangenen Staar. O ich bin gefangen, ich bin in Banden, wann schlägt der Er= lösung Stunde!

Den 16. Oktober.

Ob ich wohl zum Maler oder zum Musiker ge= boren wurde? Ich muß die Frage dem Präsiden= ten ** oder dem Großkanzler vorlegen, die werden es wissen.

Den 17. Oktober.

Gearbeitet den ganzen Tag. O weh! — ich werde immer mehr zum Regierungsrath. Wer hätte das gedacht vor drei Jahren? Die Muse entflieht, der Aktenstaub macht die Aussicht finster und trübe! Das Tagebuch wird merkwürdig, weil es den Be=

weiß der ungeheuern Erbärmlichkeit gibt, in die ich hier versinke. Wo sind meine Vorsätze hin, wo meine schönen Plane für die Zukunft? Allmächtiger B.*) bitte für mich, hebe mich weg aus diesem Jammerthal in das Paradies an den Ufern der Elbe, oder laß' mich den Rhein, wie Mosen das gelobte Land aus der Ferne sehen!

Den 20. Oktober.

Mich zum erstenmal gedruckt gesehen im Freimüthigen. Habe das Blatt zwanzigmal mit süßen, liebevollen Blicken der Vaterfreude angeguckt; frohe Aspecten zur literarischen Laufbahn! Jetzt muß was sehr witziges gemacht werden.

Den 17. November.

Herr Nägeli — (dem Hoffmann für sein Repertoire du Claveciniste Compositionen übersandt, und der sie zurückgewiesen hatte) — hat mir gesagt, woran ich bin. Sonderbar genug, daß ich, an demselben Tage, an welchem ich von der Miserabilität meiner Compositionen überzeugt wurde, den Muth hatte, eine Andante zu setzen; jetzt will ich ein Buch machen!

Den ersten Januar 1804.

Die Oktober= und Novemberstücke des nun seit dem 17. November recht sanft ruhenden Tagebuchs

---

*) Baumgarten, der schon oben erwähnte Rath, welcher dem Großkanzler in Bedienungsangelegenheiten vortrug.

waren bloße Präliminarien. Von heute an wird regulär Buch gehalten über die Begebenheiten des Lebens, die bunte Welt innerhalb der vier Wände des Gehirnkastens mit eingerechnet. Zwei für mich wichtige Dinge geben jetzt bald meinem zu einfachen Leben einen neuen Schwung; die mir angebotene Versetzung nach Warschau, welche ich angenommen habe, und der Tod der alten Tante in Königsberg, der mich vielleicht zum vermögenden Mann gemacht hat *). Wie wird nun alles werden! Wie weit werde ich mit meinen weitschichtigen Plänen für das Künstlerleben in diesem Jahre kommen?

*, **, ***, waren hier, drei Männer, bereit, in den feurigen Ofen des Trinkgelags auf der Redoute geschoben zu werden. Ich sollte mit. Gott behüte und bewahre! Meine Salamandernatur hat ein Ende **).

Den 4. Januar.

Der Sierakowskische Concurs ist durchgelesen, das Gerüst zum Feuerwerk, welches ich künftigen Freitag abbrennen will, ist fertig. Wahrhaftig, habe ich erst dies Leben hinter mir, soll die wahre Thätigkeit losgehen! Arm an Ereignissen, arm an Ideen. Mein Tagebuch ist dürre und öde, wie der

---

*) In dieser Hoffnung fand er sich später getäuscht. Der Nachlaß war nur unbedeutend.

**) Die Kraft, der Versuchung einer solchen Aufforderung zu widerstehen, war gewiß eine der oben erwähnten wohlthätigen Folgen seines mehr auf die Entwicklung des Innern gerichteten Lebens in Plozk.

Weg von Posen nach Berlin; aber, hat man erst die Gensd'armesthürme im Auge, so windet man sich leicht durch die Dornen, die noch hin und her aufhalten. Hängen will ich nichts lassen. Jetzt habe ich nichts angelegentlicheres zu thun, als den Besuch der Entbinderin der Feenwelt abzuwarten.

Den 6. Januar.

Morgens Session. Sierakowski vorgetragen. Von 4 bis 10 in der neuen Ressource; mit * und ** gebischofft. Ungeheure Gespanntheit des Abends. Alle Nerven excitirt von dem gewürzten Wein. Anwandlungen von Todesgedanken. Doppeltgänger.

Den 7. Januar.

Mit unbehaglichem Gefühl stand ich heute auf, Folgen des gestrigen Rausches, ich muß noch einmal strenge Diät halten. Nachmittag Candide gelesen. Die Norm eines guten Romans. Der philosophisch ausgeführte Satz versteckt sich hinter den Vorhang voll Karrikaturen. Die Würze ist, der Menschen Albernheit, mit lebhaftem Colorit dargestellt. Abends an der Messe geschrieben, ich bin aufgelegt zum componiren.

Den 15. Januar.

Mittags bei * gegessen, mit * * und einem rothen wohlgenährten Pfäfflein, Feldprediger * * *; schwedische Nationalphysiognomie.

Das Ideal der Glauheit. Viel gesalbadert über Kunst und Kunstsinn. Gott, was für Dutzendmen=

ſchen! Können ſie zur Noth Paſtellgemälde von Oelſtücken unterſcheiden, ſo ſind ſie Kenner.

Den 16. Januar.

Gearbeitet. Abends die kühne Idee gefaßt, eine Kreuzeserleuchtung und die Schlacht bei Abukir, in Hackertſchem Styl, transparent auszuführen; — erſt muß ich Relationen ſchmieden.

In Königsberg geſchrieben
den 7. Februar.

* und ** gaben ein Conzert; ich bin da ge=weſen. — — — — — — — * hatte ſich vergriffen, er blies ſtatt des Fagotts den Kamm. ** ſang die Arie des Arbace aus Idomeneo.

Die Arie iſt wohl eigentlich ein ſatyriſcher Hieb Mozarts auf die Caſtraten und ihre Singmanier. Er hat's nur ironiſch gemeint, das merken aber manche Herren nicht! Abends ging ich mit Weiß und Schwarz zu Hauſe. Man könnte dies für ein Benmot halten, die Leute hießen aber wirklich ſo.

Den 9. Februar.

Abends den Grafen Benjowsky geſehen. Es war die Parodie von Schlegel, wenigſtens machten's die Schauſpieler dazu. Meine Galle über das geiſt= und herzloſe, oder vielmehr kopfloſe Spiel habe ich ausgelaſſen in der Carrikatur: le coeur palpite! Will ein Collectaneenbuch zu Zeichnungen anlegen.

Den 13. Februar.

Ein kleiner Vorfall! nein, kein kleiner Vorfall, ein Ereigniß, wichtig für Kopf und Herz, hebt den heutigen Tag über seine meisten älteren Brüder hinaus. Ein junges blühendes Mädchen, schön wie Correggio's Magdalena, gewachsen wie die Grazie der Angelica Kaufmann, stand Nachmittags vor mir; es war Malchen N. *). Sie hatte der Mutter Grazie. Das Ideal meiner kindischen Fantasie von dem Vormals meiner Inamorata **) stand vor mir, eine süße, unbekannte Wehmuth ergriff mich; sie blickte mich mehrmals bedeutend an. Gewiß war ich ihr nicht minder merkwürdig, als sie mir. Die Mamsell **, die jüngere, introducirte sie. Der Onkel sprach unendlich lange von einem Begräbniß; vergebens rang ich darnach, dem Gespräch eine interessante Wendung zu geben. Das aufgeblühte Mädchen wollte ich mit meinen Geistesarmen umranken, sie unmerklich in die magischen Kreise meiner Imagination zu ziehen. Einige emphatische Augenblicke hätten mich schadlos gehalten für das geisttödtende Einerlei der vorigen Woche, aber es ging nicht. Die ** verdarb alles mit ihrem bleiernen Wesen, mit ihrer Langweiligkeit. Ich lese Rousseau's Bekenntnisse vielleicht zum dreißigsten male; ich finde mich in manchem ähnlich; auch mir verwirren sich

---

*) Randbemerkung Hoffmann's im Tagebuch: „Sie ist gestorben."

**) Vergl. den ersten Abschnitt.

die Gedanken, wenn es darauf ankommt, Gefühle
in Worte zu fassen. Ich bin sonderbar bewegt. Der
Todten sey hier ein Monument gesetzt! Es ist leben=
diger, als sonst die castra doloris zu seyn pflegen,
da, statt des marmornen Todesengels auf jenen,
hier eine lebendige Grazie die Hauptrolle spielt. Das
Compliment zum Abschiede war höchst abgeschmackt.
Ich wollte zu viel sagen. — Bei gehöriger Muße
rede ich, wie oft auch im Traume, am schönsten;
ich mache auch wohl Impromptu's; aber, wie gesagt,
alles mit Muße.

Den 10. März.

Das Versetzungsrescript erhalten. Große Gene=
ralpause. Geschlossen bis zur Ankunft in Warschau *).

———

**Schreiben eines Klostergeistlichen an seinen Freund in
der Hauptstadt.**

'Ich danke dir von Herzen, mein lieber Freund
Theodor, daß du mir die bestellten Bücher so bald
übersendet hast. Der Pater Prior hatte die Gnade,
mir die Kiste, ohne sie zu öffnen, auf die Zelle zu
schicken, und es war mir lieb, daß Bruder Vincen=
tius, der mich besucht hatte, eben fortging, als ich
sie erhielt und begierig auspackte; er würde an den

---

*) Dort ist das Tagebuch nicht mehr fortgesetzt worden.

vielen bunten Heften, die du mir ohne weitere Be=
stellung mitgeschickt hast, ein Aergerniß genommen
haben. Du irrst dich nicht, mein lieber Freund
Theodor; auch in meinen Mauern erfahre ich gern,
wie es in der Welt, die ich für immer verließ, zu=
gehet, und deshalb habe ich die Zeitung für die
elegante Welt und den Freimüthigen mit vielem
Vergnügen gelesen, unerachtet mir manches ganz
besonders und ungereimt vorkam, welches wohl da=
her rühren mag, daß mir in meiner Zelle die Be=
ziehungen fremd sind. So viel habe ich wohl gesehen,
daß die Schriftsteller in den beiden Zeitungen sehr
böse auf einander und immer ganz verschiedener
Meinung sind. Sie lassen sich manchmal recht grob
an, und wollen ihre Sache mit häßlichen Ausfällen
und anzüglichen Schimpfreden vertheidigen. Das
gefällt mir nicht, und ich habe an Se. Hochwürden
den Herrn Prälaten gedacht, der einmal den Pater
Adalbertus tüchtig ausschalt, weil er in der Predigt
am Tage St. Antonii de Padua auf den Dokter
Luther ungemein geschimpft hatte. Der Herr Prälat
meinte: das hieße der guten Sache mehr schaden als
nützen, und sey das Zeichen eines rohen schlechten
Gemüths! — Ganz von Freude ergriffen bin ich
aber worden, als ich las, daß der berühmte Herr
Schiller, der, wenn ich nicht irre, der Verfasser des
schönen Gedichts ist, welches Don Carlos heißt, und
welches ich, als ich noch in der Welt war, gelesen
habe, ein neues Trauerspiel verfertigt und darin den
Chor nach Art der alten griechischen Tragödien an=

gebracht hat. — Es heißt ja die Braut von Mes=
sina. — Du weißt, mein lieber Freund Theodor,
daß ich von jeher die Musik eifrig studirt und mich
nicht begnügt habe mit dem oberflächlichen theoretischen
Wesen, welches hinreicht, etwa eine Votiva, eine
Vesper, oder ein neues Offertorium für einen Hei=
ligentag zu setzen. Auf die Musik der Alten war
mein vorzüglichstes Augenmerk gerichtet, und es er=
griff mich immer ein tiefer Schmerz, wenn ich in
den alten Schriftstellern von den außerordentlichen
Wirkungen las, die sie hervorgebracht haben soll,
und daran dachte, daß die Art, wie sie ausgeübt
wurde, so ganz verloren gegangen ist. Alles was
ich in den alten Scribenten auffinden konnte über
die Musik und die damit verbundenen theatralischen
Vorstellungen der alten Griechen, habe ich verglichen;
aber noch ist es mir ganz dunkel, was ich in Ver=
gleichung mit demjenigen, was wir jetzt Deklama=
tion und Gesang nennen, von der Deklamation der
griechischen Tragödien, die mit Noten bezeichnet war,
von Klanginstrumenten begleitet wurde, und Melo=
pöia hieß, halten soll. Die Chöre der griechischen
Tragödien haben sich gewiß noch mehr, als die De=
klamationen der übrigen Verse, dem eigentlichen
Gesange genährt; sie wurden von verschiedenen Stim=
men im Einklange vorgetragen und von Klangin=
strumenten begleitet. Dies beweist unter andern
die Stelle im Philosophen Seneca, wo es heißt:

„Non vides quam multorum vocibus chorus
  constet, unus tamen ex omnibus sonus reddi-

tur. Aliqua illic acuta, aliqua gravis, aliqua media. Accedunt viris faeminae, interponuntur tibiae, singulorum illic voces latent, omnium apparent etc."

Wie das aber eigentlich ins Werk gerichtet wurde, in wie fern sich die Deklamation des Chors der wirklichen Melodie näherte oder nicht, davon habe ich keine deutliche Vorstellung, und, so viel ich weiß, ist es auch bis jetzt niemand gelungen, dem Dinge so auf die Spur zu kommen, daß man es hätte nachmachen können. — Den Herren Gelehrten in Weimar war die wichtige Entdeckung vorbehalten! — So wie ich lese, wird das erwähnte neue Trauerspiel des Herrn Schiller dort auf der Bühne aufgeführt, und unbezweifelt hat man daher die Deklamation notirt, und sie wird von Klanginstrumenten begleitet. Schreibe mir, mein Lieber, ob Herr Schiller selbst, oder ein anderer, den Alten so glücklich auf die Spur gekommen ist, und welche Mittel man angewendet hat, die Schauspieler und Tonkünstler in das Geheimniß der uns ganz fremd gewordenen Melopöia einzuweihen. Jemand schreibt zwar in dem Freimüthigen, daß der Chor von sieben Männern gesprochen worden sey, und daß es geklungen habe, als sagten Schüler ihre Lektion auf, und ich kann mir auch in der That nichts läppischeres und ungereimteres denken, als wenn mehrere Leute auf dem Theater Verse hersagen, ohne an jene notirte Deklamation, die sie zum Halten des Tons und des Rhythmus nöthigt, gebunden zu seyn; ich kann es mir aber gar nicht denken, daß die gelehrten Herren in Weimar jemals auf den Gedanken gerathen seyn sollten, den griechischen Chor wieder auf das Theater zu bringen, wenn sie nicht die Art seiner Darstellung bei den Alten im ganzen Umfange inne hätten; bei der Vorstellung, die jener tadelsüchtige Mann sah, waren die Tibiisten wahrscheinlich noch nicht eingespielt. Schreibe mir doch ferner, mein lieber Freund Theodor, ob die Flötenspieler die Deklamation durch das ganze Stück begleitet, oder nur den Chor unterstützt haben, so wie auch, ob man die Tragödie mit Maßken und mit Kothurn gegeben hat. Auch bin ich begierig zu wissen, was für eine Wirkung der Chor auf die Zuhörer gemacht hat: ob sie erschüttert worden sind, oder ob es den Schauspielern so gegangen ist, wie dem seligen Herrn Professor Meibom, den der ganze Hof der Königin Christina auslachte, als er eine griechische Arie zu singen anfing. Das war unartig, denn der Mann war grundgelehrt, und meinte es gut, hatte aber manchmal sehr närrische Einfälle, wie man es in vielen Schriften lesen kann. Endlich wünsche ich von dir über die Ursache belehrt zu werden, warum der Herr Schiller zu dem Trauerspiel nach griechischer Art nicht eine Heroengeschichte aus der alten, sondern eine Historie aus der neueren Zeit gewählt hat. Das kommt mir so vor, als wenn die hiesigen Nonnen zu St. Ursula das Staatskleid, welches sonst die Gebenedeiete trägt, zu Weihnachten dem heiligen

Kinde anziehen, das ist immer zu lang und zu weit, will überall nicht passen, und sieht nicht gut aus.

Hat man nur erst die Melopöia wieder herge=stellt, und sind die Leute über das ungewöhnliche des ersten Eindrucks weg, so wird sich das weitere wohl geben. Ohne Klanginstrumente, ohne notirte Deklamation, wird alles nur ein unnützes Geplapper seyn. Das Trauerspiel General Wallenstein, wel=ches von Herrn Schiller in Versen geschrieben seyn soll, und die Hussiten vor Naumburg, welches ein schönes Stück seyn muß, da sie sich so darüber strei=ten, werden sie mit der tragischen Baßflöte (tibia dextra), und die neuen Lustspiele des Herrn von Kotzebue in Versen, mit der komischen Diskantflöte (tibia sinistra) aufführen. Das möchte ich selbst gerne hören. — Lebe wohl, mein lieber Freund Theo=dor, ich bete für dich zu den Heiligen und bin ꝛc.

Sechster Abschnitt.

Warschau 1804—1807.

Warschau war zur Zeit, als Hoffmann dorthin be=
rufen wurde, ein Aufenthalt, der einen Geist wie den
seinigen auf die mannigfaltigste Weise anregen mußte.
Die deutsche Herrschaft hatte es nicht zu einem deutschen
Orte gemacht, vielmehr trug es ein höchst fremdartiges,
man möchte sagen, außereuropäisches Gepräge; so daß
der aus Preußen, dem wohlgeordneten, sogenannten
„alten Lande," in diese neue Welt Versetzte, in den er=
sten Wochen aus dem Staunen nicht herauskam. Die
Straßen von stattlicher Breite, gebildet aus Palästen
im schönsten italienischen Geschmack, und aus Holz=
hütten, die ihren Einwohnern jeden Augenblick über
dem Kopfe zusammenzustürzen drohen; in diesen Ge=
bäuden asiatischer Prunk mit grönländischem Schmutz
im seltsamsten Verein; ein immer bewegtes Publi=
kum, die schneidendsten Contraste bildend, wie in
einem Maskenzuge; langbärtige Juden, und Mönche
in allen Ordenstrachten, ganz verschleierte, tief in
sich gekehrte Nonnen von der strengsten Regel, und
über weite Märkte hinüber conversirende Schaaren

E. T. A. Hoffmann 13. (III.)   **11**

junger Polinnen in den hellfarbigsten seidenen Staub=
mänteln; ehrwürdige alte polnische Herren mit
Schnurrbärten, Kaftan, Paß (Gürtel), Säbel, und
gelben oder rothen Stiefeln, und das neue Geschlecht
in den incroyablesten Pariser Moden, Türken und
Griechen, Russen, Italiener und Franzosen, in im=
mer wechselnder Menge; dazu, eine über allen Be=
griff tolerante Polizei, die keiner Volkslust störend
in den Weg trat, so daß sich kleine Pulcinellen=
theater, Tanzbären, Kameele und Affen, unaufhör=
lich auf Plätzen und in den Gassen bewegten, vor
denen die elegantesten Equipagen wie der Packträger
gaffend stille standen; ferner, ein Theater in der
Nationalsprache, eine recht gute französische Truppe,
eine italienische Oper, deutsche Comödianten, mit de=
nen sich wenigstens alles aufstellen ließ, Redouten
ganz origineller, aber höchst anziehender Einrichtung*),

---

*) Es dürfte der Mühe werth seyn, dieser näher zu erwähnen,
da sie in Deutschland wenig bekannt zu seyn scheint. Die
Damen erschienen nämlich bei diesen, in den Sälen des
Schauspielhauses stattfindenden Redouten auf das Unkennt=
lichste maskirt; die Herren dagegen in anständiger, aber ge=
wöhnlicher Bekleidung, so daß es eigentlich nur eine Mas=
kerade in Beziehung auf die Damen war. Diese vertheilten
sich nun, je vier und sechs an einander geschlossen, auf die
rund um die Säle herumlaufenden Bänke, und ließen die
Herren an sich vorüberpassiren, um sie zu necken und neu=
gierig zu machen; dabei gab ihnen die Verhüllung Muth
oft zu dem ausgelassensten Witze. Die Herren aber überall
kenntlich, waren dadurch genöthiget, die Linie des Schickli=
chen auf das Sorgfältigste zu hüten. Man muß die Ge=
wandtheit der Polinnen in der geselligen Unterhaltung ken=

und Wallfahrtsörter in der nächsten Umgebung der Stadt; — was gab es da nicht zu sehen für ein Auge, und zu zeichnen für eine Hand wie Hoffmanns! Sein erster Brief von Warschau an Hippel *) gibt Rechenschaft von dem ersten Eindruck dieses bunten Gemäldes. Wirklich hatte er bis zum Juni 1804 auch nur im Schauen gelebt, und gar keine Bekannt= schaften gesucht und gemacht. In dieser Zeit aber fand er einen Freund, der auf seine innere Entwick= lung nicht ohne Einfluß geblieben ist, und nächst Hippel wohl sein treuester genannt zu werden ver= dient, wie es ihm denn auch aufgespart war, Zeuge der letzten Stunden Hoffmanns und deren, die ihnen vorangingen, zu seyn.

Hitzig, später Criminaldirector im Kammerge= richt zu Berlin, der früher in den Jahren 1800 und 1801 in Warschau als Referendarius bei der Regierung (damals dem Obergerichte der Provinz) seine Laufbahn angefangen, und sie dann von 1801

---

nen, um sich einen Begriff von dem allerliebsten Ton zu machen, der durch das einfache eben dargelegte Prinzip in die Gesellschaft gebracht wurde. Am Mardigras gab es aber in dem anstoßenden stets geöffneten Theatersaal immer noch etwas besonders Pikantes. So hatten sich einmal meh= rere der genannten Truppen vereinigt, die ganze Nacht hin= durch in unaufhörlichem Wechsel einzelne Hauptscenen aus Tragödien, Lustspielen und Opern zu geben, und je nach= dem man eine oder die andere Viertelstunde durch die Ball= säle gehend die Thüren in's Parterre eintrat, hörte man in ändern Zungen deklamiren, conversiren, recitiren, singen und jodeln.

*) 43ster Brief, in den Beilagen zu diesem Abschnitte.

bis zum Sommer 1804 in Berlin bei dem Kam=
mergericht fortgesetzt hatte, kam Anfangs Juni 1804
als Assessor des Collegii, bei welchem Hoffmann als
Rath stand, nach Warschau zurück. Viel hatte er
von dem genialen Manne gehört, dessen Posener
Carrikaturgeschichte damals noch überall in frischem
Andenken lebte; aber gerade der Charakter dieser
Geschichte, und auch Hoffmanns, nichts weniger als zur
Annäherung auffordernde Aeußere, hatten ihn eine
solche geflissentlich meiden lassen. So waren schon
mehrere gemeinschaftliche Sitzungen vorübergegangen,
und noch hatte keiner mit dem andern mehr gespro=
chen, als das Geschäft erforderte; da fügte es sich,
daß beide mit einander von dem Regierungsgebäude
nach Hause gingen; — sie wohnten Haus an Haus,
und die Rede auf irgend wen kam, über den Hoff=
mann des Neuangekommenen Urtheil begehrte. Hitzig
antwortete kurz: „ein steifleinener Kerl,“ und kaum
waren die Worte über seine Lippen, als Hoffmanns
bis dahin finsteres Gesicht sich erheiterte, und die
trockene Einsylbigkeit sich in den gemüthlichsten Rede=
fluß auflöste. Ein Bekannter Fallstaffs mußte auch
sein Freund werden; einen solchen hatte er in War=
schau, wie viel es ihm auch sonst an Genüssen ge=
zeigt, bis dahin nicht gefunden, und die Freude über
die sich ihm eröffnende Aussicht zu geistigen Mitthei=
lungen überwog alles Vorangegangene. Aber der
eben gewonnene Freund war durch das, was er
Hoffmann außer sich, noch viel mehr als durch das,
was er ihm in sich zu bieten vermochte, im Stande,

ihn an sich zu fesseln. Er hatte früher schon in
Warschau mit geistreichen und liebenswürdigen Leuten verkehrt, mit Johann Jakob Mnioch (der leider
jetzt nicht mehr lebte), mit Werner, dem Dichter der
„Söhne des Thals,“ *) mit den Feldpredigern Groote
und Greim und andern; in diesen Kreis seiner
Freunde führte er Hoffmann ein, und er wurde
darin mit Wärme und voller Anerkennung empfangen. Nächstdem war Hitzig in den unmittelbar vor-
hergegangenen Jahren eine Gunst des Geschicks zu
Theil geworden, welche es Hoffmann gerade versagt
hatte; er hatte sie nämlich in Berlin zugebracht, wo
August Wilhelm Schlegel damals seine Vorlesungen
hielt, und durch glückliche Verhältnisse unterstützt,
mit den neuesten Erzeugnissen der Literatur und zum
Theil auch mit ihren Schöpfern Bekanntschaft gemacht, während Hoffmann in Posen und Plozk theils
ein wüstes und rohes, theils ein klösterlich einsames
Leben, ohne alle Berührung mit einer bessern Auf-
senwelt, geführt. Was konnte ihm unter solchen
Umständen der neue Freund nicht alles erzählen,
und welche unbekannte Welt ihm erschließen, als er
ihm aus seiner Büchersammlung den Sternbald, den
Schlegel'schen Calderon und dergl. mehr mittheilte.
Dazu kamen einige interessante Besuche, die Berliner Bekannte dem Freunde machten, z. B. Uhden's,
der lange preußischer Gesandter in Rom gewesen,

---

*) Mit diesem war Hoffmann in Königsberg in einem Hause
erzogen worden, ohne daß sie sich damals näher getreten.

Bartholdy's, des Reisenden in Griechenland u. s. w.
Alles dieses hätte auf Hoffmann in jeder Periode seines
Lebens begeisternd gewirkt: wie nun erst in dieser
Zeit, wo auf die Fasten in Plozk ihn ein wahrer Heiß=
hunger nach edleren Freuden verzehrte. Er badete
sich in Wonne, und wenn er in Warschau im Ver=
gleich mit späteren Jahren auch verhältnißmäßig we=
nig producirt, so hat er doch dort gewiß vieles, nach=
mals Verarbeitete, empfangen.

Der Verkehr der neuen Freunde war in dieser
Blüthenzeit ihres Umgangs auch äußerlich der an=
muthigste. Beide wohnten, wie bereits erwähnt, in
zwei hart an einander stoßenden Häusern, und in
gleicher Höhe, so daß sie aus dem Fenster mit ein=
ander sprechen konnten; beide arbeiteten gewöhnlich
bis tief in die Nacht. Wenn alles auf den Straßen
ruhig geworden war, was in Warschau ziemlich spät
geschieht, dann wurden die Fenster auf ein Signal,
das Hoffmann auf dem großen schönen Flügelforte=
piano in seiner Stube gab, geöffnet, und er fan=
tasirte dem Freunde, der mit seiner jungen Gattin
begierig zuhorchte, oft vor, bis der Morgen graute.

In diese Zeit fällt gleichfalls das engere Zu=
sammenleben Werners mit Hoffmann, und nament=
lich die Scene bei dem Vorlesen des Kreuzes an
der Ostsee, die Hoffmann so ergötzlich geschildert hat*),

---

*) Serapionsbrüder, 4r Band. Hoffmann hatte den Moment,
wo alle drei Freunde über seine Anrede in lautes Lachen
ausbrechen, in einem hübschen colorirten Blatte dargestellt,
das sich vielleicht in Werners Nachlaß finden wird.

und deren Wahrheit Hitzig als Augenzeuge bestätigen kann.

Alles dieses wirkte so belebend und stärkend auf ihn, daß er auch die große Last der Dienstgeschäfte, die jedes Mitglied des Collegiums drückte, mit Freudigkeit und Leichtigkeit trug. Er hatte nie Spruchreste, hielt seine Termine gewissenhaft ab, erschien früh auf dem Collegienhause, und arbeitete rasch fort, ohne sich mit Nebendingen zu beschäftigen, so daß er gewöhnlich gegen ein Uhr schon fertig war, während viele andere erst anfingen. In der Zeit von eins bis halb drei, wo man in Warschau zu Mittag zu essen pflegte, trieb er sich in der Stadt umher, in der Regel in Begleitung eines oder des andern Bekannten. War dieser mit seinen Geschäften noch nicht zu Ende, so wartete er ruhig, so lange es auch dauern mochte, und ergötzte sich daran, in den Geschäftszimmern die Partheien und Advokaten zu beobachten. Mehrere überaus hübsche Carrikaturblätter waren die Früchte dieser Stunden.

Im Jahre 1805 wurde als Advokat bei der Warschauer Regierung, Kuhlmeyer, jetzt Präsident des Oberlandesgerichts zu Bromberg, angestellt, ein Mann von guter, besonders musikalischer Bildung. Auch diesem schloß sich Hoffmann enge an, und fand in seinem Umgange einen neuen Genuß, da seinen übrigen Freunden, wenn auch nicht der Geschmack an der Tonkunst, doch die Kenntniß derselben fehlte. Mehr aber noch, als durch diese Bekanntschaft, ward er durch ein Unternehmen wieder in die Musik hin-

eingezogen, bei welchem er in jeder Beziehung ent=
scheidend einwirkte.

Ein Enthusiast für Musik unter den preußischen
Beamten kam nämlich auf den Gedanken, eine mu=
sikalische Vergnügungsgesellschaft zu stiften, die zu=
gleich den Zweck haben sollte, Sänger und Sänge=
rinnen zu bilden. Er wußte Hoffmann in sein In=
teresse zu ziehen, der, als er den Eifer und den
Erfolg sah, mit welchem die äußeren Mittel zur
Begründung des Instituts herbeigeschafft wurden,
auch seinerseits an die Ausführung des Plans kräf=
tig Hand anlegte. Ehe man es sich versah, war in
dem nämlichen Winter, wo die Idee entstanden,
schon der schöne, von dem Unternehmer vorläufig
gemiethete Oginskische Palast zur Aufführung von
Concerten eingerichtet, und die Singakademie mit
zwei Musiklehrern, einem für die Solostimmen, dem
andern für das Chor, begründet.

Die ersten Concerte fielen über Erwartung gut
aus; Hoffmann schien in diesem Lokal keinen besondern
Antheil daran zu nehmen; als aber, um die Sache
möglichst in's Große zu treiben, der durch Feuer be=
schädigte Mniszeksche Palast angekauft, und beschlos=
sen worden war, ihn auf das geschmackvollste aus=
zubauen, sah Hoffmann hiedurch seiner Thätigkeit
ein Feld eröffnet, das er mit der ganzen ihm in=
wohnenden Lebhaftigkeit betrat. Er entwarf nicht
nur die Pläne zur Folgeordnung der Zimmer in
dem aufzuführenden Gebäude, so wie zu ihrer in=
nern Einrichtung, sondern besorgte auch das Aus=

malen derselben, theils eigenhändig.

Mit den ersten lauen Tagen des
1806 war Hoffmann in seiner Wohnung n
anzutreffen. Fand man ihn nicht auf der
rung, so saß er gewiß in der Malerjacke auf ei
Gerüste in dem neuen Lokale der musikalischen Re-
source, mitten unter seinen Farbentöpfen, eine Flasche
Ungar- oder italienischen Wein zur Seite, und ließ
sich von Freunden, an deren Besuch es ihm hier nie
fehlte, von unten hinauf unterhalten. In unglaub-
lich kurzer Zeit hatte er ein Bibliothekzimmer, mit
einer Einfassung von Hautreliefs in Bronce, ein
Cabinet im ägyptischen Styl, in welchem er zwischen
die wunderbarsten Darstellungen ägyptischer Gotthei-
ten Carrikaturgestalten einzelner Theilnehmer der
Gesellschaft, durch Thierschwänze, Flügel und dergleichen maskirt, geschickt einzuflechten verstand, und noch
viel anderes fertig geliefert, alles unbeschadet seiner
öffentlichen Wirksamkeit. Nicht selten war es, daß
Partheien, die einen Contrakt zu schließen hatten,
und aus seinem Hause zu dem Mniszekschen Palast
gewiesen wurden, sich in dem weitläufigen Lokale
mühsam nach ihm durchfragten, und dann ihren eigenen Augen nicht trauen wollten, als er auf Vorzei-
gung der Präsidialverfügung, die ihn mit Aufnahme
eines Geschäfts beauftragte, schnell vom Malergerüste
herabkletterte, die Hände wusch, ihnen vorantrabte,
und mit gleicher Fertigkeit die Feder als den Pinsel
führend, in wenigen Stunden ein gerichtliches In-

11**

eingezogen, bei r die verwickeltsten Verhältnisse auf
scheidend einywarf, an welchem auch die schärfste
Ein ß auszusetzen fand.

Beamt dritten August 1806, dem Geburtstage des
fikali von Preußen, wurde das neue Gebäude eingeweiht, und in dem prachtvollen Concertsaal, der
durch zwei Etagen ging, das erste Concert gegeben.

Hier sah das Publikum Hoffmann zuerst dirigiren, und bewunderte, wie ruhig und gemessen er
sich ungeachtet seiner quecksilbernen Beweglichkeit dabei zu benehmen verstand. Seine Tempo's waren
feurig und rasch, aber ohne alle Uebertreibung; und
in der Folgezeit urtheilte man von ihm, daß wohl
nicht leicht ein Dirigent in Mozart'schen Compositionen ihn übertroffen haben würde, wenn er sich
mit einem guten Orchester hätte zeigen können. Mozart hatte er damals schon bis in die kleinsten Nüancen studirt, und wußte seine Schönheiten auf die
angenehmste Art zu entwickeln und in Worten an-
schaulich zu machen. Nächst Mozart waren Gluck
und Cherubini, in Kirchensachen aber die alten Italiener, so wie Haydn, seine Meister, mit denen er
sich unabläßig beschäftigte, und über die er sich gern
unterhielt. Auch von Beethoven ließ er damals
schon eine Symphonie aufführen, von welcher er sehr
erfüllt war.

Jeden Sonntag waren Quartetts und kleinere
musikalische Zirkel, in denen sich die besten Musiker
der Stadt — und darunter fanden sich recht sehr
ausgezeichnete — besonders einige talentvolle Da-

men mit Claviersonaten hören ließen. Auch Möser aus Berlin kam in dieser Zeit nach Warschau, und nahm an den erwähnten Uebungen fleißig Theil. Unter seiner Leitung hörte man die besten Mozart= schen und Haydn'schen Quartetts.

So vergnüglich lebte Hoffmann mit seinen Freun= den, ohne die entfernteste Notiz von den Gewitter= wolken zu nehmen, die damals am politischen Ho= rizonte heraufzogen, als die Nachricht von dem Aus= gange der Schlacht von Jena nach Warschau kam. Es scheint schwer zu glauben, aber es ist doch wahr, daß die Begebenheit auf den in Genüssen schwelgen= den Verein der Warschauer Kunstfreunde wenig oder gar keinen Eindruck machte. Die Concerte und Quartetts gingen nach wie vor fort, und keiner aus Hoffmanns nächster Umgebung, Hitzig ausgenommen, las einmal eine Zeitung, oder dachte gar an die Mög= lichkeit, über hundert Meilen von dem Kriegsschau= platze entfernt, von den Weltbegebenheiten berührt zu werden. Alles ward vielmehr dem lustigen Völk= chen zum Fest. Die Theater waren jetzt immer ge= drängt voll von Polen, die der Wiedergeburt ihres Vaterlandes freudig entgegenharrten, und von Deut= schen, die an diesem allgemeinen Versammlungsorte Neuigkeiten zu erfahren hofften. Bald rückte auch der Vortrab der russischen Armee in Warschau ein. Tartaren, Kosaken, Baschkiren, reguläre Reiterei und reitende Artillerie der verschiedensten Art füllte alle Straßen; und von Praga — einer durch eine über die Weichsel führende Schiffbrücke mit War=

schau vereinigten Schwesterstadt — herüber scholl das
dumpfe Gerücht, daß sich dort dieselben Jäger wieder hätten blicken lassen, die bei dem Sturme unter
Suwarow das Kind im Mutterleibe nicht verschon-
ten. Was gab es nun nicht erst zu sehen und zu
hören für Hoffmann! Auch fehlte er nirgend. Besonders in den Schauspielhäusern, wo man oft vor
dem Aufrollen des Vorhangs die Unterhaltung in
mehr wohl als zehn lebenden Sprachen führen hörte,
fühlte er sich in seinem Elemente. Mit Hülfe seiner
kleinen über allen Begriff beweglichen Figur drang
er bald in alle Winkel des ganzen Hauses, und
brachte dann von diesen Excursionen eine reiche Ausbeute der glücklichsten Bemerkungen mit, die er seinen Freunden zum Besten gab. Seinem Falken-
auge entging bei solchen Gelegenheiten nichts, und
niemand wußte das wenn auch nur mit einem halben Blicke gesehene schärfer aufzufassen und anschau-
licher darzustellen.

War jetzt der Spektakel in Warschau ungeheuer,
so hatte er doch sein volles Maaß bei weitem noch
nicht erreicht. Dieß geschah vielmehr erst dann, als
sich die Vorboten des Anmarsches der großen französischen Armee zeigten. Zuerst erschienen Parlamen-
tairs, die durch die Stadt nach Praga geführt wurden, wo sich das Hauptquartier des russischen Generals befand, wahrscheinlich um wegen der Ueber-
gabe von Warschau zu unterhandeln; auch kamen
einzelne Verwundete an, und die preußischen noch
zurückgebliebenen Truppen bezogen die Wachen mit

Sack und Pack. Es wurde ein königlicher Befehl publicirt, der zur Ruhe ermahnte, und dem Fürsten Joseph Poniatowski das Gouvernement von War- schau, sobald es von den Truppen verlassen seyn würde, übertrug. Alles dies trieb die Spannung auf das höchste, bis man eines Morgens beim Er- wachen erfuhr, daß die Pragaer Brücke brenne, und Preußen und Russen abgezogen seyen. Man fand die Wachen von Bürgern bezogen, die Kaufläden geschlossen; jeder hielt sich zu Hause; in der ganzen Stadt herrschte eine furchtbare Stille; die Deutschen fürchteten die Franzosen und Polen; diese und die zahlreichen Juden die Unordnungen des Pöbels; dennoch blieb alles ruhig, und Hoffmann mit seinen Freunden fand sich zur gewöhnlichen Zeit auf der Regierung ein, wo man die ersten weißen Kokarden, das alte Nationalzeichen, an den Polen gewahrte.

Bald rückte nun die Avantgarde der Murat'schen Reiterei, unter Milhaud, in Warschau ein. Aus der Sitzung des Collegiums, dem Hoffmann ange- hörte, wurden Präsident und Director zum com- mandirenden General in die Vorstadt entboten, um dessen Befehl zu empfangen; gespannt harrten die Mitglieder auf ihre Rückkehr, sie erschienen mit einem Zettel, der die lakonische Weisung enthielt:

Il est defendu sous peine de mort, d'entrer en correspondance avec l'ennemi;

das Band mit dem Vaterlande war für den Augen- blick dadurch zerrissen, aber es war nicht Zeit, lange darüber zu deliberiren, was man, als Collegium,

unter solchen Umständen zu thun habe; denn nach
wenigen Tagen löste Mathieu Favier, Ordonnateur
en Chef des Murat'schen Armeecorps, die preußische
Regierung im Namen des Kaisers auf, und Wybizki,
der mit Kosziußko in Paris gewesen, installirte in
deren Stelle ein aus Polen gebildetes neues Ober=
gericht.

Hoffmann, wiewohl er zu den wenigen gehörte,
denen die Veränderung ihrer Lage am unwillkom=
mensten seyn mußte, weil er bei keinem Verwandten
einen Zufluchtsort suchen konnte, ließ sich doch durch
alles dies am wenigsten anfechten. Man war über=
eingekommen, die baaren Cassenbestände, um sie
nicht in die Hände des Feindes fallen zu lassen,
nach dem Verhältnisse der Gehalte, auf so viele
Monate, als es zureichte, zu vertheilen; dies deckte
die Ausgaben für die nächste Zukunft; dazu wurde
er die Aktenberge von der Stube los, die sich immer
wieder darin anhäuften, wie fleißig man auch auf=
räumte; es gab für's erste keine Sitzungen, keine
Termine mehr; den ganzen Tag konnte herumge=
gangen, gesehen, gehört werden; wer war glücklicher
als er! Wirklich war der Akt der Auflösung der
Regierung kaum beendet, als er von dort einen
Freund mit sich fortriß, um der des Stadtgerichts
als Zuschauer mit beizuwohnen.

Von nun an traf er jeden Morgen um 10 Uhr
mit seinen Freunden in einer Restauration zusam=
men, um die Parade mit anzusehen, die Napoleon
beinahe vier Wochen hintereinander täglich hielt,

dann wurde zur Messe in die Bernhardinerkirche, der schönsten in Warschau, gegangen, wo Hoffmann als Tenorsänger willkommen war, und die Mönche nach beendigter Musik die Theilnehmer mit einem Frühstücke zu bewirthen pflegten; des Abends versammelte man sich in der musikalischen Ressource.

In diesem Palaste hatte der Generalintendant der Armee, Daru, die unteren Gesellschaftszimmer für sich in Beschlag genommen. Viele von den ihn umgebenden Beamten fanden Geschmack an der Musik, und, sobald nur der erste Lärm vorüber war, wurden die Concerte und Quartetts wieder fortgesetzt, an denen auch Napoleons Kapellmeister, Pär, Theil nahm, zum großen Aerger Hoffmann's, der ihn, welcher als Mann eben so süßlich wie in seinen Compositionen, durchaus nicht leiden konnte *).

---

*) Die Antipathie gegen Pär's Compositionen konnte Hoffmann auch in Bamberg nicht los werden. Er erschütterte dadurch nicht wenig das Vertrauen, das man zu ihm als Musiklehrer gefaßt hatte. Hoffmanns Schüler und Schülerinnen nämlich waren durch frühere Informatoren, namentlich durch den Conzertmeister Dittmayer, der sehr viel auf Pär hielt, gewohnt, nach Gesangstücken und Ouverturen aus dessen Opern sich bilden zu lassen. Hoffmann, der spätere Lehrer, verwarf aber diese Muster, und legte andere vor, die dem musikalischen Gehör seiner Schüler, wie deren Aeltern, weniger zusagten. Man fing an, an seinem Geschmack sowohl, wie überhaupt an seiner musikalisch-praktischen Tüchtigkeit zu zweifeln, machte ihm Vorstellungen, die aber auf den eigensinnigen Musikmeister nicht einwirkten, im Gegentheil heftige Exklamationen seinerseits hervorriefen, und so konnte es nicht fehlen, daß er dadurch manches Haus, das zu seiner pekuniären Existenz nicht unwesentlich beitrug, verlor. (Val. „Erinnerungen," 1ster Bd. S. 16, 17). 3. F.

Biß so weit ging alles gut. Bald sollte aber auch Hoffmann die Drangsale des Krieges empfinden. Er hatte kurz vor dem Einzuge der Franzosen ein sehr schön gelegenes Quartier, in dem glänzendsten Theile von Warschau, der Krakauer Vorstadt, bezogen, von dessen geschmackvoller Einrichtung er sich viele Annehmlichkeiten versprach. Da aber der Eigenthümer des großen Hauses ein reicher Mann, und viel Raum in dem Hause war, so wurde es auch auf ungewöhnliche Weise mit Einquartierung belegt, und Hoffmann, hiedurch mittelbar dergestalt mit angezogen, daß seine Casse bald gesprengt zu werden drohte, sah sich genöthigt, auszuziehen, und war glücklich genug, ein Unterkommen in einer Dachkammer der musikalischen Ressource zu finden, die gerade leer stand, und die der Direktor ihm willig einräumte. Hier lebte er mit seiner Frau, einer Nichte, die er erzogen, einem höchst liebenswürdigen Kinde, von damals etwa zwölf Jahren, und einem, ihm in Warschau geborenen Töchterlein, zwar in einem höchst beschränkten Raum, aber, wie er nun war, wiederum ganz glücklich, denn unter den Flügeln Daru's, dessen Wohnung als ein dem französischen Armeedienst geweihtes Asyl galt, drückte ihn keine der öffentlichen Lasten, unter denen andere seufzten; die schöne Bibliothek des Musikvereins stand jeden Augenblick ihm zu Gebote, und sein Fortepiano hatte er sich im Quartettzimmer aufstellen lassen. Mehr bedurfte es nicht, um ihn Franzosen und Zukunft vergessen zu machen.

Mittlerweile rückte die französische Armee in andere Stellungen, und in dieser Zeit wurden mehrere Geldtransporte, unter französischer Eskorte, von Warschau nach Posen gesandt; eine Gelegenheit, die mehrere preußische Beamten gern benutzten, um ihre Frau und Kinder zu ihren Angehörigen zurückreisen zu lassen. Zu diesen gehörte auch Hoffmann. Er blieb nun, nachdem auch Hitzig mit den Seinigen sich im März 1807 in sein Vaterland begeben, auf einen kleinen Kreis von Freunden in Warschau beschränkt, von denen, außer den schon genannten, noch der damalige Justizrath Löst zu erwähnen ist, dem Hoffmann, wegen seiner heitern Laune und seiner geselligen Talente, besonders gewogen war.

Mit diesen setzte Hoffmann ein gemüthliches Leben fort, bis ihn, vielleicht als Folge der mannigfaltigen Anregungen der vergangenen Monate, ein Nervenfieber befiel. Anfänglich schien die Krankheit nur wenig gefährlich; bald aber stellten sich bedenklichere Symptome ein, so daß seine Freunde es für nöthig hielten, seine Pflege persönlich zu übernehmen, und die Nächte bei ihm zu wachen. Hier war es nun schwer, ihn bei seiner, durch die Krankheit noch gesteigerten Reizbarkeit und Empfindlichkeit völlig zu befriedigen, und oft klagte er in seinen Fieberfantasien über die Leiden, die ihm seine Wärter verursachten, wobei er sie mit Instrumenten zu verwechseln pflegte. „Heute hat mir wieder die Flöte arg zugesetzt,“ rief er aus, und bezeichnete damit *, der sehr leise sprach, und dabei etwas schmachtendes

in seinem Tone hatte, oder: „den ganzen Nachmit=
tag hat mich das unleidliche Fagott gequält: immer
trat es zur unrechten Zeit ein, oder schleppte nach,"
womit er * * meinte, der in einem rauhen Baß sprach.

„Sie verstehen mich doch alle nicht," sagte er,
in der Nacht, wo sein Zustand am allergefährlich=
sten war, zu Kuhlmeyer, „es ist mir recht lieb, daß
Sie hier sind; ich habe Ihnen schon immer die
Schönheiten der Zauberflöte auseinanderseßen wol=
len; heute Nachmittag, als ich allein lag, habe ich
die ganze Oper gehört."

Und nun entwickelte er, mit einem Feuer der
Beredtsamkeit, das den Zuhörer vor Erstaunen nicht
zu sich kommen ließ, in der Fieberhitze, Stück vor
Stück das große Werk von Anfang bis zu Ende.

Seine glückliche Natur siegte über die schwere
Krankheit, und da nun nach einander die letzten
seiner Freunde, Kuhlmeyer und Löst, Warschau ver=
ließen, regte sich in ihm auch mächtig die Sehnsucht,
an einem andern Orte einen neuen Wirkungskreis
zu suchen. Hißig hatte, da ihm Berlin, wo er sich
aufhielt, damals wenig geeignet schien, um eine
Künstlerlaufbahn dort zu beginnen, wornach Hoff=
mann allein strebte, Wien in dieser Beziehung für
ihn ausersehen, und ihm Empfehlungen an viel=
geltende und kunstverständige dortige Verwandten
nach Warschau gesandt; mit Begeisterung nahm er
diesen Plan auf *); aber es fehlten die Geldmittel,
ihn in's Werk zu sehen, und mit Anfang des Som=

*) 47ster Brief.

mers 1807 machte sich Hoffmann von Warschau aus auf den Weg, zuerst nach Posen zu den seinigen, und dann nach Berlin.

So endeten drei verhängnißvolle Jahre seines Lebens, die, unter allen äußeren Störungen, doch für seine Fortbildung in den Künsten nicht verloren waren. Wie viel er gemalt, gespielt und dirigirt, ist oben schon erwähnt worden, aber außerdem liegen noch drei große Compositionen vollständig, in eigen=händig auf das sauberste von ihm geschriebenen Par=tituren, vor, die er in dieser Periode vollendete; die einer komischen Oper, der Kanonicus von Mai=land *), einer romantischen Oper in drei Akten nach Calderon, Schärpe und Blume **), zu welchen beiden er die Texte selbst gedichtet und geordnet, und eine Musik zu dem Wernerschen Trauerspiel, das Kreuz an der Ostsee ***); ferner legte er die letzte Hand an eine in Plozk angefangene Messe †), end=lich brachte er schon zu Ende des Jahres 1804 Brentano's lustige Musikanten, die er in wenigen Wochen componirt hatte, auf die Warschauer deutsche Bühne ††), welche, wäre sie nicht von der trauri=gen Wotheschen Truppe vorgestellt worden, gewiß vielen Beifall gefunden haben würde. So ward sie gleichgültig aufgenommen, und das war es, was sie wohl am wenigsten verdiente.

---

*) 44ster Brief. **) 45ster u. 46ster Brief. ***) 44ster Brief.
†) Eben derselbe. ††) Eben derselbe.

Beilagen

zum

sechsten Abschnitt.

43.

Warschau den 14. Mai 1804.

Mein theuerster, einziger Freund!

Ich bin in Warschau angekommen, bin herauf=
gestiegen in den dritten Stock eines Palazzo's in
der Fretagasse Nro. 278, habe den freundlichen Gou=
verneur, den Präsidenten, der die Nase ⅛ Zoll über
den Horizont emporhebt, und drei Orden trägt, und
ein ganzes Rudel Collegen gesehen, und schwitze
jetzt über Vorträgen und Relationen! Sic eunt fata
hominum! — Schriftstellern und componiren wollte
ich, mich begeistern im Hain von Lazienki *) und
in den breiten Alleen des sächsischen Gartens, und

---

*) Ein herrlich gelegenes Königl. Lustschloß, eine halbe Stunde
von Warschau.

nun? — Erschlagen von achtundzwanzig Volumi=
bus Concursakten wie von Felsen, die Zeus Donner
herabschleuderten, liegt der Riese Gargantua und der
Renegat *) ächzet unter der Last dreier Todtschläger,
die, zur Festung bereit, noch den letzten fürchterlich=
sten Todtschlag begehen. Lebhaft ist es in Warschau
erstaunlich, vorzüglich in der Fretagasse **), da hier
der Mehl=, Grütz=, Brod= und Grünzeughandel
ganz ausnehmend blüht. Gestern am Himmelfahrts=
tage wollte ich mir etwas zu Gute thun, warf die
Akten weg und setzte mich an's Clavier, um eine
Sonate zu componiren, wurde aber bald in die Lage
von *Hogarths* Musicien enragé versetzt! — Dicht un=
ter meinem Fenster entstanden zwischen drei Mehl=
weibern, zwei Karrenschiebern und einem Schiffer=
knechte einige Differenzen; alle Partheien plaidirten
mit vieler Heftigkeit an das Tribunal des Höfers, der
im Gewölbe unten seine Waaren feil bietet. — Wäh=
rend der Zeit wurden die Glocken der Pfarrkirche, —
der Bennonen, — der Dominikanerkirche (alles in
meiner Nähe), gezogen, — auf dem Kirchhofe der Do=
minikaner (mir gerade über) prügelten die hoffnungs=
vollen Katechumenen zwei alte Pauken, wozu vom mäch=
tigen Instinkt getrieben, die Hunde der ganzen Nachbar=

---

*) Der Renegat, eine komische Oper, die der geistvolle Verfas=
 ser des Riesen Gargantua mit unerschöpflicher Laune dichtet,
 und die, wird sie, will's Gott, im Jahr 1888 vollendet, alles
 übertreffen wird, was der Stümper Goethe jemals in dieser
 Art schrieb! — (Anmerkung Hoffmanns im Briefe.)

**) Der Straße, worin er wohnte.

schaft bellten und heulten, — in dem Augenblick kam auch
der Kunstreiter Wambach mit Janitscharenmusik ganz
lustig daher gezogen, — ihm entgegen aus der neuen
Straße eine Heerde Schweine. — Große Friction
in der Mitte der Straße, — sieben Schweine wer=
den übergeritten! Großes Gequike. — O! — O! —
ein Tutti zur Qual der Verdammten ersonnen! —
Hier warf ich Feder, — Papier bei Seite, zog Stie=
fel an, und lief aus dem tollen Gewirre heraus
durch die Krakauer Vorstadt, — durch die neue
Welt — Bergab! — Ein heiliger Hain umfing mich
mit seinem Schatten! — ich war in Lazienki! —
Ja wohl, ein jungfräulicher Schwan schwimmt der
freundliche Palast auf dem spiegelhellen See! —
Zephire wehen wollüstig durch die Blüthenbäume —
wie lieblich wandelt's sich in den belaubten Gängen!
— Das ist der Aufenthalt eines liebenswürdigen
Epikuräers! — — Was? — das ist ja der Com=
mendatore aus Don Juan, der da so in dem dun=
keln Laube mit weißer Nase einher galloppiert *)?
— Ach! Johann Sobieski! Pink fecit. — Male
fecit! — Was für Verhältnisse! — er reitet Skla=
ven zu Boden, die sich krümmend die welken Arme
gegen das sich bäumende Roß erheben; — ein wi=
driger Anblick! — Was? — ist's möglich! — der
große Sobieski, — als Römer mit Wonci **) hat
einen polnischen Säbel umschnallt, und dieser ist —

*) Die Reiterstatue Sobieski's, der Wien von den Türken ent=
setzte.
**) Das polnische Wort für Schnurrbart.

von Holz! — Lächerlich! — Nun bin ich verloren. — Da kommt der Regierungsrath Marggraff. — Er packt mich mit Gewalt in eine Droschke; — der Wagen hält vor einem unförmlichen Gebäude; — hinten ein Dach mit wenigstens zwölf Dampfsäulen, alias Schornsteine, vorne ein ganz kleines winziges Frontispizchen von beiden Seiten, noch winzigere Vorsprünge! — Es ist das Schauspielhaus! — Was wird gegeben? — Der Wasserträger, Musik von Cherubini. — Schön! — Das Orchester spielt die feurige rasche Simphonie mit italienischer Gemüth= lichkeit! — Graf Armand erscheint mit falscher Nase und Wonci, seine händeringende Gemahlin schlägt und singt durchweg einen Achtel Ton zu hoch, — Nationalgarde in russischer Uniform, — die Pari= ser Spaziergänger machen am Thore Upadam do nog's *), und fassen die Wache, die ihre Päffe visi= tirt, an's Knie.

Der Wasserträger kommt an, — sein Faß ent= hält ungefähr dritthalb Eimer, und doch springt, so wie die Wache den Rücken wendet, Graf Armand heraus, und entflieht durch's Thor. — Wunder über Wunder! — Jetzt singen sie. — Sie stehen zu hoch, sagt im Orchester ein Musiker zum andern. Um Vergebung, antwortet dieser ganz freundlich, wie soll ich's auf gleicher Erde anfangen, um niedriger zu

---

*) Die polnische Verbeugung von niedern gegen höher stehende Personen; ein halber Fußfall, mit Berührung des Kniees dessen, vor dem es geschieht; die Worte heißen: „ich falle zu Füßen."

stehen! — Wie es mir in Warschau geht, fragst du, mein theurer Freund! — Eine bunte Welt! — zu geräuschvoll, — zu toll, — zu wild, — alles durcheinander. — Wo nehme ich Muße her, um zu schreiben, — zu zeichnen, — zu componiren! — Der König sollte mir Lazienki einräumen, da muß es sich ganz gut leben lassen! — Oder ich komme nach Leistenau *), komponire in der Eil einige Opern und retournire zu den Akten.

Vergilt nicht gleiches mit gleichem, und antworte mir bald. — Denke an die Reise nach Italien und bleibe mein Freund, so wie ich ewig, ewig, der deinige mit ganzer Seele seyn werde. Meine Frau grüßt dich, und die deinige, der ich mich auf das angelegentlichste zu empfehlen bitte. Adieu!

44.

Warschau den 16. September 1803.

Mein einziger, theuerster Freund!

Wäre ich nicht überzeugt, daß deine Freundschaft für mich, so wie die meinige für dich, unwandelbar ist, und nicht verwechselt werden mag mit einer angenehmen Bekanntschaft, die man irgendwo machte, und durch Hin= und Herschreiben wie ein dürftiges Feuer durch Zuschüren unterhalten muß, so würde der Entschluß, endlich einmal wieder zu

---

*) Hippels Landgut.

dir brieflich zu sprechen, mir Mühe gekostet haben.
Meine unbeschreibliche Brieffaulheit kennst du, aber
eben so sehr auch meine Art und Weise, mich in
der Abwesenheit mit dir zu unterhalten, indem der
größte Theil meiner Beschäftigungen durch die Be=
ziehung auf dich und unsere Pläne sich mir unauf=
hörlich im Geiste darstellt. — Während des Jahrs,
daß ich dir nicht schrieb, habe ich ein angenehmes
künstlerisches Leben geführt, ich habe componirt, ge=
malt und nebenher ziemlich gut italienisch gelernt;
dieser Winter ist dazu bestimmt, es im Sprechen
zur Fertigkeit zu bringen, und auch die verschiedenen
Dialekte (venetianisch, neapolitanisch u. s. w.) zu er=
lernen, allein die Russen werden es wohl nicht er=
lauben, daß ich hier bleibe. — Dabei habe ich durch
vieles Zeichnen nach der Natur aus dem Stegreif
eine recht fertige Faust bekommen, und so denke ich
euer würdiger Gefährte zu seyn. — Die temporelle
Anwesenheit des Geheimenrath Uhden, vormals Re=
sidenten in Rom, wie du weißt, und des griechischen
Reisenden Bartholdy, mit denen ich viel lebte, hat
mich in Feuer und Flammen gesetzt, und meine
Sehnsucht nach dem Lande, „wo die Citronen blü=
hen!" stieg bis zu einem Grade, daß es wirklich der
bleiernen Gewichte meines Geschäftslebens bedurfte,
um mich davon abzuhalten, den Stab zu ergreifen
und zu wandern. —

Hier hast du den Cyklus meines schaffenden
Künstlerlebens! — Im Dezember v. J. komponirte
ich eine äußerst geniale Oper von Clemens Bren=

tano: die lustigen Musikanten, welche im April d. J. auf das hiesige deutsche Theater gebracht wurde. Der Text mißfiel; — es war Kaviar für das Volk, wie Hamlet sagt; von der Musik urtheilten sie günstiger, sie nannten sie feurig und durchdacht; nur zu kritisch und zu wild; — in der eleganten Zeitung wurde ich, dieser Composition wegen, ein kunstverständiger Mann genannt!! Vorzüglich nahm man daran einen Aerger, daß sich die komischen Masken der Italiener darin herumdrehen, Truffaldin, Tartaglia und Pantalone. Aber, — heiliger Gozzi, was für Mißgeburten wurden hier auch aus den anziehenden Gestalten des jovialen Muthwillens! — Der Frühling gab mir eine herz= und geiststärkende Muße, ich arbeitete nichts, sondern lag träumend unter den hohen Buchen von Lazienki und Wilanow, oder zeichnete höchstens Studien nach der Natur. — Im Sommer brach eine Fluth von Geschäften und häuslichen Sorgen ein, meine Frau gebar mir im Julius eine Tochter, ich ließ sie Cecilia *) taufen, und legte die letzte Hand an eine Messe, welche ich bis jetzt für mein bestes Werk halte, und welche, wenn der Krieg uns nicht ver-

---

*) Hier muß ich eines Zuges erwähnen, der Hoffmanns Herzen zu aller Ehre gereicht. — Die Tochter starb ihm bald nach der Geburt, und keinen Ersatz für sie schenkte ihm das Schicksal. Seine zärtliche Liebe für diese Tochter verließ ihn während seines fünfjährigen Bamberger Aufenthaltes nicht, und, so ungern er sonst von unangenehmen, der Vergangenheit angehörigen Scenen aus seinem Leben sprach, so gewährte es ihm doch ein süßes Vergnügen, besonders

treibt, am Cecilientage bei den Bernhardinern auf=
geführt werden soll. — Eben jetzt habe ich eine
kleine Oper aus dem französischen in der Arbeit, in
der sich der freie Geist der Franzosen, ihr komischer
graziöser Genius ganz ausspricht, sie heißt: die un=
geladenen Gäste, oder der Kanonikus von Mailand.
Ich gedenke sie auf das Berliner Theater zu brin=
gen *), da ich anfange, etwas bekannter zu werden.

Hier hast du, mein einziger Freund, meine Le=
bensweise, und du wirst finden, daß die Kunst noch
immer, wie eine schützende, schirmende Heilige mich
durchs Leben geleitet; ihr habe ich mich ganz erge=
ben, und sie zürnt nicht, wenn unabänderliche Ver=
hältnisse oft nur wenige selige Momente übrig lassen,
wo ich meinen Geist zu ihr wenden kann. — Oft,
nur zu oft, ist es Künstlers Erdenwallen, welches

wenn er verstimmt war, und seine heitere Laune nicht Platz
zu greifen vermochte, in solchen Momenten von seiner klei=
nen Cecilia zu reden.

Wenige Tage vor einer Entbindung meiner Frau nahm
er mir, auf den Fall, daß ein Mädchen erscheine, in rüh=
renden Worten das Versprechen ab, sie Cecilie heißen zu
wollen. — Er selbst befand sich mit mir während der Ge=
burtswehen der Frau in einem Nebenzimmer, und auf die
Nachricht, daß mir eine Tochter geboren sey, sprang er hoch
auf vor Freuden, lief zu meinem Schreibtisch und schrieb
in einigen Minuten ein Sonett nieder, das er mir bei mei=
nem Wiedererscheinen im Zimmer triumphirend überreichte.
Leider bewahre ich diese Reliquie, die zugleich ein gutes
Gedicht war, nicht mehr. Es schloß mit dem Gedanken, daß
des Kindes erster Schrei, den er vernommen, ihm wie Ge=
sang gelautet, und ungefähr mit den Worten:

„Drum soll Cecilia ihr Name seyn!"   J. F.

*) Es ist nicht geschehen.

mich niederdrückt, aber nicht erdrückt. Um=
gebungen wie in Plozk konnten auf mein besseres
Ich wirken und ihm Zerstörung drohen; hier ist
das anders. Mitten unter wüstem unkünstlerischem
Pöbel findet der Geist doch Nahrung. — Erwiedere
nur bald meine Herzensergießung mit einer ähnli=
chen, schreibe mir insonderheit, ob und wann unsere
Reise vor sich geht, bricht auch hier der Krieg aus,
so wird es doch in Italien ruhig seyn. — Der
Bankier E. erzählte mir, du seyst — — — — —
geworden; ist dieses richtig, und schadet es in casu
quod sic deiner Freiheit nicht? — Du weißt, daß
wir jetzt Revision haben; mich kümmert das wenig,
da ich keine Reste habe und gehabt habe; ich muß
ja wohl frisch von der Hand wegarbeiten, um nur
die Akten mit Partituren verwechseln zu können.
Der Revisor hat ein gar grimmiges Gesicht, scheint
aber schon ein guter Mann zu seyn, warum kriecht
ihm die Peinlichkeit und Langeweile in der Gestalt
des — — nach? — Das dritte Glied der Revi=
sionsdreizahl ist ja ein Verwandter von Scheffner,
und bei diesem im Hause gewesen.

Scheffner hat an Werner geschrieben, daß — — —

Ad vocem Werner, fällt mir ein, daß ich oben
eine ganze Periode meines Künstlerlebens ausließ,
wahrscheinlich, weil ich nie ohne Mißbehagen daran
denke! — Du wirst in öffentlichen Blättern gelesen
haben, daß Werner an einem Trauerspiel: „das
Kreuz an der Ostsee," für die Berliner Bühne ar=
beitete. In dem ersten Theil kommen Chöre der

alten Preußen, und vorzüglich eine Scene vor, die der Unterstützung der Musik bedurften; diese Scene war folgende.

Stelle dir einen großen Rittersaal in der Feste Plozko vor, in dem Hintergrunde die Capelle des heiligen Adalbert, an der Seite eine Treppe, die zum Wachtthurm führt. Die alten Preußen stürmen die Burg, man hört die Töne ihrer Hörner und ihren Schlachtgesang, so wie die Trompeten der belagerten Polen und der deutschen Ritter, die unter der Anführung Conrads von Landsberg ihnen zu Hülfe gekommen sind. In der Capelle liegen der Bischof Christian und die Priester auf den Knien, und flehen in eintönigem Choral um Hülfe:

> Hochbedrängt sind wir in Nöthen,
> Feind und Hölle will uns tödten,
> Wollest uns vor Gott vertreten,
> Hochgelobter Adalbert!

Der Wächter ruft vom Thurm in abgesetzten Pausen die Begebenheiten der Schlacht herunter, und bringt so das Gemälde derselben vor Augen.

In dem Vorgrunde des Rittersaals ist ein Zitterspielmann, der die deutschen Ritter nach Plozko geleitete, beschäftigt, Malgona, die Tochter Conrads von der Masow, welche den gefangenen Sohn Waidewuths, Samo, geheirathet hat, in einen Pilgersmann einzukleiden, und sie vor den Feinden zu retten, während Agaphia, Conrads Gemahlin, die Belagerten aufmuntert u. s. w. (Jener Zitterspielmann ist der Geist des ermordeten Bischof Adalbert), —

die Feinde bringen ein, alles scheint verloren! —
Da erscheint der Zitterspielmann, — den Pilger auf
dem Rücken tragend, — es umstrahlt ihn ein blen=
bender Glanz, die Heiden stürzen erschrocken von der
Mauer, — werden verfolgt, — die Burg ist geret=
tet. Diese ganze Scene mußte in Musik gesetzt
werden, die Choräle der Priester — die Hörner und
Trompeten der beiden Heere schallen auf dem Thea=
ter, während das Orchester in abgebrochenen Pausen
die Schlacht malt. — Die dumpfe Sturmglocke tönt
unausgesetzt fort, bis sich der ganze Sturm in einen
sanften choralmäßigen Marsch der heimkehrenden
Ordensritter auflöst. So hatte ich, da Werner mich
anging, die Composition zu übernehmen, die Scene
behandelt, und außerdem noch eine starke Ouverture,
so wie die Chöre der Preußen gesetzt. Werner ist
unerträglich ängstlich, lag mir immer auf dem Halse,
und quälte mich, daß ich Tag und Nacht arbeiten
mußte, um zu einem bestimmten Termin fertig zu
werden. Als die Partitur denn nun zum Absenden
fertig lag, schrieb Iffland einen langen, langen Brief
an Werner, dessen kurzer Inhalt war:

Das Stück sey für jede Aufführung zu kolossal.
Werner hatte nämlich schon früher den ersten Theil
seines Ostseekreuzes, betitelt: „die Brautnacht," auf
Andringen Ifflands, der die Zeit nicht erwarten
konnte, nach Berlin zur Aufführung geschickt. San=
ders Preßbengel arbeiten schon an der Brautnacht,
und du wirst finden, daß viele geniale Züge darin
enthalten sind, das Ganze aber ein ziemlich rohes,

hin und her geschmackloses Produkt ist, welches den
Thal'ssöhnen nicht gleich kommt. Der erste Akt ist
unerträglich; — vielleicht gewinnt aber auch das
Werk, wenn man es liest, — ich habe es nur (ein
wenig zu oft) von Werner vorlesen gehört, welcher
unsinnig schreit, und sich abmartert, um nur alle
Assonanzen, Alliterationen, alle Terzinen, Sonett=
formen u. s. w. hören zu lassen, welches eben nicht
angenehm ist. Ueberhaupt wirst du finden, daß
Werners Kreuz einen wirklich mit allen nur mög=
lichen Formen der neuen Schule kreuzigt! — Tiek
bedient sich auch dieser Formen; wenn es aber so
geschieht, wie in der Genoveva und im Octavian, so
ist das freilich etwas anders. — Hast du schon
Sternbalds Wanderungen von Tiek gelesen? In
casu quod non, — lies so bald als möglich dies
wahre Künstlerbuch!

Aus allem diesem wirst du sehen, daß ich mit
Wernern nicht ganz zufrieden bin, und, aufrichtig
gesagt, Werner ist mir ein trauriger Beweis, wie
die herrlichsten Anlagen durch eine alberne Erzie=
hung ertödtet werden können, und wie die regste
Fantasie kriechen lernen muß, wenn sie von niedri=
gen Umgebungen heruntergezogen wird. — — —
Nächstens, mein lieber Freund, da ich nun einmal
in den Zug gekommen bin, mehr von hiesigen in=
teressanten Erscheinungen. Mein liebes herziges
Weib grüßt dich und die deinigen sehr, erlaube mir
deiner Frau die Hand zu küssen.

45.

An Hitzig.

Warschau den 20. April 1807.

Balb nachdem sie abgereist waren, wurde ich
wieder kränker, und mußte die Stube hüten; am
Ende fuhr mir der Krankheitsstoff überall heraus,
so daß ich Abends einen phosphorischen Glanz um
mich verbreitete, weßhalb der Doktor anfing, mit
allerlei Mitteln mein Blut zu reinigen, womit er
noch jetzt beschäftigt ist. Darüber hat sich der Be=
stand meiner Kasse so verringert, daß ich an eine
Reise nicht denken kann, und um so mehr sitzen
bleiben muß, als ich außer Stande bin, hier Geld
aufzutreiben, ungeachtet der Justizrath K., der leider
selbst kein baar Geld hat, sich erboten, jeden Schuld=
schein von mir als Selbstschuldner zu unterschreiben.
— Hier haben Sie, mein theuerster Freund, in ei=
nem Athemzuge alle Odiosa, welche mich in Warschau
festhalten, und, ob ich demungeachtet alle Seegel
aufspannen soll, um fort zu kommen, soll ganz von
ihrem freundschaftlichem Rath abhängen, da sie jetzt
sich selbst überzeugt haben werden, in wie fern es
mir möglich seyn dürfte, in Berlin den Anfang zu
einem weitern Fortkommen zu machen; — ganz vor=
züglich aber, ob ich auf diese oder jene Art
in Berlin meinen nothdürftigen Unterhalt finden
würde; von ihrer Freundschaft, die sich so oft

für mich geäußert hat, erwarte ich hierüber gütige
genaue Auskunft, um meine bestimmten Maßregeln
darnach ergreifen zu können.

Mit erneueter Kraft und mit einem Humor,
der mir selbst unbegreiflich ist, arbeite ich jetzt an
einer Oper, von der ich wünschte, sie wäre die erste,
die von mir auf irgend einem großen Theater er=
schiene, denn ich fühle es zu sehr, daß sie alle meine
übrigen Compositionen hinter sich lassen wird! —
Der Text ist kein anderer als Calderons: „die Schärpe
und die Blume." — Der Himmel hat mich bis jetzt
mit einer ganz unglaublichen Blindheit gestraft, daß
ich die gebornen Arien, Duetts, Terzetts ꝛc. in dem
herrlichen Stück nicht gesehen habe, in der Krankheit,
ist mir ein Licht darüber aufgegangen. Mit ganz
geringen Abänderungen, Abkürzungen, und fast un=
bemerkbaren Einschiebseln hat sich das Schauspiel
von selbst unter meinen Händen zur Oper geformt.
— Das Komische des Stoffes ist so höchst poetisch,
daß die Musik dazu nur so gegriffen werden kann,
wie in Mozarts Cosi fan tutte und Figaro, und
daß ist mir denn nun gerade recht. Seit der Zeit,
daß ich componire, vergesse ich oft meine Sorgen,
— die ganze Welt, denn die Welt aus tausend
Harmonien geformt auf meiner Stube, an meinem
Clavier, verträgt sich mit keiner andern außerhalb,
— in dieser andern außerhalb regnet es eben jetzt
so ganz erschrecklich, daß wir in Warschau bald mit
Gondeln durch die Straßen fahren werden, welches
der Protonotorius K. nie thun wird, nicht aus

46.

An Hitzig.

Warschau den 28. April 1807.

Recht herzlichen Dank, mein theuerster Freund!
für ihren lieben Brief vom 17. d. M., der mir
bewiesen hat, daß ihre Freundschaft für mich fort=
dauert! — Gerade meinen Wünschen angemessen ist
es, daß der Canonikus die Berliner Bühne nicht
betreten hat; die Partitur kann bei ihnen in depo=
sito bleiben, nur laffen Sie sich noch den Text, den
ich, von Rohrmann geschrieben, beigelegt habe, her=
ausgeben!

Wahrscheinlich werden Sie jetzt meinen Brief,
den ich ihnen einige Tage vor der Ankunft ihres
Briefes schrieb, erhalten haben, und sich mit mir
wundern, daß ihr Brief schon gewissermaßen eine
Antwort auf meine bringende Anfrage wegen meiner
Reise nach Berlin enthält; ich bitte indeffen, in ih=
rem nächsten Briefe dies Thema noch etwas auszu=
führen. Ihre Aeußerung wegen des Anerbietens
eines Asyls hat mich mit freudigen Hoffnungen er=
füllt, und ich begebe mich, Rücksicht meines Anfan=
ges, gänzlich unter ihre Curatel.

Mein Werk rückt stark vor*), und der Gedanke,

---

*) „Die Schärpe und die Blume" 45ster Brief. — Er hat der
Oper den Titel gegeben: „Liebe und Eiferfucht."

etwas sehr gutes zu liefern, hebt mich hinweg über
manche Bedrängnisse der Gegenwart. — Wie gern
würde ich mich mit Ihnen und Werner recht aus=
sprechen über den herrlichen poetischen Stoff, über
die Gemüthlichkeit, die sich vorzüglich im ersten Akt
bei dem Erscheinen der Damen über das Ganze ver=
breitet; indessen werde ich, will's das Schicksal, das
alles künftig nachholen können, und zwar mit der
fertigen Partitur auf dem Clavier. Ganz herrlich
ist es auch, daß ich keine gewöhnliche Liebhaberrolle
im Stück habe, denn Enrico ist es durchaus nicht,
— Octavio zu unbedeutend eingreifend, — er ist
nur da, um sich zu ärgern und sich mit Enrico zu
schlagen. — Des Herzogs Sonett habe ich kompo=
nirt, Lisida's Sonett hingegen ausgelassen, weil ein
Wagstück selten zweimal gelingt.

Sagen Sie Werner, daß ich noch immer dar=
auf rechne, daß er, wenn ich erst einigen Ruf haben
werde, mir den „Faust" machen wird; wenn er es
auch nicht thun will, so mag ich doch die Lieblings=
idee nicht aufgeben, indem ich in mancher Stunde
schon am Clavier für den „Faust" komponire. —
Gewisse Fantasien werden nämlich von einer gewis=
sen unbekannten Stimme, die ich sehr deutlich höre,
so rubricirt: „für den Faust!" — Da habe ich Ih=
nen nun viel, viel von meinem Werk und meiner
Kunst geschrieben, indessen: wovon das Herz voll
ist ꝛc. Nun setze ich noch hinzu, daß wir jetzt das
schönste Frühlingswetter haben, und daß ich darauf
hoffe, daß es bald grün werden wird, damit ich

wieder in den schönen Lazienker-Alleen auf neue Melodien sinnen kann!

Wie es doch nur in Dresden, Leipzig, überhaupt in Sachsen aussehen mag, ob man wohlfeil lebt, ob man Aussichten hat, etwas mit der Kunst zu machen u. s. w.?

Der Himmel gebe nur, daß ich Warschau erst verlassen kann.

Schreiben Sie mir bald wieder, und grüßen Sie recht herzlich ihre Familie, und meine Freunde Groote und Werner.

Meine Frau befindet sich wohl in Posen, und ist zuweilen stärker in der Hoffnung als ich; es freut mich auch über alle Maßen, daß sie in star-ker und nicht in guter Hoffnung ist. Nochmals Addio, mein Herzensfreund! und denken Sie an

Ihren

H.

47.

An Hitzig.

Warschau den 14. Mai 1807.

Ihr letzter Brief vom 30. April, mein theuerster Freund, ist mir ein voller Beweis, daß Sie sich für mein Wohl und Weh ernstlich interessiren, was aber das Sonderbare bei der Sache ist: wäre der Brief einige Tage später gekommen, so hätten Sie einen Brief von mir erhalten mit der dringenden Bitte um Adressen nach Wien, und so wäre zum zweitenmal ihr Brief schon eine anticipirte Antwort auf meinen Brief gewesen. Ohne das Günstige des Lokals so zu kennen, wie Sie es mir nun geschildert haben, ging schon mein ganzes Sinnen und Trachten nach Wien; es war eine Art Inspiration, die mich wachend und träumend nur immer nach Wien versetzte, und mich da meine Künstlerlaufbahn betreten ließ. Leider ist indessen noch eine Hauptschwierigkeit zu überwinden, die mir in manchen trüben Stunden unüberwindlich scheint, und die mich am Ende im Schlamme festhalten wird, bis ich darin ersticke! — Von meinen dürftigen Umständen und deren Veranlassung schrieb ich Ihnen gleich in meinem ersten Briefe, ich müßte daher jetzt, so wie Sie es mir auch rathen, wenigstens 500 Rthl., wenn auch größtentheils in Papieren, borgen, um mich in mein Eden zu versetzen, und das ist eine fast unausführbare Sache. — K. ist der einzige, der meine Königsberger Verhältnisse, über die ich übrigens kein Papier besitze, kennt, und dieser hat sich, da er selbst ohne Geld zum Verleihen ist, erboten, jeden Schuldschein von mir als Selbstschuldner zu unterzeichnen, und doch gelang es mir vor etwa 4 Wochen nicht, auch nur 200 Rthl. baar Geld anzuleihen.

Es ist ein einziger Mann hier, dem ich es zutraue, daß er mir aus der Verlegenheit helfen würde,

allein eine besondere Scheu, und eine nicht unge=
gründete Furcht, durch eine Bitte dergleichen Art
in den ersten Wochen der Bekanntschaft wider die
Delikatesse zu verstoßen, verschließen mir den Mund.
Sie errathen leicht, daß dieser Mann der J. R. K.
ist, und daß irgend eine Mittelsperson, dergleichen
der alte L. ein vortrefflicher war, der Sache den
Ausschlag geben würde; aber so sitze ich nun, und
brüte und brüte vergebens über meinen Plänen! —
Nach Königsberg habe ich dreimal geschrieben, aber
keine Antwort erhalten; wahrscheinlich sind die Briefe
gar nicht hingekommen. — Schon zum zweitenmal
in meinem Leben geht es mir so, daß ich, im Be=
griff einzutreten, von der Thür abgewiesen werde,
und es gehört wahrlich Muth dazu, nicht für immer
zu verzagen! Vielleicht ist es ihnen, der Sie offen=
bar in dergleichen Sachen mir an Einsicht weit, weit
überlegen sind, möglich, mir mit gutem Rath beizu=
stehen und mir durchgreifende Maßregeln an die
Hand zu geben. Bin ich nur erst in Wien, so habe
ich den guten Glauben, daß, vorzüglich bei den so
sehr kräftigen Empfehlungen, es mir nicht fehlschla=
gen wird, meinen Künstlerruf zu begründen; sollte
ich auch nur zum Anfange Sachen von kleinerem
Umfange in's Publikum bringen. — Mit ihrem
Briefe und den Adressen habe ich mich wie ein Kind!
— ich trage sie beständig bei mir, ziehe sie heraus,
lese sie auf dem Wege nach Lazienka, im Krasins=
kischen Garten ꝛc. — Sie sind jetzt mein einziger
Schatz, mein Heiligthum! Ach, Freund! wenn ich

diesmal wieder im Käfig bleiben muß, so ist es um meine Kunst, um mich geschehen!

Gebe der Himmel, daß ihre Pläne recht bald ausgeführt seyn mögen, und ich freue mich herzlich, daß so gute Aussichten dazu da sind; wie glücklich werden Sie sich fühlen, endlich einmal das Relatio ex actis in C. etc. ganz vergessen zu können! *)

Meine Oper rückt vor, und es wäre herrlich, wenn ich sie vollendet nach Wien mitnehmen könnte; indessen sind meine Ouverturen, meine Symphonie und meine Messe hinlänglich, mich bei der compe=tenten Behörde als Componist auszuweisen.

Von politischen Ereignissen schweige ich natür=licherweise ganz still; sie afficiren mich auch nicht mehr sonderlich. Antworten Sie mir sobald als möglich, mein einziger Herzensfreund! Ihre Briefe gewähren mir Trost und Aufheiterung! — Meine Lage ist wirklich ganz verdammt. Ewig, ewig,

Ihr aufrichtiger Freund und Bruder

H.

---

*) Hitzig beschäftigte sich nämlich damals bei der Schwierigkeit, eine Wiederanstellung zu erhalten, mit Erlernung des Buch=handels, in der Absicht, die er auch 1808 ausführte, ein buchhändlerisches Etablissement in Berlin zu begründen.

Siebenter Abschnitt.

Berlin 1807—1808.

———

Etwa im Juli 1807 traf Hoffmann in Berlin ein. Das Jahr, welches er jetzt daselbst zubrachte, mag leicht das unglücklichste seines Lebens genannt werden. Alles, was er selbst anfing, oder, was wohlwollende Freunde für ihn unternahmen, miß=lang. Er hatte Zeichnungen mitgebracht: es wollte sich niemand damit befassen; er suchte Gelegenheit zur Portraitmalerei; es fand sich keiner, der ihm zu sitzen Lust hatte; man gab sich Mühe, eine Verbin= dung mit Iffland herbeizuführen, und Hoffmann er= klärte sich bereit, sich von diesem Aufgaben stellen zu lassen, um seine Anlagen zur dramatisch=musikalischen Composition zu prüfen; es war nichts zu erreichen, obgleich Ifflands beste Freunde sich in der Sache thätig zeigten; für seine fertige Musik war kein Verleger aufzutreiben. Dazu kam, daß bald nach seiner Ankunft ihm in dem Gasthofe, wo er wohnte, während der Mittagsessenszeit mittelst Durchsägung der Hinterwand des Secretairs, in welchem er seine

kleinen Habseligkeiten hatte, der Rest seiner Baar=
schaft, sechs Friedrichsd'or, entwendet wurde. Er
gerieth nun in die drückendste Geldverlegenheit; der
Müßiggang peinigte ihn; von den Seinigen in Posen
erhielt er die traurigsten Nachrichten *); er schien
fast zu erliegen, bis ihm der Gedanke kam, durch
eine Bekanntmachung im Reichsanzeiger die Stelle
eines Musikdirectors bei irgend einem Theater zu
suchen. Hitzig, der ihn kannte, wußte wohl, daß
nur ein wirklicher Schritt zur Verfolgung irgend
eines sichtbaren Zieles die Folgen haben könnte, den
Freund zu beruhigen, und besorgte das nöthige,
worauf denn auch endlich der gewünschte Erfolg
eintrat, und auf das durch den Anzeiger verbreitete
Inserat, Vorschläge von der damals unter den
Auspicien des Grafen von Soden stehenden Ver=
waltung des Theaters zu Bamberg eingingen, die
Hoffmann aufforderten, vom 1. September 1808 bei
dem erwähnten Theater als Musikdirector einzutre=
ten. Beigefügt war eine freundliche Einladung des
Grafen selbst, schon im Frühjahr 1808 auf sein Gut
Saßanfarth, drei Stunden von Bamberg, zu kom=
men, und die Zeit bis zum Antritt seines Amtes
dort zuzubringen.

Wer war froher als Hoffmann, der ungeachtet
des wenig Lockenden der äußern Bedingungen, sich
nun mit einemmale in die Sphäre versetzt sah, von
welcher er seit seiner frühesten Jugend allein sein

---

*) 48ster Brief.

Glück erwartet hatte; in eine Künstlerlaufbahn! Er componirte, zu seiner Legitimation, vom 23. Januar 1808 an, eine Oper des Grafen von Soden: „der Trank der Unsterblichkeit, in 4 Akten *), und sandte die fertige Partitur **) schon am 27. Februar nach Bamberg ab.

Außerdem gelang es ihm in dieser Periode nur, bei Verlegern unterzubringen, — zwei Sonaten und ein Harfenquintett, die Nägeli in Zürich nahm, und eine Reihe von Zeichnungen polnischer Uniformen, die bei Gräff in Leipzig erschienen sind.

Mit der freudigsten Hoffnung verließ er Berlin, holte seine Frau von Posen ab, und kam im Sommer 1808 mit ihr in Bamberg an.

---

*) Die Oper ward in Bamberg, nachdem aber Hoffmann seine Musikdirektorstelle schon niedergelegt, ein paarmal aufgeführt, jedoch ohne besondern Succeß. Ich wage nicht ein entscheidendes Urtheil über den Werth der Musik zu fällen, da mir kaum noch etwas davon im Gedächtniß liegt. So viel erinnere ich mich aber noch, daß der Text mir wenig zusagen wollte. Hoffmann bestätigte meine ihm damals gemachte Aeußerung, und wollte darin auch einen Grund finden, daß die Oper nicht allgemeiner durchgriff. Jedenfalls wäre aber wohl der Versuch nicht zu verschmähen, sie aufs neue auf das Repertorium zu bringen, da die Partitur sich noch unter seinem Nachlasse befindet, und das Andenken an den Verewigten unter uns noch so frisch fortlebt.

J. F.

**) Diese ist vollständig in seinem Nachlasse vorhanden.

Beilagen

zum

siebenten Abschnitt.

48.

An Hitzig.

Berlin den 22. August 1807.

Mein lieber, theuerster Freund!

Sie fanden mich bei ihrem letzten Hierseyn *) in einer etwas fatalen Stimmung, indessen müssen Sie diese dem äußersten Druck der Umstände zu= schreiben, — ich bin in einer Lage, über die ich selbst erschrecke, und die heutigen Nachrichten aus Posen sind nicht von der Art, mich zu trösten. — Meine kleine Cecilia ist gestorben, und meine Frau ist dem Tode nahe! — Aus einem dumpfen Hinbrüten bin ich denn nun wieder so weit erwacht, um daran denken zu können, was ich thun muß, um nicht in

---

*) Hitzig lebte damals für einige Zeit in Potsdam.

bona pace zu verderben; — am liebſten wünſchte
ich ein Unterkommen als Muſikdirektor bei irgend
einem Theater, und da wäre es wohl auch erſprieß-
lich, mich im Reichsanzeiger anzubieten, wo kommt
der Reichsanzeiger heraus, was muß man thun, um
das Einrücken zu bewirken? — Geben Sie mir,
beſter Freund, hierüber Auskunft, und ſagen Sie
mir, ob die anliegende Anzeige genügt, oder was
noch mehr zu ſagen oder wegzulaſſen ſeyn würde?
Wie ſoll ich die Adreſſe bezeichnen? u. ſ. w. Darf ich
Sie bald in Potsdam beſuchen? — Wie wohlthätig
würde mir Ihre Geſellſchaft jetzt ſeyn! u. ſ. w.

Geſtern Morgen glaubte Kreff ich würde ſter-
ben, ich bin aber am Leben geblieben. Bleiben Sie
der Freund Ihres

H.

Beilage zum 48ſten Brief.
Anzeige.

Jemand, der in dem theoretiſchen und prakti-
ſchen Theil der Muſik vollkommen unterrichtet iſt,
ſelbſt für das Theater bedeutende Compoſitionen
geliefert, und einer bedeutenden muſikaliſchen Anſtalt
als Director mit Beifall vorgeſtanden hat, wünſcht
als Muſikdirector bei einem, wo möglich ſtehenden
Theater unterzukommen. Außer den genannten
Kenntniſſen iſt er mit dem Theaterweſen und ſeinen
Erforderniſſen völlig vertraut, verſteht ſich auf die
Anordnung der Dekorationen und des Coſtüms, und

ift, außer der deutschen, auch der französischen und italienischen Sprache gewachsen. Sollte der Unternehmer irgend eines Theaters eines solchen Subjekts benöthigt seyn, so bittet man ihn, sich in postfreien Briefen an — — — — — — zu wenden, wo die näheren Bedingungen, welche auf jeden Fall billig seyn werden, zu erfahren sind.

49.

An Hippel.

Berlin den 12. April 1808.

Mein einziger, theuerster Freund!

Auf das angenehmste hat mich dein Brief vom 4. April, den ich den 10ten erhielt, überrascht, denn ich hatte mir nun einmal in den Kopf gesetzt, du würdest meinen Brief mit der Soden'schen Beilage nicht erhalten, wie du aus meinem letzten Briefe es gesehen haben wirst. — Du hast mich getröstet und mich mit neuem Muth belebt, den Kümmernissen und dem harten Druck der Umstände zu widerstehen. Ueberzeugt wirst du von meinem Künstlerenthusiasm seyn, der die Vorstellung, wie ich wohl mich hinaufschwingen werde aus diesem Elende, nie untergehen läßt; indessen glaubst du es nicht, wie eigentlich unbedeutende Sachen, die nur den Körper betreffen, z. B. schlechte Nahrung, Entbehrungen gewisser Dinge, an die man sich in guter Zeit gewöhnt hat,

als da sind ein Glas guten Rum des Morgens
u. s. w. auf die Seele wirken, und nach gerade
Dumpfheit und Trübsinn hervorbringen. — Daß
du mich freundlich aufnehmen würdest in deinem
Hause, dachte ich wohl; du versprichst mir überdem
ein ruhiges Plätzchen und ein Clavier, das sind
meine Hauptbedürfnisse, und sollte ich daher erst
vom 1. October an in Bamberg engagirt werden,
so bin ich entschlossen, da du es erlaubst, ein paar
Sommermonate bei dir zuzubringen und ein paar
große Compositionen, über die ich brüte, zu endigen.
Von dir reise ich dann nach Posen, hole meine Frau
und dann fort nach Bamberg. — Wie sehr ich aber
baarer Hülfe bedarf, kannst du dir wohl denken,
kannst du mir daher um oder nach Ostern noch etwa
100 Rthlr. schicken, so machst du es mir möglich,
Berlin zu verlassen und befreiest mich von Sorgen,
die drückender sind, als du es dir vorstellen magst.
In diesem Augenblick würde ich den drückendsten
Mängel leiden an den nothwendigsten Bedürfnissen
des Lebens, wenn nicht bei Werkmeister (Kunst= und
Musikhandlung) drei Canzonetten mit italienischem
und deutschem Text gestochen würden, auf die ich
vorschußweise zwei Friedrichsd'or erhalten habe;
denn (kannst du es dir denken?) baares Honorar
erhalte ich gar nicht, sondern nur 30 freie Exem=
plare. Aus der Schweiz und aus Bamberg habe
ich noch für meine sauere Arbeit nichts erhalten.
Auf das Bekanntwerden kommt alles an, und
in dieser Rücksicht habe ich gute Hoffnungen, da der

Hofrath Rochlitz in Leipzig (er redigirt die mufikaliſche Zeitung) mir verſprochen hat; von meinen Sachen Notiz zu nehmen, die er übrigens rühmt und preist (die Sachen nämlich).

Laß dir noch, mein theuerſter Freund! von einer Arbeit erzählen, die ich unternommen habe und die mir jetzt manche frohe Stunde verſchafft Es iſt die Compoſition des Calderon'ſchen Luſtſpiels: „die Schärpe und die Blume," von mir ſelbſt unter dem Titel: „Liebe und Eiferſucht," zur Oper umgearbeitet. Du kennſt gewiß die Schlegelſche Ueberſetzung der Calderon'ſchen Schauſpiele, und wirſt mit mir einig ſeyn, daß es keinen anziehenderen Stoff zur Oper geben kann. Wird dieſe Oper einſt gut gegeben, ſo kann ſie meinen Ruf für immer begründen; und ich werde dann mit einem nicht zu beſchreibenden Gefühl an dieſe Prüfezeit denken!

Mich hat eine Wuth befallen, dir Briefe, die ich von intereſſanten Perſonen erhielt, beizulegen. — Ich ſchrieb dir doch die Geſchichte mit Werner? — Haſt du in irgend einem Blatt von der Aufführung der Wanda in Weimar geleſen? — Die Verſe der Chöre ſind irgendwo eingerückt, das ganze muß ein höchſt fantaſtiſches geniales Werk ſeyn.

Sobald ich beſtimmte Nachrichten aus Bamberg habe, ſchreibe ich dir Näheres über mein Kommen oder Bleiben.

Ewig bis in den Tod

dein treuer H.

E. T. A. Hoffmann's

Leben und Nachlaß.

Von

Julius Eduard Hitzig.

Zweiter Band.

Dritte vermehrte und verbesserte Auflage.

Mit Kupfern.

Stuttgart,
Fr. Brodhag'sche Buchhandlung.
1839.

Inhalt.

———

März 1814

glücklich habe ich auch ein Bächlein
über vergraben! Nicht lassen

Hoffmanns Brief vom 4. März 1814.
Lithographirt.

———

Es möchte dieser Brief wohl am passendsten dem vierten Bande beigeheftet werden, weil er aus dem Zeitabschnitte von Hoffmanns Leben ist, der in diesem Bande seine Erwähnung findet. (Siehe S. 75).

Der ganze Brief ist durchaus getreu und charakterähnlich wiedergegeben.

———

Der graue Mann aus dem Peter Schlemihl.

Der graue Mann
aus dem Peter Schlemihl.
Radirt von A. Hoffmann.

Daß eines unsrer schönsten Märchen (wenn nicht das beste), wir meinen Adelbert Chamisso's Peter Schlemihl*), Hoffmann unendlich ansprechen mußte, ist natürlich. Er schreibt über dieses kleine Werk im 54sten Briefe an Hippel (im vierten Bande S. 136) also:

„Laß' dir ja für dich und deine Kinder zum wahren Ergötzen Peter Schlemihls wundersame Geschichte von Chamisso kommen, das Buch hat wenigstens auf mich besonders gewirkt. Dem unglücklichen Schlemihl hat der Teufel seinen Schatten abgekauft und er geht nun schattenlos durch die Welt.‟

---

*) So eben erschien eine vierte und zwar Stereotyp-Ausgabe bei dem Verleger Schrag in Nürnberg.

Aus

Hoffmann's Leben und Nachlaß.

———

Achter Abschnitt.

Bamberg 1808—1813.

In Bamberg fand sich Hoffmann auf das un=
angenehmste getäuscht, indem die Verhältnisse beim
Theater ganz anders erschienen, als er es nach den
Briefen des Grafen Soden erwartet hatte. Von
diesem war nämlich nicht nur die Regie, sondern
die ganze Entreprise des Theaters, einem gewissen
Heinrich Cuno *) übertragen worden, und er selbst
hatte sich nach Würzburg zurückgezogen **). Der

---

*) Viele Leser haben diesen Mann als Buchhändler in Carls=
bad, wo er jetzt verstorben ist, gewiß gekannt.

**) Auch unter Sodens Direktion würden Hoffmann keine
Rosen geblüht haben. Jeder wird dies bestätigen, der So=
den so genau als ich gekannt. Hartherzigkeit und gränzen=
loser Geiz beherrschten diesen sonst geistreichen und der Kunst
nach allen ihren Richtungen zugewandten Mann. Ich werde
in meinen fortzusetzenden Erinnerungen auf ihn zurückkom=
men, leider aber kein schönes Bild, trotz aller mir inwoh=
nenden Pietät, aufzustellen vermögen.

Cuno war ganz entgegengesetzten Charakters. Hätte
der gute Mann sich nicht in den gewöhnlichen Umständen
fast aller Provinzialtheater=Unternehmer, d. h. in ungeseg=
neten befunden, — der Tausch mit Cuno gegen Soden
wäre so übel nicht gewesen. 3. F.

1 *

Entrepreneur, von welchem Hoffmann nicht die vor=
theilhafteste Schilderung entwirft, war aber bei der
Organisation des Theaters so übereilt zu Werke ge=
gangen, daß es sich zu Ende des Jahres 1808 schon
seiner Auflösung nähert. Wie schlecht ich unter
solchen Umständen, — schreibt er unterm 1. Januar
1809 an Hitzig, — mit meinem Enthusiasmus für
die wahre Kunst und mit meinen Vorschlägen und
Plänen, das Ganze nur zu irgend einem Grade der
Vollkommenheit zu erheben, angekommen bin, kön=
nen Sie sich wohl denken. Dies hat denn auch zur
Folge gehabt, daß ich bereits seit zwei Monaten mein
Musikdirectorat gänzlich aufgegeben *), und mich
nur dazu verstanden habe, die etwa vorkommenden
Gelegenheitsstücke, z. B. Märsche, Chöre in Schau=
spielen u. dergl. zu componiren, wofür ich monatlich
30 Gulden erhalten soll, aber nicht erhalte, weil die
Theaterkasse, bei der gränzenlosen Unordnung des
Directors, fortwährend in den erbärmlichsten Um=
ständen ist. Um so unangenehmer sind mir jene
Theaterverhältnisse, als es hier ein Publikum gibt,
wie es sich nur ein Schauspieldirektor, der wahre
Ausbildung mit Geschmack und Talent verbindet,
wünschen kann **). Z. B. die lustigen Musikanten,

---

*) Soll heißen: aufgeben mußte. Siehe beßfalls die weit=
läufigere Auseinandersetzung in „Erinnerungen 1ster Bd."
S. 8—11.   J. F.
**) Eine voreilige Aeußerung Hoffmanns, der er selbst in seinen
bereits öffentlich mitgetheilten Briefen an mich nur zu oft
widerspricht. Man vergleiche diese und meine Bemer=

gut gegeben, würden hier recht sehr gefallen; doch davon nachher ein mehreres. — Das war das schlechte; nun zu angenehmeren Dingen. — Ich stand, da Soben in Würzburg ist, und der einzige, an den ich sonst empfohlen war, der Präsident Graf von Seckendorf *), sich gar nicht um mich bekümmert hat, ganz allein hier; indessen ein glücklicher Zufall wollte es, daß ich schon im zweiten Monate dem besten Theil des Publikums bekannt wurde. An der Spitze dieses Publikums steht der Generalkommissär Freiherr von Stengel, ein äußerst humaner, und in der Kunst ganz ausgebildeter Mann **). Sie können

_____

kungen über das Bamberger Publikum, sowohl in meinem Aufsatze über Hoffmann, als in der erscheinenden Novelle: „Hoffmann und die Epigonen in Bamberg." (Schleusingen, bei Glaser, u. d. Titel: „Drei Novellen aus dem Leben").

Z. F.

*) Nicht Graf, sondern Freiherr von Seckendorf. Die Schuld, warum dieser sich nicht um Hoffmann bekümmerte, lag großentheils an ihm selbst. (S. „Erinnerungen 1r Bd." S. 12—14).

Z. F.

**) Ganz anders urtheilt Hoffmann über diesen später in „Hund Berganza" (Fantasiestücke, 3te Auflage 1ster Bd.); denn:

— — — „der besockte hagre Pantalon,
Brill' auf der Nase, Beutel an der Seite,
Die jugendliche Hose wohl geschont,
'Ne Welt zu weit für die verschrumpften Lenden:
Die tiefe Männerstimme umgewandelt
Zum kindischen Distante pfeift und quäkt
In seinem Ton!

(S. „Erinnerungen, 1ster Bd." S. 103).

ist niemand anders als dieser Generalcommissär, Freiherr von Stengel. Hoffmanns Ansicht von dem Werthe eines Mannes ward gar leicht (dies war eine Schattenseite seines

denken wie ich erstaunte, als er bei der ersten Visite,
die ich ihm machte, so tief in die Theorie der Musik
hineingerieth, daß ich glaubte, mit einem tüchtigen
Kapellmeister zu sprechen; nun gelang es mir bald,
meine musikalischen Kenntnisse geltend zu machen,
und ich erhielt in den ersten Häusern als Singmeister
Zutritt, so daß meine Existenz wenigstens gesichert
ist, indem ich überall gut und prompt bezahlt werde.
— Recht erfreulich ist es mir gewesen, hier im süd=
lichen Deutschland so viele Empfänglichkeit für das
wahre Schöne zu finden. Ueberall, wo ich hinkomme,
ist Tiek ein gefeierter Name, auch unser Freund
Werner hat hier sein Publikum; im gräflich Rothen=
hanschen Hause *), wo ich fünf Comtessen im Ge=
sange unterrichte, habe ich (mit welchen sonderbaren
Empfindungen können Sie sich denken) den Attila

Charakters) von später hinzutretenden äußeren Einflüssen,
insofern sie seine Individualität nachtheilig tangirten,
verändert, und das früher von ihm in das hellste Licht ge=
stellte Bild gewaltig verdunkelt. So auch hier. Nachdem
er der Meinung Raum gegeben, Stengel sey an der Ver=
einigung seiner angebeteten Julia mit dem ihm verhaßten
Kaufmann G. schuld, — was auch in Wahrheit begründet
war — schwanden auf einmal alle jene gerühmten geistigen
Vorzüge, und der früher erhobene ward später — wie hier
— in den Staub getreten. (Vergl. „Erinnerungen, 1r Bd.“
S. 89 u. f.)   Z. F.

*) Die Familie Rottenhan hat viel für Hoffmann gethan. Sie
war nebst der Mari'schen Familie (deren Kreis seiner Julia
angehörte) diejenige, die Hoffmanns geistigen Werth am
meisten anerkannte und hervorzuheben wußte, und auch seine
pekuniären Interessen am meisten förderte. (Man vergl.
seine Briefe an mich).   Z. F.

gesehen., und als ich meiner Verhältnisse mit Werner
erwähnte, mußte ich erzählen, was ich nur wußte
aus seinem frühern Leben, und von dem Gange,
den seine Ausbildung genommen hat. Den andern
Tag rollte ich sein Crayonbild auseinander *) und
sagte: so sieht er aus **). Das Bild wurde gleich
in Beschlag genommen, und eben jetzt copirt es
Gräfin Gabriele, ein recht liebenswürdiges sechszehn=
jähriges Mädchen. — Hört das Theater nun hier
ganz auf, so erwerbe ich doch durch Unterricht und
Componiren mein nothdürftiges Brod, und werde
das schöne Bamberg nicht verlassen, bis ich etwa
ein firirtes Unterkommen bei einer fürstlichen oder
königlichen Kapelle finde, wozu sich vielleicht, nach
den Versicherungen meiner hiesigen Gönner, eine
Aussicht öffnen könnte. Unter andern (lachen Sie
mich tüchtig aus, liebster Freund!) habe ich auch
für das hiesige Theater Verse gemacht. Es hatte
mit ihnen folgende Bewandtniß. Die Tochter des
hier residirenden Herzogs von Baiern, Prinzessin
von Neufchatel, deren Gemahl bekanntlich in Spa=
nien ist, ist hier. Herr Cuno beschloß, ihren Na=
menstag im Theater zu feiern, und übertrug mir
die Ausarbeitung eines Prolog's. Ich warf so ein
recht gemein=sentimentales Ding zusammen, compo=
nirte eben solche empfindsame Musik dazu, — es

---

*) Dies von Hoffmann gezeichnete sehr ähnliche Bild befindet
sich in den Händen des Criminaldirectors Hitzig.
**) S. das schon oben erwähnte Portrait Werner's.

Z. F.

wurde gegeben, — Lichter, Hörner, Echo's, Berge,
Flüsse, Brücken, Bäume, eingeschnittene Namen,
Blumen, Kränze, nicht gespart; es gefiel ungemein,
und ich erhielt, mit sehr gnädigen Ausdrücken, von
der Prinzessin Mutter für die verschaffte Rührung 30 Carolin, die gerade hinreichten, mich hier
so ziemlich auf reinen Fuß zu setzen. — Bei einer
gewissen Stelle im Prolog: „Ich ging — ich flog —
ich stürz' in ihre Arme!" (ein ungemein schöner
Climax) umarmten sich in der herzoglichen Loge
weinend Mutter und Tochter; nun hatte der Prolog
auch dem Publikum gefallen und wurde für den
andern Tag begehrt. Die herzoglichen Personen erschienen in der Loge und umarmten sich richtig, weinend, wieder bei jener Stelle, worüber das Publikum, viel in die Hände klatschend, seine Zufriedenheit
äußerte. Mir schien es, als ob dadurch sich das
ganze Theater und Publikum auf eine höchst vortreffliche Weise zu einer Action verband, und so
das fatale Verhältniß zwischen Darstellen und Zu-
sehen ganz aufgehoben wurde; mir lachte das Herz
im Leibe u. s. w."

Die Theaterentreprise schleppte sich von der Zeit
an, wo dieser Brief geschrieben ist, noch einige Wochen fort; aber „schon im Februar," — so meldet
Hoffmann seinem Freunde ferner unterm 25. Mai
1809, — „erklärte Herr Cuno mit einemmale der
ganzen Gesellschaft, daß er insolvent sey und das
Theater abgeben müsse; den Regisseur des Schauspiels, Herr Opel, an der Spitze, movirte sich die

Gesellschaft gegen dies Verfahren, und es kam zu
gerichtlichen Verhandlungen, die den saubern Herrn
Director nöthigten, die Vorstellungen fortzusetzen,
und die Administration der Kasse einem aus der
Gesellschaft gewählten Comité zu überlassen. Daß
hiebei auch nicht viel Gescheutes herauskam, können
sie sich denken, — das Ganze kam wieder seiner völ=
ligen Auflösung ganz nahe, und nun traten die drei
Hauptgläubiger des Herrn Cuno auf, und sprachen
also: wir müssen, koste was es wolle, Herrn Cuno
und sein Theater erhalten, denn nur auf diese
Weise können wir noch zu unserm Gelde kommen,
wir übernehmen daher die Direction und garantiren
die Gagen den Sommer über mit 30 Procent Abzug.
Die armen Schauspieler und ihr Freund, der Musik=
direktor, in dieser unglücklichen Zeit, wo die großen
Opern mit obligaten Kanonen alles übertäuben, sag=
ten ja, und das Ding ging auf's neue los. Die
neuen Direktoren zeigten sich indessen bald dem ganz
getreu, was sie sind, knauserten und knickerten, mach=
ten tolle Streiche, wurden grob, so daß, wer noch
auf eine andere Art ein Stück Brod erwerben konnte,
das Theater ganz verließ, wie ich es denn auch that,
so daß mein Contrakt, in dem glücklicherweise sechs=
wöchentliche Aufkündigung bedungen war, vorigen
Montag sein Ende erreicht hat, und ich nichts wei=
ter von meinem Amte übrig behalte, als den Titel
Musikdirektor, den ich für künftige Fälle conserviren
will. Die neue Direction besteht aus einem Zucker=
bäcker, einem Liqueursieder und einem jüdischen

1 * *

Seidenhändler!! — Und damit Sie einen Begriff von dem Geiste des neu organisirten Theaters bekommen, lege ich ihnen ein Stück Komödienzettel bei mit der Scenerie von der Teufelsmühle" *).

Ungeachtet dieses traurigen Anfangs der so lange ersehnten Künstlerlaufbahn, und, obgleich die Wirkungen des Krieges damals in der Nähe von Bamberg gerade sehr fühlbar waren, mehrere der ersten dortigen Familien den Ort verlassen hatten, woher

---

*) Die Beilage lautet wörtlich so:

Verwandlung.

1ster Akt. 4. Scene. Herberge an der Straße des Wienerbergs. 9. Sc. Gemach auf Staufenburg, zuletzt sieht man einen schwarzen hellbeleuchteten Saal, mitten liegt auf einem Paradebett Agnes von Boodheim todt; über sie schwebt ein Todtengenius.

2ter Akt. 1. Scene. Zimmer im Wirthshause am Wienerberge. 8. Sc. Gemach auf der Feste Staufenburg. 13. Sc. Wald. Nacht. Mondschein. 15. Sc. das innere der Teufelsmühle, wo sich alle Geister in der 12ten Stunde versammmeln, der Tisch, worauf Kasperle sitzt, verwandelt sich in einen Mülleresel. Kasperle reitet unter schrecklichem Gepolter durch's Fenster.

3ter Akt. 1. Scene. Herberge am Wienerwald. 10. Sc. Gemach in der Herberge. 14. Sc. Burgverließ, in der Mitte hängt eine brennende Lampe. Verwandelt sich dann in Kampfplatz, wo Otto bleibt.

4ter Akt. 1. Scene. Herberg wie oben. 4. Sc. Gemach auf der Staufenburg. 6. Sc. Herberge. 8. Sc. Wald mit Einsiedlerhütte. 10. Sc. Unterirdische Höhle. 15. Sc. Ländliche Gegend mit Haus und Brunnen, der Blitz zerschlägt den Müller, der Brunnen stürzt mit ihm ein. Zum Schluß verwandelt sich die Bühne in ein Wolkentheater. Ein Regenbogen im Hintergrund, in einer Schleierwolke Jriel, alles versammelt.

ein von Hoffmann zu unternehmendes Singinstitut,
wozu er bereits die obrigkeitliche Erlaubniß erhal=
ten, nicht zu Stande kam, und er mehrere Schüler
verlor; obschon endlich er sein Einkommen vom
Theater ganz eingebüßt hatte, und es ihm schwer
wurde, sich nur von einem Tage zum andern hin=
über zu fristen, ruft er doch in dem schon erwähn=
ten Briefe freudig aus: „es muß gehen, und es
geht auch, da ich nun und nimmermehr Relatio ex
actis u. s. w. schreiben darf, und so die eigentliche
Quelle alles Uebels versiegt ist!“

Hauptsächlich erzeugte aber diese heitere Stim=
mung die Muße, die ihm jetzt seine gänzliche Ent=
fernung vom Theater und dessen Geschäften gestat=
tete, und die er zu seinen ersten artistisch=literarischen
Versuchen benutzte, aus denen späterhin zum Theil
die Phantasiestücke in Callots Manier zusammenge=
setzt worden sind.

Er hatte nämlich in dieser Zeit an Rochlitz in
Leipzig, den damaligen Herausgeber der trefflichen
musikalischen Zeitung *), einen Brief in seiner lau=
nigen Manier geschrieben, um eine Verbindung mit
ihm und seinem Institute anzuknüpfen, und sich da=
durch einen Weg in das Publikum zu bahnen. Er
erzählte darin seine Geschichte, dann seine letzten
Fata, und auf eine sehr lustige Weise seine gegen=
wärtige Lage; wie er eben gar nichts sey, gar nichts
habe, aber alles wolle, er wisse nur nicht was. Das

---

*) Vergl. diese Zeitung 1822, Nr. 41, vom 9. Oktober, woraus
nachstehendes wörtlich entlehnt ist.

hoffe er denn nun von seinem neuen Correspon=
ten zu erfahren; aber es müsse, wenn irgend möglich,
sogleich geschehen, denn Hunger thue ihm weh', wenn
auch nicht seiner, doch der seiner Frau, und nur
Eines, das er etwa zu erfahren, würde ihm noch
weher thun — Geld zu empfangen ohne Arbeit.
Arbeiten wolle er; müsse es seyn, selbst schreiben; —
entweder in dem Fache, welches das Volk „dummes
Zeug" nenne, oder auch in musikalischen Angelegen=
heiten, die am Ende denn auch wenigstens daran
gränzten. Zum Beweise, daß er im letztern etwas
vermöge, legte er ein Requiem bei, welches er, nach=
dem er Mozarts Requiem auf das genaueste sich zu
eigen gemacht, bloß zu seiner weitern Bildung,
Uebung und Befestigung in früherer Zeit componirt
hatte *).

Es wurde ihm sogleich geantwortet. Man drang
in ihn zu schreiben, wie er seinen Brief geschrieben
habe; man bot ihm zur Bekanntmachung die musi=
kalische Zeitung, und von dem Verleger, was mög=
lich an; man that ihm, um sein Verlangen genauer

---

*) Rochlitz urtheilt darüber a. a. O.:
  Es ist fast so lang, als das Mozartsche, in ähnlichem
  Sinne gedacht, und, so weit dieses Hoffmann vermochte, in
  ähnlichem Style verfaßt.
  Wie nahe es auch an das Vorbild erinnert, nach welchem
  es gearbeitet worden, so fehlt es ihm doch nicht an Origi=
  nalität der Erfindung, und noch weniger an Innigkeit und
  Kraft des Ausdrucks; die Ausführung des Technischen aber,
  — bedenkt man, daß es eines Dilettanten erstes Probestück
  in diesem Style ist, — muß man bewundern.

zu erfüllen; und auch, um ihn selbst von verschiedenen Seiten kennen und beurtheilen zu lernen, folgende bestimmtere Vorschläge: eine Erzählung oder
Characterschilderung von einem Musiker auszuarbei-
ten, der, in späten Jahren, ungefähr bis auf den
Grad, wohin es der tiefsinnige Friedemann Bach
gebracht, verrückt, dabei aber in seiner Kunst, wie
eben jener auch, zwar verworren und launenhaft,
aber groß und kühn, und nun durch die fixe Idee
in seiner Einbildung, er sey Mozart oder Händel,
oder solch ein Heros, theils glücklich, und näher individualisirt wäre, theils gewissermaßen komisch und
überhaupt den Leser interessanter würde. Zugleich
sandte man ihm die eben in den Händen der No-
tenstecher befindliche, große, herrliche Symphonie von
Beethoven, aus C Moll, in Partitur, mit dem Gesuch, darüber zu schreiben; möchte es nun eine eigentliche Rezension werden, — deren es aber bei
solch' einem Werke und solch' einem Meister kaum
bedürfe, oder einer Betrachtung darüber, eine Fantasie über die Fantasie, ein Kunstwerk über das
Kunstwerk u. s. w. In zehn Tagen schon ging beides ein; — Johannes Kreisler u. s. w., und der
Aufsatz über Beethovens Instrumentalmusik *).

So war denn nun Hoffmann mit einem male
auf der Bahn, auf welcher er bald ganz Deutschland bekannt und werth werden sollte, und freudig
schrieb er selbst in sein Tagebuch: „meine literarische

---

*) Siehe Fantasiestücke in Callot's Manier, 1r. Bd. in beiden
Ausgaben.

Carriere scheint beginnen zu wollen." Von nun an
lebt und webt er auch ganz in der Ausübung aller
Kunst. Er singt in den herzoglichen Concerten, und
in der Kirche in Haydnschen Messen, componirt bald
ein Miserere für den Großherzog von Würzburg,
bald für das Theater, auf Bestellung des Entre-
preneurs, die Kotzebuesche Oper: das Gespenst *),
bald die Gesänge zur Genoveva des Maler Müller;
ein Melodram des Grafen Soden; Dirna **), ein
Trio aus F dur, und Canzonetten für Nägeli u.s.w.;
er machte fleißig Recensionen für die musikalische
Zeitung, von Witts Symphonien ***), Fioravanti's
Virtuosi ambulanti, Rombergs Pater noster, Pust-
kuchens Chorälen u. s. w.; schreibt die Theaterartikel
aus Bamberg für die Zeitung für die elegante Welt,
zeichnet Gruppen des dortigen Bürgermilitärs, und
malt große Familienbilder in Häusern, in welchen
ihn der Musikunterricht bekannt gemacht hatte. Diesen ertheilte er mit großem Beifall, — im Gesange
und auf dem Fortepiano, — man ergötzte sich dabei

---

*) „Was soll und was will ich nicht alles! Nur Muth und
Ausdauer!" ruft er, bei dieser Gelegenheit, in seinem Diarium aus. Uebrigens bemerkt er später: „Das Gespenst
aufgeführt, — total mißrathene Darstellung, — dem Aus-
pfeifen nahe."

**) Dies wurde am 11. Oktober 1809 aufgeführt, und fand so
großen Beifall, daß das Publikum nach beendigter Vorstellung den Componisten herausrief. Er zeigte sich im Orchester, auf der Erhöhung des Directors, und dankte mit
einer Verbeugung.

***) „Opus 1. dieser Art," heißt es im Tagebuch; „es ging bes-
ser, als ich gedacht hatte."

an seiner pikanten Individualität; wie z. B. Frau
von Redwitz, eine sehr geistreiche Dame, gegenwär=
tig Oberhofmeisterin der Kronprinzessin von Baiern,
einst äußerte: „er verdiene, daß man ihm neben
dem Honorar für seine Lectionen eben so viel für
seine Unterhaltung zahle." Doch fehlte es auch nicht
an Steinen des Anstoßes für ihn auf dieser Bahn.
Die Beschäftigung mit talentlosen Schülerinnen war
ihm ein Gräuel, und er pflegte von einem Hause zu
erzählen, daß, wenn er zu gesetzten Stunden vor
dessen Pforte trete, und schon im Begriff sey, die
Glocke zu fassen, es ihn krampfhaft packe, und ge=
waltsam zurückziehe, indem ihm alle Qualen deut=
lich vor die Seele träten, die der Unterricht der
stumpfen und geistlosen Kinder in dieser Familie
ihm verursache *).

. So verstrich ihm das Jahr 1809.

In dem folgenden, 1810, begann für ihn eine
neue Thätigkeit. Holbein, sein alter Bekannter aus
Glogau **), kam nach Bamberg, um die Leitung des
Theaters zu übernehmen. Sein Personal, sowohl
für das Schauspiel, als für die Oper war vorzüg=
lich. Es genügt z. B. die Renner, die damals noch
in ihrer Blüthe stand, und unter den Sängern,
Bader, jetzt in Berlin, Röckel und Madame Köhl
zu nennen. Was konnte dem neuen Unternehmer
erwünschter seyn, als einen Gehülfen in den Di=

---

*) Vergl. „Erinnerungen, 4ster Bd." S. 15—47.   J. F.
**) Siehe 2ter Abschnitt.

rectionsgeschäften, wie Hoffmann, zu finden! Holbein selbst, ein sehr geschickter Maschinist, unterrichtete ihn in den Geheimnissen dieser Kunst practisch, während Hoffmann aus allen Büchern, die er nur zusammenbringen konnte, die Theorie mit dem Feuereifer, den man an ihm schon kennt, studirte, und so war er bald bei der neu organisirten Bamberger Bühne Theatercomponist, Decorateur und Architect *), wobei ihm noch ein großer Theil der Last der ökonomischen Einrichtung und der Leitung in Beziehung auf das Repertoir zufiel. Doch dies alles, weit entfernt ihn zu erdrücken, gab ihm einen Schwung, wie er ihn bis dahin noch nicht genommen. Wirklich begann auch, mit Holbein's Erscheinen, eine wahrhaft glänzende Periode für das Theater zu Bamberg. Alle classischen Opern, besonders Mozartische, setzte man in Scene, und in dem rezitirenden Schauspiel wurde bald gewagt, wovon man sich früher dort kaum etwas träumen lassen.

Es hatte sich nämlich eine Art von Kunstverein gebildet, welcher von Hoffmann, dem Director Marcus, Professor Klein, Professor Lichtenthaler,

---

*) Von der Fülle seiner Compositionen für das Theater ist schon gesprochen worden; aber auch von seiner Thätigkeit als Architect und Decorateur finden sich in seinem Nachlaß die schönsten Spuren vor. Uebungen in der Perspective, um sich in dieser schweren Kunst festzusetzen, und sauber in Farben ausgeführte Entwürfe zu Decorationen, von denen er, hauptsächlich zu Kleist's Käthchen von Heilbronn, Calderon's Andacht zum Kreuz, zum standhaften Prinzen, der Brücke von Mantabile u. s. w., ausgezeichnet schöne ausgeführt hat. Erinnerungen S. 18 u. ff.   Z. F.

Doctor Weiß, Doctor von Erzdorfkupfer, Buchhänd=
ler Kunz *) u. s. w., sehr thätige und einsichtsvolle

---

*) Dieser sehr gebildete Freund aller Kunst, zugleich Wein= und
Buchhändler, hat für Hoffmann, während der Zeit seines
Aufenthalts zu Bamberg, ungemein viel gethan, und wurde
auch Verleger seiner frühesten Geisteserzeugnisse, der Fan=
tasiestücke in Callot's Manier, die jetzt Brockhaus in Leipzig
an sich gekauft hat.

Hierdurch ist derselbe mit dem Contract, den Hoffmann
und Kunz über jenes Werk geschlossen, bekannt geworden,
und hat sich veranlaßt gesehen, denselben dem Publikum in
Nr. 1. des literar. Conversationsblattes für 1823, als einen
Beitrag zur Charakteristik Hoffmanns mitzutheilen.

Da er dies unstreitig ist, und zeigt, wie jener auch dem
trockensten Geschäfte eigenthümliches Leben einzuhauchen
verstand, so mögen Eingang und Schluß des Vertrages
hier dem Andenken aufbewahrt werden.

„Es hat sich begeben, daß Herr Kunz, nachdem er für
die Verbreitung der Literatur auf mehrfache Weise gesorgt,
mit großer Vorliebe für jedes literarische Geschäft, sich auch
entschlossen, eigene Verlagswerke an's Licht zu stellen, wo=
gegen der Musikdirector Hoffmann, der eigentlich nur No=
ten schreiben sollte, sich auch nicht ohne Glück auf mannig=
fache Art in das literarische Feld gewagt. Beide, in Freund=
schaft stehend, wollen sich nun in ihren literarischen Bemü=
hungen möglichst unterstützen, damit das fernere Gedeihen
ihnen Freude bringe, und haben die nähere Art und Weise
ihres literarischen Bundes in folgenden Punkten unwieder=
ruflich festgestellt.

(Hier folgen in 6 Paragraphen die Bestimmungen über
den Verlag der 4 ersten Werke Hoffmann's, — der nach=
malingen 4 Bände der Fantasiestücke; — dann der Schluß.)
In dem festiglichen Glauben, daß dem geschlossenen Bunde
Gutes entsprießen werde, haben die Contrahenten in Fröh=
lichkeit und gutem Willen den Contrakt, so wie folgend,
durch ihre Namensunterschrift vollzogen und abgeschlossen."
So geschehen Bamberg den 18. März 1813.
Hoffmann, Musikdirector.   Kunz.

Mitglieder besaß und auf das Urtheil des Publikums sehr günstig einwirkte. Dieser Verein wußte
Holbein dazu zu bestimmen, die Calderon'schen Stücke
zu einer Zeit auf die Bühne zu bringen, wo man
nur erst in Weimar mit dem standhaften Prinzen
einen solchen Versuch gemacht hatte.

Das neue Beginnen gelang über alle Erwartung, und durch die ausgezeichneten Leistungen des
vorzüglichen Schauspielers Brandt und Holbeins;
durch das, was dieser und Hoffmann in neuen Dekorationen, Maschinerien, Musikbegleitungen, vorbereitet hatten, so wie durch die Aufmunterungen des
Kunstvereines wurde erreicht, daß jene Calderonische
Stücke, namentlich „die Andacht zum Kreuz", oft bei
überfülltem Hause und mit dem höchsten Beifall gegeben werden konnten *).

Auch das gesellige Leben Hoffmanns gestaltete
sich in diesem Abschnitte seines Bamberger Aufenthalts auf das Angenehmste. In der Rose, einem
Gasthause, worin das Theater war, versammelte sich
jeden Abend nach dem Schauspiele ein sehr interessanter Kreis vorzüglicher Männer, worunter Holbein, Baber, Brandt, Dittmaier, Bode u. a. Es
wurde über Kunstgegenstände gesprochen, man er-

---

*) Hoffmann hat von diesem Erfolge in einem kurzen Aufsatze
über die Aufführung der Schauspiele des Calderon de la
Barca auf dem Theater in Bamberg Rechenschaft abgelegt.
Dieser ist zwar in den Musen für 1812 schon einmal abgedruckt, aber dort nicht mehr zugänglich, und der Herausgeber
hat es darum für zweckmäßig erachtet, ihn, als Beilage zu
diesem Abschnitt, der Vergessenheit zu entreißen.

götzte sich durch Musik und Gesang, gab oft Sou=
per's, an denen ausgezeichnete Künstler, z. B. die
vortreffliche Sängerin Köhl, Theil nahmen. Die
Seele dieser Gesellschaft war aber Hoffmann, stets
übersprudelnd von Geist, Witz und Laune, alles er=
heiternd und belebend *). Häufig wurden auch Land=
parthien, besonders nach dem beliebten Lustort Bug
unternommen. Hoffmann fehlte nirgends, und Bug
sah ihn fast jeden Tag.

Das folgende Jahr 1811 verstrich ihm auf
gleiche Weise in künstlerischer Thätigkeit aller Art.
Was seine äußere Stellung betraf, so war er nun=
mehr von Holbein, als wirklicher Theaterarchitect,
mit 50 Gulden monatlichen Gehalts in Sold ge=
nommen, und dadurch seine Lage fixirt worden; an
vollständigen Compositionen lieferte er in diesem
Jahre eine Oper „Aurora‟, vom Grafen von So=
den und dessen Melodrama, Saul; außerdem eine
beträchtliche Zahl von einzelnen Musikstücken zu
Schauspielen und Balletten, die im Theater gegeben
wurden. Ferner entwarf er die Cartons zur Aus=
malung eines Thurms in der von dem Director
Marcus erkauften, bei Bamberg gelegenen herrlichen
Altenburg, eine Vorbereitung zu einer Arbeit, die
er späterhin mit Liebe ausführte **). Nichts desto=
weniger war seine Lage von manchem Drückenden

---

*) Die ausführliche Beschreibung dieser Abende enthalten die
„Erinnerungen‟ S. 21—25. 	Z. F.

**) Siehe ebendas. S. 66—67. 	Z. F.

nicht frei. Er konnte bei seinem mäßigen Einkom=
men, und da sowohl er als seine Frau öfters von
Kränklichkeit heimgesucht wurden, es nicht vermei=
den, Schulden zu machen, und es möchte ihm wohl
nichts Erwünschteres haben begegnen können, als daß
er am Schluße des Jahres die Nachricht erhielt, daß
der in Königsberg verstorbene, aus dem ersten Ab=
schnitt wohl bekannte Onkel Otto, der Justizrath, ihn
zum Universalerben eingesetzt, und dieser Nachricht
auf Abschlag der Erbschaft bald ein Wechsel über
500 Thaler folgte, der ihm die Mittel gab, sich sei=
ner Verbindlichkeiten gegen seine Gläubiger zu ent=
ledigen.

Für die Geschichte seines Herzens ist aber der
März des Jahres 1811 von besonderer Wichtigkeit.
Am 5ten lernte er in Bamberg Maria von Weber
kennen, der biß an sein Ende sein Freund geblieben
ist, später seine Undine in der allgemeinen musika=
lischen Zeitung liebevoll gewürdiget, und mit Hoff=
mann wohl zuletzt zusammen getroffen ist, als er im
Jahre 1821 seinen „Freischütz“ den entzückten Ber=
linern brachte; — am 30. März aber besuchte er
Jean Paul in Bayreuth, der ihn freundlich empfing,
und in dessen Gattin er eine alte Bekannte, die der
Familie seines Oheims in Berlin *) sehr nahe ge=
standen, wiederfand.

---

*) Siehe den zweiten und dritten Abschnitt.

Wie Jean Paul Hoffmann durch die herrliche Vorrede zu
den Fantasiestücken dem deutschen Lesepublikum aufführte, ist
bekannt. Er hat ihn auch später nicht aus den Augen ver=

Das nächstfolgende Jahr 1812 kündigt sich in Hoffmanns Tagebüchern als ein sehr buntes an.

Bald zu Anfange desselben wurde er zu einem Festmahle bei den Capuzinern geladen *), wo ihn die Erscheinung des Priors, eines interessanten Mannes, der lange in Rom gelebt, anregte, und er sich durch die religiöse Umgebung, — so sagt er wörtlich: — „in eine gemüthlich exaltirte Stimmung" versetzt sah. Er hat, wie er dem Herausgeber später oft erzählte, die hier erhaltenen Eindrücke in den Elixieren des Teufels, und im Kater Murr, bei den Schilderungen aus der Klosterwelt, zum Grunde gelegt **).

Nachdem er ferner in diesem Winter viel — getanzt, was weder früher noch später sonderlich sein Fall war, machte er im März über Erlangen eine Reise nach Nürnberg, deren Spuren in „Meister Martin und seine Gesellen" u. a. a. O. leicht wieder zu finden sind.

---

loren, und was er dem Verfasser im Herbst 1822 in Bayreuth über ihn sagte, war diesem aus der Seele gesprochen; bewundern mußte er insbesondere, wie unendlich richtig der wahrhaft große Seher sich den Menschen Hoffmann, den er nur so wenig gesehen, aus seinen Büchern konstruirt hatte.

*) Dies Festmahl, wie die darauf verbrachte Reboutennacht s. Erinnerungen S. 60—64.   J. F.

**) Im Tagebuch steht bei einer solchen Veranlassung: „herrliche, patriarchalische Köpfe der Capuziner. Wanduhr: mors certa, hora incerta, una ex his. Fantasieen; aber auf der Reboute ganz aus dieser Stimmung herausgekommen"

Auch die Jagd fing an, ihn zu beschäftigen. Er blieb hier wie überall kein Stümper, und triumphirend verzeichnet er am 15. Oktober in seinem Diarium: „ein Reh geschossen, und mich gefreut *)."

Im Juni zog er für einige Zeit auf die Altenburg, und das Eremitenleben in dieser reizenden Umgebung wäre ihm noch behaglicher gewesen, wenn ihn nicht das übelste Wetter hinauf verfolgt hätte.

Im Juli nahm es mit seinem Schicksal von neuem eine traurige Wendung. Holbein entsagte dem Theater, und dadurch verlor auch Hoffmann sein festes Einkommen. Die Erbregulirung in Königsberg zog sich in die Länge, und es blieb die erwartete Hülfe von dort aus; die frühere Geldnoth trat bald wieder ein, und stieg Schritt vor Schritt bis auf einen so hohen Grad', daß sich unterm 26. November das betrübte Notat findet: „den alten Rock verkauft, um nur essen zu können" **). In all' diesem Druck erscheint die Thätigkeit Hoffmanns um so bewundernswürdiger. Ausser der (nicht erhaltenen) Composition einer Oper, mehrerer Arien***), Duettinen, eines großen Harfenquintetts u. s. w, lieferte er bedeutende Recensionen für die allgemeine musikalische Zeitung, z. B. von Beethoven's Trio's,

---

*) Kein Reh geschossen. Siehe den ganzen Abschnitt: „Hoffmann als Jäger," Erinnerungen S. 58—50.   J. F.

**) Vergleiche ebendas. S. 75—74.   J. F.

***) Zwei davon: prendi, l'acciar ti rendo und mi lagnero tacendo, die Duettinen und das Quintett finden sich im Nachlaß handschriftlich vor.

und Meſſe, der Chasse von Mehul u. ſ. w. ſchrieb
im Juni; Johannes Kreisler's Gedanken über den
hohen Werth der Muſik, und im September den
Don Juan *), übernahm für den Verlag von Breit=
kopf und Härtel die ſchwierige Ueberſetzung einer
damals neuen franzöſiſchen Violinſchule, die, nach
ſeinem Urtheil, neben vielem Guten viel Widerſinni=
ges enthält, und malte vor allen Dingen eine Un=
zahl der heterogenſten Gegenſtände, z. B. einen
ägyptiſchen Tempel, 17 Fuß hoch, zur Verzierung
des Caſino's bei einer feierlichen Gelegenheit, und
mehrere Familienbilder, die Kinder ſeiner Freunde
vorſtellend; die Decorationen zur „Endeckung von
Amerika", — wahrſcheinlich Klingemanns Colum=
bus, — einen Genius der Kunſt, für den Vorhang
des Theaters zu Würzburg, einen Saal im Hauſe
des Direktor Marcus u. dergl. mehr. Dieſe letztere
Arbeit, verbunden mit einer Wandzeichnung, auf
welcher ſich alle merkwürdigen Figuren Bambergs
präſentiren, ſo wie der früher erwähnte Thurm in
der Altenburg, in welchem die Geſchichte der Gefan=
gennehmung des Grafen Adalbert von Babenberg
dargeſtellt iſt, und wo man ihn ſelbſt unter der Zahl
der den Gefangenen umgebenden Ritter leicht er=
kennt, ſind jetzt noch wohl erhalten **).

---

*) Beides in dem erſten Bande der Fanta-
   Ausgaben.

**) Nämlich 1825, wo die erſte Aufla-
   (Vergleiche die berichtigende Anm-

Auch beschäftigte er sich um diese Zeit ernstlich mit dem Entwurfe zu den, mehrmals im Meßkatalog unter den künftig zu erwartenden Schriften, angekündigten „lichten Stunden eines wahnsinnigen Musikers", in welchen er seine Ansichten der Musik, vorzüglich aber der innern Structur der Tonstücke auszusprechen beabsichtigte. Eben so war es in diesem Jahre im Julius, wo er auf der Altenburg von der Idee erfaßt wurde, daß in der Fouqué'schen Undine ein herrlicher Stoff zu einer Oper liegen müsse. Er schrieb deßhalb an seinen Freund Hitzig in Berlin, und forderte dessen Meinung. Dieser antwortete, vollkommen seiner Ansicht beipflichtend, und mit umgehender Post erfolgte mit Hoffmann'scher Hast die Aufforderung: „Sollte sich denn unter ihren gemüthvollen poetischen Freunden nicht einer finden, der zu überreden wäre, die Bearbeitung der Undine für mich zu übernehmen? Meine Ideen würde ich schriftlich in extenso mittheilen, ohne den Dichter im mindesten zu geniren; aber ich müßte nicht gar zu lange auf den Text warten dürfen. In Gedanken componire ich jetzt nichts, wie die Undine. Der kräftige, wunderbare, warnende Oheim Kühleborn ist keine üble Baßparthie; so wie der alte Fischer sich bei der Exposition in einer ganz gemüthlichen Romanze vernehmen läßt. Sie kennen mich, wie sehr mich eine Idee ergreifen und begeistern kann."

Hitzig, dem Fouqué seit lange als ein vertrauter Freund nahe stand, war es leicht, diesen selbst

zur Bearbeitung des Operntextes zu bewegen. Das
hatte Hoffmann nicht zu erwarten gewagt; sein Ent=
zücken darüber war unaussprechlich. „Ihr letzter
Brief," schreibt er an den Vermittler, „ihre Nach=
richten von Fouqué und Undine. haben mir eine
wahrhaft kindische Freude verursacht. Zu allen mei=
nen Freunden bin ich gelaufen mit ihrem Briefe in
der Tasche, und in dem edelsten Rheinwein hat
Freund Kunz mir die Vereinigung mit Fouqué zu
einem Kunstprodukt zugetrunken *). — Mache ich
keine gescheidte Composition, so bin ich ein Esel, und
es soll forthin nicht mehr von mir die Rede seyn
unter gemüthlichen Menschen und Freunden. —
Wie sehr, wie gar sehr habe ich Ihnen, mein lieber,
theuerster Freund, für ihre Bemühungen zu danken;
ich fühle es ganz, welch' seltenes Glück mir dadurch
beschieden. daß ein Dichter, wie Fouqué für meine
Noten arbeitet! — Ich schicke ihnen den offenen
Brief an ihn, nebst Opernplan. Haben Sie die
Güte, ihm (dem ꝛc. Fouqué nämlich, nicht den Opern=
plan) zu insinuiren, daß vorzüglich gedrängte Kürze
bei Opernsujets nöthig sey; ich habe nichts sagen
mögen, um nicht anmaßend zu scheinen. Seine
Verse sind übrigens so musikalisch, daß ich nicht die
mindeste Sorge für's Componiren trage; hat er Be=
denken Rücksichts der Terzette, Quartette ꝛc., so ist
jedes schikanedersche Opernbuch zum Orientiren am
besten, weil gerade dieser homuncio das für den

---

*) Siehe Erinnerungen S. 77.   Z. F.
E. T. A. Hoffmann 14. (IV.)

Componiſten Vortheilhafte in der Form am beſten
weg hat."

Im Oktober ſandte ihm der Dichter die erſten
Proben ſeiner Arbeit. Wie zufrieden Hoffmann da=
mit war, geht aus einem Briefe an Hitzig hervor *).
„Daß Fouqué, meinem Plane entgegen, mit einem
Terzett anfängt, iſt mir darum ganz recht, weil es
ſo kurz und rund gehalten iſt, daß es der größern
muſikaliſchen Maſſe, die ſich mit dem Anfange des
Unwetters bildet, keinen Abbruch thut; dagegen iſt
es mir, wie Sie wohl denken können, auf eine über=
raſchende Art angenehm geweſen, Fouqué's Verſe
ſo ganz zur Compoſition geeignet, ſo ganz ſich in
die Formen der Muſik ſchmiegend, zu finden. So
wie ich das Terzett las, habe ich es geſungen und
geſetzt."

Im November ging das vollſtändige Manu=
ſcript zur Oper „Undine" in Bamberg ein. „Die
Undine erhalten," ſchreibt Hoffmann unterm 14ten
in ſein Tagebuch, — „höchſt vortreffliches Meiſter=
werk; ſie den Freunden vorgeleſen; höchſt glückliche
Stimmung!"

Leider hielt dieſe, in der gedrückten äußern Lage,
in welcher er ſich damals befand, nicht vor. In

---

*) Der Verfaſſer hat ſich zur Aufnahme dieſer Stellen ver=
anlaßt geſehen, weil gerade der Anfang der Oper mit einem
Terzett am meiſten getadelt worden iſt, und man auch bei
deren nächſtens zu erwartenden Wiederbelebung auf der
Berliner Bühne, ſo viel ihm bekannt, hierin eine Abände=
rung getroffen hat.

der Sylvesternacht macht er den traurigen Vermerk:
„ekel, schaal und oberflächlich."

So schleppte es sich in das nächstfolgende Jahr
hinüber.

Der erste Januar 1813 beginnt mit dem Aus=
ruf: „Unter den schlechtesten Auspicien, im höchsten
Druck der Umstände, ist das neue Jahr angegangen;
— wie wird das werden!"

Bald aber wird die Luft heiterer. Hoffmann
möge mit eigenen Worten berichten.

„9. Januar. Seit lange der erste frohe Tag;
nämlich 36 Rthl. Honorar aus Leipzig erhalten."

„10. Februar. Neue Anregung durch den Ti=
tus, dessen Aufführung ich beigewohnt. Chöre. Selbst=
gefühl: anch' io son pittore!"

„17. Februar. Mit Glück am Berganza*) ge=
arbeitet."

„25. Februar. Endlich ganz unerwartet aus
Königsberg 485 Rthl. sächsisch bekommen. Aller
Kummer ein Ende. Abends auf dem Maskenball
als Masetto in dem Zuge des Don Juan **)."

„27. Februar. Ganz unerwartet Brief von
Leipzig erhalten, worin mir Joseph Seconda die
Musikdirektorsstelle in Dresden anbietet ***).

---

*) Nachricht von den neuesten Schicksalen des Hundes Ber=
    ganza. Fantasiestücke, 1r Bd. in der zweiten, 2r Bd. in
    der ersten Ausgabe. (Siehe den ganzen Abschnitt in den
    „Erinnerungen der Hund Pollux und der Hund Berganza"
    S. 94—112.   Z. F.

**) S. Erinnerungen S. 68—71.   Z. F.

***) Nach dem mehrerwähnten Aufsatze von Rochlitz in der all=

„13. März. Brief aus Leipzig von Rochlitz, der meinen Entschluß, Musikdirektor bei Seconda zu werden, bestimmt."

„18. März. Den Brief erhalten, der meine Anstellung bei Seconda richtig macht. Große Freude!"

Nur bis zum 21. April blieb er noch in seinen alten Verhältnissen; an diesem Tage verließ er Bamberg.

Wirft man nun einen Rückblick auf sein dortiges Leben, dessen äußere Umrisse bisher gegeben worden, so wird manches in der Entstehungsgeschichte seiner ersten schriftstellerischen Versuche deutlich; zur vollen Klarheit gelangt man jedoch darüber nur, wenn man eine heftige Gemüthsanregung, die er in den letzten Jahren seines Bamberger Aufenthalts dort gefunden, näher in's Auge faßt.

Dies war eine, ob wahre, ob eingebildete, — wer sollte dies zu entscheiden wagen, da er es selbst nicht vermochte, — unwiderstehliche Leidenschaft für eine seiner Schülerinnen im Gesange, die er in seinem Aufsatze ombra adorata, in dem Berganza und an mehreren Orten als Cäcilie u. s. w. *), sich zu verherrlichen bemüht hat. Das interessante Mädchen wurde einem, ihrer durchaus unwürdigen, Gatten zu Theil, und dies, indem es seine Neigung mit

---

gemeinen musikalischen Zeitung, hatten Hoffmanns Bekannte in Leipzig es wohlwollend eingeleitet, daß Seconda's Wahl auf ihn fiel, und statt seiner einen beträchtlichern Gehalt unterhandelt, als er selbst verlangte.

*) Siehe Kreisleriana und Berganza. Fantasiestücke a. d. a. O.

Eifersucht, — bei seinem Charakter ein doppelt fressendes Gift — versetzte, fachte die Glut in seinem Innern zu einer wahren Hölle an. Seine Tagebücher sind voll der extravagantesten Selbstanschauungen und Selbstquälereien aus dieser Zeit; vorzüglich schien er in manchen Augenblicken sich selbst völlig objectiv geworden, das Lächerliche tief zu fühlen, welches in dem Contraste seiner ganzen Erscheinung, mit der Rolle eines unerhört schmachtenden Anbeters einer Schönheit im ersten jugendlichen Alter liegen mußte. Fast alle seine Notaten aus dieser Periode beweisen, wie schwer er an dem Joche trug, welches ihm eine, ihm sonst so verhaßte Sentimentalität auflegte, z. B.: „Sehr komische Stimmung; Ironie über mich selbst, ungefähr wie im Shakspear, wo die Menschen um ihr offenes Grab tanzen." — „Am 11. März punkt 8½ Uhr war ich ein Esel;" — „ganz schrecklich gestimmt, weil ich mich zu überzeugen glaubte, daß ich am 21sten, 26sten, 28sten, 30sten, 31sten und 1sten großer Affe gewesen;" — „ich fühle mich kindisch und eselhaft, und das von Rechts wegen;" — „göttliche Ironie, herrliches Mittel, Verrücktheit zu bemänteln und zu vertreiben, stehe mir bei! Jetzt wird es Zeit in litteris zu arbeiten!" — „Abends mich mit Mühe heraufgeschraubt durch Wein und Punsch; es ist merkwürdig, daß beständig sich K. und Musik im Kopfe drehen." — „Wenn ich mich selbst fantasmatisire, so hat niemand 'was drein zu reden." — „Innerer Wurmfraß u. s. w." — „Exaltirte Stimmung. — Ahndungen seltsamer Er-

eigniffe, die dem Leben eine Richtung geben, oder
— es enden. Incrustirter Gedanke, — eine Pistole"
(diese ist dabei gezeichnet). — „Ich habe Ursache,
mit mir zufrieden zu seyn, indem ich planmäßig
mit Ueberlegung gegen eine Stimmung ankämpfe,
die nichts als Verderbliches herbeiführen kann u. s. w."

Ob dies nun alles so tief gegangen oder nicht,
darüber möge dem Urtheil der Leser nicht vorgegrif=
fen werden; die Akten, aus denen sie es zu sprechen
haben, sind folgende Stellen des Diariums:

Am Verlobungstage *): „Il colpo é fatto! Ella
é diventata la sposa di questo maledetto M., e mi
pare, che tutta la mia vita musicale e poetica é
smorzata; bisogna prender una risoluzione degna
d'un uomo, com' io credo essere; questo era un
giorno del diavolo!" **)

Am nächstfolgenden Tage: „Mit den Verlobten
gewesen. Heitere Stimmung. É già passato, ed
io credo, che l'immaginazione fece molto." ***)

---

*) Diese Bemerkungen stehen im Tagebuche, in italienischer
Sprache, wörtlich so, wie sie hier mitgetheilt werden.

**) Es ist geschehen. Sie ist die Braut des verwünschten —
geworden, und dadurch scheint mir mein ganzes musikali=
sches und poetisches Leben ausgelöscht. Jetzt kömmt es
darauf an, einen Entschluß zu fassen, würdig eines Men=
schen, wie ich einer zu seyn glaube. Das war ein teufli=
scher Tag!

***) Es ist schon vorüber, und ich glaube, die Einbildung hat
viel gethan.

Am dritten Tage: „Herrlicher Brief von Hitzig. Fouqué selbst bearbeitet Undine. Künstlerisch=exaltirte Stimmung."

Am vierten Tage: Mit den Verlobten. „Die Stimmung ist in ein decrescendo übergegangen, und ich sehe ein, daß ein großes Fantasma mich täuschte."

Vier Monate nachher: „—'s Hochzeitstag. Mit= tags=Monats=Diner in der Rose; sich bechampagnert un poco mit H. — Abends in der Rose geblieben; ma senza exaltazione! Die alberne Periode in Rück= sicht —'s ist ganz vorüber."

Acht Jahre nachher*): — Hoffmann hat von der grenzenlos unglücklichen, damals in der Auflö= sung begriffenen Ehe —'s gehört, und schreibt an einen Freund, der Hoffnung hatte, sie zu sehen: „Sagen Sie ihr in einem Augenblick des heitern Sonnenscheins, daß ihr Andenken in mir lebt; darf man das nämlich nur Andenken nennen, wovon das Innere erfüllt ist, was im geheimnißvollen Re= gen des höhern Geistes uns die schönen Träume bringt von dem Entzücken, dem Glück, das keine Arme von Fleisch und Bein zu erfassen, festzuhalten vermögen. Sagen Sie ihr, daß das Engelsbild al= ler Herzensgüte, aller Himmelsanmuth wahrhaft weiblichen Sinn's, kindlicher Tugend, das mir auf= strahlte in jener Unglückszeit acherontischer Finster= niß mich nicht verlassen kann, beim letzten Hauch

*) Zwei Jahre vor seinem Tode.

des Lebens; ja, daß dann erst die entfaltete Psyche
jenes Wesen, das ihre Sehnsucht war, ihre Hoffnung
und ihr Trost, recht erschauen wird im wahrhaftigen
Seyn!" *)

---

*) Ueber das Verhältniß zu seiner Julia, die wie ein goldener
Faden durch alle seine Schriften läuft, ist in den Erinnerungen weitläufig gesprochen S. 15, 16, 85—93, 99—111.

3. F.

Beilagen

zum

achten Abschnitt.

***

50.

Bamberg den 23. December 1808.
Zinkenwörth Nro. 56 beim Schönfärber Schneider.

Mein einziger theuerster Freund!

In dem Zeitraum, daß ich dir nicht geschrieben habe, bin ich endlich nach einer langen, stürmischen Fahrt in einen Hafen angelangt, der mir Ruhe und Sicherheit gewährt. — Von Berlin reiste ich, wie du weißt, nach Glogau, um dort meine Frau zu er= warten; sie kam nicht, weil die Familie sie förmlich festhielt, und ich mußte nach Posen herüber, um sie los zu machen, so daß ich nach einer beschwerlichen Reise endlich den 1. September hier in dem schönen Bamberg eintraf. — Ich fand alles anders, als ich erwartet hatte; Soden hatte das Theater einem ge= wissen Cuno abgetreten, und die Gesellschaft so wie die Theaterverhältnisse sind getreu im Wilhelm Mei= ster geschildert (videatur der Name Melina u. s. w.)

2 * *

Daß mir d a s nicht behagen konnte, war natürlich, und um so weniger, als meine ganze Zeit aufgeopfert und das Ganze, mit Jarno zu reden, ein Spiel um taube Nüsse war.

Ich wurde dem hiesigen Publikum bald als Componist und tüchtiger Singmeister bekannt, und so wurde es mir möglich, eine recht gemüthliche vom Theater fast ganz unabhängige Existenz zu begründen. Musikdirector bin ich zwar geblieben, correpetire aber nicht mehr, und dirigire nur höchst selten im Orchester, componire aber die Ballette und Gelegenheitsstücke, wofür ich 30 fl. monatlich erhalte.

Nun fühle ich aber erst recht, wie durchaus nicht für mich die frühere Carriere war, und wie wohl mir das Künstlerleben thut, wozu die Wiedervereinigung mit meinem lieben, herrlichen Weibe nicht wenig beiträgt! — Und nun, mein theurer, einziger Freund! kannst du es irgend möglich machen, so reiße dich los! — Komm in das herrliche südliche Deutschland, und du wirst bald die Wunden, die der verderbliche Krieg auch dir geschlagen hat, vergessen. Nur ein fixirtes Unterkommen bei irgend einer fürstlichen Capelle in hiesiger Gegend kann mich von Bamberg, wo es mir so wohl geht, entfernen! — Ewig bis in den Tod

dein treuer

Hoffmann.

Ueber die Aufführung der Schauspiele des Calderon de la Barca auf dem Theater in Bamberg.

Als die Schauspiele des Calderon de la Barca durch die meisterhafte Schlegelsche Uebersetzung in Deutschland bekannter wurden, erregten sie eine nicht geringe Sensation, wiewohl in ihre tiefe Romantik nur die wenigen eingehen konnten, welche mit wahrhaft poetischem Gemüth sich zu der unsichtbaren Kirche bekennen, die mit göttlicher Gewalt gegen das Gemeine, wie gegen den Erbfeind kämpft, und die triumphirende seyn und bleiben wird. Die mehrsten und vorzüglich die Anhänger des jetzt herrschenden Bühnengeschmacks, konnten zwar den gewaltigen Geist, der in den Calderonschen Schauspielen mit grauenerregendem Contrast sich ihrer Kleinlichkeit entgegenstellte, nicht wegdemonstriren, betrachteten sie aber als eine Rarität aus der Zeit, wo, nach ihren Begriffen, die Schauspielkunst noch in der Wiege lag, und, um so weniger ist es zu bewundern, daß kein Bühnendirektor die Bereicherung des Repertoirs durch Schlegels Meisterwerk auch nur ahnete. — Die Weimarer Bühne, die schon seit geraumer Zeit es sich recht ernstlich angelegen seyn läßt, unser Theater aus der tiefen Erniedrigung, in die es versunken, zu erheben, und schon oft die Möglichkeit und Wirkung irgend einer scheinbar ganz außer der Sphäre unseres Theaters liegenden Production, den in Sinn

und Geist beengten Directoren größerer Bühnen
practisch bewiesen hat, gab bekanntlich zuerst den
standhaften Prinzen mit Beifall, und, nicht lange
darauf wagte es die noch kleinere Bühne in Bam=
berg mit der Andacht zum Kreuz, und dann auch
mit dem standhaften Prinzen und der Brücke von
Mantabile hervorzutreten. Unter kenntnißreichen ge=
müthvollen Freunden des Theaters in Bamberg
wurde, als die Aufführung der Calderonschen Schau=
spiele im Werke war, lange die Frage debattirt: ob
man wohl auf ihre Einwirkung auf das Publikum
rechnen könne, und welches von jenen Schauspielen
am mehrsten dazu geeignet sey. Gerade die Andacht
zum Kreuz, welche bestimmt war, zuerst auf die
Bühne gebracht zu werden, erregte den größten Zwei=
fel, und gerade dieses sprach in der Folge das große
Publikum, von dem doch bei dem Urtheil über Thea=
tereffect nur die Rede ist, am mehrsten an. — Ein
Publikum, das Schauspiele, wie die des Calderon,
in ihrer vollen Schönheit und Stärke auffaßt, das
in das Ganze und Einzelne tief eingeht, dürfte wohl
nicht so leicht gefunden werden, indessen möchte doch
eins vor dem andern fähiger und williger seyn, die
Idee, die Tendenz des Stücks zu begreifen, und sich
von der Gewalt der Sprache, von dem Fluge der
kühnen, phantastischen Bilder fortreißen zu lassen,
und eben diese größere Fähigkeit, vorzüglich aber den
bessern Willen, glaubte man bei dem Bamberger
Publikum voraussetzen zu können, weil es nicht ver=
bildet, von dem theatralischen Genuß noch nicht über=

sättigt, und — katholisch fromm ist. Eben dieses
letztere, der in Bamberg herrschende Katholizism,
war die Ursache, daß die Gallerie, eben so gut wie
Logen und Parterre, gleich bei der Exposition vor=
züglich nach der Herz und Gemüth gewaltsam ergrei=
fenden Erzählung des Eusebio von den Wundern
des Kreuzes, die der Andacht zum Kreuz zum Grunde
liegende ächtkatholische Idee verstand, und mit stei=
gendem Interesse den Faden des Stücks sich entwi=
ckeln sah. Unter dem Kreuze wurden Eusebio und
Julie geboren, das Kreuz flehte die Mutter in der
angstvollen Stunde der Geburt um Hülfe an, und
sichtbar empfingen sie das Zeichen der Gnade in der
Gestalt des bluthrothen Kreuzes auf der Brust. Nun
war das Leben mit seinen feindseligen Verwicklun=
gen nur der finstere Weg zu der Sonnenhelle, die
ihnen entgegen leuchtete. Vergebens kämpfte der
Feind, und stürzte sie überall in Noth und Gefahr;
dem Kreuze blieben sie treu, und ihre Verklärung
aus allem Tod und Leiden war der Sieg, der
Triumph des Kreuzes. Ist diese Idee des Stücks
verstanden, so tritt auch dem großen Publikum seine
Einheit, sein innerer Zusammenhang und sein hohes
historisches Interesse lebhaft hervor, und es behaup=
tet auch in dieser Hinsicht seinen, über so manches
moderne Machwerk, das vor lauter Effekt effektlos
wird, so hoch erhabenen Rang. Um dem Schauspiel
einen desto gewisseren Eingang zu verschaffen, mußte
für äußeren Schmuck gesorgt werden, der jener Idee,
in der sich das ganze Stück konzentrirt, nicht allein

angemessen seyn, sondern dieselbe auch noch mehr herausheben sollte. Wie beschränkt kleine Theater sind, wo der Platz und das Geld so zu Rathe gehalten werden muß, weiß wohl jeder Kenner der Bühne, indessen erreicht das Anständige, wodurch jede Störung der Illusion vermieden wird, und manche sinnige Einrichtung, oft mehr den Zweck der theatralischen Erhebung und Täuschung bei dem Zuschauer, als prächtige Decorationen und Maschinerien, die nicht am Orte stehen, oder der Tendenz des Stücks nicht entsprechen. — Auf jene Weise wurde der Tod des Eusebio, seine Beichte und Absolution, so wie seine und Julias Verklärung, dem Zuschauer durch folgende Einrichtung versinnlicht. Eusebio erscheint in der rauhen, felsigen Gegend, zu deren Muster dem Decorateur eine Partie aus der Sierra Morena gedient hatte, von den Landleuten verfolgt, auf der Spitze eines Felsen, der im Mittelgrunde des Theaters angebracht, beinahe dessen Höhe erreichte, und stürzt hinab. Die Landleute finden den zerschmetterten Leichnam, und begraben ihn unter dichten Zweigen, aus denen das dumpfe angstvolle: „Alberto!" hervortönt. — Als Alberto die Zweige weggenommen, richtete sich mittelst einer durchaus nicht bemerkbaren Maschinerie Eusebio langsam in die Höhe, und sank eben so, nachdem er die Absolution erhalten, in sein Grab zurück. Die Wirkung dieser einfachen Idee war, nach der tiefen Todtenstille, die jedesmal im Theater bei dieser übrigens stummen Scene herrschte, zu berechnen. — Als Julia

zuletzt das Kreuz, welches in dem Hintergrunde des
Theaters angebracht war, umfaßte, verschwand ihr
männlicher Anzug, und man sah sie in Nonnentracht
an dem Kreuze knieen, das sich mit ihr in die Lüfte
erhob. Die Wolken theilten sich, und wie in einer
Strahlenglorie erschien Eusebio mit sehnsuchtsvoll
nach Julia ausgestreckten Armen. Um so zweckmäßiger und so wirkungsvoller war diese im Schauspiel nicht angedeutete Einrichtung, als der eigentliche
Schluß desselben, nämlich Eusebio's und Julia's Verklärung als ein Mirakel sinnlich dargestellt wurde,
und es ganz in dem Geist des Katholizism liegt,
die Sinne bei der symbolischen Darstellung des Ue-
bersinnlichen in Anspruch zu nehmen. — Merkwürdig war es gewiß, wie der Ruf von dem heiligen
Schauspiel sich nach jeder Aufführung mehr verbreitete, und ein Publikum in das Theater zog, das
man sonst nie darin gesehen hatte. Alte Bürger
mit ihren Frauen, die es sonst für sündlich geachtet
hätten, das Theater zu besuchen, entschloßen sich, hineinzugehen, wobei sie nicht vergaßen, den Rosenkranz
mitzunehmen, und mehrere Bänke des Parterre's
waren oft mit Geistlichen besetzt. Ueberhaupt fand
bei jeder Aufführung eine sichtbare Rührung und
Erhebung statt, und um so mehr ist dieß nur dem
Schauspiel, und nicht vielleicht der glanzvollen Darstellung der Schauspieler zuzuschreiben, als, außer
dem Eusebio, der trefflich ausgeführt wurde, die
übrigen Parthieen, vorzüglich der Gil, gar viel zu
wünschen übrig ließen. Kurz, die Andacht zum Kreuz

erregte eine wahre Andacht, und dies möchte zur Zeit wohl eine seltene Erscheinung im Theater seyn. Unter den neuen sogenannten gangbaren Stücken findet dieses Schauspiel gar keinen Maaßstab, nach dem es gemessen werden könnte; die Personen sind nicht mit Stand und Charakter individualisirt, und erhalten dadurch eine gewisse Allgemeinheit; um so weniger wird aber der Zuschauer zerstreut, und von der Haupttendenz zur Betrachtung des Einzelnen hingezogen. Darin mag es eben liegen, daß die Tendenz des standhaften Prinzen nicht so allgemein, nicht so klar von dem großen Publikum aufgefaßt wurde. Hier erscheinen Fürsten, Könige ꝛc.; — der Zuschauer (es ist immer von der Masse des Publikums die Rede) denkt an ein Ritterstück, und sein Urtheil ist befangen. Manche fanden es für einen Prinzen und Helden, wie Don Fernando, nicht anständig, sich so tief vor dem König zu erniedrigen, und bewiesen dadurch, daß sie die Idee des Stücks, das Märtyrerthum Don Fernando's, der standhaft im Glauben jede Schmach erduldet, nicht aufgefaßt hatten. Uebrigens fand indessen auch dieses Schauspiel bei dem Publikum den besten Eingang, und wurde mehrmals bei besetztem Hause wiederholt. Decorationen und Maschinerieen, die im Stücke nicht vorgeschrieben, aber im Geist des Ganzen angeordnet waren, dienten den Zuschauern zum besseren Verständniß, denn auch hier wurde Don Fernando's Verklärung sinnlich dargestellt. Dem Sarg entschwebte, so bald er von den Mauern von Tanger

herabgelassen, sich in den Händen der Christen be=
findet, Fernando's Luftgestalt: gleich darauf röthet
sich der Himmel, und man sieht die Gestalt des auf
Wolken thronenden Christus, vor dem Fernando
kniet. Diese Erscheinung war ganz luftig und durch=
sichtig, so daß man die Gegenstände hinter ihr
(Mauern, Thürme rc. von Tanger) wie im Nebel
gewahr wurde, und so schien das Ganze nur der
Reflex eines himmlischen Schauspiels, das die Moh=
ren zu Boden schlug, von den Christen aber in
knieender Anbetung betrachtet wurde. So wie bei
Julia's Emporsteigen mit dem Kreuze, ertönten auch
hier feierliche Accorde aus weiter Ferne. Weniger
interessirte die Brücke von Mantabile, und das wohl
aus dem Grunde, weil der Geist der Chevalerie, den
dieses Schauspiel athmet, dem großen Publikum ganz
entfremdet ist. Unsere Bühnenritter, die sich gar
unziemlich gebehrden, sind wohl nichts weniger als
jene romantische Chevaliers, die sich so keck und
muthig in Liebe und Krieg bewegen, und der Ritter=
zug Kaiser Karls gegen den prahlenden Mohren
Fierabras, der grüne Fluß, die magische Brücke,
alles kommt dem Zuschauer vor, wie es wirklich ist,
nämlich — spanisch. Dieses herrliche, romantische
Schauspiel mit seinen Maschinen und Decorationen
erfordert ein großes Theater, aber hier dürfte es
seinen Effect nicht verfehlen. Selbst auf der kleine=
ren Bühne in Bamberg wirkte unerachtet des be=
schränkten Raumes die entstehende und verschwin=
dende Brücke, die Erscheinung des riesenhaften Fie=

rabras in dem Castell, das auf dem ungeheuern
Kopf eines bronzenen Zwerges aus dem Wasser
hervorragt, und den Schluß der Brücke macht, im=
posant, und dürfte im Großen nachgeahmt zu wer=
den verdienen.

Die Bahn ist nun einmal gebrochen, und es
wäre ein verstocktes Beharren bei dem gewöhnlichen
Theaterschlendrian, wenn mehrere Bühnen sich nicht
entschließen sollten, den in Bamberg mit glücklichem
Erfolg gemachten Versuch zu wiederholen. Jedes
kleinere Theater, dem auch nicht außerordentliche
Kräfte zu Gebote stehen, wird die Andacht zum
Kreuz mit Glück ausführen können, so bald es nur
dahin gebracht wird, daß die Schauspieler ihre Rol=
len nicht conversationsmäßig, sondern mit Verstand,
Gemüth und Beachtung des rhytmischen Verhalts
sprechen; daß die ganze Darstellung ineinander greift,
und daß der äußere Schmuck des Stücks anständig
und sinnig angeordnet ist. Der standhafte Prinz ist
für das Personal offenbar eine schwerere Aufgabe,
und die Brücke von Mantabile erfordert ein Publi=
kum, dem die höhere Ausbildung, die Aneignung
des romantischen Geschmacks, ein Auffassen des Geistes
der Chevalerie das ersetzt, was bei den früher ge=
nannten Schauspielen in einem katholischen Publikum
schon die Erziehung und der Glaube von selbst her=
vorbringt. Eben deßhalb dürfte sich die Brücke von
Mantabile für das Theater einer großen Stadt eignen,
welches, statt mancher sinnlosen Mißgeburt, für die
Neugierde des Volks erfunden, dieses geniale Meister=

werk als Spektakelstück geben, und so den Kenner und das Volk befriedigen, und sich um die Verbesserung des Bühnengeschmacks verdient machen könnte. In Bamberg wurde bei dem Schluß des Schauspiels nach der Besiegung des Fierabras die durch höllische Künste gebaute Brücke gesprengt, und dies ist nachzuahmen, denn mancher geht vielleicht blos dieser Explosion zu Ehren in das Theater, und bekommt nebenher Dinge zu hören und zu sehen, die ihn am Ende ansprechen und erfreuen, so wie manche geistig Erstarrte bei fortdauernder schöner Musik aus ihrer Erstarrung erwachen.

Randbemerkungen

aus den Tagebüchern für 1809 und 1810.

1809.

Sonderbarer Einfall auf dem Ball vom 6ten. Ich denke mir mein Ich durch ein Vervielfältigungsglas; — alle Gestalten, die sich um mich herum bewegen, sind Ichs, und ich ärgere mich über ihr Thun und Lassen 2c. 2c. 2c.

1809.

Merkwürdige Arten des Wahnsinns.

1. Ein wahnsinniger Mensch saß Tag und Nacht am Hause meines Schwiegervaters, und klopfte mit einem Stein auf den andern, — nichts konnte dies Geschäft unterbrechen, — der dumpfe Ton, den dies Klopfen in der Nacht verursachte, hatte etwas schauerliches, schreckbares.

2. Ein wahnsinniger Mensch in Posen bildete sich ein, er sey die Sonne. — Auf dem Geländer der Fontaine auf dem Markte stand er, und schien. Er machte sich oft den Spaß, die Leute zu blenden, und wenn manche, die seinen Wahnsinn kannten, so thaten, als träfen sie wirklich Sonnenstrahlen, so lächelte er zufrieden, und wandte sich nach einer andern Seite. Oft bildete er sich des Nachts ein, er sey der Mond, und schien eben so, als am Tage als Sonne.

———

Es müßte spaßhaft seyn, Anekdoten zu erfinden, und ihnen den Anstrich höchster Authentizität, durch Citaten u. s. w. zu geben, die, durch Zusammenstellung von Personen, die Jahrhunderte aus einander lebten, oder ganz heterogener Vorfälle, gleich sich als erlogen ausweisen; — denn mehrere würden übertölpelt werden, und wenigstens einige Augenblicke an die Wahrheit glauben. — Gäbe man ihnen einen Stachel, desto besser, z. B. eine (ohne Stachel), wäre folgende.

Als Friedrich, der große König, nach dem Abschluß des Hubertsburger Friedens nach Potsdam zurückgekehrt war, bemerkte er aus den Fenstern des Schlosses einen zerlumpten Jungen, der auf ein Stück Schiefer emsig schrieb, und dann das Geschriebene mit lauter Stimme und lebhafter Gestikulation deklamirte. — Er schickte seinen Leibpagen hinunter, der dem Könige die Schiefertafel hinaufbrachte, — weinend und schreiend lief ihm der Bube bis ins Zimmer des Königs nach. Der König las zu seinem Erstaunen wohl geordnete poetische Verse, und es fand sich, daß der Bube ein Küchenjunge des spanischen Gesandten war. Von Stunde an schickte der König den Jungen nach Berlin ins Joachimthalsche Gymnasium, wo er auf königliche Kosten Unterricht erhielt, dann auf der Universität Halle studirte, und endlich schon in seinem zwanzigsten Jahre Justizbürgermeister in Stargard in Pommern wurde, und sich die Liebe seiner Mitbürger, so wie das Vertrauen des ihm vorgesetzten Collegiums erwarb. Seiner Amtsgeschäfte ohnerachtet setzte er doch das Studium der Dichtkunst fort, und vorzüglich beschäftigte er sich mit der Ausarbeitung von Theaterstücken, die auch von der Döbbelin'schen Gesellschaft mit Beifall des Publikums aufgeführt wurde. Ein Verwandter in Madrid starb und hinterließ ihm sein Vermögen, und nachdem er sich vom Großkanzler einen dreimonatlichen Urlaub ausgebeten hatte, ging er nach

Spanien. — Hier wartete aber seiner eine andere
Carriere, denn als er nunmehr in seiner Muttersprache
dichtete, und ein Stück auf das Theater brachte,
erweckte er den Enthusiasmus der Spanier so sehr,
daß sie ihn nicht mehr losließen. — Jahre lang hat
er das Theater mit den herrlichsten Stücken bereichert,
und niemand anders war unser Justizbürgermeister,
als der berühmte Calderon, den die Spanier ver=
göttern, und der auf diese Weise seine Ausbildung
dem großen Könige von Preußen zu danken hat.
(Siehe Meybom's brandenburgische Annalen.
Thl. II. Seite 63).

1810.

Warum denke ich schlafend oder wachend so oft
an den Wahnsinn? — Ich meine, geistige Auslee=
rungen könnten wie ein Aderlaß wirken.

Neunter Abschnitt.

Dresden und Leipzig 1813—1814.

———

Die Reise Hoffmanns von Bamberg nach Dres=
den war nicht ohne Abenteuer. In Reichenbach,
in Wiese und an noch einigen andern Orten muß=
ten er und die Frau mit Kosacken und Kalmücken
auf einer Streu übernachten. Am 25. April 1813
kam er in Dresden an. Er fand Seconda nicht;
sein Geld war ihm auf der Reise ausgegangen *),
die trübste Stimmung bemächtigte sich seiner; da
ging er am nächstfolgenden Morgen in die katholische
Kirche, und ein herrliches Requiem von Hasse gab
ihm neuen Muth; am Nachmittage aber führte ihn
sein Glücksstern in das Link'sche Bad, wo er mit
dem geheimen Staatsrath von Stägemann aus Ber=
lin ganz unerwartet seinen Hippel, nun als Staats=
rath, beide in Begleitung des Staatskanzlers von
Hardenberg fand. Sein Entzücken ist leicht zu er=

———

*) S. Hoffmanns ersten Brief aus Dresden an mich. J. F.

meffen. Im Umgange fo trefflicher Freunde, zu
denen sich auch Bartholdy gefellte, verfloßen ihm ein
paar der glücklichften Tage. Am 1. Mai erhielt er
einen Brief von Seconda, der ihn nach Leipzig
befchied; er zögerte, auf Hippels Rath, wegen der
Kriegsunruhen und der Unficherheit der Straßen,
mit feiner Abreife, und schon am 7. Mai fah er sich
auf die unangenehmfte Weife von dem kaum wieder=
gefundenen Freunde feiner Jugend von neuem ge=
trennt. Am Morgen diefes Tages nämlich hatte
ein Geschäft Hippeln von der Neuftadt, — Hoffmann
wohnte in der Altftadt, — entfernt, und geftattete
ihm erft in der Nacht die Rückkehr. Am 8ten
wollten beide Freunde zu einander eilen; allein die
Brücke war nur für Truppenzüge noch zugänglich,
für Fußgänger gefperrt. Hippel folgte dem Staats=
kanzler, und Hoffmann fah ihn für jetzt nicht wieder.
Von nun an, bis zum 19ten, enthalten die Tage=
bücher des letztern die buntesten Kriegsfcenen; er
war überall, wo es etwas zu fehen gab, mitten
inne, und wäre am 9ten, dicht am Schloßthor, wo
die Kugeln zifchend an die Mauer anprallten, und
wieder zurückfchlugen, beinahe getödtet worden. Mit=
unter arbeitete er auch, z. B. die Rezenfion einer
Wilmfchen Symphonie für die allgemeine mufika=
lifche Zeitung. Am 19ten früh erhielt er endlich
das längft erwartete Reifegeld von Seconda. Er
machte fogleich Anftalten zur Abreife, packte ein, fah
Abends einen feiner Dresdner Freunde bei fich, und
— fo beweglich war nur Hoffmann — fchrieb noch

den Anfang eines Magnetiseurs *), wie es in den Notaten für diesen Tag heißt, „mit großem Glück."

Am 20sten früh reiste er von Dresden, mit der Leipziger Postkutsche, in der gemüthlichsten Stimmung ab, ohne Ahnung von dem entsetzlichen Schauspiel, dessen Zeuge er bald werden sollte. Auf dem Wagen befand sich nämlich nebst mehreren französischen Offizieren, ein neuvermähltes Ehepaar, Appellationsrath Graf F., mit seiner jungen Gemahlin, die nach ihrem bei Meißen gelegenen Gute reißten. Sie hatten die Post gewählt, weil sie für ihre eigenen Pferde, bei den streifenden Truppen, Gefahr fürchteten, und scherzten noch mit einander über die in ihrem Stande so ungewöhnliche Art, eine Reise von einigen Meilen zu machen. Die Gesellschaft unterhielt sich eben auf das heiterste, als die Postkutsche kurz vor Meißen, von einem Hindernisse gehemmt, umschlug; die Passagiere mehr oder minder schwer verwundet, krochen mühsam unter den Poststücken, die über sie hingestürzt waren, hervor; nur die junge Gräfin fehlte, und es währte nicht lange, so entdeckte man ihren zerschmetterten Leichnam, nachdem man eine große Kiste davon hinweggewälzt hatte. Diese furchtbare Begebenheit würde ohne Zweifel einen noch tiefern Eindruck auf Hoffmanns reizbares

---

*) Fantasiestücke Thl. II. in beiden Ausgaben. Die erste Anregung dazu mochte er in Bamberg erhalten haben. Am 21. December 1812 hat er in seinem dortigen Tagebuche verzeichnet: „Zum erstenmal im Hospital eine Somnambüle gesehen. Zweifel!"

Gemüth gemacht haben, als es der Fall war, hätte ihn nicht eine ihm noch näher liegende Sorge zurückgedrängt; seine Frau hatte nämlich eine tiefe Kopfwunde erhalten, und schien im ersten Augenblicke tödtlich verwundet. Man holte eine Portechaise aus dem ganz nahe gelegenen Meißen, wo sie eine ihnen völlig fremde Familie, die des Senators Goldberg, freundlich aufnahm und mit Wein erquickte; Hoffmann selbst war, wenn gleich nicht verwundet, doch am ganzen Körper zerschlagen; er führte sodann seine Frau in einem Tragsessel in den Gasthof zur Sonne, und hier wurde ihr der erste chirurgische Verband angelegt. „Was werde ich noch alles erleben!" schreibt er am Abend dieses Tages in sein Journal: „Gott sey nur Dank, daß meine Frau lebt und außer Gefahr ist, wie mir die Chirurgen versichern."

Nach einem Aufenthalt von einigen Tagen in Meißen wurde die Reise nach Leipzig fortgesetzt.

Hoffmann traf mit der noch immer sehr leidenden Frau am 23. Mai, Nachmittags um 3 Uhr dort ein, und am 24. früh hält er schon am Flügel die erste, am 25. aber die Orchesterprobe einer neuen Oper, und ist völlig als Musikdirector des ihm ganz fremden Theaters eingerichtet. Doch will es mit der Seconda'schen Entreprise in Leipzig jetzt nicht fort; der Director sieht sich genöthigt, die Erlaubniß nachzusuchen, nach Dresden zurückzukehren, um auf dem dortigen Hoftheater zu spielen; er erhält sie, und vier Wochen später, am 24. Juni, sitzt Hoffmann schon wieder auf einem elenden Leiterwagen,

um nach Dresden zurückzukehren. Dort angekom=
men, miethet er sich in der Allee ein, kämpft von
neuem mit großer Geldnoth, tröstet sich, was ihm
nie fehlschlug, indem er Hand an ein neues Werk
legte, nämlich am ersten Juli die Composition der
Undine anfing *), und ging so der großen Kata=
strophe entgegen, die in den letzten Tagen des Au=
gust über Dresden hereinbrach.

Es ist nur nöthig gewesen, dies alles in flüch=
tigen Strichen aus seinem Tagebuche anzudeuten,
da sich ein Brief aus dem Juli an Doctor Speyer
in Bamberg vorfindet **), der, mit liebenswürdiger
Laune ein ausgeführtes Gemälde dieses kurzen Le=
bensabschnittes gibt.

„So wie sie in Bamberg“ — schreibt er dem
Freunde — „im tiefsten Frieden leben, so habe ich
in Leipzig, wie mitten im Kriege selbst, jetzt, wäh=
rend des Waffenstillstandes, gelebt, und zum ersten=
male in meinem Leben ein nicht unbedeutendes blu=
tiges Gefecht, aus geringer Entfernung, vertrauend
auf meine Schnellfüßigkeit, angesehen; es war die
Affaire, welche am 7. Juni, Vormittags 9 Uhr, vor
den Thoren von Leipzig stattfand. Die späteren
Auftritte zwischen den Preußen und Franzosen, die

---

*) Einzelne Piecen hatte er schon in Bamberg angefangen zu
komponiren, z. B. Kühleborns Arie. S. das Billet an mich
v. J. 1812.   J. F.
**) Ueber Hoffmanns Reise von Bamberg nach Dresden, so wie
dessen Aufenthalt hier und in Leipzig vergl. man sowohl
die dieser Ausgabe beigefügten Briefe aus beiden Orten,
als jene in den „Erinnerungen 1ster Bd.“   J. F.

durch ganz eigene Mißverständnisse erzeugt wurden. Leipzig's Belagerungszustand u. s. w. übergehe ich, da sie aus den Zeitungen bekannt seyn werden. — Ich komme zu meinen Dienstverhältnissen. — Den Seconda habe ich ganz so gefunden, wie ihn mir Rochlitz schilderte — ein lieber, ehrlicher, dummer Mann, der 25 Jahre hindurch die Maschine gedreht hat, wie der Esel die Walkmühle; er strich seine 4 bis 5000 Rthl. monatlich ein, und gab sie wieder aus; — so wie aber das Ding etwas aus dem Gleise kommt, verliert er den Kopf, und weiß sich nicht zu helfen. — In jener so unruhigen Zeit blieb natürlicherweise das Theater leer, ja wir konnten nicht einmal spielen, da oft plötzlich, vor der Theaterzeit, der Generalmarsch geschlagen, und die Thore gesperrt wurden. Herr Seconda erklärte daher am 8. Juli ganz kaltblütig: er müsse das Theater schließen und wir könnten alle hingehen, wohin wir wollten. Sie können denken, daß uns alle dies wie ein Donnerschlag aus heiterer Luft traf, da wir überzeugt waren, daß es so weit durchaus nicht mit dem Theater gekommen war, und sich allerdings Auswege finden müßten, die böse Zeit zu überstehen, und die Sache zu erhalten; alle Vorstellungen, ja selbst das durch die Vermittelung unseres Komikers, Herrn Kellers, — eines in Leipzig durchaus geschätzten Mannes, — von einem Kaufmann angebotene Darlehen von 1000 Rthl. fruchteten nichts. Herr Seconda blieb bei seinem Vorhaben. — Nun trat die Gesellschaft zusammen, und beschloß, nach

möglichſter Verringerung des Ausgabeetats, wenig=
ſtens 14 Tage hindurch auf eigene Rechnung zu
ſpielen, und Herrn Seconda die Buchführung über
Einnahme und Ausgabe zu überlaſſen. Der Leip=
ziger Rath erlaubte dies nicht nur, ſondern war ſo
billig, die Miethe des Hauſes merklich herabzuſetzen.
Die hohen Gagen wurden beinahe auf die Hälfte
reducirt, und ſo fingen wir getroſt an, in der Hoff=
nung, uns vielleicht den Sommer durchzubringen,
da gar keine Ausſicht vorhanden, im Link'ſchen Bade
in Dresden, außerhalb der Verſchanzungen, ſpielen
zu können. — Das Glück wollte uns wohl; denn
mit den beiden, nichts weniger als neuen Opern:
Sargines und Figaro, die aber exzellent gingen, und
mit rauſchendem Beifall aufgenommen wurden, ſo
daß jede dreimal bei vollem Hauſe wiederholt wer=
den konnte, nahmen wir ſo viel ein, daß alle Aus=
gaben, — dieſe betragen, nach der Herabſetzung,
jeden Tag 123 Rthl.!! — beſtritten, und unſere
herabgeſetzten Gagen ohne weitern Abzug gezahlt
werden konnten. — Schon präparirten wir uns auf
die Fortſetzung unſeres Unternehmens, und gedach=
ten keck und kühn die Veſtalin einzuſtudiren, als
Herrn Seconda ganz unerwartet ein Glücksſtern
aufgegangen war. Durch die Vermittelung ſeines
Bruders Franz hatte er nämlich die Erlaubniß er=
halten, in Dresden auf dem Hoftheater, und zwar
auch Sonntags, ſpielen zu dürfen; — etwas in
Dresden ganz Unerhörtes, und nur ſeit der Zeit
möglich, da der — — — einen großen Hut mit

Federbusch und Sturmband trägt. Nun nahm Herr
Seconda natürlicherweise das Steuer wieder in die
Hand, und wir richteten unsern Lauf am 24. Juni
in neun Halbwagen gen Dresden. — Eine lächerliche Reise, die mir Stoff zu der humoristischsten
Erzählung geben würde. — Vorzüglich war ein
Hamburger Stuhlwagen, auf dem sich der Unter-
stab, nebst überflüssigen Mägden, Kindern und Thie-
ren befand, mir so merkwürdig, daß ich nie ver-
säumte, mich beim Ein= und Ausladen gegenwärtig
zu finden. Nach richtiger Schätzung und Zählung
befanden sich darauf: ein Theaterfriseur, zwei Theatergehülfen, fünf Mägde, neun Kinder, worunter
zwei neugeborene, und drei annoch säugende; ein
Papagey, der unaufhörlich und sehr passend schimpfte,
fünf Hunde, worunter drei abgelebte Möpse, vier
Meerschweinchen, und ein Eichhorn. — Ich hatte
mit meiner Frau einen Halbwagen für mich, den
mir Herr Seconda, meiner verwundeten Frau wegen, großmüthiger Weise gemiethet, und war immer
weit voraus, konnte aber nicht unterlassen, an jedem
Frühstücks= und Mittagsort auf die Caravane zu
warten. In Oschatz wurde übernachtet, und da es,
Gott sey es gedankt! bei unserer Gesellschaft recht
gebildete und dabei joviale Menschen gibt, die von
dem Comödiantentik nicht heimgesucht werden, so
können sie denken, daß der Abend recht angenehm
zugebracht wurde; ich schlug vor, ob es nicht räth-
lich sey, des augenblicklichen Imponirens wegen eine
Art Triumphzug zu veranstalten, worin jener Ham-

burger Stuhlwagen die Hauptrolle spielen sollte; das wurde mit großem Beifall aufgenommen, und die Rollenvertheilung gab Anlaß zu manchem Scherz. Herr Seconda selbst, — er war nicht zugegen, sondern schon in seine Stube gekrochen, — sollte in römischer Tracht; — er ist ein kleiner alter gebückter Mann mit einem entsetzlich dicken Kopfe und hervorstehenden Glasaugen, — als Triumphator auf dem Bocke seines Halbwagens stehen, und, durch eine von den Theatergehülfen zu besorgende künstliche Vorrichtung, der Papagay über seinem Kopfe schweben, wie der Adler über dem Germanicus. Möpse und Meerschweinchen sollten, wie aus fernen Landen mitgebrachte seltene Thiere, mit köstlichen Blumen geschmückt, von den Mohrensklaven aus dem Arur nachgetragen werden: als Präsent an den König für die erhaltene Erlaubniß u. s. w. Genug von diesen Allotriis!!"

„Herr Seconda hat nun nicht allein das Hoftheater, sondern auch den freien Gebrauch der Dekorationen, Requisiten, und der königlichen Garderobe; sie können daher denken, liebster Doctor, daß es unsern Darstellungen an äußerem Glanz nicht fehlt. Wir haben bis jetzt Don Juan, den Wasserträger, Iphigenia in Tauris, die Entführung aus dem Serail, Joseph, Cendrillon, Helene, von Mehul, Sargino gegeben. Vorzüglich waren die Dekorationen zum Joseph in dem edelsten Styl, und, obwohl nicht dazu besonders bestimmt, sehr passend, da sich ein ganz herrlicher ägyptischer Saal vorfand, der

vielleicht 15 Jahre alt, und, wie mir der Hofdeko=
rateur Winkler sagte, höchstens zweimal gebraucht
worden ist. Die Chöre werden von dreißig Chori=
sten und Kreuzschülern gar rein und fest gesungen,
und, daß das Orchester sehr brav ist, können sie
wohl denken, wiewohl mir, was insonderheit die
Violinen betrifft, das Leipziger Orchester besser ge=
fällt. In Leipzig gibt es aber auch bei der ersten
Violine die gefeierten Namen: Campagnoli, Mat=
thäi, Lange ꝛc. Wir wechseln mit den Italienern,
die zweimal spielen, ab, und nur dann und wann
läßt der Kaiser von seinen Schauspielern, — Tal=
ma, die Georges ꝛc. sind hier, — für sich und die
eingeladenen Zuschauer eine Vorstellung geben. Bei
den Italienern haben wir, so wie sie bei uns, freien
Zutritt, und bei den Franzosen öffnet sich auch dem
artiste allemand die Theaterthüre. — Ich habe die
Phädra und den Barbier von Sevilla gesehen; —
um mich darüber auszusprechen, müßte ich den Brief
zur Broschüre, und ihnen Langeweile machen; nur
so viel, daß im Barbier von Sevilla der Kaiser oft
und recht innig gelacht hat. Unsere Vorstellungen
werden mehr besucht, wie die der Italiener, welches
darin liegt, daß diese mit vier, höchstens fünf Opern
beständig wechseln, und wir immer neues auftischen.
Das richtige Urtheil des französischen und italieni=
schen Publikums ist, daß bei den Italienern im
einzelnen besser gesungen würde, bei uns hingegen
Chöre und Ensembles, worauf die Italiener weni=
ger Fleiß verwenden, besser gingen. Wir leben

überhaupt mit den Italienern auf einem freundschaftlichen Fuß, und seit der Zeit, daß die Sandrini mit Benelli ein kleines Duett von mir gesungen hat, in der Scelta dello Sposo, — hat sich
Morlachi in den Kopf gesetzt, eine deutsche Arie für
unsern Krahmer zu componiren, welches er nimmermehr zu Stande bringt, da er so gut deutsch
versteht, wie ich chinesisch, und sich bei Gerardi aus-
lachen läßt, wenn er ein: „„Klaßken süßkemaktes
Brandewein,““ trinken will. Es ist mir nicht wenig merkwürdig, daß ich hier den Sargines an
demselben Platz, auf demselben rothbeschlagenen Lehnstuhl, vor demselben Pianoforte dirigirt habe, wo
Paer ihn, als er zum erstenmal gegeben wurde,
dirigirte. — — — — — —

— — — — — — — Seconda's Gesellschaft
war vor meiner Ankunft sehr brav, hat aber durch
den Abgang von drei Sängerinnen, von denen sich
zwei in Leipzig an Kaufleute verheiratheten, und die
dritte eine ehrbare Organistenfrau wurde (Schnei-
ders Frau), einen bedeutenden Stoß erlitten. Unsere prima donna, Mad. Krahmer, hält das Mittel
zwischen der Köhl und der Heunisch. Die zweite
Sängerin singt mit einer dünnen Stimme, und
ohne alles Gefühl, wie ein Haubenstock, alles, auch
das schwierigste, prima vista, vom Blatt, spielt aus
der Partitur u. s. w., und ist, von 16 Jahren und
bei ziemlich hübscher Bildung, mir doch höchst odiös;
die Übrigen helfen aus. — Mit zwei ganz beson-
3 **

bers guten, ja vortrefflichen Tenoristen, so wie mit
einem ganz herrlichen Bassisten hat uns der Heiland
gesegnet, und unter den übrigen gibt es nur zwei,
die nur schwach musikalisch sind; sonst wird gut und
fertig vom Blatt gesungen, und sie können daher
benken, daß mein Amt eben nicht schwer ist. Den
Umstand, daß wir bis jetzt nur schon einstudirte
Opern geben, setzt uns in den Stand, merklich vor=
zuarbeiten, und für den Herbst und Winter ein ganz
neues Repertoir zu schaffen. — Auch dies habe ich
alles genau so gefunden, wie Rochlitz mir es schrieb.
— Zu andern Dingen!"

„Sie haben in der That Recht, liebster Doctor!
daß ich aus dem stillen friedlichen Lande in Tu=
mult und Krieg gezogen, und in gewisser Art da=
mit geeilt, ja mich auf den ersten Blick übereilt
habe. Allein so froh, so gemüthlich ich mich in
manchem glücklichen Augenblick unter meinen lieben
Freunden befand, so selten ich mich an irgend einem
andern Orte auf diese herzliche, innige Weise ange=
sprochen fühlte, so war ich doch im innersten über=
zeugt, um nicht auf immer verloren zu seyn, Bam=
berg so schnell als möglich verlassen zu müssen. —
Erinnern sie sich nur lebhaft an mein Leben in
Bamberg, vom ersten Augenblicke meiner Ankunft,
und sie werden gestehen, daß alles, wie eine feind=
liche dämonische Kraft wirkte, mich von der Ten=
denz, oder besser von der Kunst, der ich nun einmal
mein ganzes Daseyn, mein Ich in allem Regen
und Bestreben geweiht habe, gewaltsam wegzureißen.

— Meine Lage bei Cuno, selbst das aufgedrungene fremde Fach bei Holbein, welches noch dazu so viel Verführerisches hatte, aber vorzüglich die nie zu vergessenden und zu verwindenden Auftritte mit — die armseligen dümmlichen Plattitüden des alten Mannes, in anderer Hinsicht, aber doch verderblich wirkend, die fatalen Auftritte mit, — und ganz zuletzt mit dem, — der mir wie ein ganz neugebackenes, aber mißrathenes Teufelchen vorkam; — kurz, die ganze Opposition gegen alles bessere Thun, Wirken und Treiben in dem höhern Leben, wo der Mensch sich mit regem Fittig über den stinkenden Pfuhl seines armseligen Broodbettellebens erhebt, erzeugte in mir eine innere Entzweiung, einen innern Krieg, der mich viel eher vernichten konnte, als jeder Tumult um mich von außen her. — Jede unverdiente harte Kränkung, die ich erleiden mußte, vermehrte meinen innern Groll, und indem ich mich immer und immer mehr an Wein, als Reizmittel gewöhnend, das Feuer nachschürte, damit es lustiger brenne, achtete ich das nicht, daß auf diese Art nur aus dem Untergange das Heil erprießen könne. Mögen Sie in diesen wenigen Worten, in dieser Andeutung den Schlüssel zu manchem finden, was Ihnen, wo nicht räthselhaft, doch widersprechend schien!' — Uebrigens transeant cum cæteris!"

„Eine größere Antipolarität in wissenschaftlicher und künstlerischer Hinsicht, als Bamberg und Leipzig, kann es wohl in der Welt nicht geben. Ja, ich möchte sagen: ist in Bamberg des Guten zu

wenig, so ist in Leipzig beinahe des Guten zu viel.
Aber so viel ist doch gewiß, daß man sich wie ein
Fisch im Wasser, im rechten Elemente, froh und frei
bewegen kann. Mein Empfang war überall über
alle Maßen herzlich und gemüthlich; Rochlitz und
Härtel begrüßten mich wie einen alten Freund, und
die Herren des Orchesters behandelten mich mit einer
Artigkeit, ja mit einer Art von Submission, die mich
in gewisser Art verlegen machte. Ich sah wohl ein,
daß das kleine Saamenkorn, was ich gestreuet (ich
meine in der musikalischen Zeitung), hier aufge=
schossen und geblüht hat. — Die ganz eigene Em=
pfindung hierbei kann ich nicht beschreiben, da mir
alle Eseleien in Bamberg einfielen. — Das Leben
in Leipzig ist sehr angenehm, und gar nicht so
theuer, wie man es ausgeschrieen. Man würde noch
wohlfeiler leben, wenn nicht eine ganz fatale Ein=
richtung stattfände, die manchen Gulden kostet. Auf
dem Markte und in der Petersstraße gibt es näm=
lich sogenannte italienische Keller: Mainoni, Trei=
ber, Rossi u. a. m. Geht man nun vorüber, so ist
die Straße vor der Thüre so abschüssig, daß man
ganz unversehens die Treppe hinunterstolpert; ist
man unten, so befindet man sich zwar in einem sehr
artig meublirten Zimmer — aber die verdammte
Kellerluft; — gegen diese muß man ein Glas Bi=
schof oder Burgunder trinken, und einen Sardellen=
Sallat, mit Muscheln, Cervelatwurst, Oliven, Ka=
pern, Luccheseröl u. s. w. essen; ja, diese Einrichtung
kostet manchen Gulden!"

„In Dresden wohne ich auf dem Lande, d. h. vor dem schwarzen Thore, auf dem Sande, in einer Allee, die nach dem Link'schen Bade führt. Aus meinem mit Weinlaub umrankten Fenster übersehe ich einen großen Theil der herrlichen Elbgegend, d. h. jenseits des freundlichen Stroms einen Theil der sächsischen Schweiz, Königstein, Lilienstein u. s. w. Gehe ich nur zwanzig Schritte von der Thüre fort, welches ich, so oft ich will, in Mütze und Pantoffeln, mit der Pfeife im Munde, thun kann, so liegt das herrliche Dresden mit seinen Kuppeln und Thürmen vor mir ausgebreitet, und über demselben ragen die fernen Felsen des Erzgebirges hervor. Will ich weiter gehen, so wende ich mich nach der bretternen Saloppe, der stillen Musik, dem lustigen Winzer, dem spanischen Kragen; lauter possirliche Namen von nahegelegenen Weinbergen an der Elbe, wo man Erfrischungen bekömmt und Gesellschaft findet. Diese große Annehmlichkeit muß ich mit der Beschwerde erkaufen, wöchentlich dreimal eine Meile, und viermal eine halbe Meile zu wandern, denn so weit habe ich hin und her zur Vorstellung, nämlich eine halbe Stunde jeder Gang. Das thue ich aber gern, es ist gesund, und Essen und das Glas Landwein schmecken trefflich. — Das Bier ist seit einiger Zeit nicht mehr trinkbar, da, läge ein Frosch darin, Sie ihn unmöglich entdecken würden."

„Erst hier in Dresden ist die bedeutende Kopfwunde meiner Frau zugeheilt; sehr lange wird sie aber wohl eine schmerzliche Empfindung und lebenslang die Narbe behalten. Uebrigens ist sie sehr heiter und froh."

„Für Kunz lege ich ein Briefchen nebst Manu= script bei. Es ist die erste Abtheilung einer Erzäh= lung, betitelt: der Magnetiseur. — Wie ich glaube, wird Ihnen dieser Aufsatz nicht uninteressant seyn, da er eine noch unberührte neue Seite des Magne= tismus entwickeln soll; wenn Sie wollen, so lesen Sie das Manuscript u. s. w."

Am 22. August bezog Hoffmann ein Logis in der Stadt, weil außerhalb derselben keine Sicherheit mehr war; schon vom 15ten an aber hatte er ange= fangen, unter dem Titel: „drei verhängnißvolle Mo= nate" Auszüge aus seinen Tagebüchern für seine Freunde zusammenzustellen, die wörtlich hier folgen mögen, leider aber nur bis zum 29. August reichen.

„Dresden den 15. August 1813. Schon seit der Feier des Napoleonsfestes am 10ten waren täglich Truppen und Geschütz herausgegangen; heute verließ der Kaiser mit den Garden die Stadt, und zog fort auf der Straße nach Schlesien, man spricht von einer nahen entscheidenden Schlacht."

„16. 17. 18. 19. Gänzliche Todtenstille. — Man spricht ganz heimlich, daß Oesterreich den Ver= bündeten beigetreten."

„20. Es sollen sich Preußen und Russen der Stadt nähern."

„21. Augenscheinliche Retirade der Franzosen von der schlesischen Seite her; eine zahllose Menge

Verwundeter auf Wagen, Cavallerie ohne Pferde, Infanteristen ohne Gewehr ꝛc. ꝛc."

„22. Frühmorgens ein ungewöhnliches Hin= und Hertreiben in der Stadt, — das Militär ist in voller Bewegung, — und mit Mühe gelang es, die schwierige Hauptprobe der Iphigenia in Tauris, die den Abend gegeben werden sollte, zu beendigen; denn während derselben kam die Nachricht, daß Thore und Schläge gesperrt sind, weil die Russen und Preußen ganz in der Nähe stehen. Polnische Offi= ziere, die des Morgens in einem Kaffeehause, dicht vor dem Freyberger Thore Billard spielten, wurden von Kosacken überfallen und gefangen abgeführt. Gegen Abend wurde es ruhiger, und Iphigenia wurde wirklich gegeben. — Uebrigens zog ich in aller Eil vom Sande hinein auf die Moritzstraße."

„23. Größere Unruhe als gestern. Man hört ganz in der Nähe Kanonendonner, und vor dem Sandthor ganz deutlich das Tirailleurfeuer. Auf den Straßen sieht man Verwundete, noch unverbunden, blutig zurückkommen. Zum Theil werden sie auf Schubkarren hereingebracht; in dieser Art begegnete ich auf der Seegasse einem Offizier, dem beide Augen ausgeschossen waren."

24. Die Unruhe steigt; Kanonen, Pulverwa= gen werden im Galopp zu den Thoren hinausge= führt, immerwährendes Schießen; das schwarze Thor war offen, und ich eilte nach dem Link'schen Bade, wo man die französischen und feindlichen Batterien von Pirna ganz deutlich arbeiten sehen konnte. —

Abends wurde in der Stadt vom Walle bei dem Theater Victoria geschossen, des Sieges bei Löwenberg wegen, den auch ein öffentlicher Anschlag verkündete. Es hieß darin: die Cavallerie habe sehr schöne Angriffe gemacht."

"25. Vormittag alles ganz still und ruhig. Nachmittag hörte man sehr nahe tirailliren; ich ging mit dem Schauspieler Keller zum Pirnaer Schlage heraus, der geöffnet war, und so weit, daß die Linie der französischen Tirailleurs nur 50 Schritte vor uns stand. 300 Schritte weiter ritten einzelne Kosacken ganz ruhig hin und her, und nahmen gar keine Notiz von den Plänklern der Franzosen. Ich sah wie einer abstieg, und den Gurt des Pferdes fester schnallte. Plötzlich brachen russische Tirailleurs aus einem Gebüsch hervor, und nun wurde das Plänkeln hitziger und hitziger, viele Franzosen fielen todt und andere kamen blutig und schreiend zurück. Französische Bataillone formirten sich, und es wurde eine Batterie von vier Kanonen aufgestellt; noch ehe diese anfing zu spielen, kamen aber schon feindliche Kugeln von einer Batterie, die ich nicht bemerkt hatte, und nun sah ich auch, wie eine schwarze Linie sich von den Bergen herabbewegte. Da die Kugeln bis dicht vor den Schlag niederfielen, hielten wir es für rathsam, mit vieler Schnelligkeit durch das Wilsdruffer Thor zu Hause zu eilen. — Die Nacht hat dem Gefecht (dem ersten, das ich so in der Nähe angesehen) ein Ende gemacht. Die Franzosen meinen, es sey nur ein Streifkorps, das sich Dresden genähert;

das ist aber nicht wahr, denn von dem Boden des hohen Nebenhauses, auf den ich stieg, sieht man ringsumher eine unzählige Menge Wachtfeuer, auf jeden Fall ist es also eine starke Armee, die Dresden umschließt."

„26. Frühmorgens 7 Uhr wurde ich durch den Donner der Kanonen geweckt; ich eilte sogleich auf den Boden des Nebenhauses, und sah, wie die Franzosen, in geringer Entfernung vor den Schanzen mehrere Batterien aufgestellt hatten, die mit feindlichen Batterien, welche am Fuße der Berge standen, auf das heftigste engagirt waren. Mit Hülfe eines sehr guten Glases konnte ich bemerken, daß sehr starke russische und österreichische Colonnen (an der weißen Uniform sehr kenntlich) sich von den Bergen herab bewegten. Eine Batterie nach der andern rückte näher, die Franzosen retirirten bis in die Schanzen, und nun wurde sogar von den Stadtwällen aus grobem Geschütz gefeuert; der Kanonendonner wurde so heftig, daß die Erde bebte und die Fenster zitterten. Die Russen hatten den großen Garten erstürmt, so wie die Preußen die Schanzen von der Friedrichsstadt, — ersteres konnte ich sehen. — Die Nachricht kam, daß der Kaiser eintreffen würde, ich eilte daher auf die Terrasse des Brühl'schen Gartens an der großen Brücke. Um 11 Uhr kam der Kaiser, auf einem kleinen falben Pferde, über die Brücke schnell geritten — es war eine dumpfe Stille im Volk — er warf seinen Kopf heftig hin und her, und hatte ein gewisses Wesen, was ich noch nie an ihm bemerkte, — er ritt biß vor das Schloß, stieg aber nur wenige Secunden ab, und ritt wieder an die Elbbrücke, wo er, umgeben von mehreren Marschällen, still hielt — die Adjutanten sprengten ab und zu, und holten Ordres, die er allemal in kurzen Worten, aber sehr laut, ertheilte; er nahm sehr häufig Taback, und schaute noch häufiger durch ein kleines Taschenperspektiv die Elbe herab. Die Garden kamen mit Doppelschritt über die Brücke und eilten, nachdem sie eine sehr kurze Zeit auf dem Platz vor dem Kaiser gehalten, zu den Thoren heraus. Ich mußte fort, weil der Brühl'sche Garten besetzt wurde, und ging wieder auf mein Observatorium. Zwischen 4 und 5 Uhr donnerten die Kanonen am heftigsten — Schlag auf Schlag — man konnte die Kugeln sausen hören, ich bemerkte es zuerst, man wollte mir es aber nicht glauben, gleich darauf stürzte aber, in einer Entfernung von höchstens 25 Schritt, eine Feuermauer, von einer Kugel getroffen, ein, und nun war es klar, daß Geschütz auf die Stadt gerichtet worden. — Wir gingen herab, da unser Aufenthalt oben jetzt lebensgefährlich wurde. Eben wollte ich in meine Hausthüre treten, als zischend und prasselnd über meinem Kopf eine Granade wegfuhr, und nur 15 Schritte weiter, vor der Wohnung des General Gouvion St. Cyr, zwischen vier gefüllten Pulverwagen, die eben zur Abfahrt bereit standen, niederfiel und sprang, so daß die Pferde bäumend Reißaus nahmen. — Wenigstens dreißig Personen standen daneben auf der Gasse,

und außerdem, daß die Pulverwagen ver=
schont blieben, deren Explosion das ganze Stadt=
viertel vernichtet hätte, wurde kein Mensch,
kein Pferd beschädigt; es ist unbegreiflich, wo
die Stücke der Granate geblieben sind, da in unserm
Hause nur ein ganz unbeträchtliches gefunden wurde,
welches die Fensterladen des untern Stocks zerschla=
gen, und in ein unbewohntes Zimmer gefallen war.
Wenige Minuten darauf kam eine zweite Granate,
und riß ein Stück vom Dache des gegenüberstehen=
den Cagiorgischen Hauses weg, und drückte drei
Fenster der Mezzane zusammen, daß das Holzwerk
und die Ziegelsteine prasselnd auf die Gasse stürzten;
bald darauf fiel eine dritte in die Nebengasse in ein
Haus, und es war mir klar, daß eine Batterie ge=
rade auf unser Stadtviertel spielte. — Alle Bewoh=
ner des Hauses, — Frauen, Männer, Kinder —
versammelten sich auf der gewölbten steinernen Treppe
des ersten Stocks, die aus der Richtung der Fenster
lag. — Da gab es bei jeder Explosion der jetzt
häufigen, doch in großer Entfernung hineinfallenden
Granaten, ein Jammern und Wehklagen. — Nicht
einmal ein Tropfen Wein oder Rum zur Herzstär=
kung, — ein verdammt ängstlicher Aufenthalt — ich
schlich leise zur Hinterthüre heraus und durch ein
Hintergäßchen zum Schauspieler Keller, der auf dem
Neumarkt wohnt, — wir sahen ganz gemüthlich,
mit einem Glase Wein in der Hand, zum Fenster
heraus, als eine Granate mitten auf dem Markte
niederfiel und platzte; in demselben Augenblicke fiel

ein weſtphäliſcher Soldat, der eben Waſſer pumpen
wollte, mit zerſchmettertem Kopfe todt nieder, und
ziemlich weit davon ein anſtändig gekleideter Bürger;
— dieſer ſchien ſich aufraffen zu wollen.— aber der
Leib war ihm aufgeriſſen, die Gedärme hingen her=
aus, er fiel todt nieder*) — noch drei Menſchen
wurden an der Frauenkirche von derſelben Granate
hart verwundet, — der Schauſpieler Keller ließ ſein
Glas fallen, — ich trank das meinige aus und rief:
was iſt das Leben! Nicht das bischen glühend Eiſen
ertragen zu können, ſchwach iſt die menſchliche Natur.
— Gott erhalte mir die Ruhe und den Muth in
Lebensgefahr, ſo überſteht ſich alles beſſer! — Es
gelang mir, den Kaufmann Schmidt aus ſeinem ver=
ſchloſſenen Gemach hervorzutreiben, der belud mich
mit Wein und Rum für mich und meine Hausge=
noſſen. Ich trat wieder ein, wie eine Erſcheinung
des Troſtes und der Beruhigung. — Eine der Frauen
(Mad. Stein), die gerade im oberſten Stock wohnte,
hatte den Muth gehabt, allerlei nützliche Lebensmit=
tel herabzubringen. — Das war alles bonum com-
mune, und uns allen, die wir keinen Mittag gegeſ=
ſen, ſchmeckte es im Bivouacq auf der Treppe
herrlich; das Kelchglas ging fleißig herum, und
unter dem Donner der Kanonen, unter dem Praſ=
ſeln der Granaten ging uns allen ein fröhlich
guter Humor auf, der immer der Nachklang einer

---

*) „(Zu bemerken: fünf Minuten ſpäter ritt der Kaiſer über
   den Neumarkt, gerade wo der Bürger getroffen, nach dem
   Pirnaer Thor.)“

durch Gefahr exaltirten Stimmung ist. Erst als es
ganz finster war, ließ das Schießen nach. Die
Garden hatten, wie man nun erfuhr, die genomme-
nen Schanzen wieder erstürmt, und die verbündete
Armee sich auf die Höhen zurückgezogen. — Das
Kammermädchen der Gräfin Breza trat vor die Haus=
thüre, vor welcher der Wagen stand, der die Gräfin
in Sicherheit in ein anderes Stadtviertel bringen
sollte; in eben demselben Augenblicke wurde sie aber
von einer Granate, im strengsten Sinne des Worts,
z e r r i s s e n. Einer Hebamme auf der Pirnaer Vor=
stadt wurde, als sie zum Fenster hinausschaute, der
Kopf weggerissen; eben so verlor ein Handlungs=
commiß, der im Comtoir saß, den Arm. Noch mehrere Bürger sind theils verwundet, theils getödtet."

„27. Die Nacht verging ruhig. Erst um 8 Uhr
Morgens ging eine lebhafte Kanonade an, daß die
Fenster bebten, — es fiel unaufhörlich Regen, man
konnte daher nicht viel bemerken. Nachmittags ent-
fernte sich das Schießen, und man erfuhr, daß die
russische und österreichische Armee fünf Stunden weit
zurückgedrängt worden. Abends kamen ungefähr
2 bis 300 russische und preußische, und wohl an
10,000 österreichische Gefangene, wie auch vier öster=
reichische Fahnen und sechs Kanonen."

„28. Die Russen und Oesterreicher stehen auf
den Höhen von Kesselsdorf, man hört sehr deutlich
Kanonen= und Pelotonfeuer. Ueber die Elbbrücke
bemerkte ich eine augenscheinliche Retirade der Fran=

zosen, und die Nachricht, daß bei Berlin die Franzosen geschlagen sind, ist daher wahr."

„29. Heute ging ich vor den Moszynskischen Garten, und sah zum erstenmal in meinem Leben ein Schlachtfeld. — Erst heute hatte man angefangen, aufzuräumen, und zwar wurden, wie ich bemerkte, zuerst die gebliebenen Franzosen nackt ausgezogen, und in große Gruben zu 20, 30 verscharrt. — Hier hatten die russischen Jäger unter dem wüthenden Feuer der französischen Kanonen gestürmt. Das Feld war daher bedeckt mit Russen, zum Theil auf die schrecklichste Weise verstümmelt, und zerrissen. — So z. B. sah ich einen, dem gerade die Hälfte des Kopfs weggerissen — ein scheußlicher Anblick, Pferde, Menschen, daneben Gewehre, Säbel, gesprengte Pulverwagen, Tschako's, Patrontaschen — alles in wilder Unordnung durch einander geworfen. Auf manchem unverstümmelten Gesicht sah man noch die Wuth, den Grimm des Kampfes; einer hatte gerade in die Patrontasche gegriffen, um frisch zu laden, und so hatte ihn der Tod getroffen. — Ein russischer Offizier, ein herrlicher, schöner Jüngling (höchstens 28 Jahr) hielt noch den Säbel über den Kopf geschwungen in der rechten Hand, und war so zum Tode erstarrt. — Eine Kanonenkugel hatte ihn gerade auf der Brust, am linken Arm getroffen; diesen weggerissen und die Brust zerschmettert, — sein Tod war leicht! — Mir schien es, als bewege sich etwas im Grase in einiger Entfernung; ich theilte es meinem Begleiter, dem Advokaten Conradi, mit, wir

gingen darauf zu; und siehe da, ein Ruſſe, dem
beide Füße auf das Jämmerlichſte zerſchoſſen waren,
ſo, daß alles von geronnenem Blute klebte, ſaß ganz
gemüthlich aufrecht, und zehrte an einem Stück Kom-
mißbrod. So lag der Menſch ſeit dem 26.
Auguſt Nachmittags, und war, der ſtarken
Verwundung unerachtet, friſch und munter. Er
zeigte uns ſeine leere Feldflaſche, und Conradi eilte,
ſie mit Waſſer zu füllen."

Aus Hoffmanns Tagebuch iſt nächſt dieſem noch
Folgendes zu bemerken.

„Den 30. Fortdauernde dumpfe Stille. Dem
Kaiſer begegnet; mit einem furchtbaren Tyrannen-
blick und Löwenſtimme brüllte er: Voyons! einem
ihn begleitenden Adjudanten zu."

„Den 22. Oktober. Der Kaiſer iſt geſchlagen,
und retirirt nach Erfurt u. ſ. w. So habe ich gegründete Hoffnung zum beſten, fröhlichſten Leben in
der Kunſt, und alle Noth wird geendet ſeyn."

„Den 22. November. Heute Nachmittag einen
öſterreichiſchen und ruſſiſchen Offizier in voller Galla
geſehen; ganz eigenes herrliches Gefühl. Ja, es iſt
wahr! — „Freiheit!"*)

Endlich dient zum Ueberblick folgende nicht un-
intereſſante Stelle aus einem Briefe an Hitzig, da-
tirt: Dresden, 21. Dezember 1813.

„Hier habe ich nun alles erlebt, was man in

---

*) Siehe den Brief aus Dresden vom 17. November 1813, der
mit der dreimaligen Wiederholung dieſes Wortes anfängt.
                                                        J. F.

der nächsten Nähe des Krieges erleben kann; ich
habe Scharmützel, eine bedeutende Schlacht (am 26.
August) deutlich angesehen, habe das Schlachtfeld
besucht; kurz, meine Erfahrungen sind in dieser Art
nur zu sehr bereichert worden. Hungersnoth, und
eine Art Pest (die zum Theil noch herrscht, und nur
noch vorige Woche 280 Personen bürgerlichen Stan=
des weggerafft hat) mußte ich auch ausstehen, aber
unerachtet aller in der That entsetzlichen Ereignisse,
von denen Sie wahrscheinlich schon durch die öffentlichen
Blätter unterrichtet seyn werden, habe ich nie den
Muth verloren; ja, als die Kanonen rings um Dres=
den donnerten, so daß der Boden bebte und die
Fenster zitterten, ist mir ein besonderes vorahnendes
Gefühl gekommen, daß der so lange ersehnte Augen=
blick der wiedererlangten Freiheit nicht mehr fern
seyn könne! — Schon am 11. Oktober hatte ich die
Freude, mit eigenen Augen ziemlich nahe (ich konnte
es nicht lassen, hinaus zu laufen, und mich auf einen
Hügel zu stellen) zu sehen, wie die Franzosen aus
ihrem verschanzten Lager dicht vor den weißen Schan=
zen von Dresden herausgetrieben wurden, ihre Ba=
racken anzündeten, und mit einer Schnelligkeit da=
von liefen, die ich der Nation immer zutraute. Ein
gleiches Schauspiel erfreute mich am 13. Oktober,
16. Oktober und später am 6. November, wo ich,
mittelst eines sehr guten Glases vom Thurm der
Kreuzkirche sah, wie der Herr Graf von der Lobau,
der sich mit 12 bis 15,000 Mann nach Torgau
durchschlagen wollte, von den Bocksdorfer Höhen

herab, und bis unter die Kanonen von Dresden
getrieben wurde. — Die Anstalten waren übrigens
seit dem 4. November von der Art, daß man hätte
glauben sollen, die Franzosen würden jede Straße
vertheidigen, und sich bis auf den letzten Mann
wehren. Denn nachdem sie die äußeren Schanzen
verlassen müssen, sperrten sie die Schläge und Thore,
und verschanzten die Hauptstraßen der Vorstädte
hauptsächlich mittelst mit Sand gefüllter Kisten und
Tonnen. Um so drückender war uns Einwohnern
das alles, weil wir, trotz aller Vorsicht der französischen Behörden, von den glorreichen herrlichen Sie-
gen bei Leipzig und Erfurt sehr gut unterrichtet
waren. — Schon am 10ten erfuhren wir den Abschluß der Capitulation, und mein Gefühl war wirklich unbeschreiblich, als ich die stolzen, übermüthigen
Franzosen schmachvoll ohne Waffen abziehen sah!
— Wie die — — — das herrliche Dresden auf
wirklich sinnreiche Weise verwüstet und ruinirt haben, davon haben Sie keine Idee. Beinahe alle
Lustörter (der große Garten, der Moszynskische Garten, das Feldschlößchen u. s. w.) sind bis auf den
Grund verwüstet, und zwar meistens ohne Noth,
die herrlichen Alleen meistens umgehauen u. s. w.
— Jetzt, theurer Freund, athmet man wieder frei,
und ich denke, die bessere Zeit liegt uns ganz nahe!
— Nächst den Compositionen und meinem Treiben
in der Musik, bewege ich mich auch fleißig in litteris, das heißt: es ist so ein Stück Autor aus mir
geworden; es ist nämlich zum Anfange ein kleines

Werk, sub titulo: Fantasiestücke in Callots Manier, wozu Jean Paul Friedrich Richter eine Vorrede geschrieben, von Kunz verlegt worden; bekommen Sie es zur Hand, so bin ich auf ihr Urtheil begierig. Nächst manchen in der musikalischen Zeitung abgedruckten, enthält es zwei Aufsätze, die vielleicht ihr Interesse erwecken werden, nämlich Nachricht von den neuesten Schicksalen des Hundes Berganza und der Magnetiseur. Bis zur Ostermesse sollen noch zwei Bändchen erscheinen. — Undine ist vollendet *) und ich warte nur den günstigen Augenblick ab, sie würdig auf die Bühne zu bringen; ich thue mir auf diese Oper etwas zu gute, und glaube vorzüglich in der Undine selbst und dem prächtigen Kühleborn den Sinn des herrlichen Dichters getroffen zu haben."

Am 9. Dezember 1813 ging Hoffmann mit Seconda und der Truppe nach Leipzig zurück. Die erste Arbeit, die dieser dort unternahm, war die Vision auf dem Schlachtfelde bei Dresden **), und am 31. Dezember, in der Sylvesternacht, beendete er die Abschrift des „goldenen Topfes." „Von neuem gefunden, daß es gut ist," — schreibt er in sein Tage-

---

*) Man erinnere sich, daß sie vor noch nicht sechs Monaten am 1. Juli erst angefangen war.

**) Sie wurde dieser Ausgabe beigesellt, da sie als ergänzender Theil der hier geschilderten Kriegsscenen nicht unwesentlich erscheinen mag, und zugleich Hoffmanns glühenden Franzosenhaß auf das Deutlichste schildert. Sie erschien in Bamberg 1814. Während des Kanonendonners hatte er in Dresden das schöne Gespräch: „der Dichter und der Componist" geschrieben, so wie den „goldenen Topf" angefangen. Z. F.

buch, und: — „so hätte ich denn ein höchst merk=
würdiges Jahr beschlossen; — was wird das neue
bringen? Ich will hoffen — Gutes!"

Doch fing es unter trüben Auspicien an.

Am Neujahrstage erkrankte er an einer Brust=
entzündung und gichtischen Anfällen *), den Folgen
einer ungeheuern Erkältung im Theater, und quälte
sich, oft dem Tode nahe, bis zum Frühjahr mit die=
sen Uebeln. Mitten in der Krankheit verließ ihn
aber nicht die Lust zur angestrengtesten und vielsei=
tigsten Thätigkeit **). Er schrieb im Januar Milo's

---

*) Siehe den lithographirten Brief mit der Federzeichnung. J. F.

**) Rochlitz erzählt in Beziehung hierauf folgendes in dem
mehrerwähnten Aufsatz über Hoffmann in der allgemeinen
musikalischen Zeitung:

„Während seiner Krankheit suchte ihn einer seiner Freunde
auf. Er fand ihn in einem der geringsten Zimmer eines
der geringsten Gasthöfe, auf einem schlechten Bette sitzend,
wenig gegen die Kälte verwahrt, die Füße von Gicht krumm
gezogen. Er hatte ein Brett vor sich liegen, und darauf
schien er beschäftigt. „Mein Gott!" rief jener, „was ma=
chen Sie denn?" „Karrikaturen", sagte Hoffmann lachend,
„Karrikaturen auf die verwünschten Franzosen. Ich erfinde,
zeichne und colorire sie." Und wirklich sind die meist geist=
vollen, sehr possirlichen Blätter, die damals gestochen er=
schienen, von ihm. Guten Muthes, und mit den schnurrig=
sten Einfällen gespickt, gab er nun die Erzählung zum be=
sten, wie es ihm in den letzten Wochen ergangen; es war
eine Geschichte, welche in dem Innern des Zuhörers Be=
wunderung und Mitleid, Schmerz und Freude, nicht sowohl
wechselsweise, als miteinander erregen mußte. Es wurde,
so gut es damals möglich, das Nöthigste für ihn gethan;
er ließ es geschehen, ohne eben viel daraus zu machen, was
denn auch ganz folgerecht war."

Brief und die Automate *); am 24sten feierte er
seinen Geburtstag mit seiner Frau allein. „Gemüthlicher Abend," steht in seinem Tagebuch: „sich in
eigener Glorie gesonnt, und was auf sich gehalten."
Im Februar wurde ihm die Musikdirektorsstelle in
Königsberg angetragen, die er aber ablehnte. Am
25. März fing er die Elixire des Teufels an, und
am 22. April hatte er schon das Manuscript zum
ersten Bande vollendet. Dabei recensirte er unaufhörlich für die allgemeine musikalische Zeitung, und
zeichnete sehr geistreiche Karrikaturen für Baumgärtner und Joachim, die ihm pro Stück mit 4 und 5
Rthl. bezahlt wurden **). Im Mai verfaßte er die

---

*) Fantasiestücke 2r Band der neuen, und 4r Band der ältern
  Ausgabe: „Nachricht von einem gebildeten jungen Manne,"
  und Serapionsbrüder 2r Band.

**) Drei von diesen liegen dem Herausgeber vor. Eine in Quer-
  folio, mit der Unterschrift: „Feierliche Leichenbestattung der
  Universalmonarchie" (bei Joachim), stellt Napoleon dar, von
  seinen Marschällen begleitet, wie er dem Sarge, der die
  Reste der Universalmonarchie birgt, und der von Soldaten der
  verbündeten Armeen zu Grabe getragen wird, folgt, u. s. w.
  Die beiden andern sind in Quartformat. Die erste mit der
  Unterschrift: „die Dame Gallia bezahlt, nachdem sie wieder
  genesen, ihren Aerzten die Rechnung," zeigt östreichische,
  preußische, russische und englische Krieger, denen von der
  stattlichen Gallia ganze Körbe voll Geschütz und Festungen
  angewiesen werden, die sie frohlockend einpacken (der Eng-
  länder hat auch ein Linienschiff mit der dreifarbigen Flagge
  unter dem Arm); auf der dritten endlich: „die Exorcisten,"
  wird der Teufel, welcher die Dame Gallia so lange besessen
  (Napoleon in voller Uniform, mit Flügeln, Pferdefüßen, Pfer-
  deschweif und Hörnern auf dem Hut) durch verbündete Kraft
  (Soldaten der Alliirten, die sehr handgreiflich manipuliren),
  endlich ausgetrieben und fährt in die Gergesener Heerde

Blandine und den Ignatz Denner *). Vom 8—10ten
componirte er auf Bestellung für Baumgärtner ein
großes Musikstück: „die Schlacht bei Leipzig," unter
dem angenommenen Namen „Arnulph Vollweiler" ꝛc.

Mit allem diesem konnte er jedoch einer gewis=
sen Unlust an diesen Beschäftigungen nicht entgegen
arbeiten, die ihn vorzüglich zu Ende des August
gedrückt zu haben scheint. „Unthätigkeit," registrirt
er einmal in sein Tagebuch, „entstanden aus seltsa=
men Träumen; der innere Poet arbeitet, und über=
flügelt den Criticus und äußern Bildner."

Auch war es nur das Bedürfniß, das ihn dar=
auf hingewiesen. Denn durch seine Krankheit und
durch einen unangenehmen Vorfall mit Seconda,
der Hoffmann das Subordinirte in seiner Stellung zu
diesem als Director ganz unfähigen Manne fühlbar
machte, bewogen, hatte letzterer Hoffmann schon am
26. Februar seine Stelle aufgekündiget, worauf dieser
denn augenblicklich vom Theater abging, und nun
mit einemmale wieder so ganz ohne allen äußern
Halt da stand, als nur jemals früher.

Recht wie ein Engel des Trostes für ihn er=
schien daher am 6. Juli sein Hippel auf einer Durch=
reise nach Leipzig. „Er ist noch immer der Alte, er
sagte mir eine Anstellung in Berlin augenblicklich zu;

(Säue, mit französischen Sturmhüten, die im Sturmschritt
vom Schauplatz rennen). Sie sind allerliebst ausgeführt.

*) Fantasiestücke 4r Bd. der ältern Ausgabe; „Kreislers musi=
kalisch-poetischer Klubb: Prinzessin Blandine. In die neue
hat er die Blandine, als ein mißlungenes Werk, nicht wieder
aufgenommen. Der Ignatz Denner steht in den Nachtstücken.

er schenkte mir seine goldene Repetiruhr u. s. w." steht, mit Ausrufungszeichen des Entzückens, im Tagebuch.

Wirklich bot Hippel auch gleich nach seiner Rückkunft in Berlin alles auf, um seinem Freunde eine Wiederanstellung in preußischen Staatsdiensten zu verschaffen *). Theils Bescheidenheit, da er sich nach so langer Unterbrechung nicht mehr fähig glaubte, zu andern, als subalternen Geschäften, theils die Rücksicht, nicht in zu viel Dienstarbeiten verstrickt zu werden, um Zeit zu behalten, für die Kunst fortwährend zu wirken, ließen Hoffmann den Wunsch nähren, ein Unterkommen als Expedient bei irgend einem Ministerio zu finden, eine Lage, in welcher man sich bei mäßiger Arbeit völliger Verantwortungslosigkeit erfreut; aber es wollte ihm nicht gelingen. Vielmehr wurde ihm von Seiten des Justizministerii die Proposition gemacht, auf ein halbes Jahr ohne Gehalt beim Kammergericht in Berlin zu arbeiten, um sich mit den Fortschritten der Legislatur in der Zeit, in welcher er vom Dienst entfernt gewesen war, bekannt zu machen, demnächst aber wiederum nach seiner Anciennetät als Rath einzurücken; — und wie er jetzt stand, durfte er kein Bedenken tragen, jedes Anerbieten anzunehmen, das ihm einigermaßen Aussichten für eine gesicherte Zukunft eröffnete. Er erklärte sich daher beifällig, und reiste gegen Ende des September 1814 von Leipzig nach Berlin, wo er am 27sten ankam.

*) 51ster, 52ster, 53ster Brief.

Beilagen

zum

neunten Abschnitt.

---

51. *)

Theuerster Freund!

Endlich erfahre ich, daß die Fluth von Geschäften, die dich in der letzten so ereignißreichen Zeit gewiß überströmte, wenigstens für jetzt nachgelassen; so darf ich wohl hoffen, daß du einige Augenblicke den Angelegenheiten deines Jugendfreundes zuwenden kannst, und ich säume daher nicht, dir jetzt alles das zu sagen, was ich schon längst auf dem Herzen hatte! — Du weißt, daß als im Jahr 1806 der unglückliche Krieg mich um meine Regierungsrathsstelle in Warschau brachte, ich bei meinen künstlerischen Kenntnissen es für meine Pflicht hielt, meinen hülfsbedürftigen nur auf ihre Wissenschaft beschränkten Kollegen den Platz zu räumen, und so versuchte ich es, mir durch

---

*) War geschrieben, um nöthigenfalls vorgezeigt zu werden.

die Musik meinen Lebensunterhalt zu erwerben. Nicht wiederholen darf ich es aber, was ich dir schon früher in Dresden klagte, nämlich, wie sehr ich über= all in meinen Erwartungen getäuscht wurde, und wie ich bei einem ungewissen ärmlichen Brode noch das wenige Vermögen, was mir übrig geblieben, vollends zusetzen mußte.

Fortwährend trug ich den sehnlichsten Wunsch in mir, wieder im preußischen Staate angestellt zu werden, nie ließ ich aber diesen Wunsch laut wer= den, denn selbst konnte ich mich ja bescheiden, daß dies damals bei der Konkurrenz so vieler Offizian= ten, die mit mir in gleichem Falle waren, nicht mög= lich gewesen seyn würde. Jetzt nachdem der so glor= reiche Ausgang des Krieges alle Wünsche, alle Er= wartungen jedes Patrioten überstiegen, nachdem Preus= sen mit beispielloser Energie seine Rechte behauptet hat, geht mir die Hoffnung auf, daß auch wohl mir, über den die Bedrängnisse der kriegerischen Zeit so gekommen sind, daß nur ein fester Muth — ein standhaftes Vertrauen auf die zuletzt doch siegende gute Sache mich aufrecht erhalten konnte, ein besseres Schicksal bereitet seyn werde. — Mit der Treuher= zigkeit, die du gewiß deinem ältesten Jugendfreunde gut deuten wirst, bitte ich dich daher, mir, wenn es möglich ist, eine Anstellung in irgend einem Staats= bureau zu verschaffen, die mich nährt; mit gewissen= hafter Treue, mit beharrlichem Eifer will ich jedem Dienst dieser Art vorstehen. Wohl darf ich mich auf meine ehemaligen Dienstverhältnisse berufen, da

ich weiß, daß mir meine Vorgesetzten nie das Zeugniß der Fähigkeit und des Fleißes versagt haben,
und übrigens kennst du, theuerster Freund, selbst
mich ja so ganz und gar, daß ich nichts mehr hinzufügen darf, um meine Bitte, deren Erfüllung,
wenn sie möglich ist, ich dir recht an's Herz lege,
zu unterstützen. Ewig dein treuester

Hoffmann.

Leipzig den 7. Julius 1814.

52.

Geliebtester Freund!

Deine plötzliche Erscheinung war, wie ich es
dir schon in Leipzig sagte, in der That ein heiterer
Sonnenblick, der in mein Leben fiel und mich wunderbar aufregte. Dieser aufgeregten Stimmung magst
du es verzeihen, theuerster Freund, daß ich von einer
tödtlichen Ungeduld, von einem gänzlichen Mißbehagen an allem, was mich hier umgibt, geplagt, es
nicht erwarten kann, daß du mir schreibst. — Mir
ist es, als wäre schon seit deinem Hierseyn gar lange
Zeit vergangen, und jeden Posttag habe ich gelauert,
ob der kanariengelbe Mann, der bei mir immer mit
unglaublicher Schnelligkeit vorüber rennt, nicht einmal bei mir einsprechen würde, aber vergebens. So
überzeugt ich bin, daß deine freundschaftlichen Bemühungen für die Erfüllung meines Wunsches von
dem besten Erfolg seyn werden, so werde ich doch,
vom bösen Schicksal bis jetzt recht herum getrieben,

4**

oft von einer düstern Ahnung heimgesucht, daß man bei meinen gerechten Ansprüchen doch wohl mir manche Schwierigkeit entgegensetzen und ich abermals broblos bleiben könne. — Schlimm wäre es in der That, da ich es nun erfahren, was es kostet und wie schwer es hält, in der Kunst emporzukommen. — Meine einzige Hoffnung hatte ich und habe ich auf dich gestellt! — Nimm das Billet für weiter nichts, als für den Ausbruch eines recht im Innersten bewegten und beängsteten Gemüths, und tröste mich bald mit ein paar Zeilen, sollten sie auch nur von Hoffnungen sprechen können. — Könnte ich doch nur erst Leipzig verlassen — du glaubst es nicht, wie schwer es hält, mich hier durchzubringen, da die Theurung mit jedem Tage steigt, so aber mit meiner Kasse in beständigem Gegensatz steht. — Doch genug von meinen schlechten Lebensverhältnissen, da mir ja doch wohl noch die Hoffnung leuchtet, aus diesem wahren Schlamm hervorgezogen zu werden. Ewig, ewig der Deine.

Hoffmann.

Leipzig, Fleischergasse im goldnen Herz
        ben 27. Julius 1814.

    Sey so gütig, mir deine vollständige Adresse mit allen gehörigen Breiten und Formen aufzuschreiben, ich liebe darin pünktlich zu seyn, und kann es jetzt in der That nicht.

53.

Habe recht herzlichen innigen Dank, mein theuer=
ster Freund! für deinen lieben Brief vom 16. d. M.
den ich gestern erhielt. Wohl habe ich geahnet, daß
dein längeres Stillschweigen bloß durch die Unge=
wißheit meiner Zukunft veranlaßt wurde. Ich kann
mir es denken, wie du dich bemüht hast, mir eine
meinen Neigungen angemessene Stelle zu verschaffen,
indessen, wenn mir auch eine Rathsstelle in einem
Collegio auf jeden Fall höchst unangenehm gewesen
seyn würde, so ist mir doch das ganze Justizfach
nicht so zuwider, daß ich mich nicht im Bureau des
Ministers selbst so ziemlich wohl und zurecht finden
sollte! — Was habe ich überhaupt in meiner Lage
zu wählen, und muß ich dir nicht zeitlebens dankbar
seyn, wenn du mich endlich in sichern Port bringst?
— An Diederichs, den ich sehr genau kannte und
dem meine Frau auch von Kindesbeinen an bekannt
ist, so wie durch ihn an Kircheisen habe ich heute
geschrieben, und ich glaube wohl beinahe, daß ich
reüssiren werde, da du mir doch gute Hoffnung ge=
macht hast. — Sehr viel verliert nun freilich mein
Aufenthalt in Berlin dadurch, daß du von dannen
gehst, indessen sagt mir meine Ahnung, daß du nach
einiger Zeit wiederkehren wirst, und bis dahin werde
ich mich nicht mehr wie bisher von dir trennen,
d. h. ich werde dir öfters schreiben, und dich zu Mi=
chaelis gar in aller Breite geistig heimsuchen, d. h.

dir den dritten Band meiner Callots, der zwei son=
derbare Erzählungen enthält, zuschicken. Vielleicht
gelingt es mir, dir in deinem geschäftsvollen Leben
manche heitere Stunde zu bereiten, und was kann
der Freund Autor besseres und gescheiteres thun.
Habe die Güte, mein lieber theuerster Freund! den
Diederichs um Beschleunigung meiner Angelegenheit
anzugehen, und nimm diesen Brief für weiter nichts
als ein in der Eil vor Abgang der Post notitiae
causa geschriebenes Billet. Deiner Gemahlin empfehle ich mich so wie meine Frau, die dein freundschaftliches Andenken in Anspruch nimmt, auf das
innigste.

Ewig dein treuester Freund
Hoffmann.

Zehnter Abschnitt.

Berlin 1814—1822.

—

Keinen ihm näher stehenden Freund fand Hoff=
mann jetzt in Berlin, als Hitzig, den, wunderbar
genug, sein Schicksal ganz einen ähnlichen Weg wie
ihn geführt. Durch die Katastrophe in Warschau
seiner Anstellung bei der Regierung beraubt, wie
jener von einem unwiderstehlichen Hange zu einem
literarischen Treiben gezogen, wie Hoffmann zu einem
künstlerischen, hatte er im Jahre 1808, als Hoffmann
die Musikdirektorsstelle in Bamberg annahm, eine
Buchhandlung in Berlin errichtet, sie mit großem
Glück in den Schwung gebracht; aber durch ein
schmerzliches Ereigniß, welches ihn im Frühling 1814
betraf, den Verlust seiner Gattin, bewogen, den Ent=
schluß gefaßt, seine Handlung aufzugeben, und nach
jetzt beendetem Kriege, wo sich neue Aussichten im
Staatsdienst eröffneten, zu demselben zurück zu kehren.
Es war ihm von dem Justizministerio die gleiche Be=
dingung dabei gestellt worden, als Hoffmann, nämlich
für einen Zeitraum von sechs Monaten als Hülfs=
arbeiter bei dem Kammergericht einzutreten, und beide

Freunde, die eine gewisse Scheu, einander wechsel=
seitig als wankelmüthig zu erscheinen, verhindert
hatte, sich früher von der veränderten Richtung ihrer
äußeren Verhältnisse in Kenntniß zu setzen, sahen
sich nun nach acht erfahrungsschweren Jahren am
Gerichtssitzungstische einander wieder als Collegen
gegenüber sitzen, wie ehedem in Warschau. Daß dies
sie noch enger an einander knüpfen mußte, liegt in
der Natur der Sache, und wirklich lebte Hoffmann
in der ersten Zeit seines jetzigen Aufenthaltes in Berlin nur für den engsten Kreis seines alten Freun=
des. Zu diesem gehörte Fouqué, Chamisso, der
nachmalige Weltumsegler Contessa, der Dichter des
Räthsels u. s. w. *), und alle diese gaben sich Hoff=
mann mit der Liebe hin, die er damals im vollsten
Maße verdiente. Er war durch die mannigfaltigen
Leiden der vergangenen Jahre milder geworden als
je, in hohem Grade bescheiden, mittheilend, und von
einer Gemüthlichkeit, daß die Kinder Hitzig's sich
des neu angekommenen Freundes ihres Vaters nicht
genug erfreuen konnten. So lebten sie z. B. damals
gerade in der Hoffnung, ihren Liebling Undine mit
leiblichen Augen auf der Bühne zu sehen, und Hoff=
mann, um ihnen einen Vorschmack von dieser Selig=
keit zu geben, malte ihnen zum Weihnachtsabend
mit der größten Sorgfalt die Burg Ringstetten,
baute sie ihnen auf, und erleuchtete sie prachtvoll von
innen; für sie schrieb er ferner die Märchen Nuß=

---

*) 54ster Brief.

knacker und Mäusekönig, in denen sie zu ihrer höch=
sten Freude unter ihren Namen erschienen, und das
fremde Kind; — in seinem Tagebuche aber bemerkte
er, sich eines so reinen Lebens bewußt, nichts, als:
„fröhlich und guter Dinge." — Für die Abende
hatte Hitzig, der wohl wußte, daß es Hoffmann,
wenn er den Tag über gearbeitet hatte, — und das
that er redlich, — unmöglich war, sie zu Hause zu=
zubringen, und daß er dann nirgends lieber seyn
mochte, als an einem öffentlichen Orte, wo er un=
aufhörlich Neues bemerkte, ein anspruchloses Kaffee=
haus gewählt, das den Vorzug gewährte, sich darin
von den Gästen, mit denen man keinen nähern
Verkehr wünschte, absondern zu können, und hier
bildete sich bald um Hoffmann und seine nächsten
Freunde als Centrum ein größerer, lebendiger und
in sich höchst zufriedener Zirkel, dessen spätere Auf=
lösung keiner der dazu gehörigen Theilnehmer mit
Gleichgültigkeit trug.

In seiner Amtsführung hatte Hoffmann dabei
bald die Aufmerksamkeit auf sich zu ziehen gewußt.
Man schien es erst nicht zu begreifen, daß der Mann,
welcher noch vor kurzem die Battuta im Orchester
geführt, jetzt in dem ernsten Criminalgericht, dem
er als Mitglied zugetheilt worden, seinen Platz voll=
ständig ausfüllen, und die Feder, der die Fantasie=
stücke in Callots Manier entflossen, die regelrechtesten
Relationen schreiben könne, und doch mußte selbst
der Neid zugestehen, daß seine juristischen Arbeiten
auch nicht eine Spur der schöngeisterischen Halbbildung

an sich trugen, die Schwächlinge so gern überall durchblicken lassen, um zu zeigen, daß sie höher stehen als andere; sondern daß sie vielmehr, wie alles wahrhaft gediegene, ganz einfach und schmuck= los auftraten *).

An schriftstellerischen Arbeiten lieferte Hoffmann bis zu Ende des Jahres 1815 den zweiten Band der Elixiere des Teufels, ein Werk, auf das er selbst keinen Werth legte. Er war zwischen der Ausarbeitung des ersten und zweiten Theils, durch die Veränderung seiner Lage, aus dem Zusammen= hang gekommen, den er künstlich wieder herzustellen suchte, und das wollte ihm immer nicht gelingen.

Ferner schrieb er in dieser Zeit für den vierten

---

*) Nur in einzelnen Gattungen seiner criminalistischen Arbeiten mag Hoffmann vielleicht der Vorwurf treffen, von seiner Individualität auf Irrwege geleitet worden zu seyn, z. B. in Sachen, wo es auf einen Beweis durch künstlich inein= andergreifende Anzeigen von Verbrechen, oder auf Beur= theilung zweifelhafter Gemüthszustände ankam. Dort gefiel er sich hin und wieder in Combinationen, die mehr von Scharfsinn, und zugleich von Fantasie, als von ruhiger Ueberlegung zeugten, hier in Erörterungen, die nur in das Gebiet der psychischen Arzneikunst, und nicht in das der Rechtswissenschaft gehörten. Seine Darstellungen der That= sachen waren aber immer untadelich, und von einer nicht ge= nug zu lobenden Präcision. Ein Beispiel seiner Art zu refer= ren möge das in der ersten Beilage zu diesem Abschnitt abge= druckte Gutachten geben. Der Herausgeber hat es zu diesem Zwecke mit Vorbedacht ausgewählt, und mehrere viel glän= zendere Ausführungen zurückgelegt, weil bei einem Geiste, wie Hoffmanns, die Fähigkeit, so natürlich Maß zu halten, offenbar bewunderungswürdiger ist, als die kunstreichste Ele= ganz des Vortrags.

Theil der Fantasiestücke: die Abenteuer der Sylvester=
nacht, angeregt durch Chamisso's Peter Schlemihl,
und die Bekanntschaft mit dem Dichter, den er darin
selbst sehr treffend dargestellt hat; ferner die Corre=
spondenz des Kapellmeisters Kreißler mit dem Baron
Wallborn oder Kreisleriana Nr. IX. *)

Dieser letztere Aufsatz verdankt einem anmuthi=
gen Ereignisse seine Entstehung. Zu Hitzig's Be=
kannten gehörte nämlich ein Schwesterpaar ausgezeich=
neter Sängerinnen, „zwei im Wettgesang kämpfende
Nachtigallen, aus deren tiefster Brust hell und glän=
zend die herrlichsten Töne auffunkelten" **); wie
Kreißler sie Wallborn schildert. Nichts war natür=
licher, als daß Hitzig wünschte, seinem Freunde bald
den Genuß zu verschaffen, die Schwestern zu hören;
aber bei ihrer großen Bescheidenheit würden sie es
nicht gewagt haben, sich vor dem Dichter der Fanta=
siestücke zu produciren, die damals in allen musika=
lischen Kreisen Berlins von sich sprechen machten.
Hoffmann wurde daher dem eben von seinen Gütern
angekommenen Fouqué als ein gleichgültiger Doctor
Schulz aus Rathenow beigeordnet, und so gelang es,
die Schwestern an das Instrument zu bringen ***);
aber kaum hatte der Gesang begonnen, er mit seinen

---

*) Beides in den Fantasiestücken in Callots Manier, 2ter Bd.
in der zweiten, und 4ter Bd. in der ersten Ausgabe. Die
Briefe sind in den Erinnerungen von Fouqué, die dieser Bio=
graphie folgen, ebenfalls einverleibt.

**) Kreisleriana Nr. IX.

***) „Man hatte mich heute Abend anders vorgezeichnet; ich
hieß nämlich Doctor Schulz aus Rathenow, weil ich, nur
unter dieser Vorzeichnung, dicht am Flügel stehend, den
Gesang zweier Schwestern anhören durfte." a. a. O.

klugen Augen darein geschaut, und sein Wort dazu
gegeben, als es einer der Sängerinnen aufging, wen
sie vor sich habe, und es nun nicht mehr verborgen
werden konnte, jedoch ohne störenden Erfolg; —
„man hatte des Kreislers tollen Spleen gescheut;
aber der Doctor Schulz war in dem musikalischen
Eden, das ihm die Schwestern erschlossen, mild und
weich und voll Entzücken, und die Schwestern waren
versöhnt mit dem Kreisler, als in i h n sich der
Doctor Schulz plötzlich umgestaltete" *).

So verging das Jahr 1815 für Hoffmann auf
eine im Ganzen höchst angenehme Weise; jedoch
auch nicht ohne drückende Sorgen, indem sich noch
immer keine Gelegenheit zu seiner Anstellung mit
einem firen Gehalt fand. Aber eben diese Sorge
war, wie dieß schon aus den früheren Abschnitten
klar geworden seyn wird, die nothwendige Bedingung,
ihn in dem Gleise eines mäßigen, und wie sehr er
oft das Gegentheil zu glauben schien, seinem Körper
und Geiste allein zuträglichen Lebens zu erhalten.

Das folgende Jahr 1816 führte zwei sehr ein=
flußreiche Ereignisse für ihn herbei, die, wie sie auf
der einen Seite sein äußeres Glück beförderten, auf
der andern sein inneres allmählig zu untergraben
dienten. Am ersten Mai nämlich rückte er bei einer
im Kammergerichte entstehenden Vacanz als Rath,
nach seiner bedeutenden Ancïennetät, in dies Colle=
gium ein, welches Verhältniß, verbunden mit den

---

*) a. a. O.

ansehnlichen Honoraren, die er nun schon erhielt,
ihm, der außer für sich, nur für die Bedürfnisse
einer in ihren Ansprüchen über alle Begriffe bescheis
denen Frau zu sorgen hatte, die Mittel gab, mehr
als gemächlich zu leben; und im nämlichen Sommer
noch wurde seine Undine mit großer Pracht auf die
Berliner Bühne gebracht, und mit Beifall aufgenommen, wodurch er eine Socalcelebrität und mit
ihr Einladungen über Einladungen im Berliner
Gesellschaftskreise erhielt.

Geld aber über seinen Nothbedarf und gesellschaftlicher Wirrwar waren die zwei Klippen, die
Hoffmann nie zu umschiffen verstand. Durch ersteres
ließ er sich zu allen Zeiten zur Schwelgerei, namentlich im Trunk, durch letzteren zur Umkehrung aller
Regel im Leben verleiten, so daß er aus Tag Nacht,
und aus der Nacht Tag machte. In diesen zwei
Verkehrtheiten, die zuletzt in Eine große zusammen-
flossen, ist die Quelle von Hoffmanns nachmaligem
körperlichem und leider auch geistigem Verfall zu
suchen, und darum erforderlich, etwas ausführlicher
über diesen Gegenstand zu seyn, wobei einige Worte
über eine Spielart des socialen Verkehrs in Berlin
nicht am unrechten Orte stehen mögen. Es leuchtet
hierbei zuvörderst ein, daß in der angegebenen Bes
ziehung von den Gesellschaften nicht die Rede seyn
kann, die aus Leuten bestehen, welche zusammen-
kommen, um zu essen, zu trinken und in Ruhe
ihre Parthie Whist zu spielen. Diese sehen sich
aller Orten gleich, und zu solchen ladet man auch

keine Dichter, wenigstens nicht in dieser Qualität, ein.

Es handelt sich vielmehr von gewissen sogenann= ten gebildeten Kreisen, deren Richtung es ist, alles, was sich in irgend einer Gattung Ausgezeichnetes darbietet, an sich zu ziehen, um sagen zu können, daß man es auch bei sich gehabt habe, für wel= ches haben denn, nach advenant, wie der Wands= becker Bote sagt, der Ehrensold in Thee und Butter= brod, bis hinauf zu Austern und Rheinwein bezahlt wird. Dieser Unterschied muß ausdrücklich hervor= gehoben werden, denn es ist der einzig wesentliche; — abgesehen davon, und von dem, was genau da= mit zusammenhängt, nämlich, bescheidenes Boudoir, oder Enfilade von Zimmern, eine Magd in Putz, oder Lakaien in Livree, alttestamentarische oder alt= adeliche Wirthe, Talglichter oder Wachskerzen (wachs= plattirte liegen in der Mitte) u. s. w., — sieht eine dieser Gesellschaften auf ein Haar der andern ähn= lich; man kömmt nämlich zusammen, um entweder Musik zu machen, oder zu andern Kunstleistungen, höchstens in einer Vollkommenheit, wie man sie an öffentlichen Orten für Geld mit Leichtigkeit finden kann; oder zu einem laulichen Hin= und Herreden über Theater, neue schöne Literatur u. dergl.; public spirit fehlt in Berlin in der angeblich bessern Societät gänzlich, daher gedeiht dort kein tieferes Gespräch über Angelegenheiten der Welt oder des Vaterlandes, wogegen freilich alles persönliche, als in das Gebiet der Männerklatscherei gehörig, seine Stelle findet

Kommt nun ein Fremder an, den man in die be=
schriebenen Kreise zieht, so ist er entweder interes=
sant oder nicht; ist er es, so kann er Künste ma=
chen, spielen, singen, dichten, und dann wird er
eingeladen, um sich hören und sehen zu lassen; ist
er es nicht; so soll er da seyn, um zu hören und zu
sehen, und in der Stadt zu erzählen, daß er da
und dort, den und den gehört und gesehen, damit
nicht verborgen bleibe, daß auch der und der, den
und den bei sich gehabt habe.

Hoffmann schien nun für Zirkel dieser Gattung
ein unerhörter Fund. Was konnte der Mann nicht
Alles! — Bücher schreiben, die ganz Deutschland
von sich reden machten, auf dem Pianoforte fanta=
siren, Opern componiren, Karrikaturen zeichnen, Witz
sprudeln, wie er den Mund öffnete; der Ruf war
ihm vorangegangen, und mit Recht erwartete man
nun von ihm, daß er, dankbar für die gütigen Ein=
ladungen, erst der Gesellschaft ein noch ungedrucktes
Manuscript vorlesen, dann die Tochter vom Hause
accompagniren, dann eine alte Großmutter oder
einen vornehmen Beschützer der Künste mit schönen
Redensarten unterhalten werde u. s. w., worauf man
Gäste genug gebeten und vorbereitet hatte. — Aber
wie sah man sich getäuscht, wenn er die furchtbar=
sten Gesichter zu schneiden anfing, sobald er sich
langweilte, und dies geschah immer, wenn sich nicht
wenigstens ein ihn anregendes Prinzip in der Ge=
sellschaft entdecken ließ; wenn er laut zu sprechen
begann, während man sich mit Musikstücken ab=

quälte, die man sorgfältig ausgesucht, weil er sich in seinen Schriften darüber ausgesprochen, wenn er endlich plötzlich und absichtlich das unsinnigste Zeug redete, so wie er merkte, daß man es darauf ange= legt, etwas von ihm abzubekommen.

Wie mochte es aber bei einer Natur wie Hoff= manns sich auch anders gestalten! Um mit dem Strome eines so nichtigen Treibens, als das dar= gestellte, schwimmen zu können, muß man entweder eine sehr kleinliche Eitelkeit, die mit Weihrauch jeg= licher Gattung zufrieden ist, oder eine Art von Gut= müthigkeit besitzen, die sich an einigem guten Willen, der doch hie und da nicht fehlt, genügen läßt, und bei der einem, indem man sieht, daß man Wohlge= fallen um sich verbreitet, selbst am Ende wohl, und bis auf einen gewissen Punkt gemüthlich wird. Von beiden, sowohl von jener Eitelkeit der kleinen Sorte, als von der beschriebenen Gutmüthigkeit war aber niemand ferner, als eben Hoffmann. Wie alles, so war auch die Eitelkeit bei ihm in großem Styl; er strebte überall, wo es Genuß galt, — und Eitelkeit gab ihm den höchsten, — nach dem vollen, ganzen; abgestandene Beifallsphrasen, wie sie die feine So= rietät heute über einen neuen Tänzer, morgen über das neueste Werk von Göthe, und übermorgen etwa über den blutigen Kampf einer unterdrückten Nation aus einem Beutel auszugeben pflegt, konnten ihm keine Freude machen, dabei forderte er, wenn er unterhalten sollte, daß man sich von nichts anderem unterhalten lassen sollte als von ihm, und daß man

ihm nicht ausschließlich zuhören, sondern mit Geist
zuhören sollte, und zwar nicht nur mit eigenem
Geist, sondern mit seinem Geist, das heißt mit einem, der entweder fantastisch fliegen oder witzig
nachspringen konnte, wie er mit der Taktrolle des
schnell dahinsprudelnden Wortes den Ton angab.
Welche Ansprüche an einen armen Berliner Thee!
Und war dieser nur wenigstens nicht an allem arm;
fand sich irgend etwas, was ihn schadlos halten
konnte; zwar dumme Männer, aber hübsche Frauen,
oder dumme Männer und häßliche Frauen, aber
ausgesuchter Wein; ungemüthliche Stimmung der
Gesellschaft, aber eine fratzenhafte Erscheinung, die
ihm Stoff zu irgend einer poetischen Figur gab, so
ging es noch an mit ihm; fehlte es aber an alle
dem und hielt sich das Ganze in den Gränzen der
gewöhnlichen Mittelmäßigkeit, von der die meisten
eben meynen: je ne demande pas mieux, so war
es mit seiner Laune nicht auszuhalten. Hier erschien denn auch der Mangel an geselliger Gutmüthigkeit, von welchem oben gesprochen worden, im
vollsten Lichte. War einmal durch das Alltägliche
der Dämon der Langeweile — für ihn die furcht-
barste der Plagen — in ihm erwacht, so bemeisterte
sich seiner, ohne alle Uebertreibung gesprochen, eine
wahre Wuth, die characteristisch in seinen Gesichtsmuskeln spielte, und die er, wenn er nicht die Gelegenheit fand, ihr in der Gesellschaft noch Luft zu
machen, entweder durch einige gallbittere Sarkas-
men, oder durch Aeußerungen, die er wie Wahnwitz

gestaltete um verlegene Gesichter um sich her zu sehen, auch selbst dann nicht verläugnen konnte, wenn er schon wieder heimgekehrt war, wo er in sein Tagebuch niederzuschreiben pflegte: „schändlich ennuyirt" u. dergl.; ja, die ihn oft nach mehreren Tagen noch erfaßte, wenn er seinen Freunden die ausgestandene Qual schilderte *). Einmal auf diesem Wege konnte er nicht zurückgebracht werden, mochten Wirth und Wirthin, oder Gäste mit feinem Blick aus dem besten Herzen alles aufbieten, ihn umzustimmen; vielmehr reizte jeder Versuch, ihn in die allgemeine Fröhlichkeit hineinzuziehen, wenn sich eine solche entwickelt hatte, zu größerem Unmuth, und in der Regel wandte er sich dann nicht zu einem, der ihn freundlich anredete, sondern zu einem dritten, um diesem eine Art von Antwort auf die Frage des Anredenden zu sagen.

Daß nun die zahme Societät, wo solche Erscheinungen nicht häufig vorgekommen seyn mochten, und in der jeder seine Rechnung für einen verlornen Abend vollständig saldirt zu haben glaubt, wenn es ihm verstattet gewesen, die Langeweile, welche er empfunden, mit der, die von ihm ausgegangen, zu bezahlen, wenig Behagen an einem so stachelichten Mitgliede fand, ist leicht zu begreifen, und nur sehr selten ist der Fall vorgekommen, daß Hoffmann mehr als ein, höchstens einigemal in diese Art von anständigen Theegesellschaften gebeten wurde.

*) S. Erinnerungen 1ster Bd. S 15—15. 3. K.

Nunmehr dieser Art der Zerstreuung ledig, wäre er vielleicht gern in den bescheidenen Kreis seiner alten Freunde zurückgekehrt, die, an ein häusliches zurückgezogenes Leben gewöhnt, doch Jahr aus Jahr ein in einem lebendigen und gedeihlichen geistigen Verkehr standen, der eine, ergänzend wo es dem andern fehlte, und der andere, dankbar dafür und liebevoll=empfänglich. Aber, mochte es seyn, daß die Freunde sich verletzt fühlten durch die Leichtigkeit, mit welcher Hoffmann sie auf die erste Lockung der Welteitelkeit der eiteln Welt verlassen, oder sey es, daß er blos aus dem Geleise gekommen, oder endlich, daß ihm bei glücklich veränderten äußern Umständen die frühern mäßigen Genüsse mit den Freunden nicht mehr ausreichend schienen, — kurz, es machte sich nicht mehr, wie sonst, und, Freund aller Extreme, ging er aus der Gesellschaft wohlgezogener Leute, welche, Krämer in Kunst und Leben, beide in kleinen Portionen vertreiben, recta unter die Schaar der Großhändler, die auf die Gefahr des Bankerott's hin den Genuß des Lebenscapitals allein in dessen möglichst schnellem Umschwung suchen, — aus den Theesalons in das Weinhaus, wo er sein Hauptquartier definitiv aufschlug, sich den Grundsatz aufstellend, daß, wenn man Kunstgenüsse haben wolle, man sie an öffentlichen Orten für sein Geld besser finde als in Privatzirkeln für beschwerliche Kratzfüße, und daß die Gesellschaft in der Weinstube vor allen übrigen den Vorzug habe, daß, wenn sie einem nicht gefiele, man weggehen könne, wenn man wolle, ohne daß es der Wirth übel nehme — Argumente, gegen welche, wenn man an eine gewisse Freiheit gewöhnt ist, wirklich eben nicht viel möchte zu erinnern seyn.

So wäre denn der Punkt bezeichnet, von welchem aus Hoffmanns Versinken begann, und, nach den mechanischen Gesetzen des Falles, am Ende leider mit furchtbarer Schnelle. Es darf ein dritter dieß unverholen aussprechen, denn er selbst hat es auf seinem Sterbebette nicht allein mit der Klarheit, mit der er alles durchschaute, eingesehen, sondern auch in die Hand des Verfassers freiwillig und feierlich das Versprechen niedergelegt, sein ganzes Leben ändern zu wollen, wenn Gott ihm die Gesundheit wiederschenkte. Es hat nicht seyn sollen; aber schon der Vorsatz dient ihm zur Ehre!

Seine Lebensordnung in den letzten sechs Jahren, von 1816 bis 1822 war die: am Montage und Donnerstage brachte er die Vormittage in den Sitzungen des Kammergerichts, an den andern Tagen zu Hause, arbeitend, die Nachmittage in der Regel schlafend, im Sommer auch spazierengehend, zu; die Abende und Nächte in dem Weinhause. War er, was häufig in manchen Perioden täglich geschah, Mittags oder Abends, oder Mittags und Abends in Gesellschaft, — denn nicht aus aller Gesellschaft, bloß aus der seiner Freunde und aus den feinern Thee's, war er geschieden, dagegen unter Männern und bei Trinkgelagen immer ein willkommener Gast, — oft Abends in zwei Cirkeln, von sieben bis neun,

und von neun bis zwölf gewesen *); so ging er, es
mochte so spät seyn als es wollte, wenn alle anderen sich nach Hause begaben, noch in das Weinhaus, um dort den Morgen zu erwarten; früher in
seine Wohnung zurückzukehren, war ihm nicht gut
möglich.

Man denke hiebei aber nicht etwa an einen gemeinen Trinker **), der trinkt und trinkt, aus
Wohlgeschmack, bis er lallt und schläft; gerade das
umgekehrte war Hoffmanns Fall. Er trank, um
sich zu montiren; dazu gehörte anfangs, wie er noch
kräftig war, weniger; später, natürlich mehr — aber
war er einmal montirt, wie er es nannte, in exo-
tischer Stimmung, die, oft bei einer halben Flasche
Wein, auch nur Ein gemüthlicher Zuhörer hervor-
rufen konnte, so gab es nichts interessanteres, als
das Feuerwerk von Witz und Gluth der Fantasie,
das er dann unaufhaltsam, oft fünf, sechs Stunden
hintereinander, vor der entzückten Umgebung auf-
steigen ließ. War aber auch seine Stimmung nicht
exaltirt, so war er im Weinhause nie müßig, wie
man so viele sitzen sieht, die nichts thun als nippen
und gähnen; er schaute vielmehr mit seinen Falken-
augen überall umher; was er an Lächerlichkeiten,
Auffallenheiten, selbst an rührenden Eigenheiten bei

---

*) „Von sieben bis acht,‟ schrieb er einmal dem Verfasser,
„bin ich bei † gewesen, wo vernünftige Leute Thee mit
Rum tranken, und von acht bis eilf bei ††, wo wieder vernünftige Leute Rum mit Thee tranken.‟ — und beide Kreise
waren hiedurch vollkommen characterisirt.
**) S. Erinnerungen S. 22—23. J. F.

den Weingästen bemerkte, wurde ihm zur Studie für seine Werke, oder er warf es mit fertiger Feder auf das Papier *); kurz, er sprach selten seine Freunde, ohne daß er ihnen neue und pikante Curiosa aus dieser seiner Welt zu erzählen wußte.

Unter solchen Umständen hätten auch, die es am besten mit ihm meinten, ihm diese Erholung gern gönnen können, — oft war der geistreichste Kreis um ihn versammelt, und Fremde, die nach Berlin kamen und ihn gern sehen wollten, suchten ihn, da seine Lebensweise bekannt war, immer in seinem Weinhause auf, — wäre nur der zerstörliche Einfluß zu beseitigen gewesen, den das unausgesetzte Nachtschwärmen, verbunden mit geistiger Anstrengung aller Art, am Tage, — da er mit seinen Dienstarbeiten nie im Rückstande blieb, und Bücher über Bücher schrieb, — unausbleiblich auf seine Gesundheit äußern mußte. Auch ist nicht zu läugnen, daß der immerwährende Umgang mit einer Gesellschaft, wie sie sich in öffentlichen Häusern zusammen zu finden pflegt, nach und nach die Fähigkeit in ihm untergrub, sich unter edleren Umgebungen würdig zu benehmen, und ein gewisser Cynismus aus seinem Betragen hervorblickte, der solche, die ihn nicht genauer kannten und wußten, welchen Kern die äu-

---

*) Die Weinhandlung von Lutter und Wegener in Berlin. — Hoffmann besuchte nur diese eine — besitzt noch ein ganzes Portefeuille voll dieser zum Theil sehr characteristischen Blätter; eine Art von Stammbuch, wo die Karrikaturgäste unfreiwillig und unbemerkt eingeschrieben wurden.

rauhe Schaale berge, leicht von ihm abzustoßen ge=
eignet war.   Endlich hatte das gesteigerte Bedürf=
niß des Weines, vielen Weines, des besten und
allerbesten Weines die Folge, daß er leichteren Er=
werb vorzog, und Lieblingspläne, die er sein ganzes
Leben hindurch in sich getragen hatte, unausgeführt
ließ, sie immer auf bessere Zeiten verschiebend.   So
wollte er, nach der beifälligen Aufnahme der Un=
dine, noch eine leichte, an's Komische streifende, je=
doch sich in einem romantischen Gebiete bewegende
Oper componiren.   Hitzig hatte ihm zu diesem Ende
das Sujet des Calderonschen galan fantasma als
alle jene Bedingungen erfüllend empfohlen; er er=
griff, nachdem er mit dem Inhalt bekannt gemacht
worden, — er selbst verstand nicht spanisch, und da=
mals existirte noch keine Uebersetzung, — auf das
bloße, ihm mitgetheilte Scenarium, die Idee mit
einer solchen Liebe, daß er Contessa, der die Bear=
beitung des Textes übernommen hatte, und dem
die Lösung dieser Aufgabe wundervoll gelungen ist,
nicht genug antreiben konnte, die Oper zu vollen=
den; aber, als sie fertig war, hat er in Jahren
nichts daraus gesetzt, als ein paar Lieder.   Dies
Werk sollte sein höchstes seyn, und dabei blieb es.
Eben so ging es mit dem mehr erwähnten Werke von
tiefer Intention: Lichte Stunden eines wahnsinnigen
Musikers; dem dritten Bande des Kater Murr, zu
dem der Plan auf das Grandioseste angelegt war,
und den er im Kopfe schon ausgearbeitet hatte, so
daß es nur des Niederschreibens bedurfte u. a. m.

Dann kamen aber immer Bestellungen von Taschen=
buchserzählungen mit Anerbietungen von sechs, acht,
zehn Friedrichsd'or für den Bogen; das gab Aus=
sichten auf neue, gute Weinernbten; einmal lief selbst
für die Scuderi, von den Gebrüdern Wilmans in
Frankfurt am Mayn, nächst dem Honorar, als Cap=
tatio benevolentiae für folgende Jahre, eine große
Kiste köstlicher Weine in natura ein; und so, durch
die vorherrschende Neigung überall verstrickt in scla=
vische Bande, ging die freie Thätigkeit eines so herr=
lichen Geistes allmählig unter.

Eine Oase voll duftender Blumen tauchten in
den ersten Jahren des wüsten Weinhauslebens die
Serapionsabende aus demselben auf. Hitzig näm=
lich, dem es am wehesten that, Hoffmann seinen
wahren Freunden, um des Umgangs mit Zechbrü=
dern willen, ganz entfremdet zu sehen, hatte die Ein=
richtung begründet, daß man einmal in der Woche
in Hoffmanns Wohnung zusammen kam, um sich
mit einander zu besprechen, und das etwa Gearbei=
tete mitzutheilen, wobei, um den Character dieser
Gesellschaft nicht zu verletzen, die höchste Mäßigkeit
als Hauptgesetz angenommen war, ein Grundsatz,
von welchem auch, so lange jene Zusammenkünfte
bestanden, nicht abgewichen wurde.

Die Grundpfeiler dieses Vereins bildeten, nächst
Hoffmann, Contessa, Koreff *), ein ausgezeichneter

*) Der geheime Rath Dr. Koreff lebt jetzt in Paris.

Arzt *), und Hitzig. Ein vortrefflicher in einander greifendes Quatuor mochte nicht leicht zu finden seyn. Koreff war der einzige Mensch, dem Hoffmann geduldig zuhörte, weil er ihn in der Unterhaltung an sprudelndem lebendigem Witze oft, und an Kenntnissen immer, überbot, auch dabei gutmüthig genug war, ihn reden zu lassen so oft er wollte; Contessa, selbst wenig redend, horchte auf alles, was die Freunde an Witz ausgehen ließen, mit dem beredtesten Beifallslächeln, das ihm unaufhörlich um die Mundwinkel spielte, von Zeit zu Zeit ein kleines, aber entscheidendes Wörtchen zugebend, und Hitzig, der mit Contessa das Publikum bildete, und alle drei übrigen länger und besser, als sie sich unter einander, kannte, verstand darum die Kunst, Lücken im Gespräch auszufüllen, und wo es matt wurde, es wieder anzuregen, sich willig jedes Anspruchs auf Soloparthieen begebend.

Am Abend eines Tages, der, nach dem von Hoffmanns Gattin herbeigebrachten polnischen Kalender, den Namen des heiligen Serapion führte, wurde die Gesellschaft eingeweiht; nach jenem Heiligen benannt, und gedieh fröhlich, bis sie durch den Umstand, daß Contessa seinen Wohnort von Berlin verlegte, und durch in Koreff's Person begründete Hindernisse, zum großen Leidwesen aller, ihr Ende erreichte; denn wirklich wurde in einer solchen Zu-

---

*) Sprechend sind beide gezeichnet, Serapionsbrüder Band 2. Contessa als Sylvester S. 1. und Koreff als Vincenz S. 6.

sammenkunft eine Masse von Witz und Geist con=
sumirt, daß ein gewöhnlicher Thee durch die ganze
Lebenszeit des Theegebers davon hätte bestehen, und
noch auf seine Erben ein gutes Theil übergehen
können.

Auch an erfreulichen Besuchen fehlte es den
Serapionsbrüdern nicht. Ein richtiger Tact sagte
den Mitgliedern schon, wen sie mitbringen durften,
wen aber nicht, und gewiß ist keiner der Zugezogenen
unbefriedigt aus dem heitern Kreise geschieden.

Kehren wir nun, nach dieser langen Abschwei=
fung über Hoffmanns geselligen Verkehr, zu den
Ereignissen seines Lebens und seinen literarischen
Arbeiten zurück, so findet sich von dem Jahre 1816
zuvörderst nur seine Bekanntschaft mit Oelenschlä=
ger *), und ein seltsamer Besuch seines Neffen, eines

---

*) Wie freundlich sich Oehlenschläger später noch jener Bekannt=
    schaft erinnert, möge nachstehender Empfehlungsbrief be=
    weisen:

                                    Kopenhagen den 26. März 1821.
    Hochzuverehrender Freund!
    „Ich labe mich noch immer in der Erinnerung an den herr=
    lichen Cardinal, den Ew. Ehrwürden mit eigener gelehrter
    Hand verfertigten, und den die dichterische Tria junota in uno †)
    zusammen genossen, wodurch unsere Seele, Gedanken, Phan=
    tasien, Klugheiten und Tollheiten, zusammen flossen, und
    einen vollständigen Pabst ausmachten.“
    „Vergeben Sie meinen Styl, ich bin der humoristischen
    und deutschen Sprache nicht so gewohnt wie Sie.“
    „Hier schicke ich Ihnen einen jungen gelehrten, sehr gut=

---

    †) Nämlich er, Fouque und Hoffmann.

Sohnes seines oben erwähnten Bruders, nachzu=
tragen, worüber sich das Fragment eines Briefes an
diesen seinen Bruder vorgefunden hat, das zu cha=
rakteristisch ist, um der Versuchung widerstehen zu
können, es in den Beilagen mitzutheilen. Von seinen
Werken ist keines mit der Jahreszahl 1816 bezeich=
net, doch schrieb er in diesem Jahre mehreres, was
in dem ersten Bande der Serapionsbrüder aufge=
nommen wurde.

In dem nächstfolgenden 1817 erschienen die
Nachtstücke. Von diesen sind in Berlin gearbeitet:
der Sandmann und das Majorat, in denen Königs=
bergische Figuren nach den in der ersten Jugendzeit
erhaltenen Eindrücken aufgefaßt, auftreten; die Je=
suitenkirche und das steinerne Herz, in denen Glogaui=
sche Erinnerungen verarbeitet sind; ferner das Ge=
lübde, nach einer Geschichte, die Hoffmanns Frau
ihm aus ihrer Vaterstadt Posen erzählte; endlich das
Sanctus und das öde Haus. Zu dem erstern
hatte ihm das Ereigniß die Veranlassung gegeben,
daß eine der oben erwähnten Sängerinnen, nachdem
sie in der Kirche gesungen, plötzlich unter den in

---

müthigen und bescheidenen Dänen, der bei euch Fremden
Mores u. s. w. lernen soll."

„Tunken Sie ihn auch ein wenig in die Zaubersee Ihrer
Laune, mein Werthester, und lehren Sie ihn, wie man im
ironischen Tollhausmantel ein Philosoph und Weltweiser seyn
kann, und was mehr ist, ein sehr liebenswürdiger Mann."

„Der ich ewig verharre Ihr wahrer Freund und Verehrer
A. Oehlenschläger.
Serapionsbruder."

5 **

der Erzählung angegebenen wirklich merkwürdigen
Umständen, für einige Zeit die herrliche Stimme
verlor und Hoffmann neckend behauptete, es sey die
Strafe dafür, weil sie beim Sanctus die Kirche verlassen; zu letzterem aber der Eindruck, den ein unter
den Linden belegenes Haus auf ihn machte, dessen
Fenster nach vorn hinaus nie geöffnet erschienen, und
hinter denen seine Fantasie ihm allerlei Spuckhaftes
sehen ließ. Zu dem vor seinem letzten Aufenthalt
in Berlin geschriebenen Ignatz Denner *) hatte er
den Stoff in Bamberg erhalten.

---

*) Diese Erzählung hieß früher: „Der Revierjäger,“ und
war (s. den Brief vom 16. Januar 1814) für die Fantasiestücke bestimmt. Mir erschien sie in ihrer damaligen Gestalt
nicht würdig genug, neben den übrigen gehaltvollen Aufsätzen dieses Buches zu stehen. Hoffmann fühlte dies mit
mir, und nahm sie zurück. Warum er den Namen um-
taufte, ist mir ein Räthsel, um so mehr, als nachdem mir
die „Nachtstücke,“ denen diese „Geistergeschichte,“ wie
Hoffmann sie nennt, einverleibt ist, zu Gesicht kamen, ich
ganz etwas anderes zu finden glaubte, und zwar die Ausführung einer Idee, mit der Hoffmann schon in Bamberg
beschäftigt war.

Recht gut erinnere ich mich noch des Moments dazu.
Zwei Portraits Balthasar Denner's in der herrlichen
Pommersfelder Gallerie waren es, die ihn so gewaltig an-
zogen, deren beispiellosen Fleiß in der technischen Ausführung
er so bewunderte, daß er im Anschauen versunken ausrief:
„Ich kann mich von der Idee nicht trennen, daß des Meisters enormer Kunstfleiß mit seinem Leben gänzlich verwach-
sen, völlig identisch seyn müsse!“ Er fragte mich, ob ich
nichts näheres von Denner's Lebensverhältnissen wisse, und
auf einige Andeutungen, die ich ihm desfalls machte, die ihn
aber nicht befriedigten, drückte er den Wunsch aus, daß ich
bei unserer Nachhausekunft doch sogleich in meinen Kunst-

1816 erschien von ihm kein größeres Werk; 1819 aber zuerst der Dialog: seltsame Leiden eines Theaterdirektors *), sodann: klein Zaches. Die Ent-

---

büchern nachschlagen möchte, um über diesen: „ganz originellen Kerl" etwas bestimmtes zu erfahren.

Des andern Morgens nach unserer Fahrt fand sich Hoffmann schon sehr früh bei mir ein, und durchblätterte die Werke mit Hast, wo er über den Künstler etwas zu finden glaubte, jedoch — wenn ich mich recht entsinne — ziemlich erfolglos.

Die Begierde trieb ihn am nämlichen Morgen noch zu dem Generalcommissär Freiherrn von Stengel, in dessen Hause er, wie bekannt, längst persönlichen Zutritt hatte, in der Hoffnung, durch diesen Kunstfreund befriedigende Nachrichten einzuziehen. Auch dessen Bücherschätze wurden durchstöbert, jedoch mit eben so wenigem Erfolg.

Nutzlos war jedoch, wie er bei seiner Nachhausekunft versicherte, der Gang für ihn nicht gewesen, indem er ein paar interessante, mündlich ihm vom Herrn von Stengel erzählte Anekdoten davon trug. — „Es gibt doch ein köstliches Fantasiestück!" rief er mir zu, „passen Sie nur auf!"

Ich glaubte nun den für die Fantasiestücke nicht benutzten Plan in den Nachtstücken ausgeführt zu finden, nachdem ich die Ueberschrift der Erzählung gelesen; allein auch hier fand ich, wie bemerkt, einen ganz andern, mit Denner gar nicht in Berührung stehenden Stoff.

Aber auch dieser enthält keine Reminiszenzen aus Bamberg, wie Hitzig vermuthet, außer der Buchstabenversetzung des Revierförsters „Endres" zu Frensdorf bei Bamberg, in „Andres," wobei er wohl an den Mann gedacht haben mochte, auf dessen Revieren er sich im Schießen zu vervollkommnen strebte, und wo er „kein Reh geschossen." Uebrigens stehen die Lebensverhältnisse dieses Mannes ebenfalls nicht in der geringsten Beziehung zum Revierjäger Andres, wie diesen Hoffmann in seinem Ignaz Denner schildert.

                                                        J. F.

*) Dies treffliche Buch enthält nebst dem „Kater Murr" die meisten Reminiszenzen aus Hoffmanns Leben in Bamberg.

stehungsgeschichte des ersten erzählt er auf allerliebste
Weise, in der wohl erst dem Leser des gegenwär=
tigen Buches vollkommen verständlichen Vorrede
folgendergestalt.

„Vor etwa zwölf Jahren ging es dem Her=
ausgeber dieser Blätter beinahe eben so, wie dem
bekannten Zuschauer Herrn Grünhelm, in Tieck's
verkehrter Welt. Das düstere Verhängniß jener er=
eignißreichen Zeit drängte ihn mit Gewalt heraus
aus dem Parterre, wo er seinen bequemen, behaglichen
Platz gefunden, und nöthigte ihn, einen Sprung zu
wagen, der zwar nicht bis auf das Theater, wohl
aber bis in das Orchester, auf den Platz des Musik=
direktors, reichte.

Auf diesem Platz schaute er nun das seltsame
Treiben der wunderlichen kleinen Welt, die sich hinter
Couliß und Gardine regt und bewegt, recht in der
Nähe an, und diese Anschauung, vorzüglich aber die
Herzensergießungen eines sehr wackern Theaterdirec=
tors, dessen Bekanntschaft er im südlichen Deutsch=
land machte, gab Stoff zu dem Gespräch zweier Thea=
terdirectoren, das er schon damals aufschrieb, als er
noch nicht in das Parterre zurückgesprungen war,
wie er es in der Folge denn wirklich that u. s. w."

Vielleicht gelange ich einmal dazu, beide vollständig zu
kommentiren. — Die gewählte dialogisirte Form in ersterem
Werke entsprang aus der Erinnerung an Hoffmanns Lieb=
lingsschrift: „Rameau's Neffe, nach Diderot, von Göthe,"
der oft wiederholten Lektüre während seines Bamberger
Aufenthalts.   J. F.

Klein Zaches ist eines von Hoffmanns Werken, welches ihm die meisten Mißdeutungen zugezogen, und doch gab es nichts unschuldigeres, als die Art, wie dies Märchen entstanden.

Im Frühjahr 1819 war er nämlich schwer erkrankt an einem Unterleibsübel mit gichtischen Zufällen. Hitzig besuchte ihn täglich, und mußte dann immer zuerst hören, welche Fantasieen des Fiebers, die Hoffmanns Kopf jederzeit mit neuen Bildern füllten, zunächst die Oberhand bei ihm gewonnen. So kam er eines Nachmittags, und Hoffmann, ihm die glühende Hand vom Krankenlager herüberreichend, und noch im heftigsten Fieberanfalle, rief ihm gleich in kurzen raschen Absätzen, wie sie die Hitze ausstößt, entgegen: „Denken Sie, was für ein paar verwünschte Ideen mir eben gekommen sind. Ein häßlicher, dummer kleiner Kerl — fängt alles verkehrt an, — und wie was Apartes geschieht, hat er es gethan. — Wird z. B. ein schönes Gedicht in einer Gesellschaft von einem andern verlesen, — e r wird als Verfasser geehrt und empfängt dafür das Lob, und so durchweg. — Dann wieder ein anderer, der einen Rock hat, — wenn er ihn anzieht, — werden die Aermel zu kurz, — und die Schöße zu lang. — Sobald ich wieder gesund werde, muß aus den Kerls ein Märchen gemacht werden." Hitzig konnte nicht umhin, den Gedanken drollig zu finden und bei Hoffmanns beflügelter Eile war er auch kaum wieder auf den Beinen, als der kleine Zaches schon fertig da lag, den er vielleicht in nicht vierzehn

Tagen gearbeitet. Hatte er nun darin eine im Orte
bekannte Karrikaturgestalt dem Leser vor die Augen
gestellt, wie er es nicht unterlassen konnte, im Welt=
hause jede lächerliche Figur auf das Papier zu wer=
fen, oder in der Gesellschaft alles, was in das Ge=
biet des Komischen fiel, laut zu bemerken, so lag
darin eben so wenig eine prämeditirte Bosheit, die
ihm oft zur Last gelegt worden ist, als darin eine
strafbare politische Gesinnung, wenn er in seinem
letzten Werke die Erzählung mit Ausdrücken staffirte,
die er aus, mit Recht geheim gehaltenen, ihm nur
durch sein Amt zugänglich gewordenen, Acten ge=
schöpft; vielmehr war in dem einen und dem andern
Falle nichts eben das Motiv seines Handelns, als
eine völlige Rücksichtslosigkeit in Beziehung auf die
Folgen, wenn es galt, einem witzigen Einfalle Luft
zu machen. Daß mit dieser Bemerkung der Vor=
wurf des keinesweges zu billigenden Leichtsinns, der
dort den Menschen, hier den Geschäftsmann trifft,
nicht zu beseitigen ist, versteht sich ohne weitere
Ausführung.

Uebrigens sind sowohl der Umschlag zu Klein
Zaches, so wie zu seinen spätern Werken, den beiden
Bänden des Katers Murr und des Meister Floh,
von Hoffmann selbst erfunden und gezeichnet. Er
war durch Hitzig auf Hensel's ähnliche Arbeiten auf
dem Einbande der Arndt'schen Märchen aufmerksam
gemacht worden, hatte Wohlgefallen daran gefunden
und die Idee gleich in seinem Geiste benutzt.

Im Sommer 1819 machte Hoffmann auf Ver=

ordnung seines Arztes eine Reise in die schlesischen
Bäder, die ihm ungemein wohl bekam. Er traf
dort mit Contessa zusammen, machte die Bekannt=
schaft von Schall, Weißflog und andern geistreichen
Leuten, und kehrte so gestärkt und heiter zurück, als
ihn seine Freunde lange nicht gesehen. Nie wird
der Herausgeber, der während seiner Abwesenheit
die Correktur des ersten Bandes vom Kater Murr
besorgt hatte, die Gemüthlichkeit vergessen, mit wel=
cher Hoffmann am frühen Morgen nach seiner Rück=
kunft in seinem Hause erschien, und ihm einen kry=
stallenen Prachtpokal feierlich überreichte, in welchen
er den Kater nach einer sehr gelungenen, von ihm
in Warmbrunn entworfenen Zeichnung hatte schrei=
ben lassen, mit der Umschrift: „Der junge Autor
seinem vielgeliebten Correktor."

Bald nachher wurde Hoffmann in ein ihm wie=
der ganz neues Feld der Thätigkeit berufen, nämlich
zum Mitgliede einer Immediat=Untersuchungscom=
mission zur Ermittelung geheimer staatsgefährlicher
Verbindungen ernannt, und soll auch hier sehr
brauchbare, und vorzüglich elegant redigirte Arbeiten
geliefert haben.

Endlich gab er bis zum Schlusse dieses, für ihn
in so vielfältiger Beziehung reichen Jahres, den ersten
und zweiten Band der Serapionsbrüder heraus,
deren dritter 1820 und vierter 1821 erschien.

Der Verleger dieses Werkes hatte ihn nämlich,
wie er in der Vorrede zu demselben berichtet, auf=
gefordert, seine in Journalen und Taschenbüchern

verstreuten Erzählungen und Mährchen zu sammeln, und mit neuen zu vermehren, und hierdurch, so wie durch den Umstand — so bemerkt er ferner — daß er mit seinen herzgeliebten Freunden, nach langer Trennung (durch die unternommene schlesische Reise), an einem Serapionstage wirklich wieder zusammentrat, war er bestimmt worden, jener Aufforderung Raum zu geben. Man findet hiernach in dem genannten Buche theils jene Erzählungen, theils einen fortlaufenden, zur Vereinigung derselben in ein Ganzes dienenden Dialog, in welchem er sich vorgesetzt, ein möglichst treues Bild des Zusammenseyns der gleichgesinnten Serapionsbrüder aufzustellen, wie sie sich einander die Schöpfungen ihres Geistes mittheilen und ihr Urtheil darüber aussprechen.

Im Frühjahr des nächstfolgenden Jahres 1820 hatte Hoffmann eine große Freude. Ein Reisender brachte ihm einen herzlichen Brief von Beethoven *).

---

*) Er möge in seiner großartigen Einfachheit hier stehen:

Wien, den 23. März 1820.

„Ich ergreife die Gelegenheit, durch Herrn N. mich einem so geistreichen Manne, wie Sie sind, zu nähern. Auch über meine Wenigkeit haben Sie geschrieben, auch unser Herr N. N. zeigte mir in seinem Stammbuche einige Zeilen von Ihnen über mich. Sie nehmen also, wie ich glauben muß, einigen Antheil an mir. Erlauben Sie mir, zu sagen, daß dieses von einem, mit so ausgezeichneten Eigenschaften begabten Manne Ihresgleichen, mir sehr wohl thut. Ich wünsche Ihnen alles Schöne und Gute, und bin

Ew. Wohlgeboren

mit Hochachtung ergebenster
Beethoven."

Man muß seine Verehrung des Meisters gekannt
haben, um beurtheilen zu können, wie dieser Gruß
aus der Ferne auf ihn wirkte.

Im Sommer dieses Jahres kam Spontini, nach
Berlin gerufen, dort an. Auch diesen Componisten
achtete Hoffmann im höchsten Grade. Er fand sich
veranlaßt, ihn in der Zeitung mit einem Willkom=
men zu begrüßen, ein Schritt, der ihm wie manche
andere spätere Annäherung an den interessanten
Mann vielseitig verargt worden ist, weil man darin
eine seiner unwürdige Kriecherei zu finden meinte.
Von keinem Fehler war er aber wohl mehr entfernt,
als von diesem. Leicht kann es seyn, daß die große
Auszeichnung, die Spontini ihm als einem der ge=
wandtesten Schriftsteller, dem er also mit Recht einen
Einfluß auf die öffentliche Meinung zutrauen durfte,
bewies, seiner Eitelkeit schmeichelte, und ihn auch
geneigt machte, die Uebersetzung des ursprünglich
französischen Textes der Olympia — eine Arbeit, die
sonst nicht ganz passend für ihn war — zu über=
nehmen*); aber es ist in die Augen fallend, wie
verschieden dies Motiv, selbst wenn man es voraus=
setzen könnte, und das soll keineswegs behauptet
werden, von einer Schmeichelei wider bessere Ueber=
zeugung seyn würde. So viel ist gewiß, daß er die
Bearbeitung der Olympia mit der größten Lust be=
trieb, und von der Schönheit und Wirkung dieser

---

*) 81ster Brief, wo er sagt, der König habe gewünscht, daß er
diese Arbeit übernehme.

Musik seinen Freunden nicht genug zu rühmen wußte.

Endlich erschien 1820 noch der erste Band der Lebensansichten des Kater Murr, dem 1822 der zweite folgte, und der mit dem dritten, leider auf dem Papier nicht angefangenen, aber im Kopfe schon ganz vollendeten, schließen sollte. Zu der äußern Form dieses Buches war Hoffmann durch einen ausgezeichnet schönen Kater veranlaßt worden, den er aufgezogen hatte, und der ihm wirklich mehr als gewöhnlichen Thierverstand zu haben schien; wenigstens war er unerschöpflich in Erzählungen von den Klugheiten, welche von diesem Liebling, der in der Regel in dem Schubkasten des Schreibtisches seines Herrn, welchen er sich mit den Pfoten selbst aufzog, und auf dessen Papieren ruhte, ausgegangen seyn sollten. Der Held der Dichtung, Johannes Kreisler, schon aus den Fantasiestücken der lesenden Welt bekannt und werth geworden, war aber eine Personisicirung seines humoristischen Ichs, weshalb auch in keinem seiner Werke so viel auf Wahrheit gegründete Beziehungen auf sein eigenes Leben zu finden sind, als in diesem. Der dritte Band sollte Kreislern bis zu der Periode führen, wo ihn die erfahrenen Täuschungen wahnsinnig gemacht, und unmittelbar an diesen Band sich die schon mehrmals erwähnten „lichte Stunden eines wahnsinnigen Musikers" anschließen *).

---

*) Hiezu hat sich folgender Croquis im Nachlaß vorgefunden:

Auf den „Kater Murr" legte Hoffmann, fast unter allen seinen Werken, den höchsten Werth, und in dem letzten Theile desselben glaubte er zu leisten, was er früher noch nicht vermocht.

Zu seinem Geburtstage in diesem Jahre hatte ihm Koreff übrigens ein Heft mit ächten Callot'schen Blättern geschenkt. Diese gaben ihm die Idee zu der „Prinzessin Brambilla", die im nächstfolgenden, 1821, erschien, und zu der er mehrere jener Blätter mit Gegenständen, die in den Gang der Handlung eingreifen, abbilden ließ.

***

Lichte Stunden eines wahnsinnigen Musikers.

Ein Buch für Kenner.

Die Liebe des Künstlers.

Der kühle Augenblick.

Klang aus dem Norden.

Klang aus dem Süden.

Mystik der Instrumente.

Musikalisches Hellbunkel.

Tonarten.

Zerstreutheit des Künstlers (gerade entgegengesetzt) (nach dem Takt gehen — Rollen der Räder — Anekdoten.)

Ahnungen der Musik des Himmelreichs.

Die Noten.

Das Geheimniß der Fuge. (Frage und Antwort. Zwei Worte, oder die Herberge im Walde).

Piano — forte — crescendo — fortissimo — decrescendo — ritardando — dolce a tempo — smorzando.

Bewußtloses Empfangen — unerachtet der Componist zur klaren Erkenntniß gekommen — er macht so selbst seinen Kritiker — zertheilt in zwei geistigen Prinzipe, die der Moment scheidet.

Mozart als Kind erinnere mich daran, daß ich den Hörnern recht viel zu thun gebe.

In der Vorrede bezeichnet er seinen Zweck bei diesem Märchen dahin, daß es eine aus einer philosophischen Ansicht des Lebens geschöpfte Hauptidee versinnlichen solle, und die hier zum Grunde liegende war die Verbindung des Humors mit der Phantasie. Er glaubte das Werk gelungen, und übergab es wie seine früheren seinem Freunde Hitzig, dessen Urtheil darüber fordernd. Dieser, der ihn stets mit der größten Offenheit behandelte, verhehlte ihm nicht, daß er ihn hier auf einem schon oft, aber noch nie so entschieden betretenen Abwege zu erblicken glaube, nämlich dem des Nebelns und Schwebelns mit leeren Schatten, auf einem Schauplatz ohne Boden und ohne Hintergrund, und empfahl ihm, um ihm zu zeigen, was bei dem Publikum jetzt mit Recht anfange das höchste Glück zu machen, etwas von Walter Scott zu lesen (denn ohne ausdrücklich darauf hingewiesen zu werden, las Hoffmann nichts Neues) — unmaßgeblich den Astrologen.

Schon am nächsten Morgen erhielt er folgende Antwort, die eine sehr merkwürdige Selbstanschauung enthält.

„Gestern Abend war Koreff bei mir, und hatte die Güte, mir auf mein Bitten noch ganz spät den Astrolog zu schicken, den ich nächstens lesen werde, da ich ihn in diesem Augenblick — verschlinge. — Ein ganz treffliches — treffliches Buch, in der größten Einfachheit reges lebendiges Leben und kräftige Wahrheit! — Aber! — fern von mir liegt dieser Geist, und ich würde sehr übel thun, eine Ruhe er-

künsteln zu wollen, die mir, wenigstens zur Zeit
noch, durchaus gar nicht gegeben ist. Was ich jetzt
bin und seyn kann, wird pro primo der Kater,
dann aber, will's Gott, auf andere Weise noch der
Jakobus Schnellpfeffer, der vielleicht erst
1822 erscheinen dürfte, zeigen."

Der Frühherbst dieses Jahres 1821 führte zwei
sehr angenehme Ereignisse für Hoffmann herbei. Sein
geliebtester Jugendfreund Hippel erschien wieder für
längere Zeit in Berlin, und ferner rückte er in Ge=
mäßheit seiner Anciennetät, und nachdem sich un=
längst sein Gehalt auch noch bedeutend vermehrt
hatte, in den Oberappellations=Senat des Kammer=
gerichts als Mitglied ein.

Diese Lage hatte er längst gewünscht, denn sie
befreit von allen juristischen Geschäften außer dem
Hause, und beschränkt diese blos auf das Anfertigen
schriftlicher Relationen, die dann, wenn sie nach
Muße fertig gemacht worden, an einem bestimmten
Tage in der Woche vorzutragen sind. Dieß paßte
vortrefflich zu Hoffmanns schriftstellerischen Beschäf=
tigungen, in denen er durch seine frühere Situation,
die es mit sich brachte, daß er wenigstens zweimal
wöchentlich in der Gerichtssitzung erscheinen, und vor=
her Arbeiten machen mußte, die an diesen Sitzungs=
tagen zum Vortrag kamen, sich häufig unterbrochen
sah. Er nannte sein jetziges Leben treffend ein dop=
peltes Autorleben, indem er in seinem Geschäftsver=
hältnisse nur Manuscript für die Registratur, wie
als Dichter Manuscript für die Presse zu liefern

hätte. Dazu war sein Finanzzustand durch die Ge-
haltsvermehrung dergestalt verbessert, daß er daran
dachte, sich in jeder Art mehr auszudehnen, einige
Zimmer zu seinem Quartier zumiethete, um in dem
einen eine sich nach und nach anzuschaffende Bibliothek aufzustellen, in dem andern aber nur die Arbeiten, die zu seiner Erholung dienten, vorzunehmen
und dergl. mehr; kurz man konnte keinen mit größ-
serer Freudigkeit in die Zukunft blickenden Mann
sehen, als Hoffmann im Oktober 1821.

Aber, wie es oft im Leben zu geschehen pflegt,
daß die gewitterschwangere Wolke dem schon über
dem Haupte steht, der sie nicht erschaut, weil er den
Blick nicht von der Erde hebt, so sollte es auch mit
dem armen Hoffmann seyn. Nur noch Monate lang
sollte er das ihm nun in jeder Beziehung so theuer
gewordene Leben fortsetzen dürfen, und — welch' ein
Leben!

Der erste Vorbote der Leiden, die ihm bevor-
standen, war — man lache nicht — der Tod seines
Katers.

Am 30. November 1821 erhielt der Verfasser
früh am Morgen folgende Karte:

„In der Nacht vom 29sten zum 30sten November entschlief nach kurzem, aber schwerem Leiden
zu einem bessern Daseyn, mein geliebter Zög-
ling, der Kater Murr, im vierten Jahre seines
hoffnungsvollen Alters, welches ich theilnehmen-
den Gönnern und Freunden ganz ergebenst anzuzeigen nicht ermangle. Wer den verewigten

Jüngling kannte, wird meinem tiefen Schmerz
gerecht finden, und ihn — durch Schweigen
ehren.

Hoffmann."

Dieser Spaß konnte dem auffallen, der Hoffmann nicht kannte, nicht ahnete, wie nahe oft bei
ihm Scherz an Schmerz zu gränzen pflegte. Der
Verfasser wußte, wie er es zu nehmen hatte. Am
Abende führte ihn ein Geschäft aus seinem Hause
an der Weinstube vorbei, in welcher Hoffmann seinen Wohnsitz aufgeschlagen. Wenige Schritte davon
gewahrte er diesen langsam und gebückten Hauptes
einhergehend. Hoffmann ward auch seiner im Augenblicke ansichtig, und: „Haben Sie meine Karte erhalten?" fragte er mit Heftigkeit. Es wurde bejaht.
„Nun, so thun Sie mir die einzige Liebe," so fuhr
er fort, „und treten mit mir in dies Kaffeehaus (vor
dem sie eben standen), wir können da ungestört miteinander sprechen." Es geschah, wie er gesagt, er
riß den Freund mit Ungestüm in ein Hinterzimmer,
sah sich um, ob sie auch allein wären, und nun begann er, mit vorausgeschickter Bitte, ihn nicht zu
verkennen; aber — es sey doch nun einmal so —
das Bekenntniß, wie ihn der Tod des Thieres ergriffen (welches zu retten er Aerzte aus der Thier-
arzneischule hatte holen lassen), zugleich aber auch
eine Schilderung der Qual des Sterbens, daß sich
dem entsetzten Zuhörer die Haare in die Höhe richteten. „In der Nacht," so erzählte er unter anderem,

„winselte der Murr gar zu erbärmlich, meine Frau schlief fest; ich stand sachte von ihrer Seite auf, schlich in die Kammer, wo er lag, hob die Decke auf, die über ihn gebreitet war, und nun sah er mich an, mit ordentlich menschlichen Blicken, wie bittend, daß ich ihm doch das Leben schenken möchte, und hörte für einen Augenblick auf zu jammern, als ob er Trost in meinen Mienen läse. Da konnte ich es nun nicht länger ertragen, ließ das Tuch wieder über ihn hinfallen, und kroch in's Bett zurück. Gegen Morgen starb er, und nun ist mir das Haus so leer, und auch meiner Frau. Ich wollte heute früh gleich zu Fiocati, und ihr einen sprechenden Papagei kaufen, aber sie will keinen Ersatz, und ich auch nicht. Nicht wahr, Freund, Sie halten auch nichts von Surrogaten für geliebte Gegenstände? u. s. w."

Der Freund war so ergriffen von der Stimmung, in welcher er Hoffmann fand, und so gerührt von seinem Vertrauen, da er, der jeden Anstrich von Sentimentalität auf das höchste scheute, sich gewiß nur gegen ihn, den seit langen Jahren mit seinen innersten Gefühlen Bekannten so auszusprechen wagte, daß er seine Hand ergriff, und ihm sagte: „Ihre Karte liegt schon bei den Papieren, die ich über Sie gesammelt, und auch diese Herzensergießung soll unvergessen seyn. Wenn ich Sie überlebe, so schreibe ich ihre Biographie, und beides soll darin nicht fehlen." „„Ach, Sie werden mich gewiß überleben!"" erwiederte er wehmüthig, und tief erschüttert schieden die Freunde.

Wie hätte es aber der Ueberlebende damals ahnen sollen, daß er sein Versprechen so bald werde zu lösen haben! Noch stand Hoffmann in völliger Kraft der Gesundheit vor ihm; aber bald darauf befiel ihn die Krankheit, die eine gänzliche Erschöpfung der Lebenskraft, und zuletzt eine Lähmung der Extremitäten herbeiführend, ihn in dem reifsten Mannesalter unerbittlich dahinraffte.

Vor deren Ausbruch hatte er noch sein letztes Werk: „Meister Floh" geschrieben.

Eine Aufforderung der Buchhandlung Gebrüder Wilmans in Frankfurt am Main, die ihm seit dem großen Erfolg, den die Scuderi ihrem Taschenbuch für Liebe und Freundschaft gegeben, unaufhörlich anlag, ein Werk für ihren Verlag zu schreiben, und ihn durch die glänzendsten Anerbietungen in Hinsicht des Honorars köderte, mag ihm die Veranlassung gegeben haben, dies Märchen aus längst verbrauchten Materialien im Laufe von wenigen Wochen zusammenzuwürfeln; aus irgend einem innern Antrieb ist es, wie man auf den ersten Blick gewahrt, nicht hervorgegangen. Auch die durch die bekannte Verstümmelung desselben daraus verschwundene Episode würde ihm keinen erhöhten Reiz gegeben haben. Sie enthielt Anspielungen, die nur ein sehr bedingtes, zum Theil lokales Interesse hatten, und wäre Hoffmann nicht so unvorsichtig gewesen, vorher davon zu sprechen, daß er dies und jenes in dem Buche persiffliren wolle, so würde kein Leser bei der Ungründlichkeit des Publikums, das solche

Schriften liest, gemerkt haben, wohinaus er gezielt. Uebrigens war es, wie schon oben bei Gelegenheit des kleinen Zaches erwähnt worden, unpaßlich, daß er Lächerlichkeiten, zu deren Kenntniß er auf amtlichem Wege gelangt, in seinem Märchen dem Publikum preis gab; aber es war ihm einmal unmöglich, Dinge, welche ihm aus diesem Gesichtspunkte erschienen, am Wege liegen zu lassen, er mochte sie finden, wo er wollte.

Nächst dem „Meister Floh" beschäftigte ihn in dieser Zeit der Gedanke einer Fortsetzung von Tiecks merkwürdiger Lebensgeschichte des Abraham Tonelli im achten Bande der Straußfedern*). Was sich davon im Nachlasse vorgefunden, wird unter den Beilagen zu diesem Abschnitte nicht unwillkommen seyn.

Hoffmanns letzter Geburtstag, der 24. Januar 1822, war von den bedeutendsten Auspicien für ihn begleitet, was seit den Jünglingsjahren nicht der Fall gewesen; er konnte ihn mit seinem ältesten Freunde Hippel, der noch in Berlin verweilte, feiern, und von seinen späteren liebsten Freunden fehlte auch kein einziger als Contessa, der sich auf dem Lande befand. Aber schon hatte die sich entwickelnde Krankheit ihm die Flügel gelähmt. Er trank Selterser=

---

*) Wie Tieck im Herbste 1822 dem Verfasser sagte, hat er die Absicht, die köstliche Geschichte in der Fortsetzung des Phantasus wieder zu geben. Er möge dieses Versprechens eingedenk seyn, da die Straußfedern fast vergessen sind.

Wasser, während er seiner Gesellschaft die köstlichsten
Weine vorgesetzt, und wenn er sonst bei solchen Ge=
legenheiten mit der unermüdlichsten Beweglichkeit den
Tisch umkreißte, um einzuschenken und die Unterhal=
tung anzufachen, wo sie stockte, so saß er heute den
ganzen Abend an seinem Lehnstuhl gefesselt. Nach
Tische nahm die Unterhaltung zwischen Hippel und
Hoffmann eine Wendung, die, wie sie Erinnerungen
aus ihrer Jugendzeit herbeirief, auch des Todes und
Sterbens erwähnen ließ. Der Verfasser mit un=
ter den Geladenen, warf, vielleicht ihm selbst unbe=
wußt, ein Wort dazwischen, dessen Sinn ungefähr
das bekannte: „das Leben ist der Güter höchstes
nicht,“ war; aber Hoffmann fuhr ihm mit einer
Heftigkeit, die so den ganzen Abend nicht zum Aus=
bruch gekommen war, entgegen: „Nein, nein, leben,
leben, nur leben — unter welcher Bedingung es
auch seyn möge!“ — Es lag etwas Entsetzliches in
der Art, wie er diese Worte herausstieß, und sein
Wunsch ist später auf eine furchtbare Weise in Er=
füllung gegangen.

Denn er lebte zwar von da an noch fünf Mo=
nate, — aber unter welchen Bedingungen! — Mit
jedem Tage, möchte man sagen, versagte ein oder
das andere Glied seines Körpers mehr und mehr
den Dienst; Füße und Hände, Folge der sich aus=
bildenden Rückenmarksdarre (tabes dorsalis) star=
ben ganz ab, eben so einzelne Theile des innern
Organismus, und den Tag vor seinem Tode, wo
die Lähmung bis hinauf an den Hals getreten war,

6 *

glaubte er sich völlig genesen, weil er nirgend Schmerz mehr fühlte.

In diesem über allen Begriff jammervollen Zustande, der jedem, der ihn sah, durch die Seele ging, verläugneten sich bei ihm keinen Augenblick die höchste Liebe zu dem Leben, der unerschütterliche Glaube, daß es ihn nicht lassen könne, und eine in Vergleichung mit seinen gesunden Tagen fast noch gesteigerte Heiterkeit, ja großentheils Ausgelassenheit. Der ernste Richter, der es ihm zum Verbrechen machen mag, daß er über manche Staatseinrichtungen oder ähnliche Gegenstände seinem Scherz freien Lauf gelassen, hätte nur einmal Zeuge seyn sollen, welch' eine unerschöpfliche Quelle der launigsten Einfälle er sich selbst in seiner Hülflosigkeit wurde. Daß sein Stiefelputzer ihn mit nervigten Fäusten ins Bad warf, wie man ein Stück Holz ins Wasser schleudert; daß eine sorgsame Magd ihn dann, wenn er wieder angekleidet, — was leider bei seiner Zusammengeschrumpftheit leicht möglich war, — oft, wie ein Kind auf die Arme nahm und ihn ins Bette trug, und tausend kleine Ereignisse dieser Gattung wurden ihm zu Festen, und er fühlte sich glücklich, wenn er seinen Freunden täglich Neues in diesem Geschmack erzählen und ausmalen konnte *).

---

*) Eine solche Geschichte hat er auch noch im letzten Monate seines Lebens in der Berliner Zeitschrift: „der Zuschauer" Nro. 71 vom 15. Juni abdrucken lassen. Sie lautet folgendergestalt:

Alle seine Umgebungen trugen besondere Namen; sein Abschreiber z. B. hieß der Domicellar, weil er mit einem solchen, den er in Baimberg gekannt, Aehnlichkeit hatte u. s. w.

Eines Tages im März erfuhr der Verfasser daß Hoffmann am frühen Morgen eine Deputation begehrt, um sein Testament zu errichten. Da er hierin eine Ueberzeugung von der Verschlimmerung des Zustandes des Kranken zu erblicken glaubte, so eilte er zu ihm, fand ihn aber ganz fröhlich, und

---

Naivetät.

Ein Kranker, der an einer beharrlichen Schlaflosigkeit litt, sah sich genöthigt, jede Nacht jemanden um sich zu haben, mit dem er nicht allein sprechen konnte, sondern der ihm auch in seinem gelähmten Zustande die nöthige Hülfe leistete. So sollte ein junger Mann bei dem Kranken wachen. Statt aber zu wachen, verfiel derselbe in einen Schlaf, aus dem er nicht zu erwecken. Der Kranke war in dieser Nacht von einem besondern Geist fröhlicher, und zwar musikalischer Laune ergriffen, besann sich auf alle mögliche Canzonen und Canzonetten, die er sonst gesungen, und sang sie mit heller Stimme ab. Endlich, als er in das schlafende Antlitz seines Wächters schaute, kam ihm dasselbe, so wie die ganze Situation, gar zu drollig vor. Er rief seinen Wächter laut bei Namen, und fragte, als dieser sich aus dem Schlafe rüttelte, ob ihn vielleicht das Singen in seiner Ruhe störe?

„Ach Gott!" erwiederte der junge wachsame Mann ganz naiv und trocken, indem er sich dehnte, „ach Gott, nicht im mindesten. Singen Sie doch in Gottes Namen, Herr ***Rath, ich habe einen festen, gesunden Schlaf!" Und damit schlief er wieder ein, indem der Kranke mit heller Kehle anstimmte:

Sul margine d'un rio etc.

Hoffmann.

ließ sich erzählen, wie er nur testirt habe, weil die
Gefahr gewiß vorüber sey, und er es doch nicht dar=
auf ankommen lassen wolle, vielleicht wieder in eine
solche Lage zu kommen, daß er dann nicht mehr
letztwillig verfügen könne. Es wäre ja aber auch
leicht möglich, daß seine Frau vor ihm sterbe, und
dann beuge das wechselseitige Testament allen Wei=
terungen mit ihren Verwandten vor. So raisen=
nirte er auch später über sich, als die Freunde den
Tod ihm schon auf den Lippen sitzen sahen. Das
Testament übrigens, da dessen Fassung Hoffmann
gewiß Ehre macht, scheint der Aufbewahrung nicht
unwürdig, und ist darum in den Beilagen mit ab=
gedruckt worden.

In der Mitte des April traf ihn ein harter
Schlag. Hippel, der, wie Hitzig, fast keinen Tag
vorübergehen ließ, ohne ihn zu sehen (seine Wein=
hausgenossen hatten ihn zum Theil verlassen, seitdem
er an das Krankenlager geheftet war; zum Theil
waren sie ihm zuwider geworden, und er hatte, wie
bereits früher bemerkt, freiwillig gelobt, den schlech=
ten Umgang zu meiden, sobald er wieder genesen),
Hippel war genöthigt, in seine Heimath zurückzu=
kehren. Schon mehrere Abende hintereinander hatte
er Hoffmann besucht, um ihn mit der Nähe des
Scheidens bekannt zu machen, aber nicht den Muth
dazu fassen können. Seine Mißstimmung war dem
Kranken aufgefallen, und fast jeden Abend der Ge=
genstand seines Tadels gewesen, am meisten den
letzten vor der Abreise, den 14. April 1822. Hip=

pel konnte Hoffmann die Wahrheit nun nicht länger
verbergen. Er gerieth darüber außer sich. Es schien,
als ob der Schmerz ihm die längst verlorenen Kräfte
wiedergegeben. Krampfhaft warf er sich im Bette
hin und her, mit dem Ausruf: „Nein, nein, es
kann nicht seyn! Du kannst nicht reisen, du kannst
mich nicht verlassen!" und dabei verweigerte er die
schon halb erstorbene Hand zum Abschiede. Endlich
gelang es Hippel, ihn von der Nothwendigkeit sei=
ner Reise zu überzeugen; Hoffmann ward ruhiger,
reichte ihm die Hand, sprach von Wiedersehen, weinte,
was bei ihm eine seltene Erscheinung, bitterlich, und
Hippel ging, — um den Freund nie wieder zu um=
armen.

Bald nach diesem für ihn so schmerzlichen Er=
eignisse richtete sich Hoffmann jedoch an der Kraft
des eigenen Geistes wieder auf. Er fing nämlich
an, die vielen Stunden, die er ohne Gesellschaft und
zum Theil in der Nacht ohne Schlaf zubringen
mußte, damit auszufüllen, daß er einem Schreiber,
der zugleich Krankenwärterdienste versah, und des=
halb immer um ihn war, dictirte, da nun eine to=
tale Lähmung der Hände sich eingefunden hatte;
und diese Beschäftigung ergötzte ihn so sehr, daß er
eines Tages gegen Hitzig äußerte: „er wolle es sich
schon gern gefallen lassen, daß er an Händen und
Füßen gelähmt bliebe, — wenn er nur die Fähigkeit
behielte, fort und fort dictando zu arbeiten." So
wie etwas vollendet war, wurde es dem erwähnten
Freunde zur Durchsicht übergeben, und wenn dieser

es loben mußte, triumphirte der arme Kranke dar=
über, daß noch ein so kräftiger Geist in dem Scher=
ben von Körper wohne, und schöpfte aus der Ge=
sundheit des einen neue Hoffnung auch für die
Genesung des andern.

Was Hoffmann übrigens in den letzten Mona=
ten und Wochen dictirt, ist zuerst: Meister Wacht *),
sodann: des Vetters Eckfenster **), ferner: die Ge=
nesung ***); endlich: der Feind, Fragment †), da
er fast im Dictiren dieser Novelle gestorben.

Diese Produkte mögen selbst für die Geisteskraft
ihres Verfassers reden. Nach dem Ermessen des
Herausgebers gehört einiges darunter zu dem besten,
was Hoffmann je geleistet ††).

---

*) Dies Charactergemälde, voll von Rückerinnerungen aus
dem Bamberger Leben des Dichters, ist in Breslau bei Max
und Comp., in einer Sammlung von Erzählungen und
Märchen von Tieck, Steffens u. a. erschienen. Hoffmann
hatte es diesem Verleger noch selbst überlassen, und wollte
ihm den Feind (s. u.) dazu geben, um einen Band zu
bilden.

**) In den Beilagen.

***) Desgleichen. Zu dieser Erzählung: die Genesung, hatte
Hoffmann die unbeschreibliche Sehnsucht veranlaßt, die er
nach dem Grünen, was ihm in gesunden Tagen ziemlich
gleichgültig war, empfand, und in dem Monate seines To=
des einigemal befriedigte. Ganz entzückt kehrte er immer
von diesen Jammerfahrten, wobei vier Menschen ihn in den
Wagen tragen mußten, und er oft die heftigsten Schmerzen
litt, heim.

†) Eine köstliche Reliquie, die in dem Frauentaschenbuch zuerst
erschienen und auch in dieser Ausgabe 2. Bd. S. 251. u. ff.
abgedruckt ist.

††) Auch ich bin dieser Meinung und halte, nächst dem Majo=
rat, namentlich Meister Wacht, (S. diese Ausgabe 2. Bd.

Einen noch merkwürdigeren Beweis seiner nicht zu erschöpfenden Seelenstärke mögen aber folgende Umstände geben.

Etwa vier Wochen vor seinem Tode wurde der entsetzliche Versuch gemacht, ob nicht durch das Brennen mit dem glühenden Eisen an beiden Seiten des Rückgrats herunter die Lebenskraft wieder zu erwecken wäre. Hitzig, durch unabwendbare Geschäfte verhindert, der Operation beizuwohnen, eilte nach deren Beendigung voller Angst zu dem Patienten, und kam etwa eine halbe Stunde nachher an. „Riechen sie nicht noch den Bratengeruch?" rief ihm Hoffmann entgegen, erzählte mit der umständlichsten Genauigkeit die fürchterliche Procedur, fand es ganz natürlich, daß bei einem so exotischen Subjecte wie er, die Aerzte auch die exotischesten Mittel versuchten, und setzte hinzu: „während des Brennens sey ihm eingefallen, daß der damalige Polizeiminister ihn plombiren lasse, damit er nicht als Contrebande durchschlüpfe."

Noch später, in den allerletzten Wochen seines

S. 89 u. ff.) für Hoffmanns vollkommenstes Charakterbild, was er je gezeichnet. Wacht selbst ist wie aus einem Gusse geschaffen, höchst originell und wahr, und wenn auch nicht an sich, doch gewiß in Verbindung mit den übrigen Charakteren und herbeigeführten Episoden durchaus neu. Hätte das Geschick es unserem Dichter vergönnt, auf gleiche Weise fortfahren zu dürfen, wir würden eine schriftstellerische Doppelnatur mehr zu bewundern haben, da er in diesem Wacht ganz aus sich selbst herausgetreten und einen neuen Weg einzuschlagen begonnen. Z. F.

Lebens hatte die Schlesingersche Musikhandlung auf
Veranlassung eines in Wien von einem gewissen
Leidersdorff veranstalteten Klavierauszuges aus dem
Weberschen Freischützen seine Vernehmung als Sach=
verständiger über die Frage in Antrag gebracht,
„ob jener Klavierauszug als ein Nachdruck der
Schlesingerschen Originalausgabe zu betrachten sey,“
und das Kammergericht hatte Hoffmanns Freunde
Hitzig dessen Abhörung übertragen. Dieser, der sei=
nen zu Zeiten schon der Agonie ähnlichen Zustand
am besten kannte, wollte ihn mit der Sache verscho=
nen, erzählte ihm aber gesprächsweise von der Be=
rufung auf sein Gutachten. Er ergriff den Gegen=
stand mit vollem Eifer, erklärte, daß er sein Zeugniß
nicht versagen möge, und gab sein Urtheil über die
zweifelhafte Rechtsfrage mit einer Besonnenheit ab,
wie sie ihm in den gesündesten Tagen eigen war.
Zum Beweise dessen, und da die Frage an und für
sich Interesse hat, ist es nicht für unangemessen er=
achtet worden, einen Auszug aus dem betreffenden
Protokolle in den Beilagen beizufügen.

Etwa den 20. oder 21. Juni zeigten sich die
Vorboten des nahen Todes in der Unfähigkeit, et=
was zu genießen, einer größeren Neigung zum
Schlaf, als früher stattgefunden, und einer Unlust
an den gewohnten Beschäftigungen. Am 24sten
Abends war er, wie früher bereits erwähnt, schon
erstarrt bis zum Halse, und fühlte bis in diese Re=
gion des Körpers keinen Schmerz mehr. „Nun
werde ich wohl bald durch seyn,“ rief er dem ihn

besuchenden Ärzte entgegen; „mir thut nichts mehr
weh." „„Ja wohl,"" erwiederte ihm jener mit
anderer Deutung, „„nun werden sie bald durch
seyn!"""

Am frühen Morgen des 25. Juni fingen die
Wunden seines zerfleischten Rückens an, heftig zu
bluten. Seine Umgebungen ahnten, was bevorstehe.
Er rief den Schreiber und Wärter, und sagte ihm
etwas, was dieser nicht mehr verstand. Darauf trat
die Frau an das Bette, er forderte, daß sie ihm
die gelähmten Hände in einander legen solle, und
sie will ihn dabei die Blicke gen Himmel richten
gesehen und gehört haben, daß er die Worte ge=
sprochen: „man muß doch auch an Gott denken!"
Alles erwartete jetzt seine Auflösung; aber noch ein=
mal flammten die Lebensgeister auf; er sagte später
noch, er fühle sich wohl, wolle heut Abend an der
Erzählung, der Feind, weiter diktiren, was er seit
mehreren Tagen nicht gethan, und verlangte, man
solle ihm die Stelle vorlesen, wo er stehen geblieben.

Seine Frau suchte es ihm auszureden, er ließ
sich im Bette umdrehen, mit dem Gesicht gegen die
Wand gekehrt, verfiel in Todesröcheln, und als
zwischen 10 und 11 Uhr Morgens nach Hitzig ge=
schickt wurde, der sich in der Gerichtssitzung befand,
und dieser herbeistürzte, — fand er schon den Freund
nicht mehr!

Hoffmanns sterbliche Reste ruhen auf dem neuen Kirchhofe vor dem Hallischen Thor zu Berlin. Die Stätte bezeichnet ein einfaches, aber geschmackvolles Denkmal, mit der Aufschrift:

E. T. W. Hoffmann

geb. Königsberg den 24. Januar 1776
gest. Berlin den 25. Juni 1822

Kammergerichtsrath.

Ausgezeichnet
im Amte
als Dichter
als Tonkünstler
als Maler

Von seinen Freunden.

Beilagen

zum

zehnten Abschnitt.

54.

Geliebtester Freund!

Es ist in meinem Leben etwas recht charakte=
ristisches, daß immer das geschieht, was ich gar nicht
erwartete; sey es nun Böses oder Gutes, und daß
ich stets das zu thun gezwungen werde, was mei=
nem eigentlichen tieferen Prinzip widerstrebt. — So
glaubte ich mich auf immer der Justiz entschlagen zu
haben, und du siehst mich in diesem Augenblick von
Akten hoch umwallt — dekretiren — referiren und
was weiß ich alles! — Nach Kircheisens Verfügung
soll ich bei dem Kammergericht sechs Monate um=
sonst arbeiten, um zu lernen, daß es jetzt Werth=
stempel gibt u. s. w., indessen muß ich rühmen, daß
ohne die mindeste Bemühung von meiner Seite mir
dadurch eine merkliche Erleichterung Rücksichts mei=
ner kärglichen Subsistenz geschehen, daß ich jetzt Ur=
telsgebühren erhalten werde. — Erst hier habe ich
recht ausführlich erfahren, wie sehr du, mein einzi=

ger theuerster Freund! dich bemüht hast, mir meinem
Wunsche gemäß eine meiner Neigung entsprechende
Stelle in irgend einem Ministerialbureau zu ver=
schaffen, und nicht versichern darf ich es dir wohl,
wie tief im Innern ich deine wahrhafte Freundschaft
und Liebe fühle. — Daß deine Bemühungen keinen
glücklichen Erfolg hatten, daran ist die feindliche
materia peccans Schuld, die durch mein Leben
schleicht, und recht verderblich schon manche frohe
Hoffnung weggezehrt hat. — Mein Muth verläßt
mich indessen nicht, bin ich auch wieder hingerathen,
wo ich durchaus nicht hingewollt, so muß ich doch
gestehen, daß seit der entsetzlichen Zeit 1806 — 7 — 8
sich meine Lage merklich gebessert hat. — Ganz in
meinem Wesen und Thun, recht feindselig vernichten
könnte man mich aber, wenn man mich wieder in das
mir verhaßte Polen nach Posen oder Kalisch schickte,
indessen glaube ich wohl, daß man auf meine drin=
gende Protestationen deshalb Rücksicht nehmen wird.
Mein lebhafter Wunsch ist nun zwar, in Ber=
lin zu bleiben, das Schicksal eines Kammergerichts=
raths ist indessen wohl nicht beneidenswerth. Kirch=
eisen deshalb angehen mag ich nicht, denn außerdem,
daß er es für eine ganz besondere nur durch blitzen=
des Justizbrillantfeuer zu erlangende Auszeichnung
hält, bei dem Justizgarde=Normalbataillon angestellt
zu werden, so würde er auch glauben, es sey mir
darum zu thun, recht fleißig in die Comödie zu ge=
hen u. s. w. — Davon, daß dem Freunde der Kunst,
ich kann wohl in gerechtem Bezug auf mich sagen,

dem Künstler das Leben unter Freunden der Kunst, unter Künstlern, in besonderem Wohlbehagen manches leicht tragen läßt, dem er sonst erliegt, davon hat er wohl keine Idee. — Daß ich ferner endlich nach wahrem Vagabondiren endlich einmal einen Port finden will, in dem ich nun bleibe, das bedenkt er auch nicht. — Genug! für meine künftige Existenz ist mir in der That bange.

Könntest du mir vielleicht einen guten Rath geben, was ich für mein Hierbleiben thun soll und kann, so zeigst du mir in dem verworrenen Buschwerk, in dem ich jetzt unsicher umhertappe, wenigstens einen Pfad! — Noch in diesem Augenblick nehme ich eine untergeordnetere Stelle als die eines wirklichen Raths ist, mit einem auskömmlichen Gehalt mit Freuden an, wiewohl ich bei der Justiz, ohne meinem Ehrgefühl wehe zu thun, nicht herabsteigen könnte. — Genug von diesen Odiosis!

Die beiden ersten Tage, als ich in Berlin angekommen, lebte ich in der That wie in einem Freudentaumel. — Der herrliche Fouqué kam nämlich gerade von Nennhausen herein und mit ihm lernte ich bei einem Mahl, das Hitzig angeordnet, Tieck, Franz Horn und Chamisso kennen. Denselben Abend hatte ich Gelegenheit, herrliche Stimmen, vieles aus meiner Undine (die Oper, die Fouqué dichtete und ich komponirte) recht brav vortragen zu hören, und wie ging mir das poetische Leben wahrhaft auf, als Fouqué mir versicherte, nur erst in meiner Musik wären die fantastischen Gestalten — Undine — Kühl=

leborn ꝛc. recht lebendig ins Leben getreten. Wahr=
scheinlich kommt, sobald nur der Graf Brühl als
Intendant angekommen, Undine, jedoch nicht unter
meinem Namen, auf das hiesige Theater — wenn
ich dann als Oberlandesgerichtsrath nach Kalisch
müßte! — Vielleicht hast du schon etwas in meinen
Fantasiestücken geblättert, und es hat dich manches
angesprochen, noch habe ich den dritten Band nicht
erhalten; sobald er hier ist, sende ich dir ein sau=
beres Autorexemplar, denn nichts ist billiger, als
daß du mich auf meiner schriftstellerischen Laufbahn
immer im Auge behältst. — Laß dir ja für dich und
deine Kinder zum wahren Ergötzen Peter
Schlemihl's wundersame Geschichte von Chamisso
kommen, das Buch hat wenigstens auf mich beson=
ders gewirkt. Dem unglücklichen Schlemihl hat der
Teufel seinen Schatten abgekauft und er geht nun
schattenlos durch die Welt ꝛc. *). Deiner lieben Frau
und auch deiner Tochter, der Sängerin, empfiehl
mich sehr — bei der Sängerin fällt mir ein, daß
wenn du vielleicht Musikalien brauchst, so gieb mir
doch den Auftrag, ich will alles pünktlich und treu
besorgen. Meine liebe Frau, der es in Berlin sehr
gut gefällt, grüßt dich und die deinigen herzlich. —
Behalte mich nur lieb, mein einziger treuster Freund!

Ewig der deine.

Berlin (franz. Straße Nro. 28.)   Hoffmann.
zwei Treppen hoch, den 1. Nov. 1814.

*) S. Hoffmanns Zeichnung zum Peter Schlemihl, „der graue
Mann."

55.

Berlin (französische Straße Nr. 28)
ben 12. März 1815.

Mein theuerster geliebter Freund!

Rechne es nicht irgend einer Nachläßigkeit oder dem Mangel des steten Andenkens an dich, mein gütiger Freund, zu, wenn ich so lange schwieg. — Immer und immer hoffte ich dir Erfreuliches von der Verbesserung meiner Lage schreiben zu können, aber bis jetzt bin ich noch immer in der fatalen Krisis begriffen, die ich nach meiner Rückkehr in den Justizdienst wohl erwarten konnte. — Nun arbeite ich schon über ein halb Jahr bei dem Kammergericht ohne die mindeste Vergütung, und du kannst denken, wie schwer es mir wird, mich in dem theuern Berlin durchzubringen.

Fort möchte ich nicht gern, und doch ist selbst der Posten des Kammergerichtsraths, dessen Verleihung hier als höchste Gnade angesehen wird, eben nicht sehr erfreulich, noch immer bleibt es daher mein innigster Wunsch, in irgend einem andern Büreau als Expedient angestellt zu werden. Man erwartet noch in diesem Monat den König und Hardenberg. Sollte es dir nicht vielleicht möglich seyn durch Verbindungen, die doch noch nicht aufgehört haben können, mir einen Weg an Hardenberg zuzuweisen? — Sein Büreau muß bedeutend verstärkt werden, und sollte es dann gar nicht möglich seyn, dort anzu=

kommen? — Kein Posten, glaube ich, würde besser mit meinem literarischen und künstlerischen Streben zu vereinen seyn. Schreibe mir gütigst, was du darüber denkst, und ob du mir auf irgend eine Weise behülflich seyn kannst. — Eine zweite Angelegenheit, in der ich mich zutrauungsvoll an dich wende, ist die von mir gehoffte Zahlung meines rückständigen Gehalts, die mir nach der Verfügung der Commission, die ich dir abschriftlich beilege, rund abgeschlagen worden ist. — Du kennst meine Verhältnisse. Ich war gezwungen, von Warschau nach Berlin zu gehen und dort 5/4 Jahre in der drückendsten Lage zuzubringen. Auch nicht die mindeste Hoffnung irgend einer Anstellung war vorhanden, überall fanden die verjagten Offizianten eine unfreundliche Aufnahme, die mich wenigstens empörte. So z. B. sagte der Großkanzler Goldbeck zu mir: Es ist mir unangenehm, Sie hier zu sehen. Sie hätten in Warschau bleiben sollen u. d. m. Dafür also, daß ich ein anderes Talent hatte, das mich nährte, so aber dem Staat in der damaligen verhängnißvollen Lage nicht zur Last fiel und die Behörden nicht mit Gesuchen quälte, soll ich einer Wohlthat verlustig gehen, die der König ohne alle engherzigen Einschränkungen ausgesprochen hat! — Daß ich im Jahr 1810 nicht im Preußischen war, ist irrelevant, da ich früher zurückkehrte und niemals in andern Staatsdiensten war, meine Reise ins Ausland daher einer Urlaubsreise gleich zu stellen ist, überhaupt der deutliche Sinn der Cabinetsordre auch nur die ausschließt, die fremde Dienste genommen, und bis zum Jahr 1810 nicht zurückgekehrt waren. Daß es mir übrigens unmöglich war, in Berlin auch durch meine Kunst damals zu subsistiren, daß ich daher nothgedrungen fort mußte, darf ich noch versichern. — Ich will mich an den Staats=kanzler wenden, ihm kurz und bündig meine bestan=denen Verhältnisse auseinander setzen, und um Be=willigung meines rückständigen Gehalts nach den aufgestellten Grundsätzen bitten, und bitte dich recht herzlich, auf irgend eine Art, wie du es am besten findest, mein Gesuch zu empfehlen. Bemerken muß ich nur, daß nach eingezogenen sichern Nachrichten der Finanzminister über das Prinzip der Zahlung nicht entscheidet, und also der Staatskanzler unmit=telbar wegen Remedur einer von der Commission erhaltenen Verfügung angegangen werden muß. — Endlich darf ich dir nicht verschweigen, daß aus dem tiefsten Hintergrunde mir noch ein Stern der Hoff=nung entgegenschimmert, der aber auch leicht wie=der ganz in dunkler Nacht verschwinden kann. — Meine Oper Undine, die der Major Fouqué dem 2c. Brühl überreicht hat, kommt höchst wahrscheinlich auf das Theater. Der Text ist ganz herrlich, wie du wohl von Fouqué es glauben kannst, und ich hoffe ein tüchtiges Stück Arbeit gemacht zu haben, welches auf ganz honorable Weise durchgreifen wird. Fouqué hat der Prinzessin Wilhelm, so wie dem Kronprinzen von der Oper erzählt, beide interessiren sich dafür, und so könnte ich vielleicht, gefällt meine

Oper, hohe Protektionen gewinnen, und dadurch in eine angenehme Künstlerlage versetzt werden, d. h. Theatercomponist oder Capellmeister werden! — Beide hier offene Capellstellen werden nämlich vor der Hand nicht besetzt. — Daß dies vor der Hand kaum mehr als ein Traum ist, darf ich wohl behaupten, überdem kommt die Undine vor dem Herbst oder Anfang des künftigen Winters kaum auf die Bühne. Dies Interregnum ist daher auf jeden Fall zu überstehen.

In der Verzweiflung habe ich übrigens Diederichs geschrieben, daß wenn ich durchaus fort müßte, ich nach Posen gehen wollte. Du siehst, daß ich nur Raum und Zeit gewinnen, daß ich den Plänen für mein Lebensglück jedes Opfer bringen will, denn von Posen aus könnte ich ja selbst im schlimmsten Fall immer wieder ohne Aufsehen nach Berlin zurückwandern, und ich würde selbst meine Anstellung als Rath im Collegio nur als ein Interimisticum ansehen. — Von der Kunst kann ich nun einmal nicht mehr lassen, und hätte ich nicht für eine herzensliebe Frau zu sorgen, und ihr, nach dem, was sie mit mir ausstand, eine bequeme Lage zu bereiten, so würde ich lieber abermals den musikalischen Schulmeister machen, als mich in der juristischen Walkmühle trillen lassen! — Verzeih' es nur, mein geliebtester Freund, daß ich dir wieder so viel vorklage! — Mit meinem zerrissenen Leben trage ich eigentlich die Schuld meiner wenigen Standhaftigkeit, meines Leichtsinns in früheren Jahren. — Als Knabe —

als Jüngling hätte ich mich ganz der Kunst ergeben, und nie an etwas anderes denken sollen. Freilich lag es auch an verkehrter Erziehung. — Nun! — du weißt ja alles! — So wenig die Juridica an=schlagen wollen, so sehr steigt, wider mein Erwarten, mein Ruf in der Literatur, da die Callots gar viel Glück gemacht haben. Ich merke dies an den verschiedenen Anträgen, die mir von Buchhändlern gemacht wer=den, und denen ich nicht einmal recht genügen kann, da meine Arbeiten, die mir der Ungewohnheit wegen schwerer fallen, als ehemals, das nicht zulassen. — Doch habe ich in diesen Tagen zwei Erzählungen für das Frauentaschenbuch und für die Urania gemacht. Wenn du künftigen Herbst die Urania zu Gesicht bekommst, wird dich meine Erzählung gewiß interes=siren, da die Scene nach Danzig verlegt ist. Sie heißt „der Artushof." — Maliszewski kommt darin vor und eine Criminalräthin Matthesius aus Ma=rienwerder, die eigentlich die Tochter eines wahnsin=nigen Malers ist, und früher als poetische Person, Felicitas genannt, auftritt.

Das Ganze dreht sich um ein wunderbares Bild im Artushof, welches in der Seele eines jungen Kaufmanns den Funken der Kunst entzündet, so daß er sich von allem losreißt und Maler wird.

Anliegend schicke ich dir mein Märchen. — Es sollte sauberer gebunden seyn, es ist indessen mein Autorexemplar, und um ein anderes zu besorgen, müßte ich noch einige Tage warten, und der Brief muß durchaus heute fort.

Uebrigens fehlt es mir hier nicht an wohlwollenden Bekannten und sehr spaßhaft ist es, daß man hin und wieder den Verfasser der Fantasiestücke ꝛc. zu großen Thees einladet, als sey er eine merkwürdige Person! — Auf diese Weise habe ich aber unter recht interessanten Menschen schon recht angenehme Abende verlebt, welches in Posen wahrscheinlich nicht der Fall seyn dürfte.

Habe die Güte, mein geliebtester Freund, mir recht bald zu antworten, und mir nach deiner Sinnesart mit Rath und That beizustehen.

Grüße deine liebe Frau, so wie deine Tochter, die ich kennen gelernt, recht herzlich. — Meine Frau, die ganz auf dich baut, und die deiner erfreulichen Erscheinung in Leipzig noch immer mit innigem Vergnügen erwähnt, empfiehlt sich dir und deiner Familie auf das angelegentlichste.

Ewig unverändert dein treuester

Hoffmann.

56.

Mein theuerster geliebtester Freund!

Von Posttag zu Posttag habe ich gehofft, daß du dein gütiges Versprechen erfüllen und mir wegen meiner Entschädigungsangelegenheit eine Empfehlung an den Staatskanzler schicken würdest, da dies aber bis jetzt nicht geschehen ist, fürchte ich beinahe, daß du vielleicht doch am Ende an dem glücklichen Erfolg

gezweifelt haben magst. — In diesem Augenblick
nehme ich aber deine Freundschaft aufs neue und
zwar auf das dringendste in Anspruch. — Durch
den Staatsrath Nicolovius erfahre ich, daß Expe=
dientenstellen im Büreau des Ministers Schuckmann
besetzt werden sollen. Du siehst, lieber theurer
Freund, daß auf diese Weise eine Lebenshoffnung
mir aufgeht, die aber schnell erfaßt werden muß, um
nicht wieder unterzugehen. Daher bitte ich dich auf
das dringendste und inständigste, mir mit umgehen=
der Post eine durchgreifende Empfehlung an den
Minister S. zu senden. — Ich wünsche, sollte auch
in dem Augenblick kein Posten vakant seyn oder
gemacht werden, vorläufig um mich im Geschäft zu
üben, ohne Gehalt — aber nur gleich — angestellt
zu werden. Meine jetzige Lage ist in der That sehr
übel, denn außerdem, daß ich gar keinen Gehalt
ziehe und auch keine Aussicht habe, versorgt zu wer=
den, da unser Justizgroßmogul mich für ein exoti=
sches Produkt zu halten scheint, das in der Justiz
sich nicht einbürgern kann, so steigt auch mein Eckel
gegen ein Geschäft, das, so wie es jetzt betrieben
wird, nur Unmuth und Langeweile erregen kann.
Erinnere dich, theuerster Freund! daß es nie meine
Idee war, zur Justiz zurückzukehren, denn zu hete=
rogen ist sie der Kunst, der ich geschworen; hierin
und in der gewissen Ueberzeugung, daß meinem
Wunsch nicht einmal nachgegeben seyn würde, liegt
es, warum ich mich wegen Marienwerder nicht be=
mühte. — Daß ich dich in Berlin einst wiedersehen

werde, davon bin ich feſt überzeugt, und ſo wird der Nachklang unſers frohen Jugendlebens herrlicher und ſchöner ſeyn. — Möge dir mein Anſelmus ſchon einige frohe Augenblicke gemacht haben; deine Kinder müſſen ja auch das Märchen leſen, ſelbſt die jüngeren, denn ich habe gefunden, daß unerachtet Kinder die tiefere Tendenz unmöglich auffaſſen können, ihre Fantaſie doch durch manche Scene ſehr angeregt wird.

Sobald ich den vierten Theil der Fantaſieſtücke, der in dieſer Meſſe erſchienen iſt, von meinem Verleger erhalten haben werde, ſende ich ihn dir ſogleich zu.

Zu ſehr bin ich von deiner Liebe überzeugt, als daß du meine Hoffnung Rückſichts des gewünſchten Empfehlungsbriefes täuſchen könnteſt. — Du ſiehſt, wie tief in mein Leben die Erfüllung meines Wunſches eingreift, und kannſt denken, wie aufgeregt ich bin, wie unendlich ich darnach verlange, daß b a l d alles entſchieden ſey. — Uebrigens will Nicolovius auch meinen Wunſch unterſtützen.

Lebe wohl, mein theuerſter, innig geliebteſter Freund! — empfiehl mich auf das angelegentlichſte deiner lieben vortrefflichen Frau. — Meine Frau empfiehlt ſich dir und deiner Familie ſehr — ſie baut auf dich und deine Freundſchaft.

Ewig der deine.

Berlin, franz. Straße Nr. 28.   Hoffmann.
den 28. April 1815.

Antworte ja mit umgehender Poſt.

57.

Berlin, Taubenstraße Nr. 31.
den 18. Julius 1815.

Mein geliebtester Freund!

Ich sende dir den vierten und letzten Theil meiner Fantasiestücke mit dem herzlichen Wunsche, daß du manches darin finden mögest, was dich erfreut und nach ernstem, auch wohl langweiligem Geschäft aufheitert. — Auf das innigste danke ich dir auch für die mir so schnell übersandte Empfehlung an Schuckmann, die ganz gewiß gewirkt haben würde, wenn die von mir gestellte Prämisse, nämlich daß das Büreau vergrößert werden sollte, zu der mich Nicolovius verleitet hatte, nicht falsch gewesen wäre. — Dem Himmel sey es gedankt, daß ich dir endlich einmal etwas erfreuliches melden kann. Diederichs hat es dahin gebracht, daß der Justizminister von seinem Princip abgegangen ist, und mich, unerachtet ich Rath gewesen, in seinem Büreau als Expedient anstellen will. Ich expedire wirklich schon seit drei Wochen für den ins Bad gereiseten Justizrath Räbiger und kann nach Diederichs Versicherung in wenigen Tagen dem Rescript entgegensehen, das mich als Expedient mit 800 Rthlr. Gehalt seit dem 1. Julius zu beziehen, anstellt. Nur dieser, dieser bescheidene Posten ist meinen Wünschen gemäß, denn:

1) tauge ich nicht mehr zum Rath, weil ich zu viel verseßen und bei jeder Gelegenheit befürchten muß, daß in der Session, bin ich im ursprüng=

lichen Gesetz auch völlig taktfest, doch ein gedächt=
nißstarker College, ein neueres Rescript
wie einen versteckten Dolch hervorzieht und mich
damit tödtet;

2) stehe ich sonderbarerweise in der literarischen und
künstlerischen Welt jetzt so, daß ich nicht auf=
hören kann zu schreiben und zu componiren.
Zu beidem läßt mir der Expedientenposten hin=
länglichen Raum. Man bekommt die geringe
Arbeit ins Haus gesendet, und darf niemals
ins Büreau gehen. Ich rechne im Durchschnitt
drei Stunden tägliche Arbeit, da ich fix im
Styl bin;

3) darf ich als Expedient die ad 2 genannten Al=
lotria treiben, die dem Rath verdacht werden.

Muß sich das Gute ereignen, so trifft Alles zu=
sammen; und so kam es denn auch, daß, als ich die
Gewißheit der Anstellung erhielt, der Buchhändler
Dunker mir für ein nicht zu starkes Manuscript *)
80 Friedrichsd'or zahlte. Ich konnte ein gutes Logis
beziehen, konnte mich nothdürftig einrichten und habe
noch zu leben, bis neue Gelder eingehen. — So
siehst du mich, mein theuerster, geliebtester Freund,
nach so vielen Stürmen endlich im Hafen!

Ich kann es nicht leugnen, daß ich gemüthliche
Freunde hier um mich versammelt habe, indessen ist
es ein eigenes Ding damit, wenn man zusammen so
recht ins Leben getreten ist, und so wirst du mir

---

*) Der „Elixiere des Teufels."

nimmer erſetzt. — Daß du nicht für das beengte
Leben in M. paſſeſt, iſt mir klar, und ich ſehe
deinen Aufenthalt dort nur für ein Opfer an, das
du der Nothwendigkeit, deine Güter wenigſtens einige
Zeit hindurch nahe im Auge zu haben, bringſt. Du
kommſt gewiß wieder hieher und Gott ſey es gelobt,
daß ich weiß, wie keine Aenderung deines öffentlichen
Verhältniſſes deine Geſinnungen gegen mich zu än=
dern vermag. Du haſt mir das genugſam bewieſen.
Was ſagſt du zu den neueſten Begebenheiten? —
In welcher Glorie erſcheint unſer Vaterland! —
Was waren das hier für herrliche Tage! — Die
Einholung der beiden Couriere waren herrliche Volks=
feſte recht bis in Innerſte hinein gefeiert! — An
gemüthlichen Volkswitzen fehlte es nicht. Unter dem
brandenburgiſchen Thor blickte ein Junge zur Vic=
toria herauf und rief: Na kik man — kik man —
Nu heſt du gut kicken, und ein anderer ſagte: Na
geiht det ſo fort, ſo hebben wör eber acht Dage
den Deuvel dodgeſchlan. — Ergötzlich wird es dir
vielleicht ſeyn, daß der Auffatz in den freimüthigen
Blättern ꝛc. „Der Dey von Elba in Paris,“ von
mir iſt, ſo wie ich auch in die Spenerſche Zeitung
einrücken ließ, daß nach glaubwürdigen franzöſiſchen
Nachrichten derjenige Uebelgeſinnte, der in der Schlacht
von Mont St. Jean zuerſt das den glorreichen fran=
zöſiſchen Waffen ſo verderbliche „ſauve qui peut“
rief, derſelbe Corporal war, der bei Leipzig zu früh
die Brücke ſprengte und dadurch die Schlacht ver=
liern machte. — So werden Allotria getrieben! —

7 *

Erfreue mich, mein geliebtester Freund, bald mit einem Brieflein; meine Frau empfiehlt sich dir und den deinigen sehr angelegentlich, so wie ich deiner lieben herrlichen Frau und den Sängerinnen mich sehr — sehr zu empfehlen bitte. — Ewig der deine.

Hoffmann.

58.

Berlin den 30. August 1816.

Mein geliebtester, theuerster Freund!

Schilt nur nicht zu sehr über meine freilich beinahe unverantwortliche Trägheit im Schreiben. Daß ich auch in der Entfernung recht innig mit dir lebe, darf ich nicht versichern und eben so trug ich jeden Tag den festen Vorsatz mit mir herum, dir zu schreiben, aber du weißt wie es geht, wenn man recht viel reden und erzählen will, man kommt selten zu Worte!

Mein Undinchen wurde in einem Zeitraum von vierthalb Wochen gestern zum sechstenmal bei überfülltem Hause gegeben. Die Oper hat ein allgemeines Gähren und Brausen und endloses Geschwätz verursacht, welches lediglich dem Dichter zuzuschreiben ist, der die Opposition sämmtlicher Philister wider sich hat. Dem einen ist der Text zu mystisch, dem andern zu fromm. — Der dritte tadelt die Verse, alle rühmen die Musik und — die Dekorationen,

die aber auch das genialste der Art sind, das ich
jemals gesehen. — Ich habe geflucht, daß du die
Oper nicht sehen konntest, da ich fest in meiner
Seele überzeugt bin, daß du mit wahren poetischen
Gemüthern übereinstimmend auf eigene Weise von
dem Werk angesprochen seyn würdest. Merkwürdig
ist es, daß die Kritiker beweisen, an der Dichtung
sey nichts dran, und doch immer wieder hineinlaufen,
welches sie denn freilich mir in die Schuhe schieben,
woran mir aber nichts liegt, ich vielmehr fortwährend sehr trocken behaupte, ich müßte in der That
ein Esel gewesen seyn, wenn ich zu solchem Stoff,
zu solchen Worten eine lumpichte Sechsdreiermusik
gemacht hätte. Wahrscheinlich kommt binnen einem
halben Jahr ein Klavierauszug heraus, den verehre
ich deiner singenden Familie. Hurag könnte einen
epitomatischen Auszug auf der Bühne in Marienwerder geben, doch müßte er, wo möglich, das Theater bis über die Weichsel verlängern und wie in
dem berühmten Trauerspiel Pyramus und Thisbe
in mondheller Nacht spielen, um so die rauschenden
Gewässer und den Mondschein gleich bei der Hand
zu haben. — Das einzige gescheute Wort über Undine, das gedruckt wurde, hat übrigens Catel in
der Berliner Zeitung gesprochen, sonst ist viel när-
risches Zeug auch in den dramaturgischen Blättern
geschwatzt, an denen ich übrigens keinen Antheil
nehme, da sie nach einem hiesigen sehr poetischen
Kunstausdruck mierig worden, so daß sie nur
noch Lewezows (der jetzt Löwenzopf genannt wird)

Primaner lefen, und diefer gezwungene Curs eben
nicht der Sache Vortheil bringt. — Das Kammer=
gericht hat an der Undine großen Antheil genommen,
und es geht eine dunkle Sage, daß der große Mann
aus der Wilhelmsstraße im Hintergrunde der Elloge
bemerkt worden feyn foll, und zwar bei der zweiten
Darstellung. — Bei dem Kammergericht fällt mir na=
türlich mein Geschäftsleben ein, daß ich wie den Kloß
des Baugefangenen hinter mir herschleppe und glaube,
es fey nun einmal die Strafe meiner vielen Sünden,
daß ich in der freien Luft nicht ausdauern konnte,
und in den Kerker zurück mußte, fo wie der ver=
wöhnte Stubenvogel, dem das Futter fo lange zu=
gereicht wurde, daß er im Freien feine Atzung felbft
zu fuchen nicht mehr vermag. Alles Unangenehme
haben fie mir bisher aufgebürdet — Kaffen=Curatel
— Depofitalabnahme — Unterfuchungen u. f. w.
Dazu kam, daß der Criminalfenat von acht Mit=
gliedern bis auf drei herabgeschmolzen war durch
Reifen, Krankheit 2c., fo daß ich meinte, wir wollten
unfere Pforten schließen und mit 5 Fuß 6 Zoll hohen
Buchstaben darauf schreiben: Wir find nach dem
Bade verreifet, wornach fich jeder Rückfichts der
Prozeffe und der begangenen und noch zu begehen=
den Verbrechen zu achten!

Der Präfident Woldermann war auch fort, der
Vicepräfident mußte im Inftructionsfenat prä=
fidiren, und dein gehorfamer Diener führte im Cri=
minalfenat als ältefter Rath mit Würde und Energie
den Rothstift. Kam noch zu felbiger Zeit hinzu, daß

mich meine Nichte aus Posen, die ich erzog, besuchte,
und mir ein wahrhaft lebendiges Kind, das sie mit
ihrem Mann, dem Tribunalassessor v. Leczyki erzielt,
vorzeigte, so daß ich an meiner Großonkelschaft gar
nicht zweifeln konnte, so magst du es dir denken,
wie überschwenglich groß und erhaben ich mich fühlte.
Nach Niederlegung meines Postens (als Direktor
nämlich, nicht als Großonkel) wurde mir als ge=
rechtes Anerkenntniß meiner hohen Verdienste von
meinen Freunden in einer außerordentlichen Sera=
pionsversammlung ein mit bunten Bändern geschmück=
ter Ehrenrothstift überreicht, den ich an festlichen Tagen
im dritten Knopfloch meiner rechten Rockklappe trage,
so daß er beim Ueberknöpfen auf meinem Herzen
ruht!!

Meine Freunde rühmen sehr, daß mich alle
meine Würden nicht stolz und übermüthig gemacht,
sondern daß ich in guten Stunden sehr mild und
herablassend mit ihnen conservire!

Verzeih, mein theuerster Freund! — das tolle
Zeug — du weißt ja aber schon, welch ein besonde=
res Affengesicht als versteckter Poet mich kitzelt!
— Daß der Uhland dich gar sehr erfreuen würde,
habe ich gewußt. Hast du schon Fouqué's Sänger=
liebe gelesen, so wie sein Gedicht aus dem Jüng=
lingsalter? In letzterem ist viel schönes, das erste
sehr zart, aber kein Zauberring. — Ich schreibe
keinen goldnen Topf mehr! — So was muß
man nur recht lebhaft fühlen und sich selbst keine
Illusion machen! — Schreibe mir gütigst, ob und

mit welchem Buchhändler du hier in Verbindung
stehst, der dir Werke sendet, damit ich mich, habe
ich dir etwas zu übermachen, an ihn wenden kann.

Meine Frau grüßt dich und die deinige, deren
Güte und Freundschaft ich mich auf das angelegentlichste empfehle, herzlich. — Ewig, ewig unverändert
der deinigste

Hoffmann.

<hr />

59.

Berlin den 15. Dezember 1817.

Mein geliebtester Freund!

Zum Voraus begrüße ich dich und deine von
mir hochverehrte Frau zum lieben neuen Jahr, und
schicke dir als Weihnachtsgabe den zweiten Theil
meiner Nachtstücke, die nun endlich ans Licht der
Welt getreten, so wie das zweite Bändchen der Kindermärchen, in denen du höchst wahrscheinlich wohl
mich als den Verfasser des fremden Kindes heraus-
kennen wirst. Habe ich gleich Gneisenau's Zeugniß
für mich, daß ich mich im vorjährigen Nußknacker
als vortrefflicher Militär (videatur die große Schlacht)
gezeigt, und hätte mich das auch ermuthigen sollen,
auf gleiche Weise fortzufahren, so habe ich doch dergleichen gelassen und bin diesmal wunderbar kindlich
und fromm gewesen, wie alle sagen. — Dir insbesondere empfehle ich die ostpreußische Geschichte vom

Majorat, die vielen Beifall erhält, und wie mich dünkt, mit Recht. — Erheitere dich vom ernsten Geschäft und lies meine Allotria wie der Staats= kanzler, der ordentlich was darauf hält. — Du merkst, daß ich qua Schriftsteller mich aufs hohe Pferd setze und von gigantischen Leuten im Staat spreche wie von —

Uebrigens will mich der Staatskanzler bedün= ken wie ein Löwe, der ein bischen eingenickt war, da riefen sie, der Alte schläft und tummelten sich um ihn her in allerlei tollem Gewirr, bis es ihm zu arg wurde und er mit kräftiger Taße einen Schlag führte, der dem Spiel sofort ein Ende machte! — In der Menagerie, die hier zu sehen, hört das Geschnatter der Papagaien, das Gequäck der Affen sofort auf, wenn der Löwe einmal brüllt u. s. w.

Beßer, hundert tausendmal beßer wäre es doch, wenn du in andern Verhältnissen hier wärest. — Ich sage das nicht aus purem Eigennutz, weil ich dann meinen besten innigsten Freund wieder gewonnen, sondern auch Rücksichts deines Lebens und deines Wohlbefindens. — Mit mir geht es so ziemlich, ja sogar behaglich, da ich mich daran gewöhnt, aus knapp beschränkten Verhältnissen niemals herauszu= kommen. — Das hochlöbliche Kammergericht muthet mir allerlei und viel Allerlei zu, indessen stehle ich doch manche Stunde zu andern Dingen, die mir lieber sind und habe sogar den tollen Vorsatz, künf= tigen Herbst mit einer neuen Oper, deren Text nach dem El galan fantasma des Calderon ausgearbeitet

7 **

wird, hervorzutreten. Da mir hiebei das abgebrannte
Theater einfällt, so melde ich dir mit kurzem, daß
ich mich in der augenscheinlichsten Gefahr befand,
aufs neue ganz ruinirt zu werden. Das Dach des
Hauses, in dem ich im zweiten Stock wohne (Tauben=
und Charlotten=Straßenecke) brannte bereits von der
entsetzlichen Glut, die das ungeheure brennende
Bohlendach des Theaters verbreitete und nur der
Gewalt von drei wohldirigirten Schlauchspritzen ge=
lang es, das Feuer zu löschen und das Haus, so
wie wohl das ganze Viertel zu retten. Ich saß
gerade am Schreibtisch, als meine Frau aus dem
Eckkabinett etwas erblaßt eintrat und sagte: Mein
Gott das Theater brennt! — Weder sie noch ich
verloren indessen nur eine Sekunde den Kopf. Als
Feuerarbeiter, zu denen sich Freunde gesellt hatten,
an meine Thüre schlugen, hatten wir mit Hülfe der
Köchin schon Gardinen, Betten und die mehrsten
Meubles in die hinteren, der Gefahr weniger aus=
gesetzten Zimmer getragen, wo sie stehen blieben, da
ich nur im letzten Moment alles heraustragen lassen
wollte. In den vorderen Zimmern sprangen nach=
her sämmtliche Fensterscheiben und die Oelfarbe an
den Fensterrahmen und Thüren tröpfelte von der
Hitze herab. Nur beständiges Gießen bewirkte, daß
das Holzwerk nicht vom Feuer anging. — Meinen
Nachbarn, die zu eilig forttragen ließen, wurde
vieles verdorben und gestohlen, mir gar nichts
u. s. w.

Deiner herzlieben Frau und den deinigen em=
pfiehl mich, und meine Frau, die dich herzlich grüßt,
aufs angelegentlichste und beste.

Ewig unverändert dein allertreuster

Hoffmann.

60.

Mein theuerster, innigst geliebter Freund!

Wohl geht es mir eben so wie dir, am Neu=
jahrstage treten mit doppelter Frische und Lebendig=
keit die Bilder des vergangenen Lebens hervor und
man gedenkt der abwesenden Freunde mit wehmü=
thiger Freudigkeit! — Daher kommt es denn auch,
daß ich schon seit mehreren Jahren vermeide, Neu=
jahrsabend und Neujahrstag, wie es sonst wohl zu
geschehen pflegte, in rauschender Gesellschaft zuzu=
bringen. Ich gebe in dieser Zeit in meinem ein=
samen Zimmer ganz meinen inneren Gedanken Raum,
und Erinnerungen sind es, die wir, meine Frau
und ich, uns gegenseitig auffrischen. So haben wir
auch deiner, und zwar wohl als des besten, bewähr=
testen, unwandelbarsten meiner Freunde gedacht; und
nur deshalb mit schmerzlicher Rührung, weil ein
böses Verhängniß uns von einander getrennt hat!

Längst würde ich dir geschrieben haben, hätte ich es mir nicht in den Kopf gesetzt gehabt, dir ein kleines Buch mitzusenden, das längst unter der Presse, und dessen Erscheinung sich wider alles Vermuthen bis jetzt verspätet hat. Du erhältst es jetzt in der Anlage, so wie zwei Taschenbücher, in denen Erzählungen von mir enthalten sind, und die ich deiner lieben, von mir hochverehrten Frau in meinem Namen zu überreichen bitte. Lies doch den Zinnober, das tolle Märchen wird dir gewiß, ich darf es glauben, manches Lächeln abzwingen. Wenigstens ist es bis jetzt das humoristischte, was ich geschrieben, und von meinen hiesigen Freunden als solches anerkannt. — Ueberhaupt gewährt mir meine Schriftstellerei nicht allein Aufheiterung, sondern auch eine Geldzulage, die allein es mir möglich macht, in dem übertheuern Berlin zu subsistiren, wiewohl zuweilen meine Einkünfte nicht hin und herreichen wollen, und ich mit manchen Sorgen zu kämpfen habe, die mir unangenehme Augenblicke genug machen. — An Weiterkommen, an Verbesserung ist vor der Hand nicht zu denken, da man von einer großen Justizreform, Einführung des öffentlichen Verfahrens u. s. w. spricht, und bis dahin also wohl jeder an seinem Platz bleiben wird.

Gäbe doch der Himmel, daß irgend eine Präsidentenversammlung dich wieder nach Berlin führte, es thäte wirklich Noth, daß in mein Leben wieder einmal etwas recht Erfreuliches hineinleuchtete!

Lebe wohl, mein innigst geliebter Freund, em=
pfiehl mich so wie meine Frau, die dich auf das
Herzlichste grüßt, dem gütigen Andenken deiner Frau
Gemahlin. Ewig mit unveränderter Treue und Liebe
dein innigst ergebener

Hoffmann.

Berlin den 27. Januar 1819.

Schreibe mir gütigst, wie dich Zinnoberlein an=
gesprochen hat. Damit sich das Buch als Autor=
exemplar bewähre, habe ich einige Druckfehler
mit Bleistift herauskorrigirt.

———

61.

Berlin den 24. Junius 1820.

Mein theuerster, geliebtester Freund!

Du erinnerst dich des Briefes, den du mir durch
Tettau sandtest, und indem du dich über die jetzige
Gestaltung der Dinge aussprachst. Tief in mein
Inneres hinein sprach jedes deiner Worte, und nie
habe ich so lebhaft, so innig die Uebereinstimmung
unserer ganzen Lebensansicht, unsers ganzen Wesens
gefühlt. Gerade in jener Zeit wurde ich zum Mit=
Commissarius bei der zur Untersuchung der soge=
nannten demagogischen Umtriebe niedergesetzten Im=

mediatkommiffion ernannt, und wie du mich kennst, magst du dir wohl meine Stimmung denken, als sich vor meinen Augen ein ganzes Gewebe heilloser Willkühr, frecher Nichtachtung aller Gesetze, persön= licher Animosität, entwickelte! — Dir darf ich nicht erst versichern, daß ich eben so wie jeder rechtliche vom wahren Patriotismus beseelte Mann überzeugt war und bin, daß dem hirngespenstischen Treiben einiger jungen Strudelköpfe Schranken gesetzt wer= den mußten, um so mehr, als jenes Treiben auf die entsetzlichste Weise ins Leben zu treten begann. Aus dem Gießner Verein der Schwarzen ging die Ver= breitung des aufrührerischen sogenannten Frag= und Antwortbüchleins hervor, aber noch mehr, Sand's verabscheuungswürdige meuchelmörderische That ge= bar den Fanatismus, den die Grundsätze der soge= nannten Unbedingten („der Zweck heiligt die Mittel ꝛc.") die aus dem Bunde der Schwarzen hervorgingen, entzündeten. — Jenes Büchlein hatte die Unruhen im Odenwalde zur Folge! — Hier war es an der Zeit, auf gesetzlichem Wege mit aller Strenge zu strafen und zu steuern. Aber statt dessen traten Maßregeln ein, die nicht nur gegen die That, son= dern gegen Gesinnungen gerichtet waren.

Ich schicke dir nicht allein den zweiten Theil der Serapionsbrüder, sondern auch den ersten Theil der Lebensansichten des scharfsinnigen Katers Murr, der in der literarischen Welt eine sehr günstige Auf= nahme gefunden hat, troß der etwas bizarren Sce=

nerie, die in dem Buche herrscht. Es folgen noch zwei Theile, die längst fertig wären, wenn mir nicht aus oben entwickelten Gründen Zeit und Humor fehlte. — Eine neue sehr interessante Bekanntschaft habe ich an dem als Componisten wirklich großen Spontini gemacht, dessen neueste Oper „Olympia" ich, weil es der König gewünscht, nolens volens ins Deutsche übertragen muß. Eine ganz verfluchte Arbeit, da im Französischen alle Rhytmen dem Deutschen entgegengesetzt sind, und ich mir in den Kopf gesetzt habe, auch in den Rezitativen nicht ein Nötchen zu ändern und die französischen Schlagwörter durch deutsche volltönende Kraftwörter todt zu schlagen. Das gilt nun in den Abend= und Nacht= stunden als meine Erholung! — Doch ich gerathe wieder ins Aechzen! — Koreff sehe ich beinahe gar nicht. Der Staatskanzler, der mir übrigens die Ehre angethan, mich zu seiner Familientafel zu laden, ist ganz umlagert von besonderen Leuten, und ich weiß nicht, welcher Wind jetzt noch weht. — Gäbe doch der Himmel, daß du ganz deinen Wünschen gemäß nach Berlin kommen könntest, da würde wieder ein guter freundlicher Stern meinem Leben aufgehen.

Noch einmal, — du solltest hier seyn, denn du gehörst eben so wenig als ich in die Provinz, und bist wohl auch nicht Cäsars Meinung: lieber in dem kleinen beengten Kreise der erste seyn zu wollen, als in dem großen der zweite oder dritte, vierte. Das lebendige Leben der großen Stadt, der Residenz, wirkt doch nun einmal wunderbar auf das Gemüth, und solcher Kunstgenuß, wie er hier doch zu finden, ist das beste Restaurationsmittel für den Geist, den das Einerlei erschlafft, wo nicht zuletzt tödtet. Man kann z. B. jetzt einen ganzen halben Tag und länger schwelgen, wenn man blos in den neuen Theaterbau hineingeht, und dann blos das Atelier der Bildhauer Tieck, Rauch und Consorten im Lagerhause besucht. Am Theater arbeiten die ersten Künstler, und man kann ohne Uebertreibung sagen, daß die kleinste Verzierung ein wahrhaftes Kunstprodukt ist. Vorzüglich imposant ist die schon fertige Statue Apollo's (20 Fuß hoch), der auf einem mit Hippogryphen bespannten Wagen daher fährt, aus geschlagenem Kupferblech, wie die Viktoria auf dem Brandenburger Thor. Sie kommt auf dem hohen Fronton zu stehen, in dessen Tympan Amor und Psyche en haut relief in Stück gearbeitet werden. In dem Tympan des Frontons der Attika wird die Geschichte der *Niobe* en haut relief in Pirnaer Sandstein gearbeitet zu stehen kommen. Die Figuren sind meistens 10—12 Fuß hoch, und ganz meisterhaft nach Tiecks herrlichen Modellen gearbeitet. Den Apollo hat Rauch modellirt. — So viel von den neuesten Kunstprodukten Berlins!

Schreibe mir bald, mein geliebtester Freund, ich bin neugierig, wie dir der Kater gefallen wird. — Stoße dich nicht an einigen argen Druckfehlern, die ich übersehen.

Empfiehl mich auf das Angelegentlichste keiner Gemahlin, meine Frau empfiehlt sich dir und ihr sehr. Sie wünscht eben so sehr als ich, daß du in Berlin seyn mögest, da sie weiß, wie so gar wohlthätig deine Gegenwart auf mich einwirken würde. Ewig, ewig unwandelbar dein treuester

Hoffmann.

Ein, im Namen des Kammergerichts zu Berlin von Hoffmann entworfenes Gutachten in der Untersuchungssache wider den Kaufmann S. wegen versuchter Vergiftung seiner Ehegattin.

Wilhelm S..., Sohn des in B... verstorbenen Justiz- und Polizeibürgermeisters S..., 37 Jahr alt, katholischer Religion, erlernte die Handlung, heirathete vor eilf Jahren in D... die Agathe H..., welche jetzt 39 Jahr alt ist, und etablirte dort einen Kramladen. Er wurde indessen in der Folge genöthigt, sich mit seinen Gläubigern außergerichtlich zu setzen, und die mit einem Billard verbundene Handlung dem Kaufmann P... zu überlassen, dessen Gehülfe er wurde. So geschah es, daß P... mit den S...'schen Eheleuten in einem Hause zusammen lebte, und gewöhnlich Nachmittags mit ihnen Kaffee trank, zu welchem Zweck er denn auch am 12. December v. J. Nachmittags halb vier Uhr in ihre Wohnstube kam. Er fand den Kaffeetisch bereitet, die S... schenkte ein, und der S... saß, den Kopf in die Hand gestützt, in nachdenkender Stellung am Fenster. P..., nachdem er zwei Tassen Kaffee getrunken, ging in die Billardstube, um seine Tabackspfeife zu holen, und die S... begab sich nach der Küche, um Wasser zum Aufgießen zu besorgen. Als P... zurückkam, war die S... auch wieder da und trank eben aus der Untertasse Kaffee. Bei dem zweiten Schluck, den sie nehmen wollte, klagte sie aber, daß der Kaffee ihr den Mund zusammenziehe, und spuckte ihn mit ängstlichen Geberden wieder aus. Sie empfand Uebelkeiten, so wie Schmerzen in der Brust, und trank, Verdacht schöpfend, daß sie etwas Schädliches genossen, Milch, um die Wirkung zu hindern. Brustschmerzen und Krämpfe fanden sich noch den folgenden Tag ein, ließen aber bald nach, so daß sie sich den vierten Tag ohne weitere ärztliche Hülfe völlig wohl befand. — In dem Augenblicke, als die S... den genossenen Kaffee wegspie, sprang der S... auf, nahm ihr mit den Worten: „Liebes Kind, was hast du vor, in dem Kaffee ist nichts," die Untertasse aus der Hand, rührte den Kaffee um, und goß ihn in den Spucknapf aus. Er versicherte, daß er aus Versehen Tabacksasche in die Tasse geschüttet habe, P... und S... bemerkten indessen etwas schwärzliches auf dem Boden der Untertasse; P... nahm sie daher fort und verschloß

sie in seinen Pult. Später, und zwar am dritten
Tage, fand es sich unter Umständen, die weiter un=
ten näher erörtert werden sollen, daß der S... Grün=
span besessen und fortzubringen gesucht hatte; eben
auch für Grünspan erkannte der Apotheker H...
die Materie, womit die Untertasse beschmiert war,
und dieß veranlaßte den P..., jenen Vorgang dem
Polizeimagistrate anzuzeigen, zugleich auch die auf=
bewahrte Tasse, so wie den aufgefundenen Grünspan
einzureichen. Das Stadtgericht in D... leitete dann
die förmliche Untersuchung ein, welche von dem Cri=
minalgericht in M... fortgeführt und beendigt wurde.

Gegen die Form der Untersuchung läßt sich
manches erinnern. Das dem Angeschuldigten zur
Last gelegte Vergehen und seine Strafbarkeit mußte
nach §. 865, Theil II. Titel 20, des allgemeinen
Landrechts beurtheilt werden, es war daher von zehn=
jähriger bis lebenswieriger Festungs= oder Zucht=
hausstrafe die Rede; demunerachtet ist kein artiku=
lirtes Verhör abgehalten, das hier, wie es sich zeigen
wird, bei den vagen Ausflüchten des Angeschuldigten
besonders nöthig gewesen wäre; — Criminalordnung
§§. 423, 427, — und eben so wenig ist die Verzicht=
leistung auf die Zuordnung eines Vertheidigers in
der Form, wie sie der §. 436 der Criminalordnung
vorschreibt, geschehen.

Der Criminalsenat des Oberlandesgerichts von
W....n hat wider den Angeschuldigten auf sechs=
jährigen Festungsarrest erkannt, nach unserer später
zu entwickelnden Ansicht der Sache würde wider den

Angeſchuldigten auf die ordentliche Strafe des Ver=
brechens zu erkennen, mithin jene Entſagung der
Vertheidigung gar nicht zuläſſig geweſen ſeyn; wir
würden indeſſen, da übrigens der Angeſchuldigte auf
alle Momente, die zur Sprache kamen, gehörig auf=
merkſam gemacht worden iſt, doch die Sache durch
Nachholung des zu berichtigenden Defenſionspunktes
nicht länger aufhalten.

Es kommt zuvörderſt darauf an, in wie fern
in dem Kaffee, den die S... am 12. December v. J.
in Gegenwart des Angeſchuldigten und des P...
trank, wirklich eine der Geſundheit und dem Leben
gefährliche Subſtanz enthalten war.

Beide, der Kaufmann P..., unerachtet er An=
geber, die S..., unerachtet ſie die Gattin des An=
geſchuldigten iſt, ſind nach dem Verhältniß, worin
ſie ſich mit dem Augeſchuldigten, Rückſichts der ihm
angeſchuldigten That befinden, als völlig glaubwür=
dig zu betrachten, welches bei der ſchwer beleidigten
Ehefrau um ſo weniger Zweifel leidet, da die Akten
deutliche Spuren enthalten, daß es dem Manne nach
ſeiner Verhaftung gelungen iſt, ihr Mitleid rege zu
machen. Auf ihrer Ausſage beruht der oben er=
zählte Hergang der Sache, P... überlieferte die
Taſſe, woraus die S... getrunken hatte, dem Ma=
giſtrat, der Magiſtrat dem Stadtgerichte, dieſes dem
Criminalgerichte zu M...; jedesmal geſchah die
Ueberlieferung wohl verſiegelt, der Angeſchuldigte
hat ſelbſt die Taſſe vor dem Criminalgericht für die=
ſelbe erkannt, die ihm in D... vorgezeigt worden,

und hiernach ist es nicht zu bezweifeln, daß die Taffe,
woraus die S... den Kaffee genoffen, dieselbe ist,
welche von dem Inquirenten wohlversiegelt dem Doc=
tor R... und dem Apotheker S... zur chemischen
Prüfung überliefert wurde. Der Grünspan ist als
gewöhnliche Malerfarbe schon nach dem äußern An=
sehen auch vielen in der Chemie ganz Unerfahrenen be=
kannt; um so weniger konnte daher der Apotheker H...
in D... sich täuschen, der nach der Anzeige des P...
das, womit die Taffe beschmiert war, sogleich für
Grünspan erkannte. Bei der sorgfältigen chemischen
Untersuchung ergab sich denn auch mit entscheiden=
der Gewißheit der Kupfergehalt der grünlichen, noch
an der Untertasse klebenden Materie, welche nach
der Versicherung der oben genannten Sachverständi=
gen, Grünspan, mithin ein ätzendes mineralisches
Gift war, auf deffen Genuß — auch nur in gerin=
ger Quantität — häufiges Erbrechen, heftiger Leib=
schmerz, Entzündung des Magens und des Darm=
kanals, und endlich der Brand und der Tod erfolgt.
Mit diesem Urtheil über den Charakter und die
Wirkung des Grünspans stimmt auch Metzger
überein, der die Kupferkalche, wozu der Grünspan
gehört, zur ersten Klaffe der ätzenden oder freffenden
Gifte (venena acria, inflammatoria, corrosiva) zählt,
die im ersten Grade genoffen, den Vergifteten in 6
bis 24 Stunden, unter den heftigsten Symptomen,
im zweiten Grade unter minder heftigen Symptomen
in 5 bis 9 Tagen tödten; aber im dritten Grade
auch schon Kolik und Nervenzufälle verursachen,

deren Heilung jedoch möglich, wiewohl meistens ver=
geblich ist, indem wenigstens außer der Schwäche
leicht Hautausschläge und andere Hautübel zurück=
bleiben.

Metzger, System der gerichtlichen Arzneiwif=
senschaft, Abschnitt II. Cap. VII. §. 215 u. f.

Die S... hat nach dem eben erzählten Verlauf
der Sache nur äußerst wenig von dem Gift genof=
fen, da sie nur einen Schluck Kaffee nahm, den
zweiten wegspie und noch Kaffee in der Tasse blieb,
welchen Angeschuldigter umrührte, und in den Spuck=
napf ausgoß. Nur der geringen Masse des Giftes,
die die S... verschluckte, so wie auch wohl dem
schnellen Genusse der Milch ist es zuzuschreiben, daß
die S... nur an vorübergehenden Leibschmerzen,
Uebelkeiten und Krämpfen, eben den Folgen, wie
die Sachverständigen und mit ihnen Metzger sie
feststellen, litt, und nach vier Tagen vollkommen
genesen war. Als völlig festgestellt ist daher anzu=
nehmen:

> daß in der mit Kaffee angefüllten Untertasse,
> aus der am 12. December v. J. die S...
> trank, sich Grünspan, mithin ein ätzendes
> Gift erster Klasse befand, welches der S...
> aber nur eine vorübergehende Kränklichkeit
> verursachte.

In dem Gefäß, woraus der Kaffee in die Tassen
gegossen wurde, konnte nichts Schädliches enthalten
seyn, denn P... hatte schon Kaffee getrunken, ohne
üble Folgen zu spüren; eben so wenig war in dem

Gefäß, worin das Waſſer zum Aufbrühen des Kaffee's gekocht wurde, etwas Schädliches; denn ehe die S… hinausging, hatte ſie ſich ſchon die Taſſe eingeſchenkt, und zwar ſo, daß ſich in der Unter- und Obertaſſe Kaffee befand. Die Obertaſſe trank ſie nachher aus, ohne etwas widriges zu ſpüren, nur der Kaffee in der Untertaſſe, den ſie für ſich einge-ſchenkt hatte, zog ihr den Mund zuſammen und er-regte ihr Leibſchmerzen und Uebelkeiten; in der Un-tertaſſe war alſo allein das Gift befindlich.

Daß ſchon vorher, ehe ſie ſich den Kaffee ein-ſchenkte, in dieſer Untertaſſe Grünſpan befindlich geweſen ſeyn ſollte, iſt unmöglich, da die S…, bei der auffallenden Farbe des Grünſpans, es bemerkt haben müßte, und Grünſpan mit andern unſchäd-lichen Dingen, die man wohl in den Kaffee thut (wie z. B. weißer Arſenik mit geſtoßenem Zucker), nicht verwechſelt werden kann. Hieraus folgt:

daß in der Zwiſchenzeit, als P… und die S… das Zimmer verlaſſen hatten, der An-geſchuldigte aber allein zurückblieb, der Grün-ſpan in die Taſſe der S… gekommen ſeyn muß.

Es iſt nicht zu leugnen, daß ſchon nach dem, was über die That und die Zeit, in der ſie verübt worden, feſtſteht, der Angeſchuldigte verdächtig wird. Er hat ſich ſo ſchwankend ausgelaſſen, daß es jetzt, wo es darauf ankommt, die Beziehung des Thäters zur feſtſtehenden That zu beſtimmen, zweckmäßig iſt, den Inhalt ſeiner Vernehmungen wörtlich einzurücken.

Als er zuerst durch den Stadtrichter P..., mit Zuziehung zweier vereideter Schöppen vernommen werden sollte, fing er heftig zu weinen an, und äußerte eine innige Reue über seine That, und die Beleidigung gegen seine Frau. Nachdem er über sein eheliches Verhältniß überhaupt gesprochen, sagte er:

„Was nun die letzte, von mir gegen meine Frau verübte Handlung anbetrifft, so muß ich bei aller sorgfältigen Prüfung, die ich deshalb angestellt, gewissenhaft versichern, daß ich nicht zu erklären weiß, wie ich dazu gekommen, warum ich es that, und wie ich gerade das Mittel wählte. Ich war eben auf dem Billard gewesen, und hatte ein Glas Rum getrunken, welches mir nicht diente. Ich ging daher herunter in mein Vorstübchen, und wollte etwas schlafen, ich konnte es aber nicht, und weiß meinen Zustand nicht anders, als den eines Berauschten zu erklären. Erst den andern Tag erinnerte ich mich lebhaft dessen, was ich gethan, doch wußte ich nicht, daß P... die Tasse verwahrt, und was ich eigentlich gemacht hatte. An dem Tage, wo die Vermischung des Grünspans mit dem Kaffee geschah, hatte ich 3 oder 4 Gläser Rum getrunken, und da ich nicht viel vertragen kann, so hatten mich diese berauscht, so daß ich, wie schon gesagt, nicht im Stande bin, über die Umstände, die vor, bei und nach der Vermischung des Grünspans mit dem Kaffee geschehen, eine zusammenhängende Erzählung zu machen; ich weiß nicht, wie ich den Grünspan

vermischte, ob gestoßen oder ganz; kurz, ich weiß gar
nicht, wie ich dazu gekommen. — Ich kann mich,
wie ich bereits gesagt, nicht auf die Art und Weise
erinnern, wie ich die Vermischung des Grünspans
mit dem Kaffee gemacht; daß es geschehen ist, ist
wohl klar, aber sonst weiß ich auch darüber gar
nichts zu sagen. — Ob meine Frau mir Vorwürfe
gemacht, daß ich sie habe vergiften wollen, erinnere
ich mich nicht; nur so viel stand mir den Tag darauf lebendig vor Augen, daß ich die That begangen
hatte. Nie ist mir gegen sie ein böser Gedanke in
den Sinn gekommen, und ich kann es nicht begreifen, und 'es blos dem trunkenen Zustande, in dem
ich an dem Tage war, beimessen, mich einer Handlung schuldig gemacht zu haben, die ich bei vollem
Bewußtseyn auch nicht zu denken gewagt habe.
Diesem Zustande muß ich, einzig und' allein, den
ganzen Vorgang beimessen, und einzig ist dies
meine Entschuldigung." — Bei seiner Vernehmung
in M... sagte der Angeschuldigte, nachdem er anfangs versichert hatte, seiner frühern Auslassung
nichts hinzufügen zu können noch besonders:

"Ich betheure, daß ich noch niemals vorher daran gedacht hatte, daß ich meiner Ehefrau Grünspan
oder sonst was Schädliches beibringen wollte. Am
12. d. M., wo dieses geschehen ist, bin ich im berauschten, meiner Sinne gar nicht mächtigen Zustande gewesen. Ich hatte vier Gläser Rum kurz
hintereinander getrunken, der Marqueur wird dies

bezeugen, ich bin aber nur schwächlich, kann nicht
viel vertragen, und erlitt einen Rausch. Kurz ich
war in einem Zustande, von welchem ich selbst nicht
Rechenschaft zu geben weiß. Ich weiß mich nur
durch nachheriges anhaltendes Nachdenken zu ent-
sinnen, daß ich in jenem Zustande mit meiner Frau
und dem P... Nachmittag in der Stube saß und
Kaffee trank. Alles übrige, was dort vorgegangen
ist (der Angeschuldigte wiederholt den erzählten Hergang der Sache), weiß ich durchaus nicht aus eigener Kenntniß, nicht aus eigener Erinnerung, sondern nur lediglich daher, daß meine Ehefrau und
der P... alles dieses, als geschehen, mir am folgenden Tage vorhielten." Nachdem Angeschuldigter
die Umstände, Rücksichts des noch im Kramladen
aufbewahrten Grünspans, deren weiter unten noch
gedacht werden soll, erwähnt hat, sagt er: „ich hatte
den Grünspan aber manchmal, wenn ich etwas suchte,
wieder zu Gesicht bekommen. In jener unglücklichen
Geistesabwesenheit muß mir dies in die Gedanken
gekommen seyn; und ich ihn aus dem Kram geholt
haben." — Auch in der folgenden und in der letzten Vernehmung blieb der Angeschuldigte bei diesen
Angaben, ungeachtet aller Vorhaltungen des Rich-
ters über ihre Unwahrscheinlichkeit, stehen; sie kon-
zentriren sich in der Behauptung:

ich kann weder zugestehen, noch abläugnen,
daß ich, in böser Absicht, Grünspan in den
Kaffee meiner Frau geschüttet habe, weil ich
mich zu der Zeit, als meine Frau und der

P... Kaffee tranken, in einer durch Trunk veranlaßten Bewußtlosigkeit befand, und keiner Wahrnehmung eigener oder fremder Handlungen fähig war. Den ganzen Vorgang habe ich erst nachher, durch meine Frau und den P..., erfahren.

Liegt daher auch in den Worten des Angeschuldigten, vorzüglich bei seiner ersten Vernehmung, allerdings ein Geständniß der That, so fügt er doch diesem Geständniß eine Bestimmung hinzu, die die Eigenschaft des Verbrechens ganz aufhebt, indem er während der Zeit, als es geschah, sich in völlig bewußtlosem Zustand, der jede Zurechnung irgend einer That ausschließt, befunden haben will. Es kommt darauf an, was über jenen vorgeschützten Zustand ausgemittelt worden ist. — Criminalordnung §. 373.

Daß der Angeschuldigte wider seine Gewohnheit mehrere Gläser Rum getrunken hat, ist möglich, daß er aber davon bis zur Bewußtlosigkeit trunken geworden seyn sollte, ganz unbedingt gelogen.

Der Friederich S..., als Marqueur bei dem P... in Diensten, so wie die G..., ebenfalls bei dem P... in Diensten, befanden sich an dem Tage der That mehrentheils im Billardzimmer, wo die spirituösen Getränke aufbewahrt wurden, und beide haben, nach ihrer eidlichen Aussage, nicht bemerkt, daß der Angeschuldigte mehrere Gläser Rum trank. Der Angeschuldigte suchte dem zu begegnen, indem er anführt, daß es ihm erlaubt gewesen sey,

8 *

sich selbst Rum einzuschenken, und, wie schon gesagt, wäre es allerdings möglich, daß er unbemerkt doch mehrere Gläser schnell hinuntergestürzt haben könnte; aller physischen und psychischen Erfahrung zuwider ist es aber, daß eine, bis zur gänzlichen Bewußtlosigkeit gesteigerte Trunkenheit unbemerkt bleiben sollte. Sämmtliche Personen, die sich an gedachtem Tage in seiner Nähe befanden, der S..., die G..., die W..., der P..., die S..., bekunden indessen einstimmig, daß sie auch nicht im mindesten an dem Angeschuldigten irgend einen exaltirten Zustand wahrnahmen. Sein Betragen vor, bei und nach der That, als er seiner Frau die Tasse aus der Hand nahm, den Kaffee weggoß, als er den Grünspan aus dem Kram fortzuschaffen suchte, wie es weiter unten näher erörtert werden soll, zeugt von vollkommener Besonnenheit. Eine Viertelstunde nach dem Vorfall spielte der Angeschuldigte auch, wie der P... und die S... bezeugen, eine Parthie Billard mit aller ihm eigenen Beurtheilungskraft, und war ganz ruhig und vergnügt.

Alles dies widerlegt das Vorgeben des Angeschuldigten, Rücksichts der Trunkenheit, hinlänglich; der Zustand, in dem sich der Angeschuldigte zur Zeit des Kaffeetrinkens befunden haben will, würde, wie er ihn beschreibt, auch mehr dem eines somnambulen Nachtwandlers gleichen, der Dinge unternimmt, die Ueberlegung und Geschicklichkeit im Handgriff erfordern, und von denen er bei dem Erwachen doch nichts weiß, so daß selbst Verbrechen, die er in je-

nem Zustande beging, ihm nicht zugerechnet werden
können. (Kleins Gr. d. p. R. §. 133.) Aber auch
dieser Zustand hat solche auffallende äußere Kennzeichen, indem er Blick, Gang, Stellung und Sprache
gänzlich ändert, daß er jedem, auch nicht sachverständigen Beobachter nicht entgehen kann, und so
würden P... und die S... ihn unbedenklich wahrgenommen haben. Behauptet der Angeschuldigte,
unerachtet es ihm nachgewiesen ist, daß er vor und
gleich nach der That völlig besonnen war, dennoch,
daß er von dem, was in dem Augenblick der Vermischung des Grünspans mit dem Kaffee geschah,
nichts weiß, so stellt er dadurch die Thatsache auf:

daß er in dem Augenblick, als ihn der P...
und die S... verlassen hatten, in einen Zustand verfiel, der die Wahrnehmung eigener
Handlungen aufhob, und daraus, als die genannten Personen wiederkehren, sofort wieder
erwachte.

Das völlig unglaubliche und abgeschmackte dieser Behauptung fällt in die Augen und bedarf keiner Widerlegung. Ist hiernach der von dem In-
kulpaten behauptete Zustand als ein falsches Vorgeben dargethan, so gibt es keinen Grund, warum
der Angeschuldigte das, was während des Kaffeetrinkens, und vorzüglich in dem Augenblick, als er
sich allein im Zimmer befand, geschah (und sogar
eigene Handlungen), wahrzunehmen, nicht im Stande
gewesen seyn sollte, und warum er die ihm angeschuldigte That, nämlich daß er es war, der den

Grünspan in die Untertasse, die seine Frau für sich eingeschenkt hatte, schüttete, falls er sich unschuldig, oder vielmehr frei von jedem bösen Vorsatz wider seine Frau fühlt, nicht geradezu abzuläugnen vermag. Schon deshalb würde der Angeschuldigte beinahe für überführt zu achten seyn; es sind aber noch durch die Untersuchung Umstände ausgemittelt, die in ihrem Zusammenhange mit der dem Angeschuldigten zur Last gelegten That auf das überzeugendste wider ihn sprechen.

1) Bis zur völligen Gewißheit ist dargethan, daß der Angeschuldigte wirklich Grünspan besaß. Den andern Tag nach dem Vorfall sah die W... als sie den Deckel der im Hofe eingegrabenen Tonne abhob, um das Wasser auszuschöpfen, ein Tütchen oben aufschwimmen, welches sie mit dem eisernen Haken der Peede herauslangte, und dessen Inhalt sie für Kraftmehl hielt. Der Angeschuldigte, dem sie es zeigte, nahm es ihr weg, und ging damit in den Stall. Auf Veranlassung des P... suchte die W... im Stalle nach, fand zuerst ein kleines Tütchen, dann das Papier, welches sie aus dem Wasser gelangt hatte, und brachte beides dem P..., der es dem Magistrat übergab, von dem es, gleich der Tasse, dem Stadtgericht, von diesem dem Criminalgericht in M..., und dann den Sachverständigen, zur chemischen Prüfung des Inhaltes, zugesendet wurde, der sich ganz unbezweifelt als Grünspan darthat. Der Angeschuldigte gesteht ausdrücklich ein, daß in einem untern Schubladen im Kram, noch aus der Zeit,

als er die Handlung besessen hatte, ungefähr zwei Loth Grünspan lagen, die er dem P ... bei der Uebernahme der Handlung nicht mit übergab oder verkaufte, weil es, nach seinem Ausdruck, eine Kleinigkeit war. Rücksichts des von der W ... aufgefundenen, in drei Päckchen befindlichen Grünspans, wovon eins, das augenscheinlich im Wasser gelegen hatte, mit der Handschrift des Angeschuldigten beschrieben war, sagt der Angeschuldigte:

dasjenige Papier mit meiner Handschrift, ist mit dem Grünspan gleich am 12. December, nämlich an demselben Tage des Vorfalls, beim Kaffeetrinken, und gleich nach diesem, von mir in die Wassertonne auf dem Hofe geworfen worden. Ich weiß mich jedoch nicht mehr zu besinnen, woselbst ich jenes oben erwähnte Papier mit Grünspan damals, als ich es in die Tonne warf, gehabt, namentlich nicht, ob ich solches in meiner Tasche gehabt habe. Als nun aber am darauf folgenden Tage durch die Magd jenes Papier mit Grünspan in der Wassertonne gefunden wurde, und ich ihr solchen abgenommen hatte, da beschloß ich, auch den übrigen, noch im Kram befindlichen Grünspan, zugleich mit jenem aus der Tonne, fortzuschaffen. Ich holte ihn aus dem Kram, und warf ihn zusammen in den Blindbrunnen, daher denn zwei Papierchen mit Grünspan nicht im Wasser gelegen haben.

Die Identität des aufgefundenen, chemisch ge=

prüften Grünspans mit dem, den der Angeschuldigte im Kram aufbewahrt hatte, ist daher keinem Zweifel unterworfen.

2) Ferner ist das Verhältniß des Angeschuldig= ten mit seiner Frau in der Art ausgemittelt, daß sich daraus das Motiv zum Verbrechen mit hoher Wahrscheinlichkeit entnehmen läßt. Nach der Be= hauptung des Angeschuldigten hat sich seine Frau durch ein Wochenbette einen unheilbaren Krebsscha= den zugezogen, der Warnung der Aerzte unerachtet, Befriedigung verlangt, und dadurch ist ein Wider= wille gegen sie in dem Angeschuldigten angeregt worden. Darin stimmen beide, der Angeschuldigte und seine Frau, überein, daß oftmals Zänkereien unter ihnen vorfielen, die in Thätlichkeiten ausar= teten, weshalb auch die Frau, wenige Wochen vor der That, bei dem Stadtgericht auf Scheidung klagte. Der Grund jener Zänkereien lag hauptsächlich in der gegründeten Eifersucht der Frau, die das ver= trauliche Verhältniß ihres Mannes mit der N . . . nicht dulden wollte. Diese N . . . ist eine Frau von 34 Jahren, an den Bürger und Höker N . . . in D . . . verheirathet, und Mutter mehrerer Kin= der. Nach ihrer Versicherung hat sie der S . . . mit Liebesanträgen verfolgt, die sie erst standhaft abwies; zuletzt gerieth sie aber doch mit ihm in ein Verhältniß, das, nach ihrem eigenen Ausdruck, ver= trauter war, als es sich für eine verheirathete Frau paßt. Der Angeschuldigte gesteht auch selbst ein, daß er mit der N . . . in einem Liebesverkehr gestan=

den hat, das bis zu einem gewissen Grade von Ver=
traulichkeit gediehen war; beide, der Angeschuldigte
und die N...., behaupten indessen, daß nie etwas,
wirklich strafbares, unter ihnen vorgefallen sey.
Nach der Schilderung der N... war die Neigung
des Angeschuldigten zu ihr bis zur höchsten Leiden=
schaft gediehen, und hierin stimmt ihr auch die ver=
wittwete K... bei, in deren Hause die N...schen
Eheleute wohnen, und in deren Zimmer die Frau
mit dem Angeschuldigten zuweilen zusammen kam.
So wie sie — die K... — erzählt, hatte sich der
S... um die N... zuweilen wie närrisch, die ihn
dann ermahnte, sich vernünftig zu betragen, und
ihren Umgang zu meiden. Immer wußte aber der
S... das Verhältniß wieder anzuknüpfen, und stellte
sich zuweilen, als wenn er abwesend im Geiste sey.
Als die K... einst mit der N... an der Weichsel
spazieren ging, saß S... auf dem steilen Ufer, mit
den Füßen im Wasser hängend, und weinte. Er
schien Lust zu haben, sich zu ersäufen. Es hat fer=
ner die N.... zwei Briefe überreicht, die der Ange=
schuldigte geständlich an sie schrieb, und die seine
überspannte Leidenschaft in hohem Grade darthun.
Er erscheint darin, troß seiner Jahre, wie ein un=
reifer von romanhaften Ideen erhißter Jüngling.
Im ersten Briefe nennt sich der Angeschuldigte „den
von allem verlassenen, unglücklichsten Menschen, weil
die N... ihn nicht gegrüßt habe, ihr Haß daher
auf's neue ihn treffe." Er erklärt: „niemals von
ihr lassen zu können, unerachtet er leider ein Weib

8 **

habe, an die er, Umstände wegen, nicht halten könne."
Im zweiten Briefe wird die N... mit dem vertrau=
lichen Du angeredet, und ihr versichert, „daß Wil=
helm ihr ewig gut seyn, und an keine Trennung
denken würde." Bei dieser Tendenz des Angeschul=
digten, ja selbst bei der Wahrheit des Umstandes,
— die K... unterstützt ihn, — daß der Angeschul=
digte Rücksichts des letzten Genusses unbefriedigt
blieb, und daß die N... ihn wiederholt, wegen
seines Verhältnisses als Mann einer andern, zurück=
wies, drängt sich der Gedanke von selbst auf, daß
der Angeschuldigte, von toller Leidenschaft getrieben,
wohl den Entschluß fassen konnte, auf verbrecherische
Art sich von dem Bande loszumachen, das ihn von
dem, bis zum Wahnsinn geliebten Gegenstande zu=
rückzog. — Sehr eingreifend ist endlich

3) das Benehmen des Angeschuldigten vorher
und nachher, als seine Frau den vergifteten Kaffee
genossen hatte, welches durch die eidliche Aussage der
darüber vernommenen Zeugen ausgemittelt ist. Als
P... hineintrat, saß der Angeschuldigte am Fenster,
den Kopf in die Hand gestützt, in nachdenkender
Stellung, mithin wie jemand, dessen Inneres irgend
ein Gedanke von Wichtigkeit erfüllt. Als die Frau
über den Geschmack des Kaffee's und über Uebel=
keiten klagte, sprang er schnell auf, nahm ihr die
Tasse mit den Worten aus der Hand:

„Liebes Kind, was hast du vor? im Kaffee ist
nichts."

Oder, wie der P... später sagt:

> „Liebes Kind, wo wird Gift in dem Kaffee
> seyn! — es ist Tabaksasche, die durch das Aus=
> klopfen meiner Pfeife in die Tasse gefallen ist,"

rührte den, in der Untertasse noch befindlichen Kaffee um, und goß ihn in den Spucknapf aus. Ein Tüt= chen mit Grünspan wirft er gleich darauf in die Wassertonne. Dann ist er ganz heiter, und spielt mit aller Beurtheilungskraft und Besonnenheit eine Parthie Billard. Den andern Tag findet die W... in der Wassertonne ein Tütchen mit Grünspan, und zeigt es dem Angeschuldigten, der nimmt es ihr aber weg, sprechend:

> „was suchst du hervor; du weißt ja, die Frau
> ist so empfindlich,"

und befiehlt ihr, die Schürze, woran beim Abwischen der Hände etwas Grünes kleben geblieben, abzuneh= men und auszuspülen. Als dies nicht gehen will, legt sie die Schürze in den Gang, und findet sie nicht wieder. Der Angeschuldigte verbirgt nun allen noch im Kram befindlichen Grünspan im Stalle. Als die W... den Grünspan im Stall aufgefunden und dem P... übergeben hat, droht ihr der Ange= schuldigte:

> „du Schinderkröte, was hast du geredet, wenn
> du es noch einmal thust, so breche ich dir die
> Knochen im Leibe morsch entzwei."

Ueberhaupt ist er jetzt unruhig, auf alles auf= merksam; er will es nicht leiden, daß die Dienstbo= ten unter einander sprechen; er geht im Zimmer

umher, seufzt, stützt den Kopf in die Hand; er
ergreift endlich Abends eine Flinte, und geht damit
fort, geständlich, um sich zu erschießen, kehrt aber
wieder zurück. Als nach 10 Uhr der Stadtwacht-
meister kommt, um ihn zu bewachen, ruft er: „was
habt ihr mit mir vor, was will der Mann da? ich
weiß ja von nichts! — Den Tag darauf läßt er
den P... rufen; er gesteht sein Unrecht gegen seine
Frau ein, er bittet, ihm Rettungsmittel an die Hand
zu geben, er liebkost seine Frau, er versichert bitterlich weinend Treue und Aenderung seines Betragens. Insbesondere beschwört er den P..., ihm
die Tasse zurückzugeben, damit er sie von dem darin
befindlichen Gift säubern, und sie dem P... gereinigt wieder zustellen könne. Er sagte:

> „erbarmet euch, und macht mich nicht unglück-
> lich; ich kann nicht leugnen, es gethan zu haben,
> es ist nun einmal nicht zu ändern. Gebt mir
> die Tasse heraus, daß ich sie reinigen kann, ihr
> könnt ja hernach sagen, daß ihr euch geirrt habt."

P..., an des Angeschuldigten Verhältniß mit der
N... denkend, sagte:

> „seht da, wohin euch der Umgang mit einem
> solchen Weibe, wie die N... ist, geführt hat,"

und er entgegnete darauf:

> „ja, jetzt sehe ich es ein! es ist aber nicht mehr
> Zeit, diese Sache zu redressiren. Ja, das Weib ist
> schuld an allem. Wenn ich nur diesmal geret-
> tet werden könnte, würde ich gewiß nicht mehr
> mit ihr verkehren."

Sowohl dem P... als seiner Frau gestand er die gegen diese wenigstens geläugnete That ein, als sie zur Kenntniß der Obrigkeit gekommen war.

Merkwürdig ist auch der Brief, den er am 17. December um 8 Uhr dem Stadtrichter P... zuschickte, und in welchem es heißt:

„die Gefühle meines Herzens halten mir stets die Gräuelthat, zu der mich Abwesenheit meiner selbst, ich möchte beinahe sagen, Wahnsinn verleitete, vor Augen, und martern mich auf das schrecklichste ꝛc. Den Vorsatz zu dem Uebel, welches ich beging, gebar eine totale Zerrüttung meines Gehirns ꝛc.; ich war sehr weit davon entfernt, in meinen gesunden Tagen ihr, — der Frau — den Tod zu wünschen, noch weniger, ihr das Leben zu nehmen ꝛc.; meine böse That ist vor den Augen der Richter und der Welt entdeckt ꝛc.“

Bei den Vernehmungen vor Gericht sagt Inkulpat ferner selbst:

„alles, was bei dem Auffinden des Grünspans geschah, schwebt mir nicht ganz klar vor Augen, da ich immer wie berauscht und meiner nicht bewußt war. Ich schreibe diesen Zustand der Gewissensangst zu ꝛc.; ich faßte am folgenden Tage, nämlich am 13. December, den Entschluß, mich zu erschießen, weil ich über das, was ich nach der Erzählung meiner Frau und des P... gethan hatte, in großer Gewissensangst war.

Ich hatte aber kein Herz dazu, die That auszuführen ꝛc."

Aus allem diesem ergibt sich hinlänglich:

daß der Angeschuldigte mit Besonnenheit erst
alles zu vertilgen suchte, was als Beweis des
von ihm begangenen Verbrechens dienen konnte;
daß er aber dann, als ihm dies nicht gelungen
war, von Angst und Furcht vor Strafe sichtlich
gefoltert wurde.

Um nun alles das, was wider den Angeschuldigten feststeht, zu einem Resultate zusammen zu fassen,
ist es nöthig, alle durch die Untersuchung ausgemit-
telten Umstände, in so fern sie wieder eigene Resultate geben, zu wiederholen.

Es steht demnach fest:

1) daß in dem Kaffee, den die S... am 12. December v. J. aus der Untertasse, die sie für sich
eingeschenkt hatte, trank, Grünspan befindlich war;

2) die Vermischung des Grünspans mit dem
Kaffee geschah in der Zeit, als der Angeschuldigte
sich allein im Zimmer befand;

3) in den verschiedenen Auslassungen des Angeschuldigten liegt das Geständniß der That; der
Umstand, welcher die Kraft dieses Geständnisses auf-
heben soll, nämlich der bewußtlose Zustand des Angeschuldigten, der ihn verhindert, von eigenen Handlungen aus eigener Wahrnehmung zu sprechen, ist
als falsch widerlegt. (Criminalordnung §. 373);

4) alle übrigen Umstände stehen in genauer

Verbindung mit der dem Angeschuldigten angeschuldigten That, und zwar:

a) besaß der Angeschuldigte eben solches Gift, wie es in der Untertasse befindlich war;

b) ist das Motiv zur That bis zur höchsten Wahrscheinlichkeit ausgemittelt;

c) charakterisirt das Benehmen des Angeschuldigten nach der That ihn als den von Gewissensbissen und Furcht vor Strafe geängsteten Verbrecher.

Hat der Angeschuldigte wirklich Grünspan in den Kaffee, von dem er voraussetzen konnte, daß ihn seine Frau trinken würde, geschüttet, so ist seine böse Absicht um so mehr klar, als man den Sachverständigen Recht geben muß, die noch die Entwicklung des Kupferkalkes in der Untertasse wahrnehmen, und daraus schließen, daß, da die S... einen Schluck genommen, und der Angeschuldigte das Uebrige weggegossen hatte, überhaupt so viel Grünspan in der Tasse gewesen seyn muß, daß die S..., hätte sie allen Kaffee genossen, gestorben, oder wenigstens in eine gefährliche Krankheit gefallen wäre.

Nach allem diesem ist unsers Ermessens:

der Angeschuldigte der ihm angeschuldigten That für überführt zu achten, und der Thatbestand des Verbrechens dahin als feststehend wider ihn anzunehmen, daß er in böser Absicht seiner Ehegattin Gift beigebracht, dieses Gift aber nur eine vorübergehende heilbare Krankheit verursacht hat;

woburch die Anwendung des §. 865, Theil II. Titel
20, des allgemeinen Landrechts unbedenklich wird,
der das vom Angeschuldigten begangene Verbrechen
mit zehnjähriger bis lebenswieriger Zuchthaus= oder
Festungsstrafe ahndet. Die Krankheit der S... war
unbedeutend, sie wurde in kurzer Zeit ganz herge=
stellt, und dieß würde den niedrigsten Grad der in
der angeführten Gesetzstelle bestimmten Strafe moti=
viren, wenn es nicht die Ehegattin des Angeschul=
digten wäre, die er zu vergiften versuchte, weßhalb
ihn eine härtere Strafe treffen muß.

Wir sind daher der rechtlichen Meinung:
daß der Angeschuldigte wegen versuchter Vergif=
tung seiner Ehegattin mit zwölfjährigem Festungs=
arrest zu belegen, auch sämmtliche Kosten der
Untersuchung zu tragen schuldig.

Ein Brief Hoffmanns an seinen Bruder.

Berlin, Taubenstraße Nro. 31, den 10. Juli 1817.

Geliebtester Bruder!

Dein Brief vom 21. Junius d. J. überraschte
mich auf ganz besondere Art, weil ich dich — für
todt hielt, und deinen Verlust auf das Innigste
betrauert hatte. — Das hängt nämlich so zusam=
men. Im Anfang des vorigen Winters erschien bei
mir ein junger Mensch von etwa 17—18 Jahren,
von ziemlichem Ansehen, halb militärisch gekleidet,

welcher mich sogleich pathetischer Weise anredete: „Ich
bin ihres Bruders Sohn!" (Ich bin deines Vaters
Geist! — wie im Hamlet.) Du kannst es denken,
daß ich sogleich nach dir frug, was du machtest, wo
du lebtest, wie es dir ginge u. s. w. Darauf sprach
der junge Mensch mit gesenkter Stimme, indem er
mit einem Taschentuch sich was weniges über die
Augen fuhr: „Mein armer Vater ist gestorben!" —
Nun kannst du es dir wieder denken, daß mich diese
Nachricht um so mehr erschütterte, als ich mir Vorwürfe machte, mich nicht mehr nach deinem Aufenthalt erkundigt, und so wenigstens noch einige Worte
von dir erhalten zu haben. Ich brach daher das
Gespräch kurz ab, indem ich es dem jungen Menschen freistellte, mich ferner zu besuchen. Dies that
er denn auch, indessen zu unbequemen Stunden; in
denen er mich nicht sprechen konnte. Endlich wandte
er sich schriftlich an mich, sprach mich um Geld an,
und legte, wie er sagte, zu seiner Legitimation, ein
Portrait von mir bei, auf eine Spielmarke gemalt,
mit grünen Haaren, und etwas dem Kaiser Hadrian
ähnlich, das ich aber, wie ich mich erinnere, selbst
vor langer Zeit verfertigt. Bedeutende Unterstützun-
gen zu reichen, das läßt meine Lage durchaus nicht
zu; indessen packte ich einige Thaler ein, und schrieb
ihm zugleich, daß ich bereit wäte, für sein Unterkommen auf irgend eine Weise zu sorgen, nur müsse
er sich über sein bisheriges Wohlverhalten durch
glaubhafte Atteste legitimiren. — Seit der Zeit hatte
er nichts mehr von sich hören lassen. Er nannte

sich Ferdinand Hoffmann, und du wirst vielleicht am besten den näheren wahren Zusammenhang
der Sache wissen, oder wenigstens errathen können.

Es ist wahr, liebster Bruder, daß Jahre hindurch uns das Schicksal ganz auseinander geworfen
hat, und es scheint auch, als wenn dir meine Denkungsart ganz fremd geworden ist, denn sonst würdest du nicht von dem Mantel des Hochmuths sprechen, den ich mir umgehängt haben soll, und der,
wie ich wohl versichern kann, nach meiner Art zu
seyn, mir ein durchaus unbequemes, ungewohntes
Kleidungsstück seyn würde, in dem ich mich nicht
zu regen und zu bewegen wüßte. Ferner, liebster
Bruder, würdest du irren, wenn du glaubtest, daß
ich durch die Beerbung meiner Erzieher in irgend
eine günstigere Lage, als sie sich gerade aus meinen
Dienstverhältnissen ergibt, gekommen seyn sollte.
Vielleicht wäre dies der Fall gewesen, wenn nicht
der unglückselige Krieg mich im Jahre 1806 dienst-
los gemacht hätte. Ich weiß nicht, ob es dir bekannt
ist, daß ich seit dem Jahre 1807 mich im südlichen
Deutschland, in Bamberg, als Theatermusikdirektor
nothdürftig nährte; daß ich dieselbe Stelle später in
Dresden hatte, auch hier alles Elend des Krieges
überstehen mußte, und erst im Jahr 1815 wieder
eintreten konnte in das Kammergericht, wiewohl nach
der Anciennetät, die mir mein Rathspatent vom
2. Februar 1802 gab, welches denn nun wohl gar
keine Entschädigung seyn kann. Das bis zum Tode
des sehr wackern, uns wohl bekannten Justizraths,

bis zur Unbedeutenheit geschmolzene Vermögen, das noch überdies mancherlei Legate zersplitterten, reichte gerade hin, mich hier anderthalb Jahre hindurch; die ich ohne Gehalt hinbringen mußte, zu ernäh=ren, und mich dann häuslich einzurichten. Jetzt lebe ich in dem übertheuern Berlin lediglich von meinem Gehalt und dem, was ich sonst etwa durch Schrift=stellerei verdiene. — Vielleicht ist der literarische Ruf des Verfassers der Fantasiestücke in Callots Manier, der Elixiere des Teufels, der Nachtstücke u. s. w. bis nach B., oder gar bis nach C. gedrungen, und es ist vielleicht sogar möglich, daß man wenigstens in B. von dem Componisten der Fouqué'schen Oper: „Undine," die mit vorzüglicher Pracht (Dekorationen und Costüm kosteten gegen 12,000 Rthl.) auf dem hiesigen Theater seit Jahresfrist oft gegeben wurde, etwas weiß. Solch ein Verfasser und Componist bin ich nun selbst, und du siehst, liebster Bruder, daß ich trotz der finstern und sattsam langweiligen Juristerei auch meine künstlerischen Anlagen tüchtig zu kultiviren nicht unterlasse. Das Dichten ist be=kanntlich Familiensünde väterlicher Seits; aber in der Musik haben, so viel ich weiß, unsere Altvor=dern nicht sonderlich viel geleistet. So viel ich mich erinnere, spielte Papa Viola di Gamba, worüber ich einmal, als drei= oder vierjähriger Knabe, in ein entsetzliches Weinen ausbrach, und nicht zu be=schwichtigen war, nisi durch einen schicklichen Pfeffer=kuchen. Papa hatte aber keinen Takt, und böse Ver=läumdung behauptete, er habe einmal eine Menuett

nach einer Polonoise getanzt, die der schlaue Justiz=
rath auf dem wohlbekannten rothlakirten Flügel
spielte, den wir, wenn du dich noch daran erinnerst,
in späterer Zeit einmal mit dem hohen Bücher=,
Kleider=, Stiefel=ꝛc.Schrank des Justizraths, den wir
umstülpten, beinahe eingeschmissen hätten.

(Hier endet der Brief, der nicht fortgesetzt und
abgesandt worden zu seyn scheint.)

Neueste Schicksale

eines abenteuerlichen Mannes.

Mitgetheilt von

E. T. A. Hoffmann.

Vorwort.

Nicht gar zu lange ist es her, als in dem hie=
sigen Gasthofe, das Hôtel de Brandenbourg ge=
heißen, ein Fremder eingekehrt war, der, Rücksichts
seines Aeußern, seines ganzen Betragens, mit Recht
ein wenig seltsam zu nennen. — Sehr klein, und
dabei beinahe magerer als mager, die Knie merklich
einwärts gebogen, ging oder hüpfte er vielmehr,
mit einer kuriosen, man möchte sagen unangenehmen
Geschwindigkeit durch die Straßen, und trug Kleider
von auffallender Farbe wie keiner; z. B. Lilas, Zeisig=
grün ꝛc., die aber, seiner Magerkeit unerachtet, ihm
viel zu knapp zugeschnitten waren, und dazu saß ihm
ein kleines rundes Hütchen, mit einer blinkenden
Stahlschnalle, ganz schief nach dem linken Ohr zu
auf der Frisur. Frisiren und pudern ließ sich der

Kleine nämlich jeden Tag auf das schönste, und einen amönen Studentenzopf aus den neunziger Jahren einbinden, von dem Genre, das aufstrebende Genies bezeichnet (man sehe: Lichtenberg über Studentenzöpfe und 2c.). Der Kleine war ferner ein ganz außerordentlicher Schmecker; er ließ sich die leckersten Schüsseln bereiten, und aß und trank mit dem ungemessensten Appetit. Hatte er sich dann satt gegessen und getrunken, so ging ihm der Mund wie eine Windmühle oder wie ein Feuerrad. In einem Athem schwatzte er von Naturphilosophie, seltenen Affen, Theater, Magnetismus, neu erfundenen Haubenstöcken, Poesie, Compressionsmaschinen, Politik und tausend andern Dingen, so daß man wohl bald merkte, wie er ein sattsam gebildeter Mann seyn, und in literarisch=ästhetischen Thees hinlänglich geglänzt haben müsse. — Ueberhaupt verstand sich der Fremde ganz ungemein auf das, was man feine Conversation nennt, und hatte er ein Gläschen Muskat (ein Wein, den er allen übrigen vorzog) mehr getrunken als dienlich, so ließ er ein liebes herrliches Gemüth verspüren, und auch erstaunlich viel deutschen Sinn, wiewohl er versicherte, sich deswegen etwas cachiren zu müssen wegen China, wo er voriges Jahr ein paar Stiefeln stehen lassen, das er mit Artigkeit wieder zu erlangen hoffe. Wollte er auch sonst nicht recht mit der Sprache heraus, wes Glaubens, Namens und Standes er eigentlich sey, so entschlüpfte ihm doch in solch' gemüthlicher Laune manch bedeutsames Wort, das freilich nun

wieder unauflöslichen Räthseln anzugehören schien.
Er gab nämlich zu verstehen, daß er sonst als be=
deutender Künstler sich reichlich genährt, dann aber
auf geheimnißvolle Weise zu einem sehr hohen Stande
gelangt, der jedem weit mehr gewähre als das liebe
tägliche Brod. — Dabei fuhr er mit beiden Armen
auseinander, welche Pantomime, die beinahe anzu=
sehen, als wolle er Jemanden das Maß nehmen, er
überhaupt sehr liebte und öfters wiederholte, und
zeigte dann mit geheimnißvollem Lächeln in die
Mohrenstraße hinein, meinend, wenn man da so
hinabginge, und so immer fort und fort, so würde
man doch wohl endlich in den kleinen, von beiden
Seiten mit Brombeerstrauch eingefaßten Feldweg
kommen, der gleich hinter Cochinchina, links ab,
weiter auf die große Wiese führe, über die hinweg
man in ein großes, ganz propres Reich gelange.
Und er wisse wohl, wer dort zu seiner Zeit als ein
berühmter Kaiser geherrscht und prächtige Goldstücke
habe schlagen lassen. Dabei klapperte der Fremde
mit Goldstücken in der Tasche, und sah so ganz
besonders pfiffig aus, daß man auf den Gedanken
gerathen mußte, jener Kaiser hinter der großen Wiese
sey am Ende niemand anders gewesen als er, der
kleine Fremde selbst.

Wahr ist es, sein Gesicht, das sonst gewöhn=
lich zusammengeschrumpft, wie ein naß gewordener
Handschuh, konnte sich manchmal ausglätten zu hel=
lem Sonnenschein, und er hatte dann den gewissen
gnädigen Blick, mit dem hohe Herrschaften öfters

ein ganzes Rudel armer Leute satt füttern lange
Zeit hindurch, und mit den Goldstücken, die er in
Hülle und Fülle besaß, hatte es auch eine ganz eigene
Bewandtniß. Das Gepräge war nämlich von der
Art, daß die Stücke durchaus in keine Rubrik alles
nur erdenklichen fremden Geldes zu bringen. Auf
der einen Seite stand eine Inschrift, die beinahe
chinesisch schien. Auf der Kehrseite befand sich aber
in dem, mit einer Turban ähnlichen Krone bedeckten
Wappenschilde, ein kleiner, niedlicher geflügelter Esel.
— Der Wirth des Hauses wollte daher auch diese,
gänzlich unbekannte Münze nicht eher in Zahlung
nehmen, bis auf Befragen der Generalmünzwardein
Loos ihm versichert, wie das Gold besagter Stücke
so überaus fein sey, daß es ordentlich Uebermuth
gewesen, daraus Geld zu prägen.

Wollte man aber nun auch wirklich ahnen, daß
der wunderliche Kleine ein Inkognito reisender asia=
tischer Potentat, so stand damit wieder manches in
seinem Betragen in dem grellsten Widerspruch. Mit
hoher kreischender Stimme pflegte er nämlich öfters
Lieder zu singen, die eben nicht in der vornehmen
Welt vorzukommen pflegen, wie z. B.: Am Sonn=
abend, am Sonnabend, da ist die Woche zu Ende,
oder: In Berlin, in Berlin, wo die schönen Linden
blüh'n, oder: der Schneider muß nach Pankow
schnell hinaus zc. zc.

Dann hatte er auch einen unwiderstehlichen
Drang, gewisse Tanzböden zu besuchen, wo sich das
Handwerk zu vergnügen pflegt mit sattsam gepußten

Mägden. Gewöhnlich wurde er mit Schimpf und Schande herausgeworfen, weil er im Dreher nicht in den Takt kommen konnte, und der gewandtesten Köchin den eiergelben Schnürstiefel aus der Façon trat. Was aber eigentlich jeder guten Meinung von ihm den Hals brach, war, daß er auf dem Gens=d'armesmarkt, gerade an einem Marktmorgen, plötz=lich wie vom bösen Teufel erfaßt, in eine Herings=tonne griff, und den ergriffenen Salzmann auf einem Beine tanzend verzehrte. Half es, daß er das Weib mit einem geflügelten Esel großartig belohnte? — Jeder schalt ihn einen sittenlosen Menschen, der Gott nicht vor Augen. Hin war die gute Meinung, und die rettet kein Esel.

Wenige Tage darauf hatte auch der wunder=liche Fremdling Berlin verlassen. Zu nicht geringem Erstaunen der Wirthsleute und aller derer, die gerade aus den Fenstern guckten, war er in einer ganz und gar silbernen Kutsche davon gefahren im brausenden Trott.

Vor wenigen Tagen war an der Wirthstafel im Hôtel de Brandenbourg die Rede von diesem seltsamen Manne, und Herr Krause erwähnte, daß man auf dem Sekretair in der Stube, die er be=wohnt, ein Röllchen beschriebenes Papier gefunden, das er aufbewahre. Auf Verlangen erhielt ich die=ses Röllchen. Wer schildert aber mein Erstaunen, meine Freude, mein Entzücken, als ich auf den ersten Blick ins Manuscript wahrnahm, daß der Fremde niemand anders gewesen, als der berühmte, zum Kaiser von Aromata avancirte Schneidergeselle Abraham Tonelli, dessen merkwürdige Lebensgeschichte vor mehreren Jahren in dem achten Bande der Straußfedern der Lesewelt mitgetheilt wurde. — Merkwürdig genug scheint es, daß gegenwärtige Memoires gerade da, wo jene Lebensgeschichte schließt, anfangen, und sich daher derselben ziemlich genau anreihen. Es ist möglich, daß Tonelli in Berlin den Redacteur seiner früheren Lebensgeschichte (Ludwig Tieck) suchte, und nicht fand. Hat mir aber nun einmal das Schicksal Tonelli's ferneres Manuscript in die Hände gespielt, so finde ich darin einen Beruf, mich sogleich der Redaction desselben zu unterziehen, und weder Herr Abraham Tonelli, noch Herr Ludwig Tieck können dieß ungütig aufnehmen *).

***

*) Den geneigten Lesern, die etwa den achten Band der, zuerst von Musäus herausgegebenen Straußfedern, eines Buchs, das sich sehr selten gemacht hat, nicht gleich zur Hand haben sollten, dient folgendes zur kürzlichen Nachricht. A. Tonelli, von armen Schneidereltern geboren, selbst zu dieser Profession erzogen, aber Hohes im Sinne tragend, begibt sich auf die Wanderschaft, verirrt sich, entrinnt mit Mühe Räubern, die er aus dem Walde heraus vexirt, und kommt, nachdem er viel Elend erlitten, endlich zu einem polnischen Baron. Dieser lehrt ihn die Kunst, sich mittelst einer Wurzel in alle nur mögliche Thiere zu verwandeln, welches ihm viel Vergnügen macht. Er läuft indessen davon, als der Baron ihn, der sich gerade in einen kleinen Hund verwandelt hat, als Elephant derb abgeprügelt, und kommt von einem ungeheuern Vogel als Maus über's Meer getragen, zum König von Persien, dann aber zum türkischen Kaiser, der vor Freude über den seltenen Künstler sich kreuzigt und segnet, und ihn leben läßt in Pracht und

Hier ist also die

Fortsetzung von Abraham Tonelli's merkwürdiger Lebensgeschichte.

Vierte Abtheilung.

1.

Lügen ist ein großes Laster, hauptsächlich des=
halb, weil es der Wahrheit entgegen, die eine große

Freude. Arglistige Diener rauben ihm indessen die Zauber=
wurzel, und er wird, da er sich nun nicht mehr verwandeln
kann, von dem Kaiser mit Schimpf und Schande fortgejagt.
Er bettelt sich durch bis nach Siberien, wo ihn in der Schlaf=
kammer eines Wirthshauses eine verwünschte Katze besucht,
und ihn um ihre Befreiung bittet, wogegen sie ihm zu einem
Schatz verhelfen will. Endlich, nach langem Widerspruch,
gibt er den Bitten und Thränen der Katze nach, läßt sich
von ihr die Hand reichen, und faßt Zutrauen, als sie ihn
nicht kratzt. Er erhält den Schatz und einen Stein, dessen
Eigenschaft, den Teufel ihm unterwürfig zu machen, er erst
dann entdeckt, als alles Gold verschwunden, und er auf's
neue in Noth und Elend gerathen ist. Er zwingt nun den
Teufel, ihm so viel Schätze zuzutragen, als er nur vermag,
gewinnt die Gunst des Königs von Monopolis durch einen
Schmaus, den er ihm in dem Gasthofe gibt, baut ein Schloß,
Tonellenburg genannt, und heirathet die Tochter eines
Kaufmanns; diese stirbt, das Schloß brennt ab, der Stein
ist verloren, und Tonelli wird als Hexenmeister aus dem
Lande gejagt. Er muß auf's neue sich durchbetteln, trifft
auf zwei Leineweber, kehrt mit ihnen in ein Wirthshaus
ein, wo der Wirth ihnen ein Zimmer einräumt, das von
Poltergeistern heimgesucht werden soll. Als sie spielen und
zechen, kommt aus Fußboden und Decke eine ganze Gesell=
schaft Geister, die sich an eine Tafel setzen und auf das
köstlichste schmausen. Die beiden Leineweber, die zum Mit=
trinken gezwungen werden, fallen todt um. Als Tonelli

Jugend. Habe' auch nimmer gelogen, als wenn es
mein Vortheil. Possedir' überhaupt ein passabel star=
kes Gewissen, das mich zuweilen derb in den Rücken
stößt. Treibt auch jetzt mich an, zu gestehen, daß
gelogen, als der Welt schrieb, wie ich alt und grau,
und doch immer glücklich, und wie die idealischen
Träume meiner Jugend in Erfüllung gegangen.
War, als das schrieb, noch ein junger hübscher
Mann mit rothen Backen, hatte mich aber stark
pudern lassen. Aß gerade einen böhmischen Fasan
mit Apfelmuß und trank Muskatwein dazu. Hielt
das für die idealischen Träume meiner Jugend.

---

trinken soll, ruft er in der Verzweiflung: Pereat dem
Teufel, Vivat Gott dem Herrn! Sogleich verschwindet die
ganze Gesellschaft, und es erscheint ein Geist in der Gestalt
eines schönen großen Vogels, dem Tonelli sein Compliment
macht, und ihn um Verzeihung bittet wegen des unhöflichen
Gebets, das ihm in der Angst entfahren. Der Vogel erwie=
dert, das habe nichts zu sagen, und rathet ihm, von den
Kostbarkeiten auf dem Tisch einen Pokal und eine Perle zu
nehmen, die alles in Gold zu verwandeln vermag. Tonelli
thut es, und darauf bringt ihn ein geflügelter Esel nach
dem Lande Aromata. Er gewinnt durch seine Goldmacherei
die Gunst des Kaisers, der ihm, nachdem er als ein tapferer
Feldherr die Feinde des Landes besiegt, gegen Auslieferung
der Perle seine Tochter zur Gemahlin gibt, und dem er in
der Regierung folgt. Am Schlusse heißt es: „Bin jetzt
alt und grau und immer noch glücklich, schreibe aus Zeit=
vertreib, und weil ich nicht weiß, was ich thun soll, diese
meine wahrhafte Geschichte, um der Welt zu zeigen, daß
man gewiß und wahrhaftig durchsetzt, was man sich ernst=
haft vorgesetzt hat. Habe Gottlob! noch guten Appetit,
und hoffe, ihn bis an mein seliges Ende zu behalten. Die
idealischen Träume meiner Kinderjahre sind an mir in
Erfüllung gegangen: das erleben nur wenige Menschen.“

Wollte mich damit brüsten, daß alles durchgesetzt, was mir vorgenommen, und nun glücklich bis an mein Lebensende. Hatte mein ganzes bischen alte Geschichte verschwitzt. Dachte nicht an Cröfus, war überhaupt ein eingebildeter Narr, und wie gesagt, alles erlogen, bis auf den guten Appetit, den ich noch heute verspüre. Erlitt auch bald nachher, als ich also gelogen, großes Unglück, Noth und Pein, worüber ich meine ganze Herrlichkeit im Stich laffen und vergessen mußte. O wie muß sich doch der irdische Mensch hienieden beugen den vernichtenden Launen eines stets wankenden Schicksals! — O täuschender Glanz des Glücks, wie verbleichst du so schnell, so plötzlich vor dem Gifthauch des Mißgeschicks! — Ist einmal so und nicht anders in der Welt!

2.

Hatte, als Kaiser von Aromata, eine überaus schöne vortreffliche Kaiserin. War auch ein Engel dabei, und konnte singen und spielen, daß einem das Herz im Leibe lachte. Tanzte auch hübsch. Dachte, als die Flitterwochen vorüber, daran, daß es wohl nun zu meinem Part gehöre, die kostbare Perl aufzubewahren, bat mir sie daher aus von der Gemahlin. Schlug's mir aber schnippisch ab. Thät' den Aerger verbeißen und meinte, die Gemahlin solle, aus großer Liebe zu mir, meinem Willen nicht entgegen seyn. Die Gemahlin schlug es mir aber nochmals rund ab, wurde zornig und blickte mich an mit funkelnden Augen. Hatte noch niemals solche

Augen bei einer Weibsperson gesehen, und mußte an die schwarze Katze denken. Ließ drei Tage das Maul hängen, und vergoß eines Mittags, als die Kaiserin gerade ein gebratenes Spanferkel anschnitt, das zu sehr gepfeffert, bittere Thränen des Unmuths. Das rührte die Gemahlin, und sie sagte, ich solle mir den Verlust der Perl nicht so zu Herzen nehmen, hätte doch das unschätzbarste Kleinod auf Erden dafür eingetauscht und wolle sie manchmal die Perl mir zum Spielen geben. — War doch ein schönes ehrliches Gemüth, die Kaiserin.

(Mehr ist nicht vorhanden.)

Hoffmanns Testament.

Wir, nämlich ich, der Kammergerichtsrath Ernst Theodor Wilhelm Hoffmann, und ich, Maria Tekla Michaeline, geborne Rorer, haben nun bereits seit zwanzig Jahren in einer fortdauernd glücklichen, wahrhaft zufriedenen Ehe gelebt. Gott hat uns keine Kinder am Leben erhalten, aber sonst uns manche Freude geschenkt, doch uns auch mit sehr schweren harten Leiden geprüft, die wir mit standhaftem Muth ertragen haben. Einer ist immer des andern Stütze gewesen, wie das denn Eheleute sind, die sich, so wie wir, recht aus den treusten Herzen lieben und ehren.

Sollte es nun Gott gefallen, unsern Bund zu trennen, und einen oder den andern aus dieser Zeitlichkeit abzurufen, so verordnen wir hiemit, letztwillig und wechselseitig, daß dem überlebenden Ehegatten der Nachlaß des Verstorbenen, nicht das mindeste davon ausgenommen, als vollkommen freies, uneingeschränktes Eigenthum, worüber er nach Willkühr verfügen kann, ohne jemanden darüber Rede und Antwort zu geben, erblich zufallen soll.

Ich, der Ehegatte, habe diese wechselseitige letzte Verfügung selbst geschrieben, ich, die Ehegattin, dieselbe mehrmals durchgelesen, beide bekräftigen und vollziehen wir aber diesen unsern ausgesprochenen letzten Willen, durch unsere eigenhändige Namens-Unterschrift und Beidrückung unseres gewöhnlichen Siegels.

Berlin den sechsundzwanzigsten März. Eintausend achthundert und zweiundzwanzig.

Ernst Theod. Wilh. Hoffmann,

königlicher Kammergerichtsrath.

(L. S.)

Maria Tekla Michaelina Rorer,

verehlichte Hoffmann.

(L. S.)

———

Des Vetters Eckfenster.

Mitgetheilt von

E. T. A. Hoffmann.

Meinen armen Vetter trifft gleiches Schicksal mit dem bekannten Scarron. So wie dieser hat mein Vetter durch eine hartnäckige Krankheit den Gebrauch seiner Füße gänzlich verloren, und es thut Noth, daß er sich, mit Hülfe standhafter Krücken und des nervigten Arms eines grämlichen Invaliden, der nach Belieben den Krankenwärter macht, aus dem Bette in den mit Kissen bepackten Lehnstuhl, und aus dem Lehnstuhl in das Bette schrotet. Aber noch eine Aehnlichkeit trägt mein Vetter mit jenem Franzosen, den eine besondere, aus dem gewöhnlichen Gleise des französischen Witzes ausweichende Art des Humors, trotz der Sparsamkeit seiner Erzeugnisse in der französischen Literatur feststellte. So wie Scarron schriftstellert mein Vetter; so wie Scarron ist er mit besonderer lebendiger Laune begabt, und treibt wunderlichen humoristischen Scherz auf seine eigene Weise. Doch zum Ruhm des deutschen Schriftstellers sey es bemerkt, daß er niemals für nöthig achtete, seine kleinen pikanten Schüsseln mit Assa fötida zu würzen, um die Gaumen seiner deutschen Leser, die dergleichen nicht wohl vertragen, zu kitzeln. Es genügt ihm das edle Gewürz, welches, indem es reizt, auch stärkt. Die Leute lesen gerne, was er schreibt; es soll gut seyn und ergötz= lich: ich verstehe mich nicht darauf. Mich erlabte sonst des Vetters Unterhaltung, und es schien mir gemüthlicher, ihn zu hören, als ihn zu lesen. Doch eben dieser unbesiegbare Hang zur Schriftstellerei hat schwarzes Unheil über meinen armen Vetter ge= bracht; die schwerste Krankheit vermochte nicht den raschen Rädergang der Fantasie zu hemmen, der in seinem Innern fortarbeitete, stets neues und neues erzeugend. So kam es, daß er mir allerlei anmu= thige Geschichten erzählte, die er, des mannigfachen Weh's, das er duldete, unerachtet ersonnen. Aber den Weg, den der Gedanke verfolgen mußte, um auf dem Papier gestaltet zu erscheinen, hatte der böse Dämon der Krankheit versperrt. So wie mein Vetter etwas aufschreiben wollte, versagten ihm nicht allein die Finger den Dienst, sondern der Gedanke selbst war verstoben und verflogen. Darüber verfiel mein Vetter in die schwärzeste Melancholie. „Vetter!" sprach er eines Tages zu mir, mit einem Ton, der mich erschreckte, „Vetter, mit mir ist es aus! Ich komme mir vor, wie jener alte, vom Wahnsinn zerrüttete Maler, der Tage lang vor einer in den Rahmen gespannten grundirten Leinwand saß, und allen, die zu ihm kamen, die mannigfachen Schön= heiten des reichen, herrlichen Gemäldes anpries, das er eben vollendet; — ich gebe es auf, das wirkende, schaffende Leben, welches, zur äußeren Form gestal= tet, aus mir selbst hinaus tritt, sich mit der Welt

9 **

befreundend! — Mein Geist zieht sich in seine Klause
zurück!"

Seit der Zeit ließ sich mein Vetter weder vor
mir noch vor irgend einem andern Menschen sehen.
Der alte grämliche Invalide wies uns murrend und
keifend von der Thüre weg, wie ein beißiger Haus=
hund.

Es ist nöthig zu sagen, daß mein Vetter ziem=
lich hoch in kleinen niedrigen Zimmern wohnt. Das
ist nun Schriftsteller= und Dichtersitte. Was thut
die niedrige Stubendecke? die Fantasie fliegt empor,
und baut sich ein hohes, lustiges Gewölbe bis in
den blauen glänzenden Himmel hinein. So ist des
Dichters enges Gemach, wie jener zwischen vier
Mauern eingeschlossene, zehn Fuß ins Gevierte große
Garten, zwar nicht breit und lang, hat aber stets
eine schöne Höhe. Dabei liegt aber meines Vetters
Logis in dem schönsten Theile der Hauptstadt, näm=
lich auf dem großen Markte, der von Prachtgebäu=
den umschlossen ist, und in dessen Mitte das kolossal
und genial gedachte Thatergebäude prangt. Es ist
ein Eckhaus, was mein Vetter bewohnt, und aus
dem Fenster eines kleinen Kabinets übersieht er mit
einem Blick das ganze Panorama des grandiosen
Platzes *).

Es war gerade Markttag, als ich mich durch
das Volksgewühl durchdrängend die Straße hinab
kam, wo man schon aus weiter Ferne meines Vetters

---

*) Treue Schilderung von Hoffmann's Wohnzimmer; siehe
auch seine Federzeichnung.

Eckfenster erblickt. Nicht wenig erstaunte ich, als mir aus diesem Fenster das wohlbekannte rothe Mützchen entgegen leuchtete, welches mein Vetter in guten Tagen zu tragen pflegte. Noch mehr! Als ich näher kam, gewahrte ich, daß mein Vetter seinen stattlichen Warschauer Schlafrock angelegt, und aus der türkischen Sonntagspfeife Taback rauchte. — Ich winkte ihm zu und wehte mit dem Schnupftuch hinauf; es gelang mir, seine Aufmerksamkeit auf mich zu ziehen, er nickte freundlich. Was für Hoffnungen! — Mit Blitzesschnelle eilte ich die Treppe hinauf. Der Invalide öffnete die Thüre; sein Gesicht, das, sonst runzlicht und faltig, einem naßgewordenen Handschuh glich, hatte wirklich einiger Sonnenschein zur passabeln Fratze ausgeglättet. Er meinte, der Herr säße im Lehnstuhl, und sey zu sprechen. Das Zimmer war rein gemacht, und an dem Bettschirm ein Bogen Papier befestigt, auf dem mit großen Buchstaben die Worte standen:

Et si male nunc, non olim sic erit.

Alles deutete auf die wiedergekehrte Hoffnung, auf neuerweckte Lebenskraft. — „Ei," rief mir der Vetter entgegen, als ich in das Kabinet trat, „ei kommst du endlich, Vetter; weißt du wohl, daß ich rechte Sehnsucht nach dir empfunden? Denn, unerachtet du den Henker was nach meinen unsterblichen Werken frägst, so habe ich dich doch lieb, weil du ein munterer Geist bist, und amüsable, wenn auch gerade nicht amüsant."

Ich fühlte, daß mir bei dem Compliment meines aufrichtigen Vetters das Blut ins Gesicht stieg.

„Du glaubst," fuhr der Vetter fort, ohne auf meine Bewegung zu achten, „du glaubst mich gewiß in voller Besserung, oder gar von meinem Uebel hergestellt. Dem ist bei Leibe nicht so. Meine Beine sind durchaus ungetreue Vasallen, die dem Haupt des Herrschers abtrünnig geworden, und mit meinem übrigen werthen Leichnam nichts mehr zu schaffen haben wollen. Das heißt, ich kann mich nicht aus der Stelle rühren, und karre mich in diesen Räder=stuhl hin und her auf anmuthige Weise, wozu mein alter Invalide die melodiösesten Märsche aus seinen Kriegsjahren pfeift. Aber dies Fenster ist mein Trost; hier ist mir das bunte Leben auf's neue auf=gegangen, und ich fühle mich befreundet mit seinem niemals rastenden Treiben. Komm Vetter, schau hinaus!"

Ich setzte mich dem Vetter gegenüber auf ein kleines Tabouret, das gerade noch im Fensterraum Platz hatte. Der Anblick war in der That seltsam und überraschend. Der ganze Markt schien eine einzige, dicht zusammengedrängte Volksmasse, so daß man glauben mußte, ein dazwischen geworfener Apfel könne niemals zur Erde gelangen. Die verschieden=sten Farben glänzten im Sonnenschein, und zwar in ganz kleinen Flecken; auf mich machte dies den Eindruck eines großen, vom Winde bewegten, hin und her wogenden Tulpenbeets, und ich mußte mir gestehen, daß der Anblick zwar recht artig, aber auf

die Länge ermüdend sey, ja wohl gar aufgereizten Per=
sonen einen kleinen Schwindel verursachen könne,
der dem nicht unangenehmen Deliriren des nahen
Traums gliche; darin suchte ich das Vergnügen,
daß das Eckfenster dem Vetter gewähre, und äußerte
ihm dieses ganz unverholen.

Der Vetter schlug aber die Hände über dem
Kopf zusammen, und es entspann sich zwischen uns
folgendes Gespräch:

Der Vetter. Vetter, Vetter! nun sehe ich
wohl, daß auch nicht das kleinste Fünkchen von
Schriftstellertalent in dir glüht. Das erste Erforder=
niß fehlt dir dazu, um jemals in die Fußstapfen
deines würdigen lahmen Vetters zu treten; nämlich
ein Auge, welches wirklich schaut. Jener Markt
bietet dir nichts dar, als den Anblick eines scheckigten
sinnverwirrenden Gewühls des in bedeutungsloser
Thätigkeit bewegten Volks. Hoho, mein Freund,
mir entwickelt sich daraus die mannigfachste Scene=
rie des bürgerlichen Lebens, und mein Geist, ein
wackerer Callot oder moderner Chodowiecki, entwirft
eine Skizze nach der andern, deren Umrisse oft keck
genug sind. Auf, Vetter, ich will sehen, ob ich dir
nicht wenigstens die Primitien der Kunst zu schauen
beibringen kann. Sieh einmal gerade vor dich herab
in die Straße; hier hast du mein Glas, bemerkst
du wohl die etwas fremdartig gekleidete Person,
mit dem großen Marktkorbe am Arm, die mit einem
Bürstenbinder in tiefem Gespräche begriffen, ganz

geschwinde andere Domestica abzumachen scheint, als die des Leibes Nahrung betreffen?

Ich. Ich habe sie gefaßt. Sie hat ein grell citronenfarbiges Tuch nach französischer Art turban=ähnlich um den Kopf gewunden, und ihr Gesicht, so wie ihr ganzes Wesen zeigt deutlich die Französin. Wahrscheinlich eine Restantin aus dem letzten Kriege, die ihr Schäfchen hier ins Trockene gebracht.

Der Vetter. Nicht übel gerathen. Ich wette, der Mann verdankt irgend einem Zweige französischer Industrie ein hübsches Auskommen, so daß seine Frau ihren Marktkorb mit ganz guten Dingen reichlich füllen kann. Jetzt stürzt sie sich ins Gewühl. Versuche, Vetter, ob du ihren Lauf in den verschiedensten Krümmungen verfolgen kannst, ohne sie aus dem Auge zu verlieren; das gelbe Tuch leuchtet dir vor.

Ich. Ei, wie der brennende gelbe Punkt die Masse durchschneidet. Jetzt ist sie schon der Kirche nah — jetzt feilscht sie um etwas bei den Buden — jetzt ist sie fort — o weh! ich habe sie verloren — nein, dort am Ende duckt sie wieder auf — dort bei dem Geflügel — sie ergreift eine gerupfte Gans — sie betastet sie mit kennerischen Fingern.

Der Vetter. Gut, Vetter, das Fixiren des Blicks erzeugt das deutliche Schauen. Doch, statt dich auf langweilige Weise in einer Kunst unterrich=ten zu wollen, die kaum zu erlernen, laß mich lie=ber dich auf allerlei Ergötzliches aufmerksam machen, welches sich vor unsern Augen aufthut. Bemerkst du wohl jenes Frauenzimmer, das sich an der Ecke dort, unerachtet das Gedränge gar nicht zu groß, mit beiden spitzen Ellenbogen Platz macht?

Ich. Was für eine tolle Figur, — ein seidner Hut, der in capriziöser Formlosigkeit stets jeder Mode Trotz geboten, mit bunten in den Lüften wehenden Federn, — ein kurzer seidner Ueberwurf, dessen Farbe in das ursprüngliche nichts zurückgekehrt, — darüber ein ziemlich honetter Shawl, — der Florbesatz des gelb kattunenen Kleids reicht bis an die Knöchel, — blaugraue Strümpfe, — Schnürstiefeln, — hinter ihr eine stattliche Magd mit zwei Marktkörben, einem Fischnetz, einem Mehlsack. — Gott sey bei uns! was die seidene Person für wüthende Blicke um sich wirft, mit welcher Wuth sie eindringt in die dicksten Haufen, — wie sie alles angreift, Gemüse, Obst, Fleisch u. s. w.; wie sie alles beäugelt; betastet, um alles feilscht und nichts erhandelt.

Der Vetter. Ich nenne diese Person, die keinen Markttag fehlt, die rabiate Hausfrau. Es kommt mir vor, als müsse sie die Tochter eines reichen Bürgers, vielleicht eines wohlhabenden Seifensieders seyn, deren Hand, nebst annexis, ein kleiner Geheimsekretär nicht ohne Anstrengung erworben. Mit Schönheit und Grazie hat sie der Himmel nicht ausgestattet; dagegen galt sie bei allen Nachbarn für das häuslichste, wirthschaftlichste Mädchen, und in der That sie ist auch so wirthschaftlich, und wirthschaftet jeden Tag vom Morgen bis in den Abend auf solche entsetzliche Weise, daß dem

armen Geheimsekretär darüber Hören und Sehen
vergeht, und er sich dorthin wünscht, wo der Pfeffer
wächst. Stets sind alle Pauken= und Trompeten=
register der Einkäufe, der Bestellungen des Klein=
handels und der mannigfachen Bedürfnisse des Haus=
wesens gezogen, und so gleicht des Geheimsekretärs
Wirthschaft einem Gehäuse, in dem ein aufgezoge=
nes Uhrwerk ewig eine tolle Sinfonie, die der Teu=
fel selbst komponirt hat, fortspielt; ungefähr jeden
vierten Markttag wird sie von einer andern Magd
begleitet.

Sapienti sat! — Bemerkst du wohl — doch
nein, diese Gruppe, die so sich eben bildet, wäre
würdig von dem Crayon eines Hogarth's verewigt
zu werden. Schau doch nur hin, Vetter, in die
dritte Thüröffnung des Theaters!

Ich. Ein paar alte Weiber auf niedrigen
Stühlen sitzend, — ihr ganzer Kram in einem mä=
ßigen Korbe vor sich ausgebreitet, — die eine hält
bunte Tücher feil, sogenannte Vexirwaare, auf den
Effekt für blöde Augen berechnet, — die andere
hält eine Niederlage von blauen und grauen Strüm=
pfen, Strickwolle u. s. w. Sie haben sich zu ein=
ander gebeugt, — sie zischeln sich in die Ohren, —
die eine genießt ein Schälchen Kaffee; die andere
scheint, ganz hingerissen von dem Stoff der Unter=
haltung, das Schnäpschen zu vergessen, das sie eben
hinabgleiten lassen wollte; in der That ein paar
auffallende Physiognomien! welches dämonische Lä=

cheln, — welche Gestikulation mit den dürren Kno=
chenarmen!

Der Vetter. Diese beiden Weiber sitzen be=
ständig zusammen, und unerachtet die Verschiedenheit
ihres Handels keine Collission, und also keinen
eigentlichen Brodneid zuläßt, so haben sie sich doch
bis heute stets mit feindseligen Blicken angeschielt,
und sich, darf ich meiner geübten Physiognomik
trauen, diverse höhnische Redensarten zugeworfen.
O, sieh', sieh' Vetter, immer mehr werden sie ein
Herz und eine Seele. Die Tuchverkäuferin theilt
der Strumpfhändlerin ein Schälchen Kaffee mit.
Was hat das zu bedeuten? Ich weiß es! Vor we=
nigen Minuten trat ein junges Mädchen von höch=
stens sechszehn Jahren, hübsch wie der Tag, deren
ganzem Betragen man Sitte und verschämte Dürf=
tigkeit ansah, angelockt von der Vexierwaare, an den
Korb. Ihr Sinn war auf ein weißes Tuch mit
bunter Borte gerichtet, dessen sie vielleicht eben sehr
bedurfte. Sie feilschte darum, die Alte wandte alle
Künste merkantilischer Schlauheit an, indem sie das
Tuch ausbreitete, und die grellen Farben im Son=
nenschein schimmern ließ. Sie wurden Handels
einig. Als nun aber die Arme aus dem Schnupf=
tuchzipfel die kleine Kasse entwickelte, reichte die Baar=
schaft nicht hin zu solcher Ausgabe. Mit hochglü=
henden Wangen, hellen Thränen in den Augen, ent=
fernte sich das Mädchen so schnell sie konnte, während
die Alte, höhnisch auflachend, das Tuch zusammen=
faltete und in den Korb zurückwarf. Artige Redens=

arten mag es dabei gegeben haben. Aber nun kennt
der andere Satan die Kleine, und weiß die traurige
Geschichte einer verarmten Familie aufzutischen, als
eine scandalöse Chronik von Leichtsinn und vielleicht
gar Verbrechen, zur Gemüthsergötzlichkeit der ge-
täuschten Krämerin. Mit der Tasse Kaffee wurde
gewiß eine derbe, faustdicke Verleumdung belohnt.

Ich. Von allem, was du da herauskombinirst,
lieber Vetter, mag kein Wörtchen wahr seyn, aber
indem ich die Weiber anschaue, ist mir, Dank sey
es deiner lebendigen Darstellung, alles so plausibel,
daß ich daran glauben muß, ich mag wollen oder
nicht.

Der Vetter. Ehe wir uns von der Thea-
terwand abwenden, laß uns noch einen Blick auf
die dicke gemüthliche Frau, mit vor Gesundheit stro-
tzenden Wangen werfen, die in stoischer Ruhe und
Gelassenheit die Hände unter die weiße Schürze gesteckt, auf einem Rohrstuhle sitzt, und vor sich einen reichen Kram von hellpolirten Löffeln, Messern und Ga-
beln, Fayence, porzellanenen Tellern und Terrinen von
verjährter Form, Theetassen, Kaffeekannen, Strumpf-
waare, und was weiß ich sonst, auf weißen Tüchern ausgebreitet hat, so, daß ihr Vorrath, wahrscheinlich aus
kleinen Auctionen zusammengestümpert, einen wahren Orbis pictus bildet. Ohne sonderlich eine Miene
zu verziehen, hört sie das Gebot der Feilschenden,
sorglos ob aus dem Handel was wird oder nicht;
schlägt zu, streckt die eine Hand unter der Schürze
hervor, um eben nur das Geld vom Käufer zu em-

pfangen, den sie die erkaufte Waare selbst nehmen läßt. Das ist eine ruhige, besonnene Handelsfrau, die was vor sich bringen wird. Vor vier Wochen bestand ihr ganzer Kram in ungefähr einem halben Dutzend feiner baumwollener Strümpfe und eben so viel Trinkgläsern. Ihr Handel steigt mit jedem Markt, und da sie keinen bessern Stuhl mitbringt, die Hände auch noch eben so unter die Schürze steckt wie sonst, so zeigt das, daß sie Gleichmuth des Geistes besitzt, und sich durch das Glück nicht zu Stolz und Uebermuth verleiten läßt. Wie kommt mir doch plötzlich die scurrile Idee zu Sinn! Ich denke mir in diesem Augenblick ein ganz kleines schadenfrohes Teufelchen, das, wie auf jenem hogarthischen Blatt unter den Stuhl der Betschwester, hier unter den Sessel der Krämerfrau gekrochen ist, und neidisch auf ihr Glück, heimtückischer Weise die Stuhlbeine wegsägt. Plump! fällt sie in ihr Glas und Porzellan, und mit dem ganzen Handel ist es aus. Das wäre denn doch ein Fallissement im eigentlichsten Sinne des Worts.

Ich. Wahrhaftig, lieber Vetter, du hast mich jetzt schon besser schauen gelehrt. Indem ich meinen Blick in dem bunten Gewühl der wogenden Menge umherschweifen lasse, fallen mir hin und wieder junge Mädchen in die Augen, die von sauber angezogenen Köchinnen, welche geräumige, glänzende Marktkörbe am Arme tragen, begleitet, den Markt durchstreifen, und um Hausbedürfnisse, wie sie der Markt darbietet, feilschen. Der Mädchen modester

Anzug, ihr ganzer Anstand, läßt nicht daran zweifeln, daß sie wenigstens vornehmen bürgerlichen
Standes sind. Wie kommen diese auf den Markt?

Der Vetter. Leicht erklärlich. Seit einigen
Jahren ist es Sitte geworden, daß selbst die Töchter
höherer Staatsbeamten auf den Markt geschickt werden, um den Theil der Hauswirthschaft, was den
Einkauf der Lebensmittel betrifft, praktisch zu erlernen.

Ich. In der That eine löbliche Sitte, die,
nächst dem praktischen Nutzen, zu häuslichen Gesinnungen führen muß.

Der Vetter. Meinst du, Vetter? ich für
meinen Theil glaube das Gegentheil. Was kann
der Selbsteinkauf für andere Zwecke haben, als sich
von der Güte der Waare und von den wirklichen
Marktpreisen zu überzeugen? Die Eigenschaften, das
Ansehen, die Kennzeichen eines guten Gemüses, eines
guten Fleisches u. s. w. lernt die angehende Hausfrau sehr leicht auf andere Weise erkennen, und das
kleine Ersparniß der sogenannten Schwenzelpfenninge,
das nicht einmal statt findet, da die begleitende Köchin mit den Verkäufern sich unbedenklich insgeheim
versteht, wiegt den Nachtheil nicht auf, den der Besuch des Marktes sehr leicht herbeiführen kann. Niemals würde ich um den Preis von etlichen Pfennin-
gen meine Tochter der Gefahr aussetzen, eingedrängt
in den Kreis des niedrigsten Volks, eine Zote zu
hören, oder irgend eine lose Rede eines brutalen
Weibes oder Kerls einschlucken zu müssen. — Und
dann was gewisse Spekulationen liebeseufzender Jüng-

linge in blauen Röcken, zu Pferde, oder in gelben
Flauschen mit schwarzen Krägen zu Fuß betrifft, so
ist der Markt — — Doch sieh', sieh' Vetter, wie
gefällt dir das Mädchen, das so eben dort an der
Pumpe, von der ältlichen Köchin begleitet, daher
kommt? Nimm mein Glas, nimm mein Glas, Vetter.

Ich. Ha, was für ein Geschöpf, die Anmuth,
die Liebenswürdigkeit selbst, — aber sie schlägt die
Augen verschämt nieder, — jeder ihrer Schritte ist
furchtsam, — wankend, — schüchtern hält sie sich
an ihre Begleiterin, die ihr mit forcirtem Angriff
den Weg ins Gedränge bahnt, — ich verfolge sie,
— da steht die Köchin still vor den Gemüsekörben,
— sie feilscht, — sie zieht die Kleine heran, die mit
halbweggewandtem Gesicht ganz geschwinde, geschwinde
Geld aus dem Beutelchen nimmt und es hinreicht,
froh, nur wieder los zu kommen, — ich kann sie
nicht verlieren, Dank sey es dem rothen Shawl —
sie scheinen etwas vergeblich zu suchen, — endlich,
endlich, dort weilen sie bei einer Frau, die in zierlichen Körben feines Gemüse feil bietet, — der holden Kleinen ganze Aufmerksamkeit fesselt ein Korb
mit dem schönsten Blumenkohl, — das Mädchen
selbst wählt einen Kopf und legt ihn der Köchin in
den Korb, — wie, die Unverschämte! — ohne weiteres nimmt sie den Kopf aus dem Korbe heraus,
legt ihn in den Korb der Verkäuferin zurück, und
wählt einen andern, indem ihr heftiges Schütteln
mit dem gewichtigen kantenhaubengeschmückten Haupte
noch dazu bemerken läßt, daß sie die arme Kleine,

welche zum erstenmale selbstständig seyn wollte, mit
Vorwürfen überhäuft.

Der Vetter. Wie denkst du dir die Gefühle
dieses Mädchens, der man eine Häuslichkeit aufdrin-
gen will, welche ihrem zarten Sinn gänzlich widerstrebt? Ich kenne die holde Kleine; es ist die Tochter
eines Geheimen-Oberfinanzraths, ein natürliches, von
jeder Ziererei entferntes Wesen, von ächtem weibli-
chem Sinn beseelt, und mit jenem, jedesmal richtig
treffenden Verstande und feinem Takt begabt, der
Weibern dieser Art stets eigen. — Hoho, Vetter!
das nenne ich glückliches Zusammentreffen. Hier
um die Ecke kommt das Gegenstück zu jenem Bilde.
Wie gefällt dir das Mädchen, Vetter?

Ich. Ei, welch eine niedliche, schlanke Gestalt!
— Jung — leichtfüßig — mit keckem, unbefange-
nem Blick in die Welt hinein schauend — am Himmel stets Sonnenglanz — in den Lüften stets lustige
Musik — wie dreist, wie sorglos sie dem dicken
Haufen entgegenhüpft — die Servante, die ihr mit
dem Marktkorbe folgt, scheint eben nicht älter, als
sie, und zwischen beiden eine gewisse Cordialität zu
herrschen — die Mamsell hat gar hübsche Sachen an,
der Shawl ist modern — der Hut passend zur Mor-
gentracht, so wie das Kleid von geschmackvollem
Muster — alles hübsch und anständig — o weh!
was erblicke ich, die Mamsell trägt weißseidene
Schuhe. Ausrangirte Ballchaussüre auf dem Markt!
— Ueberhaupt, je länger ich das Mädchen beobachte,
desto mehr fällt mir eine gewisse Eigenthümlichkeit

auf, die ich mit Worten nicht ausdrücken kann. — Es ist wahr, sie macht, so wie es scheint, mit sorglicher Emsigkeit ihre Einkäufe, wählt und wählt, feilscht und feilscht, spricht, gestikulirt alles mit einem lebendigen Wesen, das beinahe bis zur Spannung geht; .mir ist aber, als wolle sie noch etwas anderes, als eben Hausbedürfnisse, einkaufen.

Der Vetter. Bravo, bravo, Vetter! dein Blick schärft sich, wie ich merke. Sieh nur, mein Liebster, trotz der modesten Kleidung hätten dir, — die Leichtfüßigkeit des ganzen Wesens abgerechnet, — schon die weißseidenen Schuhe auf dem Markt verrathen müssen, daß die kleine Mamsell dem Ballet, oder überhaupt dem Theater angehört. Was sie sonst noch will, dürfte sich vielleicht bald entwickeln — ha, getroffen! Schau doch, lieber Vetter, ein wenig rechts die Straße hinauf, und sage mir, wen du auf dem Bürgersteig, vor dem Hotel, wo es ziemlich einsam ist, erblickst?

Ich. Ich erblicke einen großen, schlank gewachsenen Jüngling, im gelben kurzgeschnittenen Flausch mit schwarzem Kragen und Stahlknöpfen. Er trägt ein kleines, rothes, silbergesticktes Mützchen, unter dem schöne schwarze Locken, beinahe zu üppig, hervorquellen. Den Ausdruck des blassen, männlich schön geformten Gesichts erhöht nicht wenig das kleine schwarze Stutzbärtchen auf der Oberlippe. Er hat eine Mappe unter dem Arm, — unbedenklich ein Student, der im Begriff stand, ein Collegium zu besuchen; — aber fest eingewurzelt steht er da, den Blick unverwandt nach dem Markt gerichtet, und scheint Collegium und alles um sich her zu vergessen.

Der Vetter. So ist es, lieber Vetter. Sein ganzer Sinn ist auf unsere kleine Comödiantin gerichtet. Der Zeitpunkt ist gekommen; er naht sich der großen Obstbude, in der die schönste Waare appetitlich aufgethürmt ist, und scheint nach Früchten zu fragen, die eben nicht zur Hand sind. Es ist ganz unmöglich, daß ein guter Mittagstisch ohne Dessert von Obst bestehen kann; unsere kleine Comödiantin muß daher ihre Einkäufe für den Tisch des Hauses an der Obstbude beschließen. Ein runder rothbäckiger Apfel entschlüpft schalkhaft den kleinen Fingern — der Gelbe bückt sich darnach, hebt ihn auf — ein leichter anmuthiger Knix der kleinen Theaterfee — das Gespräch ist im Gange — wechselseitiger Rath und Beistand bei einer sattsam schwierigen Apfelsinenwahl vollendet die gewiß bereits früher angeknüpfte Bekanntschaft, indem sich zugleich das anmuthige Rendezvous gestaltet, welches gewiß auf mannigfache Weise wiederholt und variirt wird.

Ich. Mag der Musensohn liebeln und Apfelsinen wählen, so viel er will, mich interessirt das nicht, und zwar um so weniger, da mir dort an der Ecke der Hauptfronte des Theaters, wo die Blumenverkäuferinnen ihre Waare feil bieten, das Engelskind, die allerliebste Geheimenrathstochter von neuem aufgeschossen ist.

Der Vetter. Nach den Blumen dort schaue
ich nicht gerne hin, lieber Vetter; es hat damit eine
eigene Bewandtniß. Die Verkäuferin, welche der
Regel nach den schönsten Blumenflor ausgesuchter
Nelken, Rosen und anderer seltener Gewächse hält,
ist ein ganz hübsches, artiges Mädchen, strebend nach
höherer Kultur des Geistes; denn, so wie sie der
Handel nicht beschäftigt, lies't sie emsig in Büchern,
deren Uniform zeigt, daß sie zur großen Kralowski'schen ästhetischen Hauptarmee gehören, welche bis
in die entferntesten Winkel der Residenz siegend das
Licht der Geistesbildung verbreitet. Ein lesendes
Blumenmädchen ist für einen belletristischen Schriftsteller ein unwiderstehlicher Anblick. So kam es,
daß, als vor langer Zeit mich der Weg bei den
Blumen vorbeiführte, — auch an andern Tagen
stehen die Blumen zum Verkauf, — ich das lesende
Blumenmädchen gewahrend, überrascht stehen blieb.
Sie saß, wie in einer dichten Laube von blühenden
Geranien, und hatte das Buch aufgeschlagen auf
dem Schooße, den Kopf in die Hand gestützt. Der
Held mußte gerade in augenscheinlicher Gefahr oder
sonst ein wichtiger Moment der Handlung eingetre-
ten seyn; denn höher glühten des Mädchens Wangen, ihre Lippen bebten, sie schien ihrer Umgebung
ganz entrückt. Vetter, ich will dir die seltsame
Schwäche eines Schriftstellers ganz ohne Rücksicht
gestehen. Ich war wie festgebannt an die Stelle
— ich trippelte hin und her; was mag das Mädchen lesen? Dieser Gedanke beschäftigte meine ganze

Seele. Der Geist der Schriftstellereitelkeit regte sich, und kitzelte mich mit der Ahnung, daß es eins meiner eigenen Werke sey, was eben jetzt das Mädchen in die phantastische Welt meiner Träumereien versetze. Endlich faßte ich ein Herz, trat hinan, und fragte nach dem Preise eines Nelkenstocks, der in einer entfernten Reihe stand. Während das Mädchen den Nelkenstock herbeiholte, nahm ich mit den Worten: „was lesen sie denn da, mein schönes Kind?" das aufgeklappte Buch zur Hand. O! all' ihr Himmel, es war wirklich ein Werklein von mir, und zwar ***. Das Mädchen brachte die Blumen herbei, und gab zugleich den mäßigen Preis an. Was Blumen, was Nelkenstock; das Mädchen war mir in diesem Augenblick ein viel schätzenswertheres Publikum, als die ganze elegante Welt der Residenz. Aufgeregt, ganz entflammt von süßesten Autorgefühlen, fragte ich mit anscheinender Gleichgültigkeit, wie denn dem Mädchen das Buch gefalle. „I, mein lieber Herr," erwiederte das Mädchen, „das ist ein gar schnackisches Buch. Anfangs wird einem ein wenig wirrig im Kopfe, aber dann ist es so, als wenn man mitten darin säße." Zu meinem nicht geringen Erstaunen erzählte mir das Mädchen den Inhalt des kleinen Märchens ganz klar und deutlich, so daß ich wohl einsah, wie sie es schon mehrmals gelesen haben mußte; sie wiederholte, es sey ein gar schnackisches Buch, sie habe bald herzlich lachen müssen, bald sey ihr ganz weinerlich zu Muthe geworden; sie gab mir den Rath, falls ich das Buch noch nicht gelesen haben sollte, es mir Nachmittags von Herrn Kralowski zu holen, denn sie wechsele eben Nachmittags Bücher. — Nun sollte der große Schlag geschehen. Mit niedergeschlagenen Augen, mit einer Stimme, die an Süßigkeit dem Honig von Hybla zu vergleichen, mit dem seligen Lächeln des wonnerfüllten Autors, lispelte ich: „hier, mein süßer Engel, hier steht der Autor des Buchs, welches sie mit solchem Vergnügen erfüllt hat, vor ihnen in leibhafter Person." Das Mädchen starrte mich sprachlos an, mit großen Augen und offenem Munde. Das galt mir für den Ausdruck der höchsten Verwunderung, ja eines freudigen Schrecks, daß das sublime Genie, dessen schaffende Kraft solch ein Werk erzeugt, so plötzlich bei den Geranien erschienen. Vielleicht, dachte ich, als des Mädchens Miene unverändert blieb, vielleicht glaubt sie auch gar nicht an den glücklichen Zufall, der den berühmten Verfasser des *** in ihre Nähe bringt. Ich suchte nun ihr auf alle mögliche Weise meine Identität mit jenem Verfasser darzuthun, aber es war, als sey sie versteinert, und nichts entschlüpfte ihren Lippen, als: hm — so — J das wäre — wie — Doch was soll ich dir die tiefe Schmach, welche mich in diesem Augenblick traf, erst weitläuftig beschreiben. Es fand sich, daß das Mädchen niemals daran gedacht, daß die Bücher, welche sie lese, vorher gedichtet werden müßten. Der Begriff eines Schriftstellers, eines Dichters, war ihr gänzlich fremd, und ich glaube wahrhaftig, bei näherer Nachfrage wäre der fromme

kindliche Glaube an's Licht gekommen, daß der liebe
Gott die Bücher wachsen ließe, wie die Pilze.

Ganz kleinlaut fragte ich nochmals nach dem
Preise des Nelkenstocks. Unterdessen mußte eine
ganz andere dunkle Idee von dem Verfertigen der
Bücher dem Mädchen aufgestiegen seyn; denn da
ich das Geld aufzählte, fragte sie ganz naiv und
unbefangen: ob ich denn alle Bücher beim Herrn
Kralowski mache? — pfeilschnell schoß ich mit
meinem Nelkenstock von dannen.

Ich. Vetter, Vetter, das nenne ich gestrafte
Autoreitelkeit; doch während du mir deine tragische
Geschichte erzähltest, verwandte ich kein Auge von
meiner Lieblingin. Bei den Blumen allein ließ
der übermüthige Küchendämon ihr volle Freiheit.
Die grämliche Küchengouvernante hatte den schweren
Marktkorb an die Erde gesetzt, und überließ sich,
indem sie die feisten Arme bald übereinanderschlug,
bald, wie es der äußere rhetorische Ausdruck der
Rede zu erfordern schien, in die Seiten stemmte, mit
drei Colleginnen der unbeschreiblichen Freude des
Gesprächs, und ihre Rede war, der Bibel entgegen,
gewiß viel mehr, als ja, ja, und nein, nein. Sieh
nur, welch einen herrlichen Blumenflor sich der holde
Engel ausgewählt hat, und von einem rüstigen
Burschen nachtragen läßt. Wie? Nein, das will
mir nicht ganz gefallen, daß sie im Wandeln Kir=
schen aus dem kleinen Körbchen nascht; wie wird
das feine Battisttuch, das wahrscheinlich darin be=
findlich, sich mit dem Obst befreunden?

Der Vetter. Der jugendliche Appetit des Augenblicks frägt nicht nach Kirschflecken, für die es Kleesalz und andere probate Hausmittel gibt. Und das ist eben die wahrhaft kindliche Unbefangenheit, daß die Kleine nun von den Drangsalen des bösen Markts sich in wiedererlangter Freiheit ganz gehen läßt.

Der Vetter (das Gespräch fortsetzend). Doch schon lange ist mir jener Mann aufgefallen, und ein unauflösbares Räthsel geblieben, der eben jetzt dort an der zweiten entfernten Pumpe an dem Wagen steht, auf dem ein Bauerweib aus einem großen Faß, um ein Billiges, Pflaumenmuß verspendet. Fürs erste, lieber Vetter, bewundere die Agilität des Weibes, das mit einem langen hölzernen Löffel bewaffnet, erst die großen Verkäufe zu viertel, halben und ganzen Pfunden beseitigt, und dann den gierigen Näschern, die ihre Papierchen, mitunter auch wohl ihre Pelzmütze hinhalten, mit Blitzesschnelle das gewünschte Dreierfleckschen zuwirft, welches sie sogleich als stattlichen Morgenimbiß wohlgefällig verzehren. — Caviar des Volks! Bei dem geschickten Vertheilen des Pflaumenmußes, mittelst des geschwenkten Löffels, fällt mir ein, daß ich einmal in meiner Kindheit hörte, es sey auf einer reichen Bauernhochzeit so splendid hergegangen, daß der delicate, mit einer dicken Kruste von Zimmt, Zucker und Nelken überhäutete Reisbrei, mittelst eines Dreschflegels, vertheilt worden. Jeder der werthen Gäste durfte nur ganz gemüthlich das

Maul auffsperren, um die gehörige Portion zu be=
kommen, und es ging auf diese Weise recht zu, wie
im Schlaraffenland. Doch, Vetter, haſt du den
Mann ins Auge gefaßt?

Ich. Allerdings! — Wes Geisteskind iſt die
tolle abenteuerliche Figur? Ein wenigſtens ſechs
Fuß hoher, windbürrer Mann, der noch dazu ker=
zengerade mit eingebogenem Rücken da ſteht! Un=
ter dem kleinen dreieckigen, zuſammengequetſchten
Hütchen ſtarrt hinten die Kokarde eines Haarbeu=
tels hervor, der ſich dann in voller Breite dem
Rücken ſanft anſchmiegt. Der graue, nach längſt
verjährter Sitte zugeſchnittene Rock ſchließt ſich,
vorne von oben bis unten zugeknöpft, enge an den
Leib an, ohne eine einzige Falte zu werfen, und
ſchon erſt, als er an den Wagen ſchritt, konnte ich
bemerken, daß er ſchwarze Beinkleider, ſchwarze
Strümpfe und mächtige zinnerne Schnallen in den
Schuhen trägt. Was mag er nur in dem vier=
eckigen Kaſten haben, den er ſo ſorglich unter dem
linken Arm trägt, und der beinahe dem Kaſten eines
Tabulettkrämers gleicht?

Der Vetter. Das wirſt du gleich erfahren,
ſchau nur aufmerkſam hin.

Ich. Er ſchlägt den Deckel des Kaſtens zu=
rück — die Sonne ſcheint hinein — ſtrahlende Re=
flexe — der Kaſten iſt mit Blech gefüttert — er
macht der Pflaumenmußfrau, indem er das Hütchen
vom Kopfe zieht, eine beinahe ehrfurchtsvolle Ver=
beugung. — Was für ein originelles, ausbrucks=

volles Gesicht — feingeschloffene Lippen — eine
Habichtsnase — große, schwarze Augen — hochste=
hende, starke Augenbraunen — eine hohe Stirn —
schwarzes Haar — das Toupé en coeur friſirt, mit
kleinen ſteifen Löckchen über den Ohren. — Er
reicht den Kaſten der Bauerfrau auf den Wagen,
die ihn ohne Weiteres mit Pflaumenmuß füllt, und,
ihm freundlich nickend, wieder zurückreicht. — Mit
einer zweiten Verbeugung entfernt ſich der Mann —
er windet ſich hinan an die Heringstonne — er
zieht ein Schubfach des Kaſtens hervor, legt einige
erhandelte Salzmänner hinein, und ſchiebt das Fach
wieder zu — ein drittes Schubfach iſt, wie ich ſehe,
zu Peterſilie und anderem Wurzelwerk beſtimmt. —
Nun durchſchneidet er mit langen, gravitätiſchen
Schritten den Markt in verſchiedenen Richtungen,
bis ihn der reiche, auf einem Tiſch ausgebreitete
Vorrath von gerupftem Geflügel feſthält. So wie
überall, macht er auch hier, ehe er zu feilſchen be=
ginnt, einige tiefe Verbeugungen — er ſpricht viel
und lange mit der Frau, die ihn mit beſonders
freundlicher Miene anhört — er ſetzt den Kaſten
behutſam auf den Boden nieder, und ergreift zwei
Enten, die er ganz bequem in die weite Rocktaſche
ſchiebt. — Himmel! es folgt noch eine Gans — den
Puter ſchaut er blos an mit liebäugelnden Blicken
— er kann doch nicht unterlaſſen, ihn wenigſtens
mit dem Zeige= und Mittelfinger liebkoſend zu be=
rühren; — ſchnell hebt er ſeinen Kaſten auf, ver=
beugt ſich gegen das Weib ungemein verbindlich,

und schreitet, sich mit Gewalt losreißend von dem
verführerischen Gegenstand seiner Begierde, von dan=
nen — er steuert geradezu los auf die Fleischerbu=
den — ist der Mensch ein Koch, der für ein Gastmahl
zu sorgen hat? — er erhandelt eine Kalbskeule,
die er noch in eine seiner Riesentaschen gleiten läßt.
— Nun ist er fertig mit seinem Einkauf; er geht
die Charlottenstraße herauf, mit solchem ganz selt=
samen Anstand und Wesen, daß er aus irgend einem
fremden Lande hinabgeschneit zu seyn scheint.

Der Vetter. Genug habe ich mir schon über
diese exotische Figur den Kopf zerbrochen. — Was
denkst du, Vetter, zu meiner Hypothese? Dieser
Mensch ist ein alter Zeichenmeister, der in mittel=
mäßigen Schulanstalten sein Wesen getrieben hat,
und vielleicht noch treibt. Durch allerlei industriöse
Unternehmungen hat er viel Geld erworben; er ist
geizig, mißtrauisch, Cyniker bis zum Ekelhaften, Ha=
gestolz, — nur einem Gott opfert er — dem Bauche;
— seine ganze Lust ist, gut zu essen, versteht sich,
allein auf seinem Zimmer; — er ist durchaus ohne
alle Bedienung, er besorgt alles selbst — an Markt=
tagen holt er, wie du gesehen hast, seine Lebens=
bedürfnisse für die halbe Woche, und bereitet in einer
kleinen Küche, die dicht bei seinem armseligen Stüb=
chen belegen, selbst seine Speisen, die er dann, da
der Koch es stets dem Gaumen des Herrn zu Dank
macht, mit gierigem, ja vielleicht thierischen Appetit
verzehrt. Wie geschickt und zweckmäßig er einen

alten Mahlkasten zum Marktkorbe aptirt hat, auch das hast du bemerkt, lieber Vetter.

Ich. Weg von dem widrigen Menschen.

Der Vetter. Warum widrig? Es muß auch solche Käuze geben, sagt ein welterfahrener Mann, und er hat Recht, denn die Varietät kann nie bunt genug seyn. Doch mißfällt dir der Mann so sehr, lieber Vetter, so kann ich dir darüber, was er ist, thut und treibt, noch eine andere Hypothese aufstellen. Vier Franzosen, und zwar sämmtlich Pariser, ein Sprachmeister, ein Fechtmeister, ein Tanzmeister und ein Pastetenbäcker, kamen in ihren Jugendjahren gleichzeitig nach Berlin, und fanden, wie es damals (gegen das Ende des vorigen Jahrhunderts) gar nicht fehlen konnte, ihr reichliches Brod. Seit dem Augenblicke, als die Diligence sie vereinigte, schloßen sie den engsten Freundschaftsbund, blieben ein Herz und eine Seele, und verlebten jeden Abend nach vollbrachter Arbeit zusammen, als echte alte Franzosen in lebhafter Conversation, bei frugalem Abendessen.

Des Tanzmeisters Beine waren stumpf geworden, des Fechtmeisters Arme durch das Alter entnervt, dem Sprachmeister Rivale, die sich der neuesten Pariser Mundart rühmten, über den Kopf gestiegen, und die schlauen Erfindungen des Pastetenbäckers überboten jüngere Gaumenkitzler, von den eigensinnigsten Gastronomen in Paris ausgebildet.

Aber jeder des treu verbundenen Quatuors hatte indessen sein Schäfchen ins Trockne gebracht.

10**

Sie zogen zusammen in eine geräume, ganz artige, jedoch entlegene Wohnung, gaben ihre Geschäfte auf, und lebten zusammen, alt französischer Sitte getreu, ganz lustig und sorgenfrei, da sie selbst den Bekümmernissen und Lasten der unglücklichen Zeit geschickt zu entgehen wußten. Jeder hat ein besonderes Geschäft, wodurch der Nutzen und das Vergnügen der Societät befördert wird. Der Tanzmeister und der Fechtmeister besuchen ihre alten Scholaren, ausgediente Offiziers von höherem Range, Kammerherren, Hofmarschälle u. s. w.; denn sie hatten die vornehmste Praxis, und sammeln die Neuigkeiten des Tags zum Stoff für ihre Unterhaltung, der nie ausgehen darf. Der Sprachmeister durchwühlt die Läden der Antiquare, um immermehr französische Werke auszumitteln, deren Sprache die Akademie gebilligt hat. Der Pastetenbäcker sorgt für die Küche; er kauft eben so gut selbst ein, als er die Speisen ebenfalls selbst bereitet, worin ihm ein alter französischer Hausknecht beisteht. Außer diesem besorgt für jetzt, da eine alte zahnlose Französin, die sich von der französischen Gouvernante bis zur Aufwaschmagd heruntergedient hatte, gestorben, ein paußbäckiger Junge, den die vier von den Orphelins françois zu sich genommen, die Bedienung. — Dort geht der kleine Himmelblaue, an einem Arm einen Korb mit Mundsemmeln, an dem andern einen Korb, in dem der Salat hoch aufgethürmt ist. — So habe ich den widrigen cynischen deutschen Zeichenmeister augenblicklich zum gemüthlichen französischen Pastetenbäcker umgeschaffen, und ich glaube, daß sein Aeußeres, sein ganzes Wesen, recht gut dazu paßt.

Ich. Diese Erfindung macht deinem Schrift=stellertalent Ehre, lieber Vetter. Doch mir leuchten schon seit ein paar Minuten dort jene hohen weißen Schwungfedern in die Augen, die sich aus dem dick=sten Gedränge des Volks empor heben. Endlich tritt die Gestalt dicht bei der Pumpe hervor — ein großes, schlankgewachsenes Frauenzimmer von gar nicht üblem Ansehen — der Ueberrock von rosarothem schwerem Seidenzeuge ist funkelnagelneu — der Hut von der neuesten Façon, der daran befestigte Schleier von schönen Spitzen — weiße Glacé=Handschuhe. — Was nöthigte die elegante, wahrscheinlich zu einem Dejeuner eingeladene Dame, sich durch das Gewühl des Marktes zu drängen? — Doch wie? auch sie gehört zu den Einkäuferinnen? Sie steht still, und winkt einem alten, schmutzigen, zerlumpten Weibe, die ihr, ein lebhaftes Bild der Misere im Hefen des Volks, mit einem halbzerbrochenen Marktkorbe am Arm, mühsam nachhinkt. Die geputzte Dame bleibt an der Ecke des Theatergebäudes, um dem erblindeten Landwehrmann, der dort an die Mauer gelehnt steht, ein Almosen zu geben. Sie zieht mit Mühe den Handschuh von der rechten Hand — hilf Himmel! eine blutrothe, noch dazu ziemlich mann=haft gebaute Faust kommt zum Vorschein. Doch ohne lange zu suchen und zu wählen, drückt sie dem Blinden rasch ein Stück Geld in die Hand, läuft schnell bis in die Mitte der Charlottenstraße, und setzt sich dann in einen majestätischen Promenadenschritt, mit dem sie, ohne sich weiter um ihre zerlumpte Begleiterin zu kümmern, die Charlottenstraße hinauf nach den Linden wandelt.

Der Vetter. Das Weib hat, um sich auszuruhen, den Korb an die Erde gesetzt, und du kannst mit einem Blick den ganzen Einkauf der eleganten Dame übersehen.

Ich. Der ist in der That wunderlich genug. Ein Kohlkopf — viele Kartoffeln — einige Aepfel — ein kleines Brod — einige Heringe in Papier gewickelt — ein Schafkäse, nicht von der appetitlichsten Farbe — eine Hammelleber — ein kleiner Rosenstock — ein paar Pantoffeln — ein Stiefelknecht. — Was in aller Welt —

Der Vetter. Still, still, Vetter, genug von der Rosenrothen! — Betrachte aufmerksam jenen Blinden, dem das leichtsinnige Kind der Verderbniß Almosen spendete. Gibt es ein rührenderes Bild unverdienten menschlichen Elends, und frommer in Gott und Schicksal ergebener Resignation? Mit dem Rücken an die Mauer des Theaters gelehnt, beide abgedürrte Knochenhände auf einen Stab gestützt, ben er einen Schritt vorgeschoben, damit das unvernünftige Volk ihm nicht über die Füße laufe, das leichenblasse Antlitz emporgehoben, das Landwehrmützchen in die Augen gedrückt, steht er regungslos vom frühen Morgen bis zum Schluß des Markts an derselben Stelle.

Ich. Er bettelt, und doch ist für die erblinde=
ten Krieger so gut gesorgt.

Der Vetter. Du bist in gar großem Irrthum,
lieber Vetter. Dieser arme Mensch macht den Knecht
eines Weibes, welches Gemüse feil hält, und die zu
der niedrigsten Klasse dieser Verkäuferinnen gehört,
da die vornehmere das Gemüse in auf Wagen ge=
packten Körben herbeifahren läßt. Dieser Blinde
kommt nämlich jeden Morgen mit vollen Gemüse=
körben bepackt, wie ein Lastthier, so daß ihn die
Bürde beinahe zu Boden drückt, und er sich nur
mit Mühe im wankenden Schritt mittelst des Stabes
aufrecht erhält, herbei. Eine große, robuste Frau,
in deren Diensten er steht, oder die ihn vielleicht
nur eben zum Hinschaffen des Gemüses auf den
Markt gebraucht, gibt sich, wenn nun seine Kräfte
beinahe ganz erschöpft sind, kaum die Mühe, ihn
beim Arm zu ergreifen, und weiter an Ort und
Stelle, nämlich eben an den Platz, den er jetzt ein=
nimmt, hin zu helfen. Hier nimmt sie ihm die Körbe
vom Rücken, die sie selbst hinüberträgt, und läßt ihn
stehen, ohne sich im mindesten um ihn eher zu be=
kümmern, als bis der Markt geendet ist, und sie
ihm die ganz, oder nur zum Theil geleerten Körbe
wieder aufpackt.

Ich. Es ist doch merkwürdig, daß man die
Blindheit, sollten auch die Augen nicht verschlossen
seyn, oder sollte auch kein anderer sichtbarer Fehler
den Mangel des Gesichts verrathen, dennoch an der
emporgerichteten Stellung des Hauptes, die den

Erblindeten eigenthümlich, sogleich erkennt; es scheint darin ein fortwährendes Streben zu liegen, etwas in der Nacht, die den Blinden umschließt, zu erschauen.

Der Vetter. Es gibt für mich keinen rührenderen Anblick, als wenn ich einen solchen Blinden sehe, der mit emporgerichtetem Haupt in die weite Ferne zu schauen scheint. Untergegangen ist für den Armen die Abendröthe des Lebens, aber sein inneres Auge strebt schon das ewige Licht zu erblicken, das ihm in dem Jenseits voll Trost, Hoffnung und Seligkeit leuchtet. — Doch ich werde zu ernst. — Der blinde Landwehrmann bietet mir jeden Markttag einen Schatz von Bemerkungen dar. Du gewahrst, lieber Vetter, wie sich bei diesem armen Menschen die Mildthätigkeit der Berliner recht lebhaft ausspricht. Oft ziehen ganze Reihen bei ihm vorüber, und Keiner daraus verfehlt ihm ein Almosen zu reichen. Aber die Art und Weise, wie dieses gereicht wird, hierin liegt alles. Schau einmal, lieber Vetter, eine zeitlang hin, und sag' mir, was du gewahr'st.

Ich. Eben kommen drei, vier, fünf stattliche derbe Hausmägde; die, mit zum Theil schwer ins Gewicht fallenden Waaren, übermäßig vollgepackten Körbe, schneiden ihnen beinahe die nervigten blau aufgelaufenen Arme wund; sie haben Ursache zu eilen, um ihre Last los zu werden, und doch weilt jede einen Augenblick, greift schnell in den Marktkorb, und drückt dem Blinden ein Stück Geld, ohne ihn einmal anzusehen, in die Hand. Die Ausgabe steht als nothwendig und unerläßlich auf dem Etat des Markttages. Das ist recht! Da kommt eine Frau, deren Anzuge, deren ganzes Wesen man die Behaglichkeit und Wohlhabenheit deutlich anmerkt, — sie bleibt vor dem Invaliden stehen, zieht ein Beutelchen hervor, und sucht und sucht, und kein Stück Geld scheint ihr klein genug zum Akt der Wohlthätigkeit, den sie zu vollführen gedenkt, — sie ruft ihrer Köchin zu, — es findet sich, daß auch dieser die kleine Münze ausgegangen, — sie muß erst bei den Gemüseweibern wechseln, — endlich ist der zu verschenkende Dreier herbeigeschafft, — nun klopfte sie den Blinden auf die Hand, damit er ja merke, daß er etwas empfangen werde, — er öffnet den Handteller, — die wohlthätige Dame drückt ihm das Geldstück hinein, und schließt ihm die Faust, damit die splendide Gabe ja nicht verloren gehe. — Warum trippelt die kleine niedliche Mamsell so hin und her, und nähert sich immer mehr und mehr dem Blinden? Ha, im Vorbeihuschen hat sie schnell, daß es gewiß niemand als ich, der ich sie auf dem Kern meines Glases habe, bemerkte, dem Blinden ein Stück Geld in die Hand gesteckt, — das war gewiß kein Dreier. Der glaue, wohlgemästete Mann im bräunen Rocke, der dort so gemüthlich daher geschritten kommt, ist gewiß ein sehr reicher Bürger. Auch er bleibt vor dem Blinden stehen, und läßt sich in ein langes Gespräch mit ihm ein, indem er den übrigen Leuten den Weg versperrt und sie hindert, dem Blinden Almosen zu spenden; — endlich,

enblich zieht er eine mächtige grüne Geldbörse aus
der Tasche, entknüpft sie nicht ohne Mühe, und wühlt
so entsetzlich im Gelde, daß ich glaube, es bis hieher
klappern zu hören, — Parturiunt montes! — Doch
will ich wirklich glauben, daß der edle Menschen=
freund, vom Bilde des Jammers hingerissen, sich
bis zum schlechten Groschen verstieg. — Bei allem
dem meine ich doch, daß der Blinde an den Markt=
tagen nach seiner Art keine geringe Einnahme macht,
und mich wundert, daß er alles ohne das min=
deste Zeichen von Dankbarkeit annimmt; nur eine
leise Bewegung der Lippen, die ich wahrzunehmen
glaube, zeigt, daß er etwas spricht, was wohl Dank
seyn mag, — doch auch diese Bewegung bemerke ich
nur zuweilen.

Der Vetter. Da hast du den entschiedenen
Ausdruck vollkommen abgeschlossener Resignation:
was ist ihm das Geld, er kann es nicht nutzen; erst
in der Hand eines andern, dem er sich rücksichtslos
anvertrauen muß, erhält es seinen Werth, — ich
kann mich sehr irren; aber mir scheint, als wenn
das Weib, deren Gemüsekörbe er trägt, eine fatale
böse Sieben sey, die den Armen schlecht hält, uner=
achtet sie höchst wahrscheinlich alles Geld, was er
empfängt, in Beschlag nimmt. Jedesmal, wenn sie
die Körbe zurückbringt, keift sie mit dem Blinden,
und zwar in dem Grade mehr oder weniger, als sie
einen bessern oder schlechtern Markt gemacht hat.
Schon das leichenblasse Gesicht, die abgehungerte
Gestalt, die zerlumpte Kleidung des Blinden läßt

vermuthen, daß seine Lage schlimm genug ist, und
es wäre die Sache eines thätigen Menschenfreundes,
diesem Verhältniß näher nachzuforschen.

Ich. Indem ich den ganzen Markt überschaue,
bemerke ich, daß die Mehlwagen dort, über die Tü=
cher wie Zelte aufgespannt sind, deßhalb einen ma=
lerischen Anblick gewähren, weil sie dem Auge ein
Stützpunkt sind, um den sich die bunte Masse zu
deutlichen Gruppen bildet.

Der Vetter. Von den weißen Mehlwagen
und den mehlbestaubten Mühlknappen und Müller=
mädchen mit rosenrothen Wangen, jede eine bella
molinara, kenne ich gerade auch etwas Entgegenge=
setztes. Mit Schmerz vermisse ich nämlich eine Köh=
lerfamilie, die sonst ihre Waare gerade über meinem
Fenster am Theater feil bot, und jetzt hinübergewie=
sen seyn soll auf die andere Seite. Diese Familie
besteht aus einem großen robusten Mann mit aus=
drucksvollem Gesicht, markigen Zügen, heftig, bei=
nahe gewaltsam in seinen Bewegungen, genug, ganz
treues Abbild der Köhler, wie sie in Romanen vor=
zukommen pflegen. In der That, begegnete ich die=
sem Manne einsam im Walde, es würde mich ein
wenig frösteln, und seine freundschaftliche Gesinnung
würde mir in dem Augenblicke die liebste auf Erden
seyn. Diesem Manne steht als zweites Glied der
Familie im schneidendsten Contrast ein kaum vier
Fuß hoher, seltsam verwachsener Kerl entgegen, der
die Possierlichkeit selbst ist. Du weißt, lieber Vetter,
daß es Leute gibt von gar seltsamem Bau; auf den

erften Blick muß man fie für bucklig erkennen, und
doch vermag man bei näherer Betrachtung durchaus
nicht anzugeben, wo ihnen denn eigentlich der Bu=
ckel fitzt.

Ich. Ich erinnere mich hiebei des naiven Aus=
fpruchs eines geiftreichen Militärs, der mit einem
folchen Naturfpiel in Gefchäften viel zu thun hatte,
und dem das Unergründliche des wunderlichen Baues
ein Anftoß war. „Ein Buckel,“ fagte er, „einen
Buckel hat der Menfch; aber wo ihm der Buckel
fitzt, das weiß der Teufel!“

Der Vetter. Die Natur hatte im Sinn, aus
meinem kleinen Kohlenbrenner eine riefenhafte Figur
von etwa fieben Fuß zu bilden, denn diefes zeigen
die koloffalen Hände und Füße, beinahe die größten,
die ich in meinem Leben gefehen. Diefer kleine Kerl,
mit einem großkragigen Mäntelchen bekleidet, eine
wunderliche Pelzmütze auf dem Haupte, ift in fteter
raftlofer Unruhe; mit einer unangenehmen Beweg=
lichkeit hüpft und trippelt er hin und her, ift bald
hier, bald dort, und müht fich, den Liebenswürdigen,
den Scharmanten, den primo amoroso des Markts
zu fpielen. Kein Frauenzimmer, gehört es nicht ge=
radehin zum vornehmern Stande, läßt er vorüber=
gehen, ohne ihm nachzutrippeln, und mit ganz un=
nachahmlichen Stellungen, Geberden und Grimaffen,
Süßigkeiten auszuftoßen, die nun freilich im Ge=
fchmack der Kohlenbrenner feyn mögen. Zuweilen
treibt er die Galanterie fo weit, daß er im Gefpräch
den Arm fanft um die Hüften des Mädchens fchlingt,

und, die Mütze in der Hand, der Schönheit huldigt,
oder ihr seine Ritterdienste anbietet. Merkwürdig
genug, daß die Mädchen sich nicht allein das gefal=
len lassen, sondern überdem dem kleinen Ungethüm
freundlich zunicken, und seine Galanterien überhaupt
gar gerne zu haben scheinen. Dieser kleine Kerl ist
gewiß mit einer reichen Dosis von natürlichem Mut=
terwitz, dem entschiedenen Talent für's Possirliche
und der Kraft, es darzustellen, begabt. Er ist der
Pagliasso, der Tausendsasa, der Allerweltskerl in der
ganzen Gegend, die den Wald umschließt, wo er
hauset; ohne ihn kann keine Kindtaufe, kein Hoch=
zeitschmaus, kein Tanz im Kruge, kein Gelag be=
stehen; man freuet sich auf seine Späße, und belacht
sie das ganze Jahr hindurch. Der Rest der Fa=
milie besteht, da die Kinder und etwaigen Mägde
zu Hause gelassen werden, nur noch aus zwei Wei=
bern von robustem Bau und finsterm, mürrischem
Ansehen, wozu freilich der Kohlenstaub, der sich in
den Falten des Gesichts festsetzt, viel beiträgt. Die
zärtliche Anhänglichkeit eines großen Spitzes, mit
dem die Familie jeden Bissen theilt, den sie während
des Markts selbst genießt, zeigte mir übrigens, daß
es in der Köhlerhütte recht ehrlich und patriarchalisch
zugehen mag. Der Kleine hat übrigens Riesenkräfte,
weßhalb die Familie ihn dazu braucht, die verkauf=
ten Kohlensäcke den Käufern ins Haus zu schaffen.
Ich sah oft, ihn von den Weibern mit wohl zehn
großen Körben bepacken, die sie hoch überander auf
seinen Rücken häuften, und er hüpfte damit fort,

als fühle er keine Last. Von hinten sah nun die Figur so toll und abenteuerlich aus, als man nur etwas sehen kann. Natürlicherweise gewahrte man von der werthen Figur des Kleinen auch nicht das allermindeste, sondern blos einen ungeheuren Kohlensack, dem unten ein paar Füßchen angewachsen waren. Es schien ein fabelhaftes Thier, eine Art märchenhaftes Känguru über den Markt zu hüpfen.

Ich. Sieh', sieh Vetter, dort an der Kirche entsteht Lärm. Zwei Gemüseweiber sind wahrscheinlich über das leidige Meum und Tuum in heftigen Streit gerathen, und scheinen, die Fäuste in die Seiten gestemmt, sich mit feinen Redensarten zu bedienen. Das Volk läuft zusammen — ein dichter Kreis umschließt die Zankenden — immer stärker und gellender erheben sich die Stimmen — immer heftiger fechten sie mit den Händen durch die Lüfte — immer näher rücken sie sich auf den Leib — gleich wird es zum Faustkampf kommen — die Polizei macht sich Platz — wie? Plötzlich erblicke ich eine Menge Glanzhüte zwischen den Zornigen — im Augenblick gelingt es den Gevatterinnen, die erhitzten Gemüther zu besänftigen — aus ist der Streit — ohne Hülfe der Polizei — ruhig kehren die Weiber zu ihren Gemüsekörben zurück — das Volk, welches nur einigemal, wahrscheinlich bei besonders drastischen Momenten des Streits, durch lautes Aufjauchzen seinen Beifall zu erkennen gab, läuft auseinander.

Der Vetter. Du bemerkst, lieber Vetter, daß dieses während der ganzen langen Zeit, die wir hier

am Fenster zugebracht, der einzige Zank war, der
sich auf dem Markt entspann, und der lediglich durch
das Volk selbst geschwichtigt wurde. Selbst ein ern=
sterer, bedrohlicherer Zank wird gemeinhin von dem
Volke selbst auf diese Weise gedämpft, daß sich alles
zwischen die Streitenden drängt, und sie auseinan=
der bringt. Am vorigen Markttag stand zwischen
den Fleisch= und Obstbuden ein großer abgelumpter
Kerl, von frechem, wildem Ansehen, der mit dem
vorübergehenden Fleischerknecht plötzlich in Streit
gerieth; er führte ohne Weiteres mit dem furchtba=
ren Knittel, den er wie ein Gewehr über die Schul=
ter gelehnt trug, einen Schlag gegen den Knecht,
der diesen unfehlbar zu Boden gestreckt haben würde,
wäre er nicht geschickt ausgewichen, und in seine
Bude gesprungen. Hier bewaffnete er sich aber mit
einer gewaltigen Fleischeraxt, und wollte dem Kerl
zu Leibe. Alle Aspekten waren dazu da, daß das
Ding sich mit Mord und Todschlag endigen, und
das Kriminalgericht in Thätigkeit gesetzt werden
würde. Die Obstfrauen, lauter kräftige und wohl=
genährte Gestalten, fanden sich aber verpflichtet, den
Fleischerknecht so liebreich und fest zu umarmen, daß
er sich nicht aus der Stelle zu rühren vermochte;
er stand da mit hoch emporgeschwungener Waffe, wie es
in jener pathetischen Rede vom rauhen Pyrrhus heißt:

    „wie ein gemalter Wüthrich, und wie parthei=
    los zwischen Kraft und Willen, that er nichts."

Unterdessen hatten andere Weiber, Bürstenbinder,
Stiefelknechtverkäufer u. s. w., den Kerl umringend,

der Polizei gegönnt, heran zu kommen, und sich seiner, der mir ein freigelassener Sträfling schien, zu
bemächtigen.

Ich. Also herrscht in der That im Volk ein
Sinn für die zu erhaltende Ordnung, der nicht anders als für alle sehr ersprießlich wirken kann.

Der Vetter. Ueberhaupt, mein lieber Vetter,
haben mich meine Beobachtungen des Marktes in
der Meinung bestärkt, daß mit dem Berliner Volk
seit jener Unglücksperiode, als ein frecher, übermü-
thiger Feind das Land überschwemmte, und sich vergebens mühte, den Geist zu unterdrücken, der bald
wie eine gewaltsam zusammengedrückte Spiralfeder
mit erneuter Kraft emporsprang, eine merkwürdige
Veränderung vorgegangen ist. Mit einem Wort:
das Volk hat an äußerer Sittlichkeit gewonnen; und
wenn du dich einmal an einem schönen Sommertage
gleich Nachmittags nach den Zelten bemühst, und
die Gesellschaften beobachtest, welche sich nach Moabit
einschiffen lassen, so wirst du selbst unter gemeinen
Mägden und Taglöhnern ein Streben nach einer gewissen Courtoisie bemerken, das ganz ergötzlich ist.
Es ist der Masse so gegangen, wie dem Einzelnen,
der viel Neues gesehen, viel Ungewöhnliches erfahren, und der mit dem Nil admirari die Geschmei-
digkeit der äußern Sitte gewonnen. Sonst war das
Berliner Volk roh und brutal; man durfte z. B.
als Fremder kaum nach einer Straße oder nach
einem Hause, oder sonst nach etwas fragen, ohne
eine grobe, oder verhöhnende Antwort zu erhalten,

oder durch falschen Bescheid gefoppt zu werden. Der Berliner Straßenjunge, der den kleinsten Anlaß, einen etwas auffallenden Anzug, einen lächerlichen Unfall, der jemanden geschah, zu dem abscheulichsten Frevel benutzte, existirt nicht mehr. Denn jene Cigarrenjungen vor den Thoren, die „den fidelen Hamburger avec du feu" ausbieten, diese Galgenstricke, welche ihr Leben in Spandau oder Straußberg, oder, wie noch kürzlich einer von ihrer Race, auf dem Schaffot endigen, sind keineswegs das, was der eigentliche Berliner Straßenjunge war, der nicht Vagabund, sondern gewöhnlich Lehrbursche bei einem Meister, — es ist lächerlich zu sagen, — bei aller Gottlosigkeit und Verderbniß doch ein gewisses Point d'Honneur besaß, und dem es an gar drolligem Mutterwitz nicht mangelte.

Ich. O lieber Vetter, laß mich dir in aller Geschwindigkeit sagen, wie neulich mich ein solcher fataler Volkswitz tief beschämt hat. Ich gehe vor's Brandenburger Thor, und werde von Charlottenburger Fuhrleuten verfolgt, die mich zum Aufsitzen einladen; einer von ihnen, ein höchstens sechszehn bis siebzehnjähriger Junge, trieb die Unverschämtheit so weit, daß er mich mit seiner schmutzigen Faust beim Arm packte. „Will er wohl nicht mich anfassen!" fahre ich ihn zornig an. „Nun, Herr," erwiederte der Junge ganz gelassen, indem er mich mit seinen stieren Augen anglotzte, „nun, Herr, warum soll ich Ihnen denn nicht anfassen; sind Sie vielleicht nicht ehrlich?"

Der Vetter. Haha! dieser Witz ist wirklich
einer, aber recht aus der stinkenden Grube der tiefsten Depravation gestiegen. — Die Witzwörter der
Berliner Obstweiber u. a. waren sonst weltberühmt,
und man that ihnen sogar die Ehre an, sie Sha-
kespearisch zu nennen, unerachtet bei näherer Beleuchtung ihre Energie und Originalität nur vorzüglich in der schamlosen Frechheit bestand, womit sie
den niederträchtigsten Schmutz als pikante Schüssel
auftischten. — Sonst war der Markt der Tummelplatz des Zanks, der Prügeleien, des Betrugs, des
Diebstahls, und keine honette Frau durfte es wagen,
ihren Einkauf selbst besorgen zu wollen, ohne sich
der größten Unbill auszusetzen. Denn nicht allein,
daß das Höckervolk gegen sich selbst und alle Welt
zu Felde zog, so gingen noch Menschen ausdrücklich
darauf aus, Unruhe zu erregen, um dabei im Trüben zu fischen, wie z. B. das aus allen Ecken und
Enden der Welt zusammengeworbene Gesindel, welches damals in den Regimenten steckte. Sieh, lieber Vetter, wie jetzt dagegen der Markt das anmuthige Bild der Wohlbehaglichkeit und des sittlichen
Friedens darbietet. Ich weiß, enthusiastische. Rigoristen, hyperpatriotische Aszetiker eifern grimmig gegen diesen vermehrten äußern Anstand des Volks,
indem sie meinen, daß mit dieser Abgeschliffenheit
der Sitte auch das Volksthümliche abgeschliffen werde
und verloren gehe. Ich meines Theils bin der festen
innersten Ueberzeugung, daß ein Volk, das sowohl
den Einheimischen als den Fremden nicht mit Grob-

heit oder höhnischer Verachtung, sondern mit höfli=
scher Sitte behandelt, dadurch unmöglich seinen Cha=
rakter einbüßen kann. Mit einem sehr auffallenden
Beispiel, welches die Wahrheit meiner Behauptung
darthut, würde ich bei jenen Rigoristen gar übel
wegkommen.

Immer mehr hatte sich das Gedränge vermin=
dert; immer leerer und leerer war der Markt wor=
den. Die Gemüseverkäuferinnen packten ihre Körbe
zum Theil auf herbeigekommene Wagen, zum Theil
schleppten sie sie selbst fort — die Mehlwagen fuh=
ren ab — die Gärtnerinnen schafften den übrig ge=
bliebenen Blumenvorrath auf große Schiebkarren
— geschäftiger zeigte sich die Polizei, alles, und
vorzüglich die Wagenreihe in gehöriger Ordnung
zu erhalten; diese Ordnung wäre auch nicht gestört,
wenn es nicht hin und wieder einem schismatischen
Bauerjungen eingefallen wäre, queer über den Platz
seine eigene neue Behringsstraße zu entdecken, zu
verfolgen, und seinen kühnen Lauf mitten durch die
Obstbuden geradezu nach der Thüre der deutschen Kirche
zu richten. Das gab denn viel Geschrei und viel Unge=
mach des zu genialen Wagenlenkers. „Dieser Markt,“
sprach der Vetter, „ist auch jetzt ein treues Abbild
des ewig wechselnden Lebens. Rege Thätigkeit, das
Bedürfniß des Augenblicks, trieb die Menschenmasse
zusammen; in wenigen Augenblicken ist alles ver=

öbet, die Stimmen, welche im wirren Getöse durch=
einander strömten, sind verklungen, und jede verlaf=
sene Stelle spricht das schauerliche: „Es war!" nur zu
lebhaft aus." — Es schlug ein Uhr, der grämliche
Invalide trat ins Kabinet, und meinte mit verzoge=
nem Gesicht: der Herr möge doch nun endlich das
Fenster verlassen und essen, da sonst die aufgetrage=
nen Speisen wieder kalt würden. „Also hast du doch
Appetit, lieber Vetter?" fragte ich. „O ja," erwie=
derte der Vetter mit schmerzlichem Lächeln, „du wirst
es gleich sehen."

Der Invalide rollte ihn ins Zimmer. Die
aufgetragenen Speisen bestanden in einem mäßigen
mit Fleischbrühe gefüllten Suppenteller, einem in
Salz aufrecht gestellten, weichgesottenen Ei, und einer
halben Mundsemmel.

„Ein einziger Bissen mehr," sprach der Vetter
leise und wehmüthig, indem er meine Hand drückte,
„das kleinste Stückchen des verdaulichsten Fleisches
verursacht mir die entsetzlichsten Schmerzen, und
raubt mir allen Lebensmuth und das letzte Fünkchen
von guter Laune, das noch hin und wieder aufglim=
men will *)."

Ich wies nach dem am Bettschirm befestigten
Blatt, indem ich mich dem Vetter an die Brust
warf und ihn heftig an mich drückte.

„Ja, Vetter!" rief er mit einer Stimme, die

---

*) Hoffmanns damaliger Zustand treu aufgefaßt.

mein Innerstes durchdrang, und es mit herzerschnei=
dender Wehmuth erfüllte. „ja Vetter:

   Et si male nunc, non olim sic erit!“

Armer Vetter!

Die Genesung.

Fragment aus einem noch ungedruckten Werke.

Von E. T. A. Hoffmann.

Ich begab mich in den entlegenen, wildverwach=
senen Theil des Waldes, wo ich den wunderlichen
Baum mit seinen halb verdorrten, halb grünen
Aesten, und seinen malerischen Laubgruppen ange=
troffen hatte, um ihn so, wie er leibt und lebt, in
mein Malerbuch einzutragen. Schon hatte ich meine
Mappe zurechtgelegt, den Crayon gespitzt, und mich
in die gehörige Positur gesetzt, als durch das dicke
Gebüsch ein herrschaftlicher Wagen rasselte. Mit Mühe
bahnten sich die Pferde Schritt vor Schritt einen Weg
durch das wilde Gestrüpp, und es schien in der That
ein seltsamer Einfall der Fahrenden, gerade außer
Weg und Steg den von hundert anmuthigen We=
gen durchschnittenen Wald aufs Neue ohne Noth
durchbrechen zu wollen.

Endlich, als die Pferde weder vor= noch rück=
wärts kommen zu können schienen, hielt der Wagen,

— der Schlag öffnete sich, und hinaus stieg ein
junger, sauber in Schwarz gekleideter Mann, den
ich, als er aus dem dicken Gesträpp heraus trat,
für den jungen Doktor O... erkannte.

Er sah aufmerksam umher, und schien offenbar
sich überzeugen zu wollen, daß niemand in der Nähe
sey. Es wollte mich bedünken, als habe sein Wesen
etwas besonders Aengstliches, als sey sein Blick selt=
sam, wirr und unstät. Ich schäme mich jetzt meiner
Thorheit; der unheimliche Schauer irgend einer Un=
that, deren ich in dem Augenblick den guten, harm=
losen Doktor O... für fähig hielt, durchdrang mich,
und ich kam mir stolzer Weise mit samt meinem
Malerbuch voll verfehlter Skizzen vor, wie die rä=
chende Nemesis, die im Finstern schleicht, gleich mir
hier unter den dickbelaubten Bäumen.

Doktor O... ging zum Wagen zurück — der
Schlag wurde aufs Neue geöffnet, und hinaus schlüpfte
eine junge Dame, so schön, so schlank, so anmuthig,
so malerisch in einen Shawl gewickelt, als nur je=
mals eine junge Dame in dem zierlichsten, rührend=
sten Roman in der Einsamkeit aus dem Wagen
geschlüpft, und die Lunte eines rasselnden, zischenden,
knallenden Feuerwerks von hundert wunderbaren
Abenteuern entzündet hat. Du kannst denken, wie
ich in der höchsten Spannung durch das dicke Ge=
büsch schlich, um dem Paare näher zu kommen, und
mir von ihrem Beginnen nicht das Mindeste ent=
gehen zu lassen. Ich hatte mich hinter ihren Rü=
cken manövrirt, und hörte jetzt den Doktor sagen:

„Ich habe hier einen Platz ausgemittelt, der zu unsern Zwecken nicht günstiger seyn kann. Es steht hier ein wunderbarer Baum, dessen Fuß Rasen umgeben; ich selbst habe schon gestern einige Rasenstücke ausgestochen, und eine ganz stattliche Rasenbank zu Stande gebracht. Die ausgehöhlte Stelle ist einem Grabe gleich, und so ist schon symbolisch angedeutet, was wir hier beginnen wollen; Tod und Auferstehung.“

„Ja,“ wiederholte die Dame mit herzzerschneidender Wehmuth, indem sie des Doktors Hand ergriff, der sie feurig an die Lippen drückte, „ja, Tod und Auferstehung!“

Mir starrte das Blut in den Adern — unwillkührlich entfloh mir ein leises ach! Der Satan hatte sein Spiel — die Dame drehte sich um — meine werthe Figur stand dicht vor ihr! Vor Erstaunen hätte ich in die Erde sinken mögen. — Niemand anders war die Dame, als das liebenswürdigste Mädchen in B....., das Fräulein Wilhelmine von S... Auch sie schien vor Schreck und Staunen sich kaum aufrecht halten zu können — sie schlug die Hände zusammen, und rief ganz zerknirscht: „Um Gott, o mein Leben! wie kommen Sie hierher, Theodor, an diesen ungelegenen Ort, zu dieser ungelegenen Stunde!“

Die rächende Nemesis mit der Malermappe fiel mir wieder ein, und ich sprach mit einem gewichtigen Ton, wie ungefähr Minos oder Rhadamantus ihre Sprüche verkündigen mögen: „es kann seyn,

mein sehr werthes, und bis zu dieser Minute hoch=
geachtetes Fräulein, daß ich Ihnen sehr ungelegen
komme; doch vielleicht sind es die Schicksalsmächte
selbst, die mich hierher brachten, um irgend eine ruch=
los —"

Der Doctor ließ mich nicht vollenden, sondern
fiel mir zürnend in die Rede, indem seine Wangen
sich entflammen: „Du bewährst dich wieder heute in
deiner alten Rolle, nämlich als Eulenspiegel."

Damit nahm er das Fräulein bei der Hand,
und führte sie zu dem Wagen zurück, an dessen ge=
öffnetem Schlage sie stehen blieb.

Der Doctor kehrte zu mir, der ich ganz ver=
blüfft da stand, und nicht wußte, was ich sagen,
was ich denken sollte, wieder zurück, indem er sprach:
„Laß uns dort auf jenem abgehauenen Baumstamm
Platz nehmen, denn es sind mehr als zwei Worte,
die ich dir zu sagen habe."

„Du bist ja in dem Hause des Geheimenraths
von S... bekannt. Du besuchst seine großen Thees,
wo sich hundert Personen die Köpfe zerstoßen, hin
und her rennend, ohne daß ein einziger weiß, was
er eigentlich will, in denen ein langweiliges, insipi=
des Gespräch, kaum genährt von den kärgsten Mit=
teln, durchhilft, bis es doch am Ende, nachdem die
unglücklichen Bedienten von allen Seiten gedrängt,
mehrere honette Personen mit Wein begossen, und
diverse Torten dagegen unversehrt die Runde ge=
macht haben, dennoch eines schmählichen Todes stirbt."

„Wart," unterbrach ich den Doktor, „wart,

daß dich Lästerzunge, die Frau von H... nicht hört, und dich aus Rache, weil sie selbst an ihre Thees denken muß, bei der Frau von S... verklagt, die sofort den Bann über dich aussprechen, und dich von ihren Thees gänzlich exkludiren würde. Und wer eilt denn, als hinge das Glück des Lebens davon ab, zu jedem dieser insipiden Thees? Wer benutzt sorglich jede Gelegenheit, das S...sche Haus zu besuchen? — Ei, ei, mein Freund, ich merke was, die schöne Wilhelmine —"

„Lassen wir das," sprach der Doktor, und bemerken wir, daß dort im Wagen sich Personen befinden, die auf das Ende unsers Gesprächs nur zu begierig warten. Mit zwei Worten, die Familie des Geheimenraths von S... ist seit undenklicher Zeit eine durchaus hochadelige; kein einziges Glied, vorzüglich männlicher Seits, war aus der Art geschlagen. Um so entsetzlicher mußte es dem Vater des Herrn Geheimenraths von S... seyn, als sein jüngster Sohn, Siegfried geheißen, wirklich der erste war, der aus der Art schlug. Alles künstliche Ueberbauen half nicht; ein tiefes, herrliches Gemüth machte sich Platz, selbst unter den hochadeligen Gemüthern. Man spricht allerlei. Viele sagen, Siegfried habe wirklich an einer Geisteskrankheit gelitten; ich kann es nicht glauben. — Genug, der Vater hielt ihn eingesperrt, und nur des Tyrannen Tod gab ihm die Freiheit."

„Dies ist nun der Onkel Siegfried, den du in der Gesellschaft bemerkt haben mußt, wie er mit die=

sem oder jenem Gelehrten, den er aufgesucht und gefunden, geistreiche Worte wechselt. Die vornehmen Herren behandeln ihn zuweilen sichtlich als blos tolerirt, welches er ihnen in solch reichlichem Maße erwiedert, daß sie besser thäten, davon abzustehen. Wahr ist es, daß er sich zuweilen, vorzüglich wenn sein Geist auf Dinge geräth, in denen man gut thut, die alte Mönchsphilosophie zu befolgen, nach welcher es rathsam, die Welt gehen zu lassen, wie sie geht, und von dem Herrn Prior nichts zu reden als Gutes, viel zu sehr von dem Feuer wahrhaftiger Ueberzeugung hinreißen läßt, so daß die diplomatischen Herren nicht selten mit angekniffenen Ohren und zugedrückten Augen erschrocken in die entferntesten Winkel des Saals fliehen. Niemand als Fräulein Wilhelmine wußte ihn dann so geschickt zu umkreisen, daß er sich stets nur bei den vertrautesten Freunden befand, und sehr bald den Saal verließ.“

„Vor einigen Monaten wurde der arme alte Onkel Siegfried von einer schweren Nervenkrankheit befallen, aus der ihm eine fixe Idee zurückblieb, die, da sie feststeht, nachdem der Körper gesund ist, in wirklichen Wahnsinn ausgeartet. Er bildete sich nämlich ein, die Natur, erzürnt über den Leichtsinn der Menschen, die ihre tiefere Erkenntniß verschmähten, die ihre wunderbaren, geheimnißvollen Arbeiten nur für ein reges Spiel zu kindischer Lust auf dem armseligen Tummelplatz ihrer Lüste hielten, habe ihnen zur Strafe das Grün genommen. In ewige schwarze Nacht sey nun der sanfte Schmuck des

Frühlings, die sehnsüchtige Hoffnung der Liebe, das Vertrauen der wunden Brust, wenn der junge Sonnengott die zarten Keime aus ihren Wiegen lockt, daß sie als fröhliche Kinder emporsprossen und grünen — grüne Büsche und Bäume werden, im Flüstern und Rauschen die Liebe der Mutter, die sie selbst an ihrer Brust nährt und pflegt, mit süßer Stimme preisend."

„Dahin ist das Grün, dahin die Hoffnung, dahin alle Seligkeit der Erde; denn verschmachtend, weinend verschwimmt das Blau, das alles mit liebenden Armen umschloß. Alle Mittel, dieser Idee zu widerstehen, blieben vergebens, und du kannst denken, daß der Alte der trostlosen, verderblichen Hypochondrie, welche natürlicher Weise diese Idee mit sich bringt, zu erliegen drohte. Ich gerieth auf den Gedanken, auf ganz eigene Weise, zur Heilung des Wahnsinnigen, den Magnetismus anzuwenden."

„Fräulein Wilhelmine ist des Alten Herzblatt, und ihr allein gelang es, in schlaflosen Nächten dadurch einigen Trost in seine Seele zu bringen, daß sie, wenn er im halben Schlummer lag, leise — leise, von grünen Bäumen und Büschen sprach, und auch wohl sang. Es waren vorzüglich jene schönen Worte Calderon's, womit, in der Blume und Schärpe, Lisida das Grün preist, und welche ein kunstfertiger, fein empfindender Freund in Musik gesetzt hat. Du kennst das Lied:

> In der grünen Farbe glänzen,
> Ist die schönste Wahl der Welt,

Und was lieblich dar sich stellt! —
Grün ist ja die Tracht des Lenzen,
Und man sieht, um ihn zu kränzen,
Keimend aus der Erde Grüften,
Ohne Stimmen, doch in Düften
Athmend, in den grünen Wiegen
Buntgefärbte Blumen liegen,
Welche Sterne sind den Lüften.

„Die Methode, daß dem Schlafe vorhergehende Delirium, das schon an und für sich selbst dem magnetischen Halbschlafe sehr nahe verwandt, dazu anzuwenden, in die Seele des beunruhigten Kranken beschwichtigende Ideen zu bringen, ist nicht neu. Irr' ich nicht, so bediente sich schon Puysegur ihrer. Du wirst aber nun gleich sehen, von welchem Hauptschlag meiner Kunst ich die völlige Genesung des Alten zu erlangen hoffe.“

Der Doktor stand auf, schritt auf Fräulein Wilhelmine zu, und sprach ein paar Worte. Dann folgte ich dem Doktor, und schwer mußte es mir in der That nicht fallen, mich mit der seltsamen Ungewöhnlichkeit des Auftrittes darüber zu entschuldigen, daß ich geblieben, und in gewisser Art den Lauscher gemacht.

Wir giengen nun an den Kutschenschlag — ein junger Mann stieg aus, und bald trug dieser, mit Hülfe des Doktors und des mitgekommenen Jägers, den schlummernden Alten zu dem seltsamen Baume in der Mitte des Platzes, und legten ihn sanft in bequemer Stellung auf die Rasenbank, die, wie der geneigte Leser es weiß, der Doktor mit eigener kunstgeübter Hand errichtet hatte.

Der Alte bot durchaus einen rührenden, herz=
erhebenden Anblick dar. Seine große, schöne Ge=
stalt war in einen langen Ueberrock von silber=
grauem, leichtem Sommerzeuge gekleidet, und er
trug ein Mützchen von demselben Zeuge auf dem
Haupte, unter dem nur sparsam ein paar weiße
Löckchen hervorblickten. Sein Gesicht, unerachtet die
Augen geschlossen, hatte einen unbeschreiblichen Aus=
druck der tiefsten Wehmuth, und doch war es, als
sey er in seligen Hoffnungsträumen entschlummert.

Fräulein Wilhelmine setzte sich an das Haupt=
ende der Rasenbank, so daß, wenn sie sich über das
Antlitz des Alten beugte, ihr Athem seine Lippen
berührte. Der Doktor nahm Platz auf einem mit=
gebrachten Feldstuhl vor dem Alten, so wie es die
magnetische Operation zu erfordern schien. Wäh=
rend nun der Doktor sich mühte, den Alten auf die
sanfteste Weise aus dem Schlafe zu bringen, sang
das Fräulein Wilhelmine leise:

> In der grünen Farbe glänzen,
> Ist die schönste Wahl der Welt ꝛc.

Der Alte schien den Duft des Gesträuchs, der
Bäume, der vorzüglich stark war, da die Linden in
voller Blüthe standen, mit unendlicher Wonne ein=
zuathmen. Endlich schlug er mit einem tiefen Seuf=
zer die Augen auf, und starrte um sich, doch, wie
es schien, ohne einen Gegenstand deutlich in's Auge
fassen zu können. Der Doktor zog sich leise zur
Seite. Das Fräulein schwieg. Der Alte lallte kaum
verständlich: „Grün!"

Da ließ es die ewige Macht des Himmels ge=
schehen, daß eine besondere anmuthige Gunst des
Schicksals die Liebe des Fräuleins lohnte, und die
Bemühungen des guten Doktors unterstützte. In
dem Augenblicke, als der Onkel das Wort „Grün"
lallte, fuhr nämlich ein Vogel tirilirend durch die
Aeste des Baums, und von dem Flattern seines
Gefieders brach ein blühender Zweig, und fiel dem
Alten auf die Brust.

Da erwachte die Röthe des Lebens auf dem
Antlitze des Alten. Er erhob sich, und rief begeistert
mit emporgerichteten Augen: „Himmelsbote, seliger
Himmelsbote, bringst du mir den Oelzweig des
Friedens, bringst du mir das Grün, bringst du
mir die Hoffnung selbst! Sey gegrüßt, du Hoffnung;
ströme über in sehnsüchtiger Lust, blutendes Herz!

Plötzlich schwächer werdend, lispelte er kaum
hörbar: „Das ist der Tod," und sank auf die Ra=
senbank, von der er sich zur sitzenden Stellung kräf=
tig erhoben, wieder zurück. Der junge Gehülfe des
Doktors flößte ihm etwas Aether ein, und während
Fräulein Wilhelmine auf's Neue sang:

In der grünen Farbe glänzen ꝛc.

schlug der Alte die Augen auf, und schaute nun
mit bestimmtem Blick in der Gegend umher. „Ha,"
sprach er dann mit ungewisser Stimme, „in der
That, dieser Traum neckt mich auf besondere Weise."

Es lag etwas von bitterm Hohn in den Wor=
ten des Alten, der, nach dem, was vorausgegangen,
um so entsetzlicher erschien. Tief ergriffen stürzte

Fräulein Wilhelmine bei der Rasenbank nieder, faßte beide Hände des Alten, benetzte sie mit Thränen, und rief mit der schmerzlichsten Wehmuth: „O! mein theuerster, bester Onkel, nicht jetzt neckt Sie ein Traum, nein, ein böses — böses Gespenst, hielt Sie in entsetzlichen Träumen, wie in schweren Ketten gefangen O! Himmelsfreude, die Ketten sind gesprengt — Sie haben, bester, theuerster Vater, Ihre Freiheit wieder; o! glauben, glauben Sie daran, daß heitere, rege Leben lacht Sie an, mit aller süßen Hoffnung, im schönsten Schmelz des Grüns!"

„Grün!" rief der Alte mit dröhnender Stimme, indem er starrer um sich schaute. Nach und nach schien er die Gegenstände bestimmter zu unterscheiden, und seinen Blick besonders auf gewisse Bäume und Büsche zu heften.

„Onkel Siegfried hat," lispelte mir der Doktor ins Ohr, „Onkel Siegfried hat diesen Ort schon seit vielen Jahren besonders geliebt, und in tiefer Einsamkeit besucht. Vorzüglich mag der wunderbare Baum auch seinen Hang zu wunderlichen Combinationen naturhistorischer Erscheinungen geweckt, und ihn dieser romantische Platz auch von der Seite besonders interessirt haben."

Noch immer saß der Alte, um sich schauend; doch immer weicher und weicher und wehmüthiger wurde sein Blick, bis ein Thränenstrom ihm aus den Augen stürzte. Er faßte mit der Rechten Wilhelminens, mit der Linken des Doktors Hand, und zog sie heftig neben sich auf die Rasenbank nieder.

„Seyd' Ihr es, Kinder!" rief er dann mit einer Stimme, deren Seltsamkeit beinahe Schauer erregend, ein unheimlich verstörtes Gemüth zu verkünden schien, welches sich selbst bekämpft und zu sammeln versucht: „seyd Ihr es wirklich, meine Kinder?"

„O! mein bester, gütigster Onkel," sprach Wilhelmine beschwichtigend, „ich halte Sie ja in meinen Armen — Sie sind ja hier an einem Platz des Waldes, den Sie stets so liebten — Sie sitzen ja unter dem Zelt —"

Auf einen Wink des Doktors stockte Wilhelmine, und fuhr dann nach beinahe unmerklicher Pause fort, den Lindenzweig erhebend: „und dieses Zeichen des Friedens, halten Sie es jetzt nicht in Händen, theuerster Onkel?"

Der Alte drückte den Zweig an seine Brust, und schaute mit Blicken umher, die jetzt erst Lebenskraft, und eine gewisse unnennbare, verklärte Heiterkeit zeigten. Der Kopf sank ihm auf die Brust, und er sprach viele leise Worte, die jedem der Umstehenden unverständlich bleiben. Dann aber sprang er mit wilder Vehemenz von der Rasenbank auf, breitete beide Arme aus, und rief, daß der Wald von dem Tone seiner Stimme wiederhallte:

„Gerechte ewige Macht des Himmels, bist du es selbst, die mich an ihre Brust ruft? Ja, es ist das herrliche, rege Leben, das mich umgibt, das meiner Brust zuströmt, so daß alle Poren sich öffnen und Raum geben dem seligsten Entzücken!"

„O! Kinder, Kinder, welche Zunge singt das Lob, den Preis der Mutter würdig genug; O! Grün, Grün! mein mütterliches Grün! Nein, ich allein war es, der trostlos vor dem Throne des Höchsten lag — nie hast du der Menschheit gezürnt! Nimm mich in deine Arme!"

Es war, als wollte der Alte rasch vorwärts schreiten, doch knickte er im jähen Krampf zusammen, und sank leblos nieder. Alle erschracken heftig; keiner aber wohl mehr, als der Doktor, der befürchten mußte, daß eine gewagte Kur auf entsetzliche Weise mißlingen könne. Doch nur wenige Secunden war der Alte mit Naphta und Aether bedient worden, als er die Augen wieder aufschlug. Und nun begab sich das Merkwürdigste, was Niemand, und am allerwenigsten der Doktor, hatte vermuthen können.

Von Wilhelminen und dem Doktor umfaßt, ließ der Alte sich auf dem schönen Platze herumfüh= ren, und immer ruhiger, immer heiterer wurde sein Antlitz, sein ganzes Benehmen, und es war herr= lich, wie eine klare Phantasie, ein heller Verstand, immer mehr siegend hervorbrach.

Auch mich bemerkte der Baron, und zog mich ins Gespräch. Endlich fand der Baron, daß für die erste Ausfahrt nach so langer Nervenkrankheit nun genug Zeit vergangen, und man begab sich auf den Rückweg.

„Es wird schwer halten," sprach der Doktor leise zu mir, „den Schlaf von ihm abzuwehren; aber ich werde Alles anwenden, zu verhüten, daß er um des Himmels Willen nicht schlafe. Wie leicht könnte dieser Schlaf einen feindseligen Charakter annehmen, und dem Alten alles, was er sah und empfand, wiederum als Traum verschwimmen lassen."

Einige Zeit nachher hatte sich im Hause des Geheimenraths von S... eine große Veränderung zugetragen. Onkel Siegfried war völlig von seiner Krankheit genesen, und seltsam genug schien es, daß er zu gleicher Zeit weicher und kräftiger geworden.

Er verließ die Residenz, zur Freude des liebenden Bruders, und bezog seine schönen Güter, deren Verwaltung der Doktor O..., seinen Doktorhut an den Nagel hängend, übernahm. Die dringende Fürsprache einer edeln Prinzessin bewirkte es, daß der stolze Geheimerath von S... die Hand seiner Tochter Wilhelmine dem Doktor O... nicht länger verweigerte.

E. T. A. Hoffmann's

Leben und Nachlaß.

Von

Julius Eduard Hitzig.

Dritter Band.

Dritte vermehrte und verbesserte Auflage.

Mit Kupfern.

Stuttgart,

Fr. Brodhag'sche Buchhandlung.

1839.

Inhalt.

Ausgearteter Fantasie
Grausenerregende Bilder
Des gährenden Hirns — des
Wahnsins schrekhafte Kinder —

nach W. Hoffmanns Handzeichn:
von E. Neureuther.

Ausgearteter
Phantasie grausenerregende Bilder.
Radirt von E. Neureuther.

Die Zeichnung dieser Phantasiegestalten mag keine besondere Veranlassung haben, sondern durch Hoffmann in dieser Richtung stets rege Einbildungskraft einst hervorgerufen seyn, wenigstens ist uns die Ursache nicht bekannt. Ob diese Schreckgestalten wirklich originel Hoffmann'sche sind, ist wohl schwer zu entscheiden, aus seinen Schriften möchten sie indeß nicht näher zu bezeichnen seyn, und wenn uns unser Gedächtniß nicht trügt, glauben wir ganz ähnliche schon auf einem (englischen) Kupferstiche gesehen zu haben.

Im fünften Bande dieser Ausgabe, auf der 28sten Seite und folg., mögte ein angeführter Commentar zu dieser Zeichnung zu finden seyn, und es somit nicht unpassend scheinen, sie diesem Bande beizuheften.

Ein Blatt in Callots Manier.

Große Federzeichnung, lithographirt.

Die Lichter waren fast heruntergebrannt; die Thurmuhr schlug Mitternacht. Aber noch immer saßen die Freunde beisammen, und Julius las, glühenden Angesichts, mit funkelnden Augen, das Märchen vom goldenen Topf vor, während die andern mit Zügen, in denen sich die äußerste Spannung ausdrückte, zuhorchten. Die Punschbowle dampfte, Theodor schenkte fleißig aber leise ein, die andern tranken eben so fleißig und leise, auch der Vorleser gönnte sich von Zeit zu Zeit so viel Ruhe, daß er einen tüchtigen Schluck aus seinem Ehrenpokal thun konnte, während er etwa das Blatt umschlug. Ueber Allen schwebte eine Wolke wirbelnden Tabacksdampfes, — genug, es fehlte nichts an der Seligkeit der Studentenkneipe. Jetzt wandte Julius das letzte Blatt um, das Märchen war zu Ende.

„Das war ein Kerl, dieser Hoffmann! Ein wahrer Teufelskerl!" rief Barnabas, ein Reno= mist mit drei Schmarren und drei Bärten im Ge= sicht, Backen=, Schnurr= und Kinnbart, — „ich kann mirs nicht anders denken, als er muß alle solche Teufeleien im hitzigen Fieber geträumt haben, und hat sie nachher niedergeschrieben! Ein gesunder

a *

(Mensch erfindet solche verfluchte Fraßen und Zerr=
bilder nicht! Auf Cerevis, mir geht der Kopf wie
in einem Wirbelwind rund herum! Gieb noch ein
Glas Punsch her, Theodor!" — „Um den Wirbel=
wind zu beruhigen?" sprach Theodor lächelnd, und
füllte ihm den Humpen. — „Aber sagt mir," rief
Barnabas von Neuem, „ist Euch nicht auch ganz
wirblich zu Muth? Was meint Ihr zu einer Theo=
rie von Träumen?" — „Daß sie selbst ein Traum
ist," erwiderte Julius. „Die dichterischen Gestalten
erzeugen sich nur durch höhere Eingebungen, durch
eine göttliche Weihe, durch" — „Hol' mich der Teu=
fel," rief Barnabas unterbrechend, „ich habe doch
schon selbst dergleichen Zeug geträumt. So einen
Kerl, wie der Archivarius Lindhorst, habe ich noch
vorgestern im Traum gesehen." — „Und mir ist
gestern einer auf der Straße begegnet, der sah auf's
Haar aus, wie der Student Anselmus!" schrie Fried=
rich, ein junger Theolog, der sich eben das Glas
füllen ließ. „Es gibt solche Figuren in der Welt,
sage ich Euch!" Barnabas that einen Zug und
donnerte mit seiner Baßstimme: „Träume! Fieber=
phantasieen" behaupte ich! „Beobachtung!" rief Fried=
rich. „Göttliche Weihe!" Julius. Die Gemüther
erhißten sich, der Tabacksdampf wirbelte dichter, der
Punschnapf wurde leerer, die Köpfe voller, die Stim=
men lauter, die Ansichten verworrener. „Ich will
Euch den Schlüssel geben zu dem ganzen Geheimniß,"
krähte eine heisere scharfe Stimme plötzlich mitten in
den Lärmen hinein, und ein kleiner Mann mit
krummer Nase und spitzem Kinn stand mitten unter

den Zechbrüdern. „Wer ist der kleine Philister,“ rief Barnabas halb trunken, „Philisterchen, wo kommst Du her! Laß Dir ein Glas einschenken, — hier, — was sagtest Du vom Hausschlüssel? Gut, wenn Du ihn mitbringst, ich habe ihn vergessen!“ Die andern waren eben so überrascht, das kleine Männchen zu sehen, das zuvor gar nicht da gewesen war, doch keiner war in der Verfassung, viel darüber nachzudenken, ob es durchs Schlüsselloch hereingeschlüpft, von der Decke herabgefallen, oder vom Erdboden aufgestiegen sei, genug, es saß mitten unter den fröhlichen Zechbrüdern am Tisch und goß sein Glas Punsch mit einer solchen Virtuosität hinunter, daß die Studenten eine gewisse Ehrfurcht vor dem Gast empfanden, der in so wichtiger Angelegenheit sich gleich so mannhaft bewährte. „Ihr sauft himmlisch, Philisterchen!“ konnte sich Barnabas nicht enthalten, freudebewegt auszurufen, „ich hätte wohl Lust, Euch einen Gelehrten zu stürzen, oder einen Doktor, oder Amtmann, oder — oder —“ „Zieht nicht, zieht nicht,“ erwiederte die kleine heisere Stimme, und ein faunartiges, aber vergnügtes Lächeln überflog die scharfen Züge, „es zieht heut Nichts!“ Der kleine Gast zeigte sich durch seine Antwort in der Studentensprache abermals als einen gewiegten Mann, und die Ehrfurcht der Versammelten wuchs. „Ihr streitet Euch hier,“ fuhr er fort, „wie der selige oder unselige Verfasser der Phantasiestücke zu allen seinen tollen Figuren gekommen ist? Ich wills Euch zeigen! Ich bin oft genug dabei gewesen, denn ich kannte ihn, wie mich selbst.“ Er trank nach dieser

Rede und ließ neu einschenken. „Seht,“ — rief er
aus, indem er sich mit beiden Händen etwas Platz
auf dem Tisch machte, und die Gläser seiner Nach=
barn zurückschob, „das macht, er hatte einen Zauber=
spiegel, in dem steckte das ganze Geheimniß.“ Alle
rückten die Stühle, horchten schärfer auf, rauchten
und tranken begieriger. „Einen Bogen Papier!“
rief der Kleine, „einen Bogen Papier!“ Julius
zerriß sein Pandektenheft und legte ein weißes Blatt
vor den Gast hin, dieser zog eine Feder hinter dem
Ohr hervor und tauchte sie in das Dintfaß, das
mitten auf dem Tisch unter den Gläsern stand.
„Der Zauberspiegel“ begann er von Neuem, „hing
an dem Arbeitsfenster des verteufelten Kerls — denn
dem Satan hatte er sich verschrieben, constat inter
omnes — und der warf ihm alle Gestalten gerade
so auf's Papier, wie Ihr sie nachher in den Phan=
tasiestücken und Serapionsbrüdern abgeschildert findet.
Draußen vor dem Fenster war das Gewühl des
Markts und der Straßen, des Theaters und der
Weinhäuser; aus diesem fing der Zauberspiegel Alles
auf und zeigte es in scharfen, eckigen Linien. Ihr
könnt Euch nur die Wohnung an der Tauben= und
Charlottenstraßen=Ecke, wo jetzt unten der Conditor
wohnt, der die besten Napfkuchen backt, ansehen —
droben an dem Eckfenster hing der Spiegel!“ „Don=
nerwetter, da will ich mir eine Kneipe miethen,“
schrie Barnabas, „der Gensdarmenmarkt soll mir
auch solche Figuren zu Phantasiestücken liefern.“
„Recht so,“ antwortete der kleine Gast, „beim Ge=
heimen Oberbaurath von Alten habt Ihr Euch zu

melden. Aber vergeßt nur nicht in den Contrakt zu setzen, daß er Euch auch den Spiegel mit vermiethet, sonst seid Ihr geprellt!" „Fiat, Amen," rief Barnabas.

Der Kleine aber hatte seine Feder genommen und zog kreuz und quer, hastig oder geschickt, eine Linie nach der andern auf das Blatt aus den Pandekten vor ihm. Es fing an, darauf zu leben und zu weben, tausend Gestalten schwirrten durch einander. „Seht einmal her," rief er, „so wohnte der Teufelskerl! Hier ist die Ecke — schaut hier unten rechts auf mein Blatt, hier, wo eben der Baron von Fouqué vorbeifährt. Er kommt gerade aus Nennhausen, seiner Burg bei Rathenov! Hei! Wie der wackre Recke dahinjagt! Er hat den Zauberring, aber nicht den Zauberspiegel; sein kutschirender Knappe jagt vermuthlich so, weil der Herr von Alten mit dem Maaßstabe hintendrein setzt, man weiß nicht, ob, um die Mausfalle in Form einer gothischen Kirche, wie das Monument auf dem Kreuzberge, oder die poetische Größe des Ritters zu messen, und mit der seines Miethsmannes zu vergleichen. Fahr zu Knappe! Aber fahre mir nicht mitten durch die Gemüseweiber, denn ich sehe das Aepfelweib meines Lieblings, des Studenten Anselmus, darunter sitzen. Eher kannst Du noch die deutsche Kirche anfahren, sie hat es verdient." — „Ha! ha! ha!" lachte der kleine Gast, nachdem er ein Glas geleert. „Schaut einmal die beiden Glöckner auf den Thurmspitzen! Stellt Euch nur einmal 7 Jahr, 7 Monat und 7 Stunden vor das neue Schauspielhaus, so werdet Ihr sie nicht entdecken, ohne den Zauberspiegel. Ich könnte Euch viel von den Glöcknern erzählen — es sind Zwillingsbrüder — aber die feindlichen; seit die Thürme stehen, sitzen sie auf der Kuppel und zanken mit einander, wessen Thurm der dickste, wessen Kirche im edelsten Styl erbaut ist. Die Kirchen seht Ihr nicht, der Zauberspiegel hat sie gnädig bedeckt mit Nacht und mit Grauen. Die Glöckner aber zanken fort: „Welche Kirche am vertrautesten mit der Schau= spielkunst, die zwischen beiden wohnt, sei, ob die deutsche oder französische; welche zuerst einfallen werde, — welche seliger mache, — welche — aber die Kerle läuten dermaßen mit ihren Glocken, daß selbst von ihrem Gezänk nichts mehr zu hören ist. Betrachtet lieber, was in ihrer Nähe vorgeht. Oder was in ihrer Ferne. Denn ganz in der Ferne erblicke ich das Kammergericht. Hier verliert der Zauberspiegel alle Kraft, ich glaube, gute Zechbrüder, Ihr seht dort eben so hell ohne ihn, wie unser Phantasiestückschrei= ber mit ihm. Ach unser Freund hat, glaube ich, wenn ihm die dicken Aktenstöße (z. B. über die ersten demagogischen Umtriebe) so elephantenschwer auf die leichten romantischen Blätter gelagert würden, oft gedacht: „O könnte ich doch dem Kammergericht und der ganzen Jurisprudenz — so thun wie dort der glückliche Anonymus! — Gebt mir aber eine Prise Taback, junge Freunde!" Der kleine Gast schnupfte mit Behagen, und ließ sich auch ein neues Glas einschenken.

„Ihr müßt einmal hier in's Innere des Thea= ters blicken. Vielleicht lest Ihr da etwas von den

Leiden eines Theaterdirektors heraus." Und während der Kleine sprach, hatte seine gewandte Feder schnell einen Grundriß des Theaters entworfen, und eine Menge Gestalten schwirrten darin und darum. „Brüllt mich nicht so an, Ihr Choristen, pausirt lieber nach der Uhr über Euch, verdammte Gesellen, und befleißigt Euch der Grazie, wie die Tänzer hinter Euch! Das ist Schönheit, das ist Anmuth, das ist Antike! Deßhalb ergreift es auch ein Eck= chen weiter oben den Epimenides so mächtig, daß er sich mit eiligen Schritten der französischen Kirche oder vielmehr Schule, die (Ihr wißt es vielleicht) in dem Thurn befindlich ist, zuwendet; der Tanz stammt ja auch aus der französischen Schule! Und, das merkte Epimenides wohl, auf der Bühne war seines Bleibens doch nicht länger, er ist sehr bald nach dem Erwachen wieder eingeschlafen. Sein mu= sikalischer Mitschöpfer, der wohlbeleibte Kapell= meister, hat eine schöne Stellung! Welch ein Fun= dament der Kunst! Und zur Linken und zur Rechten welche Aussichten, welche Kräfte der Begeisterung! Das nennt man Erde und Himmel verbinden. Kreißler, kamst Du Dir nicht klein vor, neben dem großen Manne? Aber der Chambertin ist für Dich hingesetzt, mir darfst Du's glauben. Du weißt ja, daß ich Dir immer Burgunder bringen ließ, nach dem Singethee! Ich wandte Dir nie den Rücken, treuer, tiefsinniger Freund, wie der Herr hinter Dir. Ach, sonst hätte ich ihn nicht erkannt, so wunderlich sieht er im Zauberspiegel aus! Es ist ja der Graf Brühl! der Beschützer der Dichtkunst!

a **

Seht, seht — aber gebt mir erst ein Glas Punsch, mir wird schwach zu Muth — seht wie die Söhne Apolls sich anbetend vor ihm beugen. Apoll ist ein Lump gegen einen Grafen! Ihr werdet das einsehen, Freunde, und deshalb die Haltung der Dichter billigen!"

Die Studenten steckten die Köpfe zusammen und beugten sich über den Tisch, so daß sie beinahe eben so krumm standen, wie die Dichter. Barnabas rief: „Der mit dem Borstwisch auf dem Kopf, der Nr. 3, das muß einmal ein Hauptkerl werden. Der sieht aus, als werde er die Poesie mit der Keule zusammenhauen, wenn sie ihm nicht parirt, und ihre Nase und Ohren aufschlitzen lassen, dieser hündischen Leibeigenen, wenn sie nicht still halten will, wie er commandirt."

„Ja, ja," krähte der kleine Gast vergnügt; „der Zauberspiegel hat hier so seine Ahnungen gehabt, und prophetische Gestalten gezeichnet! Aber er ist auch stark in Portraits. Gleich über den Berliner Dichtern erblickt Ihr drei Figuren von Bedeutung. Ihr werdet sie kennen. Ich glaube nur, der Zauberspiegel hat seine Bilder zu verworren durch einander geworfen, denn die Rauchfässer gehören, dächte ich, nicht vor die Theaterfront, sondern sie sollten vor Ludwig Tieck aufgestellt seyn. Vielleicht hat aber ein Kammerherr befohlen, daß sie gerade zwischen Theater und Kirche stehen sollen, und ein Kammerherr und Ludwig Tieck sind allerdings zweierlei."

Julius schenkte wieder Punsch ein und erlaubte sich die bescheidene Bemerkung: „Wäre es nicht angemessen, wenn Bernhardi und Brentano jeder ein Rauchfaß in die Hand nähme, und es vor dem Dichter zwischen ihnen weihend bewegten?"

„Still, still, um Gottes Willen junger Mensch," erwiderte der Kleine mit seinem Faunlächeln, „man sieht, Ihr kennt von der Welt mehr die Namen, als die Personen. Gäben wir Bernhardi das Rauchfaß in die Hand, ich glaube er schlüge es seinem Schwager auf dem Kopf entzwei, denn er hat einen alten Groll auf ihn, der nicht ganz ohne Grund ist. Brentano aber würde sogleich kehrt machen, und damit nach der Kirche hinter ihm laufen, oder noch lieber nach der katholischen, die hier zwar nicht zu sehen, aber doch auch nicht allzuweit ist. Wir aber wollen uns in die Schonertsche Weinstube setzen. Stoßt an Freunde! Ich sage Euch, vor zwanzig Jahren war dort oft der blinkende Wein der ächte Zauberspiegel, in dem wir Welt und Kunst göttlich, feurig verklärt erblickten! Es saßen dort Männer und tranken ihren Rheinwein und Champagner — Männer!

„Kinder! mir geht das Herz auf, laßt Euch ein wenig erzählen. Hier, wo der Speisezettel länger, aber nicht so langweilig ist, wie jetzt die Staatszeitung, und der Weinzettel mir lieber ist, als die heutigen Theaterzettel — hier glühte meines Nachbars dunkles Flammenauge, und in seinen bewegten Zügen lebten tausend Gestalten. Hier saß Ludwig Devrient — zum Teufel, Ihr habt ihn ja da unten, wie er leibt und lebt und den Kammergerichtsrathskopf mit der Cigarre anraucht — das war eine gute Nachbarschaft! Hat das Volk nicht ein Aufhebens

gemacht und ein Zetergeschrei erhoben, unsres bis=
chen Weintrinkens halber, als wenn wir damit den
Fall Sodoms verschuldet hätten! Wahrlich ich sage
Euch, Ihr Jugend, die Ihr hier auch sitzet und zecht
— Euer Punsch ist gut! — (er that einen Zug) in
unserm Trinken war mehr Tugend, als in den Pre=
digten und Gebeten vieler Tausende! Zum min=
desten weniger Sünde, als in der hungrigen und
durstigen Nüchternheit der Welt, in ihren höfischen
Kratzfüßen, und lieblichen Katzensprüngen (ungefähr
wie sie der Affe hier hinter Bernhardi macht, als
wäre er ein Quintaner aus dessen Werderschen
Gymnasium, etwa Rellstab oder Willibald Alexis,
die dort amo conjugirt haben); weniger Sünde, als
in den — gebt mir zu trinken, der Satz wird noch
sehr lang — (er stürzte ein Glas hinunter) als in
dem jammervollen Unterthänigseyn gegen Schurken
von Rang und Geld, denen man den Rücken zu=
drehen sollte, wie mein prächtiger Nemo hier neben
dem Vogel Strauß; als in dem aufgeblasenen
leeren Dunstpathos, mit dem unsre Pietisten und
Moralisten sich brüsten — verfluchter, unwillkühr=
licher Reim! — und die Beine hochtrabend heben,
wie unser Strauß hier unter der Armide, der doch
nicht fliegen kann, nicht einmal so hoch wie eine
Schmeißfliege; weniger Sünde sage ich Euch, als in
dem theologischen Salm, womit sich heut zu Tage
die Welt ekelhaft und lächerlich besalbt, und in zwei
Partheien ansprudelt, deren Führer sich wie meine
beiden Glöckner einen Thurm unter den Steiß bauen
müssen, um groß auszusehen von weitem; weniger

als in dem lächerlichen und lästerlichen Wettschnap=
pen und Wettschleichen nach Pfründen, Gunst, und
vorzüglich nach Orden, wovon ihr beim Teufel,
von den beiden Trinkgenossen nie etwas gesehen
habt. Und wer hätte wie Sie, soll der Orden der
Stern des Ausgezeichneten seyn, einen königlichen
Ordensstern tragen müssen? Von wem wird man
reden und lesen, wenn alle ihre rothen und schwarzen
Ordenszeitgenossen verwest und vergessen sind, von
wem als von ihnen, dem Ruhm der Stadt und
Zeit? Darum — wahrhaftig mein Satz ist viel
kürzer geworden als ich dachte bei der Masse von
Stoff, und schon seit zwei Phrasen zu Ende, bevor
ich's merkte! — Darum haltet mir den Zauberspiegel
in Ehren, daß er die Weinkeller abgemalt! Hier
bei Schonert, drüben bei Lutter (dort wo die Juden
„Unser Verkehr" aufführen) wurde unser Ver=
kehr getrieben, und Ihr dürfet Euch freuen, wenn
es noch so wäre!"

„Auf Cereviß, das wäre das goldene Säculum,"
schrie Barnabas, längst begierig, seiner Lunge eine
Pforte zu öffnen, damit man merke, daß er auch
noch da sey; „Brüder! darauf wollen wir trinken!
Ich wollte mich drei Monat in eine Weinstube in's
Carcer setzen lassen, wenn noch ein Ludwig Devrient
und ein Hoffmann da in dem kleinen Eckstübchen
nach dem Gensdarmenmarkt säßen! Grad unter
dem Fenster, wo „unser Verkehr" getrieben wird!"

„Und es saßen noch mehr Leute dort, die nicht
mehr da sitzen!" hob der Gast an, und über sein
satyrisch ausgezacktes Gesicht flog ein heiliger Schim=

mer der Wehmuth, — „auch Bernhard Klein und Ludwig Berger haben dort mitgetrunken, zu Zeiten! Und Geist schwängerte den Geist, und die Bilder des Zauberspiegels strahlten golden, sie schwebten im Aether, sie quollen fluthend aus den Tiefen herauf! — Ich weiß nur nicht, warum gerade der wüthende Doktor Dapertutto mit seiner Schönen aus dem Modemagazin so quer über die Straße segelt, als wolle er den ganzen Judenverkehr in den Sand rennen! Ob er vor dem Hunde hinter ihm läuft? Und läuft der Hund vor dem Soldaten? Oder will der Zauberspiegel fragen: „Wer hat's schlechter?" Ein Soldat oder ein Hund? Herr Kriegsmann, arretire er lieber die beiden unseligen Seligen vor dem Magazin ab= gezogener Wasser und werfe er sie in ein Va= cuum, oder geleite sie in die Wohnungen unbe= kannter Leute, wohin doch gewiß die am ersten gehören, die auch sich selbst nicht mehr bekannt sind, d. h. nichts von sich wissen. Es ist hier und drüben Platz! — Aber seht her, Studenten! Da kommen wir an einer merkwürdigen Stelle vorbei, die wir zuvor schon streifend berührten. Dort steht Armida und zaubert mit einem Weinglas in der Hand. Darin sehe ich nichts Undeutliches, selbst wenn ich in der Armida die große Sängerin Milder erkenne, die gleichfalls in dem Eckhause der Taubenstraße wohnte. (Nach hundert Jahren mag man es als eine Merkwürdigkeit zeigen!) Doch wieder auf den Text zu kommen! Weshalb steht der Löwe da! Ist es einer von denen aus dem Zaubergarten

Armidens? — Oder spürt Ihr hier wieder etwas von den Leiden eines Theaterdirektors, und der Oper Guzmann der Löwe? — Mir selbst werden die Bilder des Zauberspiegels nach gerade etwas trübe und verworren, lieben Freunde! Meine Stunde läuft ab!" Er gähnte.

„So weiß ich kaum, weshalb der gute Peter Schlemihl mit seiner Tabackspfeife dort aus Thier= manns Italienerladen kommt. Braucht er Sieben= meilenstiefel um den Klecks zu durchwaten? Oder ist das ein Rostfleck im Spiegel? Schlemihl, blase doch den Erasmus Spiker nicht so mit Tabacks= dampf an! Gute Freunde, gebt mir noch ein Glas Punsch, aber Eure Bowle wird auch leer, wie ich merke, — die Kraft schwindet. Was wollte ich doch? Euch deuten, wie ich, — wie der Kammergerichts= rath — der Schreiber des tollen Zeuges da, meine ich — zu allen Gesichtern und Geschichten gekommen ist! Deuten! Lächerlich! Wenn ich's — wenn er's selber wüßte! Geheimnißvoll waltet und webt das Göttliche! Gesehen hat er Alles, inwendig und aus= wendig, — auch die Rose hier, und den Vogel im Fluge, die letzten Bilder auf dem Bilderbogen hier. Weshalb aber hier die Rose wächst, und weshalb dem Schaafskopf von Glöckner das gebratene Maul in die Taube — das geflogene Maul — Mau — Mau — Mauz, — Kater Murr — Murmelthier — Murr — mur — mur — la, la" — —

Es ward still! todtenstill! Umnebelnde, wogende, bläuliche Gewölke — war es Taback= oder Punsch=

dampf? — erfüllten das Gemach! Die Lichter brannten düster, sie erlöschten. —

Eins!

dröhnte die Thurmglocke. — Die Studenten tau= melten auf aus dem Schlaf — taumelten zusammen, — nach Hause! — Andern Morgens wußte Keiner was vorgegangen war. Doch auf dem Pandekten= blatt fand Julius die seltsamen Figuren sind Gebilde, die Alle wie im Halbtraum gesehen hatten. —

„Wahrlich, das Ding sieht fast aus wie ein Blatt in Callots Manier," riefen die Studiosen, als sie es verwundert betrachteten. „Wer mag nur der kleine Kerl gewesen seyn! Der Nachtwächter muß ihm den Schlüssel gegeben haben, wie wäre er sonst zu uns gekommen?"

„Allein," dachte Barnabas für sich, „mir hat er jetzt den Schlüssel zu dem Phantasiegeheimniß gege= ben! Das Ganze liegt in der Wohnung. Morgen muß ich eine Kneipe an der Taubenstraßenecke, oder wenigstens am Gensdarmenmarkt haben, und täglich will ich in die Weinhäuser rings umher gehen. Wird dann nicht ein Hoffmann aus mir, so muß der Teufel drin sitzen!" — —

Was das Quartier und die Weinhäuser anlangt, so hat Barnabas seinen Vorsatz herrlich ausgeführt; das Andere muß man abwarten. Wenn er nur den ächten Zauberspiegel nicht vergessen hat, der ihm die Bilder unterm rechten Licht auffängt! Doch ich fürchte, er ist zersprungen, da der Besitzer ihn verlassen mußte!

L. Rellstab.

* * *

Die Zeichnung möchte am schicklichsten zu der kleinen Erzählung „des Vetters Eckfenster" hinpassen, die im vierten Bande dieser Ausgabe enthalten ist.

Die Verlagshandlung.

Herr Striegel!! — N'bischen Käse!

u. h. V. Hoffmann. Landzeichn. v. C. Neureuther

Herr Striegel!! — U'bischen Käse.
Radirt von E. Neureuther.

Hoffmann pflegte in Bamberg im Sommer fast jeden Tag einen, eine Viertelstunde von der Stadt gelegenen Belustigungsort, Bug genannt, zu besuchen. Daß ihm seine Umgebung immer Stoff zu Bemerkungen oder Zeichnungen gaben, wissen wir aus seiner Biographie, und auch Z. Funk erwähnt dessen. Hier in Bug war denn auch unter den gewöhnlichen Gästen ein Kanonikus Seubert*), der Hoffmann eigenthümlich genug schien, abgezeichnet zu werden. Er erwähnte seiner auch im ersten Bande, in dem Schwanke: „die Folgen eines Sauschwanzes," wie auch im fünften Bande, seiner ersten Briefe an Funk, S. 155.

Die obgleich vorzügliche Radirung scheint im Aezen nicht ganz gelungen zu seyn.

---

*) Er starb 1857.

Aus

Hoffmann's Leben und Nachlaß.

———

Auszug aus der protokollarischen Verhandlung
vom 2. Juni 1822.

———

Ich bin aufgefordert worden, meine Meinung
über die vorliegende Rechtsfrage, nämlich:

ob der Leidesdorff'sche, in Wien erschienene
Klavierauszug des Weber'schen Freischützen, nach
dem bei Schlesinger erschienenen Original bear=
beitet, und als ein Nachdruck desselben zu be=
trachten sey?

auszusprechen.

Hier muß ich aber zuvörderst den Grundsatz
aufstellen, daß nach meiner Ansicht, wenn von dem
Nachdruck eines musikalischen Werkes die Rede
ist, die gesetzlichen Bestimmungen der §§. 1025 u. 1026,
Tit. II. Theil 1, des allgemeinen Landrechts, welche
von Auszügen aus Druckschriften handeln, nicht zur
Anwendung gebracht werden können, da es unmög=
lich ist, musikalische Compositionen auf die Weise zu
extrahiren, wie dies bei Büchern geschieht. Ein Nach=
druck einer Composition würde nur in so fern statt
finden, als eine vorliegende gerade so nachgestochen
oder nachgedruckt würde, daß sie identisch mit dem

1 *

Original erschiene; wo eigene Geistesthätigkeit des Bearbeiters eintritt, kann von Nachdruck oder Nachstich nicht mehr die Rede seyn. Ein Beispiel aus der bildenden Kunst wird dies näher erläutern.

Wenn ein Kunstverleger ein Bild in Kupfer stechen läßt, und ein anderer gleichzeitig einen Kupferstich nach dem gleichen Original herausgibt, beiden Stichen aber verschiedene Zeichnungen zu Grunde liegen, so kann der zweite zwar den ersten durch seine Unternehmung in Schaden setzen; nicht aber kann man von ihm sagen, daß er dessen Rechte durch einen Nachstich gekränkt habe. Ganz anders verhält es sich dagegen in dem Falle, wo der Stich von dem zweiten Verleger nach einer Zeichnung bewirkt wird, die etwa durch einen Abdruck, oder mittelst Durchzeichnens der ersten, entnommen ist.

Hier kam es nicht darauf an, daß der zweite Zeichner selbst von seiner Kunst Gebrauch machte, sondern blos durch mechanische Anstrengung erzeugte er die Copie des Originals.

Dies auf die in Rede stehende Frage angewandt, ergibt es sich schon bei dem ersten Anblick des Wiener sogenannten Klavierauszuges, daß derselbe nichts weniger als ein Nachdruck des Schlesinger'schen ist, ja daß letzterer ersterem nicht einmal hat zum Grunde gelegt werden können, sondern daß der Verfasser nothwendiger Weise die Partitur selbst hat vor Augen haben müssen.

Schon die Ouverture, von der man voraussetzen könnte, daß sie in beiden Klavierauszügen gleich wäre , wenn der eine auch nur einigermaßen als ein Nachdruck des andern sollte betrachtet werden können, zeigt eine durchaus verschiedene Behandlungsart; die Weber'sche Art, Klavierauszüge zu machen, hat nämlich etwas ganz Eigenthümliches und Geniales, wogegen der Wiener Auszug ganz nach dem gewöhnlichen Schlendrian gearbeitet ist.

Was die Oper selbst betrifft, so könnte die Bezeichnung auf dem Titel: „Vollständige Ausgabe, mit Hinweglassung der Worte,“ einen, der nicht Sachkenner ist, vielleicht verleiten, anzunehmen, daß auch sämmtliche Singstimmen geliefert, und nur einzig und allein die Worte weggelassen wären, und dies würde freilich ein Nachdruck seyn; indessen ein solcher möchte wohl keine Käufer finden, indem er nur ein sehr mageres Vergnügen gewähren würde. Der gegenwärtige Wiener Klavierauszug hat aber nicht allein eine ganz andere Tendenz, als der Schlesinger'sche, sondern ist auch nach ganz andern Grundsätzen bearbeitet. Seine Bestimmung ist nämlich, von Musikliebhabern, die keine Stimme haben, am Instrumente gespielt zu werden, wobei sie nicht die Melodien zu singen brauchen, sondern sie auf dem Klavier hören. Um diesen Zweck zu erreichen, muß aber von dem Bearbeiter einer Partitur zum Klavierauszuge die Singstimme in die Oberstimme verlegt werden, welches eine durchaus andere Bearbeitung voraußsetzt.

Angenommen nun, daß der Verfasser des Wiener Klavierauszuges, der sich Leidesdorff nennt, die

Absicht gehabt hätte, sich des Schlesinger'schen zu seinem Vorhaben zu bedienen, so würde er, wie schon oben erwähnt, ihn dazu keineswegs haben gebrauchen können, sondern er muß durchaus im Besitz der Partitur gewesen seyn, es sey denn, daß er sein Werk aus einzelnen Orchester- und Singparthien mühsam zusammengestellt hätte. — Ob er es auf die eine oder andere Weise zu Stande gebracht, und ob er dadurch, daß er sich in den Besitz der Partitur gesetzt, die Rechte des ursprünglichen Verlegers des „Freischützen" verletzt habe? — dies sind andere Fragen, zu deren Entscheidung alle Data fehlen; in jedem Fall aber würde, durch einen solchen Mißbrauch der Partitur oder der Stimmen, der Thatbestand eines andern Vergehens, als das des Nachdrucks, begründet werden.

———

Einiges aus Hoffmann's Notatenbuch für das letzte Jahr seines Lebens.

Kammergerichtsrath Uhde, in den vierziger Jahren in Berlin, Componist und Sänger. Gerber's altes Künstlerlexicon. Theil 2. Seite 696.

Wie ein Arzt glaubte, die Leiden seines Patienten rührten von einem Wurm her, den er im Leibe trage, und darauf los kurirte, bis der Wurm wirklich abging. Es war eine total neue Species, ein gräuliches Ungeheuer, vielfüßig u. s. w., und erhielt einen neuen Namen; jenem Arzt als Entdecker zu Ehren, wurde er wie er geheißen. Am Ende entdeckte es sich jedoch, daß der Wurm, — ein unverdauter Rosinenstengel — war.

Zu machen: der Nachtwächter, eine geheimnißvolle Person, die nächtliche Abenteuer erzählt (diable boiteux?).

Traum. Die Polizei nimmt alle Uhren von den Thürmen herab, und confiscirt alle Uhren, weil die Zeit confiscirt werden soll. Die Polizei bedenkt aber nicht, daß sie selbst nur in der Zeit existirt.

———

Fabel. Jedermann hat einen Beutel vor sich hängen, in welchen er die Fehler seines Nachbars steckt, und einen andern hinter sich, in welchem seine eigenen sind.

———

Die Hunde bellen den Mond an, aus Mißgunst, wie man sagt. Ursache davon? (Zu erfinden.)

———

Cardani merkwürdige Schilderung von sich selbst. Bayle. Verglichen damit Diderots Schilderung von Rameau's Neffen.

———

Berliner Bauordnung vom 30. November 1641. Darin wird den Bauern untersagt, Sauställe auf offener Straße anzulegen.

———

Jean Paul Komet. Magnetisch heilende Kraft des Körpers? — Gegenstück. Der Arzt reitet durch die Straße, und, von beiden Seiten stecken, aus dem obern Stock der Häuser, die Patienten die Zungen heraus.

***

Situation eines glücklichen Autors. Er fährt in einem kleinen Einspänner nach der Leipziger Messe, hinter ihm folgen aber 6 bis 8 ungeheure Lastwagen mit Ballen; es sind seine sämmtlichen Werke.

***

Aus Acten. Man wollte nicht glauben, daß der Inculpat so viel Geld mitgebracht; da zeigte er das Fäßchen, worin die Papiere gewesen, — und Alles glaubte daran.

***

Roßtäuscher, — einer der mit Roßen täuscht.

***

Jemand, dem der Concertsaal im neuen Schauspielhause gezeigt wird, meint, der Orpheus sey ein Aushängeschild für wilde Thiere, die darin zu sehen.

***

Eine Frau, die in der Todesnoth dem Manne gesteht, daß sie ihm untreu gewesen. Darauf der Mann: ein Vertrauen ist des andern werth; eben, weil du mir untreu gewesen, darum stirbst du an dem Gift, das du von mir bekommen.

Die bekannte Anecdote von dem Charlatan, der Flohpulver verkaufte, und dem Bauer („auch gut") ist noch sehr gut zu benutzen, um daraus, wie es in den gestis romanorum heißt, eine vortreffliche Moralisatio zu ziehen; z. B. was du auf kurzem, sicherm Wege erlangen kannst, sollst du nicht auf weitem, unsicherem suchen.

———————

N. b. Die beiden sich umarmenden Juden, die Lichtenberg in Erz gegossen wünschte zum ewigen Denkmal.

———————

Ein sehr schönes Bild ist von den sogenannten deformirten Gemälden herzunehmen. Es sind z. B. auf einer Tapete verschiedene Theile, Züge eines Bildes verstreut, so daß man nichts Deutliches wahrnimmt; aber ein besonders dazu geschliffenes Glas vereinigt die verstreuten Züge, und durch dasselbe schauend, erblickt man das Bild. (Wieglebs Magie.)

———————

Ein alter Musikmeister sagte von einem Fräulein, die bei großer Fertigkeit das Fortepiano geist- und seelenlos spielte: „Gott, wenn der Gnädigsten doch ein paar Hände in die Handschuh' wüchsen, womit sie über die Tasten herfährt.

———————

Vom zu Buche tragen des Witzes. Lichtenberg's, Hippel's, Voltaire's Nachlaß.

Es gibt Künstler, die dem Bajazzo gleichen,
wenn er einen gewaltigen Anlauf nimmt, und dann
plötzlich stehen bleibt, ohne den Sprung zu wagen.
Das sind die Schauspieler ohne wahrhaftes Genie,
im Innern hohl, nur äußern Prunk borgend zum
mächtigern Gotte. Der Anlauf (das Vortheilchen
nach Iffland's weltbekannter Anekdote) läßt sich allenfalls erlernen; die Kraft zum Sprunge selbst ver-
leiht allein die Natur, deßhalb bleibt es bei jenen
Schauspielern denn immer beim Anlauf zum Sprunge.

Hogarth's Quacksalber in der Heirath nach der
Mode hat eine sehr komplicirte Maschine gebaut,
mit künstlichen Hebeln, Gewichten, Rädern, Wellen-
zügen, Schwanzschrauben u. s. w., um — einen
Pfropf aus der Flasche zu ziehen. Eher wird aber
die arme in die Maschine eingeklemmte Bouteille
in tausend Stücke zerbrechen, als der Pfropf sich nur
um ein Haar breit heben. Manche Kunstleistungen
gleichen dieser Maschine. — Mit dem Aufwand aller
reichen Kräfte, die sich darbieten, werden ungeheuere
Anstalten gemacht, die aber, statt die einfache Wirkung, welche beabsichtigt, hervorzubringen, nur das
Ganze rettungslos zerstören.

Die wunderbaren Sprünge und Capriolen un=
serer jetzigen Tänzer erinnern sehr lebhaft an die
sinnreiche Art, wie die Araber ihre Kameele tanzen
lehren. Besagte Kameele werden nämlich auf einen
Boden von Blech geführt, unter dem ein Feuer an=
gezündet. So wie das Blech mehr und mehr er=
glüht, heben die Thiere die zierlichen Pfötchen höher
und höher, und immer höher und konfuser, so wie
die Glut steigt, so daß sie zuletzt beinahe mit allen
Vieren in den Lüften schweben! — Das ist denn
recht artig anzusehen, und mancher europäische Bal=
letmeister mag bei dem Anblick dieser reinen Natur
in ihrer vollen Anmuth und Kraft zur Erfindung
ganz neuer absonderlicher Pas begeistert worden
seyn. Man merkt's an den Balleten der neuesten
Gattung.

Die pantomimischen Convulsionen des monoto=
nen oder ganz tonlosen Schauspielers könnte man,
da der Krampf sich vorzüglich in den Händen zeigt,
=billiger Weise, Händegeschrei nennen. Der Zu=
schauer wird dabei in den beängstigenden Zustand
des Tauben versetzt, der die Worte blos sieht, ohne
sie zu hören, oder wenigstens zu verstehen.

Bei der Anpreisung des Kaleidoskop's wurde,
Rücksichts der schönen Verbindung des Angenehmen

mit dem Nützlichen, vorzüglich gerühmt, daß es die Fantasie der Kattundrucker und Westenfabrikanten zu den unerhörtesten Mustern beflügeln könne. Sollte ein munterer Kopf von Mechanikus nicht leichtlich ein Kaleidoskop für preßhafte Dichter zu erfinden vermögen? Die kleinsten, ordinairsten, miserabelsten, läppischten Gedanken dürften nur hineingeworfen werden, um sich, gehörig gerüttelt und geschüttelt, zu den sonderbarsten Bildern zu fügen. Würde der Dichter nicht in frohem Staunen, in heller Begeisterung, auf Gedanken gerathen, an die er in der That selbst gar nicht gedacht? — Doch, es spukt ja wohl schon viel kaleidoskopisches Wesen auf den Bühnen?

———

Die verschiedenen Richtungen der Dichter, die sie nach dem Uebergewicht dieser oder jener ihnen einwohnenden Kraft nehmen, könnte man mittelst einer förmlichen Windrose bezeichnen. Die entgegengesetzten Pole, Nord und Süd, bezeichnen Verstand und Fantasie, Ost und West, Geist und Humor. Nun schaffen sich dann die abweichenden Grade, wie in der Schiffsrose, von selbst. Z. B. wie Nordwest, Nord=Nordwest, Nordwestnord, Verstandhumor, Verstand=Verstandhumor, Geist=Humor=Geist 2c. Das schlimmste für die Seefahrer möchte hier das beste seyn, wenn nämlich der Wind aus allen vier Ecken bläst. Uebrigens paßt diese Windrose nur für Dichter, die wirklich segeln, oder zu

Lande, nach dem bekannten Spruch Göthe's über die den Reiter verfolgenden Kläffer wirklich reiten. Bei den andern möchte es schwer seyn, die Pole zu finden, die nur allein irgend eine Richtung bestimmen können.

———

Unumstößlicher Beweis, daß der Baumeister N. ein frommer, gottesfürchtiger, deutschbiederer, geistreicher, patriotisch gesinnter, der edlen Turnkunst ergebener, für die Vervollkommnung der Medizin und Chirurgie portirter Mann von großem Verstande und Ansehen ist *).

1) Er ist fromm und gottesfürchtig, denn er ehrt das Alter und mag sogar alte Mauern nicht antasten, sind sie auch noch so schwächlich.

2) Er ist deutschbieder, denn er verläßt sich auf ein ehrliches Aussehen und baut darauf mit vollem Vertrauen.

3) Er ist geistreich, denn ihm fällt jeden Augenblick, was ein.

4) Er ist patriotisch gesinnt, denn seine Einfälle treffen nicht Mitbürger, sondern nur Fremde.

5) Er ist der edlen Turnkunst ergeben, denn seine Einfälle veranlassen die gewagtesten Sprünge.

6) Er ist musikalisch ausgebildet, denn er versteht sich ganz besonders auf das richtige Einfallen.

7) Er ist auf die Vervollkommnung der Arzenei-

———

*) Hatte für Berlin in der mündlichen Tradition Localinteresse.

Wiſſenſchaft und Chirurgie bedacht, denn er ſorgt durch ſeine Einfälle dafür, daß es der Pepiniere nie an merkwürdigen, innerlich oder äußerlich Beſchädigten fehlt, um ihre Kunſt daran zu üben.

8) Er iſt von großem Verſtande, denn, wenn er für etwas ſteht, hat er ſich allemal ver= ſtanden.

9) Er iſt von großem Anſehen, denn ſeine ſämmt= lichen Obern haben ihn immer für einen tüch= tigen Baumeiſter angeſehen.

Zum Katzenbuch. Till Eulenſpiegel war ver= gnügt, wenn er Berg auf ſtieg, weil er ſich darauf freute, wenn es wieder Berg ab gehen würde, und traurig, wenn es Berg ab ging, weil er das Auf= ſteigen fürchtete. Was wird mir Schlimmes begeg= nen, da ich heute im Gemüth ſo heiter bin; welche Freude ſteht mir bevor, da mich Traurigkeit ſo nie= derdrückt?

Iſt es Katzenmöglich!

Jakobus Snellpfeffers Flitterwochen vor der Hochzeit.

(Einſchiebſel. Dazu kann das Bild eines Spa= zierganges durch einen Garten gebraucht werden. Rechts und links gibt's da: — Schmollwinkelchen, — Lauben — Dornbüſche u. ſ. w.; z. B. Jasmin=

laube für Liebende; — Dornbusch für Rezensenten, eingebildete Autoren u. s. w. — Ob Snellpfeffer nicht in Hefte, statt in Kapitel, getheilt werden könnte?)

Einen merkwürdigen Charakter könnte der Bruder geben. Erziehung. Rector Wannowski nicht zu vergessen.

Geheimnisse. Jakobus schrieb als Knabe seine Geheimnisse auf; z. B. daß er in Nachbars Tinchen verliebt ist, daß er es war, der den Porzellannapf zerbrach u. s. w. — und versiegelte das Blatt.

Die einzige vornehme Person, die zugleich als eine moralische gelten konnte, mit der er verwandt, war die Kanzlei (Kanzleiverwandter).

Solofürsten und Figurantenfürsten, wie Solotänzer und Figuranten.

————

In der Krankheit, bei schon gelähmten Händen dictirt.

Nicht zu vergessen: Krankheitsperiode vom Januar, Februar, März, April *).

Nicht zu vergessen, für ein ärztliches Journal: besondere Gefühle eines sich selbst scharf beobachteten Kranken.

Anekdote. Authentisch. Ein robuster Kerl läßt sich in der Charité das linke Bein abnehmen, bleibt bei der Operation ganz munter, und jubelt laut, als man ihm das abgenommene Bein zeigt: Bin ich

————

*) Zwei Monate später war er nicht mehr.

die verwünschte Pfote los! Als man ihm den Ver=
band angelegt hatte, spricht er zu *: Lieber Herr **
Chirurgus, Sie haben sich so viele Mühe mit mei=
nem linken Bein gegeben; am rechten sind mir die
Nägel so lang gewachsen; wollen sie mir die nicht
auch gleich abschneiden?

Einzelne Züge zur Charakteristik Hoffmanns.

Hoffmann war von sehr kleiner Statur, hatte eine gelbliche Gesichtsfarbe, dunkles, beinahe schwarzes Haar, das ihm tief bis in die Stirn gewachsen war, graue Augen, die nichts besonderes auszeichnete, wenn er ruhig vor sich hinblickte; die aber, wenn er, wie er oft zu thun pflegte, damit blinzelte, einen ungemein listigen Ausdruck annahmen. Die Nase war fein und gebogen, der Mund fest geschlossen.

Sein Körper schien, ungeachtet seiner Behendigkeit, dauerhaft, denn er hatte für seine Größe eine hohe Brust und breite Schultern.

Sein Anzug war in früheren Zeiten seines Lebens ziemlich elegant, ohne irgend ins Gesuchte zu verfallen. Nur auf den Backenbart hielt er große Stücke, und ließ ihn sorgfältig gegen die Mundwinkel hinziehen. Später erregte ihm seine Uniform, in welcher er etwa wie ein französischer oder italienischer General aussah, inniges Wohlgefallen.

In seiner ganzen äußern Erscheinung fiel am meisten eine ausserordentliche Beweglichkeit auf, die auf das höchste gesteigert wurde, wenn er erzählte. Seine Begrüßungen bei'm Empfang und Abschied, mit wiederholten ganz kurzen, schnellen Beugungen des Nackens, ohne daß der Kopf sich dabei bewegte *), hatten etwas fratzenhaftes und konnten leicht als Ironie erscheinen, wenn der Eindruck, den die seltsame Geberde machte, nicht durch sein sehr freundliches Wesen bei solchen Veranlassungen gemildert worden wäre.

Er sprach mit unglaublicher Schnelle und mit einer etwas heisern Stimme, so daß er, vorzüglich in den letzten Jahren seines Lebens, wo er einige Vorderzähne verloren hatte, sehr schwer zu verstehen war. Wenn er erzählte, war es immer in ganz kurzen Sätzen; nur, wenn die Rede auf Kunstsachen kam und er in Begeisterung gerieth, ein Zustand, vor dem er sich aber zu hüten schien, bildete er lange, schöne, gerundete Perioden. Wenn er Arbeiten von sich vorlas, schriftstellerische oder amtliche, so eilte er über das unbedeutendere dergestalt hinweg, daß der Zuhörer kaum zu folgen vermochte; die Stellen aber, die man im Gemälde die Drucker nennt, betonte er mit einem fast komischen Pathos, spitzte dazu den Mund, schaute um sich, ob sie auch faßten, und brachte dadurch oft sich selbst und sein Publikum aus der Tramontane. Er fühlte, daß er, um dieser Angewohnheit willen, nicht gut las **),

---

*) Vergl. hier, wie die ganze Schilderung von Hoffmanns Persönlichkeit in den „Erinnerungen 1r Bd." S. 1 u. ff.
**) Ebenso S. 136.   3. F.

und hatte es ungemein gern, wenn ein anderer ihm
dies Geschäft abnahm; aber das war kitzlich genug,
besonders wenn von handschriftlichen Aufsätzen die
Rede; denn jedes falsch gelesene Wort, oder auch
nur ein zögernder Blick auf ein solches, um es rich=
tig zu lesen, war ihm ein Dolchstich, und er mußte
dies nicht zu verbergen. Als Sänger hatte er eine
schöne, kräftige Bruststimme, Tenor *).

Es war schwer, in Bekanntschaft mit ihm zu
kommen **). Er selbst blieb lange verschlossen, und
hörte auch wenig auf Menschen, die er erst kennen
lernte, wenn sie nicht ganz besonders interessant

---

*) Ich habe seiner Stimme nie besondern Geschmack abgewin=
  nen können, weil er sich beim Vortrag irgend eines Ge=
  sangstücks gewöhnlich überschrie, und, wie beim Vorlesen,
  allzuviel accentuirte, so, daß das sogenannte Tragen der
  Stimme im deklamatorischen Pathos gewöhnlich unterging.
  Unerträglich war mir aber sein Gesang, wenn er sich beim
  Klaviere selbst begleitete, und — besonders wenn er durch
  Wein exaltirt — auf das Instrument so gewaltig loshäm=
  merte, daß man jeden Augenblick das Springen der Saiten
  befürchtete. Sang er aber gar ein Duett mit einer Dame,
  die ihn interessirte, so bedurfte es alles Zusammennehmens
  von Seiten des Zuhörers, um nicht in lautes Gelächter
  auszubrechen, über die der Dame zugeworfenen schmelzen=
  den Blicke, oder über die verzückten, dem Himmel zugekehr=
  ten Augen, den süß gespitzten Mund u. s. w.   J. F.

**) In der Regel vollkommen richtig; meine Bekanntschaft
   mit Hoffmann war jedoch das Werk weniger Augenblicke.
   S. Erinnerungen 1r Bd. den ganzen ersten Abschnitt.
                                                    J. F.

waren. Alte Bekannte giengen ihm über alles; er fühlte sich bequem mit ihnen, und mehr verlangte er nicht. „Wie mag doch Hoffmann mit dem und dem umgehen können?" diese Frage, die man so oft machte, beantwortete sich am besten dahin: „weil er den und den schon so und so lange kannte." Eine gleiche Gesinnung forderte er aber auch gebieterisch von seinen Freunden. Sie sollten keinen Gott haben neben ihm; er betrachtete es als eine Felonie, wenn sie sich verheiratheten, mit ihren Kindern lebten u. s. w. — Den Umgang mit Frauen liebte er eben nicht. Konnte er (dies war die Regel, von der allerdings einige Ausnahmen Statt fanden) sie nicht mystifiziren, oder sie in die abenteuerlichen Kreise seiner Fantasien ziehen, oder entdeckte er in ihnen nicht etwa entschiedenen Sinn für das Komische, so zog er den Verkehr mit Männern, bei denen sich die letzte Eigenschaft viel häufiger entwickelt findet, bei weitem vor. Denn das Fratzenhafte wie das Verborgenste in der menschlichen Natur zogen ihn am meisten an, und auch über diese Tiefen konnte er vorzugsweise nur mit Männern sprechen. Mehr als reifere Frauen interessirten ihn noch junge Mädchen, die besonders, wenn sie hübsch waren, einen ungemeinen Zauber über ihn übten; doch, hauptsächlich durch den Reiz, den ihr Anblick ihm gewährte, nicht durch die Entfaltung ihres Innern, wozu der Schlüssel ihm fehlte. Dagegen mißlang es ihm nicht, Kinder, in denen er Empfänglichkeit für das Scurrile oder Fantastische fand, wenn er sich mit ihnen abgab, an sich zu fesseln. Unter allen Erscheinungen in der Gesellschaft war ihm die gelehrter Frauen am gründlichsten zuwider. Legte es eine solche auf ihn an, und ließ es sich, wie auch wohl vorgekommen ist, gar beigehen, in einer Art von Pairschaft ihm nahe zu treten, — etwa bei Tische, ihren Platz neben ihm aufzuschlagen, so war er im Stande, sein Couvert aufzunehmen, und damit in die weite Welt zu fliehen, bis er an einem entfernten Ende sich unbemerkt irgendwo einbürgern konnte *). Künstlerinnen

---

*) Wie könnte die Unmilde, mit welcher Hoffmann hier, wie überall, sein Mißfallen äußerte, wohl gerechtfertigt werden wollen? In der Sache selbst aber, wer möchte ihm Unrecht geben? Schon finden die besten Bücher keine Leser mehr, weil fast alle Leser unter die Schreiber gegangen sind, und wenn bis vor wenigen Jahrzehenden die Empfänglichkeit für das, was andere gedacht und empfunden, wenigstens noch bei Leserinnen anzutreffen war, so mindert sich deren Zahl auch von Tage zu Tage, weil die der Schreiberinnen wächst, wie der Sand am Meere. Daß hierdurch die Autoren offenbar beeinträchtiget werden, die sonst ihre schönsten Kränze von den Frauen erwarteten, und daß die Fluth mittelmäßiger Bücher auch durch die Schindelschen Schaaren immer mehr angeschwellt, am Ende die Literatur zu verschlingen drohen wird, ist noch der geringste Nachtheil gegen den, daß der schönste Schmuck des Weibes, die Weiblichkeit, bei dem gerügten Unwesen mehr und mehr in die Brüche geht. Es soll hiermit gerade nicht über die Recensentinnen, Kunstcorrespondentinnen u. s. w. insbesondere der Stab gebrochen werden (eben so wenig aber auch ist es auf ihre Apologie abgesehen), sondern es sind alle Schriftstellerinnen als solche gemeint, die den stillen Heim ihres weiblichen Berufs (worunter nicht der Kochherd verstanden wird), verlassen, um sich öffentlich vor der Welt mit ihren Gedanken, Empfindungen, Stärken und Schwächen zu pro-

jeder Art, ohne ihren gewöhnlichen Tik, waren ihm angenehmer. Für sittliche Würde des Menschen

druckem In dieser Oeffentlichkeit liegt das Uebel. Wäre es nicht grausam und ungerecht, von einem Weibe, dem der Himmelsfunke der Dichtkunst geschenkt ist, zu fordern, sie solle ihn ersticken, und sich und andere nicht an ihrem Feuer wärmen? Aber, — daß eine heutige Dichterin kein noch so heiliges Gefühl in ihrem Busen hegen darf, ohne es Morgenblatt und Abendzeitung brühwarm anzuvertrauen, daß Klagen um ihre verlornen Lieben, wie um ihre verkannte Treue, in allen Kaffeehäusern auf den Tischen umher liegen, und von den Gästen zu den Cigarren eingenommen werden müssen; daß manche eher keine Ruhe finden, als bis selbst alles das, was sich ein wirkliches Weib kaum recht zu gestehen wagt, schwarz auf weiß vor ihr dalliegt, um an irgend eine Redaction zum Druck abgesandt zu werden; — solches Treiben hätten die Frauen unserer Zeit billig den Männern, die es freilich auch nicht besser machen, von denen man indessen auch weniger Zartheit zu fordern berechtigt ist, überlassen sollen. Dies, und dann die beliebte Universalität in dem Streben literarischer Frauen, die selbst den Casanova in den Kreis ihres Urtheils ziehen zu müssen meinen, — weil es ein Buch ist, — gibt dem Manne, dem Weiblichkeit im Weibe über alles geht, in der Regel den Abscheu vor der Zunft der Schreiberinnen; nicht etwa Neid oder Monopolgeist, wie Thörinnen hie und dort wohl gemeint haben. „Wenn du betest, so geh' in dein Kämmerlein, schließ' die Thür zu, und bete zu deinem Vater im Verborgenen," hat unser Heiland gesagt; es soll gewiß mit dem Tiefsten, was die Menschenbrust bewegt, seyn, wie mit dem Gebet. Frauen, die ewig gedruckt lieben und weinen, gleichen aber denen, „die da gerne stehen und beten an den Ecken und auf den Gassen, auf daß sie von den Leuten gesehen werden." Auch sie haben ihren Lohn dahin; sie werden citirt und critisirt, und wenn es hoch kommt, panegyrisirt, wie die Männer; man läßt ihrer technischen Fertigkeit im Dichten (in welcher ja jeder Schulknabe es jetzt zu einem gewissen Grade gebracht

äußerte er, durch die Wahl seines Umgangs, wenig Sinn. Gesinnung galt ihm in geselliger Beziehung nichts. Als höchste Empfehlung diente bei ihm die Fähigkeit, sich durch ihn ansprechen zu lassen (er hatte sich gegen seine Freunde gesetzt, wie etwa ein Buch, wenn man es sich personifizirt dächte, gegen

---

haben muß), Gerechtigkeit widerfahren u. dergl.; aber — lieb haben oder gar heimführen, wird sie kein männlicher Mann; Vorzüge, deren sie, wie prosaisch man sie auch die Ehe oft schelten hört, sich doch auch gar nicht gern begeben zu mögen scheinen. — Siehe eilf Zwölftel aller Frauenromane jeglicher Messe, in denen das Grundthema ein mit Recht verfehlt genanntes Leben ist.

Eine rührende Geschichte wird deutlicher machen, was der Verfasser meint. Vor einigen Jahren starb eine seiner geachtetesten Freundinnen in der Blüthe ihres schönen Lebens. Nach ihrem Tode fand ihr Gatte in ihrem Pulte ein wunderherrliches Gedicht, welches ein Vorgefühl des Hinscheidens enthält, und übersandte davon dem Freunde eine Abschrift, mit dem Bemerken, daß seine Frau es wahrscheinlich selbst gedichtet habe. Also, selbst der Mann wußte nichts von der Fähigkeit der Gattin, ihre reinen Gefühle so meisterhaft auszusprechen. Auch Benedikte Naubert (Verfasserin des Walter von Montbarry, Herrmann von Una u. s. w. — eine der objektivsten Schriftstellerinnen Deutschlands, die wirklich Bücher, und nicht ihre Theezirkel schrieb —) sey unvergessen; der, wie sie dem Verfasser selbst erzählte, ihr Verlobter zur Hochzeit ihre eigenen Werke in sauberen Maroquinbänden schenkte, weil er eine Neigung zur Lectüre historischer Schriften in ihr bemerkt, und sich zu den Büchern seiner nachmaligen Braut, als deren Schöpferin er sie natürlich nicht kannte, vorzugsweise hingezogen gefühlt hatte.

Diese Beispiele zeugen von ächter Weiblichkeit; ist es doch aber eine Erfahrung so alt als die Welt, daß man sich bückt, um das Veilchen zu pflücken, während man die Sonnenblume stehen läßt, wie breit sie sich auch am Wege mache.

seine Leser); hierauf folgte die, ihm zu amüsiren, was nur durch schlagenden, nicht viel Raum einneh= menden Witz, oder eine Fülle gut, und vor allen Dingen kurz und schnell vorgetragener Anekdoten u. dergl. geschehen konnte; endlich der Besitz irgend einer Eigenschaft, die ihm imponirte, z. B. eines ausgezeichneten Muthes, oder der moralischen Kraft, den Lockungen mit Bewußtseyn Widerstand zu leisten, die ihn unwiderstehlich mit sich fortrissen. Wer ihn nicht auf irgend eine dieser Arten anzog, der war ihm gleichgültig, und durfte nur eine Blöße geben, um Gegenstand seines scharfen Spottes oder Tadels zu werden, mit welchem er nur seine wenigen wah= ren Freunde verschonte.

Im geselligen Zirkel bei sich war Hoffmann am liebenswürdigsten. Die Heiligkeit des Gastrechts ließ ihn manches geduldig ertragen, was ihm in der in= nersten Natur zuwider war, und genügte ihm der Geist nicht, der sich in seiner Gesellschaft entwickelte, so suchte er sich durch die Sorge für die leibliche Nahrung derselben zu zerstreuen; er nahm seiner Frau das Geschäft ab, den Salat, Cardinal oder Punsch zu machen, was er übrigens alles meister= haft verstand; mit andern Worten, wollten ihm seine Gäste nicht recht schmecken, so freute er sich wenigstens daran, wenn es ihnen recht schmeckte. Dagegen war er, wie schon oben bemerkt worden, im höchsten Grade unerträglich, wenn er da Lange= weile fand, wohin man ihn eingeladen. Er schien es dann immer nicht verschmerzen zu können, daß

er einen Abend verlöre, den er sonst bei seinen Lieb=
lingsarbeiten, oder in der Umgebung, in der es ihm
nun einmal gemüthlich war, zugebracht haben würde.
Vieles kam dabei auch darauf an, wie er eben an
einem oder dem andern Tage gestimmt war. Es
konnte ihn heute ärgern, worüber er gestern gelacht,
oder sich gefreut haben würde. Niemand wußte
besser, als er selbst, wie sehr er unter der Herrschaft
der Laune stand. Er hat in seinen Tagebüchern
eine ganze Scala der Stimmungen hinterlassen, durch
die er die eben verflossenen Tage bezeichnete; z. B.
Stimmung zum romantisch=religiösen; exaltirt=humo=
ristische Stimmung, gespannt bis zu Ideen des Wahn=
sinns, die mir oft kommen; humoristisch=ärgerliche;
musikalisch=exaltirte; gemüthlich aber indifferente; un=
angenehm=exaltirte romaneske Stimmung; höchst är=
gerliche Stimmung, bis zum Exceß romantisch und
capriciös; ganz exotische Verstimmung, sehr exaltirte,
aber poetisch=reine, höchst comfortable, schroffe, iro=
nische, gespannte, höchst morose, ganz cadüke, exo=
tische aber miserable, exaltirt=poetische Stimmung, in
der ich eine tiefe Ehrfurcht vor mir empfand und
mich selbst unmäßig lobte; senza entusiasmo, senza
exaltatione, schlecht und recht; — un poco exaltato,
senza poetica; sehr fröhlich, ma senza furore ed
un poco smorfia u. s. w.

Kannte ihn nun ein Freund ganz genau, wie
z. B. der Verfasser, so wußte er gleich bei Hoff=
manns Eintritt ins Zimmer, in welchem Sternbilde
eben seine Laune stand, und wie man ihn heute zu

nehmen habe, um Eruptionen zu vermeiden, wenn Gewitterwolken drohten; behandelte man ihn falsch, so fühlte man augenblicklich die Folgen. Verstellung war ihm durchaus fremd; man wußte immer, woran man mit ihm war; wer ihn langweilte, den gähnte er an, und wer ihm Aergerniß gab, dem wies er die Zähne *).

Wollte man nun aus allem diesen den Schluß ziehen, daß Hoffmann ohne alle natürliche Gutmü= thigkeit gewesen, so würde man ihm Unrecht thun. Vielmehr gab er häufig davon Beweise. Aber an= dere hervorstechende Eigenthümlichkeiten seines Cha= rakters vermischten sich so wunderlich mit seinen Aeußerungen von Bonhommie, daß wer ihn nicht durch und durch kannte, ganz irre an ihm werden mußte. Ein Beispiel wird dies erläutern.

An einem Herbstmorgen kam er zum Verfasser, und erzählte ihm, noch ganz erfüllt von dem Erleb= ten: als er eben über dem Gensd'armesmarkt gegan= gen, habe er Folgendes mit angesehen. Ein aller= liebstes kleines Mädchen aus der untersten Volksklasse wäre vor die Bude einer Höckerin getreten, und habe von dem Obste, das jene feil bot, etwas ver= langt. Mit rauher Stimme habe das Weib sie an= gefahren, sie solle ihr zeigen, wie viel Geld sie daran

*) Man vergl. in den Erinnerungen 1r Band die beschriebene Scene mit dem Glas Wasser, S. 28—51. J. F.

2 *

wenden könne, und als das Kind nun mit der freu=
digsten Unschuld seinen Dreier hervorgeholt, sey er
ihm mit den Worten zurückgestoßen worden: daß
es dafür nichts gäbe. Zum Tode betrübt wäre die
Kleine abgezogen. Da — so fuhr Hoffmann fort,
— näherte ich mich dem alten Weibe, die wohl be=
merkt, daß ich Zeuge der ganzen Scene gewesen, und
steckte ihr ein Viergroschenstück in die Hand. Eilends
rief sie nun das Kind zurück, und füllte die kleine
Schürze mit den allerschönsten Pflaumen. Sie können
ihn sich wohl ausmalen, diesen Wechsel der höchsten
Betrübniß und der unaussprechlichsten Freude. Bis
so weit sieht die Geschichte Jedermann ähnlich, der
mit wohlwollendem Herzen eine Liebesgabe gereicht
hat. Aber nun — erzählte er weiter, und das war
der ganze Hoffmann — hat mich auf dem Wege
zu Ihnen der Gedanke schon zermartert, und ich
kann ihn nicht los werden, daß das Kind sich an
den Pflaumen die Ruhr an den Hals essen, und so
die Lust, die ich ihm bereitet, die Ursache seines
Todes werden wird.

Was diese Besorgniß veranlaßte, war nichts
anderes, als der zur firen Idee bei ihm gewordene
Glaube, daß wo dem Menschen Gutes widerfahre,
auch das Böse immer im Hinterhalte laure; „daß,“
wie er es in seiner Redeweise energisch auszudrücken
pflegte, „der Teufel auf Alles seinen Schwanz legen
müsse“ *). Dies Wort führte er bei jeder passenden

---

*) S Erinnerungen 1r Band S. 42.   3. F.

Veranlassung im Munde, und es wird, wie es dem Verfasser scheint, durch diesen Glauben Vieles in seinen Schriften klar. Immer verfolgte ihn die Ahnung geheimer Schrecknisse, die in sein Leben treten würden; Doppelgänger, Schauergestalten aller Art, wenn er sie schrieb, sah er wirklich um sich *),

---

*) Nicht nur wenn er schrieb, sondern mitten im unschuldigsten Gespräch am Abendtisch, beim Glase Wein oder Punsch, sah er nicht selten Gespenster, und mehr als einmal, wenn ich erzählte, unterbrach er mich mit den Worten: „Entschuldigen Sie, Theuerster, daß ich in die Rede falle. Aber bemerken Sie denn nicht dort in der Ecke rechter Hand den kleinen, ganz verfluchten Knirps, wie er sich unter den Dielen hervorhaspelt? Sehen Sie doch, was der Teufelskerl für Kapriolen macht! — Sehen Sie — sehen Sie — jetzt ist er weg! O geniren Sie sich doch nicht, liebenswürdiger Däumling, bleiben Sie gefälligst bei uns, — hören Sie unsern überaus gemüthlichen Gesprächen gütigst zu — Sie glauben gar nicht, was uns ihre höchst angenehme Gesellschaft für Freude machen würde! — — Ach, da sind Sie ja wieder! — — Wäre es Ihnen nicht gefällig, etwas näher zu treten? — Comment?" — (hier trat ein heftiges Muskelspiel des Gesichts hinzu) — „Sie belieben was weniges zu genießen? — — Was belieben Sie doch zu sagen? — Wie? — — Sie gehen ab? — Gehorsamer Diener" u. s. w. Indem er solch kauderwelsches Zeug, mit stieren Augen nach der Ecke gerichtet, woher die Vision kam, sprach, fuhr er dann schnell, sich gegen mich wendend, wieder auf, und bat ganz ruhig fortzufahren. Wurde er nun von mir oder einem andern Anwesenden ausgelacht, oder gar einen Narren oder Hans Dampf gescholten, so versicherte er mit der ernstesten Miene und bei in Falten gezogener Stirn: daß man nur glauben solle, wie das gar kein Spaß gewesen sey, indem er die beschriebenen Gestalten mit leibhaftigen Augen gesehen, was ihn übrigens gar nicht genire und sehr oft passire. War seine Frau zugegen, so rief er sie zur

und deßhalb, wenn er in der Nacht arbeitete, weckte
er die schon schlafende Frau, die, ihn kennend und
liebend, willig das Bette verließ, sich ankleidete, mit
dem Strickstrumpf an seinen Schreibtisch setzte, und
ihm Gesellschaft leistete, bis er fertig war. Daher
das so ergreifend Wahre seiner Schilderungen in
dieser Gattung, wie es denn überhaupt wohl wenige
Dichter gegeben haben mag, die mehr identisch mit
ihren Werken gewesen, als Hoffmann mit den seinigen. Wenn man ihm öfters Manier vorgeworfen,
so trifft dieser Vorwurf nicht die Art, wie er seine
Charactere zeichnete, sondern wie er selbst im großen Buche der Schöpfung gezeichnet war. Nächst
dem Schauervollen, war das Scurrile das ihm ganz
eigenthümliche Element. Zwischen beiden gab es für
ihn keine gemüthliche Mitte; von seinen Schrecken
ruhte er beim Anschauen der Possenspiele aus, die
seine Fantasie ihm in den Erholungsstunden vor-
gaukelte. Auch hier ist, was er geschrieben, ganz
subjektiv, und man kann sagen, daß diejenigen seiner
Erzählungen, die ein objektives Gepräge haben, weil
nichts Gräßliches und nichts Fratzenhaftes darin
vorkommt, wie z. B. Meister Martin, von einem
Hoffmann herrühren, der sich in dem eigentlichen
Hoffmann kaum nachweisen ließ.

———

Bekräftigung des Gesagten wohl noch mit den Worten auf:
„Nicht wahr Mischa?" (Misza, Mischa, Abkürzung des
polnischen Namens Michaeline), worauf diese dann lächelnd
und kopfnickend einstimmte.   J. F.

Daher ist auch die konstante Erscheinung zu erklären, daß er in dem Maße, in welchem seine Dichtungen sich von seiner Subjectivität entfernten, sie nicht liebte; ja dergestalt an der Möglichkeit zweifelte, daß sie dem Publikum gefallen könnten, daß nur Hitzig's Urtheil, den er als gewesenen Buchhändler für vertraut mit dem Geschmack der Menge hielt, in der Regel ihn darüber zu beruhigen vermochte.

Dagegen hegte er eine blinde Vorliebe für diejenigen seiner Werke, in denen sich seine Eigenthümlichkeit auf die seinen Lesern am wenigsten angenehmste Weise entwickelt hatte, die entweder die schaudervollsten Schilderungen des Wahnsinns, oder die geisterhaftesten Zerrbilder, wie z. B. die Brambilla, aufstellten.

Auch war diese Richtung seines Geistes die Ursache, weshalb er, außer den größten Dichtern und oft den trockensten Büchern, in denen er Data fand, die er auf seine Weise in sich verarbeitete, — sich damit imprägnirte, wie er es gern nannte, — eben nichts lesen mochte, weil nichts so leicht die Extreme berührte, bei denen er sich allein behaglich fand.

————

Wie im Intellectuellen, das immer bei Hoffmann vorherrschte, so auch im Physischen. Im Essen war er sehr mäßig, weil sich diesem Genuß keine geistige Seite abgewinnen läßt; nur das feinste reizte

ihn, und oft mehr der Idee willen, daß es das
Leckerste sey, als um des Wohlgeschmacks. Aber
auch im Trinken suchte er anfangs, ehe es ihm
Gewohnheit und Bedürfniß geworden, nur Steige=
rung des Vermögens, wie ihm denn wirklich die
Rede zu allen Zeiten am besten floß, wenn er durch
Wein aufgeregt war. Ein schmutziger Säufer ist er
nie gewesen, was auch die Verleumdung darüber
verbreitet haben mag *).

———

Von der freien Natur war Hoffmann nie ein
besonderer Freund. Der Mensch, Mittheilung mit,
Beobachtungen über, das bloße Sehen von Menschen,
galt ihm mehr als Alles. Ging er im Sommer
spazieren, was bei schönem Wetter täglich gegen
Abend geschah, so war es immer nur, um zu öffent=
lichen Orten zu gelangen, wo er Menschen antraf **).

———

*) S. Erinnerungen 1r Band, Seite 22. u. 23.   J. F.
**) Hier sey mir der Raum zu einer weitläuftigern Anmerkung
    gestattet, die man hoffentlich für keine Abschweifung vom
    Gegenstande, als vielmehr für eine Abtragung alter Schuld
    auf mehrere, bei Beurtheilung meines Buchs über Hoff=
    mann, an mich gestellte Fragen ansehen wird.
       In der Biographie Wetzels (siehe Erinnerungen 1r Bd.
    Seite 273 u. ff.) sage ich von ihm:
       „Aeußere Ehren, Rang, Stand, rauschende Vergnügun=
    gen, Freuden der Tafel, waren keine Anziehungspunkte
    für ihn; dahingegen sich täglich in Gottes herrlicher Natur
    zu ergehen, an Gottes Altären auf Bergen zu beten,
    seine Kinder auf dem Arme dort hinauf zu tragen, be=

Auch unterwegs fand sich nicht leicht ein Weinhaus,
ein Conditorladen, wo er nicht eingesprochen, um

gleitet von einem gleichfühlenden Freunde, das war
seine einzige Seligkeit.

Hoffmann liebte nur die von Menschen belebte und
bewegte Natur; Wetzel die stille Göttin in ihrem ein=
fachsten Kleide, unbelauscht und ohne Zeugen.

Wie Wetzels geistiges Thun und Treiben sich dem
Gewöhnlichen und Flachen entzog, so konnte sein Ge=
müth auch nur auf hohen Standpunkten, auf Bergen,
wahre Befriedigung finden. Ihm war ein Spaziergang
keiner, wenn nicht ein Berg erstiegen war, und hier
entsprangen auch seine schönsten Lieder, hier das herr=
liche, früher erwähnte:

Auf Bergen wohnt die Freiheit, da blüht Leben
Und Lebenslust vollauf!
Wo Berge sind, ist Gott, und Engel heben
Die Seele himmelauf! u. s. w.

Es war ein wahrhaft rührender und erhebender
Anblick, den Freund in Gesellschaft seiner Familie an
Sommerabenden seinen täglichen Spaziergang machen
zu sehen. Er selbst trug gewöhnlich sein jüngstes Kind
auf dem Arme, die Frau ging ihm zur Seite, die übri=
gen sprangen voran. Besonders stolz war er auf seinen
Wilhelm, den er den Bergkönig nannte, weil er von
frühester Jugend an ihn auf die Berge trug, und die
kräftige und schöne Natur des Knaben dieses Namens
nicht unwerth schien.

Unterwegs wurden von Mutter und Kindern Blu=
men und Gräser gepflückt, und nach erstiegenem Berg=
gipfel sogleich geordnet, in Bouquets vertheilt, oder zu
Kränzen geflochten, während der Vater den Kindern
Mährchen erzählte, oder mit ihnen faßliche Betrachtun=
gen über die vor ihnen liegende Natur anstellte.

Das war das wahre idyllische Freudenleben eines
großen Menschen und Dichters, das aber kein Dichter,
weder Göthe noch Voß, zu beschreiben vermag!" —

2***

zu sehen, ob und welche Menschen da seyen. Man
lese das in den letzten Wochen seiner Todesnoth

Ich glaubte die Gegensätze in den Charakteren Hoff=
manns und Wetzels hiedurch hinlänglich angedeutet zu
haben; dessen ungeachtet aber sagt ein Recensent:

„Wie kömmt es, daß der sonst so umsichtige, treu be=
richtende — — Verfasser uns von dem gegenseitigen
freundschaftlichen Verhältnisse beider Dichter so ganz im
Unklaren läßt, da doch Beide jahrelang Eine Stadt be=
wohnten, und wie angedeutet wird, sich beide persönlich
kannten?" 2c.

Ein anderer äußert sich darüber so:

„Hoffmanns Aufenthalt — Bamberg, ist der Wende=
punkt seines Lebens, die wichtigsten Anregungen, die
schönsten Gedanken hat er hier empfangen, den tiefsten
Anschauungen der innersten Natur ist er hier sich be=
wußt worden; hier fachte sich das übersprudelnde Feuer,
in welchem sein diabolischer Geist, wie der Salamander
ewig neu und jung lebte, noch mehr an, und wurde
zur Flamme, die sein Leben durchleuchtet, durchwärmt,
aber auch verzehrt hat. Auch sein gesellschaftlicher Ton
tritt in allen capriciösen Nüancen so deutlich aus die=
sem Buche hervor, daß seine spätere Lebensweise in ihrem
negativen Elemente leichter sich erklären läßt. Wenn
wir nun neben Hoffmann einen Dichter sehen, der zu
den begabtesten und edelsten Naturen, aber auch zu den
unglücklichsten gehört, weil er gleichsam ein gefesselter
Prometheus war, so möchten wir fragen, warum Hoff=
mann und Wetzel im Leben nie zusammentrafen, da
doch jener nur ein Jahr früher als dieser in Bamberg
ankam, im Jahr 1813 erst abging, und Wetzel von
1809—1819 in Bamberg lebte. Wenigstens hat der Ver=
fasser, gleichweise beiden befreundet, von einem solchen
Zusammentreffen nichts erwähnt; es wäre gewiß in=
teressant gewesen, zwei solche Geister, verschieden, entge=
gengesetzt, und doch in vielem einig, sich begegnen zu
sehen 2c."

Meines Dafürhaltens liegt die Beantwortung dieser Fra=

dictirte „Eckfenster", um sich zu überzeugen, welche
Zerstreuung es ihm gewährte, noch mit halbgebro=

gen deutlich genug in obiger Schilderung beider Naturen,
und wenn ich mich geflissentlich nicht umständlicher
über das gegenseitige Zusammenfinden derselben aussprach,
so geschah es aus einer — gewiß zu ehrenden — Pietät ge=
gen den einen Freund, auf dessen Unkosten ich mich nicht
klarer auszudrücken wagte. Ich ging von der Meinung aus,
daß dem Psychologen durch diese Andeutungen schon hin=
längliches Material gegeben sey, sich zu dem erwähnten
Verhältniß, selbst aufbauend, zu verhelfen. Ich ver=
mag auch bei dieser Gelegenheit nicht, die hingeworfenen
Bausteinchen zu vermehren. Wer sich nach dem Gegebenen
nicht zu sagen weiß, daß bei solchen Gegensätzen nie an ein
harmonisches, freundschaftliches Band zwischen beiden zu
gedenken war, dem wird eine weitere Ausführung eben so
wenig zur richtigen Erkenntniß des Verhältnisses verhelfen,
der Gefahr nicht zu gedenken, daß dadurch das Bild eines
der Freunde ganz unverdienter Weise wohl gar als Frazze
sich gestalten könnte. — Nur so viel, und vielleicht schon
zu viel.

Wenn Hoffmann (wie ebenfalls von mir an einem andern
Orte angedeutet) jeden Naturenthusiasten für einen senti=
mentalen, widrigen Phantasten ansah, und ihn in übler
Laune mit den Worten abfertigte: „Was halten Sie von
der schönen Natur? Ich habe einen wahren Narren d'ran
gefressen!" so hieß das nichts anders, als: „Sie ennuyiren
mich entsetzlich! Ihnen das deutlich zu machen, bekenne ich
mich (ironischer Weise) zu ihrer Sentimentalität, damit nur
einem andern Gespräch auf die Beine geholfen werde." —
Und wenn nun Hoffmann, wie einmal es wirklich geschah,
gegen Wetzel solche Floskeln richtete, so kann man sich den=
ken, wie tief er die heiligsten Gefühle Wetzels dadurch ver=
letzte, und wie wenig dergleichen zu irgend einer gegensei=
tigen Annäherung geeignet war.

Hoffmann und Wetzel achteten sich einander im Geiste,
ohne sich im Herzen zu lieben, und da von Seite des letz=

chenen Augen auf das Gewühl eines menschenerfüll=
ten Marktes zu schauen.

Bei seiner Entfernung von der Natur war es
um so rührender, wie kurz vor seinem Ende die
Sehnsucht nach dem Grünen in ihm erwachte *).
„Gott, es soll Sommer seyn," jammerte er, „und
ich habe noch keinen grünen Baum gesehen." Und
als er zum erstenmal hinauskam ins Freie, entstürz=
ten ihm die hellen Thränen, und er wurde ohnmäch=
tig von der Gewalt des Eindrucks. Nach seiner
Heimkehr faßte er den Plan zu der mitgetheilten
kleinen Erzählung: „die Genesung," die er sogleich
dictirte.

––––––––––

Eigentliche Liebhabereien hatte Hoffmann nicht.
Der Besitz eines hübschen Ameublements im weite=
sten Sinne des Worts möchte allein dafür gelten
können. Für die auf dem Krankenbette intendirte
Einrichtung seines neuen Quartiers hatte er allerlei
Pläne gemacht. Unter andern wollte er eine Stube
mit Hausgeräth in altdeutschem Geschmack meubliren,
und selbst die Zeichnungen dazu entwerfen. Auch
Bücher waren ihm nicht unlieb, doch hat er es bei

––––––––––

teren irgend ein sociales, geschweige freundschaftliches Ver=
hältniß ohne den Verein von Geist und Herz undenkbar
war, so standen sich beide Männer immer ziemlich fremd
und fern gegenüber.   Z. F.

*) Nemesis auf Erden!   Z. F.

seiner großen Unordnung in solchen Dingen nie auch nur zu der allerkleinsten Bibliothek gebracht. Nicht einmal seine eigenen Schriften besaß er vollständig. Er hatte sie verliehen, ohne zu wissen an wen, u. s. w.

Eben so leicht gieng er mit dem Gelde um, das er zuletzt in großen Massen einnahm. Er gab es erst seiner Frau, und nahm es ihr dann wieder ab, um es zu lassen er wußte nicht wo. Mit dieser Frau übrigens lebte er in dem besten ehelichen Verhältnisse *). Sie war die Nachgiebigkeit selbst, und er hat nie ein Geheimniß vor ihr gehabt. Seine Tagebücher, die das Bekenntniß aller seiner Schwächen enthalten, ruhten immer in ihren Händen, und aus ihnen hat sie der Verfasser zur Benutzung empfangen.

Keine Spur von der erwähnten Unordnung in Geld- und ähnlichen Sachen war aber in Hoffmanns Amtsarbeiten zu finden; nie fehlte ihm eine Vortragsnummer oder dergl. Ueberhaupt wußte er den Mann im Staatsdienste von dem im Privatleben auf eine Weise zu scheiden, die seinem praktischen Sinne zur höchsten Ehre gereichte.

In seinem schriftstellerischen Verkehr war schon

---

*) Wie er sie selbst überschätzte, siehe Erinnerungen 1r Bd. Seite 124—126.   Z. F.

weniger Ordnungsliebe. Wollte er einem Freunde
aus einem Manuscripte, oder etwa einen erhaltenen
Brief vorlesen, so konnte er was er suchte gewiß
nicht finden, wenn nicht die Frau helfend ins Mittel
trat. Er band sich an keine bestimmte Arbeitsstun=
den u. s. w. Doch hatte er zuletzt, als er fast nichts
als Erzählungen für Taschenbücher schrieb, eine ge=
wisse Reihenfolge in der Ablieferung, nach dem Al=
ter der Bestellungen der Verleger, eingeführt, an
welcher er gewissenhaft hielt. Da er selbst in den
letzten Tagen seiner Krankheit an nichts weniger
als an seinen Tod dachte, so ergötzte es ihn, davon
zu sprechen, auf wie viel Jahre hinaus diese Bestel=
lungen schon reichten.

Die Stoffe zu seinen Geschichten nahm er übri=
gens entweder rein aus der Phantasie, aus dem
wirklichen Leben, das ihm bei seinem unaufhörlichen
Verkehr an menschenerfüllten Orten immer neue
Charaktere darbot, oder aus Chroniken u. s. w.,
die er in dieser Beziehung durchsah; und die Staf=
fage wählte er aus, nachdem er sich durch die Ein=
sicht von Werken, die ihm sachverständige Freunde
zu diesem Zwecke vorschlagen mußten, von dem dar=
zustellenden Gegenstande eine oberflächliche Kenntniß
verschafft. Es ist bewunderungswürdig, mit welcher
Leichtigkeit er sich Anschauungen aus der Gewerbs=
welt, und Kunstausdrücke ihm ganz fremder Wissen=
schaften, wenn er sie gebrauchte, dergestalt anzueig=
nen wußte, daß der Leser glauben muß, er sey da=
bei groß geworden, wobei ihm freilich zu statten kam,

daß es im Leben nicht leicht etwas gab, worin er sich nicht versucht hätte.

Gegen die öffentliche Kritik seiner Schriften war er gleichgültig. Wie überhaupt nichts neues, so las er auch keine Zeitschriften *), und wenn man ihm von der Recension eines seiner Werke sagte, sie mochte lobend oder tadelnd seyn, so bezeigte er nicht die geringste Lust, sie zu sehen. Dagegen freute er sich sehr, wenn Freunden, auf deren Einsicht er etwas gab, seine Sachen gefielen. Von diesen nahm er auch mißbilligende Meinungen an, wenn er nur wußte, daß sie ihn überhaupt verstanden. Hitzig, der als sein ältester Bekannter in Berlin, in dieser Beziehung am offensten mit ihm war, hat er nie ein Urtheil übel genommen **). Freilich wollte er sich nicht fügen, wenn sein Interesse für das eben erschienene neueste Werk noch in voller Frische; aber er kam dann wohl ein halbes Jahr nachher und sagte: „Sie haben recht, und ich werde es jetzt besser machen.“ So bekannte er in der letzten Woche seines Lebens, er sehe ein, wie sehr er seinem Autorruf durch einige seiner damals erschienenen Erzählungen (in dem Berlinischen Taschenkalender, in dem Gleditsch'schen Taschenbuch zum geselligen Vergnügen u. s. w.) geschadet haben müßte, und wolle in dem dritten Theile des Murr u. s. w. dem Publikum

---

*) Vergl. Erinnerungen 1r Band, Seite 136—139. Z. F.

**) Eben so wenig mir. Z. F.

Satisfaction zu geben suchen. Es war zu spät, wie
überall mit seinen guten Vorsätzen.

———

„Hoffmann war ein Kind seiner Zeit, in wie=
fern diese liebt, nach den verschiedensten Seiten hin
ein Aeußerstes anzustreben. Diese leitete ihn, dieser
gab er sich hin, diese hat dafür ihn gehoben, getra=
gen und aufgerieben.“ — Mit diesem eben so wah=
ren als schön ausgesprochenen Gedanken endigt Roch=
litz seinen trefflichen Aufsatz über ihn, und auch der
Verfasser weiß zum Schlusse nichts zu sagen, was
durchgreifender wäre.

———

Anhang.

Vorwort.

Dem Verfasser kam es darauf an, neben dem, was er über seinen verstorbenen Freund geliefert, auch noch ein mehr objectives Urtheil über ihn als Dichter und Musiker mitzutheilen, als er es bei der genauen Bekanntschaft mit Hoffmanns Individualität zu geben im Stande war. Er wandte sich deshalb an zwei junge Freunde, denen Hoffmann im Leben ganz fern gestanden, und die ihre Ansichten daher rein aus den ihnen vorgelegten Werken desselben geschöpft. Der Verfasser des ersten Aufsatzes ist dem Publikum schon durch seine gehaltvollen Kritiken im Hermes und in den Wiener Jahrbüchern auf das rühmlichste bekannt; und dem des zweiten, einem tüchtigen Practiker in der Musik, wird es gewiß auch nicht fehlen, sich eine ehrenvolle Stelle unter den Autoren über seine Kunst, ein Feld, in welchem noch viel Lorbeeren zu sammeln seyn sollen, zu erwerben *).

Das Urtheil Maria v. Webers über Hoffmann, den Componisten (entlehnt aus dem Aufsatz: „Ueber

---

*) Diese Voraussage hat sich gegenwärtig auf das glänzendste bewahrheitet.　　J. F.

die Oper Undine, von Carl Maria von Weber."
Allgem. musik. Zeitung vom 19. März 1817) möge
endlich schließen, damit, wie Jean Paul dem Dichter
Hoffmann die Taufrede hielt, es auch nicht an einem
hochgefeierten Munde fehle, Hoffmann, den Musiker,
mit der Parentation zu ehren.

———

Wir glauben obigem Wunsche des Verfassers der Biographie nicht entgegen zu seyn, wenn wir dieser Ausgabe
noch ein paar Beiträge folgen lassen, die uns zwei Freunde
Hoffmanns: Baron de la Motte Fouqué und Z. Funk auf
unsere Anfrage mit Entgegenkommen überließen.

Möge diese Zugabe vom Publikum nach Werth aufgenommen und geschätzt werden.

Die Verlagshandlung.

———

Zur Beurtheilung

Hoffmanns als Dichter.

Von

Willibald Alexis.

Den Mann, deffen ausgezeichnetes Wirken und
noch bedeutenderes Streben im Gebiete der poeti=
schen Literatur ich hier anzudeuten verfuchen will,
habe ich im Leben, wie nahe mich auch die örtlichen
Verhältniffe mit ihm zufammenführten, kaum ein=
mal gefehen, und eben deshalb ward mir von dem
Freunde des Verewigten, welcher ihm dies biogra=
phifche Denkmal fetzet, der ehrenvolle Auftrag, dem=
felben eine Charakteristik des Schriftstellers hinzu=
zufügen. Frei von jeder perfönlichen Rückficht und
Verpflichtung kann der Fremde fich ganz in den, in
feinen Schriften vor ihm stehenden Autor hineinver=
fetzen, ihn unparteiifch in feiner Eigenthümlichkeit
darstellen und beurtheilen. Zwar fagt das Gefetz
der Sitte: de mortuis nil nisi bonum; wo es aber
auf keinen Panegyricus, fondern auf die Würdigung
eines bedeutenden Mannes abgefehen ist, muß jene
Regel dem Gefetze, wie überall vor dem Richter=
stuhle die Regel der Billigkeit dem rechtlichen Gefetze
weichen. Ja, es würde fogar eine Ungerechtigkeit
gegen den Verewigten feyn, wenn wir, von der

mildern Ansicht ausgehend, nur das Gute lobten, und das Verwerfliche übergiengen. Bei unbedeutendern Geistern mag dies das rechte Verfahren seyn; wer aber, wie Hoffmann, mit Adlersittigen aufwärts flog, kann eine ernstere Betrachtung und strengere Würdigung verlangen, da, je höher er stieg, um so mehr Augen seinen Flug verfolgen mußten. · Der geniale Geist lebt mehr in seinen Entwürfen, als in der Ausführung derselben; somit ist es ihm auch lieber, wenn man den Werth jener anerkennt, und den Erfolg tadelt, als wenn man jenes ganze Streben verwirft, und dagegen das einzelne Gute in der Ausführung, gleichsam als Beschönigung der Verwirrung in der Idee, lobpreiset. Wie aber ein Genius im Leben wünscht betrachtet zu werden, so muß es auch nach seinem irdischen Hinscheiden geschehen, denn der Genius lebt immer, und wenn man hier Rücksichten nehmen will, ist der Genius nicht mehr Genius. So also möge der verewigte Hoffmann seinen Freunden vergeben, wenn in seinem Ehrengedächtniß vielleicht der Quantität nach die tadelnde Kritik die lobpreisende überwiegt. Noch bemerke ich, daß hier nicht von einer ausführlichen Kritik der Werke Hoffmanns, welche andern Orten muß vorbehalten bleiben, sondern nur vom Versuch einer Darstellung und Entwickelung des Geistes, welche sich in denselben ausspricht, die Rede seyn kann.

Es ist wohl die erste Pflicht, unsere Betrübniß über Hoffmanns frühes Hinscheiden auszusprechen. Verschiedene Leute bedauerten einst Kotzebue's Tod aus keinem andern Grunde, als weil er noch recht viel unterhaltende Komödien hätte verfertigen kön= nen! Bei unserer Trauer stellen wir uns nicht auf diesen Standpunkt, obgleich Hoffmann, noch bei wei= tem reicher als jener, der Erzählungen und Romane, ohne in Gefahr zu gerathen, daß er nur altes zum Vorschein bringe, recht viel und unterhaltende hätte dichten können. Kotzebue würde, so viele Neuig= keiten auch seine unerschöpfliche productive Kraft noch liefern konnte, doch nichts neues hervorge= bracht haben. — Wir bedauern mit tiefem Schmerz Hoffmanns frühen Tod, weil er mitten auf seiner Bahn gestorben ist. Hoffmann war im Fortschrei= ten, und, wenn auch augenblicklich seine herrliche Kraft zersplittert, und zu Production werthloser Spie= lereien vergeudet schien, — so besaß er doch noch wirklich die Kraft, und hätte unter andern Umstän= den, vielleicht angeregt durch irgend ein erschüttern= des Ereigniß, vielleicht selbst durch die Krankheit, welche ihm bei ungeschwächten Seelenkräften den Tod brachte, die große Bahn aufwärts, zu welcher er berufen war, wieder betreten können *). Wäre er aber zum Ziele gelangt, so müßte er eine der ersten Stellen unter den Heroen unserer Poesie ein= nehmen, und es bedürfte keiner Charakteristik, in= dem er, statt, wie jetzt, räthselhaft zu erscheinen, in freundlicher Klarheit jedes poetische Gemüth bis in die spätesten Zeiten würde angesprochen haben. Ehe

---

*) Von der Richtigkeit dieses Urtheils zeugen seine letzten Ar= beiten.   A. d. H.

wir darzustellen versuchen, wohinaus er seinen Flug
richtete, und dann die Ursachen aufsuchen, welche
seine Flügel hemmten, müssen wir mit wenigen
Worten seine Erscheinung betrachten.

Es ließ sich vor kurzem eine bewundernde
Stimme vernehmen, welche Hoffmanns Wirkungs=
kreis mit dem Walter Scott's verglich. Die Ver=
gleichung ist jedoch seltsam, wenn man unsern Schrift=
steller nimmt, wie er aufgetreten ist, und nicht etwa,
wie wir beabsichtigen, seine mögliche Zukunft zu
verfolgen *). Die unbestrittene Wahrheit, daß Walter
Scott allein im Gebiete der klaren Wirklichkeit,
Hoffmann dagegen in dem der wildesten Phantastik
lebt, verbietet jede Vergleichung; dagegen steht Hoff=
manns Erscheinung in merkwürdiger Parallele mit
der Lord Byron's. Wenn auch der letztere sich eine
scheinbar wirklichere Welt gebildet hat, so hat sie
doch eigentlich nur in seinem Geiste ihre Existenz,
und schweift oft in das wild Phantastische aus.
Aber beider Verbindung ist von noch geistigerer Art.
Während Walter Scott's Welt in sich abgeschlossen
erscheint, während er mit sich selbst und dem Leben
in Frieden ist, — treten Byron und Hoffmann, er=
sterer als Gegner, dieser unbefriedigt von ihrer Er=
scheinung, sehnsuchtsvoll nach einer bessern, welche
er in einem Taumel und Rausch durch schwelgenden
Kunstgenuß zu finden sucht, auf. Beide sind unbe=

---

*) Auch in dieser Beziehung. Wie Hoffmann selbst über diesen
Vergleich gedacht haben würde, das kann man nach seiner
oben mitgetheilten Aeußerung beurtheilen.   A. d. H.

friedigt und unzufrieden; nur läßt Byron diese
Unzufriedenheit aus durch bittern Spott, Hoffmann
durch humoristische Ironie. Beide wollen einen
bessern Zustand, jener weiß ihn aber gar nicht zu
finden, dieser sucht ihn im potenzirten Genuß der
Kunst. Wie wir auch von der Zauberkraft in der
Darstellung beider Dichter mit fortgerissen werden,
wie sie uns auch einen stillfriedlichen, glücklichen
Zustand malen, wir fühlen zuletzt doch, daß es nur
ein gemalter Zustand gewesen ist, daß mit den künst=
lichen Teppichen, welche mit frischem Grün und bun=
ten Blumen uns anlachen, nur ein gähnender Ab=
grund, oder doch wenigstens ein unsicherer Morast=
grund bedeckt wird. Byron's Dichtungen hören
immer mit einer Dissonanz auf, auch Hoffmanns
Werke schließen selten befriedigend; oft sind es auch
überhaupt nur Fragmente, weil der Dichter fühlte,
daß der Schlußstein seinem Gebäude fehle, daß die
befriedigende Lösung der Zweifel seines Helden ihm
noch ein Problem sey. So erscheint Hoffmanns
Hauptcharakter, der Kapellmeister Kreisler, nur bruch=
stücksweise, und wir erfahren nirgens sein Ende,
d. h. die Befriedigung seines Geistes *). Daher ist
auch sein Humor, von welchem wir unten sprechen
wollen, nicht der reine Humor, welcher, auf einer
festen Grundlage ruhend, mit den Gegenständen

---

*) Darauf war auch der nicht erschienene dritte Theil des Ka=
ter Murr, der Kreisler's Leben enthält, nicht angelegt. Es
sollte mit Kreisler's Wahnsinn, eben aus Mangel innerer
Befriedigung erzeugt, schließen.　　　　A. d. H.

spielen kann, weil er selbst nicht außerhalb dem Be-
reich dieses Humor steht, wie etwa der Shakespear-
sche Humor ist. Hoffmann ist selbst befangen; —
seine Personen sind mit ihm selbst uneinig, ihr
feindlicher Humor trifft daher die Umwelt so gut,
als sie selbst. Rührung, Empfindsamkeit, Zweifel
mischen sich in die aufjauchzende, übermüthige Lust,
und kein Ausdruck würde unpassender für diesen
activen Gemüthszustand seyn, als das ehemals für
Humor gebrauchte deutsche Wort „Laune.“ Wie diese
Dissonanz sich in Hoffmanns Dichtungen offenbare,
darauf werden wir noch zurückkommen, wenn wir
die Gründe betrachten, welche ihn auf seiner Bahn
fesselten oder zurückzogen; hier aber müssen wir noch
bemerken, daß, trotz dieser Verwandtschaft des dämonischen Principes, der skeptischen Weltansicht, der
Verhöhnung bestehender Formen, Hoffmann weit
häufiger die reine Welt seliger Zufriedenheit ahnen
läßt, als Byron, und daß endlich seinem Unmuthe
wahres Gemüth zum Grunde liegt, die Kunst aber,
welcher er beständig huldiget, eine weit sicherere Lei-
terin zur Liebe ist, als Byron's Vertrauen auf
eigene Kraft.

Hoffmanns poetisches Streben spricht sich zwie-
fach in seinen Dichtungen aus. Beide Tendenzen
sind in ihrem Ursprunge nahe mit einander verwandt, trennen sich aber völlig im weitern Fort-
gange, ja, müssen sich zuletzt ganz feindlich gegen-
überstehen. Hoffmann hat bis in seinen letzten
Werken treu bei den beiden festgehalten, so daß er

hierdurch auch gewissermaßen geistig den Doppel=
gänger gespielt hat, welchen er, gespenstisch, fast in
allen Dichtungen spucken läßt. Dieses doppelte Be=
streben ist: „das enthusiastische Sehnen nach einem
bessern Zustande, welchen er speciell im Vollgenuß
der einen Kunst und gänzlicher Hingebung aller
Körper= und Seelenkräfte an dieselbe sucht,“ — und:
„die Erweckung zur wahren Naturreligion, das
heißt, die Gemüther empfänglich gegen die Stimme
der Natur zu erhalten, in welcher Empfänglichkeit
allein die wahre Poesie liegt.“ Es ist klar, daß
diese Stimmung, welche wir Naturreligion nannten,
mit dem Enthusiasmus für alle Erscheinungen in
der Natur anfangen muß; denn dem Begreifen geht
die staunende Bewunderung voran. Zugleich aber
ergibt sich eben so klar, daß dieser Enthusiasmus
nicht für alle Erscheinungen immer fortdauern darf,
wenn das Gemüth für alle Stimmen der Natur
empfänglich bleiben und werden soll. Der mensch=
liche Geist ist nicht so reich, um flammenden Enthu=
siasmus für alle Erscheinungen zugleich hegen zu
können; es gehört aber auch zu der innigen Liebe,
daß sie nach dem Sturme des Staunens zur freund=
lichen Ruhe der Betrachtung gekommen ist.

Gibt es für den Dichter ein schöneres Streben,
als das, in sich die Empfänglichkeit für alles Schöne
ewig rege zu erhalten, und sie auch in andern zu
erwecken? Die Begriffe von Leben und Poesie sind
an sich innig verbunden. Aber darin besteht der
Kampf zwischen dem sogenannten Leben und der

3 *

Poesie, daß im vegetirenden Fortschreiten des erstern die letztere stirbt. Daher sagt man: die Poesie ist ein Kind göttlicher Abkunft und verträgt deshalb nicht das Leben auf der Erde. Aber die Poesie lebt doch auf Erden, sie hat vom Uranfang der Welt gelebt und wird und muß immerfort leben! — Der Irrthum liegt in der falschen Ansicht des Lebens. Man verwechselt Leben mit Vegetiren. Leben heißt: frisch, gesund und seiner bewußt, sich organisch entwickeln. `Vegetiren heißt ein seiner selbst unbewußtes, gegen die Erscheinungen der Natur gleichgültiges, geistig todtes Dasein führen. Dieses sogenannte Leben trennt sich dadurch von dem wahren Leben und von der Poesie, daß der entsetzlichste aller bösen Geister in jenem regiert, der Geist der Gleichgültigkeit. Unser Erbübel aber ist, daß jener durch tausend Thore seinen Eingang in das Leben findet. Weniger gefährlich ist der Zustand der Rohheit als der einer halben Bildung. Wo die Befriedigung des Bedürfnisses die einzige Sorge der Menschen ist, kommt wohl zuweilen mit der Befriedigung ein Lichtblick, der den erfreuten Armen das Walten einer höheren Liebe in der umgebenden Natur ahnen läßt. Seltener wird er dem erscheinen, der nur den Gewinn sucht. Dem Kaufmann glänzt sein todtes Gold mehr als alle Gestirne am Himmel, als der Thau an der Pflanze, als der Bach, wenn die Morgensonne ihn bescheint. Wenn auch eine edlere Bildung den ernsten Geschäftsmann empfänglicher für die Sprache der Natur machen sollte,

— so mischt sich doch immer seinem regern Gefühle
ein anderes Gefühl bei, welches ihn jenes unter=
drücken läßt. Er nennt es Pflichtgefühl, im Grunde
genommen ist es aber immer wieder ein gewisser
Dünkel. Er glaubt, auf seiner Thätigkeit beim Ge=
schäfte ruhe das Wohl der Welt, wenn er sich die=
sem nur etwas entziehe, leide das Ganze. So aber
wird er, indem er sich **ganz** dem todten Dienste
widmet, untreu der Natur, in welcher sich die Liebe
immer neu offenbart. Am allerschlimmsten ist aber
die Vornehmheit in allen ihren Erscheinungen. So=
wohl die auf Vorzüge des Geistes als die erbärm=
lichere auf niedrigere Güter, zieht, wie ein Magnet,
die Gleichgültigkeit gegen alles, was unten steht, gegen
alles, was neben steht, an. Die Idealisten, welche
sich von der höchsten Poesie ergriffen glauben, sind
am allerweitesten abgeirrt von der wahren Poesie,
weil sie gleichgültig geworden sind gegen die Offen=
barungen in der Natur, und nur auf ihre eigenen
Offenbarungen hören. — Löst man aber das Leben
als Leben und nicht als Vegetiren auf, so läßt sich
so leicht die Poesie damit verbinden. Wie weit sie
verbreitet, so falsch ist auch die Ansicht, daß Ge=
schäftsleben und Poesie völlig unvereinbar sind.
Wenn der Geschäftsmann, wenn der Kaufmann bei
ihrem Denken und Treiben stets die umgebende
Natur lebendig sein lassen, das heißt, wenn sie außer
ihrem Ich auch noch die lebendige Existenz der gan=
zen Umwelt anerkennen, so müssen sie, auch unter
allen scheinbar geisttödtenden Beschäftigungen, zu

einer gewissen Ehrfurcht gegen dieselbe kommen, aus
der Ehrfurcht wird aber Bewunderung und Liebe
und aus ihnen Poesie. Nur der Egoismus, — sey
es unter welcher seiner tausend Gestalten er erscheine,
— schließt die Poesie aus. — Was anderes ist aber
endlich der Inbegriff der Poesie, was namentlich
d e r aller romantischen Poesie, als die Vertreibung
der Gleichgültigkeit und des Egoismus aus dem
Leben und die Erweckung der scheinbar todten Natur?
In der Romantik sprechen die Bäume und die Quellen und die Vögel in den Lüften, und des Dichters
Bestreben ist, in ihren verschiedenen Gesängen die
Harmonie des großen Lobgesanges auf den Schöpfer
aufzufinden.

Unserer Zeit und unserem Volke wird, besonders von Ausländern die wiedererwachte Vorliebe
für alles Romantische zugeschrieben. Dennoch bedarf
es von allen Seiten der Aufregung zu einer liebevollen Auffassung der Natur und ihrer Wunder.
Die kurz vergangene idealische Periode spuckt noch
allzusehr hervor. Der Hochmuth läßt sich in mancherlei Gestalten immerfort blicken. Es ist immer
nur noch Herablassung, wenn ein Idealist sich bückt,
um auf die Stimmen zu hören, welche ihm von den
niedrigen Gegenständen zugeflüstert werden. Daher
ist Hoffmanns Streben so schön als verdienstlich,
wenn er überall aufruft zur Verehrung der Natur,
und wenn er aufmerksam macht auf die Stimme,
welche aus allen leblosen Dingen dem poetischen
Gemüthe entgegen tönen. Allen seinen Märchen,

vom goldenen Topfe bis zu seiner letzten Arbeit, dem
Meister Floh, liegt die Verherrlichung des Lebens
in der Poesie zum Grunde. Der wahrhaft empfäng=
liche, der geborne Dichter, hört aus allen störenden
Umgebungen, aus dem Mißklang aller Instrumente
die Geisterstimmen, die Harmonie der Natur heraus.
Die Geister der Poesie, meist in seltsam karikirten
Gestalten auf der Erde wandelnd, rufen ihn zu sich
in ihr seliges Land, und er folgt ihnen, wenn er
allen Anfechtungen der Welt und der dämonischen
Gestalten, welche sie in ihrer Verzerrung regieren,
widerstanden hat.

Bei diesem Streben, die Empfänglichkeit für
den geheimen Ruf der Natur, für die angeborene
Stimme, wach zu erhalten, wo sie im Drang des
Lebens eingeschlummert ist, sie wieder zu erwecken,
kann Hoffmann nicht umhin, mit der Geissel des
Witzes, alle die hart zu treffen, welche geflissentlich
sich in ihrem beschränkten Wirkungskreis immer fester
bannen und endlich aus Angst oder aus Stolz weder
hinaustreten noch blicken können. Alle wahren Phi=
lister, d. h. eben solche, welche nur auf der einen
beschränkten Bahn, sey es auf welcher es wolle, —
gehen können, und nicht einmal ihre Augen auf an=
dere Wege warfen, geisselt er schonungslos, ebenso
die, welche mit Stirnschweiß ringen, alles Philiströse
von sich abzuwerfen, um genial zu scheinen, aber eben
dadurch zu den ärgsten Philistern werden, indem sie
die Umwelt in ihrer Eigenthümlichkeit nicht erkennen
und ehren, und selbst für Philister ausschreien, weil

ihre Erscheinung nicht der Subjectivität der genialen
Richter entspricht. Er zerrt diese peinlichen Gestalten
aus ihrem engen Geleise heraus, und schleudert sie
in die wunderbarsten fantastischen Kreise, ohne
ihnen Zeit zu laffen, sich im geringsten angemeffen
dieser fremden Gesellschaft anzuziehen. Hierdurch
entstehen die merkwürdigsten Gegensätze, die lächer=
lichsten Auftritte. Männer in Perücken und Puder=
mänteln gerathen in Conflict mit ätherischen Genien
oder ein solcher Geist hat selbst den Schlafrock eines
Registrators angezogen, wühlt in Akten und lebt
statt in magischen Düften in dem Staube von jenen.
Den Kindern ist die Stimme der Natur noch ver=
ständlich, wie auch finstere Magister, in wandelnden
Gestalten ihnen die Ohren vollschreien. Die Holz=
puppen treten zu ihnen ins Leben und eröffnen ihrer
Fantasie den romantischen Zauberkreis. Aber alle
Accorde im Himmel und auf Erden des poetischen
Landes schlagen an, wenn ein Jüngling oder Mann
durch die Versuchungsjahre der Verstandesbildung hin=
durch unüberwältigt gegangen ist, und — wie auch
philiströs in den Augen der Welt — doch Glauben,
Liebe und Hoffnung in tiefer inniger Brust gerettet hat.

Wie schön dies Streben aber auch des Dichters
Sinn für die Poesie bekundet, und wie verdienstlich
sein poetischer Aufruf auch erscheint, so hat der Erfolg
doch nicht seiner Absicht entsprochen und die Schuld
liegt, wie uns dünkt, in der Ausführung. Mir sind
mehrere, für geistigen Einfluß empfängliche Kinder
vorgekommen, welche nach ihrer Versicherung ein

Hoffmann'sches Kindermärchen mit Lust ergriffen hat=
ten, weil es Märchen hieß, es aber nachher unbe=
friedigt fortlegten, weil es doch kein Märchen war.
Die tiefere Bedeutung dieser Märchen können die
Kinder nicht verstehen, den Zauber des Wunder=
baren wollen sie aber nicht so ganz in ihrer Nähe
finden, sondern ihn in weitere Ferne verlegt wissen.
Wenn die Amme dem kaum entwöhnten Säuglinge
Geschichten vom Spielzeuge und den hölzernen Sol=
daten erzählt, so geschieht dies mehr zur Beschwich=
tigung ihrer ungestümen Natur, ähnlich einem
Wiegenliede, dessen Töne nur schlafbringende Kraft
ausüben sollen, als um ihre Aufmerksamkeit zu
reizen. Soll dies letztere geschehen, so erzählt sie den
schon Erwachsenern von Riesen, Feen und Kobolden,
von See= und Landungeheuern, von deren Existenz
das Kind nichts Verwandtes in der Nähe erblickt.
So sagte mir ein Kind einst: Märchen sind, wo
Zauberei und Könige vorkommen, aber nicht das
gewöhnliche Spielzeug. Diese Ansicht ist auch ganz
in der Natur begründet. Das Kind, gleich jedem
wachen Menschen, zieht eine Sehnsucht nach dem
Fernen, nach dem Unbestimmten hin. Völlige Be=
friedigung wird keinem Sterblichen zu Theil, eben
weil er sterblich ist. Wenn wir auch mit voller
Liebe die Umwelt betrachten und in jeder Erscheinung
den göttlichen Keim aufsuchen, so bleibt uns doch
mindestens die Sehnsucht nach Aufklärung über das
Einverständniß aller Dinge. Wie viel größer muß
aber diese Sehnsucht bei dem Kinde seyn, da der

3**

von ihm begriffene Kreis so enge ist? Das Kind
will Zauberer und Könige sehen, Gestalten, welche
es gar nicht geben soll, oder welche in einer weit
höhern Sphäre, die dem Kinde selbst schon zauber=
artig erscheint, umherwandeln. Aber das Fremde
und Großartige soll auch in andern Weisen als
denen, welche es aus der Kinderstube erblickt, auf=
treten. Der Eichwald im Sonnenscheine, Silberbäche
auf Blumenwiesen, rosige Feengärten oder Kristall=
paläste, auch das fantastisch Wunderbare in Pfeffer=
kuchenhäusern 2c., oder umgekehrt, schreckliche Abgründe
mit Schlangen und Flammen, verhexte Schlösser und
Thürme müssen die Scenerie bilden, um auf die kind=
lichen Gemüther zu wirken, und ich kann hierin
nur den wohlthätigen Natureinfluß erblicken, welcher
auf den reinen Sinn so wirkte, daß dieser im innern
die Wunder verarbeitet, und sie verherrlicht und
vergrößert wieder von sich gibt.

Was den Kindern die Märchen zum Nichtmär=
chen macht, widersteht auch oft den Erwachsenen in
seinen größern Erzählungen, und dürfte leider auch
Hoffmanns Dichtungen den klassischen Charakter,
d. h. die Ueberlieferung auf die Nachwelt, streitig
machen. Wir erkennen zwar den Contrast als ein
Salz der Poesie, und sogar als ein Element der
romantischen an, wir können auch nicht die schroffen
Uebergänge tadeln, denn Schmerz und Scherz reimt
sich, wie in der Sprache so im Leben *) und ver

---

*) Wie ganz besonders in Hoffmann's, dazu enthält dies Buch
mannigfache Belege.   A. d. H.

das ernsteste Gemüth tritt vielleicht im Augenblick
tiefen Nachdenkens irgend ein gaukelndes Fantasie-
bild, weil der Mensch immer Mensch bleibt, dies
aber rechtfertigt nicht den grellen Contrast, welchen
Hoffmann vorzugsweise liebt, und auf den er meistentheils den komischen Effekt seiner Scenen baut.
Abgerechnet davon, daß wir durch ihn selbst schon
an diesen Wechsel gewöhnt sind, und er uns daher
nicht mehr überraschen kann, so wird er uns oft
auch deshalb widrig, weil durch seine Art des grellen Herausreißens aus der Wirklichkeit vor unsern
Sinnen alles zu schwinden beginnt und kein Verhältniß, kein Leben mehr fest und in sich geschlossen
erscheint. Ueberall ist man zweifelhaft, ob man mit
der scheinbar wirklichen Person oder ihrem fantastischen Doppelgänger zu thun hat. Ich weiß sehr
wohl, daß in diesem Zweifel alle Ironie begründet
ist, daß ja selbst in allen Erscheinungen, in allen
unsern Stimmungen und Gefühlen ein Zwiespalt
ist, und wir uns so oft täuschen, indem wir uns
ein Gefühl als edel anrechnen, was im Grunde auf
irgend einer egoistischen Ansicht basirt ist, aber dieser
Zweifel beherrscht uns doch nicht immerwährend, der
göttliche Funke wird oft in uns zum Lichtschein
und wir erkennen das Wahre. Aber in allen Hoffmann'schen Märchen waltet dies Doppelwesen vor,
und zwar meist nicht auf heitere, sondern zerstörende
Weise; die Zerstörung ist aber unausbleiblich, wenn
die entgegengesetzten Pole zu einander gestellt werden,
ohne daß ein anderes Mittel ihrer Vereinigung als

der Gedanke angegeben wird. Immer begegnen sich Gestalten aus der erbärmlichsten Wirklichkeit mit körper= und zeitlosen Wesen höherer Regionen. Ihr Conflict endet sich in einer wahnsinnartigen Ertöd= tung alles Geistes, in den gebrechlichen Leibern der ersteren, weil sie zu schwach sind, um das Licht der letzteren in sich einströmen zu lassen, oder in einer Mystifikation. Aber die Harmonie entflieht dadurch, und ohne diese in der Natur zu zeigen, wird es auch schwer seyn, ein poetisches Gemüth zu erwecken. Nur durch die poetisch liebevolle Schöpfung einer neuen Welt, oder durch eine dergleichen Umschaffung der wirklichen, erhält das jugendliche Gemüth ein Gebiet, in welches es mit seinen poetischen Gefühlen sich einbürgern kann, um nun selbst auf festem Grunde seinen Gedanken und Stimmungen zu folgen. Ich nenne hier nur etwa Tiek, in seinen Elfen, wo jeden, irgend für die Poesie empfänglichen Sinn, der Zauber einer neu vom Dichter geschaffenen Welt anspricht, und Walter Scotts Dichtungen, in welchen selbst ganz und gar nicht poetischen Gemüthern heim= lich und wohl wird, weil er die romantische Seite der wirklichen Welt hervorzuheben verstanden hat. Aber in beiden steht eine feste Welt vor uns, und die uns darin erscheinenden Gestalten können wir, wenn ihr Auftreten auch überraschend ist, doch aus der Sphäre, die wir kennen, uns erklären. Man könnte nun zwar sagen: auch Hoffmann habe sich eine solche feste Welt schön gebildet, deren Charakter eben in den Verwandlungen und der Mischung des

Fantaſtiſchen mit dem Wirklichen, was uns an
jeder Ecke aufſtößt, läge; aber eben in der zu grel=
len Miſchung liegt der Grund, weshalb wir mit
unſern menſchlichen Gefühlen und Gedanken uns
ſelten hineinverſetzen, oder noch weniger einbürgern
und heimiſch machen können in der hyperfantaſti=
ſchen Welt, welche in genialem Uebermuthe „die
wohl geordneten Dinge“ in übel geordnete verwan=
delt hat, und daß wir auch nur ſelten einen reinen
Genuß, welchen uns die Poeſie ſonſt darbietet, bei
Anſchauung dieſer kecken Mißgeburten empfinden *).

Hoffmann iſt aber zweitens auch Enthuſiaſt.
Er betrat als ſolcher ſeine literariſche Laufbahn, und
ſchwang das Panier der Kunſt. Er verſenkte ſich
mit Sinn und Gedanken, wie ein entbrannter Lie=
bender, in die tiefe Bedeutung, in den hohen Genuß
der Kunſt, bis er, berauſcht von ihr, in ſeiner Be=
geiſterung ihn den Laien predigte, oder ſie durch
ironiſches Lob der gemeinen Anſicht, welche nur den
Nutzen und die Erheiterung betrachtet, noch höher
ſtellte. Er ſchien ſich ganz der einen, der Muſik,
zu widmen, und indem er auf den ernſten und hei=
ligen, himmelwärts ſteigenden Tönen ſich ſelbſt in
eine ſelige Höhe erhob, blickte er, unbeachtend die
conventionelle Welt, auf die Entwürdigungen der

---

*) Vergl. was oben über den Kreis geſagt worden iſt, in wel=
chen Hoffmann durch ſeine Individualität gebannt war.
Dieſe gerechten Vorwürfe treffen nicht den Schriftſteller=
willen, ſondern den Menſchen; — in ſofern hören ſie aber
auf, Vorwürfe zu ſeyn.   A. b. H.

Kunst zur Aufheiterung, zum Nutzen, zum Prunk, verachtungsvoll herab. Seine Satyre wird namentlich bitter, wenn man, die Kunst mit politisch-ökonomischen Augen betrachtend, ihre Freiheit beengt und ihr irgend einen Charakter ertheilt, außer dem, welchen ihr der freie Schwung des Künstlers selbst verliehen hat. Daher spricht sich überall der von so vielen getadelte und mißverstandene Sinn aus: „Nur die, welche mit ungetheilter Liebe und Begeisterung ihrer Göttin sich hingeben, sind Künstler; nur diesen erscheint die wahre Kunst!" Daher auch die häufige Erwähnung von Künstlern, welche in ihrem heiligen Berufe so mit Körper- und Geisteskräften leben, daß bei der höchsten Spannung der Seelenkräfte auch die des Körpers angestrengt werden, und der Künstler mit den vollen Accorden, welche er begeistert hat ausströmen lassen, selbst den Geist aushaucht. Daher denn auch — während er nur die Heroen der Kunst gelten läßt — Verachtung und Spott allen Spielereien und Künsteleien, welche vom höchsten Wege in der Kunst abziehen. Wenig Ergötzlicheres kann es geben als die Zeichnung der musikalischen und deklamatorischen Thee- und andern Gesellschaften in den Fantasiestücken, wo die wunderlichsten und doch wahren Gestalten sich abquälen, zum Zeitvertreib und um zu glänzen, die Kunst auf ihre Art zu behandeln. Es war natürlich, daß Hoffmann, der von heiliger Liebe für die Musik entflammt war, der unter ihrer Leitung höher und höher in das Reich, wo alles Aeußerliche ver

geſſen wird, ſteigen wollte, daß Hoffmann mit Un=
willen den vielfachen Mißbrauch, die unendliche Spie=
lerei mit ſeiner Göttin anſehen mußte. Wir wüßten
keinen, der eine ſo reine reelle Begeiſterung für eine
Kunſt in Worten ausgeſprochen hätte, und Kenner
verſichern, daß nur von wenigen ſo trefflich das
Weſen der Muſik aufgefaßt worden *). Von einem
ſolchen hohen Standpunkte rechtfertigt ſich um ſo mehr
Hoffmanns Anſicht, da es überall eine doppelte von
jeder Kunſt geben muß. Wir verwerfen übrigens
keineswegs die, welche von dem „emollit mores"
ausgeht. Auch dieſe Bedeutung hat ja hiſtoriſch die
Kunſt; warum ſollte ſie denn nicht auch ausgeſpro=
chen werden? auch die Erheiterung gehört dahin,
und die Geiſter der Menſchen ſind nicht nach e i n e r
Norm; ſo mag die Mehrzahl immer das als Er=
heiterung nehmen, was der geniale Sinn nur für
die Begeiſterung will aufgeſpart wiſſen. Aber im
vorliegenden Falle iſt Hoffmanns Unwillen, welcher
ihn gegen die Muſikkünſteleien zu allem Spotte reizte,
mehr als gerechtfertigt. Nicht allein die Muſik, ſon=
dern auch der Sinn für alle Poeſie wurde und wird
durch den Mißbrauch mit jener ertödtet. Wo ſonſt
ein poetiſches Gemüth auflebte, und ſich der ſchönen
Welt und derer, welche ihre Schönheit und Harmo=
nie in Geſängen prieſen, erfreute, — wird es jetzt
von der die Sinne weit mehr ergreifenden Muſik in
Beſchlag genommen. Jede wehmüthige, ernſte, jede

---

*) Siehe den folgenden Aufſatz.   A. d. H.

frohe Stimmung wird am Klaviere weggeklimpert,
während sie ohne diesen Nothbehelf vielleicht zur
ernsten Beschauung oder zur freudigen Ergießung
in ein wahres Gedicht, welches dem dichtenden in
spätere Zeit noch zur Geschichte seines Geistes gedient hätte, würde veranlaßt haben. Das flüchtige
Fantasiren auf dem Instrumente verhallt ohne andere Wirkung, als daß der Spielende die Zeit, in
welcher die Stimmung ihn übermannte, glücklich
vorübergebracht hat, und nun ganz wie vorher da-
stehet. Diese verfehlte Bildung, oder dies Vertreiben
aller tiefern Bildung scheint um so mehr, und besonders in den höhern Zirkeln, Eingang gefunden zu haben,
da man, nachdem die ideale Bildung aus der Mode
gekommen ist, sich noch nicht recht entschließen kann
zur Betrachtung der gemeinen Dinge, wie sie sind,
herabzusteigen, auch die Musik, wie man sie betreibt,
eine Kunst ist, welche sich gelegenheitlich, ohne viel
Studium darauf zu verwenden, und dabei doch recht
hörbar treiben läßt. Hoffmanns Herzensergüsse
gaben nur neuen Stoff zur Kunstunterhaltung in
den Theezirkeln, und da man, statt zur poetischen
Anschauung zurückzukehren, es vorzog, lieber das
Tändeln mit der Musik, hohe Begeisterung für dieselbe zu nennen, so hörte Hoffmann selbst bald auf,
die Musik zum Hauptthema seiner Dichtungen zu
erwählen.

Der Enthusiasmus ist eine herrliche Erscheinung
in der menschlichen Natur. Aber der Mensch kann
nicht immer Enthusiast bleiben. Der Enthusiasmus

gehört dem Jünglingsalter an, oder überhaupt der Zeit, wo der Mensch zuerst eine Kunst ergreift. Die Kunst ist innig verwandt mit dem Schönen. Das Schöne aber läßt sich nur in einem Zustande der Ruhe denken. Der Enthusiast hat aber nur einmal durch die Wolken das Schöne erblickt, Ahnung und Sehnsucht spornen ihn nun weiter, will er aber zum Schönen hin gelangen, muß er erst das wilde Feuer in sich verdampfen lassen, bis es zur belebenden Wärme wird, in dessen Region nur das Schöne gedeihen kann. Das Schöne entsteht erst aus der organischen Ausbildung verwandter Elemente. Will ein Geist das Schöne erblicken, muß er zuvor die Elemente verstehen und lieben. Der Enthusiast liebt aber nicht dieses allmählige Fortschreiten; er will mit Inbrunst sogleich das Schöne selbst umfassen, und verachtet deshalb alles, was ihm nicht würdig seines Ideales erscheint, oft daher auch die noch rohen Elemente, aus welchen seinen Augen das Schöne sich entwickeln soll. Wer aber die Sprossen einer Leiter überspringen will, fällt, statt das höchste Ziel zu erreichen. Der Enthusiast darf aber nicht Enthusiast bleiben, wenn er aus dem vollen Quell der Poesie, in welchem alles Schöne sich spiegelt, trinken will. Er muß die Begeisterung, mit welcher er den einen Gegenstand umschlungen hält, auf alle Gegenstände der Schöpfung übertragen; wenn aber das Feuer nicht für alle ausreicht, wird es zur Wärme — zur Liebe. Und Liebe ist das Element der Poesie.

Leider fühlte Hoffmann bis zuletzt noch allzu-

viel Kraft in sich, um vom Enthusiasten zum Be=
trachter und liebevollen Bewunderer der ganzen
Natur überzugehen. Seine Fantasie wollte sich lieber
die ideale Schönheit selbst erschaffen, als daß er die
Schönheit, welche sich aus der genauern Betrachtung
der verschiedenen Dinge ergibt, aufsuchte. Dazu
kam der berauschende Beifall, welchen sein erstes
Erscheinen als Enthusiast ihm verschaffte. Er ver=
schmähte den ihm von Freunden und Kritikern an=
gerathenen Weg der ruhig darstellenden Erzählung
mit einem festen, poetisch oder pragmatisch wirklichen
Hintergrunde *), und wollte, so lange ihn Fantasie
und Humor nicht verlassen würden, ein Enthusiast
bleiben. Aber leider entging auch er nicht, trotz der
herrlichen Kraft, dem gewöhnlichen Abwege von
Ueberkraft sprudelnder Genies, — er wurde zuletzt,
statt eines Enthusiasten, ein bloßer Fantast. Humor
und Fantasie sind auch dem besten Herrn nicht so
treu, daß sie ihn überall hinbegleiteten. Es gibt
Zeiten, es gibt Orte, wo sie durchaus nicht hinge=
hören, und von wo sie ein mächtigerer Zauber, als
der Wille ihres Herrn, zurückscheucht. Da hilft kein
Zwang, und wenn der Herr den Humor und die
Fantasie mit Gewalt mitgezogen zu haben meint, ist
es irgend ein Trugbild, welches er in seinem leiden=

---

*) Was er auf Freundesrath erwiedert, siehe in der mehrer=
wähnten Erklärung. Kritiken las er nicht; vielleicht weil
er fühlte, daß er aus seiner Haut nicht heraus könne; viel=
leicht weil er sich mit Bewußtseyn nicht ändern mochte.
                                                    A. d. H.

schaftlichen Wahn für die gewöhnlichen Begleiter sei=
ner Schritte ansieht. So gieng es auch Hoffmann.
Er war voller Fantasie, er war voller Humor, überall
aber reichten beide Gaben nicht aus, dann sollten sie
künstlich ersetzt werden, oder er wollte wohl gar die
eigene wahre Fantasie überbieten; daher die aller=
fantastischsten Ausschweifungen der Gedanken, daher
umgekehrt Hervorhebung der gemeinsten Incident=
punkte, wenn sie nur lächerlich erscheinen konnten;
daher endlich die immer wiederkehrende Erscheinung
des bösen Dämons und die Bildung aller der wun=
derlichen Puppen und Koboldsgestalten, wie sie nur
im Gehirn eines Menschen können ausgesonnen wer=
den. Er spielte mit den Geistern *), aber es ist ein
gefährliches Spiel mit ihnen, und der Zauberlehrling,
wie Göthe singt, kann sie wohl rufen, aber weiß sie
nicht zu bannen. So mochten auch oft die von ihm
heraufgezauberten Gestalten den Dichter umwirren
und schwirren, bis er die Dichtung, den klaren Sinn,
und sich selbst vergaß.

Aber selbst in den verwilderten, von jeder Form
entbundenen, fantastischen Dichtungen, wo die Fan=
tasie in Stücke zerrissen ist, und der Humor wie ein
Gebirgsbach, den eben ein Platzregen überfüllt, aber
auch zugleich ganz getrübt hat, in einem ununterbro=
chenen Wasserfall daherstürzt, auch hier bewundern
wir des Dichters Kraft, sein Genie, seinen bessern
Geist, der überall hervorblickt, seinen sprudelnden

---

*) Oder vielmehr sie mit ihm.

Witz und die liebenswürdigste Gewandtheit der Darstellung; alles Eigenschaften, welche in seinen bessern
Dichtungen die größte und freundlichste Wirkung
hervorbringen. Aber bei dieser herrlichen Kraft müssen wir um so tiefer bedauern, daß Hoffmann es
verschmäht hat, den ihm angerathenen Weg einzuschlagen.

Auch außer seinen trefflichen Fantasiebildern hat
er uns einige Dichtungen hinterlassen, welche zu den
gelungensten in ihrer Art gehören, und uns die
sicherste Bürgschaft dafür abgeben, daß wenn er einmal zur Ueberzeugung gelangt wäre: „der Weg des
Studiums der Natur sey dem der Ausbildung einer
ungezügelten Fantasie vorzuziehen," — auch Hoffmann ein wirklich klassischer, vielleicht der erste klas-
sische Romanendichter der Deutschen geworden wäre.
Wir berufen uns hier auf die Novellen: „Fräulein
Scuderi", „das Majorat" (in den Nachtstücken),
„der Küfer Martin und seine Gesellen", welche zur
Zeit ihres Erscheinens allgemeines Aufsehen erregten, und ein Zeichen ihres inneren Werthes auch
noch jetzt als Meisterstücke im Gedächtnisse derer
leben, welche sie gelesen haben. In diesen Erzählungen hat sich Hoffmann selbst überwunden, d. h. eine
wilde Kraft bezwungen. Die ausschweifende Fantasie, der ungezügelte Humor sind dienstbar geworden einer höhern Anordnung der Dinge. Wir finden dagegen eine klare Auffassung und Verarbeitung
des Gegenstandes, und die Novellen sind in sich so
gerundet und abgeschlossen, wie wir die Kraft dazu

dem Dichter der Fantasiestücke kaum zutrauten. Die
Darstellung ist ein Meisterwerk der reinen unpar=
theiischen Relation, und man bemerkt mit Freuden,
welchen günstigen Einfluß juristische Ansicht und
Praxis hierin auf den Dichter ausübten; auch die
Sprache ist ein Muster der Gewandtheit und Ele=
ganz. Die Charaktere sind mit wenigen Strichen
trefflich angedeutet und individualisirt, auch durch
die ganze Erzählung gehalten. Selbst ihr Aeußeres
ist so eigenthümlich, daß wenn man die Gestalt ein=
mal erblickt hat, sie nicht wieder aus dem Gedächtniß
verschwinden kann. Man erkennt und bewundert
im Dichter den genauen Beobachter des äußern
Menschen und den Maler zugleich. Endlich erinnert
auch die Scenerie, der leicht hingeworfene, oder mit
Vorliebe ausgemalte Hintergrund, an einen ausge=
zeichneten Künstler. Im „Küfer Martin" gleicht die
Scene, welche das reichsstädtisch, reiche und bunte
Leben Nürnbergs treffend darstellt, einem altdeutschen
Gemälde, wo der Künstler Himmel und Erde, auf
welcher die Personen erscheinen, mit allem Fleiße
vergoldet hat. In der „Scuderi" ist das für wahre
Poesie so trüb aussehende Zeitalter Ludwigs XIV.
von einer poetischen Seite aufgefaßt, wie es nie bis=
her geschehen ist. Im „Majorat" weht uns die kalte
Seeluft vom Curischen Haf entgegen, die traurigste
Sandküste gewinnt nur durch die Poesie Leben; doch
die Gestalten sind mehr als lebendig, aber nur der
Natur entnommen.

Doch auch Fantasie und Humor sind nicht ent=
flohen. Aber die Fantasie ist aus der Darstellung
in die Empfindung zurückgetreten. Die Kraft ist
nicht wild herausgeschossen in die Zweige und Blät=
ter, sondern in Stamm und Wurzel geblieben, aus
welchem dann naturgemäß gediegenes Laubwerk her=
vorsprießen muß. Humor und Ironie endlich wu=
chern nicht in der Darstellung, in den Reflexionen
des Dichters, sondern in der Individualität der Per=
sonen selbst. Hätte doch namentlich Hoffmann mehr
solche Charaktere, als der Justitiarius W... im Ma=
jorate zu bilden versucht!*) Auffer in Shakespear'=
schen Charakteren erinnere ich mich keiner von einem
Dichter erschaffenen Person, wo mir der trockene
Humor besser zusagte, als in diesem Greise, der wie
ein Held im Schlafrock erscheint, und ohne seiner
freundlichen Würde zu vergeben, die Ironie walten
läßt. Der Humor ist aber auf einer festen Grund=
lage basirt, auf einem festen mit sich eins geworde=
nen Gemüthe. Hoffmann soll dem eigenen Oheim,
einem Advokaten in Königsberg, in diesem Justitia=
rius ein Denkmal — ohne zu schmeicheln — gesetzt
haben **).

––––––––––

*) Er hat ihn nicht gebildet, sondern nachgezeichnet. Das war
   sein glückliches Talent der Auffassung von markirten Indi=
   vidualitäten.   A. d. H.

**) Dies ist richtig. Der gegenwärtige Aufsatz ist viel früher
    geschrieben, als die Biographie.   A. d. H.

Hätte Hoffmann länger gelebt, so zweifeln wir nicht, daß ein subjektives Feuer endlich in eine objektive Wärme übergegangen wäre. Die letzten noch ungedruckten Erzählungen, welche er auf dem Krankenlager dictirte, „Meister Wacht" und der „Feind" sollen ganz im Style der trefflichen Novellen, welche wir eben berührt haben, gedichtet und ausgeführt seyn. Fragt man vielleicht: Aber was hinderte ihn im Leben, daß er nicht auf der Bahn, welche seinen Kräften gemäß zu vollendetern Dichtungen geführt hätte, fortgeschritten ist? — so müssen wir die Antwort aus dem schon angeführten Umstande entnehmen: Er war zuerst als Enthusiast aufgetreten, und seine Fantasiestücke erregten einen weit lautern Beifall, als seine spätern in sich vollendeten Erzählungen. Dann aber hielt er es auch unter seiner Würde, bei noch ungeschwächtem Geist den Flug der Fantasie, den er allein durch seine Kraft regierte, zu verlassen, um auf der Erde zu gehen, wo ja auch so viele andere, minder Begabte, mit Glück einherschreiten. Es bedarf keiner weitern Ausführung, wie sehr diese verfehlte Ansicht zu bedauern ist*).

Eben so wenig rechtfertigt sich der Zweifel

---

*) Die Individualität wäre ihm, wenn er sich auch hätte anstrengen wollen, ein anderer zu seyn, doch immer bis auf einen gewissen Punkt in den Weg getreten. Naturam expellas furva etc   A. d. H.

Ob Hoffmann, weil er tüchtige Novellen zu dichten verstanden, darum auch fähig gewesen, ganze Romane zu vollenden, da seine größeren den Romanen ähnliche Dichtungen meistentheils nur verworrene Fantasiegebilde waren? — Wenn Hoffmann keine Romane in der Art seiner erwähnten Novellen geschrieben hat, so liegt ebenfalls die Hauptschuld in dem Mißverstehen seiner Kraft und seines Berufes. Er wollte wohl, gleichsam zum Spiel, kleinere Erzählungen als Referent vorgetragen, in den größern Dichtungen aber ohne Beschränkung fliegen, obgleich eben bei diesem Fluge Spielerei sich oft seiner bemächtigte. Hierzu kam noch ein doppelter freiwilliger Zwang von außen, d. h. er verehrte, und wollte gefällig seyn. Die Verehrung Jean Pauls ließ nicht zu, daß er seinen eingeschlagenen Weg als einen unrichtigen erkannte. Zugleich aber wie er durch sein erstes Werk ein Liebling des Lesepublikums geworden, und da er nicht aufhören wollte es zu seyn, sah er sich genöthigt, dem immer schlechter werdenden Geschmacke in unserer Novellenliteratur zu fröhnen, und endlich sogar Lokalstücke, welche die Menge mit Gier aufgriff, zu dichten *). Hätte er aber seine ungemeine Fantasie concentrirt zur Erfindung von

---

*) Die Buchhändler haben viel Schuld an dem Unwesen, welches er mit seinen Talenten getrieben. Sie überboten sich im Honorar, wie bei Auctionen, und forderten nur kurze Waare, und schleunigste Ablieferung. A. d. H.

Romanen *), und den Plan mit der Klarheit seiner Darstellung, mit dem Zauber seiner Sprache,
mit Humor, Innigkeit und Witz, ohne Uebereilung
ausgeführt und ausgeschmückt, so würde — wir
können es dreist wiederholen — Hoffmann als ein
Licht erster Größe in unserer Romanenliteratur da-
stehen.

Nur mit wenigen Worten wollen wir hier seine
wirklichen Produktionen aufführen. Er trat zuerst
mit den Fantasiestücken auf. Begeisterung und
Unwillen, beide mit gleichem Feuer aufgetragen, er-
warben diesen Dichtungen (richtiger zu sprechen, müßten wir sagen: diesen lyrischen Ergüssen, wie trefflich auch die plastische Darstellung mancher Scenen
gelungen ist), den verdienten Beifall. Uns spricht
am meisten darin an: „die Nachricht von den neuesten Schicksalen des Hundes Berganza" und „der
goldene Topf." In beiden concentrirt sich das doppelte Streben des Dichters, im ersteren verspottet
der Enthusiast die erbärmlichen Spielereien, welche
mit seiner hohen Göttin getrieben werden, und fordert von ihren Priestern unbedingte Ergebung, im
zweiten ist das Leben in der Poesie — die Göttlich-
keit des poetischen Gemüthes gefeiert, — leider treten aber auch schon hier alle die Schnörkeleien vor,
welche die späteren Märchen dieser Art entstellen.
In der Begebenheit der Sylvesternacht erscheint uns
das Spiegelbild als eine ganz verfehlte parodirende

---

*) Das verschob er immer auf bessere Zeiten. A. d. H.

Nachbildung von Chamiſſo's trefflichem Peter Schle=
mihl. Die objektive Darſtellung, der heitere Witz,
mit welchem das Gräßliche im letztern umgangen
wird, iſt im Spiegelgebilde in eine fantaſtiſche und
hier nicht hergehörende ironiſche Auffaſſung verwan=
delt. Statt des Friedens und der Beruhigung am
Schluſſe müſſen wir lachen, aber das Gelächter tönt
nicht aus einer beruhigten Bruſt. — Bald nach den
Fantaſieſtücken erſchienen die N a ch t ſt ü c k e , welche
zu wenig bekannt wurden, obgleich ſie die trefflichſte
aller Erzählungen, „das Majorat" enthalten *). Auch
die Erzählung „Ignatz Denner" iſt eine der vorzüg=
licheren **). Im „Sandmann" muß man — wie
überhaupt faſt in allen dieſen Nachtſtücken — die
reine Darſtellung bewundern und wünſchen, daß
einige höchſt originelle Ideen in einer minder gräß=
lichen und widerlichen Dichtung erſchienen wären,
um das Ganze mit Vergnügen noch einmal leſen
zu können. — Des „Teufels Elixire", den erſten
zuſammenhängenden Roman, erkannte Hoffmann
ſelbſt als eine gefährliche Dichtung an ***), dennoch
bekundet er den reichen Geiſt, den Genius des Dich=

---

*) Dafür erkannte er ſie ſelbſt, wie aus mehreren ſeiner Briefe
an mich hervorgeht. 3. F.

**) Vergleiche die Anmerkung Seite 106 im vierten Bande die=
ſer Ausgabe. 3. F.

***) „Die ich nie hätte ſollen drucken laſſen," ſagt er in ſeinem
Schreiben an mich. (Siehe Erinnerungen 1r Band, Seite
169.) 3. F.

ters. Um sich zu ergötzen, um den Dichter lieben
zu lernen, würde ich niemanden ihn zu lesen anra=
then; wer aber den Dichter, oder überhaupt die Ge=
schichte der Poesie studiren will, der muß dieses Ge=
mälde einer üppigen Fantasie durchlesen, um darin
die göttlichen Funken neben einer verworfenen An=
wendung zu bewundern. In den „seltsamen Leiden
eines Theaterdirektors“ stellt Hoffmann eben so klar
als geistreich das Unwesen, welches in mancherlei
Gestalt unsere Bühne jetzt beherrscht, dar. Das
Gespräch enthält wenig neues, aber dafür desto be=
herzigungswerthere Wahrheiten. Es sollte in Stereo=
typen gedruckt, und von jedem Schauspieler, minde=
stens jedem Director einer Bühne, in der Tasche
getragen werden. — Das Märchen „Klein Zaches“,
obgleich es seine Entstehung einer Lokalsatyre ver=
dankt*), gehört doch zu den ergötzlichsten unter Hoff=
manns Dichtungen, weil die heitere Laune von An=
fang bis zu Ende ungetrübt erscheint. Im leider
nicht vollendeten „Kater Murr“ soll sich die Hand=
lung theilen in die Geschichte des Katers und die
dazwischen gestreuten Makulaturblätter; das Interesse
bleibt hauptsächlich bei dem Inhalt der letztern. Im
Kater Murr selbst, d. h. in der Katzengeschichte, führt
er uns dagegen sehr ergötzlich einen wirklichen Phi=
lister (nicht einen in der Studentensprache) vor, der

---

*) Dies war der allgemeine Glaube in Berlin.   A. d. H.

4*

ohne Genie alles thut, um auf irgend eine Weise, was die Leute ein Genie nennen, zu werden, dem es indessen überall mißglückt, da die Natur sich nun einmal nicht zwingen, und aus beschränkter Erbärmlichkeit sich auch mit allem Fleiße kein Weltgeist entwickeln läßt. Die Makulaturblätter entfalten uns die reine, von seiner Kunst geleitete, aber auch unbefriedigte Sehnsucht einer tiefen Seele, des Hoffmann'schen Lieblingshelden, des Kapellmeisters Kreisler *), eines Geistesverwandten des Jean Paul'schen Schoppe. Es ist eben so zu bedauern, daß es nicht geschehen ist, als zu bezweifeln, ob es in Hoffmanns Macht gestanden hätte, dies Werk zu vollenden, und die geistige Entwickelung eines Kreisler zu geben **). In den Serapionsbrüdern sammelte Hoffmann seine zerstreuten Novellen, und hier erschienen die vollendetsten, welche wir von ihm besitzen. Der verbindende Dialog zeigt den geistreichen Denker. Eines der neuesten Werke ist die Brambilla. Wenn wir ihr auch nicht den Werth beilegen können, welchen einige junge Freunde des Verewigten ihr zuschrieben, welche von naturphilo=

---

*) Es ist schon oben bemerkt worden, daß Hoffmann sein humoristisches Ich im Kreisler personificirt hat.   A. d. H.

**) Auch das ist schon gesagt, daß der dritte Band des Kater Murr, Kreisler nicht auf die Stufe vollendeter geistiger Entwicklung geleiten, sondern vielmehr ihn in Wahnsinn enden lassen sollte.   A. d. H.

sophischen Ansichten ausgehend, mehr in Hoffmanns
Dichtungen suchten, als der Dichter je darin nie=
derzulegen geträumt hatte, so müssen wir doch an=
erkennen, daß es eines der launigsten und ein
höchst zartdargestelltes Märchen in niederer Region,
und bei weitem dem letzten Produkte des Dichters,
dem Meister Floh, vorzuziehen ist. Dieser, wel=
cher vor seiner Erscheinung ein unglückliches Auf=
sehen erregte, spricht eigentlich nur unter wenigen
Modificationen die im goldenen Topfe schon darge=
legte Idee aus. Die Ausführung, und namentlich
die Scenerie ist weniger ansprechend; aber die schöne
Idee muß immer jedes reine Gemüth begeistern.

Ich verehre die eben so schön, als konse=
quent durchgeführte Ansicht des Referenten über
Hoffmanns inneres Wesen und seine schriftstelleri=
schen Leistungen, ohne jedoch meine Ueberzeugung
unterdrücken zu können, daß beides, von anderer,
vielleicht ganz entgegengesetzter Seite aufgefaßt und
von geübter Feder dargestellt, Hoffmanns vielen
Verehrern noch befriedigende Resultate gewähren
dürfte; welche Behauptung aus der täglich zu ma=
chenden Erfahrung gerechtfertigt erscheint: daß der
an ähnliche Geistesprodukte anzulegende philosophische
Maßstab die verschiedenartigsten Messungen zuläßt.
Jedenfalls steht aber wohl fest, daß Hoffmanns

Erscheinung am literarischen Horizonte gewiß die originellste und unvergleichbarste gewesen, die seit Erscheinung des Jean=Paul=Sternes gesehen worden.

3. F.

Zur Beurtheilung
Hoffmanns als Musiker.
Von
A. B. Marx.

Wer in seinem Fache etwas Neues geleistet, oder
sein Ziel auf einem neuen Wege verfolgt hat, mag
nur von einem Standpunkte richtig beurtheilt wer=
den, von welchem aus sein neues und das bishe=
rige Streben übersehen werden können. In Bezug
auf Leistungen für die Theorie der Musik ist dies
wohl seit einer beträchtlichen Zeit weniger nöthig
gewesen; seit so lange nämlich, als man sich fast
ausschließlich mit der Ausbildung des Rameau'schen
und Kirnberger'schen Systems beschäftigte. So wich=
tige Resultate dieser Periode verdankt werden, so
hat doch ihr an sich so achtungswerthes, ja im Gange
der Wissenschaft nothwendiges Bestreben um den
systematischen Bau der Tonwissenschaft auf physika=
lischer und mathematischer Grundlage von steter und
tiefer Beobachtung der Musik, wie sie erscheint, nicht
wenig abgeleitet, und mehr oder minder der Kunst
die Stütze einer begleitenden Wissenschaft, dieser die
Nahrung aus dem fortgesetzten Leben der Kunst

entzogen. Zu früh mag wohl hin und wieder an=
genommen worden seyn, daß die Tonwissenschaft
systematisch festbegründet, die Tonkunst in ihren bis=
herigen und allen nachfolgenden Werken aus den
schon aufgestellten Grundsätzen jener zu beurtheilen sey.

Eine solche Ansichtsweise muß besonders in ei=
nem Zeitpunkte ungenügend erscheinen, wo fast in
allen Wissenschaften, aus neuen und tiefen Beobach=
tungen, neue und wichtige Resultate gewonnen wer=
den, und wo die Tonkunst unverkennbar eine weit hö=
here Stufe der Entwickelung und Bildung erreicht hat.

Vor allem haben wohl die Künstler gefühlt, wie
sehr die Theorie der Musik der Kunst gleichsam sich
entfremdete, und wie wenig sie gleichwohl die Be=
obachtung, welche man die wahre Kunstschule nen=
nen kann, entbehrlich machte. Allein wie selten ist
ein Tonkünstler fähig und willig, etwas anderes,
als Noten, zu schreiben; wie selten jemand bereit,
sich der Beobachtung eines so vielfach zusammenge=
setzten Ganzen, wie Musik ist, auf die Gefahr zu
widmen, wahrscheinlich nicht zu dem letzten Ziele,
zu allgemeinen wissenschaftlichen Resultaten zu ge=
langen, und wie hinderlich müssen einem solchen
die oben berührten theoretischen Bestrebungen seyn,
welche dahin gerichtet scheinen, das System ab= und
damit fernere Beobachtung als unnöthig auszu=
schließen, welche oft aus Voraussetzungen, die nur
scheinbar feststehen, über ganze Reihen von Beob=
achtungen gleichsam im Voraus den Stab brechen,
weil sie mit jenen nicht übereinstimmen!

Auf diesem Felde nun begegnen wir unserem Hoffmann, der es unter den neuern fast allein betreten und sich über jede Furcht der Mißdeutung, der Geringschätzung von Seiten derer, welche in dem bisherigen System ihr Ein und Alles finden, zu erheben vermocht hat. Die Kühnheit, mit welcher er von seinen Beobachtungen selbst diejenigen Fächer (wir werden deren bezeichnen) nicht ausschloß, die von den Systemen ganz unbeachtet gelassen, ja geradehin von theoretischer Betrachtung ausgeschlossen und in eine Art von wissenschaftlichem Verruf gethan sind, stellt ihn als Vorgänger derer hin, von denen weitere Behandlung derselben zu erwarten seyn mag.

Den Geist, die scharfe Beobachtungs-, Auffassungs- und Darstellungsgabe, die feurige Fantasie, welche Hoffmann überhaupt in seinen Werken beurkundet hat, vereinigt mit einer unwandelbaren Liebe für die Musik, wendete Hoffmann dieser Kunst mit einem so ernsten und steten Eifer zu, wie es sich von seiner Energie wohl erwarten, gleichwohl in keiner andern Beziehung so leicht nachweisen läßt. Das Streben, sich für diese Kunst ganz auszubilden, hielt ihn sogar bei Bemühungen fest, die seinem nach Ungebundenheit verlangenden, oft gern in das Fantastische sich verlierenden Geiste an sich widerstrebend seyn mußten. So finden sich in seinem Nachlasse viele bald mehr, bald weniger ausgeführte Kompositionen im doppelten Kontrapunkt und alle seine Arbeiten zeigen das Streben, das

4**

einmal ergriffene Thema festzuhalten und durchzu-
führen, oft sogar stärker, als vielleicht nöthig war.
Demungeachtet — ist es ihm möglich gewesen, die
Musik nicht zu seiner ausschließlichen Beschäftigung
zu machen.

Es würde gleichmäßig ungerecht seyn, wenn
man ihm deßhalb den Beruf zur Kunst geradehin
absprechen, oder wenn man ihm Willensschwäche
Schuld geben wollte. Beide Anklagen würden sich
in seinem Leben und in seinen Leistungen widerlegt
finden. Wer in untergeordneten, beschränkteren
Verhältnissen geboren, die eines Künstlers, wie sie
sich auch, günstig oder ungünstig, gestalten, angemessen finden kann; wer, der Sohn eines Musikers,
von Kindheit an den Stand seines Vaters als den
ihm nächstliegenden ansehen muß; wer endlich vom
Glück der Sorge für seine äußern Verhältnisse über-
hoben ist, kennt nicht den schweren Kampf, den eine
vorherrschende, von den Verhältnissen unbegünstigte
Neigung zu bestehen hat, wenn ihretwegen günstige
und gewohnte aufgehoben werden sollen. Aus einem
solchen Kampfe geht gewöhnlich nur der siegreich
hervor, der nicht bloß Liebe und Talent zu seinem
Fache, zu seiner Kunst, als einem Aeußeren, hat,
sondern dem diese alles, der, möchte ich sagen, mit
ihr eins geworden ist, und nicht anders, als in ihr
bestehen kann. Beethoven, Mozart, Händel, Sebastian Bach wären unter jedem Verhältnisse Musiker
geworden (wenn auch nicht Kapellmeister u. dergl.),
aber von dem größten Theile der hier nicht genann-

ten Musiker möchte ich dies nicht behaupten, so vortreffliches auch viele von ihnen geleistet und so herrlich sie ihr Talent beurkundet haben.

Dieß darf auf Hoffmann angewendet werden, wenn man eben so weit von Ueber= als Nichtschätzung entfernt bleiben will. Und in der That, Hoffmann bedarf, damit er in seiner Sphäre erkannt und benutzt, und sein Andenken befestigt werde, so wenig des erstern, als er das letztere zu fürchten hat. Sein Eifer für Musik (der uns selbst als ein Beweis seines Talents gilt) unterstützt von jenen Kräften, die er überall bewährte, konnte nicht anders, als zu sehr erheblichen Resultaten führen. Demungeachtet ist auch ihm, wie der großen Mehrzahl der Künstler, Musik ein Aeußeres geblieben; so lebendig er sie geschaut hat, so tief er in ihr Wesen eingedrungen ist, so ist doch dieses nicht mit dem Seinigen eins geworden; die Vielseitigkeit seiner Geistesanlagen selbst hat den ruhigen Gang gestört. Allein der Mensch darf von dem Pfade, den die Natur ihm in seinen Anlagen andeutet, nicht ungestraft weichen. Wir irren vielleicht nicht, wenn wir die Spuren von Unzufriedenheit mit den Verhältnissen und — bei dem Bewußtseyn einer Kraft, die dem Mißgeschicke zu trotzen vermag — Geringschätzung derselben, die Hoffmann verräth, als die Erzeugnisse dieses meist innern Zwiespalts der Neigung und der von ihr abziehenden fremdartigen Anlagen, wie der Verhältnisse, ansehen.

Hiermit glaube ich die Charakteristik des mu=

fikalifchen Schriftstellers begründet zu haben: scharfe,
tiefe Beobachtung deffen, was Kunst und Künstler
bis zu feiner Zeit dargeboten haben, geftört bisweis=
len durch eine gewiffe Herbe, bisweilen durch Ueber=
reizungen, wie- fie aus dem oben-angedeuteten innern
Zwiefpalte hervorgehen mußten.

Ich übergehe alle Auffätze, welche mit der größ=
ten Wahrheit und einer höchft ergötzlichen Laune
das gewöhnliche mufikalifche Treiben fchildern und
wähle vor allen „Kreislers mufikalifch poetifchen
Klubb"*), der ein bei vielen Mufikgelehrten gewif=
fermaßen verrufenes Thema hat (die Charakteriftik
der Töne) zum Beleg für die Vorurtheilsfreiheit,
welche Hoffmann in der Behandlung der Mufik be=
währte.

Es ift. mit .diefem Gegenftande wie mit der
Phyfiognomik gegangen. Man hat fie geläugnet
und wieder geläugnet, und — im Grunde nicht auf=
gehört, auf fie zu achten und an fie zu glauben.
Kein Gegner Lavaters würde fich leicht Holbeins
Judas für einen Chriftuskopf, einen Faun für den
Apoll verkaufen laffen. So würde gewiß kein Mu=
fiker fo leicht ein Lied der Liebe in As dur oder einen
Grabgefang in G. A dur fetzen. Doch tragen oft
diefelben Perfonen kein Bedenken, den Grundfatz,
daß diefe Töne einen verfchiedenen Charakter haben,
zu beftreiten.

Ich darf mir eine durchgeführte Vertheidigung

---

*) Fantafieftücke 2c. Theil II. Seite 504, 2te Ausgabe.

der Hoffmann'schen Ansicht, zu der auch ich mich bekenne, hier nicht erlauben. Wäre der Grund der Charakterverschiedenheit der Töne auch noch nicht nachzuweisen, so erkennt das allgemeine Gefühl sie doch an, und die größten Künstler haben dessen Stimme nicht überhört — wenn sie sich auch seines Einflusses nicht immer klar bewußt gewesen seyn mögen. Es ist nicht Zufall, daß Beethoven seine siebente Symphonie in A dur, seine Eroica in Es dur und seine fünfte in C moll gesetzt hat*). Hoffmann hat eben so wenig bei diesen als bei andern Aufsätzen die Absicht gehabt, sein Thema wissenschaftlich und erschöpfend abzuhandeln. Wie der Gegenstand seiner Fantasie erschienen war, so gab er ihn meist wieder, und hatte vielleicht die Ansicht, daß wenn einmal über Musik gesprochen werden solle, man nur als Dichter reden könne, eine Ansicht, die dem Künstler am nächsten liegt. — Im vorliegenden Aufsatze bedient sich Hoffmann der Charaktere einiger Töne als Farben, aus denen er das Gemälde einer zusammenhängenden Reihe von Ge-

---

*) Von dem Charakter vieler Töne finden sich herrliche musikalische Bilder in Sebastian Bachs temperirtem Klavier. Ich zeichne, indem ich der Ausgabe von Peters folge, aus dem ersten Theile Präludium und Fuge Nro. 1, 3, 5, 15, 16, 17, 22, aus dem zweiten Theile Präludium und Fuge 5, 6, 12, 20, Fuge Nro. 15 und 16 beispielsweise an; muß auch bei dieser Gelegenheit dem weit verbreiteten Vorurtheile widersprechen, daß in Bach nichts zu finden sey, als Contrapunkt; eine Ansicht, bei der man nicht begreift, wie er in die Reihe der größten Künstler kommt.

müthszuständen fertigt. Er hat sich erlaubt, auch andere Farben zuzumischen; wie wir das, was Hoffmann bei dem E dur Sextenaccorde nach dem Terz-Quartenaccorde auf D sagt, nur vom Charakter dieser Accorde und seine Vergleichung des B dur mit der kleinen Septime nur auf den Ausdruck dieser letztern beziehen mögen. B dur selbst und F dur können nicht wohl in treffendern Bildern dargestellt werden, als hier von Hoffmann. Ich darf jedem überlassen, sich in diese Charakterfantasie hineinzuhören und zu fühlen, und was in ihr vielleicht nur Schärfe und Ueberreizung des Dichters war, zu sondern. Daß übrigens Hoffmann der Charakter aller (nicht blos der im genannten Aufsatze geschilderten) Tonverhältnisse klar vor Augen stand, zeigen einzelne in seinen Schriften verbreitete Andeutungen. Wenn z. B. Kreisler sich mit einer übermäßigen Quinte erdolchen will, so wird jeder, der zum lebendigen Gefühl dieses Tonverhältnisses gekommen ist, die Wahrheit, welche dieser schauerlich-skurrilen Aeufferung (um mit Hoffmanns Worten zu reden) zum Grunde liegt, anerkennen.

Ich bin ungewiß, ob ich nicht hier ein zweites Thema berührt habe (den Charakter der Tonverhältnisse), das einer Vertheidigung bedarf. Wenigstens findet sich in neuern Compositionen oft so wenig Spur von einer Erkenntniß dieses Charakters, oft ein — ich darf wohl sagen — so leichtsinniges Spiel mit allen Tonverhältnissen und Accorden, daß mein Zweifel nicht ungegründet erscheint. Wie indeß diese bedenkliche Richtung einiger Künstler aus Effektsucherei und besonders unter dem Einflusse des Fortepianospiels hervorgegangen ist, so kann das laute Zeugniß aller Compositionen, in denen nach Wahrheit gestrebt ist, als Entgegnung genügen. Gern sähe ich auch, was Hoffmann über das Haschen nach Effekt allgemein sagt, hier auf das Besondere angewendet!

Es liegt nicht in der Bestimmung dieses Aufsatzes, Hoffmanns Ansichten, wie sie in seinen allgemein bekannten Werken, am reichsten aber in den Fantasiestücken Theil I. über Beethovens Instrumentalmusik über Don Juan; Theil II. über einen Ausspruch Sacchini's; im ersten Bande der Serapionsbrüder, in der Erzählung der Dichter und der Componist, — niedergelegt sind, zu kommentiren oder auch nur zusammenzustellen. Hoffmanns Schriften halten seine musikalischen Ansichten auf einer Stufe der Geistesentwickelung fest, wo die Wege des Künstlers und des Denkers von einander scheiden. Bei jenem wird die Anschauung als Kunstwerk, bei diesem als abgezogener Gedanke, hervortreten. Der erstere wird in Hoffmanns Schriften lebendige Bilder des äußern und innern Kunst= und Künstlerlebens und Anregung finden, in das Wesen der Kunst einzudringen; ein Gewinn, den ihm nur das eigene Lesen gewähren und kein Auszug ersetzen kann. Der letztere wird mannigfachen Stoff zum Nachdenken und zur Unterstützung eigener Erfahrung eine Reihe treffender Bemerkungen und weit ausgebrei=

teter Beobachtungen finden. In seiner Richtung
vorzuarbeiten, verbietet hier der geringe Raum.

Nur einen jener Aufsätze, den über Don Juan,
kann ich nicht übergehen, ohne folgendes zu bemer=
ken. Man hört ziemlich allgemein den Don Juan
Mozarts Meisterstück nennen, und es scheint die=
sen Namen meist nur der tiefere Eindruck durch das
Gemüth, den Don Juan hinterläßt, gemeint zu seyn.
Es wäre in der That nicht Mozarts, sondern höch=
stens des Dichters Verdienst, wenn Don Juan das
Herz tiefer träfe, als Figaro, Cosi fan tutte u. s. w.;
— wiewohl ich meinestheils keiner von allen diesen
Opern einen absoluten Vorrang zugestehen kann,
da jede in ihrer, und zwar einer besondern Art
vollendet ist. Ja, wenn man sich einmal zu einem
gegenseitigen Abmessen von Geisteswerken verstehen
wollte, so wäre die Frage: ob nicht Idomeneus in
vielen einzelnen Situationen unser Gemüth tiefer
und stärker ergriffe, als Don Juan. Welcher Vor=
zug zeichnet also diesen zu Mozarts sogenannten
Meisterstücke? Was ist es in ihm, das einen stär=
kern Eindruck bei uns hinterläßt, als alle übrigen
Mozart'schen Opern?

Es ist die Einheit aller einzelnen Charactere
und des Ganzen. Es ist die treue Abspiegelung des
Lebens, eines Lebens, von dem wir umfangen sind,
die Darstellung einer Nemesis, die wir anerkennen
und fordern müssen; die Einführung einer Geister=
welt, an die der Glaube allen Menschen eingeboren

scheint, mag er auch auf einer gewissen Stufe der
Bildung verbannt, oder — verläugnet werden.

Diese dramatische Schöpfung ist nicht des Dich=
ters, sondern Mozarts Werk. Wer meinen Aus=
spruch und Hoffmanns Aufsatz, statt mit der Musik
mit dem Gedichte zusammenhielte, würde beide un=
begründet finden; allein er würde Hoffmann und
mir Unrecht thun. Hoffmann hat ein Bild des
Don Juan niedergelegt, von dem man mit Wahr=
heit sagen kann: es ist Mozarts Don Juan als
Gedicht. Was die Musik ahnen läßt, hat er in be=
stimmten Zügen festgehalten, hingestellt, und so be=
wiesen, wie mächtig und vernehmbar die Musik sich
auszusprechen vermag. Doch suche man ja nicht in
ihm eine Analyse der Composition oder des ganzen
Drama nach allen seinen Bestandtheilen. Wenn
von Gegenständen der Kunst die Rede ist, so gibt
es zwei Beweißformen: die wissenschaftliche, oder
philosophische, die ich nicht weiter zu beschreiben habe,
und — wenn der Ausdruck erlaubt ist — den
Künstler= oder Anschauungsbeweis. Er setzt eine
künstlerische Wiedergeburt des Kunstwerkes in der
Seele des Beweisenden voraus, der uns von ihm
das Bild, wie er es schaute, gibt, und erwartet, ob
wir darauf eingehen können und wollen. Hoffmann
hat vom Gedichte, von dem Plan abgesehen, der auch
nicht Eigenthum des Mozart'schen Dichters ist, nur
ein paar Zeilen für seine Beweisführung benutzt;
desto reicher aber die Composition, die äußere Er=
scheinung, ja die Kleidung der Personen und die

Umgebung, wie alles ihm erschien. Es ist unerfreulich, daß gerade die Schauspieler, welchen diese Beweisführung am einleuchtendsten seyn sollte, in den Darstellungen des Don Juan so wenig zeigen, daß sie Hoffmanns Don Juan gelesen, geschaut und durchgedacht haben.

Ich habe nun noch von Hoffmanns Kompositionen Nachricht zu geben. Ohne in das Einzelne dieser Werke einzugehen, die dem Publikum noch nicht zur Prüfung vorliegen, werde ich mich begnügen, Hoffmanns Charakteristik in einer allgemeinen Darstellung seiner Kompositionen und seiner Kompositionsweise fortzusetzen, und das Vorzüglichste für künftige Bekanntmachung auszuzeichnen.

Erwägt man die vielfachen anderweitigen Beschäftigungen, denen Hoffmann sich unterzogen hat, so muß sein großer Fleiß in der Komposition um so mehr anerkannt werden. Außer einer ansehnlichen Menge kleinerer Piecen für eine und mehrere Stimmen, Scenen, Sonaten, einem Trio, Quatuor, einer Symphonie und Ouvertüre, finden sich unter seinen nachgelassenen Papieren folgende größere Werke, sämmtlich in Partitur für großes Orchester und die betreffenden Stimmen:

1) Ein vollständiges Miserere,
2) ein solches Requiem,
3) vollständige Musik zu Werners Kreuz an der Ostsee,
4) der Trank der Unsterblichkeit, romantische Oper in 4 Acten vom Reichsgrafen von Soden,

5) Liebe und Eifersucht, Oper in 3 Acten,

6) der Kanonikus von Mailand, komisches Sing=
spiel in einem Acte,

7) Arlequin, ein Ballet,

8) Musik zum ersten Acte des Julius Sabinus,
von Soden, nebst Bruchstücken vom zweiten
Acte,

endlich —

9) die durch die Aufführungen in Berlin am mei=
sten bekannte Undine, Oper in 3 Aufzügen, von
Fouqué.

Sie zeigt am klarsten Hoffmanns Kraft und
was ihm zum vollendeten Musiker abgieng. Wer
dies ganz ist, dem erscheint alles musikalisch; seine
eigene Empfindung ist Musik, ja, auch seine An=
schauungen, auch Gedanken, die an sich mehr nach
Plastik als Musik neigen, wollen sich eine musika=
lische Form erringen. Wenn dem Joseph Haydn
nicht der Naturgesang der Vögel, die Stimmen der
Thiere, der Regen, der Sturm, der Blitz, die ganze
sichtbare und hörbare Natur, wie einem in süßer
Verwirrung der Vorstellungen träumenden Kinde
wirklich als Musik erschienen wäre, wie hätte er das
alles im reinsten Einklang und Erguß seiner Kom=
positionen schreiben können? Wenn Mozart eine an=
dere Sprache als Musik gehört hätte, was wäre
aus der Zauberflöte, ja aus allen seinen Opern ge=
worden? Und was konnte er anders, als Musik
reden? Nicht so bei Hoffmann. Man kann nicht

umhin, in seinen Werken das zu scheiden, was ihm musikalisch erschienen ist, von dem, was er in die Musiksprache zu übersetzen strebte.

So darf ich bei Undine alle Geisterscenen von allen übrigen scheiden. Jene gestatten wohl eher, daß der Componist einen äußern Standpunkt (den des von der Geisterfurcht, dem Grauen u. s. w. er= griffenen Menschen) einnimmt, und diesem entsprach Hoffmanns Organisation für Musik (wie sie oben angedeutet ist) eben so sehr, als seine Vorliebe für das Fantastische. Jene Scenen sind durchgängig vortrefflich. Nie lese ich sie in Partitur, oder führe sie am Piano aus, ohne daß sie Schauer über mich ergießen. Höre ich dagegen in Undine und den übrigen Opern (4, 5, 6) nach seinen übrigen Personen, so sind meist sie es nicht, die reden, son= dern Hoffmann, der von ihnen und ihren Empfin= dungen spricht. Es scheint nicht durchgängig dahin gekommen zu seyn, daß er Undine, Huldbrand und so fort, geworden ist, wie er selbst von Komponisten verlangt, oder, wie ich die Forderung lieber stellen möchte, daß er sie selbst gehört hat; er hat sich (so darf man die meisten Scenen charakterisiren) blos vorgestellt, wie sie empfinden und sich äußern müß= ten, und dies ist der Inhalt seiner Musik.

Ich muß mich jedes Beweises für meine Be= hauptung begeben, da die Kompositionen, von denen ich rede, noch nicht gedruckt und seit längerer Zeit

nicht aufgeführt sind *). Ja, wenn ich neben meiner
obigen Ansicht gern und aus voller Ueberzeugung
zugestehe, wie viel Schönes ich demungeachtet in
jener Reihe Hoffmann'scher Schöpfungen gefunden
habe, so wird mancher darin eine Zurücknahme meines Ausspruches sehen; und doch ist das nicht der
Fall. Kann nicht der (musikalische) Bericht von
einem Gegenstande, von einer Person, recht viel
Gutes, Wahres, Schönes, recht lebendige Züge,
wiedergeben? Die meisten Kunstwerke — man kann
es ohne Ungerechtigkeit sagen — sind nichts als ein
solcher Bericht, oder eine Beschreibung, ein Abbild.
Aber welch ein Abstand von einem Lebenden, durch
die Kunst lebendig geschaffenen, in sich organisirten
Wesen! Gluck's Iphigenia, Sacchini's Oedip, Händel's Sila in Saul, Mozart's Anna und Juan sind
nicht Bilder dieser Personen, sie sind nicht ihnen
ähnlich, sondern sie selbst. Man halte dagegen einen
Paer'schen, einen Righinischen Charakter, und wird
meinem Scheidungsgrundsatze beistimmen, ohne den
Schöpfungen der letzteren Künstler viele Schönheiten
abzusprechen.

So wird auch Hoffmanns oben bezielten Schöp-
fungen das Loos fallen, und ist es schon zum Theil.
Ich höre, daß unter andern die Romanze des alten
Fischers im ersten, und die Undinens im zweiten
Acte der Oper Undine, Lieblinge eines großen Theils
des Publikums geworden sind.

----

*) Zu Undinens baldiger Wiederaufführung ist Aussicht.

Eine günstige Aufgabe nach dem obigen Gesichtspunkte war für Hoffmann die Composition zu dem Kreuz an der Ostsee. Es galt hier, die wilden, rohen, starren Urpreußen in ihrer Kraft mit ihrem unzähmbaren, unbeugsamen Sinne, der selbst die Religion und die Götter als Sclavenbande scheut, hinzustellen. Ich weiß keinen Dichter und keinen Componisten, dem die Darstellung dieser — Menschenthiere (möchte ich sagen) so gelungen wäre, als Werner und Hoffmann. Die Sprache ringt noch nach dem genügenden Ausdrucke, die Modulation der Stimme müht sich noch, Sprache zu werden, oder zu ersetzen, und ich sehe den Wilden, wie er mit Ton, Blick und Geberde das mangelnde Wort, die fehlende Beugung zu ersetzen, der ungefügten Construktion nachzuhelfen strebt. Ich habe einen dieser Gesänge (Nro. 1) im Klavierauszug *), nicht etwa als den gelungensten, sondern blos als den kürzesten abdrucken lassen. Mir erscheint er so lebendig, daß ich versucht bin, Eins (den Anfang: den Keul) für Geberde, ein Anderes für Miene, ein Anderes für Tonmalerei zu halten; denn Wort, Ton, selbst thierischer Laut, Miene und Geberde, das sind ja wohl die Ingredienzien der Wildensprache?

Um denen, welche dieser Gesang zu hart anklingen möchte, die den wilden Preußen keine stärkere

---

*) Es ist für ein Chor von Männerstimmen mit Begleitung von vier Hörnern und andern Blasinstrumenten komponirt.

Sprache, als im Opferfest den Peruanern, oder in
Iphigenia den Scythen, zulassen wollen, Hoffmanns
Musik von einer mildern Seite bekannt zu machen,
habe ich ein Stück *) aus seinem Miserere beige=
fügt, einer Composition, die mehr Anspruch auf Be=
kanntmachung hat, als viele längst gedruckte. Die
Beilage aus ihm (Nro. 2) möge statt seiner Cha=
racteristik seyn. Ich habe hierbei noch eine zweite
Absicht. Wenn ich die Musik zum Kreuz an der
Ostsee als Hoffmanns eigenthümlichste und vorzüg=
lichste Composition angeben muß, so könnte eben
ihre Eigenthümlichkeit, ihre kunstvolle Rohheit, die
tiefgedachte Verschmähung mancher besonders mildern=
der und verschmelzender Ausdrucksmittel, das Auge
von der technischen Ausbildung, die Hoffmann sich
errungen und die ich anderwärts erwähnt habe, ab=
lenken. Das kleine Stück aus dem Miserere möge
auf eine wohlthuende Weise daran erinnern.

So unbedeutend übrigens in kontrapunktischer
Hinsicht die Nachahmung zwischen Ober= und Unter=
stimmen ist, so hat mich doch die edle Einfalt und
Frömmigkeit des Ganzen bestimmt, diese Andeutung
der harmonischen und kontrapunktischen Ausbildung
Hoffmanns mancher gründlich gearbeiteten Fuge, die

---

*) Bis zum Tutti blos von Saiteninstrumenten (Baß, 2 Cello,
2 Violinen und Viola) begleitet, im Tutti von Bläsern
unterstützt.

statt der Andeutung Beweis hätte geben können,
vorzuziehen. So überlasse ich Hoffmann selbst den
freundlichen und begütigenden Epilog zu seinem
musikalischen Leben.

Carl Maria von Weber

über

Hoffmann.

———

— In dem Text der Oper Undine hätte wohl
mancher innere Zusammenhang bestimmter und klarer verdeutlicht werden können.

Desto deutlicher und klarer in bestimmten Farben und Umrissen hat der Componist die Oper ins
Leben treten lassen. Sie ist wirklich ein Guß,
und Referent erinnert sich bei oftmaligem Anhören
keiner einzigen Stelle, die ihn nur einen Augenblick
dem magischen Bilderkreise, den der Tondichter in
seiner Seele hervorrief, entrückt hätte. Ja er erregt
so gewaltig, von Anfang bis zu Ende, das Inter̓esse
für die musikalische Entwickelung, daß man, ̓̓̓̓
dem ersten Anhören, wirklich das Ganze erfaßt hat,
und das Einzelne in wahrer Kunstunschuld und
Bescheidenheit verschwindet.

Mit einer seltenen Entsagung, deren Größe nur
derjenige ganz zu würdigen versteht, der weiß, was

es heißt, die Glorie des momentanen Beifalls zu
opfern, hat Hr. Hoffmann es verschmähet, einzelne
Tonstücke auf Unkosten der übrigen zu bereichern,
welches so leicht ist, wenn man die Aufmerksamkeit
auf sie lenkt durch breitere Ausführung und Aus=
spinnen, als es ihnen eigentlich als Gliedern des
Kunstkörpers zukommt. Unaufhaltsam schreitet er
fort, von dem sichtbaren Streben geleitet, nur immer
wahr zu seyn und das dramatische Leben zu erhö=
hen, statt es in seinem raschen Gange aufzuhalten,
oder zu fesseln. So verschieden und treffend bezeich=
net die mannigfaltigen Charaktere der handelnden
Personen erscheinen, so umgibt sie, und ergibt sich
vielmehr doch aus allem jenes gespensterhafte, fabelnde
Leben, dessen süße Schauererregungen das Eigen=
thümliche des Märchenhaften sind. — Am mächtig=
sten springt Kühleborn hervor (Ref. setzt die Bekannt=
schaft mit dem Märchen voraus) durch Melodienwahl
und Instrumentation, die, ihm stets treu bleibend,
seine unheimliche Nähe verkündet. Da er, wo nicht
als das Schicksal selbst, doch als dessen nächster
Willensvollstrecker, erscheint, so ist dies auch sehr
richtig. Nächst ihm, das liebliche Wellenkind Undine,
deren Tonwellen bald lieblich gaukeln und kräuseln,
bald auch mächtig gebietend ihre Herrscherkraft künden.
Höchst gelungen und ihren ganzen Charakter um=
fassend, dünkt Ref. die Arie im zweiten Akt, die so
ungemein lieblich und geistvoll behandelt ist u. s. w.
— Der feurig wogende, schwankende, jedem Liebes=

zuge sich hinneigende Huldbrand, und der fromme, einfache Geistliche, mit seiner ernsten Choralmelodie sind dann am bedeutendsten. Mehr in den Hintergrund treten Bertalda, Fischer und Fischerin, Herzog und Herzogin. Die Chöre des Gefolges athmen heiteres, reges Leben, das sich in einigen Stücken zu ungemein wohlthuender Frische und Lust erhebt und entfaltet, im Gegensatze zu den schauerlichen Chören der Erd= und Wassergeister in gedrängten, seltsamen Fortschreitungen.

Am gelungensten und wirklich groß gedacht erscheint Ref. der Schluß der Oper, wo der Componist noch als Krone und Schlußstein alle Harmoniefülle rein achtstimmig im Doppelchore ausbreitet, und die Worte „gute Nacht aller Erdensorg' und Pracht," mit gewisser Größe und süßer Wehmuth erfüllten Melodie ausgesprochen hat, wodurch der eigentlich tragische Schluß doch eine so herrliche Beruhigung zurückläßt. Ouverture und Schlußchor geben sich hier, das Werk umschließend, die Hände. Erstere erreget und eröffnet die Wunderwelt, ruhig beginnend, im wachsenden Drängen, dann feurig einherstürmend, und hierauf gleich unmittelbar, ohne gänzlich abzuschließen, in die Handlung eingreifend, letzterer beruhiget und befriedigt vollkommen. Das ganze Werk ist eines der geistvollsten, das uns die neuere Zeit geschenkt hat. Es ist das schöne Resultat der vollkommensten Vertrautheit und Erfassung des Gegenstandes, vollbracht durch tief überlegten Ideen=

gang und Berechnung der Wirkungen alles Kunst=
materials, zum Werke der schönen Kunst gestempelt
durch schöne und innig gedachte Melodien u. s. w.

Geschrieben Berlin im Januar 1817.

Carl Maria von Weber.

Nachträge

zu dem Werke:

Aus

Hoffmanns Leben und Nachlaß *).

---

*) Aus der zweiten Ausgabe.

A.

Noch etwas Briefliches über Hoffmann.

Das nachfolgende Schreiben Hoffmanns ist an einen Componisten gerichtet, der ihm bei seiner An=
wesenheit in Berlin ein Oratorium: die zehn Jung=
frauen in zwölf Scenen oder Bildern von Herrn
Doktor Sondershausen in Weimar, zur Durchsicht
mitgetheilt hatte, und war bereits in der Abendzei=
tung erschienen, scheint aber charakteristisch und auch
in Beziehung auf die Frage, die es behandelt, wich=
tig genug, um auf eine dauerndere Weise erhalten
zu werden, als durch den Abdruck in einem Zeit=
blatte.

———

„Mit vielem Danke folgen anbei die zehn Jung=
frauen zurück. Sie haben mir durch deren gefällige
Mittheilung eine große Freude gemacht. Es ist
immer eine Poesie in dem Stücke, wie man sie nicht
allzuoft findet. Gleich die erste Scene: „Stumm
und todt" — hat mir außerordentlich gefallen, ob=
gleich ich wohl den „Nachtwächter mit der Laterne" für

Paläſtina nicht zuſagend finde. Er iſt gegen das
Coſtüm: auch muß ich geſtehen, daß es mich dünkt,
als würde bei theatraliſcher Ausführung der Mann
einen komiſchen Eindruck machen, und das ſoll er,
dem Charakter des Stückes nach, doch nicht. Wun=
derſchön und wahrhaft klaſſiſch iſt die Stelle in der
ſechsten Scene: „Licht iſt Leben, Licht iſt Freude!"
— und ſo viele andere, doch das ſind Einzelheiten.
Wichtiger iſt das Ganze, und auch das hat mich,
als Gedicht, vollkommen befriedigt. Durch die Ver=
webung der Allegorie mit der wirklichen Geſchichte,
wie iſt das Intereſſe für uns feſtgeſtellt; es offen=
bart ſich eine nähere Beziehung auf unſer eigenes
Herz, und wir ſind fortwährend geſpannt. Zu grell
iſt der Uebergang vom Hochzeitfeſt zum einbrechen=
den Weltgericht (ſo erſcheint es wenigſtens dem Zu=
ſchauer) in der neunten Scene. Dieſe ganze Schil=
derung iſt für eine Illuſion zu ſtark. — Daß das
Schickſal der fünf Thörigen unentſchieden bleibt, iſt
zwar von einer Seite gut, von einer andern aber
wieder nicht gut. Die Klippe der zu klaren Ent=
ſcheidung, die hier um ſo gefährlicher wäre, da wir
an Höllenfahrten und vergleichen nicht mehr glau=
ben, iſt glücklich vermieden. Aber wir erfahren auch
faſt zu wenig von ihrer Kataſtrophe, als daß ihr
Geſchick einige Wirkung von Bedeutung auf uns
machen könnte, doch das iſt vielleicht anders, wenn
wir die wirkliche Aufführung ſehen. Aber hier
komme ich eben zur Hauptſache. Wo ſoll es auf=
geführt werden? auf dem Theater? Dafür iſt das

Gedicht zu sehr religiös. Auf die Bühne, wie sie
jetzt ist, gehört einmal das Heilige nicht. Es ist
schlimm, daß es so ist, aber es ist nun einmal so.
— In der Kirche? Dafür ist es zu theatralisch.
Oder im Concertsaal? Dahin paßt es am wenigsten; es ist dafür zu religiös und zu theatralisch
zugleich. Hätten wir doch die alten Mysterien, Au-
tos Sacramentales und wie diese geistlichen Comö-
dien noch sonst heißen, so würde sogleich allem
Uebel abgeholfen werden. Es wäre zu wünschen,
daß sie wieder hergestellt würden; nicht im Sinn
der religiösen Erbauung, diese würde nicht viel dabei
gewinnen, sondern um das Christenthum allmählig
wieder in das Aesthetische, in die Kunst hinüber zu
leiten, das Christenthum dadurch dem Menschenbe-
dürfniß näher zu bringen; die Kunst aber, die so
lange entweihte, dadurch zu heiligen. Es gibt keine
Kunst, die nicht heilig wäre; und die Frage: ob die
Poesie moralisch seyn müsse, beruht auf den schrecklichsten Mißverständnissen, die unsere Zeit haben
treffen können. Ich frage nicht nach des Künstlers
Leben; aber sein Kunstwerk muß rein seyn, im
höchsten Grade sittlich, wo möglich religiös. Es
braucht darum keine sogenannte moralische Tendenz
zu haben. Ja, es soll nicht einmal. Das wahrhaft
Schöne ist selbst das Moralische, nur in anderer
Form. Vermischung der Formen aber würde jedesmal Fehler seyn. Jetzt sind wir so weit gekommen,
daß wir uns beinahe fürchten, von Gott, Christenthum, in unseren Kunstprodukten nur etwas zu

5**

erwähnen. Das sey Gott geklagt. Die Gegenpartei
sündiget durch Nebelei und Mystik. Auch das ist
nicht gut. Die Kunst ist ewig klar. Die Nebel der
Unwissenheit sind ihr so feindlich als die lebenzer=
störende Stickluft der Immoralität. Kunst ist die
Blüthe der menschlichen Kraft. Herz und Verstand
erzeugen sie als gemeinschaftliche Aeltern. Die Frucht
des Einen allein ist immer ein Windei, das nie
zum gedeihlichen Leben gelangt! Doch davon ein
andermal. Ich kehre zurück. Ich zweifle, ob sie es
hier zur Aufführung bringen werden; doch kann ich
irren, und wünsche sogar mich zu irren, um ihrer
und des wackern Dichters willen. Vielleicht ließe
der Dichter sich bewegen, mit weniger Abänderung,
das Ganze zu einem reinen Oratorium zu machen.
Es eignet sich ganz dazu, und könnte sogar unver=
ändert bleiben, wenn nicht einzelne Beziehungen auf
Scenerie im Gedicht selbst vorkämen. Auch würden
hie und da einige Schilderungen mehr ins Kurze
gezogen werden können (wie z. B. die neunte Scene),
die in der That für den Componisten eine schwere
Aufgabe sind, und ihn in Verlegenheit bringen kön=
nen, da er eine einzige Grundfarbe mit fast gar
keiner Modifikation so lange halten soll, daß am
Ende er selbst, wie der Hörer, ermüden muß. Der
Tanz in einem heiligen, durchaus ernst gehaltenen
Gedicht will mir nicht recht gefallen. Lesen mögen
wir's eher. Sollen wir es sehen (und darauf scheint
es der Dichter doch berechnet zu haben), so würde
es uns stören. Es vernichtet die vorige Stimmung,

in die wir doch wieder eingehen sollen. Die Frivo=
lität der fünf Thörigen ließe sich vielleicht wohl
minder störend ausdrücken, zumal im reinen Orato=
rium. Unbedeutende Kleinigkeiten im Versbau laf=
sen sich leicht verbessern.

Ich wiederhole es nochmals, Sie haben mir
durch Mittheilung dieses Werks eine wahre Freude
gemacht. Den Dank werde ich Ihnen, sobald Sie
mich wieder besuchen, mündlich abstatten.

Freundschaftlichst Ihr

E. T. A. Hoffmann.

B.

Ueber Hoffmann.

Von

Stephan Schütze.

Der einzige, dem Herausgeber auf seine Auffor=
derung zugegangene Aufsatz von fremder Hand, und
zwar von der Hand des Verfassers des trefflichen
Aufsatzes über Hoffmanns Leben und Nachlaß, im
Journal des Luxus und der Moden, August 1823,
welcher die gediegensten Bemerkungen über die An=
sprüche an eine Biographie enthält.

Hoffmann gehörte mit zu den merkwürdigsten
und angenehmsten Erscheinungen, die mir in der
Dichterwelt vorgekommen sind; der Briefwechsel, den

ich mit ihm führte, betraf jedoch nur die Erzählun=
gen, die er mir für das Taschenbuch der Liebe und
Freundschaft und für den Wintergarten lieferte. So
wie er anfangs in Honorarforderungen sehr bil=
lig war, so äußerte er auch gegen Erinnerungen,
die ich mir zuweilen über seine Dichtungen erlaubte,
gar keine Empfindlichkeit; ja, er nahm es mir nicht
übel, als ich ihm sogar einmal eine Erzählung
zurückschickte, und blieb zu fernern Mittheilungen
bereitwillig. Wegen starker Stellen in Schilderun=
gen entschuldigte er sich damit, daß die Damen, seit
sie fleißig Rum zum Thee zugößen, wohl mehr als
sonst vertragen könnten. In der letztern Zeit hielt
es aber zuweilen schwer, die versprochenen Beiträge
von ihm zu erhalten. Im Juni 1819 bekam ich
einen Brief von ihm, der ihn mir zu meiner großen
Verwunderung in einiger Bedrängniß zeigte: „Ein
Nervenfieber habe seine Arbeiten unterbrochen; jetzt
gehe er wieder frisch daran, in drei Wochen werde
er die versprochene Erzählung liefern, und das Bild=
chen, woran H. Kolbe schon zeichne, mir baldmög=
lichst senden. Zur Nachkur müsse er aber nach
Warmbrunn und Flinsberg; die Erzählung würde
sieben Bogen betragen; ich möchte mich für ihn
verwenden, daß er sobald als möglich 21 Fr. d'or
bekäme. Auf meine Empfehlung wolle er Herrn
Wilmans recht gern einen Roman in Verlag ge=
ben, und dazu würde ihn vorzüglich die Gewährung
seiner jetzigen Bitte bestimmen." — Sogleich, mit
umgehender Post, sandte ich ihm die verlangten

21 Fr.d'or, nun ruhig die Erzählung erwartend, die für das Taschenbuch 1821 bestimmt war. Die be= rühmte Scuderi war vorhergegangen, die so großen Beifall gefunden, daß H. Wilmans, von Dankge= fühl erwärmt, dem Verfasser dafür mit einer Kiste feinen Weines ein Geschenk machte. Hoffmann war sehr davon überrascht, und schrieb: „Solch einen Glauben habe ich in Israel noch nicht gefunden!" Um so sicherer glaubte ich nun auf die kontrahirte Erzählung rechnen zu können, aber sie wollte immer nicht kommen. Unter dem 15. Januar 1820 schrieb Hoffmann: ich sey ja über die Erzählung, die er den 3. oder 5. December v. J. an mich abgeschickt habe, so stille, ob ich denn nicht recht zufrieden da= mit wäre? Meine Antwort lautete: Ich habe nichts erhalten. Im März kam die Nachricht: der Stie= felwichser hätte aus reiner Faulheit mehrere Briefe untergeschlagen; nach der noch vorliegenden Dispo= sition und den Notaten könne er aber das Ganze mit Leichtigkeit wieder herstellen. Im Mai schickte er dann das erste Drittheil der Erzählung (Datura fastuosa) „als ein Zeichen, daß er seiner Verpflich= tung eingedenk sey; Fortsetzung und Schluß sollten nicht lange ausbleiben." Damit hatte es aber noch immer gute Wege. Auf ein Bild von Kolbe konnte unter solchen Umständen nicht Rücksicht genommen werden. Merkwürdig bleibt mir indeß hierüber ein früherer Brief von ihm (vom 17. Februar 1819), worin er sagt: „„Es ist ein großer Gewinn für die Sache, wenn Dichter und Zeichner sich besprechen,

und einander recht in die Hand arbeiten können.
Zudem weicht Kolbe auch zum großen Vortheil ganz
ab von der in der That fabrikmäßigen Manier der
gewöhnlichen Taschenbuchzeichner, von denen mir
vorzüglich Ramberg mit seinen ewig wiederkehren=
den, nichts bedeutenden Formen (?) und Gesichtern
(vorzüglich sind immer die Mädchen mit den pral=
len Wädchen höchst schalkisch) ein wahrer Greuel
ist." Und nun hat er gleich am Rande mit
der Feder ein solches (naivkokettes) Gesicht
hingezeichnet, das so außerordentlich sprechend
ist, als hätte es der getadelte Meister selbst auf das
Papier geworfen. Ein Musiker und ein Dichter,
und nun noch ein solcher Zeichner dazu! Ich habe
sein vielseitiges Talent nicht genug bewundern kön=
nen. So reich hatte der Himmel einen einzigen
Menschen begabt! — Im December 1820 machte ich
in Berlin seine persönliche Bekanntschaft. Ich fand
ihn im Aeußern nicht so abschreckend, als manche
ihn mir geschildert hatten. Seine kleine, bewegliche
Figur mit dem hastigen, kurzen Sprechen, mit den
immer lebhafter werdenden Augen und besonders mit
den kleinen Vertiefungen über den Augenliedern stellte
ihn mir, nachdem ich alle prosaischen Vergleichungen
entfernt hatte, als ein Zaubermännchen, oder stark aus=
gedrückt, als etwas Hexenmäßiges dar. Da er ohne
alle Umstände sprach, waren wir bald mit einander
bekannt. Eine ironische Anwandlung war gleich in
den ersten Sätzen abgethan. „Ja, ja," sagte er —
ich glaube, es war vom Bau des neuen Theaters

die Rede — „in Weimar tadeln sie alles, was in Berlin gemacht wird." „Nein," erwiederte ich, „die Berliner sind es, die alles tadeln, die über alles raisonniren. „Ja," fiel er nun beipflichtend ein, „es darf nur ein Stein gelegt werden, gleich versammelt sich eine Menge Menschen darum, der eine will, er soll so, der andere, er soll so liegen" — wobei seine kleinen Hände sehr in demonstrirender Bewegung waren. Seine Frau erinnerte ihn an ein Aktenstück — „ja, ja, liebes Kind;" er sprang auf und schnürte es zusammen. Ich bedauerte ihn wegen solcher Arbeiten, aber er meinte, daß es doch auch sein Gutes habe. Wegen meiner Erzählung sprang er gleich zu einem großen Tischkasten und zeigte einige Blättchen. Zu besserem Ueberblick gab ich ihm auf sein Verlangen den Anfang wieder, und hoffte nun baldige Vollendung; aber ich hätte ihn wohl nicht so leicht wieder zu Hause getroffen, wenn ihn nicht bald darauf ein Nesselfieber daheim gehalten hätte. Sein Zustand war nicht gefährlich. Er richtete sich im Bette auf und sprach immer lebhafter, dann sprang er heraus — der Thee kam — „liebes Kind, noch eine Tasse!" — er goß ein wenig Rum zu, und wieder ein wenig — die Augen wurden immer feuriger, die Rede immer lebendiger, der Inhalt fortreißender. Ich sah nun ganz den Erzähler vor mir, dessen sich eine unaufhaltsame Freude bemächtigt hatte; ich fühlte, wie es einem solchen Geiste Bedürfniß seyn müsse, zu erzählen. Eine Menge Anekdoten, fast lau-

ter lustige Geschichten, tischte er auf, im Fluge aus=
geschmückt, — von Jean Paul, Fouqué und beson=
ders von Zacharias Werner, dessen Geiz Gelegen=
heit zu einem ganz ausführlichen Schwank gab, der
wohl in Wahrheit gegründet seyn mochte, aber hier
erst, poetisch wiedergeboren, in der vollen Glorie
hervorgieng. Dabei zeigte sich, daß es ihm nicht
etwa um Unterhaltung und Witz, sondern um das
Lustige selbst mit zu seiner eigenen Belustigung zu
thun war. Die Welt lag vor ihm da, die ewige
Quelle der Poesie. Er irrte nicht in den Schran=
ken seiner Dichtungen, er schwebte über sie hinaus,
sich selbst vergessend, ein freudiger Geist in dem wei=
ten Weltall. O herrlich, Dichter, so gefällst du mir!
In den meisten sieht man nur Wächter ihres Ruhms.
Allem Scheinwesen feind und gradezu auf die Sache
gehend, mußte mir Hoffmann ganz und gar zusagen,
eben so wie einst Heinrich von Kleist, der aber die
Wahrheit mit heiligerem Eifer suchte. — Auf die
Frage an Hoffmann: warum er nicht für das Theater
schreibe, kam die natürliche Antwort: „ich würde da
vielleicht nicht so glücklich seyn, als in den Erzäh=
lungen." Er versicherte, daß er künftig keine kleine
Erzählungen mehr schreiben wolle, sondern nur Ro=
mane. Ich antwortete: das könnte ich ihm nicht
verdenken. Darin hielt er aber nicht Wort; er hat
nachher noch mehrere Erzählungen gedichtet, die er
lange schon an Buchhändler versprochen hatte. Die
meinige blieb noch immerfort unvollendet. In mei=
ner Gegenwart drang ich nicht weiter darauf, aber

auch nach meiner Abreise erfolgte sie nicht, wohl aus dem Grunde, weil die Fantasie des Dichters darüber erkaltet, und er noch wegen anderer Versprechungen gedrängt war. Endlich, im Juli 1821, mußte ich mich zu ernstlichen Drohungen bequemen. Jetzt er= schien die verhexte Erzählung wirklich, mit einem spöttelnden Briefe: er sey zum Glück eben beim letzten Capitel gewesen; seine ökonomische Lage sey indeß durch die Verleger, die ihm für den Bogen 8 Friedrichsd'or gäben, so schlimm nicht. Meine Antwort lautete ganz ruhig: einen Prozeß hätte ich nicht im Sinne gehabt; nur um die Erzählung wäre es mir zu thun gewesen. Ich glaube auch nicht, daß er mir weiter gegrollt hat. Unsere Verbindung hörte nun aber auf; nur aus der Ferne folgten ihm meine Wünsche. Meine Besorgniß für ihn gieng leider noch eher in Erfüllung, als ich es geahnet. Zu schnell hatte die Flamme, noch oft gewaltsam aufgeregt, an dem Geiste gezehrt — das Licht erlosch. —

C.

Nachträgliches.

Vom

Herausgeber.

Der hier folgende Aufsatz hat, seinem kleineren Theile nach, bereits in der Abendzeitung gestanden, und ist für den Zweck des Wiederabdrucks theils abgekürzt, theils erweitert worden.

Der Herausgeber hat nicht erwarten dürfen, daß sein Buch über Hoffmann mit so ausgezeichneter Güte werde aufgenommen werden, als überall geschehen ist, und wie sehr er persönlich auch Grund hat, sich über diese Erfahrung zu freuen, so scheint ihm dieselbe doch auf ein schlimmes Zeichen der Zeit hinzuweisen. Es kann nämlich, das fühlt er deutlich, nichts in seiner Darstellung besonders hervorstechend genannt werden, als die Wahrheit; diese unverfälscht zu erhalten, daran ist man aber leider jetzt eben so wenig mehr gewöhnt, als man sie stillschweigend verlangt. Das Interesse, das jedermann an Criminalgeschichten in treuer aktenmäßiger Darstellung nimmt, die Begier, mit welcher ursprünglich nicht für den Druck bestimmte Briefe gelese werden, das Entzücken, mit welchem man die Schöpfungen des Verfassers des Waverley empfing und hegt, weil darin Ersonnenes und glücklich Zusammengestelltes wie Erlebtes geschildert wird, — alle diese Erscheinungen erklären sich aus dem allgemeinen Behagen an ungeschminkter Natur. Und in dieser Beziehung darf sich der Herausgeber des obengenannten Buches keinen Vorwurf machen. Sein Werk hat für ihn die Eigenschaft eines vor der Welt, wie vor dem höchsten Richter, abgelegten Zeugnisses, und er würde, wenn es darauf ankäme, bereit seyn, jede Thatsache, die er als Augen= oder Ohrenzeuge erzählt, zu beeidigen. Aber eben wegen dieses Strebens nach der höchsten Genauigkeit hat er manches unberührt gelassen, was er nicht aus eigener Erfah=

rung hinlänglich kannte, und hieraus ist denn wohl
der Vorwurf gegen ihn hergenommen worden, daß
er Verhältnisse zu einzelnen Personen, mit welchen
Hoffmann in Verbindung gestanden, mit einem Stillschweigen übergangen, welches man hier und dort
übelwollend, wie Nichtachtung gedeutet, während es
seine Quelle allein in der erwähnten Unkenntniß
des genaueren Zusammenhanges der Sache und in
der Besorgniß, deßhalb darüber nur Unzuverläßiges
zu berichten, hatte. Namentlich ist ihm von mehreren Seiten Verwunderung darüber bezeigt worden,
daß Hoffmann's mehr als freundschaftlichen Umgan-
ges mit unserm großen Devrient nicht besonders
Erwähnung geschehen, und wenn der Herausgeber den
trefflichen Künstler und Menschen in letzterem in
gleichem Maße schätzt und liebt, so erfüllt er gern
die Pflicht, was er selbst hierin mitgelebt hat, und
daher verbürgen kann, an der Spitze dieser Nach-
träge zu erzählen.

Was Hoffmann seit seiner ersten Bekanntschaft
mit Devrient mit aller Macht zu jenem hinzog, war
Devrients durch und durch künstlerische Natur. Von
früher ihm vorgekommenen bedeutenden Erscheinungen in der Schauspielerwelt erwähnte Hoffmann nur
eines wackern Künstlers, Namens Leo, den er in
Bamberg als Hamlet gesehen, worauf er seine nähere
Bekanntschaft gesucht, und dem er an irgend einem
Orte in seinen Schriften ein Denkmal gestiftet *);

*) Im „Hund Berganza." (Siehe Fantasiestücke dritte Auflage,
1r Band, Seite 252.) Z. F.

sonst war, bis auf Devrient, keiner seinem Innern nahe getreten. Hier, bei Devrient, fand er nun Berührungspunkte genug: Begeisterung für die Kunst, als für das Höchste im Leben, die Fähigkeit, die Gestalten, die der Dichter hervorrief, nicht allein wirklich zu schauen, sondern auf dem Fleck mit Fleisch und Bein hinzustellen (eine Kunst, in der Devrient excellirte, der, wenn er ein Buch gelesen, das ihn angesprochen, allen darin vorkommenden Personen gleich die passende Sprache und Bewegung zu geben wußte, so daß man sie vor sich wandeln sah), den höchsten Enthusiasmus für Shakespeare, mit sehr verständiger Einsicht in dessen Wesen und treuem Fleiß, um noch gründlicher einzubringen; dazu die größte Gemüthlichkeit im Umgange, und die Neigung, beim Glase Wein sich immer tiefer und tiefer zu erschließen; — wie konnte es fehlen, daß Devrient so viel unendlich Anziehendes für Hoffmann haben mußte! Auch erinnert sich der Herausgeber, daß das vertrauliche Du zwischen Beiden, eine Auszeichnung, mit welcher Hoffmann nicht freigebig war*), gleich die erste Zeit ihrer Bekanntschaft bezeichnete. Bei den ausgesuchten kleinen Gesellschaften, die Hoffmann zuweilen (hauptsächlich an seinen Geburtstagen am 24. Januar) in seinem Hause gab, fehlte Devrient nur selten, und verherrlichte sie oft durch Vorlesungen aus dem Shakespeare, über die nichts gieng (z. B. der Kärrnerscene aus Heinrich IV.). Dies

---

*) Vergleiche Erinnerungen 1r Band, Seite 135.　　З. Ѳ.

Verhältniß zu Devrient war übrigens und blieb
nebenher eines der innigsten, die Hoffmann je ge=
habt; — wenn einer oder der andere krank lag, was
leider nur zu häufig der Fall, besuchte ihn der Ge=
sunde, etwas, das von Devrient, der die Gutmüthig=
keit selbst war, nicht eben verwundern konnte, bei
Hoffmann aber viel bedeutete. Devrient wußte solche
Ausnahmen aber auch zu ehren, er bemühte sich
immer, wie elend er sich auch befand, irgend etwas,
was seinen Geist ansprach, zum besten zu geben,
wie er z. B. in einem schweren Entzündungsfieber
nach dem, vor seinem Bette liegenden Tristram
Shandy faßte, auf das Hogarth'sche Titelkupfer vor
dem dritten Theile hinwies, und mit herabhängen=
der Unterlippe den Pastor, der das Kind hält, bis
zum Leben täuschend sprechen ließ.

Auf ähnliche Weise, wie dieser treffliche Mann,
haben sich aber auch noch andere wackere Leute, die
sich Hoffmann in Weinhäusern gern anschloßen, da=
durch verletzt gefühlt, daß sie annehmen, die öffent=
liche Meinung möchte sie in die Klasse derjenigen
werfen, von deren Einfluß auf Hoffmann in seinem
Leben eben nicht mit Lobe gesprochen worden. Der
Herausgeber könnte sich hierüber leicht beruhigen, da
er nirgend einen Namen genannt, und in der That=
sache, daß Hoffmann auch von schlechter Gesellschaft
im Weinhause umgeben war, nichts anderes zur
Sprache gebracht hat, als was in Berlin allgemein

notorifch war; aber es fcheint ihm die Gelegenheit
nicht unangemeffen, einige Worte über einen Gegen=
ftand zu fagen, der für die Sittengefchichte unferer
Zeit nicht unerheblich ift. Es ift dies nämlich das
Leben in den Weinhäufern, welches jetzt den ganzen
tiers état (denn Hofleute, und die den bon ton
affectiren, wenn fie auch nicht zum Hofe gehören,
halten an dem Glaubensartikel feft, daß man Abends
nur Thee trinken dürfe, und Bauern oder Klein=
bürger wiffen bloß noch von Bier und Branntwein)
mehr oder weniger zum Bedürfniß geworden zu
feyn fcheint*) Dies Leben kann nun, nach Um=
ftänden, recht wohlthätig anregen und recht verderb=
lich wirken; das erftere, wenn das Maß dabei
beobachtet wird, daß es immer nur Erholung bleibt;
das letztere, wenn es fich fo geftaltet, daß die Wein=
ftube das einzig gemüthliche chez soi für denjenigen
wird, der fie befucht.

Es liegt in dem Charakter des Deutfchen, daß
er fich fchwerer mittheilt, als andere Nationen. Der
Franzofe plaudert mit dem Franzofen über nichts,
bei Waffer, wenn es nicht anders feyn kann, und
wenn nichts dabei gewechfelt worden, als Worte um
Worte, fagt er doch, es ift köftlich gewefen, denn
wir haben gefchwatzt; nicht alfo bei dem Deutfchen.
Er bedarf, felbft wenn etwas zu verhandeln ift,

---

*) Dies war 1825 gefchrieben. Seit 1850 hat in Berlin der
Verkehr in den Weinhäufern fehr abgenommen und es find
an deren Stelle die Conditoreien, hauptfächlich die, welche
viel Journale auflegen, getreten.

eines Sporns von außen, um ihm, ist das Herz
schon offen, auch den Mund zu öffnen, und für
deutsche Männer gibt es wahrlich kein besseres Mittel, als das trauliche Glas Wein. Das trauliche,
das heißt, das gemeinsame, denn — pfui über den
Schlemmer, der sich einsam in seinem Zimmer nie-
derseßen und bei verschlossenen Thüren köstlichen
Wein schlürfen kann! Wer mag also den Stein auf-
heben gegen den, der nach vollbrachter Tagesarbeit,
oder, sind ihm im Laufe des Tages selbst freie Stunden gegönnt, seine Erholung da sucht, wo er Wein
und ein freies Wort, statt Thee's und eines erbärmlichen verschrobenen Gewäsches findet; am wenigsten
dürfte wohl der Schreiber zu einem solchen Ver-
dammungsurtheil geneigt seyn, der sich hierüber, wie
er denkt, deutlich genug, in Hoffmanns Leben ausgesprochen hat.

Dies der Avers. Aber nun die Kehrseite.

In den Weinhäusern findet man auch eine eigene
Art von Gästen, ein Völkchen von leichtem Erwerb,
das, wie es in den Berliner Intelligenzblättern heißt,
wenn Wohnungen gesucht werden, seine Geschäfte
außer dem Hause hat, und allerdings (und auch das
kaum) in der eigentlichen Wohnung nur schläft,
den Tag hindurch vom Kaffeehause ins Weinhaus,
vom Weinhause ins Speisehaus, vom Speisehause
in den Conditorladen, von diesem ins Schauspiel,
vom Theater wieder in das Weinhaus zieht, und
dem es auf diesen Wanderungen allerdings nicht
fehlen kann, das, was der Tag an Scandalen aller

Art geboren, brühwarm mitzubringen. Eine treff=
liche, unerschöpfliche Fundgrube für einen, der solche
Materialien so zu verarbeiten wußte, wie Hoffmann,
aber zugleich auch ein unfehlbarer Ruin für die beſſere
Natur in ihm, wie für jede. Solchen Leuten iſt
nichts heilig, der Witz geht ihnen über alles, und
weil denn der doch nicht in ſo enormen Maſſen zu
haben ist, als ſie ihn brauchen würden, um ihren
Ueberfluß an Zeit damit auszufüllen, ſo wird großen=
theils ganz gemeines Läſtern als Surrogat dafür
genommen, und nach und nach verliert ſich ſelbſt
bei den reinſten Menſchen, wenn vielleicht auch nicht
ganz das innere ſittliche Gefühl, doch der äußere
moraliſche Takt, der das Würdige vom Platten zu
unterſcheiden weiß. Wer einmal dieſen Weg betre=
ten, fühlt ſich verlegen und beklommen, wenn er
einem Freunde gegenüber tritt, der ihn früher beſſer
gekannt. Ganz dies war Hoffmanns Fall. Seinen
Geiſt und das Gemüth, aus dem die Briefe an
Hippel hervorgegangen, konnte ihm Niemand neh=
men; aber, war ſeine Converſation in dem letzten
Jahre ſeines Lebens, mit Lanzelott Gobbo *) zu
reden, etwas anſäuerlich geworden, ſo iſt es
allein ſolchen Commilitonen zuzuſchreiben, die, wie=
wohl auch zum Theil mit herrlichen Gaben geſchmückt,
ihr Inneres doch nicht vor dem Roſte der Gemeinheit
zu wahren gewußt.

---

*) Im Kaufmann von Venedig.

Nachschrift des Herausgebers.

Kurze Zeit nach dem Erscheinen des gegenwärtigen Werks über Hoffmann wurde dem Herausgeber von einem sehr geachteten Freunde ein Zweifel über die Frage geäußert: ob es bei der Art, wie Hoffmann gestorben (nach seiner Ansicht, unversöhnt mit Gott und dem Heiland), nicht eine fromme Pflicht gegen den Freund gewesen wäre, sein Bild der Welt nicht zu enthüllen, indem man die Darstellung eines Lebens nicht als eine literarische Merkwürdigkeit betrachten dürfe, wenn höhere Rücksichten Schweigen geböten.

Dieses Bedenken aus einem wahrhaft frommen Gemüthe wäre geeignet gewesen, einen tiefen Stachel in das Herz des Schreibers zu drücken, hätte er sich bei sorgsamer Selbstprüfung nicht das Zeugniß geben müssen, daß er es vor Herausgabe des Werks scharf ins Auge gefaßt, aber dabei auf das Resultat gekommen, daß der Mensch dem Menschen nichts Höheres schuldig sey, als Wahrheit, und daß in dem vorliegenden Falle Wahrhaftigkeit mehr Licht als Schatten zeige, weßhalb die Schale immer zuletzt zu Hoffmanns Gunsten steigen müsse. So hatte es ihn auch bis dahin die Erfahrung gelehrt. Alle seine Bekannten ohne Ausnahme, die das Buch gelesen, hatten ihm versichert, daß, nach dem Totaleindruck, den dasselbe auf sie gemacht, sie eine bessere Meinung

von Hoffmann gewonnen, als sie früher nach seinen
Schriften von ihm gehabt; namentlich daß sie ihm
nie so viel Liebe zugetraut, als er in seinem Ver=
hältniß zu Hippel entwickelt.

Nichts destoweniger hatte die obenerwähnte
Aeußerung einen schmerzlichen Nachklang zurückge=
laffen, und dem Herausgeber einige recht trübe Stunden
gemacht, als er unerwartet von einem fernen Freunde,
deffen Handschrift er seit fast zehn Jahren nicht ge=
sehen, und in dem, wenn er ihn nennen wollte, man
einen Mann erkennen würde, den ganz Deutschland
als einen seiner Edelsten hoch verehrt, der endlich
wohl, so weit dies Prädikat überhaupt gegeben wer=
den kann, den Namen eines vollendeten Christen
verdient, einen Brief erhielt, welcher eigends dazu
geschrieben zu seyn schien, ihn zu beruhigen und alle
Nebel in seiner Seele zu zerstreuen.

Es sey erlaubt, das Wesentliche aus demselben
mitzutheilen, da er sowohl zur Würdigung Hoff=
manns dient, als an und für sich, und in Beziehung
auf das in Anregung gebrachte gewiß höchst wichtige
moralische Problem, allgemein interessant scheint:

„Ich hätte schon längst Gelegenheit gehabt, Ihnen
zu sagen, wie Sie mir im Andenken fortleben; dies
konnte Ihnen indessen mein Sohn mündlich aus=
drücken. Jetzt kommt mir aber eine Aufforderung
zu Dank; — ohne Zweifel sind Sie der Herausgeber
von Hoffmanns Leben!

Obwohl das, was ich bisher von Hoffmanns
Schriften gelesen, mich ergriffen und ergötzt, empfand

ich doch dabei einen innern Widerwillen, der fast
an Abscheu gegen den Verfasser grenzte. Der Nach=
laß hat mich ausgesöhnt. Hoffmann erscheint darin
in seiner Höhe und Niedrigkeit im Zusammenhange.

Das Buch macht ein Ganzes durch die Form,
welche dem fragmentarischen Material gegeben ist.

Merkwürdig ist, wie solche Mittheilung von
Selbstgeständnissen u. s. w. seit einiger Zeit anfan=
gen, uns Deutschen die andern Nationen eigenen
Memoiren zu ersetzen; nur daß bei uns es der Tiefe
des geistigen Lebens und dessen Erkenntniß gilt,
während es bei den andern das äußere Seyn des
Staats= und Geschäftsmannes betrifft. Doch bei uns
nicht weniger historisch als bei den andern.

So lange Menschen hienieden wandeln, waltet
Poesie und Phantasie, wenn es auch keine Poeten
gäbe, — zur Erhaltung der Phantasie bedürfen wir
dieser Mittheilungen nicht, — wohl aber für die
Geschichte des geistigen Lebens, weshalb mir Göthe's
Wahrheit und Dichtung eines der wichtigsten histo=
rischen Werke unter den Deutschen zu seyn scheint.

Unter Poesie verstehe ich die Sehnsucht des
Menschen nach und von Jenseits, bewußt oder un=
bewußt.

Hoffmann war eine treue, redliche, liebende
Seele; unwiderleglich zeigt sich das von dem Briefe an:

> Wer grübe sich nicht selbst ein Grab,
> Wenn holder Wahn nicht wäre?

durch alle weiteren an seinen Freund Hippel.

6 *

In Hoffmanns Büchern kann man das nicht sehen, denn das Lyrische darin erscheint Jean=Paulisch herausgekniffen.

Wie weit nun diese Seele voll Liebe und Treue verwüstet war, läßt sich wohl erkennen; — wie viel selbst daran verschuldet, steht dem Urtheil Gottes anheim! — untergegangen war sie nicht, das zeigt der Nachlaß, worin es heißt:

„Du gleichst einem schönen Instrumente, dessen Saiten abgespannt sind. In diesen abgespannten Saiten liegt eine Fluth entzückender Harmonieen, die sie aber nur dann angeben, wenn ein äußeres Motiv ihre Drehwirbel herumschiebt und sie anspannt" *).

So sprach der Jüngling von 20 Jahren. Erkannte er damals nicht, und niemals das große Motiv, was uns allesammt tragen, halten und spannen muß!?

Das Instrument ist schön — die Saiten voll Fülle der Harmonie — sind zwei — zusammen erst Eins — beide an sich nur als Eins, noch nichts, todt! — Dazu noch (Organe) Wirbel zum Drehen, — sind drei in Eins — und noch todt und nichts! Leben und Harmonie schafft erst der, der spannt!

Hoffmann der Tiefe, hätte schaudern müssen, als er an sich wahrnahm, daß Wein ihm äußeres Motiv der Spannung wurde; mußte er nicht erkennen, wie Geist haben nicht Seyn ist, da Geistiges, wie Wein, Materie ist?

———————

*). 20ster Brief beim ersten Abschnitt.

Hamann schrieb vor 40 Jahren an Jakobi:

„Resignation auf allen Schein des Seyns zum
Besten des wahren Seyns, ist das Principium.
Das Seyn läßt sich nicht resigniren, ist nicht
unser Eigenthum, desto mehr aber der Schein
des Seyns, das Eigenthum der Kunst."
Keine Spur von Religion und Glauben ist bei Hoff=
mann zu finden, — Aberglauben genug! — aber
— wer darf wagen zu entscheiden, ob, wenn nicht
in Worten, er sich vielleicht in Harmonieen und
Melodieen darüber aussprach. Theilen Sie mir
hierüber mit, was Sie wissen" u. s. w.

So viel hatte der Herausgeber über diesen Ge=
genstand in der Abendzeitung abdrucken lassen, und
kurze Zeit darauf erhielt er folgenden Brief:

„Es hat mir weh gethan, in der Abendzeitung
Nro. 233 unter der Rubrik: „Nachträgliches zu dem
Buche aus Hoffmanns Leben und Nachlaß" folgende
Stelle zu finden: „„Kurze Zeit nach dem Erscheinen
des Buches über Hoffmann wurde dem Herausgeber
von einem sehr geachteten Freunde ein Zweifel über
die Frage geäußert: ob es bei der Art, wie Hoffmann
gestorben, nach seiner Ansicht, unversöhnt mit Gott
und dem Heilande, nicht eine fromme Pflicht gegen
den Freund gewesen wäre, sein Bild der Welt nicht
zu enthüllen, indem man die Darstellung eines Lebens
nicht als eine literarische Merkwürdigkeit betrachten
dürfe, wenn höhere Rücksichten Schweigen geböten.""
— Mein erstes zufälliges Zusammentreffen mit Hoff=
mann stand bei dieser Stelle auf einmal so ganz

lebhaft wieder vor meiner Seele; daß ich sogleich die Feder ergriff, um es niederzuschreiben. — Ich bitte um Nachsicht, denn ich bin ganz ungeübt in dergleichen; aber den Manen Hoffmanns bin ich Wahrheit schuldig, und so erzähle ich denn ungeschminkt und ohne Scheu folgendes: — Bamberg war mir lieb in mehr als einer Hinsicht; die romantisch schöne Gegend, die gutmüthigen Bewohner, und besonders zwei liebenswürdige Familien — des Generalintendanten *) Freiherrn von Stengel, und des Herrn Hofrath und Doctor Marcus — zogen mich, durch ihre Güte und ungeheuchelte Kunstliebe, magnetisch möcht' ich sagen, an; so daß ich oft Monate lang, nach kurzen Zwischenräumen von ein paar Jahren, dort verweilte auf Kosten meiner Börse; — denn die beschränkten Verhältnisse der dortigen Bühne lieferten mir nur eine magere Ausbeute für gespielte Gastrollen. — Auch Hoffmann hatte Zutritt in jenen Häusern, aber ich vermied ihn mit Aengstlichkeit. Die kleine Figur mit dem sarkastischen Lächeln, dem ewig sprudelnden, oft stechenden Witz, war mir in der Seele zuwider, und ich empfand eine wahre Antipathie gegen ihn; ich konnte nie länger als eine Minute in seiner Nähe aushalten, und kannte also den Mann natürlich sehr oberflächlich. — Eines Tages gieng ich von der Außenseite der Stadt zu, in den Park, wo man einen schmalen Weg zwischen grünen Hecken passiren

---

*) Nicht Generalintendant, sondern Generalcommissär, d. i. Präsident der Regierung.   Z. F.

muß. Ich las in Richard dem dritten; plötzlich
stößt jemand im Vorbeigehen an meinen Arm, ich
sehe auf, und vor Schreck und Widerwillen fällt
mir das Buch aus der Hand, denn Hoffmann steht
vor mir. — Er nimmt das Buch auf, wirft einen
Blick hinein, reicht es mir mit gutmüthigem Lächeln,
bittet sanft um Entschuldigung, und nach einigen
gewechselten konventionellen Worten springt er plötz=
lich zu Shakspeare über, zu Richard dem dritten;
entwickelt das ganze Stück mit einem Feuer, mit
einer Beredtsamkeit, die mich staunend hinriß. Be=
wußtlos wandere ich mit ihm fort, fange nach und
nach an, auch meine Empfindungen, meine Meinung
aufzustellen; es entsteht endlich ein so lebhaftes Dop=
pelgespräch, daß keine Pause von zwei Augenblicken
dazwischen tritt. — Was wir gesprochen, wer möchte,
wer könnte es zu Papier bringen; aber ewig unver=
geßlich wird es mir seyn! Zwei Seelen schloßen sich
auf, und erkannten sich in der ewigen unendlichen
Verwandtschaft! — Vier Stunden schwanden uns
unbewußt dahin, tiefe Sternenhelle, kalte Herbst=
nacht war es geworden; aus den lieblichen blühenden
Regionen der Phantasie waren wir nach und nach
auf das Gemeine, Beengende, oft Erbärmliche des
wirklichen Lebens gekommen, besonders des Standes,
worin ich lebte, und leider noch lebe. — Gleichsam
Hülfe suchend, um dem Pestdunste zu entgehen, sahen
wir zugleich zu dem unendlichen gestirnten Raum
hinauf — feucht waren unserer beiden Augen, wir

sahen uns wehmüthig an, die Thränen stürzten jetzt; unwillkürlich sanken wir uns in die Arme; hörbar klopften die Herzen an einander, — und als wir uns ermannten, streckte jeder die Arme wie von selbst gehoben, hin in den unendlichen Raum. „Wieder= sehen" erscholl zugleich von unserer beider Lippen, feierlich, wie vom Himmel kommend; eine Rechte faßte die andere krampfhaft, und wir stürzten fort, jeder seinen Weg einsam nach Hause, aber mit voller unendlich gehobener Brust. — Eine religiösere Stunde habe ich in meinem Leben nicht gehabt, und Hoff= mann sollte ohne Religion gestorben seyn? — Nein — „Wiedersehen!" — ruf' ich deinem Geiste zu, der mir in jener sternenhellen Nacht, auf meinem düstern, dornigen Pfade, Blumen des Glaubens und der Hoffnung pflanzte, die nie verwelken werden in meiner Brust, die mich aufrecht halten in der drückenden Wirklichkeit! — Ich sah ihn hierauf nur noch ein paarmal, und da war er wie umgewan= wandelt. Wenn ich mich der Gesellschaft nahte, wo er war, aus der muntersten Laune, dem muthwillig= sten Scherz, war er wie herausgerissen durch meine Gegenwart, er wurde zu aller Verwunderung still, einsylbig, sah mich oft wehmüthig an, gab mir auch wohl verstohlen die Hand, drückte sie. lispelte leise: „Muth! Wiedersehen!" und gieng heimlich fort. — Ich verließ gleich darauf Bamberg, ohne einen Auf= schluß über dieses seltsame Benehmen zu erhalten, und habe ihn und Bamberg auch seit der Zeit nicht wiedergesehen! — Guter Hoffmann! Friede deiner

Asche! — Der „Muth!" ist verloren, aber —
„Wiedersehen!"

Weimar, den 8. Novbr. 1803.

C. Leo *),

Mitglied der hiesigen Bühne.

_____

*) Hoffmanns Verhältniß zu Leo ist aus meinen Erinne=
rungen 1ster Band, S. 52—60 zu ersehen. Kaum möchte
ein näheres, als es hier beschrieben, je stattgefunden haben;
denn Hoffmann mied Leo absichtlich, weil dessen stets wech=
selnde Laune, Folge einer festgewurzelten Hypochondrie,
nicht sonderlich zu einem geselligen Umgange mit ihm ein=
lud, und — was die Hauptsache war — eine nicht selten
auftauchende Sentimentalität, die in ihrer breiten Redselig=
keit an Iffland'schen Bühnensermon erinnerte, Hoffmann
stets zurückscheuchte. Es ist mir daher durchaus unbegreif=
lich, wie die hier beschriebene Rührscene zwischen Leo und
Hoffmann wirklich vorgefallen seyn soll. Es lag ja so ganz
und gar außer Hoffmanns Charakter, daß je eine Aufre=
gung der Art, die sich in Thränen, Händedrücken, in die
Arme stürzen, hörbares Herzklopfen, endlich in Ausrufun=
gen, wie „Wiedersehen" auflöst, seinerseits Statt haben
konnte. — Und wollte ich die Möglichkeit eines momentanen
Sichselbstvergessens und Aussichheraustretens auch anneh=
men, so bin ich so fest als von meinem Leben überzeugt,
Hoffmann hätte mir diese Scene als ein ihm passirtes ganz
absonderliches Abenteuer andern Tags auf die scurrilste
Weise wieder erzählt, und die ungeheure Ironie, die im
ganzen Vorfall gelegen, auf das Prachtvollste geschildert.
Ihm, der mir ohnedies sein volles Vertrauen schenkte,
mir nichts verschwieg, wäre es nicht möglich gewesen, der
gleichen auf dem Herzen zu behalten.

Ich kann daher nicht anders, als das Ganze für reine
Fiktion Leo's zu halten. Eben so auch jene in der brieflichen
Nachschrift erzählte Anekdote, die schon um deswillen nie
passirt seyn kann, weil Hoffmann selbst es zu großem Er=
götzen gereichte, wenn jemand — und der war ich — Leo's
Organ und Deklamation täuschend ähnlich imitirte, wozu

6 **

P. S.

So eben fällt mir noch eine Anekdote von Hoff=
mann ein, die wohl so viel wie manche werth seyn
mag, um erzählt zu werden. — Ich befand mich
eines Tages in Gesellschaft beim Hofrath Marcus;

---

ich von Hoffmann oft, und namentlich im Hause des Direk=
tors Marcus (es versteht sich, ohne Leo's Anwesenheit)
aufgefordert wurde.

Will ich nun aber auch hier annehmen, jener Schau=
spieler habe sich die erwähnte Verletzung Leo's erlaubt,
und Hoffmann sey über diese Unschicklichkeit, oder — was
wahrscheinlicher wäre — Ungeschicktheit des Copisten, in
Zorn gerathen, so darf doch kühn behauptet werden, daß
Hoffmanns Zorn nicht so weit gegangen wäre, die Gesell=
schaft zu verlassen. Hoffmann gab nicht so leicht einen
Abend auf, besonders einen bei Marcus. Niemand der
Hoffmann gekannt, wird dergleichen Dingen Glauben schen=
ken, geschweige ich, der auch von dieser Scene, weder
durch ihn selbst noch von Andern je das Geringste erfuhr.

Man muß aber auch Leo, wie ich, gekannt haben, um
sich dessen Mittheilungen — die in den Augen der Leser,
die ihn nicht gekannt, als grelle Unwahrheiten bastehen
müssen — aus seiner Individualität allenfalls zu erklären.

Leo's Charakter war ein so ehrenwerther, daß man an
eine absichtliche Verletzung der Wahrheit bei ihm nicht
denken durfte, und daher der Vermuthung hier Raum
gestatten, daß seine überschwängliche Phantasie in Verbindung
mit einem höchst gereizten, kränklichen, damals vielleicht
schon, als er den Brief schrieb, an Wahnsinn gränzenden
Körperzustand — der wenige Monate darauf auch seinen
selbst gewählten Tod zur Folge hatte — Erzeuger dieser
Mittheilungen gewesen seyn mögen, von denen auch wohl
selbst zu glauben ist, daß sie einen schwachen Anhaltspunkt
in etwas der Art mit Hoffmann Erlebtem haben können;
nur nicht so, wie es beschrieben.   J. F.

Hoffmann war zugegen und unter andern auch ein
Schauspieler von der dortigen Bühne; der Herr
nahm sich die Freiheit heraus, im Gespräch immer
einige Töne meines Organs zu parodiren — die
auch wohl wirklich des Parodirens werth seyn müs=
sen, denn leider mache ich dergleichen Erfahrungen
noch alle Tage — einige Zeit hörte Hoffmann mit
niedergeschlagenen Augen es an, da es aber immer
häufiger wurde, ward er mit einemmale feuerroth,
rollte sein Auge gegen den Parodeur, drehte sich um
und sagte zum Hofrath Marcus: ich habe nie glau=
ben wollen, daß Bileams Esel die Stimme eines
Menschen nachahmen könne; aber nun bin ich völ=
lig überzeugt! nahm seinen Hut und gieng davon.
— Den Parodierenden focht dies aber so wenig an,
daß er wohlgemuth da blieb, aß und trank, und
frisch weg sprach, nur das Parodiren vergaß er. —
Dennoch konnte dieser Beweis von Rechtlichkeit mich
Hoffmann noch nicht nähern, bis der obige Zufall
uns zusammenführte."

Etwas über sechs Monate, nachdem dieser Brief
geschrieben — im Mai 1824 — war auch der
Schreiber nicht mehr unter den Lebenden. Wie sehr
Leo in Weimar auch wegen seines vortrefflichen
Charakterspiels geschätzt und geliebt wurde, ergab
er sich doch einem, ihn seit lange beherrschenden
Mißmuth, der durch Kränklichkeit — einen Schmerz

im Unterleibe — gesteigert, ihn am Ende zur Ver=
zweiflung führte, und den Entschluß in ihm erregte,
seinem Leben auf eine gewaltsame Weise ein Ende
zu machen.   Lange reifte der Vorsatz in ihm zur
That, denn wohl zwei Monate vorher entdeckte ein
Freund ein geladenes Pistol in seiner Rocktasche,
und machte ihm, da er eben einen heftigen Streit
gehabt hatte, Vorwürfe darüber, worauf er lachend
erwiederte: „was es ihn angehe, er trüge dies Pi=
stol bei sich, weil er alle Augenblicke glaube, liegen
zu bleiben, und dann, um sich nicht länger quälen
zu müssen, seinem Elende sogleich damit ein Ziel
setzen wolle."

Am 23. Mai, dem Tage vor seinem Ende, wurde
der Empfehlungsbrief von Töpfer, ein Stück, worin
er ungern spielte, angesagt; er sah dies als eine
Chicane von Seiten der Direktion an, und verwei=
gerte, indem er Krankheit vorschützte, aufzutreten.
Da er indessen am vorhergehenden Tage aus gewe=
sen, und deshalb kein ärztliches Zeugniß über sein
Uebelbefinden beibringen konnte, sollte er zu seiner
Pflicht angehalten werden; er erklärte aber, er könne
und werde nicht spielen, und gieng hierauf von
Weimar über das Schießhaus, in dem er sich eine
Flasche Champagner kaufte, nach Oßmannstädt, wo
Wieland lange Jahre lebte, und in dem Garten des
von ihm besessenen Rittergutes zwischen den Gräbern
seiner Gattin und Sophie Brentano's ruht.   Hier
setzte er sich, nachdem er zuvor die Erlaubniß des
Eigenthümers dazu nachgesucht, in die Laube des

Müllers, wobei er ihm einen Brief übergab, um ihn nach Weimar zu bestellen, wenn er ihn nicht vorher selbst wieder zurückfordern sollte. Als es Nacht wurde, nöthigten ihn der Müller und seine Frau, in das Haus zu treten; er forderte aber, unter Drohungen, von ihnen, ihn ruhig sitzen zu lassen. Gleich darauf fiel der Schuß, womit er sich den Kopf zerschmettert und augenblicklich getödtet hatte.

(Aus brieflichen Mittheilungen Weimarischer Freunde.)

Zum Schlusse sey Hoffmanns Biographen noch ein Wort vergönnt über die Stimmen der Kritik, die seit dem Tode seines Freundes, und seit dem Erscheinen seines Lebens, welches den Commentar zu seinen Schriften zu bilden bestimmt war, in Beziehung auf jenen vernommen worden sind.

Hier tritt aber, neben mancher wahrhaft philiströsen (sit venia verbo) Ansicht, auch vieles bedeutend und erfreulich hervor. Als Chorag der Klasse, von welcher die zuerst erwähnte ausging, möge ein Mann angeführt werden, der, wie es scheint, sich vorgesetzt hat, Hoffmann der deutschen Literatur zu ersetzen, freilich mit dem Vorbehalte, es besser zu machen, wie er *).

Man höre, wie er in einem Aufsatze: Brief des Privatschreibers Jeremias Kätzlein an den Königl. preußischen Kammergerichtsrath E. T. A. Hoff-

---

*) Der jetzt auch verstorbene Weißflog.

mann in Dschingistan, sich erst über Hoffmann und
dann über sich selbst in Vergleichung mit ihm aus=
spricht:

„Dero eigentliche Phantasiestücke“ — läßt er
seinen Schreiber Kätzlein, Hoffmann anreden —
„sind meinem Bedünken nach die, wo der Le=
ser aus der Phantasie, das heißt, aus dem Un=
klaren gar nicht herauskommt in’s Deutliche,
sondern im träumenden Dusel untergeht, und
nun zuletzt gar nicht mehr weiß, ob er lebt
oder nicht, wer und wo er ist, und was er ei=
gentlich gelesen. Solche ächte und rechte Fan=
tasiestücke sind Ew. Wohlgeboren Märchen, der
goldene Topf, Brambilla, Meister Floh, aus
welchem ich, Jeremias Kätzlein — freilich etwas
bornirten Ingenii, — noch nicht recht klug wer=
den kann, troß emsig wiederholten Lesens, so
daß es mir damit ergeht, wie einem, der sich
an einem unglücklichen Bissen Haarwachs müde
und Kinnbackenlahm kauet, und am Ende den
Versuch aufgeben muß. Zu dergleichen Phan=
tasiestücken scheint meinem Herrn Prinzipal“
(Herrn Weißflog) — „das benöthigte Werk=
zeug abzugehen, da seine Phantasmata sich selbst
vom gemeinen Menschenverstande begreifen las=
sen, dergestalt und also, daß man gar nicht
einsieht, wie es anders hat seyn können. — —

Ich glaube, daß mein Herr Prinzipal von
Ew. Wohlgeboren sehr verschieden ist. Denn, was

für's erste die Tendenz anbelangt, so bedünket
mich, daß solche bei Ew. Wohlgeboren meist nur
die sey, den innern Menschen mit allen mögli=
chen Künsten der Ueberredung zum Mitgehen
zu verlocken, ihn durch sonderbare Blumenge=
hege und Straßen endlich in einen sogenannten
Sack zu führen, wo kein Ausweg ist, ihn dann
plötzlich zu verlassen und unsichtbar auszulachen;
dahingegen mein Herr Prinzipal zwar auch das
mögliche nach seiner Art thut, den Reisekumpan
festzuhalten, ihn aber mit herzlichem Händedruck
nun nicht eher wieder verläßt, als bis er ihn
glücklich an Ort und Stelle gebracht. Item
bedünkt es mich, rücksichtlich der gemüthlichen
Grundlage, als ob bei dero anmuthigsten Dar=
stellungen und Späßen immer etwas Bitteres,
Unheimliches und Grimmiges ausstieße, was
tief verborgenen Hohn, Verachtung des Men=
schen, und Spott seiner heiligsten Interessen
verräth, und als wenn es Ew. Wohlgeboren nur
wohl seyn könnte in den tausendfachen Nuancen
menschlichen Wahnsinns. Ich, Jeremias Kätz=
lein, habe zwar die Gelehrsamkeit nicht, solches
in probehaltigen, ästhetischen Redensarten dar=
zuthun und zu beweisen, aber es haben dies
schon andere gethan, und solches auch Ew.
Wohlgeboren selbst, nicht in Abrede zu stellen
begehrt. Es kann zwar wohl seyn, daß es in
dero liebem Herzen wirklich nicht so dunkel aus=
gesehen, aber es schien doch so, dagegen bei

meinem Herrn Prinzipal alles möglich heiter, mild und wohlwollend hervortritt, das klare Bewußtseyn nie untergeht in grauenvoller geistiger Vernichtung, der Spaß zwar neckt und zwickt, aber niemals bis zum wirklichen Schmerze, und jedermann wohl mitlachen, dabei aber auch die Thräne der Wehmuth weinen muß, daß All' dieses Fröhliche nur der kurze Silberblick eines Lebens voll menschlicher Unvollkommenheit und Erdensorgen ist, dessen er noch lachen und sich unter seinen Gestalten für den Glücklichsten halten kann auf der weiten Welt, der die Schattenseite des Lebens kennt wie wenige, der aber allen Menschen so gern die Falte des Unmuths glätten, und alle eben so glücklich machen möchte, wie er selbst ist, wenn auch nicht in der Wirklichkeit, doch in der Idee."

Es hätte dem Herausgeber nicht einfallen können, dieses Urtheil durch den Wiederabdruck fortzupflanzen, wenn nicht, unter dem Kraut der scheinbaren Gemüthlichkeit, die Schlange der gehässigen Insinuation verborgen läge, daß Hoffmann bei seinen Werken, mit absichtlicher Bosheit, die Leser nur durch allerlei Kunstgriffe irre zu führen und sich über sie lustig zu machen gesucht, und daß es ihm dabei auf nichts weiter angekommen wäre, als auf Spott über die heiligsten Interessen der Menschheit. Es ist aber ein untrügliches Kennzeichen des Philisterthums, da gemeine Absicht zu suchen, wo der Schlüssel in der Individualität eines Menschen von

nicht gemeinem Schlage offen da liegt, welche Indi=
vidualität freilich, in so fern sie eine dichterische, nur
von einem dichterischen Gemüthe rein reflectirt wer=
den kann. Wer Hoffmann auch nur einmal gese=
hen, so scheint es dem Herausgeber (und der Schrift=
steller, von dem die oben mitgetheilten schweren An=
klagen ausgegangen, hatte ihn persönlich gekannt),
mußte gleich inne werden, daß er nicht der Mann
der Absicht, wohl aber, welches die Schranken seines
produktiven Vermögens waren. Hören wir über
ihn das Zeugniß eines andern, aber seelenkundigen
Autors, des trefflichen Rochlitz.

„Da schon, als ich Hoffmann kennen lernte," —
sagte er, — „seine brennend umherflackernde Phantasie
alles in ihr Gebiet riß, alles sogar, was ihm selbst so
eben begegnet, oder von ihm gethan war; da sich ihm
mithin, gewiß ohne sein Wissen und Wollen,
alles phantastisch um= und ausbildete, so war er wirk=
lich, wenigstens über Momente, die eine anziehende
Schilderung, eine schlagende Anekdote, eine feine
Bemerkung, ein stechendes Witzwort abgaben, zwar
stets die frischeste, aber nicht stets die lauterste Quelle,
und irgend ein anderer, der es miterlebt, oder sich
gewöhnt hatte, bei Hoffmanns eigenen Berichten —
daß ich so sage — die nackte Zeichnung in dem aus=
geführten, hochcolorirten Gemälde festzuhalten, kann
wirklich eher dafür gelten." — Das ist Wahrheit
der Beobachtung! Und wie der Mensch Hoffmann,
so auch der Dichter. Mit unnachahmlicher Darstel=
lungsgabe konnte er das Ding schildern, das nicht

ist, wie kindliche Wilden die unschuldige Lüge nen=
nen, aber nicht um mit dem Hörer oder Leser einen
hämischen Spaß zu treiben, wie Herr W. glauben
machen will, sondern weil er alles eben anders sah,
wie andere. Ein Beispiel von Tausenden möge dies
erläutern. Kurz, ehe er Klein Zaches schrieb, war
zwischen dem Herausgeber und ihm das Gespräch
auf das Chinesische gekommen. Hoffmann hatte
nicht den mindesten Begriff, weder von den Schrift=
zeichen, noch von dem Klange der Sprache, und der
Freund forderte ihn darum auf, ihn einmal zu dem
in England und Deutschland vielgekannten, wackern
Gelehrten Antonio Montucci, mit welchem er
in literarischem Verkehr stand, zu begleiten. Der
kleine, behende, überaus bewegliche Italiener fügte
sich willig in das Verlangen, die ersten Begriffe des
Chinesischen zu erläutern, und stieg dadurch veran=
laßt, mit freundlicher Raschheit eine in seinem Stu=
dierzimmer stehende Leiter mehreremale auf und
nieder, um Bücher, welche nahe an der Decke stan=
den, von dem Schranke herunterzuholen, demon=
strirte daraus den Freunden vor, und schloß am
Ende, weil Hoffmann hauptsächlich den Klang des
Chinesischen zu hören wünschte, mit der Vorlesung
eines chinesischen Gedichts, unter scharfer Betonung
der Sylben ing, ang, ong, wie sie in dieser
Sprache häufig vorkommen.

Wer nicht eben ein Hoffmann, würde nun in
dieser Scene nichts außerordentliches gefunden ha=
ben; auf ihn hatte sie einen nicht zu beschreibenden

Eindruck gemacht. Kaum vor die Thüre gelangt,
erzählte er seinem Begleiter, daß der kleine Mann
auf der Bücherleiter ihm wie ein Hexenmeister die
Schnelligkeit des Auf= und Absteigens wie eine über=
irdische Bewegung, der Ton des Chinesischen, den
er auf das possirlichste nachahmte, wie aus einer
fremden Welt erschienen wäre, er konnte sich nicht
sättigen an dem Nachgenuß des Auftritts, und ge=
wiß (obgleich er sich gegen den Herausgeber nicht dar=
über ausgesprochen), hat nichts anderes den Keim
zu der Gestalt des Prosper Alpanus, wie er im
Klein Zaches mit seltener Behendigkeit die vom Pla=
fond herabrollende Gederntreppe auf und ab hüpft,
und Folianten herunter holt, in seine Seele gelegt.
So sah er alles ganz auf seine Weise, „erschaute es
wirklich mit eigenen Augen lebendig,“ wie er es in den
Serapionsbrüdern von dem Erzähler unerläßlich for=
dert, und konnte es eben darum auch wiedergeben,
wie nicht leicht ein anderer außer ihm. Hätte ihn
ein anderer Cardinal von Este gefragt: Aber Mei=
ster Theodor, wo habt ihr all' das tolle Zeug her?
— wahrlich, er hätte nichts anders antworten kön=
nen, als: Ich habe es so gesehen, und mir ist es
gar nicht so toll vorgekommen.

Welch' ein Unterschied zwischen diesem Dienst
in der Herrschaft der Phantasie und einer absichtlichen
Lügenhaftigkeit sey, wie sie der früher erwähnte Be=
urtheiler Hoffmann zuschreibt, leuchtet aber zu sehr
ein, um einem Unbefangenen weitläuftiger ausein=
andergesetzt werden zu dürfen. Dessen ungeachtet

ist oben die ungemeine Lebendigkeit der Anschauung
und die dadurch bedingte Fähigkeit der eindringlich-
sten Darstellung des rein Phantastischen, eine Schranke
von Hoffmanns produktivem Talent genannt worden, und kein Grund, hier diesen Ausspruch zurück-
zunehmen. Denn wessen Natur eben dahin neigt,
das nicht Wirkliche als existent zu sehen, der verliert
unvermerkt die Fähigkeit für die Auffassung des
rein menschlich Wahren; wer also Hoffmann als
Dichter nicht der subjektiven (wie Herr W.), son-
der objektiven Unwahrheit beschuldiget, der thut ihm
nicht Unrecht. Denn wo er nicht Charaktere mit
dem geistigen Physionotrace abzeichnete, wie seinen
Onkel, den Justitiarius, im „Majorat", da spielen
sie in das Gebiet des Frazzenhaften hinüber, je nachdem sich ihr Bild auf seiner Netzhaut gespiegelt.
Dabei dient zu seiner Entschuldigung als Dichter,
so wie zur Anklage gegen ihn als Menschen, daß er
eine große Zeit seines Lebens hindurch aus Wahl
nur mit menschlichen Zerrbildern in nähere Berührung gekommen. Denn der unverfälschte Geschmack des natürlichen Menschen, um es so auszu-
brücken, zog ihn nicht an, wenn er nicht durch ein
starkes Gewürz für ihn genießbar gemacht wurde,
und so hat er zwar nicht mit den heiligsten Interessen der Menschheit Spott getrieben, wie nur
Böswilligkeit aus seinen Schriften herausexegesiren
kann; aber sie sind diesen, mehr als zu wünschen
war, fremd geblieben.

Dazu kommt noch ein anderer Umstand von

der größten Erheblichkeit, den besonders unsere jüngeren Roman= und dramatische Dichter von ausgezeichneten Fähigkeiten nicht genug beherzigen können. Hoffmann fehlte — freilich nicht durch eigene Schuld, wie sein Leben deutlich beweiset — außer der tieferen Kenntniß des Menschen, auch noch die wissenschaftliche Bildung in einem solchen Maße, wie sie der heutige Stand des Dichters erfordert, in sofern er eine andere, als eine phantastische Welt aufbauen will, zu welcher er freilich das Rüstzeug allein in seinem Hirn trägt. Man höre in dieser Beziehung bei weitem nicht hinlänglich bekannte goldene Worte, die Jean Paul in der Vorrede zur neuen Ausgabe der unsichtbaren Loge sprach, und in denen auch Hoffmann sein Urtheil findet.

„Man wird vielleicht dem Verfasser es nachsehen, daß er seinen ersten Roman zwei Jahre zu früh geschrieben, nämlich schon in seinem achtundzwanzigsten; aber im ganzen gesteht er selber, sollte man Romane nicht vor dem Jahre schreiben, wo der alte Deutsche seinen spielte, und ihn sogleich in Geschichte durch Ehe verwandelte, nämlich im dreißigsten Jahre. An Richardson, Rousseau, Göthe (nicht im lyrischen Werther, sondern im romantischen Meister), an Fielding und vielen bewährt sich der Satz. — Der Verfasser der unsichtbaren Loge hatte von Lichtenberg so starke Bußpredigten gegen die Menschenkunde der deutschen Romanschreiber und Dichter gelesen, und gegen ihre so große Unwissenheit in Realien eben so wohl als in Personalien, daß er zum Glück den

Muth nicht hatte, wenigstens früher als im achtundzwanzigsten Jahre das romantische Wagstück zu
übernehmen. Er fürchtete immer, ein Dichter müsse
so gut wie ein Maler und Baumeister etwas wissen, wenn auch wenig; ja er müsse (die Sache noch
höher getrieben) sogar von Gränzwissenschaften (und
freilich umgränzen alle Wissenschaften die Poesie)
manches verstehen, so wie der Maler von Anatomie,
von Chemie, Götterlehre und sonst. — Und in der
That hat sich niemand so stark als Göthe — der
unter allen bekannten Dichtern die meisten Grund-
kenntnisse in sich verknüpft, von der Reichspraxis
und Rechtslehre an, durch alle Kunststudien hindurch
bis zur Berg-, und Pflanzen- und jeder Naturwis-
senschaft hinauf, — als den festen und zierlichen
Pfeiler des Grundsatzes hingestellt, daß erst ein Dichter, welcher Licht in der einen und andern Sache
hat, sich kann hören lassen, so daß sich's hier ver-
hielte mit den Dichtungen, wie mit den Pflanzen,
welche bei aller Nahrung durch Wärme, Feuchte
und Luft doch nur Früchte ohne Geschmack und
Brennstoff bringen, wenn ihnen das Sonnenlicht
gebrach.

Glücklicherweise hat sich freilich seitdem — seit
dem eingegangenen Predigtamte Lichtenbergs und
anderer Prosaisten — sehr vieles, und zwar zum
wahren Vortheile der Dichter geändert. Menschen-
studien vorzüglich werden ihnen von den Kunst-
verständigen und Leihlesern völlig erlassen, weil man
dafür desto mehr im Romantischen von ihnen er-

wartet und fordert. Daher sind sogenannte Charak=
tere, wie etwa die vorkömmlichen bei Göthe, oder
gar bei Shakespeare, ja wie nur bei Lessing — ge=
rade das, wodurch sich die neueren Roman= und
Dramadichter am wenigsten charakterisiren, sondern
es ist ihnen genug — sobald nur sonst gehörige
Romantik da ist — wenn die Charaktere blos so
halb und halb etwa etwas vorstellen, im Ganzen
aber nichts bedeuten. Ihre Charaktere oder Men=
schenabbilder sind gute Kanditor= oder Zuckergebilde,
und fallen, wie alle Kandis= und Marzipanmänner
sehr unähnlich, ja unförmlich, aber desto süßer aus,
und zerlaufen mild auf der Zunge.

Ihre gezeichneten Köpfe sind gleichsam die Pa=
pierzeichen dieser höheren Papiermüller und bedürfen
keiner größeren Aehnlichkeit mit den Urbildern, als
die Köpfe der Könige von Preußen und Sachsen
auf dem preußischen und sächsischen Conceptpapier,
die, und deren Unähnlichkeit man erst sieht, wenn
man einen Bogen gegen das Licht hält. Da
nun gerade neue Charaktere so schwer, und ihrer nur
so wenige zu erschaffen sind, wenn man sich nicht
zu einem Shakespeare steigern kann, hingegen neue
Geschichten so leicht zu geben, zu deren Zusammen=
setzung schon vorgeschriebene Endreime, der Willkühr
die organischen Kügelchen oder den Froschlaich dar=
bieten: so wird durch stehende Wolkengestalten von
Charakteren, welche unter dem Anschauen flüssig
aus= und einwachsen, und sich selber eine Elle zu=
setzen und abschneiden, dem Dichter unglaubliche

Mühe und Zeit, die er fruchtbarer an Begebenheiten verwendet, am Schaffen erspart, und er kann jede Messe mit seinem frischen Reichthum neuer Geschichten und alter Charaktere auftreten; er ist der Koch Andhrimmer (in der nordischen Mythologie), und hat den Keffel Eldhrimmer, und kocht das Schwein Sährimmer, das jeden Abend wieder lebendig wird, und bewirthet damit die Helden in Walhalla jeden Tag.

Dieser romantische Geist hat nun in Romanen und Trauerspielen eine Höhe und Vollkommenheit erreicht, über welche hinaus er ohne Selbstverflüchtigung schwerlich zu gehen vermag, und welche man in der ganz gemeinen Sprache unbedenklich schon Tollheit oder Wahnwitz nennen kann, wenn auch nicht in der Kunstsprache.

Dieser romantische Kunstwahnwitz schränkt sich glücklicher Weise nicht auf das Weinen ein, sondern erstreckt sich auch auf das Lachen, was man Humor oder auch Laune nennt. Ich will hier der Vorredenkürze wegen mich blos auf den kraftvollen Hoffmann berufen, dessen Callotische Phantasieen ich früher in einer besondern Vorrede schon empfohlen und gepriesen, als er bei weitem weniger hoch, und mir viel näher stand. Neuerer Zeit nun weiß er allerdings die humoristischen Charaktere — zumal in der zerrüttenden Nachbarschaft seiner Morgen=, Mittag= Abend= und Nachtgespenster, welche kein reines Taglicht und keinen festen Erdboden mehr gestatten — zu einer romantischen Höhe hinauf zu treiben, daß der Humor wirklich den echten Wahnwitz erreicht! was einem Aristophanes und Rabelais und Shakespeare nie gelingen wollen. Auch der heitere Tieck that in früheren Werken nach diesen humoristischen Tollbeeren einige glückliche Sprünge, ließ aber als Fuchs sie später hängen, und hielt sich an die Weinlese der Bacchusbeeren der Lust.

Dieses Wenige reiche hin, um zu zeigen, wie willig und freudig der Verfasser den hohen Stand- und Schwebepunkt der jetzigen Literatur anerkenne. Unstreitig ist jetzt die Bella donna (wie man die Tollkirsche nennt) unserer Muse Prima donna und Madonna und wir leben im poetischen Tollkirschen- fest. Desto erfreulicher ist es, daß auch die Lesewelt diese poetische Hinaufstimmung auf eine freundliche Weise begünstigt durch ihre Theilnahme, und daß sie wie das Morgenland, Verrückte als Heilige ehrt, und was sie sagen, für eingegeben hält. Ueberhaupt eine schöne Lorbeer- und Kirschlorbeerzeit!" —

So weit Jean Paul.

Einen Beurtheiler, dem es um die Sache Ernst ist, hat Hoffmann gefunden in dem Verfasser des Aufsatzes: Ueber E. T. W. Hoffmanns Schriften, im XIX. Stücke des Hermes. Wenn gleich der Her- ausgeber mit seinem Resultate: „Wir sehen in den Schriften Hoffmanns eine lebhafte Einbildungskraft, die aber ohne wahres Dichtergenie (?) sich nur in dem Bunten, Grellen der Erscheinung herumtreibt, und darum ohne gehörige Sichtung alles, was eine seltsame Außenseite hat, aufgreift, wenn ihm auch der erforderliche Gehalt fehlt," nicht einverstanden seyn kann, so zeugen doch Stellen, wie: „Hoffmann hat durchaus nicht gewollt oder nicht vermocht, irgend einen Charakter geradezu oder in der Parodie zu zeichnen, sondern die Menschen in seinen Landschaften des Wunderbaren, Wunderlichen und Seltsamen nur als Staffage gebraucht;" oder: „Hoffmann gehörte zu den Schriftstellern, die weniger ein Talent an den Tag gelegt, Gestalten und Charaktere, die wahrhaft diesen Namen verdienen, aufzufassen und wiederzugeben, als Umstände zusammen zu reihen, und diese oder jene Idee dadurch zu bewähren;" davon, daß die Ansichten des Recensenten und die seinigen in der Hauptsache zusammentreffen.

Auch die neueste Auflage des Conversationslexikons enthält einen schätzbaren Aufsatz über unsern Dichter. Wenn der Verfasser desselben sagt: „Hoffmann trachtete in späterer Zeit überall mehr darnach, sich, als die Welt außer ihm darzustellen, sein leichtes Dichten ist Selbstgenuß, Schwelgerei des geistigen Egoismus; daher bringt er selten zur reinen Objectivität durch, u. s. w.;" so liegt, nach dem oben Bemerkten, darin viel Wahres; wenn er aber schließt: „Sein Leben dürfte im Grunde wohl poetischer gewesen seyn, als seine Werke uns vorkommen;" so kann, in sofern dies Urtheil richtig befunden werden sollte, der Zeichner jenes Lebens nur wünschen, das Bild nicht verpfuscht zu haben.

Berlin 1831.   Hitzig.

Durch Walter Scotts umständliche Anzeige des
gegenwärtigen Werks im Foreign Review und Loewe=
Weimars Uebersetzung desselben in das Französische,
ist Hoffmanns Leben in England und Frankreich
genau bekannt worden, und es mag jetzt im Aus=
lande leicht mehr Anerkennung finden als in Deutsch=
land. Namentlich bei den Franzosen, die nicht müde
werden, ihn zu übersetzen und nachzuahmen. Wel=
chen erheblichen Einfluß auf die neueste französische
Schauerliteratur Hoffmann ausgeübt hat, dies zu
entwickeln ist hier der Ort nicht; ja auch auf die
Bühne hat man Erzählungen von ihm dramatisirt
zu bringen versucht. Freilich ist bei allen denen an ein
tieferes Erfassen der schriftstellerischen Eigenthümlich=
keit unseres Dichters im deutschen Sinne nicht zu
denken; der Franzose bleibt auch hier eben Franzose.
Ein merkwürdiger Beleg hiefür ist die neueste Ueber=
setzung Hoffmann'scher Werke, wovon der Verfasser
des gegenwärtigen in nachstehendem, der Berliner
Zeitschrift: „Der Gesellschafter" entnommenen Artikel
Rechenschaft gegeben hat.

„Contes de E. T. A. Hoffmann, traduction
nouvelle de Théodore Toussenel, professeur d'hi-
stoire. Avec une préface par Mr. Lh.......r.
Ornés de huit belles vignettes. Tome 1. 2. gr. 8.
Paris, 1838." — Wenn uns bons Allemands zu=
weilen die Versuchung beschleichen sollte, gestützt auf
Göthe's Vorherverkündigung einer Weltliteratur im
Anzuge, uns allerlei sanguinischen Hoffnungen zu
überlassen, wozu freilich die Erscheinung verleiten

7 *

könnte, daß so viel Ueberſetzungen deutſcher Schrift=
ſteller im Auslande veranſtaltet werden, ſo dürfen
wir als ein probates Abkühlungsmittel nur einen
Blick auf die Art und Weiſe werfen, wie unſre
Autoren meiſt den fremden Nationen, namentlich
den Franzoſen, vorgeführt zu werden pflegen. Be=
lehrend in der angegebenen Beziehung iſt auch vor=
liegende Arbeit des uns ſonſt unbekannten Herrn
Profeſſors Touſſenel, die ſich von Lh…….r (Cher=
minier hätte Veranlaſſung gegen die Hypotheſe zu
proteſtiren, daß er es ſeyn könne) in einer curioſen
Vorrede, aus welcher wir die prägnanteſten Stellen
mittheilen wollen, dem franzöſiſchen Publikum em=
pfehlen läßt. „Der Ruhm E. T. A. Hoffmanns“
— beginnt Herr Lh…….r — „iſt heut zu Tage
auch bei uns volksthümlich geworden, und dennoch
ſind ſeine Erzählungen nur einer gewiſſen Klaſſe
von Leſern bekannt. Der Grund dieſer Erſcheinung
liegt darin, weil ſie in zwei verſchiedene Beſtand=
theile zerfallen;“ nämlich (das will er ſagen) theils
ſind ſie ſchwer verſtändlichen, myſtiſchen Inhalts,
theils allgemein zugänglich, ſpannend, unterhaltend.
— Aber wie ſagt er das erſte? — „Auf der einen
Seite“ — meint er — „iſt Hoffmann ganz einge=
taucht in dem deutſchen Geiſt. Um es gerade her=
aus zu ſagen, befangen in jener Geiſtesrichtung,
welche idealiſtiſche Viſionen, Hirngeſpinſte, Queer=
köpfigkeiten, intellectuelle Lächerlichkeiten, kurz, Sy=
ſteme jeglicher Gattung erzeugt, wie ſie ſeit Jakob
Böhme und Kant in Deutſchland von den Zöglin=

gen der abstrusesten Schulen überall zu Tage geför=
dert werden." — „Nach jener Seite hin" — ruft
er ferner aus — „bietet Hoffmann Speculationen
in ihrer subjectivsten Gestalt, das hohle Traumleben
in wirkliche Handlung gebracht, in alle den Gestal=
ten und Abarten, wie sie im Lande der Sweden=
borge und Ficht (sic) und anderer dergleichen philo=
sophischen Mystagogen in Haufen zum Vorschein
kommen; nebelhafte Gebilde, wie sie sich aus den
Dünsten eines Bierkruges entwickeln, der immer
von neuem angefüllt bis zum höchsten Uebermaß
geleert wird, oder aus der Schlaftrunkenheit, welche
sich aus dem Dampf der zu oft mit Varinas ge=
stopften Pfeife erzeugt; — hier im Gegentheil Posi=
tivität, Objectives u. s. w." — „Aus dem verschie=
denen Charakter der Schriften unsers Verfassers," —
schließt er — „wie wir ihn festgestellt haben, kann
man leicht ermessen, welchen Grundsätzen wir bei der
Auswahl aus den Hoffmann'schen Erzählungen ge=
folgt sind; wir haben den Leser nicht zwingen wol=
len, sich zu langweilen, indem wir ihn nöthigten,
sich in einem phantastischen Labyrinthe zu ergehen, wo=
von der Autor voraussetzte, daß es für einen tüdes=
ken Kopf nicht unentwirrbar sey u. s. w. Die Er=
zählungen, die wir geben, sind die einzigen, welche
inneren Werth genug haben, um in der Uebersetzung
nicht zu verlieren, die einzigen, welche reichlich da=
mit versehen sind, was dazu dient, sie zu einer an=
genehmen Lektüre für Paris wie für London, für
Madrid wie für Rom, für Berlin wie für Peters=

burg zu machen. Nichts von dem, was wir aus
unserer Sammlung ausgeschlossen haben, darf man
bedauern, nicht darin zu finden, und nichts — wir
stehen nicht an, es zu sagen — steht so auf der
Höhe des Ruhms, welchen sich Hoffmann, dieser so pi=
kante, so neue, so sinnreiche Schriftsteller erworben
hat, als dasjenige, was wir hier geben." O des
von Anfang bis zu Ende dummen, gleißnerischen
und lügenhaften Gewäsches! Denn was erhalten die
Leser? Etwa das allgemein und überall Verständ=
liche, „die Scuderi," „Meister Martin," Meister
Wacht" u. s. w.? Nein, außer dem „goldenen Topf'
(welcher allerdings zu dem besten gehört, was Hoff=
mann gedichtet hat, aber wohl nur von deut=
schen Lesern vollständig kann gewürdigt werden),
außer diesem Märchen, das Verworrenste, Schwächste
und Lockerste, was aus seiner Feder hervorgegangen
ist: „Prinzeß Brambilla" (bekannt durch die Un=
klarheit, woran diese Erzählung vorzugsweise labo=
rirt), „die Abenteuer einer Sylvesternacht" (eine
platte Nachahmung von Chamisso's Peter Schlemihl.
Ein Erasmus Spikher, der das Spiegelbild verloren
hat, wie jener seinen Schatten), die „Leiden eines
Theaterdirektors" (durchaus sich auf deutsche litera=
rische und Bühnenverhältnisse beziehend) und noch
kleinere unbedeutende Sachen aus den Phantasiestücken,
den Serapionsbrüdern und aus den Tagebüchern
Hoffmanns, die Hitzig in seiner, den Franzosen durch
eine gute Bearbeitung — von Loewe=Weimars —
zugänglich gemachten Biographie mittheilt. Aber

wie — so wird man fragen — wie ist das, was
die Vorrede verheißt, hiermit zusammen zu reimen?
Wir denken einfach so. Herr Toussenel hat dasje=
nige von Hoffmann übersetzt, was andere Uebersetzer
(denn man hatte schon früher alles Bessere von ihm
in verschiedenen Bearbeitungen), eben um der
oben angedeuteten Mängel willen hatten
liegen lassen; bei dem Vorredner ist die Vorrede
bestellt worden, damit die Journalisten mit ihm ver=
sichern können, die beiden überaus splendid gedruck=
ten Bände enthielten das Beste des Autors, und
an dem was dieser keinen Anstand nimmt, auszu=
sprechen: „daß man sich um nichts von dem was
in dieser Sammlung fehle, zu grämen habe," ist er
gewiß unschuldig, denn schwerlich möchte er von den
übrigen Schriften Hoffmanns mehr wissen, als er —
wie wir gesehen haben — von Geschichte und In=
halt deutscher Philosophie weiß. Und dennoch, wann
werden die bons Allemands, die cervelles tudes-
ques, die têtes carrées fêlées d'une metaphysique
ténébreuse, wie sie gleichfalls unser Vorredner be=
zeichnet; wann werden sie aufhören, es für die höchste
Ehre zu achten, in Frankreich übersetzt, in Frankreich
gelobt, von Frankreich aus dem Vaterlande zuge=
sandt zu werden! Das letzte hat allerdings seinen
Werth; denn schon Jean Paul bemerkte mit Recht,
wenn einmal ein Irokese käme, und empföhle einen
deutschen Autor dem deutschen Vaterlande: aus eines
so Empfohlenen Reputation möchte wohl etwas
werden.   J. E. H.

Möge — es sey vergönnt, solchen Wunsch am Schluße auszusprechen — diese neue Ausgabe dazu beitragen, das Andenken an einen seiner originellsten Köpfe im Vaterland neu zu beleben!

Berlin den 1. Juli 1839.

Hoffmann'sche Briefe

an

B. Funk.

Mit Anmerkungen von Letzterem.

———

1.

Bamberg den 19. Juli 1812.

Guten Morgen, Vortrefflichster!

Ich wünsche sehr, daß Sie den Tag ihrer Ge=
burt mit heiteren Augen erblickt haben mögen, als
ich; denn mich quälten die ganze Nacht hindurch die
infamsten exorbitantesten Spuckgestalten, in Folge
des gestern genossenen kostbaren Steinweins. Ich
war mit ihnen auf dem Steinberge, wir preßten an
einer Traube, die $227\frac{5}{8}$ Pfund wog, und 183,562
Beeren zählte, daß der Schweiß mit dem Weine
nur so hinunterlief. Am Fuß desselben stand der Ka=
nonikus S......*), der ihn in seiner porzellanen
Terrine**), die sich zu einer unmenschlichen Größe

---

*) Er lebt heute noch, und war während Hoffmanns Hierseyn
  ihm stets ein Gegenstand komischer Betrachtungen. Eine
  Zeichnung in Farben, die diesen Kanonikus auf das treffend
  Aehnlichste darstellt, war früher in meinem, und ist gegen=
  wärtig in des hiesigen Kunstschriftstellers Heller Besitze.

**) Der Kanonikus war Freund von allerhand alterthümlichen
  Kuriositäten, die er Besuchenden mit sichtlichem Behagen
  gern vorwies. So befand sich auch unter diesen eine sehr
  alte, überaus große, porzellanene Terrine, die ich in Gesell=
  schaft Hoffmanns einige Tage vor Empfang dieses Briefs
  mit ihm in Augenschein nahm.

ausgedehnt, auffing, sich aber dabei so vollsoff, daß er kopfüber in die Terrine purzelte. Aus dieser erstiegen aber uns zum Schabernack gräßliche Dämonen, phantastische Knirpse, die den Berg zu Tausenden hinauf und um herumkrochen, so zwar, daß wir Beide umstülpten, und in die Hülsen der gekelterten Traube rettungslos versanken. Doch das können Sie alles, Edelster, viel besser in mitfolgender Zeichnung ersehen, als hier erlesen.

Meine Wünsche sprach ich ihnen schon gestern aus; was ich heute fühle, bin ich auszusprechen unvermögend. Beigehende Knackwurst sage ihnen das Unaussprechliche*) !

Zu Mittag stellt sich promptest ein

Ihr

Hffm.

2.

Bamberg (ohne Datum) 1812.

Was unternehmen Sie heute, Theuerster? Gehen Sie nach Bug**) oder ins Theater? Im erstern Falle begleite ich Sie, wenn es ihnen angenehm, und sende meine Frau zu der Ihrigen. Sind Sie

---

*) Sie war umwickelt mit einem Zettel, auf dem eine in Noten gesetzte Hymne (ohne Text) sich befand, der leider — wie so vieles der Art — nicht mehr in meinen Händen ist.

**) Ein eine halbe Stunde von Bamberg entfernter, jenseits der Regnitz höchst romantisch gelegener Vergnügungsort.

aber den Nachmittag beschäftigt, und den Abend unbeschäftigt, so komme ich in ihr Haus, und bringe Ihnen, wenn auch nicht ihr Geld, doch meine gute Laune mit, in die mich die so eben vollendete gelungene Arie des Kühleborn *) versetzt hat, die ich gestern während der heftigsten Colikanfälle komponirte, und Ihnen vorspielen will. Hat Ihnen Speyer nicht gesagt, wie ich mich gewunden und gekrümmt, und bei seinem Verbote mein eigener Arzt zu seyn, ihm beinahe das Glas Rum an den Kopf geworfen hätte **)?

Dem Mädchen sagen Sie kurz: ja oder nein — Bug — Theater, oder zu Hause.

A revoir!

Der Ihrigste

Hffm.

---

den Hoffmann fast täglich besuchte. Hier war es, wo ich ihn 1809 zuerst sah und kennen lernte. (Siehe meine Erinnerungen 2c. 1r Band, Seite 1 u. ff.)

*) Aus seiner Oper „Undine", die er hier anfing zu komponiren.

**) Eigentlich krank und bettlägerig war Hoffmann während seines fünfjährigen Aufenthalts in Bamberg nie; nur von Zeit zu Zeit litt er an heftigen Magenkrämpfen, von denen er sich immer selbst — freilich durch ein gefährliches Mittel — befreite. Er trank nämlich dann in kurzen Zwischenräumen ziemliche Portionen Cognac, Rum oder Arak, und selten geschah es, daß länger als einen Tag der Krampf anhielt. Sein Arzt und Freund, Doktor Speyer, warnte ihn oft vor dieser Kur, die leicht einmal eine Entzündung des Magens hätte herbeiführen können; aber vergebens! Er fertigte ihn und mich immer mit dem Beispiele Friedrichs des Großen ab, dem der starke Kaffeegenuß als Gift geschil-

N. S.

Daß Sie nicht ins Theater gehen, weiß ich jetzt schon, denn die Aufwärterin bringt mir so eben den Zettel vom Grafen von Burgund.

„Ei, der Graf von Burgund! das ist mir ein feiner Geselle;
Eh' man die Hand umdreht hat er regieren gelernt!"

Pereat Kotzebue! Vivat Schlegel! Ich nehme ein Schnäpschen."

———

3.

Dresden den 26. April 1813. Morgens 5 Uhr,
im vierten Stock der Stadt Naumburg in
der Wilsdruffer Straße.

Geehrtester!

Der Schulmeister *) mit seinem Lamentosa, so wie sein Treiben, sein Eilen, um aus der Stadt zu kommen, da er hier Wagen und Pferde hätte auf der Straße stehen lassen müssen, so wie endlich die

———

dert worden sey, und der bei seiner Methode, und dem häufigen Genuß von Gewürzen dennoch ein hohes Alter erreicht habe. Siehe Z. Funks Erinnerungen zc. 1r Band, Seite 127—128.

*) Spitzname eines Bamberger Lohnkutschers, der Hoffmann von Bamberg nach Dresden, dem Orte seiner neuen Bestimmung, fuhr, wo er bei Joseph Seconda als Musikdirektor sich engagirt hatte.

auf mich niederdonnernde Nachricht: Seconda sey noch nicht hier, und an seine Anherkunft noch nicht zu denken, hatten mich gestern so außer aller Fassung gebracht, daß der Brief an Sie, den ich nicht wieder öffnen mag, sehr aphoristisch ausgefallen seyn muß.

Schulmeister fand in der entferntesten Vorstadt ein Unterkommen, wurde aber des Passes wegen zum Warten bis auf heute früh 8 Uhr verwiesen; ich benutze daher die Zeit, Sie und meine Freunde wenigstens in aller Kürze von den Begebenheiten auf der Reise zu unterrichten, da ich Willens bin, später über Prag ein förmliches Reisebülletin, worin allerlei komische Fata und schnackische Abenteuer enthalten seyn sollen, zu schreiben. — Also:

In Baireuth fand ich den Postmeister Gschick, und dieser, so wie der Lieutenant Bayerlein versicherten mich, es sey gar nicht daran zu denken, daß ich durchkommen würde. — Ich dachte: auf der Reise nun einmal muß man alles versuchen, und in Gottes Namen weiter. Gschick empfahl mich wenigstens dem Obristwachtmeister Fortes von den Jägern, der in Münchberg die Vorposten kommandirt, an diesen wandte ich mich, und nachdem er erst einiges Bedenken geäußert, visirte er doch meinen Paß, und ich kam ohne alle weitere Nachfrage durch alle Vorposten, deren letzten ich eine halbe Stunde über Münchberg heraus antraf.

In Hof kein Militär, aber beherzte Leute, die meinem Schulmeister riethen, nur weiter zu fahren.

Eine Stunde vor Plauen die erste Vedette, ein preußischer Husar, der mich frug, wo ich hin wollte, und nachdem er mit mir auf Friedrich Wilhelms Wohl geschnapst, weiter ließ; — ein preußischer Wachtmeister mit einem Piket Husaren, — dito — weiter fort; — in Plauen ein preußisches Kommando. Kaum aus Plauen heraus im Walde, ganz unvermuthet leise hervorschleichend 25 Kosacken mit einem Offizier, lauter alte bärtige Leute, die mich ungefragt vorbei ließen. In Reichenbach alles voll preußischer Husaren, Kosacken. — Wir übernachteten; schon Abends um 8½ Uhr kommen zwei Pulks Baschkiren und Kalmucken, und die ganze Nacht hindurch hörte das Durchziehen von Kosacken nicht auf. Das Gemurmel, die einzelnen Rufe in der fremden Sprache hatten was Schaueriges, Aengstliches. — Nun blieb der Weg nicht mehr leer von einzelnen streifenden Baschkiren, Kosacken und preußischen Husaren. — In Lichtenstein russische Dragoner und Artillerie, und zwar zwei Batterien, jede zu 2 Haubitzen und 8 schweren 6Pfündern; in Langewitz rückten eben zwei Eskadrons preußische grüne Husaren ein, — ganz herrliche Leute mit vortrefflichen Pferden, es war eine Lust sie anzusehen, mehrentheils Freiwillige; — Chemnitz ganz voller Truppen von allen Waffen und vor dem Dorfe Wiese, wo wir übernachteten, 40 Kanonen (in Batterien). — Nun wurde es immer voller und voller, — Munitionswagen, Kanonen, Infanterie, Kavallerie, auf dem Marsch vorwärts

begriffen. — Noch in Herzogswaldau liefen wir
Gefahr, von einem herabrollenden Munitionswagen
alles zerbrochen zu sehen, — endlich, — endlich —
in Dresden!

Man kann sich gar nicht denken, wie lebhaft es
hier ist, — dem König und Kaiser waren 20,000
Mann Garden mit 60 Kanonen gefolgt, — alles
steht voller Truppen, die aber heute meistens vor=
wärts sollen. — Fünfzig — oder damit ich nicht
vielleicht dem Kellner eine Lüge nachsage — eine
Menge weiß gekleideter Mädchen haben den Kaiser
bei seinem Eintritt in die Stadt bekränzt.

Bei der Illumination am 25sten haben Spott=
verse auf Napoleon geglänzt. Unter andern habe
ich selbst noch an einem Fenster die Inschrift gesehen:

> Sonst mit Schmerzen,
> Heute von Herzen!

Die ganze Nacht hindurch erschallen Hurrah's
und russische Volkslieder; es ist ein Leben und Re=
gen ohne Gleichen, — russische und preußische Of=
fiziere umarmen sich auf den Straßen, und aus al=
len Tavernen hört man die Namen Alexander
und Friedrich Wilhelm!

Sonst weiß ich in Politicis nichts, und werde
erst nach gehörig eingezogenen Nachrichten im Bül=
letin weitläuftiger seyn. — Uebrigens denke ich wohl
aus allem was ich gesehen, daß wenn Sie dieses
lesen, Sie auch schon Preußen und Russen gesehen
haben werden.

Nachdem ich mich beruhigt, oder wie man zu sagen pflegt, die Sache beschlafen habe, finde ich es gerade recht gut, daß Seconda noch nicht hier ist, er muß mir natürlicher Weise nicht allein Reisegeld schicken, sondern auch Gage zahlen, und ich habe jetzt Muße, mich häuslich einzurichten und mein Buch *) zu enden, wozu ich mich auf der Reise schon präparirt. In dem Augenblicke besitze ich eine Carolin, und diesem Umstande mögen Sie es zurechnen, daß ich, da Sie mir ihre Freundschaft in der Noth bewährt, so frei war, den Schulmeister, dem ich übrigens habe eine Carolin zulegen müssen, des übertheuern Futters wegen, an Sie zu adressiren; ich werde meine Schuld richtig abtragen. — Meinen Freund Morgenroth habe ich schon gefunden, und er wird mir den Gluck **) verschaffen, den ich dann gleich dem Bülletin beilege. — Der Schulmeister ist da. Leben Sie wohl, Freund! — Bald hören Sie mehr von mir!

Adio, mio carissimo!

Hoffmann.

---

*) Die Phantasiestücke.

**) Den ersten Abdruck dieses Aufsatzes aus der musikalischen Zeitung, aus welcher er in die Phantasiestücke aufgenommen wurde.

4.

Dresden den 20. Juli 1815.

Geschätztester!

Endlich erhalte ich über Leipzig ihren lieben Brief, oder nach dem gewissen uns bekannten lignösen Styl (im Gegensatz von Lapidarstyl) ihr Werthestes vom 6. Julius, und werde Rücksichts der ganz absonderlichen Gedanken, die bei ihrem hartnäckigen Stillschweigen in mir aufstiegen, gänzlich beruhigt. Nur darin ausschließlich liegt es, daß ich die erste Abtheilung des für die Phantasiestücke bestimmten letzten Aufsatzes, den ich endlich dem Speyer auf gut Glück sandte, so lange zurückhielt. Alle Specialia, die mein Leben, Thun und Treiben betreffen, habe ich Speyer'n ganz ausführlich geschrieben *), ich beziehe mich darauf, es bedarf keiner Wiederholung, und ich muß gleich von unserer interessanten literarischen Verbindung sprechen.

Die Ansicht der beiden ersten Bogen **) hat mir viel Freude gemacht, da der Druck wirklich äußerst elegant ausgefallen ist und Ihnen in den Literaturzeitungen gerechtes Lob einbringen wird. Was nun ihre Vorschläge betrifft, so ist nach reiflicher Ueberlegung das Resultat folgendes:

---

*) Der Bericht ist in: „Hoffmanns Leben, von Hitzig" abgedruckt.
**) Der Phantasiestücke.

1) Ich mag mich nicht nennen, indem mein Name nicht anders, als durch eine gelungene musikalische Composition der Welt bekannt werden soll; später wird man's doch erfahren, wer dies und das, verlegt bei Herrn E. F. K. geschrieben hat.

2) Ich werde auf eine allegorische Vignette sinnen, dieselbe zeichnen und Ihnen zusenden *).

3) Alle Vorreden sind mir, stehen sie nicht als Prolegomena vor einem wissenschaftlichen Werke, in den Tod zuwider, am mehrsten aber solche, womit bekannte Schriftsteller die Werke unbekannter wie mit einem Atteste versehen und ausstatten. — Diese Vorreden sind gleichsam die Brandbriefe, mit denen in der Hand die jungen Schriftsteller um Beifall betteln. Finden Sie als Verleger, ihres bessern Nützens wegen, es aber gerathen, meinem Werklein ein solches Attestat vorsetzen zu lassen, so schreiben Sie immerhin an ihren Freund Jean Paul, vielleicht ist er in der Laune, ein launigtes Vorwort hinzuwerfen, das dann noch meinem Vorworte (ich meine den Callot) vorgesetzt werden könnte.

4) Rücksichts der zwei Bändchen sind wir auf eine Idee gerathen, und es fragt sich nur, wie dieselben einzurichten. Blos aus dem jetzigen Vorrathe genommen, würden sie zu mager ausfallen, und ich bin daher Willens, noch Behufs des zwei=

---

*) Ist später geschehen. S. Phantasiestücke erste Auflage, vor dem 1. und 2. Bändchen.

ten Bändchens manches nachzuliefern, indem ich
natürlicher Weise voraußsetze, daß diese neuen Auf=
sätze nicht in die Rücksichts des ersten Bandes ge=
machten Bedingungen eingeschlossen, sondern als für
ein neues Werk bestimmt, anzusehen sind; die
Vorschläge deshalb erlasse ich Ihnen, theurer Freund!
Damit ich aber Rücksichts der Länge einen Maaß=
stab habe, so schreiben Sie mir doch gütigst, wie
viel ein nach meiner Art eng und klein geschriebener
Bogen im Druck austrägt, und wie und wann Sie
Manuscript brauchen.

Der Aufsatz, welcher nach meiner ersten Idee
nur eine flüchtige, aber pittoreske Ansicht des Träu=
mens geben sollte, ist mir unter den Händen zu
einer ziemlich ausgesponnenen Novelle gewachsen, die
in die vielbesprochene Lehre vom Magnetißmus tief
einschneidet, und eine, so viel ich weiß, noch nicht
poetisch behandelte Seite desselben (die Nachtseite)
entfalten soll *). Außer dem, was Sie besitzen, wird
die Erzählung noch drei Abtheilungen haben, näm=
lich: Marien's Brief an Adelgunda; Altano's Send=
schreiben an Theobald, und das „einsame Schloß."
— Mit Albano's Sendschreiben, dem schwersten, und,
wie ich glaube, dem tiefsten und philosophisch=ge=
dachten Theile bin ich zwar fertig, aber noch nicht
im Reinen, d. h. noch genügt mir mancher Satz
nicht, da eine vollendete Schärfe des Ausdrucks das

---

*) S. Phantasiestücke 3. Auflage, 2. Band: „Der Magne-
tiseur."

ist, wornach ich hier durchaus streben muß. —
Schon in dem „Träume sind Schäume" werden Sie
Andeutungen über die Wirkungen des thierischen
Magnetismus, so wie über Sympathieen und Idio=
synkrasien finden; allein ob Sie die angelegten Mi=
nen, deren Explosion so verderbend wirken soll, ah=
nen, weiß ich nicht. Am Schlusse der Erzählung
wüthe ich unter den lebendigen Menschen, wie ein
Dschingiskhan; aber es soll nun einmal so seyn. —
Verbinden werden Sie mich, wenn Sie die Güte
haben wollen, mir das Buch (nämlich Tom. I.) nach
Vollendung des Drucks zu senden.

Sehr begierig bin ich, wie sich der Hund *)
ausnehmen wird; ich setze nämlich voraus, auf ihre
Diskretion mit Festigkeit bauend, daß außer den
von mir selbst veranstalteten Aenderun=
gen nun keine mehr erfolgt seyn wer=
den **). Die Correktur ist sehr genau zu machen,
und um so nöthiger, da ich mir im Schreiben ge=
wisse Unarten nicht abgewöhnen kann. — Speyer
mag den Magnetiseur vor dem Druck lesen, damit
er beurtheile, ob ich in medicinischer Hinsicht gehö=
rige Consequenz beobachtet. Von andern, zum Theil
höchst skurrilen Ideen, die ins zweite Bändchen sol=
len, nächstens.

Unerachtet des großen Tumults der jetzigen
Zeit lebe ich doch hier recht einsam, indem ich zur

---

*) Berganza. Ebd. 1. Band.
**) Siehe Z. Funk „Erinnerungen aus meinem Leben," s. Bd.
S. 80 u. f., die hierüber Aufschluß geben.

Zeit keinen Ort gefunden, oder habe finden wollen, der mich aus meinem Tusculum Abends heraus= locken könnte. Daher kommt es, daß ich unmensch= lich fleißig bin, und außer meinen Amtsgeschäften gar manches ans Tageslicht befördere. So wird z. B. die Undine auch in kurzer Zeit beendigt seyn und Härtel wird mit Rezensionen überschüt= tet *). Der Himmel gebe nur, daß alles hier in Dresden gut ablaufen mag, falls der unglückselige Krieg wieder ausbrechen sollte. Keine Zeit ist wohl der Kunst so nachtheilig, als gerade die jetzige, und Seconda kann in der That nicht genug von Glück sagen, daß sein Theater bis jetzt besucht bleibt.

Gar manchmal sehne ich mich nach dem Zirkel meiner Freunde in Bamberg, besonders aber nach Ihnen, Verehrtester! — — —

Aber auch selbst in physischer und psychischer Hinsicht würde Ihnen, bekommen wir Frieden, was ich trotz aller kriegerischen Anstalten noch immer hoffe, eine Reise nach Dresden oder Leipzig recht von Nutzen seyn. An beiden Orten wollten wir in Kunst und Literatur schwelgen! — In Leipzig habe ich vorzüglich an Oertern, von denen Sie mir so oft erzählt haben, unzähligemal an Sie gedacht. So z. B. hatte ich, um Abends nach dem Theater mich in Gesellschaft zu zerstreuen, das Reichard'sche Kaffeehaus deßhalb gewählt, weil ich nur zehn Schritte hinzugehen hatte, und wenn ich nicht irre,

---

*) Für die Leipziger musikalische Zeitung.

ist dieser Ort auch häufig von Ihnen besucht wor=
den *). Den Baumgärtner habe ich an be=
sagtem Orte kennen gelernt, so wie andere Künstler,
Gelehrte, Leipziger Magister u. s. w. — Hier in
Dresden komme ich nur zur Probe und Vorstellung
nach der Stadt, übrigens bleibe ich auf dem Lande,
und komme mir, wenn ich in meinem Gärtchen
(das übrigens eine himmlische Aussicht über die
Elbe nach der sächsischen Schweiz bis Böhmen hin=
ein hat) mit der Pfeife und in einem ziemlich abge=
lebten Ueberrock, dem ich, wie Bickert **) im Traume,
vergebens einige Neuheit geben zu lassen streben
würde, umherwandle, vor, wie der: „homme de
qualité qui se retiroit du monde!" — Geht das
so in dieser Lebensweise fort, so schreibe ich Berge
von Noten, Phantasiestücken u. s. w., da ich Mor=
gens 5 Uhr richtig aus dem Bette muß, indem sich
alles im Hause regt und bewegt, wo hingegen spä=
ter eine Todtenstille eintritt.

Der Weinzahn liegt verschlossen in meinem
Kästchen, und wird erst wieder eingesetzt, wenn wir
künftig Manuscripte gegen Wein troquiren. Den
Maaßstab, nämlich was und wie ich trinke, finden
Sie in den Kreislerianis ***).

Daß Sie heftig, aber kurze Zeit krank waren,
schrieb Speyer. Nun Gottlob, daß es vorüber; —
ich habe an einer verfluchten Diarrhoe, die hier grassirt,

---

*) In d. J. 1802—5 täglich in Gesellschaft Bretzner's.
**) Im Magnetiseur.
***) Phantasiestücke, 5. Auflage. 2. Band. S. 299 u. f.

und leicht in Ruhr ausartet, gelitten, — man
hat mir Rhabarber gegeben, und ich bin wieder ge=
sund worden. — — — Wetzel ist mir gleich ori=
ginell und interessant erschienen, — springt er mit
Ihnen auch auf die Jagd? — er muß süperbe schie=
ßen! Grüßen Sie ihn doch von mir! — — — —
Ihr langes Stillschweigen hat mich gewissermaßen
verstimmt. Lassen Sie künftig ja nicht so lange auf
Briefe warten 2c. 2c.

Leben Sie wohl, theuerster Freund!

———————

5.

Dresden, den 26. Julius 1815.

Geschätztester!

In diesem Augenblick erhalte ich ihren Geburts=
tagsbrief (schreiben Sie noch fünfzigmal dergleichen),
und antworte auf der Stelle, um in der literarischen
Angelegenheit kein Säumniß zu veranlassen. — Er=
innern Sie sich wohl, wie oft ich Sie vor meiner
verfluchten Handschrift warnte? — ich weiß ja, wie
viel sie, vorzüglich in solch splendidem Druck, aus=
trägt. — Nun ist es einmal auf zwei Bändchen ab=
gesehen, und die Eintheilung muß freilich proportio=
nirlich nach der Bogenzahl geschehen. Machen Sie
daher dieselbe gefälligst nach ihrem Belieben, und
da das Werkchen für jetzt mit dem „Träume sind
Schäume" geschlossen wird, erfolgt nächstens mehr

C. T. A. Hoffmann 15. (V.)   8

Manuſcript. — Laſſen Sie ohne alle Beſorgniß nur
darauf los drucken, denn ſelbſt wenn ich plötzlich
Todes verbleichen ſollte, könnte aus dem, was ich
ſchon geſchrieben, der Aufſatz vollendet werden. —
Findet das Werkchen eine gute Aufnahme, ſo dächte
ich, lieferten wir zur Oſtermeſſe ditto zwei Bändchen,
und beſchlößen damit die Phantaſieſtücke. Die Zahl
drei gefällt mir nicht. — Dieſe zwei Bändchen wür=
den aber als ein neues Werk anzuſehen ſeyn *).
— Wer brachte denn, beſonderer Mann! die Idee
mit dem Contrakt auf's Tapet? — Glauben Sie
denn, daß ich ſo diplomatiſch bin, aber eine gewiſſe,
aus meinem Geſchäftsleben herübergebrachte Genauig=
keit, läßt mich nun einmal formell eingeleitete An=
gelegenheit nicht gern ohne weitere Wirkung aus=
gehen: — ein ſauber und rund entworfenes Dekret
unerpedirt hinter den Tiſch geworfen! — — — —
Es iſt mir höchſt erfreulich, daß wir uns auch in
der Idee einer Reiſe begegnet haben; indeſſen bitte ich
um deutliche Explikation, ob Sie nach Dresden oder
Leipzig kommen wollen; ich vermuthe letzteres, und
bemerke in dieſer Hinſicht, daß wir bis Media Ok=
tober hier bleiben. Daß wir die höchſt erſprießlich=
ſten, jovialſten Abende verleben werden, iſt kein Zwei=
fel — ihr frommer Zuſatz: „wenn mir Gott das
Leben friſtet," rührt noch von dem Schauer des letzten

---

*) Die Aeußerung bezieht ſich auf den mit Hoffmann abge=
ſchloſſenen Contrakt, nach welchem er ſich verband, mir
ſeine vier erſten Werke in Verlag zu geben.

Anfalls her — das leise fortgehaltene Tremulo nach dem Donnerschlag.

Finden Sie in diesem Briefe etwas rhapsodi= sches, — ungleiches, so rechnen Sie es nächst der Eil dem Umstande zu, daß gerade über im Kosel= schen Garten die kaiserlichen Gardehoboisten ihre Uebung halten, und ejusdem temporis vor dem Hause meines verstorbenen Nachbar Bäckermeisters die Neustädter Schüler Leichenlieder singen, — ge= hört das nicht zu Kreislers musikalischen Leiden? —

— Unendlich werden Sie mich durch die Anweisung an Arnold aufs Schubertsche Buch *) verbinden, eben jetzt, da ich mit dem Studium der Schelling= schen Weltseele fertig bin, kann ich dazu schreiten.

Bester Mann! Nur keine Aenderung in meinem Manuscript! Es ist nicht Eitelkeit, aber jeder hat doch was eigenes, und was so aus der Seele, aus dem Innersten hervorgegangen, dem schadet oft selbst scheinbare Politur. Haben Sie die „Leiden" nach dem Manuscripte oder nach der musikalischen Zeitung abdrucken lassen? — Ich finde „verläugneter Abend, pikantes Stumpfnäschen, — dumm, wie ich fürchte," — alles dieses ist nicht in mei= nem Manuscripte **). — Verbessert vielleicht Wetzel? — Ich bitte, liebster Mann, nur nicht im Ber= ganza — er muß weiß Gott bleiben wie er ist ***).

---

*) Die Symbolik des Traumes.

**) Aber in der „musikalischen Zeitung," nach der der Aufsatz abgedruckt ward.

***) Er blieb wie er war; nur geschah der Abdruck nach den

8 *

— Uebrigens freut mich der schöne Druck herzlich, aber haben Sie die Güte, wenn der erste Band fertig, mir solchen durch Beipackung an ihren Com= missionär in Leipzig, oder sonst, zu übermachen.

Gestern Nacht hat uns der Kaiser verlassen, — einige sagen nach Paris, andere nach Italien — Niemand weiß gewisses, jedoch verbreiten sich die erfreulichsten Friedensnachrichten. Gott gebe, es sey wahr! — Meine Frau grüßt Sie und die Ihrigen sehr! — Eben so ich die Ihrigen. Adio mio ca- rissimo amico!

Der Ihrigste.

6.

Dresden, den 12. August 1813.

Verehrtester!

Um Sie von meiner Thätigkeit zu überzeugen, sende ich Ihnen:

1) zwei Zeichnungen zu den Vignetten des ersten und zweiten Bandes der Phantasiestücke,
2) ein Bogen Manuscript.

Der Sinn der Allegorie in den Zeichnungen spricht sich so deutlich aus, daß ich kein Wort darüber zu sagen brauche, und ich glaube nicht, daß bei der Einfachheit die Platte sonderlich viel kosten wird.

---

früher von mir getroffenen, und vom Freunde gebilligten Abänderungen.

Eben so wird wohl jetzt der Druck ohne allen Auf=
enthalt vorwärts gehen können, indem noch in die=
sem Augenblick viel Manuscript vorhanden seyn muß.

Alban's Brief *) enthielt eine weitläuftige ima=
ginaire Theorie des Magnetism, ich habe sie aber
ganz beschnitten und mich mehr an die Begebenheit
gehalten; nächstens empfangen Sie den Schluß!

Am 10ten hatten wir hier Napoleons Geburts=
tagsfeyer durch Freitheater, Illumination, Garten=
diner unter freiem Himmel, Feuerwerk und haupt=
sächlich Kanonendonner, daß die Fenster klirrten und
die Häuser wackelten. — Das in der That feurige
Feuerwerk wurde auf der Brücke abgebrannt und
gewährte mit seinen ditto feurigen Reflexen im
Wasser einen wunderbar fernhaften Anblick.

Sehr hübsch war es, daß unsere Prima Donna
(es wurden Paer's Wegelagerer gegeben) ihre Bra=
vourarie förmlich mit obligaten Kanonen absang.
Von dem Tumult den ganzen Tag und die ganze
Nacht haben Sie keine Idee; mir brummt noch der
Kopf davon! — Uebrigens wissen wir von Krieg
und Frieden nicht das mindeste, und ich weiß von
keiner andern Fehde, als die ich mit Seconda
beginnen möchte, der bei der herrlichsten Einnahme
unsere Gagen nicht erhöht.

Mit inniger Lust habe ich vorigen Sonntag
den Pumpernickel dirigirt, oder vielmehr am
Flügel sitzend angehört; das Haus war gesteckt voll,

---

*) Phantasiestücke, ste Auflage, zweiter Theil, Seite 58 ff.

und wie die Leute, die es wissen können, sagen, befanden sich 450 Rthlr. in Cassa.

Eine gewisse Madame Horstel aus Wien, mit ihren beiden Töchtern ist hier und tanzt in unsern Vorstellungen zur innigsten Freude der Franken. Sie sowohl als die Töchter sind aber auch sehr brav, und letztere tanzten neulich im elegantesten Pariser Ballcostüm eine Gavotte, die gräßlich applaudirt ward. — Zu den Theaternovitäten gehört ferner, daß Benelli, wohl gewiß unverdienter Weise, in der Schweizerfamilie ausgepfiffen wurde und nun nicht mehr auftreten will. — Die Sandrini empfiehlt sich Ihnen bestens und erinnert sich mit Entzücken der seligen Augenblicke, die sie mit ihrem Carlo genossen *).

In diesem Augenblick war der Arzt bei mir und untersagt mir das Ausgehen auf zwei Tage, denn Sie müssen wissen, daß ich auf eine ganz verfluchte Art krank geworden bin, wahrscheinlich durch Ansteckung; nämlich ein Anfall von wirklicher Ruhr, die hier grassirt und von den aus dem Lager kommenden Soldaten verbreitet wird, wirft mich körperlich nieder, aber nicht geistig, und das Buch: „die Kunst seiner krankhaften Gefühle Meister zu werden," ist nicht so schlecht, wie es Ihnen vorgekommen. Je größer der Schmerz, desto mehr Ruhe kann man erzwingen, z. B. bei großen Verwundungen — wenn einem der Kopf abgeschlagen wird u. s. w.

---

*) Versteht sich: ein rein extemporirter Schwank Hoffmanns.

Schreiben Sie mir doch gütigst viel Bambergiana — das interessirt mich sehr, da ich doch dort manches besondere erlebt. Grüßen Sie die Freunde! — empfehlen Sie mich ihrer Familie, der lieben Frau küsse ich die Hand — meine Frau grüßt ausserordentlich.

Der Ihrigste

Hff.

Wie finden Sie es, daß ich unter die Vignette meinen Namen als Zeichner setze? Es ist gleichsam ein Versteckspielen. In den annexis sucht man nicht. Sollte ich an der Ruhr sterben, so vermache ich Ihnen meine sämmtlichen Manuscripte — Noten mit eingeschlossen, und Sie können eine charakteristische Vorrede schreiben, worin öfters vorkommt: mein verstorbener Freund hatte das Eigne — oder mein verstorbener Freund pflegte ꝛc.

7.

Dresden, den 8. September 1815.

Verehrungswürdigster!

Wie viel herzliche Freude mir ihre beiden letzten Briefe gemacht, kann ich nicht sagen. Die Baireuther Reise mag höchst interessant gewesen seyn, und es ist fatal, daß ich vor der Hand dergleichen entbehre. Jean Paul's Weigerung sah ich voraus, und es ist mir um so erfreulicher, daß eigentlich mein Genius ihn bestimmt hat, mir mit ein paar

Worten vorzutreten und mich zu vertreten beim Lese= publikum. — Er mag mich nennen und mei= ner Musikdirektorschaft erwähnen, wie er will, und wie es ihm die Laune und Lust eingibt, — es ist ehrenvoll, von ihm genannt zu seyn. — Den Zusatz: „in Callot's Manier" habe ich reiflich erwogen, und mir dadurch Spiel= raum zu manchem gegeben. Denken Sie doch nur an den Berganza, — ans Märchen u. s. w. Sind denn nicht die Hexenscenen, so wie der Ritt im Hausplatze wahre Callottiana? Lassen Sie es bei dem nun einmal bestimmten Titel und seyn Sie in dergleichen Sachen nicht allzu ängstlich, mein theuerster Freund, — das Fiduzit darf nicht fehlen*).

Spricht Sie denn das Geheimnißvolle der Musik in den Harfentönen nicht an, die dem alt= deutschen Troubadour an dem mysteriösen Bildniß der Isisköpfigen Sphinx beim Aufgang der Sonne erklingen? — Den Jokusstab schwingt der Humor, aber er krönt mit Dornen, und dem mag= netisch Schlafenden drohen spitze Dolche! Hier haben Sie in Parenthese beide Vignetten **).

---

*) Jean Paul bestand darauf, Hoffmann nochmals anzugeben, sein Buch: „Kunstnovellen" zu nennen, da der Zusatz „in Callots Manier," Erstem nicht gerechtfertigt er= scheine. Obwohl ich selbst (s. die Erinnerungen aus meinem Leben, erster Band, S. 117) gegen Richter's Meinung war, glaubte ich doch aus ihm schuldiger Achtung seinen Wunsch dem Freunde mittheilen zu müssen. Dies zur Erklärung obiger Aeußerungen Hoffmanns.

**) Abgedruckt vor dem 1sten und 2ten Bande der ersten Auf= lage; bei der 2ten und 3ten blieben sie weg.

Kratzer *) hat nur die Form beobachtet, sich begraben zu laſſen, todt war er ſchon lange, ich habe ihn nicht anders gekannt. — So viel in Bezug auf Ihre beiden höchſt ergötzlichen und in Wahrheit mich erfreuenden Briefe, — doch ſetze ich noch hinzu, daß ich für die Aſſignate danke, da ſie mir herrliche Dienſte gethan, indem mein Nachbar Cagiorgi (hier nennen ſie ihn auf eine fabelhafte Art Caſozzi) mir den Wein in ziemlicher Qualität liefert, doch behalte ich mir vor, zu beſſerer Zeit Sie um den ſublimſten aller Weine, der das Geheimniß ſeiner Kraft im Namen trägt, zu bitten, ich meine den göttlichen Nuits! Gedenken Sie ſeiner noch und jenes Gewitters **)?

---

*) Ein hier verſtorbener Tuchhändler, deſſen Tod ich Hoffmann anzeigte, da er ihm während ſeines hieſigen Aufenthalts immer ein Gegenſtand komiſcher Betrachtungen war.

**) Hoffmann bezog, ſeinem Verlangen gemäß, von dem Weinhändler Cagiorgi, gegen eine von mir ausgeſtellte Anweiſung, auf meine Rechnung 24 Bouteillen Burgunder. Der genannte Nuits iſt bekanntlich eine vorzügliche Gattung dieſes Weines, den Hoffmann während ſeines Bamberger Aufenthaltes beſonders verehrte und ſich mit mir in meinem Keller trefflich ſchmecken ließ. Was werden aber die profanen Leute und Philiſter dazu ſagen, wenn ich verſichere, daß dieſer Nuits aus Ehrfurcht vor ſeiner geheimnißvollen Kraft und ſeinem gewürzreichen Bouquet nur in ſeinem Elemente, der Nacht; oder geſchah es bei Tage, doch nur in der zauberiſch dunkeln Umhüllung des Kellers von uns genoſſen ward?! Zuweilen pflegte es ſogar zu geſchehen, daß wir beide unſern Platz auf dem Faſſe ſelbſt (einer ſogenannten Piece) nahmen, und auf den entgegengeſetzten Enden deſſelben, Geſicht gegen Geſicht gekehrt, triumphirend ritten. Jeder hielt das gefüllte Glas in der Hand, der

Gott laſſe mich nur das Märchen *) enden, wie es angefangen, — ich habe nichts Beſſeres gemacht, das andere iſt todt und ſtarr dagegen, und ich meine, daß das Sichherauffſchreiben zu etwas Ordentlichem vielleicht bei mir eintreffen könnte! — Der Wille iſt immer ſtark geweſen, aber: wir ſind allzumal Sünder und mangeln — das übrige des Spruchs werden Sie wiſſen von der Einſegnung her!

Sonſt lebe ich hier, bis auf einige Angſt und Noth, ein wahres Schlaraffenleben, da das Theater ſchon ſeit 14 Tagen geſchloſſen iſt, Seconda aber demunerachtet, wenigſtens bis jetzt, die Gage ordent= lich zahlt. — Der ſtillſte Ort, wo man entfernt von allem Kriegsgetümmel, ſich wie in einer andern Welt befindet, iſt die Bildergallerie, und Sie können den=

---

offene Spund blieb in der Mitte, in welchem die blecherne Pumpe, als ſtets bereitwillige Hebe, bis die Gläſer geleert waren, nachläſſig ruhte. — Daß aber hier nicht auf gemeine Weiſe gezecht, ſondern auf die geiſtreichſte und gemüthlichſte Art ſich des heitern Lebens gefreut ward, darf ich ebenfalls verſichern. — Die allerdings höchſt komiſche Attitude gab Hoffmann Veranlaſſung zu einer trefflich kolorirten Zeich= nung, die ich leider, wie ſo viele, ungeſtümen Bitten nach= gebend, nicht mehr beſitze. — Dies ächt Tenier'ſche Genre= bild bezeichnete den Moment, wo, als wir eben beide ganz gemüthlich auf dem Faſſe gegenüber ſitzen, und im Begriffe ſtehen, unſere Gläſer an einander zu klingen, ein mit einem heftigem Donnerſchlage verbundener Blitz durch die Keller= öffnungen zuckt, und unſere von Schrecken grimaſſirten Geſichter hell erleuchtet darſtellt. — Das Bild war kein Phantaſieſtück, ſondern einer wirklich erlebten Scene ent= nommen. Honny soit qui mal y pense!

*) Der goldene Topf. Phantaſieſtücke 3te Auflage, 2ter Band.

ken, daß ich jeden Nachmittag da zubringe, indem
der Inspektor Schweickard, ein braver junger
Künstler, der eben an einem schönen Bilde nach
Schillers Dichtung: „Pegasus im Joche" arbeitet,
mein Freund geworden. Eben so finde ich in der
Dreißig'schen Singakademie ein Asyl, und erhebe
mich über die Unbill der Zeit. Abends gehe ich zu
Eichelkraut auf dem Altmarkte, wo ich den jovialen
Sekretär Schulz (Friedrich Laun), Winkler'n
(Theodor Hell) und den Kind finde. Schade nur,
daß die wahrhaft großen Ereignisse des Tages jedes
andere Gespräch ertödten. Es scheint, als wären
wir großen Katastrophen nahe!

Speyer hat mir einen interessanten Brief geschrieben; er erhält von mir die Neuigkeiten des
Tages, so weit sie sich erzählen lassen, in
chronologischer Ordnung, die er Ihnen, so wie den
Freunden mittheilen soll *). Ich nenne das nach
meinem bekannten Wahlspruch, „das Angenehme
mit dem Nützlichen verbinden!"

Jetzt eine Bitte ganz eigener Art, deren Erfüllung, wenn sie in ihren Kräften steht, nicht gerade
eilt. Könnten Sie mir wohl einen leichten Umriß
der Pommersfelder Maria (dem angeblichen
Raphael), der nur eine Idee vom Bilde gibt,
so wie eine Notiz, auf welche Weise das Bild in

---

*) Dieser Brief scheint eine Abschrift aus dem während seines
Aufenthalts in Dresden geführten Tagebuche zu seyn, das
Hitzig in dem „Leben Hoffmann's," 2ter Theil. S. 62 u. f.
dieser Ausgabe mittheilt.

die Gallerie gekommen, verschaffen? Es ist nämlich
von einer ganz besondern Hypothese die Rede, die
sich in meinem Kopfe entsponnen, und die durch die
Vergleichung verschiedener Marien in der hiesigen
Gallerie, vorzüglich der ganz über alle Maßen alter=
thümlich frommen von Holbein, mit der bekannten
hochherrlich Raphael'schen viel Wahrscheinliches
gewinnt. Nun möcht' ich durch jenen Umriß meinen
Diskussionen mit den hiesigen Malern Gewicht geben
u. s. w. *). — — Sie bemerken, daß ich mich in
den schönen Künsten rege und bewege, und werde
ich nicht morgen oder übermorgen durch eine preu=
ßische, österreichische oder russische Granate in der
Luft gesprengt, so werden Sie mich genährt, ja ge=
mästet von Kunstgenüssen aller Art wieder finden.

Jenen Zusatz wegen der Granate erzeugt ein
Leichenzug, der sich gerade mir gegenüber aus dem
Hause bewegt; erst gestern ist nämlich drüben ein
junger Mann gestorben, dem am 26. August (dem
denkwürdigsten Tage für Dresden seit langer Zeit)
in seiner Stube ein Stück der gesprungenen Granate

---

*) Ich erinnere mich, daß ich durch diese Ansicht Hoffmann's
über das angeblich Raphael'sche Gemälde in der trefflichen
Pommersfelder Gallerie, bei Lesung dieser Zeilen vor
24 Jahren eben so freudig frappirt wurde, als nach 24 Jah=
ren, bei Copierung derselben, und beschließe: mich ehe=
stens mit dem Briefe in der Hand, vor das göttliche Bild
selbst zu stellen, — mit welchen Gefühlen, mag Der er=
messen, der uns vor einem Vierteljahrhundert Arm in Arm
in heiliger Andacht versunken, vor dem Bilde stehen sah!

den Schenkel wegriß!! — Unwillkürlich gerathe ich
auch hier, wo ich es nicht wollte, in die kriegerischen
Scenen des Tages, indem ich aber ein Glas Cagiorgischen Burgunders genieße, verschwinden plötzlich
Kanonen, Granaten ꝛc., und ich sitze mit Ihnen in
höchster Gemüthlichkeit in den herrlichen Katakomben
des Marplatzes *), der mir in schimmernden Lich-
tern oft wie der Markusplatz erschienen, da sich der
Dunst der sublimsten Weine zum poetischen Linsen-
glase verdichtet, vor dem sich allerlei närrische Gestalten in scurrilen Bockssprüngen lustig und ergötzlich
bewegten! Was ist der Mensch, o Gott! pflegte ich
dann oft andächtig zum Himmel blickend zu sagen,
wenn mir der Nuits oder Chambertin Prima so
recht mundete! In diesem Ausruf über die Nichtig-
keit alles menschlichen Thuns und Treibens tröstete
mich aber gerade die Ueberzeugung vom Gegentheil,
— denn nie fühlte ich die Herrlichkeit des lebendigen Lebens mehr, als eben da!**) und jener
Ausruf war so gut wie die Ausforderung eines unbekannten Widersachers im höchsten Uebermuthe, so

---

*) Meine Weinkeller. Der Marplatz selbst war ehedem der
  größte Kirchhof der Stadt, auf dem früher eine Kirche stand,
  die Anfangs dieses Jahrhunderts demolirt ward.

**) Wie konsequent Hoffmann sich in dergleichen Aeußerungen
  blieb, bewies er noch auf seinem Sterbebett, auf welchem
  er die merkwürdigsten Worte gegen Hitzig aussprach:
  „Nein, nein, leben, nur leben, — unter welcher
  Bedingung es auch seyn möge!" (S. Biographie
  2ter Band, S. 125).

wie im Shakspeare die besoffenen Schlingel die un=
verwundbare Luft mit ihren Streichen zu verletzen
trachten! — Lassen Sie meinen zweiten Spruch:
„Es ist alles Eins!" nicht aus Gedanken und
Herzen! — Das Vertrauen auf jene Hand, die sich
über das All erstreckt, und wie der geschickte Ma=
schinist des Marionettentheaters jeden Faden zu rech=
ter Zeit zu bewegen weiß, ist in jetziger Zeit recht
nöthig.

Ich hoffe, Sie im späten Herbst in Leipzig zu
sehen, denn es wird gerathen seyn, daß Sie hinrei=
sen, sobald die Krisis vorüber, und wir besseren
Zeiten mit Grund entgegen sehen können, wie es
in Wahrheit zu hoffen steht. Ein Glas Burgun=
der auf diese glückliche Zeit des Wiederzusammen=
treffens! — Und nun: adio, mio carissimo amico!
— Ihre liebe Frau grüße ich sehr, so wie auch den
schalkäugigten Redakteur *) u. s. w. Meine
Frau grüßt ganz ungemein **)!

Der Ihrigste

H.

---

*) Wetzel.

**) Aehnliche Briefendungen wie diese, habe ich, wie der geehrte
Leser in den früher gegebenen Briefen Hoffmanns bemerkt
haben wird, dem Zeitgeiste fröhnend, weggelassen, obwohl
ungern, da sie mir zur Charakteristik des Briefstellers
nicht nur nicht unwichtig, sondern selbst von Bedeutung
erschienen. Wenn mehrere kritische Kunstmäkler es z. B.
an dem Göthezelter'schen Briefwechsel tadelten, daß diese
Endungen, so wie sonstige unbedeutend scheinende Dinge,
als da sind: märkische Rüben, Spaniol u. dergl. der Welt
mitgetheilt wurden, so hatten sie offenbar Unrecht. Denn

In Eile füge noch hinzu, daß in dem Aufsatz: Jacques Callot, recht eigentlich der Zusatz auf dem Titel: „in Callots Manier" erklärt ist, näm= lich „die besondere subjective Art," wie der Verfasser die Gestalten des gemeinen Lebens an= schaut und auffaßt, soll entschuldigt seyn!

――――――

8.

Dresden den 17. November 1813.

Theuerster Freund!

Freiheit! — Freiheit! — Freiheit! — Meine schönsten Hoffnungen sind erfüllt, und mein fester Glaube, an dem ich selbst in der trübsten Zeit treu= lich gehalten, ist bewährt worden. Haben nicht selbst manche meiner Freunde, auch Sie geliebter Freund!

――――――

aus diesen anscheinend unbedeutenden Aeußerungen geht oft eine tiefere Bezeichnung des Schreibenden hervor, als aus mancher mit großer Wichtigkeit und Bedeutsamkeit angeleg= ten philosophischen Demonstration, die als ein willkomme= ner Reflex in dem Wunder verkündenden Zeitspiegel nur gar zu gern erblickt wird. Ein schnell absichtslos hin= geworfenes, herzliches Abschiedswort scheint mir daher oft wichtiger, als die gemessendste, nach einem Zwecke stre= bende Tirade. Für kommende Zeiten aber werden auch diese Schlußworte bedeutungslos erscheinen, da kein ver= nünftiger Mensch von nur einigem literarischen Gewichte künftig mehr einen Brief schreiben wird, in dem er die ungeschminkte Seite des Herzens herauskehrt, aus Furcht, sie dereinst von oben herab mit erklecklicher Drucker= schwärze beschmutzt zu sehen.

gar kleinmüthig mich in einem frommen Wahne
befangen geglaubt, wenn ich immer hoffte und hoffte,
und Ansichten, die so weit entfernt schienen, ins Leben trug? — Freilich wurde ich durch manches, was
ich vor meinen Augen geschehen sah, und was wohl
manchem entgangen, gar oft gestärkt und erhoben,
aber ich mußte schweigen, da es unmöglich war,
daraus irgend einen überzeugenden Beweis meiner
innigsten Meinung zu geben. — Was soll ich von
der letzten Zeit, die ich hier erlebt, sagen?. Sie war
gewiß die merkwürdigste meines Lebens, da ich alles
das, was sonst lebhafte Träume mir vor Augen
brachten, wirklich und in der That vor mir erblickte!
— Gewiß wird Sie und meine Freunde in Bamberg eine detaillitte Beschreibung der hiesigen Vorfälle interessiren, und ich weiß nichts besseres, als
eine Art Tagebuch beizulegen, das das merkwürdigste
enthält.

Gewiß ist es ein Glück ohne Gleichen, daß ich
nur mit der allgemeinen Angst und Noth gelitten,
auf meine spezielle Lage dagegen das Ungemach der
entsetzlichen Begebenheiten in und bei Dresden keinen Einfluß gehabt hat. Nur nach der Schlacht bei
Dresden, am 26. und 27. August, blieb das Theater 14 Tage geschlossen, sonst ist unausgesetzt bei
vollem Hause gespielt worden, und Seconda hat
gerade diesen Sommer bessere Geschäfte gemacht als
sonst, da, wie man mir sagt, oft schlechte Witterung
den Besuch des Theaters im Bade verminderte.
So ist es auch wirklich eine ganz besondere Schickung

des Himmels, daß weder ich noch meine Frau, dicht am Lazareth wohnend, erkrankt sind, da selbst in dem Hause, wo wir wohnen, mehrere an dem Nervenfieber, welches einen wahrhaft pestartigen Charakter angenommen, gestorben sind. Der kurze Klimax dieser Krankheit ist: Kopfschmerz, Schwindel, Betäubung, Tod! — Alles in wenigen Stunden. Bei dem gänzlichen Mangel an soliden Lebensmitteln (Brod war nicht zu haben, Fleisch nur dann und wann in geringer Quantität) mußte jenes Uebel nur zu sehr um sich greifen, und noch in der letzten Woche vor der Capitulation starben an 200 Personen bürgerlichen Standes, in den Spitälern aber täglich über 200 bis 250, so daß die Leichname aufgethürmt auf dem Neustädter Kirchhofe lagen. — Franzosen auf der Straße auf das jämmerlichste sterben zu sehen, war etwas gewöhnliches!

Nun zu erfreulichern Gegenständen und eine Stelle aus einem Aufsatze, überschrieben: „der Componist und der Dichter," den ich für die Leipziger musikalische Zeitung ausarbeiten will, gibt den natürlichen Uebergang zu Literatur und Kunst, in der wir nun schwelgen wollen, Freund!

Ludwig, der sich der edeln Musika ergeben, findet unter den Adjutanten des Heerführers, der in die Stadt gezogen, seinen alten akademischen Freund Ferdinand, der sonst ohne alle militärische Tendenz den Musen gelebt, wieder, — sie kamen nach alter Weise in stiller Nacht zusammen, und nachdem

sie viel über die Bedingnisse der wahren Oper gesprochen, soll sich das ganze, wie folgt, schließen:

„Ferdinand war im Begriffe zu antworten, als
auf der Straße, dicht vor den Fenstern, der Generalmarsch geschlagen wurde, — er schwieg betroffen.
Ludwig fuhr auf, und tief seufzend drückte er des
Freundes Hand an seine Brust. „„Ach, Ferdinand,
theurer, geliebter Freund!““ rief er; „„was soll aus
der Kunst werden, in dieser rauhen, stürmischen
Zeit? Wird sie nicht, wie eine zarte Pflanze, die
vergebens ihr zartes Haupt nach den finstern Wolken wendet, hinter denen die Sonne verschwand,
dahin sterben? Ach, Ferdinand, wo ist die goldene
Zeit unserer Jünglingsjahre hin, was ist aus unserem Streben geworden, alles bessere geht unter in
dem reißenden Strome, der die Felder verheerend
dahinstürzt, aus seinen schwarzen Wellen blinken
blutige Leichname hervor, und in dem Grausen, das
uns ergreift, gleiten wir aus, — wir haben keine
Stütze, unser Angstgeschrei verhallt in der öden Luft
— Opfer der unbezähmbaren Wuth sinken wir rettungslos hinab!““

„Ludwig schwieg in sich versunken. Ferdinand
stand auf, er nahm Säbel und Kaskett; wie der
Kriegsgott zum Kampfe gerüstet, stand er vor Ludwig da. Verwundert blickte ihn dieser an, da überflog eine Gluth Ferdinands Gesicht, sein Auge er-
strahlte in brennendem Feuer, und er sprach mit
erhöhter Stimme:

„Ludwig, was ist aus dir geworden? — Hat

die Kerkerluft, die du hier so lange eingeathmet haben magst, denn so in dich hineingezehrt, daß du krank und siech nicht mehr den glühenden Frühlingshauch zu fühlen vermagst, der draußen durch die in goldenem Morgenrothe erglänzenden Wolken streicht? In träger Unthätigkeit schwelgten die Kinder der Natur, und die schönsten Gaben, die sie ihnen bot, achteten sie nicht, sondern traten sie in einfältigem Muthwillen mit Füßen. Da weckte die zürnende Mutter den Krieg, der im duftenden Blumengarten lange geschlafen, der trat wie ein ehrner Riese unter die Verwahrloseten, und vor seiner schrecklichen Stimme, von der die Berge wiederhallten, fliehend, suchten sie den Schutz der Mutter, an die sie nicht mehr geglaubt. Aber mit dem Glauben kam auch die Erkenntniß: Nur die Kraft bringt das Gedeihen, — den Kampf umstrahlt das Göttliche, wie der Tod das Leben! Ja, Ludwig! es ist eine verhängnißvolle Zeit gekommen, und wie in der schauerlichen Tiefe der alten Sagen, die gleich in ferner Dämmerung wunderbar murmelnden Donnern zu uns herübertönen, vernehmen wir wieder deutlich die Stimme der ewig waltenden Macht, — ja sichtbarlich in unser Leben schreitend, erweckt sie in uns den Glauben, dem sich das Geheimniß unsers Seyns erschließt. Die Morgenröthe bricht an, und schon schwingen sich begeisterte Sänger in die duftigen Lüfte, das Göttliche verkündend und im Gesange lobpreisend. Die goldenen Thore sind geöffnet, und in einem Strahl entzünden Wissenschaft und Kunst das heilige Streben, das die Menschen zu einer Kirche vereinigt. — Darum Freund, den Blick auf= wärts gerichtet! — Muth! — Vertrauen! — Glau= ben!"" — Ferdinand drückte den Freund an sich, dieser nahm das gefüllte Glas: „„Ewig verbunden zum höhern Seyn im Leben und Tode!"" — „„Ewig verbunden zum höhern Seyn im Leben und Tode,"" wiederholte Ferdinand, und in wenig Minuten trug ihn sein flüchtiges Roß schon zu den Schaaren, die in wilder Kampflust hoch jubelnd dem Feinde ent= gegenzogen."

Als ich in gar böser Zeit jene tröstlichen Worte Ferdinands niederschrieb, kam mir eine ganz beson= dere Ermuthigung! — Mögen auch Sie, Freund, die Wahrheit meiner Andeutungen recht innig fühlen, und sich daran erlaben!

Das Märchen sub titulo: der goldene Topf, ist fertig, aber noch nicht in's Reine gebracht, so wie auch ein humoristischer Aufsatz unter der Feder sub titulo: Schreiben Milo's, eines gebildeten Affen, an seine Freundin Pipi in Nordamerika, den ich höchst wahrscheinlich der musikalischen Zei= tung entziehen und den Callots zuwenden werde *).

Mit Schulz (F. Laun) und Friedrich Kind komme ich, die Theatertage ausgenommen, täglich

---

*) Unter dem Titel: „Nachricht von einem gebildeten jungen Manne," siehe dies Schreiben: Phantasiestücke, 3te Auflage, 2. Band, S. 529 u. f.

Abends in einem Kaffeehause zusammen. Schulz ist gar gemüthlich, liegt aber leider seit vier Tagen am Nervenfieber krank, wird aber, eben weil er schon vier Tage krank ist, höchst wahrscheinlich wieder gesund. Er hat ein dramatisches Märchen in Gozzi's Manier geschrieben, das ich schon im Manuscripte zum Lesen erhalten hätte, wäre er nicht darüber erkrankt.

Undine naht der Vollendung. — Ueberhaupt wäre aber schon viel mehr gethan, wenn es nicht in den letzten vier Wochen gar zu arg geworden wäre, und nur die exaltirten Augenblicke unter Freunden bei der Flasche die einzigen lebendigen gewesen wären. Wie oft habe ich an Sie und ihre Frau gedacht! Ihre Frau hätte die Angst des 26. und 27. Augusts kaum überstanden; videatur Tagebuch 2c. 2c. *).

9.

Leipzig den 16. Januar 1814.

Theuerster Freund!

Ihren letzten Geschäftsbrief haben Sie gewiß in einer besondern Verstimmung geschrieben, von der Sie wohl zuweilen heimgesucht werden! — Wie haben Sie doch die ganze Angelegenheit wegen der intendirten Flugschrift so ganz anders aufgefaßt, als

---

*) S. Biographie 2. Band, S. 62 u. f., wo das Wesentlichste dieses Tagebuchs mitgetheilt wird.

sie in meinem guten Willen recht aufrichtig und
loyal zu handeln lag! — Wie käme es mir denn
in den Sinn, ihnen Unternehmungen aufzubürden,
die Sie der Gefahr irgend eines Verlustes aussetzen
können; wie mag ich denn es in dem Sinn haben,
daß Sie auf irgend ein Geschreibsel, das von den
Ereignissen des Tages erzeugt wurde, reflektiren
sollen. — Lassen Sie mich es wiederholen, daß nur
der Antrag h i e r zur Stelle die in Rede stehende
Briefe für den Druck zu bearbeiten mich dazu be=
wog, das Manuscript zunächst f ü r S i e auszuar=
beiten, indem ich nach dem mit Ihnen geschlossenen
Contrakt mich durchaus nicht berechtigt glaubte, etwas
bei einem andern Verleger erscheinen zu lassen, wie=
wohl ich, wäre ich irgend 'nur von dem Geist des
Merkantilischen ergriffen, spitzfindig B r o s c h ü r e von
W e r k hätte unterscheiden und mir einen angeneh=
men Meßzuschuß von 50 bis 60 Rthlr. hätte verschaffen
können. Die Flugschrift wäre nämlich, wie Rochlitz
es intendirte, nun schon seit vier Wochen gedruckt und
im Publikum verbreitet. Durch das Hinschreiben
nach Bamberg und die etwas verspätete Antwort
gerieth uns freilich die Sache ins Stocken, und jetzt,
da die Zeit in der That zu lange vorüber, möchte
es wohl nicht mehr der Mühe verlohnen, mit dem
Werkchen ins Feld zu rücken *). Ich abstrahire da=
her gänzlich davon und bitte:

---

*) Das Ganze beruhete auf gegenseitigem Mißverständniß, das
Hoffmann dadurch veranlaßte, daß er mir fragliche Bro=

1) die übersendete „Vision" in irgend eine Zeit=
schrift, etwa in die „Zeitung für die elegante
Welt" (in welcher sich die höchst zerstreuten
Gedanken recht gut ausnehmen) gütigst einrü=
cken zu lassen *). Von Honorar ist natür=
licherweise nicht die Rede;

2) mir den gesandten Brief nächstens zurück zu
senden.

Ich will nämlich jetzt mit größerer Abweichung
von dem eigentlich Politischen, und mehr ins Leben
eingehend, meine Erfahrungen in Dresden in einem
Aufsatz, der vielleicht die Briefform beibehält, für den
dritten Band der Callots niederlegen, und so den
Vorschlag erfüllen, den Sie mir selbst machen **).
— Ueberhaupt, theuerster Freund, würde ich in Sor=
gen seyn, daß meine Autorschaft Ihnen nicht den
Nutzen gewähren könnte, den Sie sich vielleicht da=
von versprachen, wenn ich nicht von mehreren Sei=
ten die schmeichelhafte Zusicherung erhielte, daß die
Callots in die Reihe der berechteten und vielgelese=
nen Bücher treten würden, indem wenigstens hier
in der That die eingerückten Sachen in der elegan=
ten Zeitung einige Sensation erregt haben, wie mir

_____

schüre sandte, ohne dabei zu bemerken, daß sie als ein be=
sonderes Werkchen, keineswegs aber für eines, wie es
unser Contract aussprach, gelten solle.

*) „Die Vision auf dem Schlachtfelde bei Dresden" wurde als
Broschüre gedruckt und ausgegeben, und in dieser Ausgabe
abgedruckt II. Band Seite 219 u. ff.

**) Blieb unausgeführt.

z. B. nur noch eben heute Rochlitz und Adolph
Wagner versichern.

Unerachtet sie mir schreiben, daß die Callots
noch in jener Woche (11. Dezember) abgesendet wer=
den sollten, so habe ich mich doch noch heute ver=
gebens darnach bei dem Buchhändler Steinacker
erkundigt, und gewiß liegt die Zögerung in der
Säumniß meines Vorredners.

In der festen Ueberzeugung, daß Sie es doch
fortwährend gerathen finden werden, noch zwei Bänd=
chen Callots erscheinen zu lassen, habe ich schon folgen=
den Entwurf fürs Ganze gemacht: Drittes Bänd=
chen: 1) „der goldene Topf", ein Märchen aus
der neuern Zeit; 2) „Erinnerungen aus Dreßden
im Herbst 1813 *)"; 3) „Scenen aus dem Leben
zweier Freunde", in 3 bis 4 Abtheilungen **).
Viertes Bändchen: 1) „Des Malers Franz
Bickert Allegorien im gothischen Styl***); 2) „Kreis=
leriana" (Milos Brief ist dabei†); 3) „der Revier=
jäger", eine Geistergeschichte ††). (NB. Denken Sie

---

*) Blieb unausgeführt.

**) Sind die Abenteuer der Sylvesternacht. (Siehe Phantasie=
stücke, dritte Auflage, 2r Band, Seite 237—504.)

***) Verschmolzen in dem Aufsatz: „Der Magnetiseur." (Siehe
ebendaselbst Seite 1—77.)

†) Schreiben Milo's, eines gebildeten Affen, an seine Freundin
Pipi in Nordamerika. (Siehe ebendaselbst Seite 329 bis
346.)

††) Den „Revierjäger" sandte mir Hoffmann zwar ein; auf
mein Schreiben aber, daß ich ihn schwach, und namentlich für
die Phantasiestücke zu schwach fände, nahm er ihn — meine

sich beim Revierjäger nichts Verbrauchtes, etwa einen
Freischützen oder sonst dergl.) — Ohne Rücksicht auf
den splendiden Druck berechne ich jeden Band auf
z e h n Bogen, da Sie wahrscheinlich aus jedem
ein ganzes Alphabet machen werden, welches auch
eigentlich nicht zu stark ist. Und nun, theuerster
Freund, bestimmen Sie selbst:

1) soll ich Ihnen von jetzt an schon Manuscript
schicken, so daß Sie den Druck beginnen kön=
nen, oder soll ich damit anstehen, bis ein gan=
zes Bändchen manuscriptlich vollendet?

2) sollen auch zu diesen Bändchen Vignetten ge=
zeichnet werden? Auf jeden Fall müßte dieses
zuletzt bleiben.

Das ganze Manuscript beider Bände haben Sie
komplett in drei Monaten, früher kann ich meiner
andern Geschäfte, und jetzt auch zuwachsender Arbeit
für die musikalische Zeitung wegen, der ich eben einen
wichtigen Aufsatz geliefert, die Ablieferung nicht ver=
sprechen, und ich glaube, daß es auch nicht früher
nöthig seyn wird. — Rücksichts des Honorars bliebe
es natürlicherweise bei unsern Verabredungen, nach
denen billigerweise die zwei neuen Callots für das
z w e i t e W e r k, das ich liefere, zu achten sind.

Bei dem Tumult und dem Ausräumen in
Dresden während des Bombardements sind mir ein

Meinung selbst fühlend — zurück. Später meldete er mir
triumphirend: „Lesen Sie doch die Nachtstücke, worin sich
der von Ihnen v e r s c h m ä h t e Revierjäger nicht uneben
ausnimmt!"

Paket Briefschaften, wobei Cagiorgi's Rechnung befindlich, verloren gegangen. Ich habe 24 Flaschen rothen elenden Wein à 16 Kreuzer erhalten. — Künftig nichts mehr aus solcher unklaren Quelle, ich werde Sie bitten, aus Ihrem eigenen klaren Fond unmittelbar mir manches zu senden, wenn ich erst nicht so wie jetzt zu zahlen, sondern zu fordern haben werde.

So viel von Geschäften, und nun noch die herzliche Bitte, daß Sie sich meine Individualität recht vor Sinn und Gedanken führen, und selbst unserm Geschäft die Heiterkeit und Gemüthlichkeit erhalten mögen, die sonst unser Zusammenseyn belebte, und selbst im Geldgeschäft das Todte, Starre, Frostige eines merkantilischen Geistes, der uns beiden gewiß ganz fremd ist, und uns nur wie ein feindseliger Wauwau eine Furcht einjagen kann, die wir nachher selbst belächeln, durchaus nicht aufkommen ließ. Möchten Sie sich nur entschließen, selbst einmal eine Reise nach Leipzig zu machen, und so sich selbst lebendig zu überzeugen, daß Trennung und Abwesenheit über ein geistiges Band, das sich vom Innern ausgehend um Inneres schlingt, nichts vermag!

Ich glaube Ihnen eine Gemüthsergötzlichkeit zu bereiten, wenn ich Ihnen anliegend die Reinschrift der ersten vier Vigilien meines Mährchens *) sende,

---

*) Vom „goldnen Topf." Ich las das Manuscript Wetzel vor, der mit mir gleich entzückt darüber war. Dies Mährchen ist wohl unstreitig das Gelungenste aller Hoffmannschen Schriften. Wetzel ward zu folgenden Zeilen über dasselbe veranlaßt:

daß ich selbst für exotisch und in der Idee neu halte;
die Idee, die ich beabsichtigt, spricht sich im Anfange
der vierten Vigilie aus. Sie thäten mir einen Ge=
fallen, wenn Sie mir diese Reinschrift zurücksende=
ten, — wollen Sie aber schnell den Druck beginnen,
so können Sie sich darauf verlassen, daß meinerseits
kein Aufenthalt verursacht werden soll, da ich unaus=
gesetzt jetzt arbeite. Ich bemerke aber, daß ich noch
mit mir uneins bin, ob ich es bei dem Titel belasse,
dann aber auf Ihr und Wetzels Urtheil submittire,
ob den Vigilien nicht mit Effekt kurze Inhaltsan=
zeigen voraussetzen. Ich würde alsdann sie einrich=
ten, wie auf beiliegendem Blättchen.

Wetzeln grüße ich sehr, danke herzlich für die
beigefügten Hieroglyphen *), deren Entzifferung mir
herrliche Nachrichten brachte, die aber auch schon hier
verbreitet.

Schreiben Sie mir bald, theurer Freund, und
bitte ich ausdrücklich um Nachricht, wie Sie und
Wetzel das Märchen angesprochen **). Ihre liebe

> „Wär' ich der Geisterkönig Phosphoros,
> Dich lohnt' ich auf mein Krystallenschloß
> Mit Serpentina's Schwester einer,
> Denn Du verdienst sie, oder keiner.“

*) Auf seine kaum lesbare Handschrift ist hingedeutet.

**) Es geschah, und Hoffmann war über unser beiderseitiges
Urtheil hoch erfreut. Schade, daß ich den Brief als Rück=
antwort von ihm nicht mehr bewahre; er war einer der
merkwürdigsten und humoristischsten, die er an mich ge=
schrieben.

9 *

Frau und all' die Ihrigen grüße ich und meine Frau sehr. Adio mio carissimo. — Der Ihrigste

Hoffmann.

———

So eben habe ich die sechste Vigilie noch einmal gelesen; es bleibt bei dem Titel: „der goldene Topf."

Warum schreiben Sie mir nie etwas von Ihrem Leben, Thun und Treiben, da Sie doch wissen, daß mich das interessirt. Wenn's Ihnen recht ist, komme ich nächstens nach Frensdorf auf die Jagd*), — sorgen Sie gefälligst für ein Gewehr. — Guten Jamaica-Rum bringe ich mit, auch wohlfeilen Zucker à 16 Kreutzer pr. Pfund; — nur für Citronen sorgen Sie, die sind hier theuer! — Herrlichen, herrlichen Knaster à 1 Rthl. 16 Groschen bringe ich zur Stelle, und eine türkische Pfeife! — Sie erlauben doch, daß ich ein gewisses schwarz sammtnes Mützchen auch im Zimmer aufsetze, da mich ein nervöser Kopfschmerz nur zu oft heimsucht. — Seyn Sie aber froh deßhalb, werthester Freund und Verleger! Dergleichen Kopfschmerz gebährt das Erotische! — Wollen wir nicht in Frensdorf Distichen machen, oder rhapsodische Scenen bauen **)?

———

*) Derselbe Ort, wo sich Hoffmann zur Jagd auszubilden begonnen, wo er das in seinem Tagebuche annotirte „Reh" geschossen haben wollte 2c. (Siehe Erinnerungen 1r Band, Seite 41—50.)

**) Die ebendaselbst mitgetheilten Xenien (Seite 50—54) datiren sich zum Theile auch daher. — Andere außer diesen bereits veröffentlichten sind der Mittheilung nicht würdig.

———

10.

Leipzig den 24. März 1814.

Viel Verehrter!

Ihr sehnlichst gewünschter Brief vom 14ten dieses
hat mir in jeder Hinsicht lebhafte Freude verursacht,
vorzüglich aber, weil daraus eine heitere gemüthliche
Stimmung hervorleuchtete, die ich in dem vorigen
vermißte und daher fürchtete, daß Sie mit dem lei-
digen ††† zu kämpfen gehabt. — Ich sehe nun
aber wohl, damit die weitschichtigen Gegenstände,
über die ich zu schreiben genöthigt, nicht toll und
wild durcheinander laufen, oder eins ins andere
läuft, daß ich förmlich mein Sendschreiben in Capitel —
Segmente — theilen muß! — Wie Oel auf italienischem Wein schwimmen die Literaria oben, womit ich aber nicht angedeutet haben will, daß Sie
das Fette von oben abschöpfen sollen, vielmehr ist
Ihnen ja eben darunter der Genuß des Weines
vorbehalten, indem ich weiter unten von vortrefflichen
Sachen zu handeln gesonnen. Also:

A. Literatur.

Ganz bin ich mit Ihnen einverstanden, daß es
nicht gerathen, den Druck in der übermäßig weit-
läuftigen Art fortzusetzen, und es spricht mich an,
daß Callot's in kühnster Manier folgen sollen,
wovon, wie ich denke, das gesendete Märchen einen

guten Anfang macht, da es wirklich, wie Sie mir beipflichten werden, in kühnster Manier gerathen. Daraus folgt nun aber wieder, daß ich zu den folgenden Bänden von den projektirten Aufsätzen keinen brauchen kann, als die Kreisleriana und den Revierjäger; übrigens muß ich auf Neues denken, und zwar in kühnster=originellster Manier, damit der Climax fortsteige — — — — *).

Eben vor einiger Zeit habe ich, wie Kanne, gelobt, 40 Tage und Nächte bei meinem Liebchen zu bleiben, und Onerius, der Traumgott, hat mir einen Roman inspirirt, der in lichten Farben hervorbricht, indem Tom. I. beinahe vollendet. — Das Büchlein heißt: „Die Elixiere des Teufels, aus den nachgelassenen Papieren des Paters Medardus, eines Capuziners." Es ist darin auf nichts geringeres abgesehen, als in dem krausen, wunderbaren Leben eines Mannes, über den schon bei seiner Geburt die himmlischen und dämonischen Mächte walteten, jene geheimnißvollen Verknüpfungen des menschlichen Geistes mit all' den höhern Prinzipien, die in der ganzen Natur verborgen und nur dann und wann hervorblitzen, welchen Blitz wir dann Zufall nennen, recht klar und deutlich zu zeigen. — Um mich musikalisch auszudrücken, fängt der Roman mit einem Grave

*) Es folgen hier weiter rein technische sich auf den Druck beziehende Ansichten und Erörterungen, und sonstige geschäftliche Mittheilungen und Wünsche, womit ich den Leser nicht behelligen will.

sostenuto an, — mein Held wird im Kloster zur
heiligen Linde in Ostpreußen geboren, seine Geburt
sühnt den verbrecherischen Vater, — Joseph und
das Christuskind erscheinen ꝛc., — dann tritt ein
Andante sost. e piano ein, — das Leben im Kloster, wo er eingekleidet wird, — aus dem Kloster
tritt er in die bunt-bunteste Welt, — hier hebt ein
Allegro forte an. — Schon daraus, daß ich so
viel von dem Dinge schwatze, können Sie sehen,
daß es mich stark beschäftigt und mir die Arbeit zu-
sagt. In 5 Wochen sind 20 bis 30 Bogen vollendet, und das Ganze geschlossen, also noch zum Verkauf bis zur Ostermesse. — Ohe jam satis!

Mein Büchelchen (Callot 1. 2.) bekomme ich,
so wie Medizin zugetröpfelt, — alle 4 Stunden einen
Eßlöffel voll! Jetzt habe ich Titel und Vorrede, aber
ohne Vignette und noch nicht den Magnetiseur, den
ich gerade zu lesen wünschte, da er gut seyn soll,
und ich ihn noch nicht kenne. — Jean Paul's
Kleister- und Essig-Aale haben mir tüchtig vorge-
schnalzt, — ich habe mir die Vorrede weniger von
meiner Wenigkeit handelnd — kürzer — genialer
gedacht; da aber der eigentliche Zweck, nämlich die
Worte auf dem Titelblatt: „Mit einer Vorrede von
Jean Paul" erreicht ist, und er selbst in der Vorrede von seiner Manier (nicht Styl) spricht, so
mag ich nichts mehr darüber sagen*). Was aber

---

*) Vergleiche meine „Erinnerungen" 1r Band, Seite 116, wo
sich Hoffmann noch einmal und auf andere Weise über diese
Vorrede ausspricht.

feine Ermahnungen zur Menfchenliebe betrifft, fo habe ich ja diefer Liebe beinahe zu viel gethan, indem mir oft vor lauter Liebe ganz fchwächlich und miferabel zu Muthe worden, daß ich Wein oder Arrak nachtrinken müffen *).

Rückfichts der Callots in kühnfter Manier **) habe ich hinzuzufeßen, daß es fich nun von felbft verfteht, daß in die mufikalifche Zeitung nichts eingerückt wird. Von Mahlmann bin ich aufgefordert, an der eleganten Zeitung zu arbeiten, und durch Rochliß mit Cotta Rückfichts des Morgenblattes in Verbindung gekommen; erfterer zahlt 15 Rthlr., leßterer 20 Rthlr. per Bogen. Aber auch diefe follen nichts von den Callots erhalten, es fey denn höchftens als Probe, aber auch nicht ohne Ihre Mitwiffenfchaft und Einwilligung. Sie fehen übrigens, Theurer, wie ich ein Scribilifax worden, aber wahrlich ohne mein fonderliches Bemühen; — fo was muß fich von felbft finden.

Was meine „Vifion auf dem Schlachtfelde bei Dresden" betrifft, fo muß ich ja doch wohl damit zufrieden feyn, daß fie als Flugfchrift gedruckt wor-

*) Weder Hißigs noch meine Schilderung Hoffmanns, waren nach meiner Meinung in irgend einer Stelle im Stande, feinen eigenthümlichen Charakter fo glücklich und treffend zu bezeichnen, als es in diefer hier gegebenen, von ihm felbft gefchieht! — Aehnliche mündliche Aeufferungen vergegenwärtigen fich in diefem Augenblicke meinem Gedächtniffe!

**) Sie erfchienen bekanntlich nicht, da fpäter beliebt ward, fie dem dritten und vierten Theil alter Auflage, unter ihrem erften Titel einzuverleiben.

den, obwohl ich, hätte ich dieses beabsichtigt, das
Ding noch anders gefaßt, und mit einer farbigen
Vignette versehen, hier und in Dresden auch nicht
unbedeutenden Vortheil davon gezogen hätte. —
Ein Schriftsteller muß mit jedem Worte geizen, ohne
geizig und habsüchtig zu seyn, spricht Rochlitz,
und er hat nicht ganz Unrecht. Die Splendibität
ist in diesem armseligen Leben nicht zu Hause, aber
leider verstehe ich mich nicht aufs Geschäft, so sehr
ich auch davon schwatze und immer einen gewaltigen
Anlauf nehme, viel zu verdienen, woraus nie was
Rechtes wird! — Sie haben keinen Druckort angegeben, — dagegen gesagt: „vom Verfasser der Phantasiestücke ꝛc.", und in der Vorrede dieses Buchs
werde ich genannt nach Charakter, Wohnort ꝛc. *).
Uebrigens ist der Druck die Eleganz selbst, und wäre
ich nicht von jeher über die Thorheit weggewesen,
mich zu ergötzen, wenn ich mich gedruckt sehe, ich
hätte mich kindisch freuen können; — gelächelt habe
ich aber doch, das weiß ich, hätte es mir die Frau
auch nicht gesagt. — Nun ist es aber genug von
literarischem Handel und Wandel! Sie können mir
es glauben, es wird mir sauer, über Honorare oder
sonstiges zu schreiben, aber ich bin es mir und meinen Verhältnissen als rechtlicher Mann schuldig, genau zu seyn. Zu Erklärung des Gesagten beziehe
ich mich auf:

---

*) Dem Verleger lag nicht daran, den Verfasser, wohl aber
den Druckort zu ignoriren, damaliger Censurverhältnisse
wegen.

B. Aus meinem Leben.

(Aber blos Wahrheit ohne Dichtung.)

Meine Krankheit hat mir hart zugesetzt. Das Rheuma ist in wirkliche Gichtschmerzen ausgeartet, an denen ich periodisch und vorzüglich bei der geringsten Wetterveränderung leide, — also ein lebendiger Thermometer. Der Arzt untersagte mir gänzlich das Theater, so wie die Reise nach Dresden; Seconda, der sonst unbillig, grob, insolent gegen die Schauspieler ist, macht bei mir eine glänzende Ausnahme! Er hat mir bis jetzt noch nicht einen Pfennig abgezogen, bezahlt vielmehr die volle Gage die ganze Zeit seines Hierseyns, unerachtet ich nur die Proben im Hause abzuhalten im Stande bin, und vielleicht nur künftige Woche, wenn die Witterung sich hält, dirigiren werde. Er läßt mich hier, und künftigen Herbst, wenn er wieder herkommt, trete ich, hoffentlich ganz hergestellt, wieder ins Amt.

Den Sommer über bleibe ich also hier, pflege privatisirend, schreibend, komponirend u. s. w. meine Gesundheit, und muß ernstlich darauf denken, nächst dem wenigen Gelde, das ich aus Königsberg erhalte, mir einen Zuschuß zu verschaffen. — Der Roman: „die Elixiere des Teufels," muß für mich ein Lebenselixier werden! — Podagristen haben gewöhnlich einen besondern Humor, — brillante Laune, — dies tröstet mich, ich empfinde die Wahrheit, denn oft mit den heftigsten Stichen schreibe ich con amore;

— wird es aber gar zu toll, so nehme ich Bleistift und Pinsel und zeichne — Carrikaturen der Zeit!

Es sind von mir erschienen bei Baumgärtner:

„Abbildung, wie Dame Gallia von dem Teufel, der sie besessen, endlich durch verbündete Macht glücklich befreit wird."

„Abbildung, wie die Dame Gallia ihren Aerzten den Schaden ersetzt, den sie ihnen während des Paroxismus verursacht, und noch besondere Geschenke verspricht."

Bei Joachim erscheint nächstens:

„The exequies of the universal monarch. Feierliche Leichenbestattung der Universalmonarchie."

Letzteres Blatt, auf dem der König von Westphalen im Leichengefolge an Vinaigre a quatre voleurs riecht, da ihm schlimm worden u. s. w., ist ergötzlich. Lassen Sie sich doch jene Blätter schicken; oder soll ich's besorgen? Einen kleinen Schnörkel, den ich der Miserabilität der Idee wegen mit vieler Ironie gemacht, und den Baumgärtner stechen lassen, lege ich bei. — Ich erhielt für das Ding ein artiges Honorar, und es geht reißend. — Meine Carrikaturen sollen nach England! — Practica est multiplex.

Jetzt komme ich zu der wichtigen Nachricht von mir, die ich Ihnen mittheilen wollte, und schäme mich sehr, daß sich gar nichts jetzt darüber sagen läßt, wovon ich damals, als ich schrieb, so sehr erfüllt war! — Nur so viel: Auf eine ganz unerwartete Weise ist mir eine äußerst ehrenvolle glän-

zende Laufbahn in der Kunst in meinem Vaterlande
eröffnet worden! Meine Freunde, die sich jetzt an der
Spitze des Staats befinden, denken an mich, und ein
ewiger Vorwurf ist es mir, daß ich in meiner unbe=
greiflichen Indolenz nicht früher an sie dachte. —
Sie kennen meine Verbindungen! — Alles hängt
aber noch von dem Eintritt gewisser Umstände in
Berlin ab. — Nach dem Frieden ein Mehreres! —
Wer weiß, auf welchem Stuhl ich künftigen Som=
mer sitze!

Mit der Undine führe ich ein herrliches Leben.
Sie besucht mich alle Morgen, und bringt (Gott
weiß, wo sie sie hernimmt) die herrlichsten Blumen,
auch allerlei bunte, glänzende Steine mit, da setzen
wir uns hin und spielen wie die Kinder, bis die
Sonne gar zu hoch heraufkommt, — da eilt sie fort
und kaum ist sie dahin, so sind alle Blumen welk
und die Steine glanzlos! — „Gott der Herr im
Himmel, welcher Unsinn!" sagt der Magister Fries=
ner, und klopft die Pfeife am Stiefelabsatz aus:
aber nicht jedem ist es gegeben, sich mit Anstand
das Maul zu wischen, wenn er Kirchberger Bier
getrunken. Dieses Bier ist königlich=schweißfarbig
oder Isabell (Sie können es in Baumgarten's all=
gemeiner Welthistorie nachlesen) und Prima=Sorte,
wie der Magister behauptet und viele doctores juris
utriusque nebst einigen dünnwandigen Philosophen
mit ihm. Achten Sie dies alles, Geschätzter! für
einen Hopspas in einem lustigen Walzer, den ich
tanzend in meinem Leben wohl nicht mehr ausführen

werde, welches Sie ihrer lieben Frau mit dem Be=
deuten mittheilen können, wie ich mich für den näch=
sten Ball tausendmal entschuldigen ließe, und nur
in Gedanken etwas weniges mit ihr walzte!

Unter andern ist mir auch die Musikdirektorstelle
in Königsberg angetragen worden, wofür ich, sollte
ich an Leipzig noch weniger gefesselt seyn, pour ja=
mais gedankt habe. Sie wollten mir 258,430 Thaler
Gehalt geben, — das ist aber Lumpengeld für einen,
der das ganze Eldorado besitzt! Gestern Abend, als
ich die wohl eingeschwefelten wollenen Strümpfe an=
zog, kam ich mir vor, wie Scarron, und ein nichts=
würdiger Pfropf mit verbrannter Nase würde hin=
länglich gewesen seyn, der meinigen durch einen
Kraftstrich viel Scarronität anzuähneln; — 345
meiner besten Noten hätte ich darum gegeben, wenn
mir sein roman comique zur Hand gewesen wäre,
statt dessen nahm ich aber Plebsidemus, Hochzeiten
und Kindtaufe zur Hand, und es war eben so gut.
— Nachher vertiefte ich mich in die Wissenschaften,
das heißt in die geheimen und zwar — ich legte
Karten! — da klopfte es aber, und der Conrektor
Paulmann aus Dresden trat herein mit vielen
Empfehlungen vom Hofrath Heerbrand *)! — Dieser
gute hat viel gelitten, er machte sieben Sonnette und
eine Glosse, die Aerzte sagten aber nachher, das sey
bloß ein zurückgetretener Schnupfen, nebst etwas
metrischem Fieber, — da ich aber nicht wie Stall=

---

*) Beide im goldenen Topf.

meister *) meinen Setzer zur Hand habe, der dem
tollen Gaul nachsetzt, der durch Sichtstiche, wie durch
Spornstiche scheu worden, so ziehe ich lieber in
Zeiten den Zügel an, — und somit Hutt — hott —
trott hott — hinein in:

C. Theatralia.

Das kecke aber schöne Unternehmen, Egin=
hard und Emma von Fouqué wirklich in glän=
zenden bunten Farben und leuchtenden Worten auf
dem Theater zu agiren **), gefällt mir ausnehmend

---

*) In Tieck's Zerbino.

**) Der gräflich von Rottenhan'schen Familie zu Merzbach
gebührt die Ehre der Wahl dieses trefflichen Stücks, das
nach der Lage der Dinge nie festen Platz auf unsern fast
überall verunreinigten Brettern greifen konnte. Es war
daher doppelt verdienstlich, daß eine Gesellschaft von Kunst=
freunden es unternahm, rücksichtslos auf die verwöhnten
Gaumen im Publikum dies nach Inhalt und Form damals
zeitgemäße Werk des geschätzten Dichters in die Scene zu
setzen. Dasselbe ward im April 1814 zum Besten der Be=
waffnung und Ausrüstung vaterländischer Krieger auf hie=
siger öffentlicher Bühne, durchaus nur von Dilettanten besetzt,
ganz nach den Andeutungen Hoffmanns, im strengsten Ko=
stüm, ohne wesentliche Verkürzung des Textes, bei über=
vollem Hause und mit allgemeinstem Beifalle zweimal
gegeben.

Die kleine, aber ausgewählte, und auf rechte Weise kunst=
gesinnte Privatgesellschaft lieferte hier den Beweis, daß ächte
Kunstverehrung, reines und lauteres Kunststreben alles
durchzusetzen im Stande sind und die faden Einwendungen
so vieler unserer deutschen Liebhabertheater=Equilibristen,
die da meinen, an etwas Großes und Hohes dürfe sich eine
Dilettantenbühne nicht wagen, nur Hirngespinnste seyen.

und ich wünschte in der That in Bamberg zu seyn, um als Dekorateur, Maschinist u. s. w. mich aufzubringen. — Unter den Rollen vermisse ich, wo nicht die allerwichtigste, doch gewiß diejenige, die dem Ganzen Ton und Takt gibt, ja ohne die der ganze romantische Schimmer, der über dem herrlichen Gedicht verbreitet, sich vernebelt, — ich meine den alten Köhler Busching. — Er ist doch wohl nicht weggestrichen? — Doch daran darf ich wohl nicht denken, da wenigstens Sie es nicht zugeben werden, daß man in des Dichters Eingeweiden wüthet. So wie eine herrliche Blume in den dunkeln grünen Blättern, ruht das ganze Stück im Liede der Nibelungen. Es ist der warme

---

Schon durch dies Beispiel wurde jenes Vorurtheil auf das Eklatanteste widerlegt, nicht zu gedenken, daß diesem ersten Versuche spätere folgten, und die Darstellungen des Tell und Wallenstein zu ähnlichem Zwecke von Kunstdilettanten gegeben, jenes dumme Kunstgeschwätz vollkommen in den Staub traten. Freilich müssen, wie hier es der Fall war, geistige Kräfte schaffend und wirkend eintreten, die bloße Stellung in der bürgerlichen Gesellschaft thut's wahrlich nicht! — Im Gefühl ihrer eigenen Imbecillität reden solche Kunstgründlinge, weil sie selbst nichts Hohes im Herzen tragen, nur von dem Anbau Märkischer und Bayersdörfer Rüben, die des Sandbodens durchaus nicht entbehren können, und aus solchem Boden holen sie nun auch ihre literarischen Waaren, bewirthen und maltraitiren uns damit, und glauben genug gethan zu haben, wenn sie diesen Produkten ihren eigenen dramatischen Bettlermantel umhängen, was jeder mittelmäßige Komödiant viel besser versteht!

Hintergrund, auf dem die Farben erglänzen, ohne ihn sind sie bleich und glanzlos!

Hätten Sie mir früher davon geschrieben, so würde ich ihnen Manches in Dekoration, Kleidung 2c. aus ächten Quellen haben mittheilen können, wie z. B. Carl's Burg u. s. w.

Ueber die Kleidung Carl's habe ich den Eginhard nachgelesen, aus dem Ciampini aber beifolgende leicht, aber mit der gewissenhaftesten Treue hingeworfene Zeichnung kopirt, und nach der im Text enthaltenen genauen Beschreibung kolorirt. In Haustracht erscheint Carl, ohne den Sammtmantel und ohne die Krone. Das anscheinende Mützchen ist nämlich die Krone von Silber mit einer goldenen Lilie und goldenen Wulst. Das Unterkleid würde aus Merino oder anderm wollenen Zeuge zu machen seyn. Nach Eginhard gieng Carl bei feierlichen Gelegenheiten manchmal sehr reich und prachtvoll gekleidet. Er beschreibt den Anzug:

„In solennitatibus veste auro texta et calicamentis gemmatis et sibula aurea sagum adstringente; diademate quoque ex auro et gemmis ornatus incedebat."

Hiernach könnten Sie sich noch mehr schmücken, nach meinem unmaßgeblichen Rathe bleiben Sie aber bei der Zeichnung, der Sie die wahre Antiquität, fern von allem falschen, unleiblichen Theaterpompe wohl bald ansehen werden. Fouqué selbst wollte, daß Carl ganz getreu nach diesem Bilde, auf das er sich bezog, gehen solle; überhaupt wünschte er die genaueste Beobachtung des alterthümlichen Wahren in jeder Hinsicht. Es ist nämlich auch nach meiner Ansicht eine ganz falsche Tendenz, wenn man die genaueste Befolgung des wahren Costüms deshalb verwirft, weil sie nur sich dem Alterthumskenner erschließe. Ist es denn aber nicht eben die aus der Wahrheit entspringende tiefste Charakteristik, welche das Innere mit dem Aeußern verbindet, und eben daher in geheimnißvollen Anregungen auf das Gemüth jedes Zuschauers wirkt?

Das Tragen des Eginhard's macht eine unangenehme Schwierigkeit, da der lose vornehme Pöbel leicht über so was das Maul verzieht. — Die Prinzessin mag den Liebling Huckepack getragen haben, auf dem Theater geht es nicht wohl. Am besten ist es, sie umschlingt ihn mit einem Arme und hebt ihn vorwärts, so daß sich die Gruppe ungefähr macht, wie die bekannte Antike: Amor und Psyche. Da der Donna aber nicht die Kraft zuzumuthen ist, dies zu vollbringen, so muß durch eine mechanische Vorrichtung, wie die von Eusebio's Fall in der Andacht zum Kreuze, geholfen werden, und zwar so *)! — — So wird das Ding schön und graziös. Hopf und Knopf **) verstehen das alles herrlich und ersterer wird sagen: „Ganz vernünftig!" — Ums Himmels willen muß das Gewicht aber nicht zu schwer seyn, sonst könnte es kommen, daß zum nicht

---

*) Hier folgt die deutliche Erklärung der technischen Ausführung, durch die wir ebenfalls den Leser nicht ermüden wollen.

**) Damalige Theaterzimmerleute, kuriosen Angedenkens.

geringen Staunen und Schrecken der Zuschauer
Eginhard und Emma durch die Lüfte davon füh=
ren sähe, und das gesammte Auditorium vergeblich
darnach trachtete, die liebende Braut durch den
Schnee waten zu sehen. — Dieser wird am besten
durch aufgespannte leinene Tücher gemacht, — hier
thut die Beleuchtung alles!

Ferner muß, nach Fouqué's Willen, die Kaiser=
burg so gestellt werden, daß der Balkon oder das
große gothische Fenster, in welchem Carl erscheint,
ziemlich in die Mitte des Theaters kommt. Dies
kann geschehen, wenn die Burg schräg hineinlaufend
angenommen wird; z. B. *)

Die Kapelle, oder vielmehr das Heiligenstand=
bild mit dem Grabmal kommt rechts; schreitet nun
Emma mit Eginhard weiter, so macht das Ta=
bleau mit dem oben erscheinenden Carl eine Pyra=
midalgruppe.

Nehmen Sie alles dieses, großer Kaiser! für
gut gemeinte Andeutungen. Wäre Zeit da gewesen,
so hätte ich eine kleine Zeichnung der Burg aus
dem Chiampini beigelegt, und mit geringen Kosten
hätte der Maler in Bamberg was machen können,

---

*) Hier liefert der gefällige und überall zu Hause sich befin=
denbe Freund eine Federzeichnung, die ebenfalls wegbleibt.
Es genüge die Versicherung, das alles so, wie es der ge=
schickte Maler und Maschinist angab, benutzt, und bei der
Darstellung ausgeführt ward, zum großen Ergötzen der
zahlreichen Versammlung. Auch die geschickte Maschinerie
beim Hinübertragen über den Schnee gelang auf das Voll=
kommenste.

doch hätte er andere Farben nehmen müssen, als
weiß, blau und rosa, worüber sich die Bamberger
so freuen!

Der Gräfin Auguste traue ich es ganz zu,
daß sie die Emma sehr gut darstellen wird, vorzüg=
lich wird sich ihr Costüm auszeichnen, da sich in der
hochgeachteten Familie reiner Geschmack mit wahrer
Kenntniß verbindet. Bringen Sie mich in gutes
Andenken! — Daß Hr. B. v. H. den Arsaphius
spielt, und als solcher auf dem Theater einen Riß
zeichnet, hat für mich was Ergötzlich=komisches; nur
soll er sich für jeden Riß in seiner Rolle hüten. —
Sie, mächtigster Kaiser, verehre ich im Staube, und
sehe Ihre stattliche Figur mit dem Purpur mit Golde
gestickt, Kron' auf dem Haupte, Stirne gerunzelt,
mit Jovisaugenbraunen, Scepter in der Hand, ein=
herschreiten! Blicke herab, großer Kaiser! auf einen
armen Erb=, Stadt=, Haus=, Stubenkammerbürger
und Podagristen, und gibst du dich in müßigen
Stunden noch mit dem Bücherversenden ab, so
schicke, — schicke, — o schicke ihm bald Schuberts
Symbolik des Traumes! — er dürstet darnach! 2c.

3. Funcks Antwort auf diesen Brief.

Bamberg, am Christi-Himmelfahrtstage, 1838.

Hocherhobener Freund!

Entschuldigen Sie gütigst, daß Sie diesmal et=
was verspätete Antwort auf Ihre geehrte Zuschrift
vom 24. März 1814 erhalten. Dringende Geschäfte
während dieses Zeitraums, besonders aber ein mich
befallenes geistiges Wachsfieber, was mich
fortwährend bei unerquicklichen Träumen und Deli=
rien durchschüttelte, waren Schuld daran. Jetzt ist,
Gott sey gedankt, alles vorüber, und ich befinde
mich in einem so leiblichen Zustande wieder, daß ich
ganz vernünftig mit vernünftigen und unvernünfti=
gen Leuten zu konversiren vermag.

Hoffentlich werden Sie nun wohl auch von
Ihrer etwas beschwerlichen Reise an den Ort Ihrer
Bestimmung angelangt seyn, und auf einem Stuhle
zur Zeit sitzen, von dem Sie in ihrem geschätzten
Briefe zwar Ahnung hatten, der aber, eingezogenen
Nachrichten zufolge, sich nicht mehr auf dem Kam=
mergerichte zu Berlin befinden, sondern etwas wei=
ter transportirt seyn soll. Geben Sie mir doch recht
bald darüber wo möglich beruhigende Nachricht.

Erlauben Sie mir, höchster Freund, der vielen
Notamina in Ihrem geehrten Schreiben nicht geden=
ken zu dürfen, deren Beantwortung bis zu einer

mündlichen Besprechung zu verschieben, und Ihnen nur das Resultat über die Darstellung von Eginhard und Emma vorzuführen, zu deren vollkommenem Gelingen Ihre freundlichen Andeutungen so vielen Antheil hatten.

Das Stück wurde ganz nach diesen Andeutungen gegeben, und Gräfin Auguste, gegenwärtig Oberhofmeisterin einer liebenswürdigen, geistreichen Prinzessin, spielte die Emma mit großer Wärme, Zartheit und Sicherheit. Sie dankt Ihnen, ohne mir Auftrag dazu gegeben zu haben, für Ihre treffliche Maschinerie, nach welcher sie, nebst ihrem Bruder, der den Eginhard ebenfalls recht verdienstvoll gab, dem Schicksal entgieng, vor der Zeit dahin erhoben zu werden, wohin es ihr dazumal durchaus noch nicht gelüstete.

Die ganze gräfliche Familie gedenkt demnach Ihrer noch in aller Achtung und Dankbarkeit, die Sie durch Ihr geschicktes Flugwerk vor frühzeitigem Verluste bewahrt haben. Mir aber, als damals sehr bekümmertem kaiserlichen Vater, haben Sie durch Ihre frühzeitigen Winke in jenem geschätzten Schreiben die Freude bereitet, Ihnen heute dafür auf das Herzlichste danken zu können.

Nicht Recht hatten Sie aber, Allerhöchster! in den Ihnen unbekannt gewesenen Darsteller des armen, biedern Köhlers Busching einiges Mißtrauen zu setzen. Er ward durch den damaligen Mentor des jungen Grafen, der den Eginhard spielte, würdig repräsentirt, und hat die Identität

seiner Rolle mit dem Leben vollkommen dadurch
erwiesen, daß er sich in Folge der tüchtigen Aus=
führung derselben, auch in dem ihm anvertrauten
Amte, zu einer bedeutenden staatsbürgerlichen Stel=
lung emporschwang.

Arsaphius ruht, wenn auch nicht auf seinen
Lorbeeren, doch auf seiner Pension aus, und zeichnet
zu seinem Privatvergnügen fortwährend Risse.

Degenwerth, sächsischer Ritter, kommandirt
gegenwärtig wirklich einige Rittergüter, obschon aus=
serhalb Sachsen. Seine Loyalität und Humanität
machen ihn bis zur Stunde des Degens werth.

Der Erzbischof hat es bis jetzt zu einem
solchen zwar noch nicht gebracht; lebt aber einstwei=
len als Pfarrer recht glücklich und in redlichem
Wirken.

Wenn nun demnach alle bedeutenderen Perso=
nen des Stücks ihre Rollen bis zum Jahr 1838
glücklich fortgespielt haben, und jeder sich einer be=
friedigenden äußern Stellung zu erfreuen hat; so
bin leider ich derjenige, der bis zu heutigem Him=
melsfahrtstage immer noch von diesem Glück aus=
geschlossen geblieben ist. Außer dem Namen Karl,
den mir aber in der Taufe schon das gütige Ge=
schick zugetheilt hatte, habe ich von meiner Hoheit
und Größe, die ich nach dem Urtheile Sachverstän=
diger auf erkleckliche Weise auf den Brettern
geltend gemacht haben soll, für das Leben nichts ge=
rettet, ja, nach dem ausgestandenen verwünschten
Wachsfieber, was mich zu spät zu leiblicher Ver=

nunft brachte, fühle ich mich auf eine mechante Art
abgespannt! — So vegetire ich nun, einer retardir=
ten Uhr gleich, die (obwohl von innen noch ziem=
lich eingeölt) sich nach und nach zum langsamen
Ablaufe neigt, wenn nicht der große Uhrmacher dort
oben (der Ihre Stunden — gegen Ihren Wunsch
und Willen, wie es heißt — rasch eingreifend kürzte)
es mit mir eben so oder anders vor hat und mei=
nem Lebenszifferblatte bald ein mächtiges „Avance!"
zuruft, sey es nun als Schlagwort für dieses
oder für jenes Leben, aus welchem letztern Sie
hoffentlich die Arme ausbreiten, mit ihrem Wahl=
spruche „Es ist alles Eins!" zu empfangen

Ihren im Tode wie im Leben treu=
verbündeten Freund

J. Funk.

Erinnerungen an E. T. Hoffmann,

aufgezeichnet

durch

L. M. Fouque.

———

Man geht oftmal eine bedeutende Wegestrecke unserer irdischen Wallfahrt nebeneinander her, ohne einander so bekannt zu werden, als es innere harmonische Anklänge wechselseitig zu begehren, zu verheißen, zu erfordern, ja, zu gebieten scheinen.

So gieng es mit E. T. Hoffmann und mir.

Zwar im Raume waren wir einander bis in die Dreissiger unserer Lebensjahre fern, Hoffmann um einige Jahre jünger, als ich, aber doch gab es gemeinschaftliche Freunde, durch die wir vermittelnd einander hätten geistig näher gebracht werden können. Es geschah nicht; keinesweges durch irgend eine Absichtlichkeit, sondern weil sich's eben nicht anders fügen wollte, wie es denn oftmal geht in dieser Welt.

Manches wohl, namentlich durch Hitzig, hatte ich von Hoffmann aus jenem genialen Warschauer Kreise herüber vernommen, den humoristischen Witz und die vielfache Begabung des damals noch jugendlichen Mannes in ein pikantes Licht stellend. Allein es blieb damit mehr auf der abwehrenden Seite gegen alles Unpoetische, Anmaßende, Philisterhafte und dergl., als daß ich die positive Produktivität des bizarren Wunderlings hinlänglich für Poesie oder

10 *

Musik oder Zeichnung und Färbung hätte zu ahnen vermocht.

Vorzüglich anziehend war mir unter jenen Anekdoten eine Neckerei gegen Zacharias Werner, dessen Dichtergabe ich allerdings zu würdigen wußte, zugleich aber mich oft abgestoßen fühlte durch die leider seither so mannigfach Raum gewinnende Verstandesabsichtlichkeit, das Einhauchen der Muse hemmend, und in fast allen Kompositionen jenes Schriftstellers merkbar.

Finde hier das kurze Geschichtchen Raum, sollte es auch sonst schon vorgetragen seyn. Es gehört an diese Stelle just, weil einen Hauptanziehungsmoment Hoffmanns für mich bezeichnend, noch ehe ich ihn persönlich, oder auch nur durch eine geschriebene oder gedruckte Zeile kannte.

Werner hatte den damals meist jugendlichen Dichterkreis in Warschau versammelt zur Vorlesung seiner allerdings reich ausgestatteten dramatischen Dichtung: „Das Kreuz an der Ostsee.“

Aber im voraus hatte er nach seiner Weise durch eine endlos mündliche Einleitung voller Deutungen und Andeutungen und Bedeutungen dessen, was da kommen solle, die Hörer ermüdet, mehr denn alle wohl den sprühenden Elfen Hoffmann.

Als es nun endlich zur Vorlesung selbst kam, und am Ostseestrande die preußischen Heidenpriester, Waidelotten genannt, als Geleit der Bernstein suchenden Greise, Weiber, Jungfrauen und Kinder, feierlichst ihren Götzen im Chorsang anriefen:

„Bangputtis! Bangputtis! Bangputtis!" —
wobei der Vorleser eine unendliche Pause machte,
da unterbrach ihn der zuhörende Hoffmann mit den
sehr höflich vorgebrachten Worten: „Verzeihen Sie,
lieber Werner, wenn das ganze Stück in der
Sprache geschrieben ist, verstehe ich kein Wort davon."

Für Hitzig seitdem und viele, später auch für
mich, galt das Wort „Bangputtis" nun als eine
Generalbezeichnung mancherlei seltsamer, ob sonst an
sich auch verschiedenartiger Literaturerscheinungen im
Ganzen.

„Es ist Bangputtis!" pflegte man in ruhiger
Ergebung vor dergleichen zu sprechen.

Hoffmanns näher geistige Erscheinung verkündete sich mir denn freilich keineswegs als ein Bangputtis, sondern als ein wunderbares in allen Re-
genbogenfarben funkelndes, ja zugleich klingendes
Gestirn.

Nachdem er mir früher durch einen Aufsatz für
die von dem nun verklärten Wilhelm Neumann
und mir herausgegebene Zeitschrift: „die Musen" über
eine durch ihn zu Würzburg geleitete Aufführung
von Calderon=Schlegels Andacht zum Kreuz als
Schriftsteller vortheilhaft bekannt geworden war,
brachte mich nun Hitzig mit ihm als Komponisten
in Berührung; im Jahr 1814, meyne ich. Jeden=
falls war es nach meiner zurückgelegten Krieger=
laufbahn. Hoffmann hatte, noch von Würzburg
aus, sich in einem genialen Briefchen über seine

Freude an meiner Undine ausgesprochen und Lust bezeugt, sie als Oper zu gestalten.

Gern sprach ich ein heiteres: „Ja," ihm die völlige Bearbeitung anheimstellend. Doch er wollte meine Mitwirkung. So überließ ich ihm den Entwurf des Scenariums, indem überhaupt der Operndichter billig und nothwendig dem Komponisten ausnehmend viel überlassen muß, und Hoffmann ohnehin mit dem eigenthümlichen Bühnenwesen, wie es hinter den Coulissen und vom Orchester herauf geleitet wird, viel bekannter war, als ich. —

Wir fanden uns leicht und rasch Einer in die Ansichten des Andern. Höchstens fügte meinerseits ich noch eine Arie oder ein Duo hin und wieder ein, was ihm dann auch schon recht war. Im Ganzen ward Hoffmanns Angabe vollständig ausgeführt.

Wie wir uns zum erstenmal Auge in Auge sahen, seitdem Hoffmann sich in Berlin angesiedelt hatte, mögen die zwei schon sonst abgedruckten Briefe des Kapellmeister Kreisler und des Baron Wallborn näher andeuten. Sie beruhen in ihren tragikomischen Phantastereien eigentlich ganz auf dem Boden der Wirklichkeit, und der Leser wird ihnen das auch wohl anfühlen können. — Deßhalb werde ihnen hier eine Stelle zu Theil.

Baron Wallborn
an den
Kapellmeister Kreisler.

Vorwort.

Es gibt ohne Zweifel unter meinen Lesern welche, die bereits ein neu erschienenes Buch kennen, betitelt: Phantasiestücke in Callots Manier. Jean Paul hat es durch eine geniale Vorrede geehrt, aber auch schon durch sich selbst ehrt es sich auf eine höchst bedeutende Weise. Ich wußte anfänglich nicht, warum die darin vorkommenden Fragmente aus dem Leben und Thun des Kapellmeisters Johannes Kreisler mich mehr und eigenthümlicher ergriffen, als es sonst ästhetischen Werken mit fremden Lesern gelingt; da fiel es mir endlich ein, daß ich nicht absolut zu den fremden Lesern dieser Bruchstücke gehöre, sondern vielmehr als eine Art von altem Bekannten hereingetreten sey. Der Baron Wallborn nämlich, — in einer Novelle, Jrion geheißen, beschrieb ich früher seine Geschichte, — ein junger Dichter, welcher in verfehlter Liebe den Wahnsinn fand, und endlich auch den lindernden Tod, muß jenen Johannes Kreisler gekannt haben, wie nachfolgender, unter seinen hinterlassenen Papieren gefundener Brief ausdrücklich beweist. Die Bekanntmachung desselben habe ich nur vor mir allein zu verantworten, und vielleicht gelingt es mir dadurch, den obengenannten Phantasiestücken ein und das andere Herz zuzuweisen, welches mit Wallborns und Kreislers Herzen denselben Takt schlägt. Man vergesse nicht, daß der Brief aus der Feder eines Dichters — d. h. bei vielen Leuten ohnehin: eines Wahnsinnigen — geflossen ist.

Fouqué.

Der Brief.

Ew. Wohlgeboren befinden sich, wie ich vernehme, seit geraumer Zeit mit mir in einem und demselben Falle. Man hat nämlich dieselben schon lange im Verdachte der Tollheit gehabt, einer Kunstliebe wegen, die etwas allzumerklich über den Leisten hinausgeht, welchen die sogenannte verständige Welt über dergleichen Messungen aufbewahrt. Es fehlte nur noch eins, um uns beide gänzlich zu Gefährten zu machen. Ew. Wohlgeboren waren schon früher der ganzen Geschichte überdrüssig geworden, und hatten sich entschlossen, davon zu laufen; ich hingegen blieb und blieb, und ließ mich quälen und verhöhnen, ja, was schlimmer ist, mit Rathschlägen bombardiren, und fand während dieser ganzen Zeit im Grunde meine beste Erquickung in ihren zurückgelassenen Papieren, deren Anschauung mir durch Fräulein von B., o Sternbild in der Nacht! — bisweilen vergönnt ward. Dabei fiel mir ein, ich müsse dieselben schon früher einmal irgendwo gesehen haben. Sind Ew. Wohlgeboren nicht ein kleiner wunderlicher Mann, mit einer Physiognomie, welche man in einiger Hinsicht dem vom Alcibiades belobten Socrates vergleichen kann; nämlich, weil der Gott im Gehäuse sich versteckt hinter eine wunderliche Maske, aber dennoch hervorsprüht mit gewaltigem Blitzen, keck, anmuthig und furchtbar? Pflegen Ew. Wohlgeboren nicht einen Rock zu tragen, dessen Farbe man die allerseltsamste nennen könnte, wäre der Kragen darauf nicht von einer noch seltsamern? Und ist man nicht über die Form dieses Kleides zweifelhaft, ob es ein Leibrock ist, der zum Ueberrock werden will, oder ein Ueberrock, der sich zum Leibrock umgestaltet hat? Ein solcher Mann wenigstens stand einstmals neben mir im Theater, als jemand ein italienischer Buffo seyn wollte und nicht konnte, aber vor meines Nachbarn Witz und Lebensfeuer ward mir das Jammerspiel dennoch zum Lustspiel. Er nannte sich auf Befragen Doctor Schultz aus Rathenow, aber ich glaubte gleich nicht daran, eines seltsamen skurrilen Lächelns halber, das dabei um Ew. Wohlgeboren Mund zog; denn Sie waren es ohne Zweifel.

Zuvörderst lassen Sie mich Ihnen anzeigen, daß ich Ihnen seit kurzem nachgelaufen bin, und zwar an denselben Ort, d. h. in die weite Welt, wo wir uns denn auch zweifelsohne schon antreffen werden. Denn, obgleich der Raum breit scheinen möchte, so wird er doch für unseres Gleichen durch die vernünftigen Leute recht furchtbarlich enge gemacht, so daß wir durchaus irgendwo an einander rennen

müſſen, wäre es auch nur, wenn ſich jeder von uns
vor einem verſtändigen Manne auf ängſtlicher Flucht
befindet, oder gar vor den oberwähnten Rathſchlä-
gen, welche man, beiläufig geſagt, wohl beſſer und
kürzer geradezu und ohne Umſchreibung Radſchläge
nennen könnte.

Für jetzt geht mein Beſtreben dahin, Ew. Wohlgeboren einen kleinen Beitrag zu den von Ihnen
aufgezeichneten muſikaliſchen Leiden zu liefern.

Iſt es denſelben noch nie begegnet, daß Sie,
um irgend etwas muſikaliſches vorzutragen oder vortragen zu hören, ſechs bis ſieben Zimmer weit von
der ſprechenden Geſellſchaft fortgiengen, daß aber dieſe
demungeachtet hinterdrein gerannt kam, und zuhörte,
d. h. nach möglichſten Kräften ſchwatzte? Was mich
betrifft, ich glaube, den Leuten iſt zu dieſem Zwecke
kein Weg ein Umweg, kein Gang zu weit, keine
Treppe, ja kein Gebirge zu ſteil und zu hoch.

Sodann: haben Ew. Wohlgeboren nicht vielleicht ſchon bemerkt, daß es keine tüchtigere Beräch-
ter der Muſik gibt, ja ſogar feindſeligere Antipoden
derſelben, als alle ächte Bediente? Reicht wohl irgend ein gegebener Befehl hin, ſie die Thüren nicht
ſchmeißen zu laſſen, oder gar leiſe zu gehen, oder
auch nur eben nichts hinzuwerfen, wo ſie gerade im
Zimmer ſind, und ſich irgend ein beſeligender Klang
aus Inſtrument oder Stimme erhebt? Aber ſie thun
mehr. Sie ſind durch einen ganz beſondern Höllen-
genius angewieſen, gerade dann hereinzukommen,
wenn die Seele in den Wogen der Töne ſchwillt,

um etwas zu holen, oder zu bringen oder zu flü=
stern, oder wenn sie täppisch sind, mit roher, frecher
Gemeinheit ordentlich lustig drein zu fragen. Und
zwar nicht etwa während eines Zwischenspieles, oder
in irgend einem minder wichtigen Augenblicke; nein,
auf dem Gipfel aller Herrlichkeit, wo man seinem
Odem gebieten möchte, stille zu stehen, um nichts
von den goldenen Klängen wegzuhauchen, wo das
Paradies aufgeht, leise, ganz leise vor den tönenden
Akkorden, — da, just da! — O Herr des Himmels
und der Erden!

Doch ist nicht zu verschweigen, daß es vortreff=
liche Kinder gibt, die vom reinsten Bedientengeist
beseelt, dieselbe Rolle in Ermangelung jener Sub=
jekte mit gleicher Vortrefflichkeit und gleichem Glück
auszuführen im Stande sind. Ach, und Kinder, wie
viel gehört dazu, euch zu solchen Bedienten zu ma=
chen! — Es wird mir ernst, sehr ernst hierbei zu
Sinne, und nur kaum vermag ich noch zu bemerken,
daß dem Vorleser die gleichen anmuthigen Wesen
gleich erhebend und günstig sind.

Und galt denn die Thräne, die jetzt gegen mein
Auge herauf, der Blutstropfe, der mir stechend ans
Herz drang, — galten sie nur den Kindern allein?

Ach, es geschah euch vielleicht noch nie, daß ihr
irgend ein Lied singen wolltet vor Augen, die euch
aus dem Himmel herab anzublicken schienen, die
euer ganzes besseres Seyn verschönt auf euch her=
niederstrahlten, und daß ihr auch wirklich anfinget,
und glaubtet, o Johannes, nun habe euer Laut die

10 **

geliebte Seele durchdrungen; und nun, eben nun werde des Klanges höchster Schwung Thauperlen um jene zwei Sterne ziehen, mildernd und schmückend den seligen Glanz, — und die Sterne wandten sich geruhig nach irgend einer Läpperei hin, etwa nach einer gefallenen Masche, und die Engelslippen verkniffen, unhold lächelnd, ein übermächtiges Gähnen, — und, Herr, es war weiter nichts, als ihr hattet die gnädige Frau ennuyirt.

Lacht nicht, lieber Johannes. Gibt es doch nichts Schmerzlicheres im Leben, nichts furchtbarer Zerstörenderes, als wenn die Juno zur Wolke wird.

Ach Wolke, Wolke! Schöne Wolke!

Und im Vertrauen, Herr, hier liegt der Grund, warum ich das geworden bin, was die Leute toll nennen. — Aber ich bin nur selten wild dabei. Meist weine ich ganz still. Fürchte dich also nicht vor mir, Johannes, aber lachen mußt du auch nicht. Und so wollen wir lieber von andern Dingen sprechen, und doch von nahverwandten, die mir innig für dich aus dem Herzen heraufdringen.

Sieh, Johannes, du kommst mir mit dem, was du gegen alle ungeniale Musik eiferst, bisweilen sehr hart vor. Gibt es denn absolut ungeniale Musik? und wieder von der andern Seite, gibt es denn absolut vollkommene Musik, als bei den Engeln? Es mag wohl mit daher kommen, daß mein Ohr weit minder scharf und verletzbar ist, als deines, aber ich kann dir mit voller Wahrheit sagen, daß auch der schlechteste Klang einer verstimmten Geige mir lieber

ist, als gar keine Musik. Du wirst mich hoffentlich
deswegen nicht verachten. Eine solche Dudelei, heiße
sie nun Tanz oder Marsch, erinnert an das Höchste,
was in uns liegt, und reißt mich mit süßen Liebes=
oder Kriegestönen leicht über alle Mangelhaftigkeit
in ihr seliges Urbild hinaus. Manche von den Ge=
dichten, die man mir als gelungen gerühmt hat, —
thörichter Ausdruck! — nein, die von Herzen zu
Herzen gedrungen sind, verdanken den ersten Anklang
ihres Daseyns sehr ungestimmten Saiten, sehr un=
geübten Fingern, sehr mißgeleiteten Kehlen.

Und dann, lieber Johannes, ist nicht der bloße
Wunsch, zu musiciren, schon etwas wahrhaft Rüh=
rendes und Erfreuliches? Und vollends das schöne
Vertrauen, welches die herumziehenden Musikanten
in Edelhof und Hütte leitet, das Vertrauen: Klang
und Sang mache allwärts Bahn, worin sie auch
im Grunde nur selten gestört werden durch mürrisch
aufgeklärte Herrschaften und grobe Hunde! Ich möchte
eben so gern in ein Blumenbeet schlagen, als durch
einen beginnenden Walzer schreien: „packt euch aus
dem Hause!“ — Dazu haben sich dann schon immer
lächelnde Kinder umhergestellt, aus allen Häusern,
wohin das Klingen reichen konnte, ganz andere Kin=
der, als die oberwähnten Bedientennaturen, und
bewähren durch ihre hoffenden Engelsmienen: die
Musikanten haben Recht.

Etwas schlimmer sieht es freilich oftmalen mit
dem sogenannten „Musik machen“ in eleganten Zir=
keln aus, aber auch dort, — keine Saiten=, Flöten=

und Stimmklänge sind ohne göttlichen Hauch, und alle besser, als das mögliche Gerede, welchem sie doch immer einigermaßen den Paß abschneiden.

Und, Kreisler, was du nun vollends von der Lust sagst, welche Vater und Mutter in der stillen Haushaltung am Klavierklimpern und Gesangstümpern ihrer Kindlein empfinden, — ich sage dir, Johannes, da lautet wahr und wahrhaftig ein wenig Engelsharmonie daraus hervor, allen unreinen Erdentönen zum Trotz.

Ich habe wohl mehr geschrieben als ich sollte, und möchte mich nun gern auf die vorhin angefangene sittliche Weise empfehlen. Das geht aber nicht. So nimm denn fürlieb, Johannes, und Gott segne dich und segne mich, und entfalte gnädigst aus uns beiden, was er in uns gelegt hat, zu seinem Preis und unserer Nebenmenschen Lust!

Der einsame Wallborn.

Nachschrift.

Könnten wir nicht einmal gemeinschaftlich eine Oper erschaffen? Mir liegt so etwas im Sinne.

Der
Kapellmeister Johannes Kreisler
an den
Baron Wallbor'n.

Vorwort.

Durch vorstehenden Brief des Baron Wallborn an den Kapellmeister Johannes Kreisler ist ein Räthsel gelöst, dessen Deutung mir bis jetzt unmöglich schien. — Der arme Johannes, welcher lange Zeit hindurch mit mir an einem Orte lebte, galt allgemein für wahnsinnig, und in der That stach auch sein ganzes Thun und Treiben, vorzüglich sein Leben in der Kunst, so grell gegen alles ab, was vernünftig und schicklich heißt, daß an der innern Zerrüttung seines Geistes kaum zu zweifeln war. Immer excentrischer, immer verwirrter wurde sein Ideengang; so z. B. sprach er kurz vor seiner Entfernung aus dem Orte viel von der unglücklichen Liebe einer Nachtigall zu einer Purpurnelke, das Ganze sey aber (meinte er) nichts als ein Adagio, und dies nun wieder eigentlich ein einziger lang ausgehaltener Ton Juliens, auf dem Romeo in den höchsten Himmel voll Liebe und Seligkeit heraufschwebe. Endlich gestand er mir, wie er seinen Tod beschlossen und sich im nächsten Walde mit einer übermäßigen Quinte erdolchen werde. So wurde oft sein höchster Schmerz auf eine schauerliche Weise skurril. Noch in der

Nacht, als er auf immer von mir schied, brachte er
mir einen sorgfältig versiegelten Brief mit der dringenden Bitte, ihn gleich an die Behörde abzusenden.
Das war aber nicht wohl thunlich, da der Brief
die wunderliche Adresse hatte:

An den Freund und Gefährten in Liebe, Leid
  Cito   und Tod!
——————
par bonté. Abzugeben in der Welt, dicht an der großen
    Dornhecke, der Gränze der Vernunft.

Verschlossen bewahrte ich den Brief auf, hoffend,
daß der Zufall mir vielleicht einmal jenen Freund
und Gefährten näher bezeichnen werde, und so ist
es denn auch gekommen. Nicht den geringsten Zweifel hegte ich nämlich, nachdem ich des Baron Wallborn Brief an den p. Kreisler gelesen, daß dieser
unter jenem Freunde und Gefährten niemand anders als eben den Baron von Wallborn gemeint
haben könne, und fand, als ich Kreislers Schreiben
geöffnet, meine Vermuthung vollkommen bestätigt.
Da Wallborns Brief den Lesern vorher mitgetheilt
worden, so nehme ich keinen Anstand, ihm Kreislers
Brief folgen zu lassen, da aus beiden das wunderbare Zusammentreffen zweier im Innern verwandter
Geister recht klar sich darstellt. So wie Wallborn
in verfehlter Liebe den Wahnsinn fand, so scheint
auch Kreisler durch eine ganz phantastische Liebe zu
einer Sängerin auf die höchste Spitze des Wahnsinns getrieben worden zu seyn, wenigstens ist die
Andeutung darüber in einem von ihm nachgelassenen Aufsatz, überschrieben: „Die Liebe des Künstlers,"

enthalten. Diesen Aufsatz, so wie mehrere andere, die einen ganzen Cyklus des Reingeistigen in der Musik bilden, gedenke ich künftig unter dem allgemeinen Titel: „Lichte Stunden eines wahnsinnigen Musikers," herauszugeben.

Hoffmann,
Verfasser der Phantasiestücke in
Callot's Manier.

Der Brief.

Ew. Hoch= und Wohlgeboren muß ich nur gleich, nachdem ich aus dem Komödienhause in meinem Stübchen angelangt und mit vieler Mühe Licht angeschlagen, recht ausführlich schreiben. Nehmen Ew. Hoch= und Wohlgeboren es aber doch ja nicht übel, wenn ich mich sehr musikalisch ausdrücken sollte, denn Sie wissen es ja wohl schon, daß die Leute behaupten, die Musik, die sonst in meinem Innern verschlossen, sey zu mächtig und stark herausgegangen, und habe mich so umsponnen und eingepuppt, daß ich nicht mehr heraus könne, und alles, alles sich mir wie Musik gestalte, — und die Leute mögen wirklich Recht haben. Doch, wie es nun auch gehen mag, ich muß an Ew. Hoch= und Wohlgeboren schreiben, denn wie soll ich anders die Last, die sich schwer und drückend auf meine Brust gelegt, in dem Augenblick, als die Gardine fiel, und Ew. Hoch= und Wohlgeboren auf unbegreifliche Weise schnell verschwunden waren, los werden!

Wie viel hatte ich noch zu sagen, unaufgelöste Dissonanzen schrieen recht widrig in mein Inneres.

hinein, aber eben als all' die schlangenzüngigen Sep=
timen herabschweben wollten in eine ganze lichte
Welt freundlicher Terzen, da waren Ew. Hoch= und
Wohlgeboren fort — fort — und die Schlangen=
zungen stachen und stachelten mich sehr! Ew. Hoch=
und Wohlgeboren, den ich jetzt mit all' jenen freund=
lichen Terzen ansingen will, sind doch kein anderer,
als der Baron Wallborn, den ich längst so in mei=
nem Innern getragen, daß es mir, wenn alle meine
Melodien sich wie er gestalteten und nun keck und
gewaltig hervorströmten, oft schien, ich sey ja eben
er selbst. — Als heute im Theater eine kräftige ju=
gendliche Gestalt in Uniform, das klirrende Schwert
an der Seite, recht mannlich und ritterhaft auf mich
zutrat, da gieng es so fremd und doch so bekannt
durch mein Inneres, und ich wußte selbst nicht, wel=
cher sonderbare Akkordwechsel sich zu regen und im=
mer höher und höher anzuschwellen anfing. Doch
der junge Ritter gesellte sich immer mehr und mehr
zu mir, und in seinem Auge gieng mir eine herr=
liche Welt, ein ganzes Eldorado süßer wonnevoller
Träume auf — der wilde Akkordwechsel zerfloß in
zarte Engelsharmonien, die gar wunderbarlich von
dem Seyn und Leben des Dichters sprachen, und
nun wurde mir, da ich, wie Ew. Hoch= und Wohl=
geboren versichert seyn können, ein tüchtiger Practi=
kus in der Musik bin, die Tonart, aus der das
Ganze gieng, gleich klar. Ich meine nämlich, daß
ich in dem jungen Ritter gleich Ew. Hoch= und
Wohlgeboren, den Baron Wallborn, erkannte. Als

ich einige Ausweichungen versuchte, und als meine
innere Musik lustig und sich recht kindisch und kindlich
freuend in allerlei munteren Melodien, ergötzlichen
Murkis und Walzern hervorströmte, da fielen Ew.
Hoch= und Wohlgeboren überall in Takt und Tonart
so richtig ein, daß ich gar keinen Zweifel hege, wie sie
mich auch als den Kapellmeister Johannes Kreisler
erkannt und sich nicht an den Spuk gekehrt haben wer=
den, den heute Abend der Geist Droll nebst einigen
seiner Konsorten mit mir trieb. — In solch eigener
Lage, wenn ich nämlich in den Kreis irgend eines
Spuks gerathen, pflege ich, wie ich wohl weiß, einige
besondere Gesichter zu schneiden, auch hatte ich gerade
ein Kleid an, das ich einst im höchsten Unmuth über
ein mißlungenes Trio gekauft und dessen Farbe in
Cismoll geht, weshalb ich zu einiger Beruhigung
der Beschauer einen Kragen aus Cdurfarbe darauf
setzen lassen, Ew. Hoch= und Wohlgeboren wird das
doch wohl nicht irritirt haben? — Zudem hatte man
mich auch ja heute Abend anders vorgezeichnet; ich
hieß nämlich Doktor Schulz aus Rathenow, weil
ich nur unter dieser Vorzeichnung dicht am Flügel
stehend den Gesang zweier Schwestern anhören durfte
— zwei im Wettgesang kämpfender Nachtigallen, aus
deren tiefster Brust hell und glänzend die herrlich=
sten Töne auffunkelten. — Sie scheuten des Kreis=
lers tollen Spleen, aber der Doktor Schulz war in
dem musikalischen Eden, das ihm die Schwestern
erschlossen, mild und weich und voll Entzücken, und
die Schwestern waren versöhnt mit dem Kreisler,

als in ihn sich der Doktor Schulz plötzlich umge=
staltete. — Ach, Baron Wallborn, auch Ihnen bin
ich wohl, vom Heiligsten sprechend, was in mir
glüht, zu hart, zu zornig erschienen! Ach, Baron
Wallborn — auch nach meiner Krone griffen feind=
selige Hände, auch mir zerrann in Nebel die himm=
lische Gestalt, die in mein tiefstes Innerstes gedrun=
gen, die geheimsten Herzensfasern des Lebens erfassend.
— Namenloser Schmerz zerschnitt meine Brust, und
jeder wehmuthsvolle Seufzer der ewig dürstenden
Sehnsucht wurde zum tobenden Schmerz des Zorns,
den die entsetzliche Qual entflammt hatte. — Aber
Baron Wallborn! glaubst du nicht auch selbst, daß
die von dämonischen Krallen zerrissene blutende Brust
auch jedes Tröpfchen lindernden Balsam stärker und
wohlthätiger fühlt? — Du weißt, Baron Wallborn,
daß ich mehrentheils über das Musiktreiben des
Pöbels zornig und toll wurde, aber ich kann es dir
sagen, daß wenn ich oft von heillosen Bravourarien,
Konzerten und Sonaten ordentlich zerschlagen und
zerwalkt worden, oft eine kleine unbedeutende Melo=
die von mittelmäßiger Stimme gesungen oder un=
sicher und stümperhaft gespielt, aber treulich und gut
gemeint, und recht aus dem Innern heraus empfun=
den, mich tröstete und heilte. Begegnest du daher,
Baron Wallborn! solchen Tönen und Melodien
auf deinem Wege, oder siehst du sie, wenn du
zu deiner Wolke aufschwebst, unter dir, wie sie in
frommer Sehnsucht nach dir aufblicken, so sage ihnen,
du wolltest sie wie liebe Kindlein hegen und pflegen,

und du wärst kein anderer als der Kapellmeister
Johannes Kreisler. — Denn sieh, Baron Wall=
born! ich verspreche es dir hiermit heilig, daß ich
dann du seyn will, und eben so voll Liebe, Milde
und Frömmigkeit wie du. Ach, ich bin es ja wohl
ohnedem! — Manches liegt blos an dem Spuk,
den oft meine eigenen Noten treiben; die werden
oft lebendig und springen wie kleine schwarze viel=
geschwänzte Teufelchen empor aus den weißen Blät=
tern — sie reißen mich fort im wilden unsinnigen
Dreher, und ich mache ganz ungemeine Bocksprünge
und schneide unziemliche Gesichter, aber ein einziger
Ton, aus heiliger Gluth seinen Strahl schießend,
löst diesen Wirrwar, und ich bin fromm und gut
und geduldig! — Du siehst, Baron Wallborn, daß
das alles wahrhafte Terzen sind, in die alle Septi=
men verschweben; und damit du diese Terzen recht
deutlich vernehmen möchtest, deshalb schrieb ich dir!

Gott gebe, daß, so wie wir uns schon seit lan=
ger Zeit im Geiste gekannt und geschaut, wir auch
noch oft wie heute Abend leiblich zusammentreffen
mögen; denn deine Blicke, Baron Wallborn, fallen
recht in mein Innerstes, und oft sind ja die Blicke
selbst herrliche Worte, die mir wie eigene in tiefer
Brust erglühte Melodien tönen. Doch treffen werde
ich dich noch oft, da ich morgen eine große Reise
nach der Welt antreten werde und daher schon neue
Stiefeln angezogen.

Glaubst du nicht, Baron Wallborn! daß oft
deine Worte meine Melodie, und meine Melodie

dein Wort seyn könnte? Ich habe in diesem Augen=
blick zu einem schönen Liede die Noten aufgeschrie=
ben, dessen Worte du früher setztest, unerachtet es
mir so ist, als hätte in demselben Augenblick, da
das Lied in deinem Innern aufzieng, auch in mir
die Melodie sich entzünden müssen. — Zuweilen
kommt es mir vor, als sey das Lied eine ganze
Oper. — Gott gebe, daß ich dich, du freundlicher
milder Ritter, bald wieder mit meinen leiblichen
Augen so schauen möge, wie du stets vor meinen
geistigen lebendig stehst und gehst. Gott segne dich,
und erleuchte die Menschen, daß sie dich genugsam
erkennen mögen in deinem herrlichen Thun und
Treiben. Dies sey der heitre beruhigende Schluß=
akkord in der Tonika.

Johannes Kreißler,
Kapellmeister, wie auch verrückter Musikus
par excellence.

Bei der Nähe meines damaligen Landwohn=
sitzes von Berlin blieben Hoffmann und ich in man=
nigfach heiterer Berührung, vorzüglich durch Undine
vermittelt, und auch sonst.

Einige Aphorismen aus jenem Umgange lasse
ich folgen, unbekümmert um deren genau chronolo=
gisches Zusammenreihen, wie sie mir eben heräuf=
steigen wollen.

Es gilt ja nur, Hoffmanns Bild mit Feder=
umrissen — gleichsam mit hieroglyphischen Rand=

zeichnungen, wenn man so will, — zu vollenden
oder zu illustriren.

Noch sehe ich ihn vor mir am Mittag vor der
ersten Aufführung unserer Undine, wo wir bei unserem Freunde Hitzig zusammengetroffen waren, um
uns dann gemeinschaftlich in das Schauspielhaus zu
verfügen. Wir standen, was man nennt, auf dem
Sprunge, das Pulsiren, wie es wohl allen, auch
sonst gefaßten und begründeten Dichtern und Ton-
künstlern vor solch einem Momente durch Sinn und
Seele zieht, in allen Adern spürend. Man liebt ja
doch sein eigenes Werk, wie Pygmalion seine Galathea. Sonst hätte man es nicht zu schaffen vermocht.
Man liebt ja auch die Zuschauerwelt, also gibt man
nicht nur e t w a s darauf, sondern auch v i e l. Sonst
hätte man seine Galathea nicht auf der Bühne kund
gegeben.

Nun geschah es, daß eine geistreiche und
schöne Frau nach Tisch unmittelbar vor demselben
Augenblick eintrat, wo Hoffmann und Fouqué in
einer gemeinschaftlichen Berliner Droschke nach dem
Theater abzufahren gedachten. Es ward Gutes,
Geistreiches, Witziges gesprochen. Aber jenen beiden brannte der Boden unter den Füßen. Dabei
begab es sich, daß Hoffmann mit seiner auffallend
kleinen Statur jener hohen Gestalt gerade gegenüber stand, bereits marschfertig, den Regenschirm in
der Rechten, in vollständig senkrechter Positur, und,
gleichsam um sich höflich anzupfählen, sich mit weit
ausgestrecktem rechten Arm an selbigem Regen-

schirm stramm festhielt. Es war dieselbe Stellung, welche ehedem preußische Infanterie=Offiziere, ihr Sponton in den Boden stemmend, en Parade regle= mentsmäßig anzunehmen hatten. Die Erinnerung daran kam über Fouqué, und wie man denn bei gereizter Stimmung — Undinens Bühnengeschick stand ja bevor — auch überaus lachlustig zu seyn pflegt, konnte er sich kaum eines toll vorbrechenden Gelächters enthalten. Es gelang ihm noch just, und erst in der Droschke, wo ihn sein Genoß, jenes Zucken seiner Gesichtsmuskeln bemerkt habend, dar= über befragte, kam die Wunderlichkeit zur Sprache. Beiden half nun die losbrechende Lustigkeit über alles etwa gar zu Ernstliche des Momentes hinüber.

Die Aufführung der Undine ward übrigens von dem glänzendsten Erfolge begleitet, Komponist und Dichter erlebten einen ungetrübt fröhlichen Abend mitsammen in Fouqué's Familienkreise.

Durch eine schmerzliche Fügung geschah es, daß bald nachher — nur wenige mit steigendem Beifall wiederholte Darstellungen hatte Undine inzwischen erlebt — das Berliner Schauspielhaus abbrannte. Graf Brühl, als damaliger Generalintendant der königlichen Schauspiele, erbot sich, die Undine sogleich in das Opernhaus zum neuen Aufblühen — oder vielmehr zum ungehinderten — zu verpflanzen, nur daß forthin ihre stete Heimath sich dort in Zukunft erhalten müsse. Hoffmann sagte Nein, und wohl mit vollem Recht. Schon daß für die häufig vor= kommenden Versenkungen des phantastischen Mär=

chenspieles nicht hinlänglich in dem großen Opern=
hause gesorgt sey, gab hinlänglichen Grund zur
Weigerung ab. Wichtiger noch war des Komponi=
sten Erklärung, seine Komposition sey nicht auf jene
großen Räume berechnet, und müsse daher lieber
den Aufbau des in ähnlichen Verhältnissen sich neu
gestaltenden Schauspielhauses abwarten.

In der langen Zwischenzeit bis dahin bemerkte
Hoffmann ohne alle äußere Anregung, er habe in
seinem entworfenen Scenarium keineswegs Undinen
hinlänglich in ihrer Nixennatur hervorgehoben, auch
das epische Element dergestalt vernachlässigt, als
halte er sich überzeugt, — wie er sich in seiner lau=
nigen Manier ausdrückte, jeglicher Zuschauer habe
das Märchen Undine noch in letzter Woche gelesen
und gut im Gedächtniß behalten, oder doch minde=
stens ein Exemplar davon zum allenfalls erläutern=
den Nachschlagen in der Tasche. Er begehrte des=
halb ein neues Vorspiel von seinem Genossen, und
Fouqué gab sich um so williger an die Arbeit, als
auch Fräulein Johanna Eunike, trefflich anmuthigste
Darstellerin der Undine auf dem Berliner Theater,
den nämlichen Wunsch geäußert hatte.

Das Vorspiel ward gedichtet. Aber nicht Hoff=
mann mehr sollte es komponiren. Das schmerzlich
verzehrende Kranken, nach und nach seine Auflösung
herbeiführend, ergriff ihn früher, als er an diese
Arbeit, von welcher er oft mit so vieler Liebe ge=
sprochen hatte, zu gehen vermochte *).

---

*) Nachher komponirte Kapellmeister Kienlen im Auftrage

Doch ehe ich noch an die letzten Augenblicke unseres Beisammenseyns hienieden gelange, sey es mir vergönnt, einige insbesonders heitere Momente desselben hervorzuheben und festzuhalten.

Hoffmann und Hitzig hatten einstmal mich in meiner damaligen Heimath, dem Landsitz Nennhausen bei Rathenow, besucht.

Nach zwei fröhlich verlebten Tagen kam eine Stafette von Seiten des Grafen Brühl, mich zur Dichtung eines Festspieles für die ganz nahe bevorstehende Geburtstagsfeier des Kronprinzen aufzufordern. Ich wählte den Urahn des königlichen Hauses, Thassilo, zum Gegenstand, eine Vision der Herrlichkeit seiner Nachkommen ihm vorführend, und beschloß, meine Gastfreunde nun selbst nach Berlin zu begleiten, um mitzuwirken für die eigenthümlichere Einübung der mich so lebhaft ansprechenden Aufgabe. Einige Chöre sollten eingeflochten werden nach bekannten Sangweisen. Aber gegen das Letztere opponirte Hoffmann. „Dichten Sie frei!" sprach er. „Ich mag Sie nicht so eingeschnürt wissen in so hundert- oder tausendfach abgeleierte Melodieen. Für

---

des Grafen Brühl jenes Vorspiel. Es kam aber nicht zur Aufführung, wie überhaupt Undine in Berlin seither nicht wieder. Nur als Ballet schwebte sie einmal über die Bühne dort. Eine reichere poetische Bearbeitung der Oper durch den genialen Musikdirektor Girschner neu komponirt, im vollständigsten Einklang mit dem Dichter, erschien mit ausgezeichnetem Erfolg auf dem Danziger Theater.

die musikalische Komposition sorge dann ich, und
zwar dergestalt, daß in der gegebenen Zeit auch
Chor und Orchester sich hinlänglich einüben können.
— Gesagt — gethan. — Und die gemeinschaftliche
Wort= und Tondichtung erfreute sich nachher bei
ihrer Darstellung des heitersten Gelingens! — Meine
Arbeit ward in freudiger Begeisterung rasch vollen=
det. — Als ich den Anfangschor meinem verbün=
deten Freunde am Abend überliefert hatte, fand ich
ihn Morgens darauf singend in seinem Schlafzimmer
auf= und abschreiten. Im leichten Nachtkamisol und
Nankinpantalons, eine weiße Schlafmütze schräg auf
den Kopf gestülpt, zur Hand einen hochgeschwunge=
nen mächtigen Stab, womit in dem alterthümlichen
Landsitze die Fensterladen gegen nächtliche Einbrüche
verwahrt wurden, die bereits rüstige Schreibfeder
schräg auf die Mütze gesteckt, sang die kleine elfen=
ähnliche Gestalt die Anfangsworte des ersten Waffen=
reigens aus meiner Dichtung:

> „Sieg und Frieden! Sieg und Frieden
> Bringen wir mit starker Hand!"

Man muß in Bezug auf ähnliche Scenen nicht
an das mindest Absichtliche bei Hoffmann denken
wollen. Er gab sich, wie er war, und er war immer=
dar nur ganz Er! Faßte die Wunderlichkeiten darin
ein Freund heiter auf, wie eben bei jenem Anlaß
Fouqué, so stimmte allerdings Hoffmann fröhlich
ins Lachen darüber ein.

Dießmal zeichnete er alsbald mit raschem Federum=
riß die oben angedeutete Gestalt, und schrieb darunter:
„Kreisler als Thassilo."

Tages drauf begaben sich Hoffmann, Hitzig und
Fouqué auf die Thassilo'sfahrt nach Berlin. Sie
fuhren gar prachtvoll mit Sechsen, denn vier Kutsch=
pferde wurden in Nennhausen zugleich vor die mit
zwei Extrapostrossen aus Rathenow beorderte, et=
was schwerfällige Postchaise gespannt, und als im
Fluge gieng es von hinnen in den frisch=hellen Octo=
bermorgen hinein. Aber ach! — (ein Laut, welcher
so mancher vermeinten irdischen Herrlichkeit zu fol=
gen pflegt) — der eble Wetteifer des Kutschers und
des Postillkons führte unlängst vom Dorf einen
Umschwung herbei: glücklicherweise einen nicht tra=
gischen. Denn lachend lagen nach einer überkühnen
und allzukurzen Wendung der zwei Roßbändiger
neben dem umgeworfenen Wagen die Reisegefährten
unbeschädigt am Boden. Nur Kreisler trug eine
ganz unbedeutende Schramme an der Nase davon,
über welche er gar seltsamlich tiefgelahrte geologische
Betrachtungen anzustellen wußte, wie seine scharf=
gebogene Nase glücklicherweise in einen gleichsam
futteralmäßig dafür durch eine der Urweltfluthen
ausgehölten Stein hineingepaßt habe, und dadurch
vor dem Zerbrechen beschirmt worden sey.
Fröhlichen Muthes fuhren wir weiter, und

Hoffmann trug uns nun eine tragische Geschichte vom Umwerfen vor, die er auf einem gewöhnlichen Postwagen unweit Dresden erlebt hatte, und zwar im Jahre 1813, während der Umstellung der Franzosen durch die Verbündeten, bis zur Schlacht von Leipzig. Da habe denn auch ein junger Graf seine aus unüberwindlicher Liebe Neugeehlichte, eine ehemalige Schauspielerin, auf diese Weise, der größeren Sicherheit eines Postfuhrwerkes vor Plünderern halber, auf seine Güter aus der bedroheten Hauptstadt fortführen wollen. Liebliche Schilderungen der galanten Sorgfalt des Ritters für seine Dame auf dem so wenig eleganten Reisewagen giengen voran, und wie er mit reichen Phantasiebildern ihr künftig glänzendere Fahrten vorgehalten habe, — mit eins stürzt der Wagen durch des Postillions Ungeschick einen steilen Berggang nach der Elbe zu hinab, Colli's und Koffer und Passagiere durch und übereinander. Als man sich unten ermannt und emporrichtet, war die junge Gräfin verschwunden, allen unbegreiflich. Endlich, unter einem später aufgerichteten großen Kasten findet man sie zerschmettert todt.

Uns schauderte das Bild bis in's tiefste Leben herein.

Als Fouqué einst in sehr hartem Winter nach Berlin kam, hatten Hoffmann und Chamisso seiner in dem zur Aufnahme von ihm bestimmten Wirths=

hause lange vergeblich gewartet. Der beinahe gänzlich versteinerte Weg hatte das Eintreffen über alles
Vermuthen aufgehalten. Sie gingen endlich, und
ließen ein Hoffmann'sches Farbenbildchen als Visitenkarte oder Willkommsgruß zurück, zu dessen Er-
läuterung ich noch eine Erinnerung aus dem Kriegs-
jahre Dreizehn voranstellen muß.

Fouqué hatte damals im fröhlichen Soldaten-
muth den Einfall hingeworfen, es gebe so viele
genialtolle Leute unter den Waffengenossen, daß man
daraus gar wohl eine tolle Schwadron organisiren
könne, ja späterhin eine ganze Brigade dieser Gattung, zusammengestellt aus sämmtlichen freiwilligen
Jägern zu Fuß und zu Pferd, und sämmtlichen
russischen Kosaken. Wie es nun mit Soldatenspä-
ßen im Felde zu gehen pflegt: die Wunderlichkeit
fand Anklang, und an Beiwachtfeuern auf Marsch-
zügen und sonst ergab sich weitere Ausbildung. Wo
irgend Wer etwas wunderliches hatte ausgehen lassen, — aber unter dem stetigen Vorbehalt witzig-
kühnen Gehaltes — ward ihm ein Avancement in
der tollen Brigade zuerkannt. Ja, an deren Spitze
stand ein überaus verehrter und geliebter Kriegs-
held, der sich von dieser Gattung der Beförderung
wohl immer etwas träumen ließ, aber gewiß waf-
fenfreundlich und waffenbrüderlich mitgelacht hätte,
wäre sie ihm nach ihrer rechten Bedeutung zu Ohren
gekommen. Es giebt noch viele Offiziere im Heer,
auch wohl sonst viele Freunde, welche sich jener kriegerischen Brigadekinderei gern und fröhlich erinnern.

Sich selbst wagte Fouqué nie zu höherer Beförderung in Vorschlag zu bringen, denn als Brigadeschreiber. Sobald er aber nach dem Kriege Hoffmann kennen lernte, fand er nicht den mindesten Anstand, ihn sogleich zum ersten Trompeter der tollen Brigade zu erklären, und Hoffmann nahm es dankbarlichst an.

So hatte er sich denn auch in jenem Bildchen zwar in seinen gewöhnlichen häuslichen Kleidern hingestellt, aber eine preußische Reitertrompete über den Rücken gehängt, stehend vor einem Klaviere, wo eine Partitur, mit der Aufschrift: „Undine" bezeichnet, gegen den Pult lehnte, er selbst aber in staunender Stellung, während Chamisso, in riesiger Schlemihlsgestalt, von Tabaksrauchwolken schier umhüllt, auf Siebenmeilenstiefeln an ihm vorüberschritt.

Sowohl dies Bildchen, als jene Thassilozeichnung haben sich mir, bei den mannigfachen Umzügen meines wandelreichen Außenlebens verkramt bis zum Nichtwiederfinden unter meinen Papieren. Möge die allerdings nur schwache Wortabschattung einigen Ersatz hier bieten.

Kreisler und Schlemihl! Ihr genial wundersamlichen Gestalten! Nun beide für diese Erde entschwunden für immer! — Ein tiefer Ernst umwaltet und bewältigt meine Seele.

————————

Ehe ich jedoch aufzeichne, was noch aus den letzten Lebenstagen Hoffmanns mir anklingt, nur

einzelne tiefnachhallende, elegische Töne, sey noch einer
seiner charakteristischen Neckereien, aus unsern fröh=
lichen Tagen herüber, gedacht.

Einstmal waren Hoffmann und ich auf dem
Lande mit einer anmuthigen und geistreichen Frau
für einige Tage zusammengetroffen, nach deren Ab=
reise ein Theil der Gesellschaft, bei Anerkennung
ihrer Vorzüge, das streng gemessene in ihrem Be=
nehmen tadelte, wie auch das fast allzu taktmäßige
ihres Gesanges. Ich erhob mich dagegen, behaup=
tend, eben darin liege zum Theil mit die Eigen=
thümlichkeit ihres anziehenden Wesens, und über=
haupt spreche daraus das Gehaltene einer ernstweib=
lichen Würde und Erhabenheit. Hoffmann hatte
eigentlich weder mir, noch den andern, entschieden
beigestimmt, sondern eben nur einen oder den andern
Witzfunken in das Gespräch hineingesprüht, nach
seiner Weise bald den, bald jenen auf harmlos
neckische Weise treffend.

Etwa nur ein Halbjahr später auf ein paar
Tage in Berlin anwesend und Hoffmann besuchend,
ward ich von ihm befragt, ob ich etwa allein zu=
rückfahre nach Nennhausen. „Ja wohl!" sprach ich.
„Können Sie mir etwa die Freude Ihrer Begleitung
schenken? Man würde sich sehr an unserem Herde
freuen, brächt' ich Sie mit."

Hoffmann wies die Einladung wegen gehäufter
Arbeiten zurück. „Aber" — setzte er freundlich hin=
zu — „eine Art von Reisegesellschaft will ich Ihnen
dennoch mitgeben: — eine Novelle von mir, wenn

auch einstweilen nur in Aushängebogen noch." —
Fouqué nahm's dankbarlich an, und begann unter=
weges alsbald die Lektüre.

„Der Sandmann" hieß dieses damals
neueste Dichterwerk des genialen Kreisler. Und in
Briefen eines jungen Studirenden, Nathanael ge=
heißen, begann die Geschichte.

Aber dem reisenden Leser oder dem lesenden
Reisenden ward vor dieser Korrespondenz mit jeder
Seite derselben wundersamlicher zu Muth. Ihn
wollte fast bedünken, das habe Freund Kreisler gar
nicht geschrieben, sondern es habe schon irgend sonst
wo gestanden in ganz einem andern Werke eines
ganz andern Verfassers.

Daß es Hoffmann bisweilen begegne, sich selbst
in gewissen Wendungen und Gestalten als Wieder=
hall nachzuhallen, war damals schon oftmal bemerkt
und ausgesprochen worden, und Fouqué konnte es
nicht in Abrede seyn. Aber die Nachbildung irgend
eines andern Schriftstellers? — Davon konnte bei
Hoffmanns Identität nie auch nur entfernt die Rede
seyn. Was wollten denn nur jetzt diese durchaus
für Hoffmann fremdartigen und doch zugleich mit
sichtlicher Achtsamkeit geschriebenen Nathanaels Briefe?

Plötzlich fiel es dem Lesenden wie ein Band
von den Augen. Er selbst war es, Fouqué selbst
in seinen eigenthümlichsten Wendungen und Ansich=
ten, der sich hier neckisch nachgebildet sah, und zwar
ganz vornämlich in allem, was er vor etwa einem
Halbjahr in Bezug auf jene Diskussionen wegen der

etwas förmlichen jungen Dame zu deren Vertheidigung vorgebracht hatte. Er mußte herzlich lachen,
und rief nun mit dem wälschen Pfarrer Ehre Hugo
Muß in Dippold's Uebersetzung von Shakespear's
Lustigen Weibern zu Windsor aus:

„Das seynd sehr ehrliche Tschelmereien!"
Er und Hoffmann haben sich nachher noch gar fröhlich über den wohlgelungenen Spaß ergötzt.

Endlich aber kam der sehr ernste Moment des
Lebens heran auch für Hoffmann: das Sterben.
Wolle niemand hierin einen Widerspruch erblicken,
oder wohl gar einen sogenannten Irischen Bull:

Es ist mit vollem Bedacht hingeschrieben. Mit
feierlichem Bedacht.

Denn nur, was lebt, kann sterben.

Nur was sterben kann, lebt hienieden wahrhaft.

Leben und Sterben bedingen einander unerläßlich in menschlicher Hinsicht als nothwendige Gegensätze: keines ohne das andere.

Dem Tod heiter in's Auge blicken, ist des Lebens frischeste Blüthe.

Im Tode Leben, ist der Adel des Todes.

Nur Eines wissen wir im Leben gewiß: wir
werden sterben.

Nur Eines kann uns im Sterben erfreuen:
wir werden leben.

Blumen und Blüthen solcher Art wollte Fouqué an Hoffmanns Sterbelager bringen. Denn daß es ein Sterbelager war, las er nur allzudeutlich auf des Leidenden Angesicht.

Aber der Arzt hatte noch nicht bestimmt entschieden, und hatte jede allzulebhafte Aufregung als gefahrdrohend für den Kranken untersagt.

Hoffmann aber meinte seiner Genesung entgegenzugehen, und, sichtlich erfreuet über Fouque's, vom Lande herein unerwarteten Besuch, spielte er mit allerhand irdischen Lebensbildern.

Wir haben einander hienieden seitdem nicht wiedergesehen.

Ein seliges Wiedersehen jenseits im vollständig geläuterten Daseyn bescheere beiden uns Gott.

Lightning Source UK Ltd.
Milton Keynes UK
UKHW030750110321
380169UK00008B/645

9 781270 992318